한국관료제

제3판

박천오 · 박시진

法文社

제3판 머리말

제2판을 내고 3년이 지났기에 이번에 제3판을 내게 되었다. 이번 개정판에서는 제2판의 기본 편제를 크게 바꾸지는 않았지만, 구체적인 내용 면에서는 상당한 변화를 주었다.

첫째, 기존 24개 장 가운데 4개 장을 덜어내는 대신 새로 2개 장을 추가함으로써, 책을 전체 22개 장으로 재구성하였다. 그리고 덜어낸 4개 장의 일부 내용을 남은 장들에 포함하는 등 부분적으로 내용 조정을 하였다.

새로 추가한 2개 장은 제2장 'Max Weber의 관료제 이론'과 제8장 '한국에서의 행정리더십'이다. 제2장은 관료제에 관한 가장 기본적인 이론을 소개하지 않았다는 일부 교수님들의 지적을 반영하여 추가하였다. 제8장은 앞서『한국정부관료제』제2판 11장 '한국 공무원의 주요 리더십 역량'의 일부 내용과 저자가 최근 소수 국·과장급 공무원들에게 실시한 리더십 유형의 유효성에 관한 간단한 실증조사 결과를 접목하여 구성한 것으로서, 현재 한국에서 효과적인 리더십 유형이 어떤 것인지를 보여준다.

둘째, 기존 장들 가운데 저자가 과거 실시했던 실증연구 결과를 포함한 내용을 과감하게 수정하였다. 오래된 통계분석 자료를 대부분 삭제하고 조사 결과만을 간추려 제시하였으며, 일부 통계는 다른 학자들의 근래 연구 결과를 소개하는 것으로 대체하였다. 이는 시간이 흐르면서 자료의 참신성과 현실 관련성이 점차 증발하는 한계에 따른 부득이한 대처이기도 했다. 다만 오래되었어도 여전히 나름의 현실적 의미가 있다고 여겨지는 일부 통계는 그대로 남겼다.

셋째, 가능한 최근의 문헌과 연구 결과 등을 반영하기 위해 장별 내용을 상당 부분 첨삭하였다. 이와 함께 관련 논리를 보다 체계화하고 부자연스러운 문장과 표현을 가다듬는 작업에 세심한 주의를 기울였다. 특히 저자가 학술지에 게재했던 논문을 바탕으로 구성한 장들은 책의 형식과 목적에 부합되게 내용을 대폭 재구성하였다.

전체적으로 이 책은 정부관료제의 기본속성 및 기능에 속하는 주제와 한국 정부관료제의 현안과 관련된 일부 주제를 심도 있게 논의하고 조명하고 있다. 후자에는 한국 정부관료제의 주요 문제점을 진단하고 개선하려는 필자 나름의 인식이 반영되었다. 각 장의 내용에서 결론보다 중요한 것은 주제와 관련하여 필자가 제기하는 질문과 문제에 대한 접근방식이라고 할 수 있다. 필자는 이 책이 독자들에게도 한국 정부관료제에 대해 나름의 질문을 던지고 문제의 해법을 고민하는 계기가 되기를 바란다.

필자는 2007년 『정부관료제』란 제목으로 이 책을 처음 출간한 이래 여러 차례 개정하였고, 표제도 두 차례 바꾸었다. 이제까지 이 책은 필자 혼자의 작품이었지만, 이번 개정판은 처음으로 공저로 출간하게 되었다. 이번 개정 작업에 광운대학교 박시진 교수가 많은 도움을 주었고 책 내용의 일정 부분을 직접 작성하였기에 공동 저자로 이름을 올리게 되었다. 앞으로 박 교수의 젊은 감각에 힘입어 이 책이 정부관료제 연구의 새로운 지평을 열 수 있기를 기대해 본다.

끝으로 출판업계의 어려운 사정에도 불구하고 이 책이 출간될 수 있게 배려해 주신 법문사 관계자분들께 감사드리며, 이번에도 책의 편집을 맡아 수고해 주신 김제원 이사님께 사의를 표한다.

2024년 1월
박천오 씀

2년 전 『한국 정부관료제』를 『한국관료제』로 책 제목을 바꾸어 출간하였고, 이번에 이를 증보하고 수정하여 『한국관료제』 제2판을 내게 되었다. 2판에서 변화를 준 주요 내용을 간략히 소개하면 다음과 같다.

　우선, 초판에 없던 2개의 장, 즉 '관료정치와 관료제의 정치화,' 그리고 '적극적 공직윤리 역량과 한국에서의 제고 방안'을 추가하였다. 전자는 관료들과 행정기관이 정책결정과정에 깊이 관여하는 관료정치 현상 및 이에 대한 통제와 관련된 관료제의 정치화 현상을 일반적인 수준에서 논의한 것이므로, 이 책의 총론에 해당하는 제1편에 포함시켰다. 후자에서는 시민사회가 공무원들에게 기대하는 적극적 행정윤리 행위와 그 전제조건이 되는 윤리역량의 특성과 한국에서 이를 제고하기 위한 방안 등을 논의하였으므로, 내용 면에서 연관성이 있는 기존의 3개 장과 묶어 '한국 정부관료제와 공직윤리'란 제목의 제5편을 새로 구성하였다.

　이와 함께 제12장 '한국의 정무직 공무원과 직업관료'의 내용 가운데 실증조사 결과에 관한 구체적인 서술과 관련 〈표〉들을 대부분 삭제하고 핵심 조사결과만을 남겼다. 실증조사가 오래 전에 이루어졌으므로 해당 내용을 축소할 필요가 있었다. 또한 제19장 '시민참여와 한국 정부관료제의 수용성'의 내용을 대폭 수정하고 축소하였고, 제15장 '한국 이익집단의 이익표출,' 제16장 '한국 여성공무원의 여성대표적 역할,' 제18장 '고객지향적 행정의 실천과 한국 관료' 등에서는 오래된 내용과 어색한 표현을 새로 다듬었다. 이 밖에도 제10장 '한국의 공무원 징계와 퇴출,' 제13장 '한국 정책과정상 부처 간 권력관계,' 제22장 '한국 지방공무원의 윤리의식'에 관련 언론보도 등을 추가적으로 제시하였다.

　이 책은 정부 공공기능이 대부분 관료제 즉 행정기관과 관료들의 업무와 관련되어 있다는 것을 전제로 관료제가 어떻게 운영되고 공공정책에 어떻게 영향을 미치는지를 규명하려는 내용을 주로 담고 있다. 앞으로도 새로운 문헌과 자료들을 계속 검토하고 내용을 보완함으로써 정부관료제에 대한 독자들의 이해를 돕고자 한다.

끝으로 책의 출간을 위해 수고해 주신 법문사 편집부 김제원 이사님을 비롯한 관계자 여러분들께 감사의 마음을 표한다.

2020년 5월
연구실에서 박천오 씀

머리말

    지난해 『한국 정부관료제』 제2판을 내었지만, 금년에 다시 책의 편제와 내용을 상당 부분 재구성하고 책 제목을 『한국관료제』로 바꾸어 출간하게 되었다. 1년 만에 책을 수정하게 된 직접적인 계기는 이 책을 교재로 사용하시는 교수님 몇 분이 책에 담긴 실증조사 통계 분석들 가운데 아주 오래된 것은 삭제하는 것이 좋겠다는 조언을 주셨기 때문이다. 사실 저자도 같은 생각이었고, 후에 이론적 논의 중심의 내용으로 책을 재편성하려는 계획을 가지고 있었지만, 원고가 준비되지 않아 기한을 계속 미루고 있었다.

    교수님들의 조언을 직접 듣고 보니 책을 더 이상 이 상태로 둘 수 없다는 판단이 들어, 급한 대로 이번에 일부 개정을 우선 하기로 하였다. 주요 개정 내용은 다음과 같다. 첫째, 기존 장들 가운데 오래된 통계 분석을 포함한 2개의 장을 완전히 삭제하였다. 둘째, 다른 4개의 장에 대해서는 오래된 통계 분석을 삭제하고 그 결과만을 요약하여 서술하는 식의 수정을 하였다. 셋째, '행정문화' 등 해당 주제의 중요성이 상대적으로 떨어진다고 생각되는 4개의 장을 삭제하였다. 마지막으로 '공무원의 책임' 등 근래 들어 정부 안팎에서 관심을 끌고 있는 주제를 다룬 3개의 장을 새로 추가하였다. 이번 개정으로 교수님들과 독자 여러분들의 불편이 조금이라도 덜어졌으면 하는 바람이다.

    책 제목을 『한국관료제』로 변경한 것은 기존 『한국 정부관료제』란 책 제목이 학생들이 너무 어렵고 딱딱하게 느낄 수 있다고 여겨졌기 때문이다. 책 내용이 실제 그런 것은 어쩔 수 없더라도 책 제목이라도 좀 더 부드러웠으면 하는 것이 저자의 심정이다. 머지않은 장래에 학문적으로나 현실적으로 좀 더 의미 있는 주제를 중심으로 책을 전면 개정할 수 있기를 희망하면서, 그 전에 독자 여러분들의 많은 지도와 편달이 있으시길 바란다.

    끝으로 이전과 마찬가지로 이번에도 출간에 많은 도움을 주신 법문사 사장님과 편집부 김제원 이사님을 비롯한 법문사 관계자 여러분들께 감사드린다.

2017년 12월
연구실에서 박천오 씀

차 례

제 4 편   한국 정부관료제와 민주주의

제 5 편   한국 정부관료제의 책임과 윤리

PART 01

정부관료제 일반 이론

제1편에서는 정부관료제에 관한 연구의 전반적 흐름과 일반 이론을 개괄적으로 소개한다. **제1장**은 정부관료제를 공조직의 조직화 방식으로 인식하여 연구하는 관리적 관점과, 정부관료제를 정치적 행위주체로 간주하여 연구하는 정치적 관점으로 나누어 비교·설명한다. **제2장**은 Max Weber의 관료제 이론의 특성을 설명하고, 오늘날 정부조직의 구성과 운영에 있어 이러한 이론의 유용성과 한계에 대해 논의한다. **제3장**은 관료제 조직의 속성에서 비롯될 수 있는 여러 병리현상을 논의하고 관련 사례를 제시한다. **제4장**은 행정기관에서 형성되는 조직문화의 특성과 기능 그리고 이러한 조직문화의 관리 방안에 대해 논의한다. **제5장**은 정부관료제의 구성원인 공무원을 정무직 공직자, 사무직 직업관료, 일선관료의 세 계층 집단으로 구분하여, 이들 집단의 정책과정에서의 역할과 행태를 비교·기술한다. **제6장**은 관료들과 행정기관이 정책결정과정에 깊이 관여하는 관료정치 현상과 정치권이 이들에 대해 정파적인 통제를 가하는 관료제에 대한 정치화 현상을 비교·논의한다.

정부관료제 연구의 관점

1.1 서 언

　사회과학의 여러 분야에서 오랫동안 통용되어 온 관료제란 용어는 그 개념정의가 매우 다양하다. 예를 들면 관청에 소속된 사람들이 막강한 권력을 행사하는 지배체제를 의미하기도 하고, 조직의 비능률성을 나타내기도 하고, 일정한 특징을 지닌 조직형태를 말하기도 하고, 현대 사회의 거대 정부를 가리키기도 한다(Lane, 1993; Albrow, 1970). 관련 연구자들의 학문적 뿌리가 다른데 기인한 이 같은 의미의 다양성은 한편으로는 관료제 연구의 스펙트럼을 확장 시켰으나, 다른 한편으로는 해당 연구의 정체성과 체계성을 저해하는 요인이 되고 있다.

　관료제의 연구는 동일 학문 분야에서도 일관성을 찾기 어렵다. 행정학 분야의 정부관료제(혹은 관료제)에 관한 연구들에서도 구심점을 찾기 어렵다. 이들 용어에 대한 보편적인 개념 정의가 없는 상태에서 많은 연구가 여러 관점에서 이루어졌기 때문이다. 그럼에도 불구하고 행정학 분야에서 정부관료제 연구는 매우 중요하다. 정부관료제는 어떤 의미에서든 주요 행정 현상과 불가분의 관계에 있기 때문이다.

　정부관료제(government bureaucracy)에 관한 기존의 연구들은 크게 볼 때 상호 다른 두 개의 기본 관점 가운데 어느 하나의 범주에 속한다.[1]

　하나는 정부관료제를 일정한 내적 특징을 지닌 대규모 공조직체로 간주하여,

---

　* 이 장은 「행정논총」(2005년 제43권 1호)에 게재된 박천오의 논문을 재구성한 것임.
　1) Rockman(1992), Denhardt(1993: 13-14), Rosenbloom(1983) 참조.

그 구조와 운영 실태 및 관리 장치로서의 효용성을 진단하거나 개선방안을 찾는 관리적 관점이다. 이는 효율성이나 생산성과 같은 경제적 가치 제고를 위한 공조직의 바람직한 구조와 운영 방식을 모색하는 것을 궁극적 목표로 하는 접근방법으로서, 법학문적인 조직이론과 연관된 것이다.

다른 하나는 정부관료제를 정책과정의 행위주체인 행정기관이나 관료집단과 동일시하여, 그 역할과 기능의 실태와 문제점을 규명하거나 바람직한 변화방향을 제시하는 정치적 관점이다. 이는 행정의 권력관계 현상을 다루는 동시에 행정의 책임성이나 대응성과 같은 정치적 가치 실현과 관련된 이슈에 초점을 두는 접근방법으로서, 거시적인 정치이론과 관련된 것이다.

이 장에서는 정부관료제 연구의 기본 성격과 그간의 변천 과정을 이들 두 관점에서 개관함으로써, 정부관료제가 무엇이고 그것이 행정현실 및 행정학과 어떤 연관성이 있는지를 조명한다.

1.2 ▶ 관리적 관점의 연구

1. 종래의 관점

관리적 관점의 연구는 정부관료제를 임무 달성을 위한 특정한 구조적·기능적 특성을 가진 조직체 즉 관료조직(bureaucratic organization)으로 파악하면서, 해당 조직체의 능률적·합리적 특성을 부각하거나 아니면 역기능적·병리적 측면을 조명한다. 공조직을 포함한 대부분의 현대 조직들은 이러한 관료조직과 연관된 여러 특성을 내포하고 있다(Rosenbloom & Kravchuk, 2005: 143).

일반적으로 관료조직 연구의 기원은 19세기 말 독일 사회학자 Weber가 제시한 이념형(ideal type) 관료제 이론에서 찾는다(Heady, 1992: 394). 그의 관료제 이론은 지배유형에 근거한 것인데, 지배란 일정한 인간집단을 특정한 명령에 복종하게 하는 것을 의미한다. Weber는 그러한 지배에 정당성을 부여하는 것을 권위라고 하고, 이를 전통적(traditional) 권위, 카리스마적(charismatic) 권위, 합법적-합리적(legal-rational) 권위 세 가지로 구분하였다(Kramer, 1981: 83-85).

Weber에 의하면 전통적 권위는 과거로부터 내려오는 관례와 관습에 의거한 권위이며, 이러한 권위체제가 지배하는 조직이나 사회는 변화에 체계적으로 대처하기 어렵다. 카리스마적 권위는 추종자들의 헌신을 이끌어 낼 수 있는 카리스마적 인물의 초자연적 혹은 초인적인 능력이나 자질에 기초한 권위이며, 이러한 권위체제가 지배하는 사회나 조직은 지배권 계승 문제 등 구조적인 불안정으로 말미암아 와해되기 쉽다.

Weber는 산업혁명 이전에는 이들 전통적 권위와 카리스마적 권위의 권위가 사회의 모든 조직화된 활동(organized action)을 지배해 왔으나, 근대사회에서는 보다 안정적이면서도 변화에 개방적인 합법적-합리적 권위체제에 입각한 조직이 요구된다고 보았다. 합법적-합리적 권위는 사람들에 의해 합리적으로 개발된 규정들에 토대를 둔 권위로서, 이에 의거한 조직은 보다 체계적이고 예측 가능한 방식으로 환경의 변화에 적응할 수 있다는 것이었다.

Weber가 제시한 이념형 관료제는 합법적-합리적 권위에 근거한 지배에 토대를 둔 조직의 진수이다. 관료제의 권위체제가 합법적인 이유는 지배가 정해진 규칙과 절차에 따라 행사되기 때문이고, 그것이 합리적인 것은 특정한 목적을 달성하기 위한 수단들이 분명하게 설계되어 있기 때문이다.

이념형 관료제의 주요 특성은 다음 몇 가지로 요약될 수 있다.[2] 첫째, 과업을 조직화하는 법규(규칙)가 존재한다. 둘째, 전문화를 지향하는 분업이 이루어진다. 셋째, 조직단위 상호 간에 또는 조직 내부의 직위 간에 엄격한 계층관계가 확립되어 있다. 넷째, 의사결정이 기술적·합법적 규칙(technical and legal rules)에 따라 이루어진다. 다섯째, 직무수행은 문서에 의한다. 여섯째, 직무수행에 필요한 전문적 훈련을 받은 사람들을 구성원으로 채용하며, 그러한 직무가 일생의 직업이 되게 한다.

이념형 관료제의 이들 특성은 조직이 구성원 개개인과 무관하게 효율적으로 작동할 수 있게 한다. ① 분업을 통해 임무수행에 전문성, 능률성 등을 제고 할 수 있고, ② 법과 규칙에 근거해 업무를 수행함으로써 조직 활동의 객관성, 예측 가능성, 일관성을 확보하는 동시에 인간의 감정이 배제된 공평무사한 업무처리가 가능하며, ③ 계층제에 입각하여 명령 복종관계의 질서를 확립할 수 있고, ④ 문

---

2) 본래 이념형은 특정 현상의 순수한 혹은 이상화된 형식을 개념화하거나 묘사하는 지적 구조 (intellectual construct)이다. Weber의 이념형 관료제도 현실 세계에서 모든 해당 요인을 빠짐없이 갖춘 조직을 발견하기 어렵고, 특정 조직이 얼마나 관료적인지를 비교할 수 있는 준거가 될 수 있을 뿐이다(Kramer, 1981: 83).

서주의에 의해 직무수행의 정확성, 공식성을 기할 수 있다는 것이다.[3]

Weber(1947)는 관료제를 주어진 목표 추구를 위해 대규모 사람들을 통제할 수 있는 가장 효과적인 조직형태로 보았다. 실제로 19세기에는 이념형 관료제와 유사한 특성을 가진 많은 민간조직이 효율적으로 작동함으로써 산업화 단계의 사회 발전을 이끌었다. 이러한 현상과 관련하여 Parsons(1960: 2)는 "현대사회의 가장 뚜렷한 구조적 특징은 관료제로 불리는 대규모의 조직들이 두드러지게 존재한다는 것이다"라고 하였다. 정부의 공조직들도 대부분 관료제 조직의 특성을 나타냄에 따라, 행정학 분야에서 이념형 관료제 모델이 정부관료제에 대한 관리적 관점 연구의 출발점이 되었다. 관리적 관점의 초기 연구들은 공조직과 사조직 간에 본질적인 차이가 없다는 포괄적 접근방식(generic approach)을 취하면서, 이념형 관료제의 조직 형태 및 관리방식의 우수성을 강조하였다.[4]

그러나 20세기 중반을 넘어서면서부터 민간부문과 공공부문 모두에서 이념형 관료제는 점차 낡고 유해한 모형으로 간주되기 시작하였다. 규칙 엄수에 기인 된 형식주의와 동조 과잉, 전문화에 따른 조직 내 하위 단위 간 이해관계 대립, 계층제가 초래한 정보와 커뮤니케이션의 왜곡 등 관료제의 주요 특성들에서 기인된 여러 병리와 역기능이 조직 현장에서 문제 되었기 때문이다. 산업혁명기의 단순한 기술과 변화가 많지 않은 일상적인 과제(routine problems)를 해결하는 데는 효과적이었던 관료제 조직이 경제적·사회적으로 크게 진보한 후기 산업사회 시대의 복잡한 과제들을 처리하는 데는 한계를 드러낸 것이다.

관료제 조직의 부정적 측면은 개인적 자유와 자발성, 인간의 자기실현 발휘와 같은 가치들이 사회적으로 중시되면서 한층 더 부각 되었다. 공공부문의 경우 예컨대 Hummel(1987: 219-220)은 이념형 관료제 모습을 띤 공공관료제(public bureaucracy)는 통제 제도(control institutions)로서, 사람보다는 사례를 다루고, 목표보다 수단을 중시하고, 정의와 자유보다 통제와 능률에 높은 우선순위를 두는 관료들을 만들어 낸다고 하였다. 또한 공공관료제에서는 역할이 사람을, 계층제가 자아(superego)를, 명령이 대화를, 관리(management)가 리더십을 각각 대신한다고 하였다.

다른 한편, 관리적 관점의 정부관료제 연구는 19세기 말 행정학의 효시라고 할 수 있는 미국의 Wilson이 제시한 정치·행정 이원론에 의해서도 시작되었다.

---

3) Hughes(1994: 33), Blau & Meyer(1987) 참조.
4) Gulick(1937), Willoughby(1927), Johnston(1993) 참조.

Wilson은 민주적 선거과정을 거친 정치인들에게 정책결정의 궁극적 책임이 있다고 보았다. 그러면서 직업관료들로 구성된 정부관료제를 일정한 과정과 절차에 따라 집행적 업무를 수행하는 중립적인 조직체로 간주하였다. 그는 이러한 조직체의 능률적인 작동과 관련된 내부 구조나 과정에 관심을 가졌던 반면, 그것의 대외 관계는 중시하지 않았다.[5]

Wilson은 조직체로서의 정부관료제에 대해 상층부로의 권력 집중을 통한 책임행정의 실현, 강력한 리더십에 기초한 행정능률 추구, 당파적 이해가 배제된 실적 임용, 능력과 자격에 입각한 전문적 행정 실현 등을 강조하였다. Wilson의 뒤를 이은 미국 학자들도 대부분 행정 내지 행정기관의 기능을 정치의 영역에서 벗어난 도구적·기술적 차원의 영역에 속한다고 여기면서, 행정가치로서 능률성과 생산성을 강조하였다.[6] 초기 미국의 행정개혁은 이들 학자의 주장에 따라 관료제적 조직을 지향한 것으로서 과거의 정실주의나 엽관제에 기초한 행정의 폐해를 극복한 커다란 발전이었다.

Wilson이 정부관료제를 가치중립적인 조직체로 보면서 도구적 능률성과 계층적 통제를 강조한 점 등은 Weber의 이념형 관료제 이론과 일맥상통한다. 때문에 정부관료제에 대한 관리적 관점의 전통적 연구는 Weber와 Wilson의 이론에 토대를 둔 것이라고 할 수 있다(Self, 1985: 140; Hughes, 1994: 28).

Wilson의 정치·행정 이원론 역시 시간이 흐르면서 현실과 괴리가 크다는 비판을 받게 되었다. 오늘의 현실 세계에서 행정기관과 관료들은 단순히 선출직 공직자들의 바람을 실행하거나 그들에게 조언을 제공하는 수준을 훨씬 넘어 정책과정에서 독자적인 영향력을 행사한다는 사실이 많은 실증연구를 통해 밝혀졌기 때문이다.

2. 근래의 관점

그간의 많은 비판에도 불구하고 이념형 관료제는 현대 조직의 구조와 운영의 기본 골격을 이루고 있다. 대다수 공·사조직이 여전히 계층적 구조이고, 각 구성원에게 구체적인 역할과 책임 영역을 부여하며, 구성원들이 몰인격적인 규칙

---

5) Redford(1969), Hughes(1994: 218) 참조.
6) Hughes(1994: 28), Rosenbloom & Kravchuk(2005: 150) 참조.

(impersonal rules)에 근거해 활동하는 등 관료제적 특성을 내포하고 있다.[7] 이러한 현상은 관료제의 불완전성에도 불구하고 이를 대체할 새로운 조직 형태를 찾지 못하였기 때문이다. 행정학 분야에서도 행정기관들의 관료제적 특성에서 비롯되는 여러 폐단과 역기능을 극복하기 위한 노력이 꾸준히 이어져 왔으나,[8] 괄목할 만한 성과는 아직 없다.

행정학 분야에서 정부관료제의 관료제적 특성은 여러 측면에서 비판 받았다. 관료제의 계층적 구조는 투입과 산출의 비율이라는 의미에서 효율적인 구조가 되지 못한다거나, 관료제는 표준화된 일 처리를 가능케 하지만 그 대가로 혁신을 희생시킨다거나, 관료제 내부 특성이 비민주적이라거나 하는 비판들이 그것이다.

정부관료제에 대한 부정적 인식은 정부의 비대화와 시장에 대한 과도한 개입 등이 사회 이슈로 부각하면서 더욱 확대되었다. 그 결과 1990년대 들어 신공공관리론(New Public Management)에 따른 정부혁신과 정부관료제 개혁이 세계 여러 나라에 광범위하게 확산되었다.

신공공관리론에 의거한 정부 혁신은 작고 효율적인 정부를 추진하는 동시에 공조직에 민간부문의 시장주의적인 경쟁 원리를 도입하고 관리의 자율성을 강화함으로써, 조직성과를 제고하고 고객지향적인 행정서비스를 제공하려는 노력이라고 할 수 있다(주재현, 2021: 110).

신공공관리론은 관료들의 행태를 통제하는 각종 규정을 대폭 폐지 또는 축소하고, 계층제적 통제를 완화하는 등의 방식을 통해 관료제적 특성에 기인 된 정부관료제의 비능률을 제거해야 한다는 논리를 편다. 특히 관리층에 실질적인 결정 권한을 부여하고, 하위 단위의 자치권을 확대하며, 하위 단위들 상호 간 경쟁을 통한 조정이 가능하도록 조직구조를 수평화하고, 과정보다는 결과에 초점을 두는 등의 관리방식을 강조한다. 그리고 이를 위해 민간 부문의 각종 탈관료제적인 조직개혁 기법들을 공조직에 도입할 것을 강조한다(Rosenbloom & Kravchuk, 2005: 20-26).[9] 이처럼 신공공관리 개혁의 표적은 Weber의 전통적 관료제라고 할

---

7) Self(1985: 139-140), Palumbo & Maynard-Moody(1991: 26), Vigoda(2002: 529) 참조.

8) 그간 관료제의 계층적 구조와 관련된 문제점에 대해서는 저층구조 또는 위원회 조직이, 명령통일의 원리에 대해서는 매트릭스 조직이, 공식화의 영속성 문제에 대해서는 태스크 포스가 각각 대안으로 제시되었지만, 이들 조직구조는 주로 비일상적인 문제나 과업을 해결하기 위해 조직 내 여러 기능단위들로부터 일시적으로 파견된 다양한 지위의 전문 인력들로 구성되어 임무가 완수되면 해체되는 한시적 조직단위이다(김병섭 외, 2000: 106). 관료적 행태와 관련하여서는 새로운 리더십, 바람직한 조직문화, 새로운 방식의 동기부여와 조직몰입 유도 방안 등에 관한 여러 연구들이 이루어졌다.

수 있다(박종민, 2020: 216).

〈표 1-1〉 전통적 관리 원리 vs 신공공관리론의 관리 원리

	전통적 관리 원리	신공공관리론의 관리 원리
1) 규모 (Scale)	• 대규모-집중화(Large-centralized)	• 소규모-분산화 (Small-decentralized)
2) 서비스 제공 (Service Provision)	• 정부에 의한 직접적 제공(Direct government service) • 비용과 혜택의 강요(Compel costs and benefits)	• 외부계약에 의한 제공 (Contract out) • 비용과 혜택에 있어 선택 (Choices in costs and benefits)
3) 전문화 (Specialization)	• 업무의 특성에 의한 전문화 (By characteristics of work) • 업무과정과 목적에 의한 전문화 (By work processes and purposes)	• 고객의 특성별 전문화 (By characteristics of clientele) • 위치별 전문화(By location)
4) 통제 (Control)	• 전문직업적 실무 표준에 의한 통제 (By professional practice standards) • 투입(예산, 인력)에 의한 통제(By inputs such as budgets and staff size) • 산출과 과정에 의한 통제 (By outputs and processes)	• 경쟁에 의한 통제(By competition) • 결과에 의한 통제(By outcomes)
5) 재량 (Discretion)	• 법과 규정에 의한 재량(By laws and regulations) • 전문직업적 허용 범위에 의한 재량 (Professional latitude)	• 규제완화에 의한 재량 (By deregulation) • 위험 감수에 의한 재량(By risk taking)
6) 고용 (Employment)	• 실적과 기술에 의한 고용 (By merit, technical skills)	• 실적과 기술에 의한 고용 (By merit, technical skills)
7) 리더십 (Leadership)	• 중립적 역량과 전문직업적 전문성에 기초한 리더십 (Based on neutral competence and professional expertise)	• 기업가적 정신에 기초한 리더십 (Based on entrepreneurial advocating)
8) 목적 (Purpose)	• 법률의 집행(To carry out the law) • 질서 있고 안정된 제도 관리 (To manage ordinary and reliable institutions)	• 변화 유도(To facilitate change) • 공공가치 창출 (To create public value)

출처: Frederickson & Smith(2003: 113)

---

9) 신공공관리론의 주요 특징으로는 고객 중시와 고객의 영향력 증대, 공공서비스 구매자와 공급자의 분리, 시장의 경쟁원리 적용, 민영화와 계약제 도입, 성과와 책임성의 강조, 유연성의 증대 등을 들 수 있다. 신공공관리론은 경제학의 자유시장 논리와 경영학의 최신 관리기법을 결부시킨 것이다(김정렬, 2004).

그러나 신공공관리론에 대해서도 공조직에 민간부문의 관리기법을 도입하는 데 한계가 있다거나, 효율성을 지나치게 강조함으로써 행정의 공적 가치 추구 측면을 등한시한다거나, 시민을 소비자화 함으로써 시민의 정치적 성격을 훼손시킨다는 등의 비판이 제기되었다(김광웅, 2003; 이명석, 2001: 308). 이와 함께 신공공관리론은 관료제적 조직 형태를 대체할 수 있는 일관된 대안을 제시하지 못한다는 지적도 제기되었다(Moe, 1994; Light, 1995; 1997).

1.3 ▶ 정치적 관점의 연구

1. 종래의 관점

정치적 관점의 정부관료제 연구는 정부관료제가 정책과정상 수행하는 광범위한 역할에 주목한다. 여기서 정부관료제는 정책과정에 능동적으로 참여하는 이해관계 주체나 권력 주체로서의 행정기관과 관료집단을 의미한다.[10]

정치적 관점의 연구는 행정기관과 관료집단이 나름의 이익과 작동 논리를 지닌 독립적인 행위 주체로서, 의회, 정당, 이익집단, 시민단체, 일반 국민 등 외부 행위주체들과 역동적인 상호작용을 한다고 전제한다(조석준·임도빈, 2019: 6-8). 20세기 들어 사회가 날로 복잡화·이질화되고 공공수요가 급증하면서 항구성과 전문성으로 무장된 행정기관과 관료들이 국정에 미치는 영향력이 증대됨에 따라 이들을 정책과정의 주요 행위자로 인식하게 된 것이다(Appleby, 1949; Wolen, 1960).

오늘날 대부분 국가에서 행정기관과 관료들은 고도의 전문성과 정보처리 능력, 방대한 자원 배분권, 합법적인 강제 권력 수단, 외부의 정치적 동맹세력 등 다양한 정치자원을 토대로 정책과정 전반에 심대한 영향을 미친다. 정책결정의 공식적인 권한이 어디에 있든지 행정기관과 관료들이 실권을 행사하고 있는 것이다.[11]

정치적 관점의 정부관료제 연구는 이런 현실을 토대로 행정기관과 관료들이 정책과정에서 영향력을 행사하는 방식을 규명한다. 이와 함께 이들에 의한 정책

---

10) Rockman(1992: 143), Rosenbloom(1983) 참조.
11) Hill(1997), Rourke(1984),Rockman(1992: 145) 참조.

결정과 집행이 정치공동체의 선호에 얼마나 부합되는지의 대응성 문제, 이들에 대한 민주적 통제와 책임성 확보 문제 등을 주요 이슈로 다룬다.[12] 정치적 관점의 연구들 가운데 행정기관과 관료들이 여타 정책주체들과의 상호작용 속에서 효과적인 정책결정과 집행에 어떻게 기여하거나 걸림돌이 되는지를 주제로 삼은 연구들은 정부관료제에 대한 정책적 관점(perspective of public policy)의 연구와 중첩된다(Bryner, 2007).

행정기관과 관료들은 정책과정에서 국민의 요구나 국민대표인 정치인들의 지시에 충실하지 않고 자신들의 이익을 우선시하거나, 자신들의 편향된 전문지식과 정책 논리에 집착하거나, 공익이 아니라 사회 일부 계층의 특수 이익을 옹호하는 등의 부정적 행태를 나타냄으로써 민주주의를 위협할 수 있다(Wood & Waterman, 1994: 13-26). 정치적 관점의 연구는 행정을 정치의 일환으로 보면서, 민주주의 실천 측면에서 선출직 공직자들과 시민에 대한 정부관료제의 정치적 대응성과 책임성 등을 주요 가치로 여긴다(Rosenbloom & Kravchuk, 2005: 28).

정치적 관점은 차원이 다른 세 유형의 정부관료제를 연구대상으로 삼는다(Rockman, 1992). 첫째, 행정부의 다양한 행정기관들을 포괄하는 집합체로서의 정부관료제(bureaucracy as a whole)이다. 이러한 광의의 정부관료제 연구는 거시적 정치환경(또는 그 구성 주체들)과의 상호관계를 주된 대상으로 한다.[13] 주로 정부관료제와 여타 정치 행위자들(행정수반, 의회, 정당 등) 간 권력관계가 어떤지, 그것이 민주주의 실현이라는 측면에서 어떤 결과를 가져오는지 등을 규명하고자 한다(Heady, 1996).

둘째, 행정기관으로서의 정부관료제이다. 광의의 정부관료제는 단일동일체적 존재(an unified entity)가 아니라 다수 개별 행정기관의 느슨한 집합체(a conglomerate)이다. 따라서 개별 행정기관은 각기 나름의 시각과 이해관계를 토대로 상호 간에 그리고 여타 외부 행위자들과 독자적인 상호작용을 한다. 실제로 행정기관이 정책과정에서 전개되는 권력 작용 현상의 중심부에 놓이는 경우는 적지 않다.[14]

개별 행정기관이 정책결정 및 집행과 관련된 제 현상을 파악할 수 있는 중요

---

12) Rourke(1984), Redford(1969), Denhardt(1993: 141-142) 참조.
13) 광의의 정부관료제의 거시적 정치환경을 구성하는 정치행위자들은 크게 정부 내 행위자들(행정수반, 의회 등)과 정부 외부의 행위자들(정당·대중매체·각종 이익집단과 시민단체)로 분류될 수 있다.
14) Yates(1982: 70, 74), Rockman(1992: 147) 참조.

한 분석단위가 될 수 있기에, 정치적 관점의 많은 연구와 이론은 개별 행정기관을 정부관료제로 간주한다. 예컨대 철의 삼각구도(iron triangle)이론, 하위체제(sub-system)이론, 포로이론(capture theory)과 같이 정책과정 참여자들 간 상호작용을 나타내는 권력 모형들은 모두 개별 행정기관과 관련된 것들이다(Furlong, 1998; Yate, 1982).

개별 행정기관의 역할을 중시하는 관점에서 행정부 내 정치적 다원주의(political pluralism)를 주창하는 학자들도 있다. 이들은 행정부의 조직편제가 사회의 축소판으로서 다원주의 사회의 경합하는 세력을 반영해야 하며(Seidman, 1970: 13), 이런 편제 속에서 발생하는 행정기관 간 갈등과 협상 등을 민주주의에 부합되는 정치 현상으로 본다(Rosenbloom & Kravchuk, 2005: 29).

이와 다른 차원에서 개별 행정기관 내부의 부서 간 혹은 개인 간 상호작용 관계를 조명하는 연구들도 있다. 이들 연구는 행정기관 내 하위 단위들이나 구성원들 간에 존재하는 가치, 선호, 인식, 이해관계, 위상과 지위 등의 차이가 조직 내부의 결정과 외부 주체들과의 관계에 미치는 영향 등을 밝힌다.[15]

이런 측면에서 보면 행정기관 안팎의 정책과정상 활동은 그것이 전개되는 소재에 따라 기관 내부적인 활동과 기관 외부적인 활동으로 구분할 수 있다. 또한 그러한 활동에 관여하는 주체를 기준으로 공식적인 참여자(행정기관, 소속 정무직 공직자와 관료, 대통령, 의회, 타 행정기관 등)와 비공식적인 참여자(이익집단, 시민단체, 언론, 일반시민 등)로 구분할 수 있다.

이들 두 기준의 교차분류(a cross-classification)에 의하면 네 개 범주의 정책활동을 구분할 수 있다.

① 내부적-공식적 정책활동 범주: 대표적인 예로서는 행정기관 내 정무직 상관과 경력직 고위 공무원들 간 상호작용을 들 수 있다. 이들 간 관계는 단순한 상하 관계에 그치지 않고 정책을 둘러싸고 이견과 대립, 협상 등의 상호작용이 이루어질 수 있다. 기관 내 부서들 간 그리고 관련 공무원들 간에도 유사한 성격의 상호작용이 펼쳐질 수 있다.

② 외부적-공식적 정책활동 범주: 행정기관이 정책 추진, 예산 확보, 관할영역 확장 등을 위해 다른 공식적인 정책 주체들(대통령, 의회, 타 행정기관 등)의 지지를

---

15) 앞서 관리적 관점에서는 행정기관 내부의 권력과 갈등, 정치적 규합과 같은 정치적 상황을 조직구성원의 통합된 이해관계 형성을 저해하는 일종의 일탈적인 것으로 간주한다(김병섭 외, 2000: 387).

얻으려 노력하는 정책활동 등이 이에 해당한다. 또한 해당 기관을 견제하거나 해당 기관의 자율성을 통제함으로써 공공 책임성(public accoutability)을 확보하려는 다른 공식적 정책 주체들의 정책활동 등도 여기에 포함된다.

③ 내부적-비공식적 정책활동 범주: 행정기관 내부에서 이루어지는 정책 형성(formation of policy)에 외부 이익집단이나 시민단체 등이 로비 활동을 전개하는 것 등을 말한다. 이익집단의 활동에 대한 행정기관의 개방성은 나라와 정치문화에 따라 차이가 날 수 있으나, 일부 독재국가를 제외하고는 이익집단들의 이러한 활동이 가능하다.

④ 외부적-비공식적 정책활동 범주: 행정기관이 자신의 예산 확보, 특정 프로그램에 대한 지지 확산 등을 위해 이익집단들이나 일반 국민을 상대로 홍보를 하는 활동 등을 말한다.

셋째, 사회집단(a social group)으로서의 정부관료제이다. 이는 정부관료제를 다양한 행정기관에 소속된 관료들의 집합체로 보는 관점이다(Rockman, 1992: 165). 관료들의 구성, 정치적 성향, 행태 등에 주로 초점을 맞춘 연구들은 정부관료제의 본질을 관료집단으로 이해한다.

현실에서 소속기관이 다른 관료들을 정책과정상 하나의 통합된 집단세력으로 간주하기는 어렵다. 관료들은 소속 행정기관에 의해 착색된 가치관과 이해관계를 가지는 것은 물론, 같은 행정기관 내에서도 소속 계층이나 부서에 따라 정책 시각이 다를 수 있기 때문이다. 그럼에도 불구하고 관료들은 기술적 합리성에 대한 우월감, 정치인들에 대한 부정적인 태도 등 어느 정도 공통 의식과 행동 패턴을 보인다는 점에서 하나의 집단으로 정책과정의 변수가 될 수 있다(Aberbach et al., 1981).

관료집단에 관한 연구는 주로 중상위층 관료들의 정책 정향이나 정책과정상 영향력, 그들의 이해관계와 권력 수단, 정무직 공직자들과의 조직 내부적 역학관계, 외부 행위자들과의 정치적 연대 관계, 그들 자신의 대표성과 민주 의식 등을 핵심 관심사로 삼는다(Aberbach et al., 1981; Hills, 1991). 하급관료들이나 일선관료들의 정책과정상 역할과 행태에 관한 연구는 상대적으로 드문 편이나, 이들의 내부 규범이나 자기 이익 중심의 행태를 규명하는 연구들이 일부 있다.[16]

전체적으로 볼 때 정치적 관점의 정부관료제 연구는 대부분 행정기관이나 관

---

16) Lipsky(1980), Rockman(1992: 155-156) 참조.

료들의 권력 문제를 다룬다. 많은 연구가 정치권력 주체로서의 정부관료제의 팽
창된 영향력 문제를 부각시키거나 이를 통제할 수 있는 방안을 모색하지만(Putnam, 1973; Rourke, 1984; Barzelay, 1992; West, 1995), 연구에 따라서는 정치체제 속의 종속
변수로서 정부관료제가 안고 있는 한계를 밝히기도 한다. 후자의 연구들은 정부
관료제가 다수의 외부 주인을 섬기면서 많은 제약 속에서 모순된 복수의 임무를
수행하는 현실 등을 조명한다(Wilson, 1989; Furlong, 1998).

2. 근래의 관점

1980년대 이래 선진 각국 정부의 권력과 권위는 사회세력과 시장원리에 의해
크게 잠식되어왔다. 그동안 정부가 독점해 온 정책결정과 정책집행의 기능을 제3
부문으로 불리는 준정부 혹은 비정부조직들이 일부 수행하는 현상 등이 광범위하
게 확산되었으며, 신국정관리론(New Governance Theory)은 이러한 현상을 이론적
으로 뒷받침하였다(정정길, 2000: 526; 이명석, 2001: 310-311).

신국정관리론은 정부실패 혹은 정부관료제 실패를 시장기능이나 시민사회의
참여를 통해 극복하려는 개혁이론으로서, 정부와 사회의 여러 주체들이 상호 신
뢰와 이해를 토대로 네트워크 협력체계를 구축하여 사회문제 해결과 서비스 제공
을 분담해야 한다는 점을 강조한다(Agranoff & McGuire, 2003: 552-557).

1980년대부터 앞서 신공공관리론에 기반하여 이루어진 민영화, 민간위탁 등
시장주의적인 행정개혁으로 인해 공공서비스 제공이 민간에 대폭 이양됨으로써
신국정관리 네트워크가 구축될 수 있는 토대를 마련하였다(김정렬, 2004; 정정길,
2000: 543). 중앙정부의 정책이나 프로그램을 하위정부 단위나 민간기업, 공익단체
등 '제3자(third-party)'가 이행토록 하는 대리정부화(government by proxy) 현상은 신
국정관리의 한 특징이다.

정부 안팎의 주요 주체들이 정부와 사회 부문 간 네트워크 구조를 복잡하게
엉클어진 사회 이슈들(wicked issues)을 타개하고 공공서비스를 효과적으로 제공할
수 있는 유익한 장치로 인식하고 있어서, 신국정관리는 앞으로 더욱 확장될 전망
이다(Keast et al., 2004: 363; O'Toole, 1997: 46).

그러나 다른 한편에서는 신국정관리가 행정의 비효율성 위험과 함께 민주적
책임성 문제를 야기할 수 있다는 지적이 제기되고 있다. 예컨대 대리정부화는 '오
류교정 비용' 또는 '정보 왜곡 방지 비용'을 추가적으로 발생시키는 비효율성 문제

를 수반할 수 있고, 이윤추구가 주목적인 민간기업 등을 정책과정에 참여시킴으로써 행정의 공공성과 정책의 근본 취지가 훼손될 수 있다는 것이다(김병섭 외, 2000: 563-573). 같은 맥락에서 정부 안팎의 여러 행위주체가 행정서비스 공급 등에 직접 관여하는 상황은 이른바 '합동행위의 복잡성'(complexity of joint action) 문제와 책임 분산의 문제 등을 초래할 것이란 비판도 나오고 있다(Hague, 2001). 나아가 일부 학자는 이러한 현상이 정부가 정책기능 대부분을 상실하는 이른바 '공허한 국가'(hollow state)를 낳을 수 있음을 우려하기도 한다(Milward & Proven, 1993).

정부와 사회 간 경계선을 모호하게 만드는 신국정관리체제는 정책과정을 주도하는 주체로서의 정부관료제의 권위와 역할에 대한 심각한 도전이 되고 있다. 행정기관과 관료들은 이제 정책결정과 집행과정에서 민간기업(그리고 그 대표자) 등을 자신들과 대등한 협력 파트너(collaborating partners)로 인정해야 하기 때문이다. 행정기관과 관료들은 정책과정에서 기술적 전문성(technical expertise)의 우위도 더 이상 점할 수 없게 되었다. 민간 부문에서의 과학자들이나 정책 옹호 단체(advocacy groups) 등이 관련 지식과 정보를 국정관리 테이블(governance table)에 올려놓기 때문이다. 뿐만 아니라 정부의 정책추진에 민간기업 등 비정부 주체의 투자를 유치하는 국정관리의 접근방식은 자원배분에 대한 행정기관의 영향력을 감소시키는 결과를 초래하였다(Agranoff & McGuire, 2003). 정부관료제에 관한 정치적 관점의 근래 연구는 이러한 현상을 조명하는 경향을 보인다(Meier & O'Toole, 2006; Whitley, 2011).

1.4 ▶ 연구 관점의 차이

첫째, 관리적 관점의 전통적인 접근은 공조직이 분업, 전문화, 계층제 등을 특징으로 하는 관료제적 구조와 운영체계를 기반으로 작동해야 하고, 능률성과 경제성의 가치를 추구하기 위해 정치적 요소를 배제해야 한다고 본다. 그리고 공조직이 합리적으로 기능하기 위해서는 조직구성원을 조직의 합리적 체제에 편입되는 하나의 부속물로서 간주하고, 시민을 하나의 사례(case)로 취급하는 것이 바람직하다고 여긴다. 의사결정에 있어서는 가능한 많은 대안을 광범위하게 검토한 후 비용 효과적인 측면에서 가장 바람직한 대안을 선택하는 합리적 의사결정

(rational decision making) 방식을 주문한다(Rosenbloom & Kravchuk, 2005: 20).

둘째, 관리적 관점의 신공공관리론적 접근은 관료제적 특성을 지닌 전통적인 공조직이 비생산적이라고 전제하며, 공조직이 지향할 바를 다음 몇 가지로 설정한다. ① 절차에 충실하기보다는 결과달성에 초점을 맞추어야 한다. ② 결과 달성을 위해 조직 안팎에 시장에서와 같은 경쟁체제를 활용해 재화와 서비스를 공급해야 한다. ③ 시민을 기업의 고객처럼 대해야 한다. ④ 조직 내 분권화와 탈규제를 통해 조직구성원들의 업무 수행에 되도록 많은 재량을 허용해야 한다. ⑤ 조직문화가 혁신적이고 문제해결 지향적이며 기업가적이어야 한다(Osborne & Gaebler, 1992).

신공공관리론은 전통적인 관리적 접근과 마찬가지로 행정은 비정치적이며 사업적이라는 정치·행정 이원론적인 입장을 취한다. 그러면서 행정기관도 고객 서비스를 제공하는 기업과 같은 구조를 갖추어야만 비용효과적이고 환경에 대응적일 수 있다는 전제에서, 하위 단위들이 보다 독립적인 서비스 센터로 작동할 수 있는 수평적이고 분권화된 구조를 갖춰야 한다고 주장한다(Rosenbloom & Kravchuk, 2005: 26).

신공공관리론은 시민 개개인, 다른 행정기관, 다른 수준의 정부, 민간조직 등 모두를 행정기관의 고객으로 인정하며, 동일 수준 정부 내 타 행정기관 등을 내부고객(internal customers)으로 간주한다. 또한 기업 못지않게 고객만족을 조직 내부 운영과 서비스 제공의 주요 기준으로 삼는다.

셋째, 정치적 관점의 전통적 접근은 정부관료제의 구성 및 활동과 관련하여 대표성, 정치적 대응성, 책임성과 같은 공적 가치를 중시한다. 이러한 차원에서 행정부 조직은 사회의 축소판으로서, 다원주의 사회의 다양한 세력들의 이해관계와 경쟁 등을 반영하도록 조직편제를 갖추는 것이 바람직하다고 본다. 그리고 행정기관들 간 관할권이나 프로그램의 중복 등을 불가피한 현실로 수용한다.

행정기관과 관료들은 정치적 다원주의, 제한된 합리성, 인적·물적 자원의 제약 등의 여건에 영향 받으므로, 정책과정에서 합의와 점진적 변화 위주의 점증주의적 의사결정 방식을 취하는 것이 바람직하다고 여긴다.

넷째, 정치적 관점의 신국정관리론적 접근은 정부 안팎의 다수 행위주체가 공동목표와 상호 신뢰를 기반으로 한 네트워크 구조를 통해 복잡한 정책문제를 해결하거나 공공서비스를 제공해야 한다는 입장이다. 행정기관과 관료들은 이러한 네트워크 체제의 참여 주체인 동시에 네트워크가 원만하게 작동토록 노력하는 촉

〈표 1-2〉 정부관료제에 관한 관점의 대비

특 징	연 구 관 점			
	전통적 관리	신공공 관리	전통적 정치	신국정관리
1) 추구할 가치	• 경제성 • 효율성 • 효과성	• 비용효과 • 고객에 대한 대응성	• 대표성 • 대응성 • 책임성	• 모호하고 복잡 한 문제 해결
2) 조직구조	• 이념형 관료제	• 경쟁적 • 기업조직적	• 조직적 다원주의	• 협력적 네트워크
3) 개인에 대한 관점	• 몰인격적 사례 • 합리적 행위자	• 고객	• 사회집단의 구성원	
4) 의사결정모형	• 합리적·포괄적	• 성과 토대 • 시장 지향적	• 점증적	• 협상지향적
5) 바람직한 역할	• 중립적 집행자	• 중립적 집행자	• 정책결정 참여자	• 조정자·촉진자

출처: Rosenbloom & Kravchuk(2005: 37)의 표를 수정 재구성한 것임.

진자 내지 조정자의 역할을 담당하게 된다.

1.5 ▶ 결 어: 관점의 상호 연관성

　관리적 관점의 연구는 행정기관 내부적인 구조와 관리의 개선에 초점을 맞춘 내향적인 것이 대부분이었고, 정치적 관점의 연구들은 거의가 행정기관이나 관료들과 외부 행위 주체들 간의 상호작용을 포함한 대외적 관계에 치중된 외향적인 성격을 띠어 왔다(Gortner, 1987: 304). 따라서 관리적 관점의 연구가 외부 환경으로부터 상대적으로 차단된 폐쇄시스템적인 정부조직체를 가정하였다면, 정치적 관점의 연구는 환경적 변수에 대한 적응과 상호작용을 중시하는 개방시스템적인 특성의 행정기관과 관료집단을 상정하였다고 할 수 있다.

　관리적 관점의 연구는 행위주체로서의 정부관료제와 관련된 권력, 정치, 대응성, 민주적 책임, 외부 환경이라는 변수를 소홀히 하기에 불완전한 연구이다. 특히 행정기관 내부의 합리적 선택 행위를 제약할 수 있는 외부의 변수나 구조적 상황을 제대로 고려하지 않는 것이 문제이다. 정치적 관점의 연구 역시 정부조직체의 내부 관리라는 핵심 문제를 등한시하기에 불완전한 연구라고 할 수 있다.

행정기관의 내부관리가 효율적이지 않고서는 행정기관이나 관료들의 바람직한 대외적 역할 수행을 기대하기 어려운 것이다(Johnson, 1992: 86; Denhardt, 1993: 16).

기존 연구들의 이러한 이론적 불완전성은 관련 제도와 실무에서도 나타나고 있다. 실제로 선진 각국의 행정개혁에서 높은 성과를 내기 위한 관리장치의 설계와, 정치 환경에 대한 대응성을 높이기 위한 통제장치의 설계 간에, 상호 모순되는 요소들이 적지 않게 혼재되어 혼란을 빚었다(Peters, 1996). 신공공관리론에 따라 관리자의 자율성 확대를 통해 공조직의 능률성을 향상시키려는 시도와, 시민 등 외부세력에 의한 통제를 강화함으로써 공조직과 관료들의 대응성을 확보하려는 노력이 동시에 진행된 것 등이 이러한 사례라고 할 수 있다(정정길, 2000: 432).

현실적으로 관리적 관점의 연구대상과 정치적 관점의 연구대상은 적지 않은 부분에서 상호 맞물리고 중첩된다. 예컨대 행정기관의 내부구조와 운영방식 등은 기관의 역량 내지 생산성과 관련된 내부변수로서 관리적 관점의 주된 연구대상이지만, 개별 행정기관은 소관 정책영역에 관한 한 그 자체가 정책결정의 출발점이자 정책집행의 중심지이므로 이들 변수는 정치적 관점의 연구에서도 다루어야 하는 경우가 많다.

이처럼 양 관점의 연구 대상은 엄격히 구분되기도 어렵거니와, 정부관료제의 전체적 모습과 작용 실태를 포괄적으로 이해하기 위해서도 상호 연관성 속에서 연구되어야 마땅하다. 양 관점의 연구자들도 이 점을 시인한다.

예컨대 관리적 관점의 연구에서 행정기관은 일반적으로 외부 환경이 우호적일 때 내부적으로도 보다 효과적으로 작동한다거나(Rainey & Steinbauer, 1999: 14-16), 신공공관리적 개혁에는 조직체로서의 정부관료제의 효율성을 높이려는 목적 외에도 성과측정 등을 통하여 관료들에 대한 정치적 통제를 강화하려는 목적도 있다는 등의 주장을 담은 연구들은 정치적 관점을 내포한 것이라고 할 수 있다(Peters, 1995: 239). Mintzberg(1979)가 많은 행정기관들이 기계적 관료제(machine bureaucracy)의 형식을 취하는 것은 외부적 통제 때문이라고 지적한 것 역시 같은 맥락이라고 할 수 있다. 외부 통제가 강화될수록 조직 내부의 운영은 형식화, 표준운영절차화(standardization), 집권화의 경향이 강해진다는 것이다.

정치적 관점의 연구를 지향하는 학자들도 행정기관의 내부 현상을 함께 다루는 경향이 있다.[17] 대표적으로 Frederickson(1980)을 비롯한 신행정론자들은 일찍

---

17) Gortner(1987: 57), Rainey(1992: 113), Rainey & Steinbauer(1999) 참조.

부터 행정기관이 조직 내적으로 바람직한 체제와 절차를 갖출 때, 행정의 대응성이 제고될 수 있음을 강조하였다. 그러면서 조직 내부에서의 비권위적 관리방식, 조직하부 구성원들의 의사결정 참여, 탈권위주의적 리더십과 같은 특성들이 조직의 외부 대응성을 제고시킨 사례가 적지 않음을 지적하였다.

현실적으로 행정기관과 관료들은 정치세계와 관리세계의 교차점에 서 있다. 이들은 정책과정상 완전히 독립적인 활동주체도 아니지만, 그렇다고 기술적 합리성만을 추구하는 단순한 조직체나 구성원들도 아니다. 때문에 순수 관리나 정치 어느 한 관점에서 배타적으로 연구될 수 없는 것이다(Hood, 1976; Denhardt, 1993: 20). 두 관점의 연구는 각기 기존 속성을 유지하면서도 상호 유기적인 연관성 속에서 이루어질 때, 정부관료제에 관한 실상 파악과 이론 구축 그리고 문제에 대한 처방이 어느 한쪽으로 치우치지 않고 균형을 기할 수 있다

기존의 양대 연구 관점을 상호 연결하는 방안을 모색함에 있어서는 Thomson(1967)의 연구가 시사하는 바가 크다. Thomson은 조직을 광범위한 환경 내지 사회체제와의 관계를 주로 다루는 상위의 제도(institutional) 계층, 조직의 실제 과업을 효과적으로 수행하여야 하는 하위의 기술(technical) 계층, 외부 고객과 하위 기술계층 간을 조정하는 중간 관리(managerial) 계층의 셋으로 나눈다. 그리고 이를 토대로 불확실성 제거를 모색하는 합리적 모형의 폐쇄적 논리는 하위층에 주로 적용하는 것이, 외부로부터의 영향력과 불확실성을 인정하는 개방체제의 논리는 상위층에 주로 적용하는 것이, 그리고 중간층에 대해서는 양 체계의 논리를 복합적으로 적용하는 것이 바람직하다고 제시하였다. Thomson의 이러한 제시는 정부관료제의 연구에 있어서, 상위층 관료들에 대해서는 정책과정상의 역할을 중시하는 정치적 관점에, 하위층 관료들에 대해서는 효율성 위주의 관리적 관점에, 각각 상대적으로 더 큰 비중을 두는 방식으로 양 관점 간 접점 찾기가 가능함을 시사한다.

참고문헌

김광웅. (2003). 「바람직한 정부」. 서울: 박영사.

김병섭 외. (2000). 「조직의 이해와 관리」. 서울: 대영문화사.

김정렬. (2004). 거버넌스의 쟁점과 과제. 「행정포커스」, 2004(3/4): 35-42.

박종민. (2020). 관료제, 「학문연구의 동향과 쟁점: 행정학」 10: 203-212. 대한민국학술원.

_____. (2023). 공무원제도의 관료제화: 한국공무원들의 시각. 「정부학 연구」, 29(1): 3-27.

이명석. (2001). 신공공관리론, 신거버넌스론, 그리고 김대중 정부의 행정개혁. 「2001년 한국행정학회 춘계학술대회논문집」, 305-321.

정정길. (2000). 「행정학의 새로운 이해」. 서울: 대명출판사.

조석준 · 임도빈. (2019). 「한국 행정조직론」, 파주: 법문사.

주재현. (2021). 「영국 거버넌스 체제변동 연구」. 서울: 윤성사.

Aberbach, Joel D., Putnam, Robert D., & Rockman, Bert A. (1981). Bureaucrats and Politicians in Western Democracies. Cambridge, Massachusetts: Harvard University Press.

Agranoff, Robert & Michael McGuire. (2003). Governance Network. in Jack Rabin ed. *Encyclopedia of Public Administration and Public Policy*. 552-557. New York: Marcel Dekker.

Albrow, Martin. (1970). *Bureaucracy*. London: Pall Mall Press Ltd.

Appleby, Paul. (1949). *Policy and Administration*. Tuscaloosa: University of Alabama Press.

Barzelay, Michael. (1992). Breaking Through Bureaucracy. Berkeley: University of California Press.

Blau, Peter M & Marshall W. Meyer. (1987). *Bureaucracy in Modern Society*. New York: Mc-Graw-Hill, Inc.

Bryner, Gary C. (2007). in B. Guy Peters and Jon Pierre (eds.), *The Handbook of Public Administration*. 189-198. Los Angeles: Sage Publications.

Denhardt, Robert B. (1981). *In the Shadow of Organization*. Lawrence, Kansas: The Regents Press of Kansas.

Frederickson, H. George & Kevin B. Smith. (2003). *The Public Administration Theory Primer* Cambriridge, MA: Westview Press.

Furlong, Scott R. (1998). Political Influence on the Bureaucracy: The Bureaucracy Speaks. *Journal of Public Administration Research and Theory*. 8(1): 39-65.

Gortner, Harold F. et al. (1987). *Organization Theory: A Public Perspective*. Chicago, Illinoise: The Dorsey Press.

Gouldner, Alvin. (1954). *Patterns of Industrial Bureaucracy*. New York: The Free Press.

Gulick, Luther. (1937). Science, Values, and Public Administration. in Luther Gulick and L. Urwick (eds.), *Papers on the Science of Administration*, 189-195. New York: Institute of Public Administration.

Hague, M. Samuel. (2001). The Diminishing Publicness of Public Service under the Current Mode of Governance. *Public Administration Review*, 61(1): 65-82.

Heady, Ferrel. (1992). Bureaucracies. in Hawkesworth, Mary and Maurice Kogan (eds.), *Encyclo - pedia of Government and Politics*, 304-315. New York: Routledge.

_____. (1996). *Public Administration: A Comparative Perspectives*. New York: Marcel Dekker, Inc.

Hill, Michael. (1997). *The Policy Process in the Modern State*. New York: Prentice Hall.

Hills, Larry B. (1991). Who Governs the American Administrative State? A Bureaucratic-Centered Image of Governance. *Journal of Public Administration Research and Theory*. 1(3): 261-294.

Hughes, Owen E. (1994). *Public Management and Administration*. New York: St. Martin's Press.

Hood, Christopher. (1976). *The Limits of Administration*. London: Wiley.

Hummel, Raloh P. (1987). *The Bureaucratic Experience*. New York: St. Martin's Press.

Johnson, William C. (1992). *Public Administration: Policy, Politics, and Practice*. Guilford, Connecticut: The Dushkin Publishing Group, Inc.

Johnston, Kenneth. (1993). *Beyond Bureaucracy: A Blueprint and Vision for Government that Works*. Homewood, Illinois: Business One Irwin.

Keast, Robyn et al. (2004). Network Structures: Working Differently and Changing Expectations. *Public Administration Review*. 64(3): 363-371.

Kramer, Fred A. (1981). *Dynamic of Public Bureaucracy*. Cambridge, Massachusetts: Winthrop Publisher, Inc.

Lane, Jan-Erik. (1993). *The Public Sector: Concepts, Models and Approaches*. London: Sage Publications.

Light, Paul C. (1995). *Thickening Government: Federal Hierarchy and Diffusion of Authority*. Washington, D.C.: The Brookings Institution and the Governance Institute.

Lipsky, Michael. (1980). *Street-Level Bureaucracy*. New York: Russell Sage Foundation.

Lynn Jr., Laurence E. (2001). The Myth of the Bureaucratic Paradigm: What Traditional Public Administration Really Stood For. *Public Administration Review*, 61(2): 144-160.

Merton, Robert K. (1968). *Social Theory and Social Structure*. New York: The Free Press.

Meier, Kenneth J. & Laurence J. O'Toole. (2006). *Bureaucracy in a Democratic State: A Governance Perspective*. Baltimore: The Johns Hopkins University.

Milward, H. Brinton & Kith G. Provan. (1993). The Hollow State: Private Provision of Public Services. in Helen Ingram & S. R. Smith (ed.), *Public Policy for Democracy*, 222-237.

Washington, D.C.: Brookings Institution.

Mintzberg, H. (1979). *The Structuring of Organizations*. Englewood Cliffs, N.J.: Prentice-Hall.

Moe, Ronald. (1994). The 'Reinventing Government' Exercise: Misinterpreting the Problem, Misjudging the Consequence. *Public Administration Review*. 54(2): 111-122.

Osborne, David & Ted Gaebler. (1992). *Reinventing Government*. Reading, M.A.: Addison-Wesley.

O'Toole, Laurence J. (1997). Treating Networks Seriously: Practical and Research-based Agendas in Public Administration. *Public Administration Review*. 57(1): 45-52.

Palumbo, Dennis & Steven Maynard-Moody. (1991). *Contemporary Public Administration*. New York: Longman.

Parsons, Talcott. (1960). *Structure and Process in Modern Societies*. Glenco, Ill.: The Free Press.

Peters, B. Guy. (1995). *The Politics of Bureaucracy*. N.Y.: Longman.

Peters, B. Guy & John Pierre. (1998) Governance without Government? Rethinking Public Administration. *Journal of Public Administration Research and Theory*, 8(2): 223-243.

Putnam, Robert D. (1973). The Political Attitudes of Senior Civil Servants in Western Europe: A Preliminary Report. *British Journal of Political Science*. 3: 257-290.

Rainey, Hal G. & Paula Steinbauer. (1999). Galloping Elements of A theory of Effective Government Organizations. *Journal of Public Administration Research and Theory*. 9(1): 1-32.

Redford, Emmett S. (1969). *Democracy in the Administrative State*. New York: Oxford University Press.

Rockman, Bert A. (1992). Bureaucracy, Power, Policy, and the State. in Larry B. Hill (ed.), *The State of Public Bureaucracy*, 141-169. Armonk, New York: M.E. Sharpe, Inc.

Rosenbloom, David H. (1983). Public Administration Theory and the Separation of Power. *Public Administration Review*. 43(3): 219-227.

Rosenbloom, Divid H. & Robert S. Kravchuk. (2005). *Public Administration: Understanding Man-agement, Politics, and Law in the Public Sector*. Boston: McGraw Hill.

Rourke, Francis E. (1984). *Bureaucracy, Politics, and Public Policy*. Boston: Little, Brown.

Seidman, Harold. (1970). *Politics, Positions, and Power*. New York: Oxford University Press.

Self, Peter. (1985). *Political Theories and Modern Government*. London: George Allen & Unwin.

Thomson, James D. (1967). *Organizations in Action*. New York: McGraw-Hill.

Vigoda, Eran. (2002). From Responsiveness to Collaboration: Governance, Citizens, and the Next Generation of Public Administration. *Public Administration Review*. 62(5): 527-540.

Weber, Max. (1947). *The Theory of Social and Economic Organization*. New York: Oxford University Press.

West, William F. (1995). *Controlling the Bureaucracy*. New York: M.E. Sharpe.

Willoughby, W. F. (1927). *Principles of Public Administration*. Baltimore: Johns Hopkins University.

Wilson, James Q. (1989). *Bureaucracy, What Government Agencies Do and Why They Do It.* Basic Books.

Wood, B. Dan & Waterman, Richard W. (1994). *Bureaucratic Dynamics.* San Francisco: Westview Press.

Wolen, Sheldon. (1960). *Politics and Vision.* Boston: Little, Brown.

Whitley, Richard. (2011). *Changing Governance and Authority Relations in the Public Sciences.* N.Y: Springer

Yates, Douglas. (1982). *Bureaucratic Democracy.* Cambridge, Massachusetts: Harvard University Press.

02 CHAPTER

Max Weber의 관료제 이론

2.1 서 언

2.1 서 언

현대 관료제(modern bureaucracy)에 관한 체계적인 연구는 독일 사회학자 Max Weber(1864-1920)에 의해 처음 이루어졌다. Weber는 광범위한 역사적·비교적 관점에서 관료제를 연구하였다. 관료제에 관한 Weber의 분석은 현대 관료제적 행정 형태(modern bureaucratic form of administration)의 본질적 특징을 정의하는 데 목적을 두었다.

Weber는 자신이 살던 당시의 사회적·정치적·경제적 제도들(institutions)을 과거의 그것들과 대비하는 방식을 통해 서구 사회에 나타난 하나의 경향을 확인하였고, 그는 이것을 합리화 과정(process of rationalization)이라고 명명하였다. 이는 한때 주술사의 영적 권위(spiritual authorities)에 의존해 진실과 나아갈 방향을 찾았던 사람들이 점차 법체계, 과학적 실험의 결과, 그리고 자신들의 이성(reason)의 힘을 지침(guides)으로 믿고 의지하는 쪽으로 변화하는 현상을 의미한다. Weber는 제도들(institutions)이 특정 목적 달성을 위해 신중하고 체계적으로 구조화된다는 의미에서 점점 더 합리적(rational)으로 전환되며, 목적과 수단의 관계는 꼼꼼한 계산의 문제(a matter of careful calculation)로 변하는 것으로 확인하였다. 이러한 합리화 과정에 대한 분석은 Weber를 관료제 연구로 이끌었다. 그는 자본주의가 경제체제에 있어서 합리적 발전의 최고 단계(stage)를 대표하듯이 관료제는 행정체제

---

* 이 장의 논의는 Tompkins(2005: 41-66)의 저서에 서술된 Weber의 관료제 이론을 저자가 요약하여 재구성하고 내용을 부분적으로 보완한 것임.

에 있어 합리적 발전의 최고 단계를 대표한다고 믿었다(Tompkins, 2005: 42-43). Weber는 관료제가 정부는 물론 민간부문에서도 자리 잡고 발전된다고 보았다 (Weber, 1984: 24-25).

이 장에서는 Weber의 관료제 이론을 설명하고, 오늘날 정부조직과 같은 복잡한 조직들을 이해하고 관리함에 있어 이러한 이론의 유용성 등에 대해 논의한다. Weber는 관료제를 사회적·정치적·경제적 환경과의 관계 속에서 분석하였지만, 연구의 핵심은 관료제의 내부적 특성(internal characteristics)이었다(Nickinovich, 2000). 따라서 이 장에서는 관료제를 그 내부적 특성을 위주로 소개한다.

2.2 정치적 권위와 행정

관료제에 대한 Weber의 진단은 정치적 권위(political authority)에 대한 그의 분석과 맞물려 있다. Weber는 사회적 관계들(social relationships)의 저변에는 권력 (power)이 있다고 보았다. 정치통치자들(political rulers)은 사람들을 지속적으로 지배하기 위해 권력(power)을 행사하며, 그들의 순응(compliance)을 확보하려고 흔히 강압(coercion)을 활용한다. 이와 유사하게 행정관리들(administrators)도 조직에서 하급자들에 대해 권력을 행사한다. Weber에 의하면 권력은 지시받는 사람이 그것이 적절하고 수용 가능(proper and acceptable)하다고 믿는지 여부와 무관하게 그 사람의 행동을 지시(direct)할 수 있는 능력을 말한다(Tompkins, 2005: 43).

정치통치자들과 행정관리들은 이처럼 사람들을 힘으로 지배를 할 수 있지만, 권력은 그것을 행사하는 주체의 권위(authority)가 사람들에 의해 정당한(legitimate) 것으로 간주될 때 보다 효과적이다(Tompkins, 2005: 43). Weber는 권력과 권위의 개념을 구분한다. 권위는 지시받는 사람들이 해당 지시를 정당한 것으로 받아들여 자발적으로 지키게 하는 것을 의미한다(Dudley, 2003: 126). 통치자들과 행정관리들은 그들의 권위가 정당한 것으로 인정되고 수용되는 상황에서는 시민들이나 하급자들과의 관계에서 강압에 크게 의존할 필요가 없다.

그렇다면 이러한 권위의 인식된 정당성(perceived legitimacy)의 토대(basis)는 무엇인가? Weber는 개념적으로 순수한 세 유형의 권위(conceptually pure types of authority)를 확인하였다. 카리스마적 권위(charismatic authority), 전통적 권위(traditional authority), 합법적-합리적 권위(legal-rational authority)가 그것들이다. Weber에 따르면 모든 통치자(ruler)는 이들 세 가지 순수 유형의 권위 가운데 어느 하나 혹은 그 이상을 토대로 자신에 의한 통치의 정당성(legitimacy)을 주장한다. 이들 권위는 아래와 같이 설명될 수 있다(Tompkins, 2005: 43-46).

1. 세 유형의 정당한 권위

(1) 카리스마적 권위

카리스마적 권위는 특정 리더의 비범한 자질(personal qualities)이나 행위들에 기초한다. 추종자들은 리더의 영웅적인 활동, 비범한 종교적 신성함, 본받을만한 인품, 초자연적인 힘, 선동적인 호소력(demagogic appeal) 때문에 리더의 권위를 정당한 것으로 받아들인다. 권위의 수용성은 흔히 리더가 수행하는 임무(mission) 등에 대한 추종자들의 헌신에 의해 강화된다. 카리스마적 리더의 역사적인 예로서는 예수(Jesus of Nazareth), 간디(Mahatma Ghandi), 킹(Martin Luther King) 등을 들 수 있다. 카리스마적 권위에서는 존경이 특정인의 직책(office)이 아니라 특정인 개인에게 주어지는 관계로, 그러한 권위는 해당 리더의 마법의 힘, 영적 힘(spirituality), 영웅주의(heroism) 등에 대한 사람들의 믿음이 지속되는 동안만 유지된다. 이 때문에 카리스마적 권위는 다른 유형의 권위와 결합되지 않는 한 상대적으로 불안한 지배의 토대라고 할 수 있다.

(2) 전통적 권위

전통적 권위는 누가 지배할 권리(right)가 있는지를 정하는 오랜 전통에 바탕을 두며, 이러한 권리는 통상 세습적 승계의 원칙(principle of hereditary succession)에 기초한다. 추종자들은 늘 해오던 일 처리 방식의 신성함(sanctity)을 믿기에 리더의 권위가 정당한 것으로 받아들인다. 통치자는 그가 속한 가족 혹은 계급(class)이 언제나 추종을 받아 왔기에 자신도 복종을 받게 된다. 복종은 전통적으로 승인된 권위의 직위(traditionally sanctioned position of authority)를 차지한 개인에게 사적 충성(personal loyalty)으로서 주어진다. 전통적인 정권(traditional regimes)에서는 흔히 권력이 사적이고 자의적인 방식으로 행사되지만, 통치자가 기존 규범과 관행들을 계속 존중하는 한 정권이 지속된다. 전통적 통치자의 예로서는 이집트의 파라오

(pharaohs), 아랍의 족장(patriarchs), 아시아나 유럽의 봉건 군주(feudal lords) 등을 들 수 있다.

(3) 합법적-합리적 권위

합법적-합리적 권위는 법규 체제(a system of laws and rules)와 그 체제하에서 권력을 행사할 수 있는 직위에 오른 사람들의 권리(right)에 토대를 둔다. 이런 권위 유형의 정당성은 사회관계에 질서를 부여하는 수단으로서의 이성(reason)에 대한 믿음에 기초한다. 현행 법질서(prevailing legal order)는 구성원들이 그것을 합리적인 통치체제(reasonable system of governance)로 받아들이는 정도만큼 정당하다. 카리스마적 권위나 전통적 권위와는 대조적으로 합법적-합리적 권위는 훨씬 몰인격적(impersonal)이며, 복종은 몰인격적 통치시스템(impersonal system of governance) 자체에 대한 것이다. 특정 개인은 자신이 위임받은 권위의 범위 내에서 활동할 때, 그리고 법적으로 정의된 임무를 수행할 때, 복종을 받을 수 있다. 법적-합리적 지배자의 예로서는 구체적인 의무를 수행할 권위를 위임받은 대통령, 총리, 행정관리 등을 들 수 있다. 합법적-합리적 권위는 대부분의 현대 종교적·경제적 제도들에 있어서도 통치(governance) 기반이 된다.

2. 권위 유형에 상응하는 세 개의 행정 유형

Weber는 통치자들이 자신들의 정책과 지시가 이행되도록 채택하는 특정 유형의 행정체제는 그들의 정치적 권위유형에 의해 결정된다고 보았다. 행정(administration)은 하급자들에 대한 행정관리들(administrative staff)의 권력 행사를 포함한다. 통치자들의 일반적인 정책과 구체적인 지시는 이들 행정관리를 통해 달성된다. 시민들에 대한 정치권력 행사와 마찬가지로 행정권력(administrative power)의 성공적인 행사 역시 정당성의 인식(perceptions of legitimacy)에 의존한다. 예컨대 만약 카리스마가 통치 권위(governing authority)의 토대라면, 그것은 행정권위(administrative authority)의 기초이기도 한 것이다(Tompkins, 2005: 44).

Weber는 세 개의 통치 권위 유형에 상응하는 세 개의 순수 행정유형(pure types of administration)을 다음과 같이 제시하였다(Tompkins, 2005: 44-45).

(1) 카리스마적 행정

카리스마적 통치 권위와 일치하는 것은 카리스마적 행정(Charismatic administration)이다. 이러한 행정은 느슨하게 조직화 되고 안정적이지 못하다. 통치자가 '신봉자들'(disciples)을 선정하는 기준은 신봉자들의 개인적인 헌신 정도이다. 신봉자들은 구체적인 규정이나 전통에 따라 수행할 고정 의무가 없기에 진정한 의미의 행정조직을 구성하지는 않지만, 어떤 형태로든 카리스마적 통치자의 임무 달성에 도움을 제공한다. 신봉자들이 다른 사람들의 복종을 이끌어내는 능력은 주로 신봉자들 자신의 카리스마적 자질과 통치자(혹은 리더)가 그들에게 부여하는 관심과 호의의 정도에 달려있다.

(2) 전통적 행정

전통적 통치 권위와 일치하는 전통적 행정체제(traditional administrative system)는 족장적(Patriarchal), 세습적(Patrimonial), 봉건적(Feudal) 형태의 행정(forms of administration)을 포괄한다.

① 족장적 행정(Patriarcal administraion): 세대주(head of a household), 즉 족장(patriarch)이 그의 대가족(extended family)과 하인들을 지배하는 곳에서 존재한다. 행정관리들(administrators)은 가족 구성원들, 하인들, 혹은 족장이 사적으로 선호하는 인물들로 구성되며, 이들은 주로 족장 가족의 음식과 의복, 안전 등을 챙기는 책임을 진다. 통치자의 권위가 가족을 넘어서지 않는 관계로 가사 직원(household staff)과 구분되는 행정관리는 존재하지 않는다.

② 세습적 행정(Patrimonial administration): 족장(patriarch)이 그의 대가족 밖의 신민들(subjects)을 지배할 때 나타난다. 왕국(kingdom)의 규모가 증대될수록 족장은 왕실의 필요를 충족하고 신민들의 지속적인 복종을 확보하기 위해 보다 분권화된 행정체제를 구축한다. 그러나 행정관리들 간에 일관된 노동의 분업은 이루어지지 않는다. 족장은 정치행정(political administration)을 그의 개인적인 일(personal affair)로 간주하며 구체적인 과업 달성에 필요할 시에 행정관리들에게 권위를 위임한다. 각 관리의 특권은 통치자의 변덕에 따라 아무 때나 부여되거나 박탈될 수 있다. 관행에 크게 어긋나지 않는 한 통치자는 행정관리들을 자의적으로 다룰 수 있고, 행정관리들은 신민들을 마음대로 취급할 수 있다. 이러한 행정체제의 전형적인 예는 파라오(pharaohs) 지배하의 이집트이다.

③ 봉건적 행정(Feudal administration): 역시 족장(patriarch)이 그의 대가족 밖의

신민들을 지배할 때 나타나지만, 행정관리들이 왕족들에게 개인적으로 얽매인 하인들이 아니라 지리적으로 분산된 정치적 동맹들(political allies)이라는 점에서 세습적 행정과 차별화된다. 통치자와 행정관리들 간 순수한 개인적 관계가 계약 관계(contractual relationship)로 대체되며, 이 계약에서 기사(knight)와 귀족(baron) 등은 제후(feudal lord)나 왕(king)으로부터 재산(property)을 부여받는 대가로 그들에게 충성을 서약한다.

유럽에서 제후들은 군주의 요청이 있을 시 그에게 군사적 지원을 제공하는 한 그들이 부여받은 토지(landed estates)에 대한 정치적 관할권(political jurisdiction)을 유지하였다. 그리고 명확히 정의된 행정 의무를 가진 행정관리 계층(a hierarchy of officials)을 구성하지 않은 상태에서 통치자의 정치적 통제를 받았다. 실제로 이러한 분권화되고 계약에 기초한 행정체제는 왕실의 세습적 행정과 공존하였다. 유럽의 근대 민족국가(modern nation-state)는 세습주의와 봉건주의의 이러한 결합으로부터 진화한 것이다.

(3) 관료적 행정

합법적-합리적 권위와 일치하는 행정기구(administrative apparatus)는 Weber가 관료적(bureaucratic)이라고 명명한 것이다. 관료적 행정에서 행정관리들(administrators)의 지위와 그의 통치자(ruler), 피통치자(the ruled), 다른 직원들(officials)에 대한 관계는 몰인격적인 규정들(impersonal rules)에 의해 엄격히 정의된다. 이들 규정은 권위의 계층(hierarchy of authority), 각 행정관리의 권리와 의무, 충원과 승진 방식, 행정 의무의 이행 수단 등을 합리적인 방식으로 정한다. 행정관리로서 관료들(bureaucrats)은 통치자의 사적인 하인도 정치적인 동맹자도 아니며, 상당한 직업적 안정을 누리는 기술적으로 훈련된 경력직 관리들(technically trained career administrators)이다.

통치자의 계속적 지배를 담보하기 위해 다소 우연히 조직화 되었던 것이 전통적 행정 형태라면, 관료적 행정 형태는 현대국가에서 정의(justice), 경제적 번영, 사회 복지와 같은 구체적 목적 달성을 위해 체계적으로 조직화된 것이다. 그러므로 관료적 행정 형태는 합리화 과정의 정점을 대표한다. 관료적 행정 형태는 시간이 경과하면서 점차 민간회사, 군대, 교회, 대학 등 거의 모든 사회제도(social institutions)에 확산되었다.

〈표 2-1〉 통치권위 유형 vs 행정체제 유형

통치권위 유형 (type of governing authority)	행정체제 유형 (type of administrative system)
▶ 카리스마적(charismatic)	▶ 카리스마적(charismatic)
▶ 전통적(traditional)	▶ 족장적(patriarchal), 세습적(patrimonial), 봉건적(feudal)
▶ 합법적-합리적(legal-rational)	▶ 관료적(bureaucratic)

출처: Tompkins(2005: 45)

2.3 ▶ 정부 내 행정인의 역할

　　Weber에 의하면 모든 국가는 원래 강제력(force)에 기초해 설립되며, 그 후 통치자들은 국가의 지속적인 존속과 정책의 성공적인 집행을 위해 행정기구를 설치한다. 행정기구가 일단 자리 잡으면, 통치자의 피통치자에 대한 권위는 조직화된 지배(organized domination)의 문제로 전환된다. Weber는 현대 민주국가에서 정치인들(politicians)과 행정인들(administrators)의 의무는 확연히 구분된다고 본다. 정치인들의 적절한 역할이 구체적인 정책목표를 정의 내리고 추진하는 리더십을 발휘하는 것이라면, 행정인으로서 경력직 관리들(career administrators)의 적절한 역할은 정치인인 선출직 공직자들(elected officials)의 정책들을 열정 없이(without passion) 그리고 정치적인 고려 없이 성실하게 실행하는 것이라고 믿었다(Tompkins, 2005: 46-47).

　　진정한 공무원은 정치에 연루되지 않고 공평무사한 행정에 착수한다. 공무원의 영예(honor)는 상부의 지시를 마치 그것이 자기 자신의 확신과 일치하는 것처럼 양심껏 실행하는 그의 능력에 귀속한다. 이는 설사 그 지시가 그릇된 것으로 여겨져 공무원 자신이 이의를 제기했음에도 상부가 해당 지시를 철회하지 않는 상황이어도 마찬가지이다. 공무원에게 이 같은 도덕적 규율(moral discipline)과 자기부정(self-denial) 없다면 가장 높은 의미에서 전체 장치(whole apparatus)가 산산조각이 날 것이다(Weber, 1958a: 78).

　　Weber는 관료들이 자신들의 자율성(autonomy)과 특권화된 정보(privileged information)를 활용해 정치적 상관들의 의지(will)에 저항할 수 있다고 경고하였다. Weber의 관점에 의하면 정치인들에게 있어서 그리고 궁극적으로는 민주주의에 있어서 근본적인 문제는 관료들이 규율이 서고, 복종적이며, 공평무사하게 행정 의무를 수행토록 어떻게 정치적 통제를 가하느냐 하는 것이 된다. 이는 민주사회 에서의 관료들의 적절한 역할과 관료들의 권력에 대한 견제의 문제라고 할 수 있 다(Tompkins, 2005: 47).

2.4 ▶ Weber의 이념형 관료제

Weber는 사회 현상의 핵심적 특징을 포착하기 위해 이념형 시리즈(a series of ideal types)를 구축하였다. 앞서 서술했던 세 유형의 정당한 권위과 그에 상응하는 행정 유형 등이 그것이다. Weber는 의도적으로 이들 개념적으로 순수한 이념형 (conceptually pure ideal types)들을 방법론적인 도구(methodological tools)로 구축하였 다. 그리고 기존 현상들은 그것이 각 순수 유형의 특징들과 일치하거나 혹은 일 치하지 않는 정도를 분석하는 방식으로 가장 잘 이해할 수 있다고 믿었다(Tom-pkins, 2005: 47-48).

Weber는 근대 제도들(modern institutions)에 대한 비교분석(comparative analysis) 을 통해 관료적 행정 형태(bureaucratic form of administration)가 가장 합리적(rational) 이라고, 즉 목적-수단 계산(ends-means calculation)을 기초로 가장 정교하게 구축된 것이라고 결론내렸다. Weber는 관료적 행정 형태 즉 관료제의 우월성이 특정한 구조적 특성들(structural characteristics)에 기인한 것으로 이론화하였다. 이들 특성은 그의 분석에서 도출된 것으로서, 그의 이념형 관료제(ideal-type bureaucracy)를 구 성한다(Tompkins, 2005: 48).

학자에 따라서는 Weber가 완벽하다는 의미에서 이념형 관료제를 창시했다고 주장하기도 하지만, 이는 사실과 거리가 있다. Weber의 이념형에 있어 이념(ideal) 은 바람직하다는 뜻이 아니라 많은 특징들의 단순화(a simplification of many features) 를 의미하며, 구조의 핵심(essence of structure)을 보다 분명히 이해하기 위한 것이 다. Weber는 현실의 관료적 조직들은 이들 특성의 일부만을 나타내거나 이들 특 성을 다양한 수준으로 내포한다고 보았다(Dudley, 2003: 126).[1]

〈표 2-2〉Weber의 이념형 관료제(Ideal-Type Bureaucracy)

고정된 공식적 의무 (fixed official duties)	기관의 임무가 체계적으로 분업화됨으로써, 관리들(officials)은 명확히 정의된 의무를 지며 자신들의 역량 범위 내에서 의사결정을 할 수 있는 권위를 위임받는다.
권위의 계층 (hierarchy of authority)	직위들(positions)은 그것의 권위 수준(level of authority)에 따라 계층적으로 배열된다. 낮은 직위는 높은 직위에 의해 통제와 감독을 받으며, 하급자는 명백한 명령 사슬(a clear chain of command)을 통해 상급자에게 책임을 진다.
규정체제 (systems of rules)	행동 규정(behavioral rules)은 권위의 범위를 제한하고 관리의 개인적 활동을 제약한다. 기술 규정(technical rules)은 작업이 어떻게 행해지고 의사결정이 어떻게 이루어져야 하는지를 정의한다.
기술 전문성 (technical expertise)	관리들은 구체적으로 특화된 의무를 수행할 수 있는 역량을 토대로 선발되고 승진된다.
경력 서비스 (career service)	관료제는 공직(public service)을 직업(a career)으로 선택한 관리들로 구성된다. 이들은 자신들의 봉사에 대해 보수를 받으며 일하며, 직책(office)은 그들의 개인적 자산이 아니다.
서면 문서 (written documentation)	관리들은 모든 규정, 의사결정, 행정적 조치들에 대한 서면 기록(written records)을 유지한다.

출처: Tompkins(2005: 49).

Weber의 이념형 모델은 관료제를 행정 의무들이 합리적이고 계산된 방식으로 수행될 수 있도록 업무를 통제하고 조정하기 위한 일련의 구조적 요인들(structural elements)로 정의한다. 위 〈표 2-2〉는 이념형 관료제의 핵심적인 구조적 요인들을 보여준다. 이념형 관료제에는 이들 구조적 요인들에 더하여 일상적인 행정과정에 예측된 결과를 담보하고 고객을 공정하고 공평무사하게 대하기 위한 '공식적인 몰인격성의 정신'(a spirit of formal impersonality)이 주입된다. 관료제에서는 관료들이 개인적인 정실(favoritism)과 편견에 치우침이 없이 의무를 수행해야 하기 때문이다(Tompkins, 2005: 48).

Weber는 충분히 발전된 관료제(fully developed bureaucracy)는 기술적인 면에서 과거 어느 행정 형태들보다 더 효율적으로 작동한다고 믿었다. 사실상 Weber는 관료제가 현대사회의 많은 요구를 충족함에 있어 완전히 불가결(completely indispensable)하다고 보았다(Tompkins, 2005: 48). 관료제는 정확성(precision), 안정성(stability), 규율의 엄격성(stringency of its discipline), 신뢰성(reliability)에 있어 다른 어떤 형태보다 우수하기 때문이라는 것이다(Weber, 1947: 337). Weber에 의하면 관

---

1) 이념형의 의미에 대해서는 이 책 제1장 각주2) 참조.

료제의 구조적 요인들 각각은 다음과 같이 조직 목표 달성에 이바지할 수 있다 (Tompkins, 2005: 49-52).

1. 고정된 공식적 의무

카리스마적 그리고 전통적 형태의 행정에서 과업은 신봉자들(disciples)이나 사노들(personal retainers)에게 임시방편(an ad hoc basis)으로 배정되었다. 이들은 통치자의 특정 필요나 변덕 그리고 시점에 따라서 상이한 업무들을 수행하였다. 이들의 직함과 책임은 수시로 바뀌었고, 권위의 범위도 명확하게 정의되는 경우가 드물었다. 이는 매우 불합리한 방식으로 공식적 사업(official business)을 수행하는 것이었다.

반면에 관료제하에서는 전체 행정과업이 고정되고 항구적인 다수의 행정관할 (administrative jurisdictions)로 체계적으로 나눠지는데, 이는 여러 방식으로 행정의 합리성을 촉진한다. 첫째 모든 필요한 기능들이 항구적인 직책들(permanent offices)에 의해 수행되므로 운영의 계속성(operational continuity)이 보장된다. 최고 권위(권한)을 가진 사람들은 조직을 들락거리지만, 잘 훈련된 경력직 관료집단(career officials)이 조직에 남아서 정부 일을 계속 수행하기 때문이다. 둘째, 그 결과로 확보되는 기능의 전문화(specialization of function)는 관료들의 개인 역량(competence)을 높인다. 관료들은 행정의 특정 영역에서 훈련을 받고 전문성(expertise)을 발전시킴으로써 맡은 일을 잘 수행할 수 있게 된다. 셋째, 관료적 형태(bureaucratic form)는 책임성(accountability)을 증진시킨다. 자신들의 책임이 명확히 규정되면 관료들이 권한을 남용하거나 의무를 회피할 가능성이 낮아진다. 마지막으로, 이런 형태는 예측 가능성을 높인다. 업무 분업화(division of labor)로 각 관료가 규정된 방식(prescribed ways)으로 수행할 규정된 기능(prescribed functions)을 가지므로, 상부의 지시는 기대대로 이행될 수 있다.

2. 권위의 계층

관료제 조직 내 각 직책(office)은 그에 배정된 권위의 수준(level of authority)에 따라 계층적으로 배열된다. 그 결과로 하위 직책은 상위 직책에 의해 감독을 받고, 상위 수준에서 결정된 것이 하위직 관료들에게 하향적으로 전달되어 집행되는, 상하 관계가 엄격한 질서 체계가 확립된다. 지위의 차이(status difference)는 카리스마적 행정이나 전통적인 행정에서도 존재하지만, 관료제는 그것이 상위직 사람들이 하위직 사람들의 활동을 체계적으로 조정하고 통제할 수 있도록 명확하게 기술된 명령 사슬(chain of command)이라는 점에서 독특하다.

조정(coordination)은 구성원들의 노력을 통합하여 전체 과업이 달성되게 만드는 조직의 능력(organization's ability)을 가리킨다. 관료제의 명령 사슬은 노력을 조정할 수 있는 매우 합리적인 수단이 된다. 각 관료는 하급자들에게 지시를 내리고 그들의 활동을 모니터할 책임을 지는 동시에 자신의 행위(활동)에 대해 상관에게 책임을 진다. 조정의 노력은 명령 사슬에서 의사소통이 하향과 상향 양방향으로 진행됨으로써 촉진된다. 통제(control)는 하급자들의 일이 규정된 방식으로 수행되도록 담보하는 상관의 능력을 가리킨다. 조정과 마찬가지로 통제는 상관이 명령을 발하고 하급자가 그에 복종하는 상급자-하급자 관계의 사슬 속에서 이루어진다.

3. 규정 체제

관료제는 상당히 안정적이고 철저한 규정 체제(systems of rules)를 가지며, 이들 규정은 행동에 관한 것과 기술에 관한 것 두 종류로 구분할 수 있다.

행동 규정들(behavioral rules)은 기관(bureau)의 정책이나 직장 행동 강령(workplace conduct code) 등에서 찾을 수 있다. 이들 규정은 규정 제정자들(rule makers)이 이를 통해 조직의 규범(organizational norms)에 위배되는 행위들(지각, 절도, 불복 등)를 금지함으로써 통제 도구(instruments of control)로 기능한다. 관료들이 행동 규정에 순응하는 것은 규정의 정당성을 수용하기 때문이기도 하고, 규정을 위반할 시에 따를 수 있는 제재(sanctions)를 두려워하기 때문이기도 하다. 일부 행동 규정은 관료들이 윤리적이고 책임 있는 태도로 임무를 수행할 것을 요구함으로써, 그들의 책임성(accountability)을 제고시킨다. 회계(financial accounting)에 관한 규정, 이해 상충(conflicts of interest)에 관한 규정 등이 이에 해당한다.

반면에, 기술 규정들(technical rules)은 관리들이 과업을 어떻게 수행할 것인지에 대해 처방한다. 이들 규정은 법령(statute law)에서 도출된 행정규정(administrative rules)이나 정책과 절차에 관한 매뉴얼(policies-and-procedures manuals)에 통상 있는 내부 운영 절차(internal operating procedures)의 형태를 띨 수 있다. 기술 규정들의 핵심 목적은 관료들이 다양한 상황과 여건 속에서 어떻게 대응해야 마땅한지를 구체화하는 것이다. 이들 규정은 어떤 일을 어떻게 처리할지를 상당히 구체적으로 전달함으로써 각 관료의 자의성과 임의성을 최소화하는 통제 도구로서 기능한다. 또한 모든 과업이 동일 방식으로 수행되도록 보장함으로써 예측 가능성을 높인다.

기술 규정은 조정의 수단이 되기도 한다. 조직에서 각 사람의 일은 다른 사람들의 일과 조정되는데, 이는 작업과정의 표준화된 절차(standardized procedures)를 통해서도 이루어진다. 예컨대 소방관들은 화재 현장에 도착할 때마다 누가 소화전(hydrant)에 호수를 연결하고 누가 사다리에 올라갈 것인지를 결정하기 위해 머뭇거릴 시간 여유가 없다. 이들 사항은 기술 규정 활용을 통해 미리 조정되어야 하는 것이다.

기술 규정들은 또한 의사결정 상황을 적절한 규정을 찾아 적용하는 문제로 축소시킴으로써 운영 효율성(operational efficiency)을 높인다. 시간이 흐르면서 유사 사례들이 유사한 방식으로 다루어지게끔 표준운영절차(standard operating procedures)가 개발되며, 그 결과 관료들은 비정형적인 사례들(nonroutine cases)에 관심을 돌릴 수 있는 여유가 생긴다. 일이 매우 복잡한 곳에서도 구체적인 사례를 다루는 데 지침이 되는 법적·전문직업적 표준(legal and professional standards)은 존재한다.

마지막으로 관료들은 추상적인 규정들을 특정한 사례들에 적용함으로써 동료들과 고객들을 공평무사(impartiality)하게 대할 수 있게 된다. 과거 세습적·봉건적 체제하에서 의사결정은 개인적인 고려(personal considerations)를 토대로 이루어졌다. 공직 진입은 정실(nepotism)로 이루어졌고, 하급자는 상급자의 개인적 편견에 의해 승진되거나 좌천될 수 있었다. 고객은 관료 개인의 연민이나 동정을 끌어냄으로써 특별한 대접을 받을 수 있었다.

그러나 관료제의 의사결정은 미리 정립된 규정들에 따라 편견 없고 몰인격적인 태도(a detached, impersonal manner)로 이루어진다. 즉 관료들은 모든 개인적인 고려를 배제한 채 주어진 구체적인 공적 의무를 객관적으로 처리한다(Weber, 1984: 29). Weber(1958a: 216)에 의하면 "관료제는 비인간화(dehumanized)될수록, 그리고 사랑이나 증오와 같은 계산(calculation)이 불가능한 모든 개인적(personal), 비합리적(irrational), 감정적(emotional) 요인들을 공식적인 일(formal business)에서 완벽하게 제거할수록, 보다 완전해진다."

4. 기술적 전문성

관료적 행정(bureaucratic administration)은 기본적으로 지식에 기초한 통제를 의미한다. 이는 관료적 행정을 특별히 합리적(rational)으로 만드는 특징이다. 과거 세습적·봉건적 직원들이 행정문제에 있어 아마추어였던 데 반해, 현대 관료들은 기술적 전문성을 토대로 선발되고 승진된다. 때문에 그들의 역량(competence)과 작업 효율성(work efficiency)은 높다. 현대 문화(modern culture)가 더욱 복잡해지고 전문화될수록 이를 외적으로 떠받치는 기구(external supporting apparatus)는 개인적인 편견이 없고 객관적인 전문가(objective expert)를 점점 더 필요로 하게 된다.

5. 직업공무원

현대 관료들은 자신들의 일에 대해 급여(salary)를 받으며 고용안정(job security)을 누리는 경력직 전문가들(career professionals)로서, 종신 재직권(tenure for life)을 가진다(Weber, 1984: 29). 이러한 특성의 직업공무원제(a career civil service)는 세 가지 방식으로 관료제의 기술적 우수성에 기여한다.

첫째, 고정된 급여와 고용안정은 조직몰입도(organizational commitment)를 높인다. 관료들은 생계를 상관에 의존하지 않음으로써 자신들의 전문직업적 의무(professional duties)에 헌신할 수 있다. 그들의 충성은 상급자가 아니라 공무원체제 전체(civil service as a whole)로 향한다. 둘째, 전문직업적 경력(professional careers)을 지향하는 관료들은 공직을 직업(vocation)으로 선택하며, 공직을 위해 훈련하며, 그러한 훈련에 기초해 임용된다. 셋째, 점직자(officeholder)와 직책(the office)을 분리함으로써 관료의 공정성(impartiality)을 높인다. 이러한 분리는 관료들이 직책을 사적 이익을 위해 이용할 수 없는 공익 수호자라는 사고를 가지게 한다. 이는 또한 관료가 누구에게도 개인적인 혹은 정치적인 편애(favoritism)를 보이지 않아야 한다는 인식을 강화한다.

6. 서면 문서

행정결정을 서면으로 기록하는 것은 운영의 계속성(operational continuity)을 담보한다. 선출직 공직자들과 정무직 행정관리들이 오고 감에 따라 새로운 결정은 서면에 기록된 과거의 결정에 의해 계속 인도된다. 서면 문서는 또한 책임성을 촉진한다. 상부에서는 이들 기록을 활용해 기관의 성과를 평가하고 관료들의 활동에 대해 책임을 물을 수 있다. 역으로 관료들은 부적절성(improprieties)을 추궁받을 시에 이들 기록을 활용해 자신들이 규칙을 준수하였고 의무를 책임 있게 이행했음을 증명할 수 있다. 따라서 서면 문서는 상급자는 물론 하급자들에 대해서도 보호장치가 될 수 있다.

2.5 ▶ 관료제의 기술적 우수성에 대한 논란

오늘날 관료제는 수많은 권위 계층(layers of authority), 수많은 규정과 레드테입(red tape)의 늪에 빠져, 느리고, 비효율적이고, 무심하게(uncaring) 작동하는 경우가 적지 않다(Tompkins, 2005: 53). 이로 말미암아 Weber가 제시한 관료제의 특성마다 나름의 문제의 씨앗이 내재되어 있다는 지적이 제기되고 있다. 예컨대 전문화에는 관료제 구성원들에게 권태와 비인간적인(dehumanizing) 여건을 초래할 위험성이, 계층제에는 구성원들의 무책임성을 조장할 위험성이 각기 본래부터 내재되어 있다는 것이다(Caden, 1994). 이런 현상과 지적은 관료제를 합리성의 구현(embodiment of rationality)으로 기술한 Weber의 관점과 상충하며, 관료제의 기술적 우수성에 대한 Weber의 판단을 부정하는 것처럼 보인다.

그러나 Weber는 모든 관료적 조직이 최상의 수준으로 작동한다고 주장하지 않았다. 그는 단지 관료제가 정확성과 안정성, 규율의 엄격성(stringency of discipline), 신뢰성(reliability)에 있어 다른 어떤 행정 형태보다 더 우수하다고 주장하였을 뿐이다(Tompkins, 2005: 53).

Weber는 특정 조직이 관료제의 구조적인 특징을 많이 포함하고 있더라도, 실제로 그것이 매우 비효율적이고 신뢰가 떨어지는 수준으로 작동할 수 있다고 보았다(Tompkins, 2005: 53). Weber는 이념형 관료제의 개념적 영역 밖에서는 현실의 복잡한 조직들이 많은 불완전성(imperfections)을 내포하기에 관료제의 기술적 우수성이 제대로 구현될 수 없음을 알고 있었다. 이들 불완전성의 일부는 비합리적인 요인들(irrational elements) - 인간의 감정(human emotion), 개성(personalities), 개인적 욕구(individual needs), 정치(politics) – 에서 비롯된다. Weber는 이들 비합리
적인 요인을 방법론적인 이유(methodological reasons)로 그의 이념형 모델에서 의
도적으로 배제하였다. 불완전성의 다른 요인은 관료제의 구조적 특성 자체에 기
인한다. 어느 경우든 이들 불완전성이 Weber의 기본적인 결론 – 관료제의 구조
적 특성들은 높은 합리성을 반영하며 이전의 행정 형태들에 비해 높은 기술적 효
율성을 확보할 수 있다는 것 – 을 훼손하지는 않는다(Tompkins, 2005: 53).

2.6 ▶ Weber 모델의 유용성 한계

Weber는 현대사회의 복잡성에 비추어 볼 때 관료적 체제(bureaucratic system)는
그 합리성에 힘입어 정부는 물론, 기업, 교회 등 모든 영역의 조직으로 팽창할 것
으로 보았다. 그는 특히 오늘날의 사회는 대규모 행정의 필요성으로 인해 관료적
행정이 필수불가결하다고 보았으며, 관료적 행정이 아니면 남은 선택은 아마추어
수준(dilettantism)에 머무는 것뿐이라고 하였다(Weber, 1947: 337). 그렇다고 Weber
가 관료제를 적극적으로 옹호한 것은 아니었다. 그는 단지 광범위한 영토의 사회
에서 어떤 행정적인 혹은 생산적인 목적을 달성하기 위해서는 기술적으로 우월한
관료적 조직이 필요하다고 주장하였을 뿐이다(Wrong, 1970: 34).

실제로 관료제의 확산에 관한 그의 예견은 현실화되었다. 조직이론에 대한
Weber의 기여는 의심할 바 없이 탁월하며, 그의 이념형 유형은 이제까지 수많은
경험적 연구의 출발점이 되었다. 오늘날도 Weber가 확인한 구조적 차원들 즉 업
무의 전문화(specialization), 집권화(centralization), 공식화(formalization) 등은 조직설
계에 대한 고민과 연구에 있어 시작점이 되고 있다. 그럼에도 불구하고 현대조직
의 조직성과를 개선하고 유지함에 있어 Weber 모델의 유용성은 다음과 같은 한
계가 있다(Tompkins, 2005: 53-57).

1. 구조적 모델의 한계

Weber는 현대 관료적 행정 형태(modern, bureaucratic form of administration)의 기
술적 우수성을 설명하는 구조적 요인들을 분리해 내는 과정에서 관료적 제도들의

성과에 영향을 미치는 인간의 감정, 개성, 개인적 욕구, 정치 등과 같은 비합리적 요인들에 대한 고려를 의도적으로 배제하였다. 그 결과 Weber의 모델은 조직의 역학(organizational dynamics)을 이해하고 설명하는데 있어 구조적 변수들을 강조한 반면, 다른 많은 주요 변수들을 무시하였다. Weber의 이론은 관료제의 공식화된 제도 속에서 발전하는 구성원들 간의 비공식적인(informal) 관계와 상호작용 패턴을 무시하였다는 비판도 받는다(Blau, 1970: 144). 이와 관련하여 Selznick(1948)은 공식구조는 실제 사회구조의 일부에 지나지 않는다고 지적하였다. 현실에서 조직 성과를 개선하거나 유지할 책임을 진 사람들의 입장에서는 더 많은 변수는 물론 변수들 간 상호관계까지를 포함한 보다 포괄적인 조직이론을 필요로 한다. 이런 측면에서 Weber의 이론이 충분히 포괄적이지 않다.

2. 고정된 특성 중심의 관료제 정의의 한계

Weber의 이념형은 관료적 행정 형태의 요체를 일련의 고정된 특성(일의 분업, 계서적 권위 속 직위들, 규정 체제 등)이라는 측면에서 포착한다. Weber는 고도의 전문화되고, 집권화되고, 공식화된 관료제를 완전히 발전된 관료제(fully developed bureaucracy)로 서술한다. 따라서 특정 조직이 이들 고정된 속성들을 얼마나 가지고 있느냐의 여부에 따라 그것이 관료적이냐의 여부가 결정된다.

그러나 현실에서 어떤 조직들은 고도로 전문화되어 있으나 고도로 관례화 (routinized)되어 있지 않고, 다른 조직들은 고도로 집중화 되어 있지만 고도로 공식화(formalized)되어 있지 않다. 따라서 특정 조직이 Weber가 정의한 관료적 조직의 범주에 속하는지를 판단하기 어렵다. 때문에 오늘날 연구자들은 Weber가 제시한 고정된 속성들을 특정 조직이 전문화, 집권화, 공식화된 정도 등을 측정하는 경험적 차원과 절차(empirical dimensions and proceeding)로 간주한다.

Weber의 모델을 조직설계와 관리의 실제 지침으로 사용하기는 더 어렵다. Weber는 관료적 행정 형태가 다른 모든 행정 형태들에 비해 기술적으로 우월하다고 정의하고, 특정 조직이 고도로 집권화, 전문화, 형식화되지 않다면 그 조직은 행정적으로 합리적일 수 없음을 시사하였다. 문제는 Weber의 분석에서는 환경의 불확실성, 과업의 복잡성, 구성원들의 특성과 같은 요인들에 따른 집권화, 전문화, 공식화의 최적 수준을 인정하지 않는다는 데 있다.

광범위한 비교적·역사적 관점에서는 고도의 집권화, 전문화, 공식화를 행정의 합리성과 동일시 하는 것이 타당할지 모르나, 구체적인 관리적 관점(managerial perspective)에서는 설득력이 떨어진다. 다수 연구는 관료제적 구조의 특성들이 과도하게 강하면 조직성과를 저해한다고 밝혔다(Caden, 1994). 요컨대 Weber의 이념형은 구체적인 조직과 관련하여 최적의 관료제화 수준에 대한 지침을 제공하지 못할 뿐만 아니라, 전문화·집권화·공식화될수록 더 바람직하다는 식으로 우리를 오도(mislead)할 수 있다.

Warwick(1975)은 사회과학자들이 Weber의 관료제 모델을 결코 과격하게 바꿔서는 안 될 신성한 유산으로 여김으로써 공조직을 포함한 모든 조직들에 대한 이론적 이해가 심각하게 제한된 상태라고 비판하였다. 따라서 현실의 관리자들은 Weber의 이념형 속 구조적 특징들을 각 조직의 내부적·외부적 요청에 따라 조정할 수 있는 변수로 간주하면서 어떤 수준의 관료제화(bureaucratization)가 소속 기관에 가장 적절한지를 고민해야 마땅하다.

3. 시간제한적(time-bound) 관료제 개념의 한계

Weber는 자신이 속한 시대와 장소의 관점에서 글을 썼기 때문에, 그가 감탄한 프러시아(Prussian) 군대와 공무원체제에 과도하게 영향받았을 수 있다. 정치학자 Waldo(1952: 100)는 프러시안 군대의 특징들과 Weber의 이념형 관료제 간에 상당한 유사점이 있다면서, 20세기 초에 구축한 관료제 모델이 오늘날의 현실과 관련성이 적을 수 있음을 지적하였다.

Weber는 자신이 서술한 합리화 과정의 일부로서 관료제가 계속 얼마나 진화할지를 인식하지 못했던 것으로 보인다. 1900년대 초 Weber에게 합리적으로 비쳤던 것들이 ― 예컨대 권위에 대한 엄격한 복종, 제한된 재량 등 ― 상황이 크게 바뀐 오늘날에는 합리화의 구현으로 보기 어렵다. 정부의 일은 훨씬 더 복잡해졌고, 과업의 성격은 지식집중적(knowledge-intensive)이 되었고, 사람들의 교육 수준은 높아졌고, 평등주의적인 사회문화가 자리 잡음에 따라, 많은 관료가 고도의 권위적인 업무환경을 더 이상 견디지 못하기 때문이다. 그뿐만 아니라 오늘날 공공관리자들(public managers)은 공식적 구조에 의존해 업무 활동을 조정하거나 법적 순응 전략(legal compliance strategy)에 의거해 하급자들의 바람직한 행태를 이끌어내기보다, 상대적으로 유연한 조정방안과 동기부여 전략을 모색한다.

그럼에도 불구하고 현재도 많은 대규모 조직이 계서적으로 배열된 구조와 규정체제(systems of rules)를 활용해 구성원들의 작업 활동들을 조정하고 통제하는 현실을 감안하면, 관료제가 낡고 실패한 행정 형태라고 단정하기는 아직 이르다. 관료제의 여러 부작용 가운데 관료제가 부적절하게 관리된 데서 비롯된 것과 관료제 모델 본래의 결함에 기인된 것을 구분하는 문제도 여전히 과제로 남아 있다 (Heckscher, 1994: 18-19).

2.7 ▶ 공공 관리와 관료제 이론의 관련성

Weber의 관료제 이론에 의하면 행정 합리성(administrative rationality)은 과업을 전문화된 행정기능들로 분업하고, 각 기능을 구체적인 직책에 배정하고, 각 직책의 권위 범위에 명백한 한계를 설정하고, 모든 직책을 권위의 계층 내에 배열하고, 관료들을 경력에 기초해 조직화하고, 그들이 엄격한 규율 아래서 분명하게 정해진 규정에 따라 지시를 이행하도록 요구함으로써 확보될 수 있다. 관료제 이론의 공공관리(public management) 및 조직성과(organizational performance)와 관련된 가장 중요한 함의는 다음과 같다(Tompkins, 2005: 64-65).

합리적 도구로서의 조직: Weber에 의하면 정부 기관들은 단순히 '지배의 조직화된 형태'(organized forms of domination)에 그치지 않고, 중요한 사회적 목적들 달성하기 위해 정교하게 설계된 도구들이다. 공공관리자들은 행정기관이 위임받은 목적을 지속적으로 달성할 수 있도록 필요시에 기관의 구조를 조절(adjust)해야 할 책임이 있다.

관료제화의 적정 수준: 공공관리자들은 관료제를 일련의 고정된 특성(a fixed set of attributes)이 아니라 일련의 구조적 변수들(a set of structural variables)로 간주해야 한다. 행정기관들이 높은 계층으로 구성되거나, 고도로 집권화되거나, 규칙을 엄수해야만 효과적인 것은 아니다. 공공관리자들은 소속 기관의 고유 임무, 환경, 상황 등에 비추어 가장 적합한 관료제화(bureaucratization) 수준을 결정할 책임이 있다.

안정성과 예측성에 대한 편견: Weber의 분석은 조직의 안정성과 결과의 예측가능성을 강점으로 강조한다. 그러나 이들 가치를 지나치게 중시하는 공공관리자는 인간관계(human relations)나 사회적 응집성, 구성원들의 사기, 조직의 적응성과 같은 가치를 희생시킬 위험성이 있다.

조정과 통제의 기초로서 구조: Weber의 이념형 모델은 업무 활동을 조정하고 통제하기 위해 어떻게 조직구조를 활용할 수 있는지를 보여준다. 그러나 직접적인 감독, 표준화된 규정과 절차 등의 구조적 통제(structural control)가 모든 상황에 균일하게 적합한 것이 아니다. 예컨대 구조적 통제는 일이 관례화되어 있고 주변 환경이 안정적인 생산기관들(production agencies)에 적절할 수 있다. 그러나 다른 부류의 기관들에는 그렇지 않을 수 있다.

동기부여 기초로서의 공식적 권위: 감독직들(supervisory positions)에 내재된 공식적 권위는 하급자들이 조직의 규정과 지시에 순응하도록 동기를 부여하는 기반이 된다. 그러나 순응 확보를 위해 공식적 권위에 지나치게 의존할 시에는 하급자들로부터 상향적 피드백, 긍정적 태도, 일에 대한 헌신 등을 기대하기 어렵다.

2.8 ▶ 결   어

Weber는 관료제를 서구 사회에서 가장 효율적으로 기능하는 행정체제로 간주하면서, 관료제가 정부조직은 물론 다른 모든 영역의 조직으로 확산될 것으로 예언하였고, 이러한 예언은 적중하였다. 오늘날도 공・사부문을 막론하고 대규모 조직들은 대부분 Weber가 지적한 관료제의 기본적인 특성들 다수 내포하고 있으며, 정부조직은 관료제적 특성을 특히 강하게 나타내고 있다.

그럼에도 불구하고 환경과 과업의 질적 변화로 인해 고도로 집권화된 권위 구조(authority structures), 협소하게 정의된 공식적 의무, 고도로 세분화되고(regimented) 몰인격화된(depersonalized) 작업 절차, 한정된 재량권(discretionary authority), 변이(variations)의 최소화를 위한 철저하고 포괄적인 규정 체제(systems of rules) 등을 특징으로 하는 관료제가 과거처럼 효율적으로 작동하기 어려운 것이 현실이다 (Thompkins, 2005: 55).

관료제는 산업혁명 초기 대규모의 반복적인 과업을 수행하는 데 매우 효과적이었으나, 오늘날 그러한 과업들은 대부분 기계와 컴퓨터에 의해 처리되고 조직구성원들은 복잡하고 지적이며 창의성과 유연성 그리고 팀웍(teamwork)이 요구되는 일들을 주로 맡는다. 행정기관의 경우는 고도로 불확실하고 정치화된 환경 속에서 기능해야 하는 측면도 있다.

　관료적 행정(조직) 형태가 점차 퇴조하는 현실은 관료제 조직보다 우월한 행정 형태와 조직체계를 모색하는 연구 노력을 가속화하고 있다.[2] 그러나 관료제 조직이 여전히 효용을 상실하지 않고 현대사회의 보편적 조직 형태로 자리 잡고 있는 한, 관료제 내부적 특성의 문제점과 개선방안에 관한 학자들의 연구 또한 앞으로 상당 기간 지속될 것이다.

---

2) 그간 관료제의 계층적 구조와 관련된 문제점에 대해서는 저층구조 또는 위원회 조직이, 명령통일의 원리에 대해서는 매트릭스 조직이, 공식화의 영속성 문제에 대해서는 테스크 포스가 각각 대안으로 제시되었지만, 이들 조직구조는 주로 비일상적인 문제나 과업을 해결하기 위해 조직 내 다수 기능 단위들로부터 일시적으로 파견된 다양한 지위의 전문 인력들로 구성되어 임무가 완수되면 해체되는 한시적 조직단위이다(김병섭 외, 2000: 106). 관료적 행태와 관련하여서는 새로운 리더십, 바람직한 조직문화, 새로운 방식의 동기부여와 조직몰입 유도 방안 등에 관한 여러 연구가 이루어졌다.

참고문헌

김병섭 외. (2000). 「조직의 이해와 관리」. 서울: 대영문화사.

Blau, Peter M. (1970). Weber's Theory of Bureaucracy. in Dennis Wrong ed. *Max Weber*. 141-145. Englewood Cliffs, New Jersey: Prentice-Hall, Inc.

Caden, Gerald. (1994). Excessive Bureaucratization: The J-Curve Theory of Bureaucracy and Max Weber Through the Looking Glass. in A. Farazmand ed. *Handbook of Bureaucracy*. New York: Marcel Dekker, Inc.

Dudley, Larkin S. (2003). Bureaucracy, Perspective on. in Jack Rabin (ed.), *Encyclopedia of Public Administration and Public Policy*. 126-129. New York: Marcel Dekker, Inc.

Heckscher, Charles. (1994). Defining the Post-Bureaucratic Type. in Charles Heckscher & Anne Donnellon (eds.), *The Post-Bureaucratic Organization*. 14-62. Thousand Oaks, California: Sage Publications, Inc.

Jacques, Elliott. (1990). In Praise of Hierarchy. *Harvard Business Review* 46(Januery-Februery).

Kramer, Fred A. (1981). *Dynamic of Public Bureaucracy*. Cambridge, Massachusetts: Winthrop Publisher, Inc.

Mommsen, Wolfgang. (1974). *The Age of Bureaucracy*. New York: Harper & Row.

Nichinovich, Divid. (2000). Bureaucracy. in E. Borgatta et al. (eds.), *Encyclopedia of Sociology*, 2nd, 229-236. New York: MacMillian Reference.

Selznick, Philip. (1948). Foundation of Theory of Organizations. *American Sociological Review*, XIII: 25-35.

Tompkins, Jonathan R. (2005). *Organization Theory and Public Management*. Belmont, California: Thomson Wadsworth.

Waldo, Dwight. (1952). Development of Theory of Democratic Administration, *American Political Science Review* 46(March).

Warwick, Donald O. (1975). *A Theory of Public Bureaucracy: Politics, Personality, and Organization in the State Department*. Cambridge MA: Harvard University Press.

Weber, Max. (1947). *The Theory of Social and Economic Organizations*. translated by A.M. Henderson and Talcott Parsons. New York: Oxford University Press.

_____. (1958a). Politics as a Vocation. in H.H. Gerth and C.W. Mills (eds.), *From Max Weber: Essays in Sociology*. New York: Oxford University Press.

_____. (1958b). *The Protestant Ethics and the Spirit of Capitalism*. translated by Talcott Parsons. New York: Charles Scribner's Sons.

_____. (1984). Bureaucracy. in Fisher, Frank & Carmen Sirianni (eds.), Critical Studies in Organization & Bureaucracy. Philadelphia: Temple University Press.

Wrong, Dennis H. (1970). Max Weber. in Dennis Wrong ed. *Max Weber*. 1-76. Englewood Cliffs, New Jersey: Prentice-Hall, Inc.

03

관료제 조직의 병리 현상

3.1 서 언

　현대사회의 대규모 조직들은 대부분 기본적으로는 관료제 조직의 형태를 띠고 있다. 정부조직은 민간기업에 비해 관료제적 특성이 상대적으로 더 강하다(Johnston, 1993: 145-146). 그 이유와 관련하여 Downs(1967)는 행정기관은 산출물에 대한 경제시장의 부재로 말미암아 집중화된 계서제 형태를 띠는 것이 불가피하다고 보았다. Mintzberg(1979) 역시 행정기관들은 외부적 통제 때문에 기계적 관료제(machine bureaucracy)의 형태를 취할 수밖에 없다고 하였다. 외부적 통제가 강할수록 조직의 형식화(formalization), 표준운영절차화(standardization), 집권화(centralization) 경향성이 강해진다는 것이다(Rainey, 1991: 113).

　관료제 조직은 이전의 전근대적 조직들에 비해 전문성, 정확성, 신속성, 비모호성, 통일성, 마찰 감소, 물적·인적 비용 절감과 같은 기술적 합리성(technical rationality) 측면에서 우수한 조직 형태로서, 산업화단계의 사회 발전에 큰 기여를 하였다. 그러나 20세기 중반 이후 외부환경에 대한 조직의 대응성이 강조되면서부터 관료제 조직의 근본적 제약성과 한계에 대한 비판과 연구가 크게 늘었다(Burns & Stalker, 1961; Lawrence & Lorsch, 1967). 그 결과 관료제 조직은 Weber의 개념 정의와 정반대로 최적의 합리성이 아니라 낭비, 비효율, 지나친 규칙들, 대응능력 부재 등과 연관된 부정적 조직 이미지를 갖게 되었다.

　오늘날 공공부문에서 관료제적 특성은 정부조직의 부정적 특징과 동일시되고 있다(Hummel, 1998: 307). 관료제 조직 형태를 띤 행정기관과 그 구성원인 공무원들은 정부의 자산으로 간주되기보다 정부의 문제로 여겨지고 있고,[1] 조직이론가들은 과거 바람직했던 관료제의 특성이 이제는 조직에 역기능적(dysfunctional) 내지 병리적(pathological) 현상의 원인이라고 지적한다(DeHoog, 1998: 313).

이 장에서는 관료제 조직의 특성과 연관된 관리적 측면의 관료적 병리(bureaupathology) 현상을 행정기관을 중심으로 논의한다. 이러한 논의는 조직형태로서의 정부관료제에 초점을 둔 것이다.

3.2 ▶ 관료제 조직의 특성

1. 관료제의 강점

관료제 조직은 기본적으로 Weber의 이념형 관료제에 근거한다. 이념형 관료제는 조직구성원들의 활동 하나하나가 조직 목표에 기능적으로 연결되게끔 설계된 구조와 규칙을 기반으로 작동한다. 조직구성원들이 이렇게 미리 정해진 활동 규칙을 엄수 할수록 조직은 정확성, 예측성, 전문성, 계속성과 같은 장점을 발휘하게 된다. 구체적으로 Weber는 관료제의 주요 특성과 장점을 다음과 같이 제시하였다.[2]

첫째, 권한과 관할범위에 관한 규정이 명확하다. 모든 직위(office)의 권한과 관할범위는 법규에 규정된다. 권한은 사람이 아니라 직위에 부여되며, 사람은 특정 직위를 점함으로써 해당 권한을 행사할 수 있다. 각 직위의 임무수행 방법, 그에 필요한 권한의 행사, 요구되는 행동은 모두 법규에 정해진다. 이는 종래의 가부장적이고 세습적인 체제하에서 모호하고, 안정적이지 못하며, 비체계적이었던 업무 분할과 대조된다.

둘째, 계층적 구조를 하고 있다. 계서제는 범위와 중요성이 상이한 일들을 수직적으로 분업시키며, 수평적 분업이 이루어진 업무들이 통합된 정책이나 프로그램 구조로 이어질 수 있도록 묶어주는 통제장치가 된다. 조직구성원들은 권한의 계층이 뚜렷하게 구분되는 계서제 속 직위들에 배치된다. 계서제는 상명하복의

---

1) Osborne & Gaebler(1992), Johnston(1993: 6), Hales(1993: 101) 참조.
2) Weber(1946), Johnston(1993: 22), 오석홍(2003: 408-409) 참조.

질서정연한 체제로서, 이를 토대로 상위직이 하위직을 감독하며 의사결정이 수직
적으로 이루어진다. 이러한 계서제의 원리는 외부적 예측을 가능케 한다. 전근대
적인 조직에서는 누가 무엇에 대해 책임이 있는지를 외부에서 알기 어려웠다.

셋째, 일반규칙에 의해 임무가 수행된다. 조직구성원들은 자신들의 개인적 이
익이나 구체적인 사례의 특수성 등에 구애받지 않고 공평무사하고도 몰인격적
(impersonal)으로 업무를 수행하게 된다. 법규에 의거 조직 상층부의 결정이 하위
계층에서 일관성 있게 실행되므로, 자의적이거나 일관성 없는 판단이 개입될 여
지를 남기지 않는다. 전근대적 조직은 자의적으로 작동하므로 계급, 교육, 인종,
종교와 같은 사회적 변수에 따라 서비스 제공 등이 차별화되는 현상이 적지 않게
발생하였다.

넷째, 조직구성원의 전문화와 전임화를 지향한다. 주어진 임무 수행에 요구되
는 전문적 훈련을 받은 사람들이 구성원으로 채용된다. 채용의 기준은 전문적 능
력이며, 조직구성원들이 구비해야 할 지식의 핵심은 임무 수행과 관련된 제반 법
규에 관한 것이다. 이러한 지식은 조직구성원들에게 표준화된 행정규칙과 절차에
부합되는 조직문화와 심리를 형성시킨다. 전문성에 입각한 임용은 종래의 정실적
이고 주먹구구식인 충원이나 자리 배치와 대조된다. 조직구성원으로서의 직업은
항구적인 평생직업(vocation)이자 전임직업이다.

이상과 같은 특징을 내포한 관료제 조직은 기본적으로 내부적 효율성(internal
efficiency) 내지 내부운영의 효율성(internal operating efficiency)을 확보할 수 있도록
설계된 조직형태이다. 계서제의 원리, 전문화의 원리, 몰인격적 합리성(impersonal
rationality) 등은 행정기제(administrative machine)의 원활한 작동을 가능케 한다. 조
직의 각 부분이 할당된 기능을 정확하게 수행하도록 설계되고 논리적 구조로 배
열되어 있어 중앙집권적 지시하에 통합될 수 있기 때문이다. 이러한 조직설계는
질서, 루틴, 예측가능성, 책임성 등을 담보하는 반면, 복잡성, 특이성(idiosyncrasy),
예측불허 등을 배제하고자 한다. 공공부문과 민간부문을 막론하고 현재도 관료제
조직형태가 여전히 지배적인 것은 바로 이들 강점 때문이다(Hales, 1993: 104).

2. 관료제의 부작용

Weber는 관료제 내에 잠재된 이들 부정적 측면에 대해 구체적으로 논의하지
않고 그 존재 가능성만을 인정하였다는 비판을 받는다(Blau, 1970; Tompkins, 2005:

53). 이 점과 관련하여 Weber가 관료제의 특징과 장점으로 파악한 거의 모든 측면에는 그에 상응하는 부작용이 따른다는 지적이 제기 된다(Rockman, 1992: 148). 관료제적 특성에 내포된 모순이 의도하지 않은 결과를 빚을 수 있다는 것이다(Crozier, 1964; Mintzberg, 1979).

예컨대 중앙집중화된 의사결정은 규칙과 의사결정이 실제로 적용되는 현장의 상황을 제대로 반영하지 못할 수 있다. 아래에서 제공되는 정보가 계서제의 여러 단계를 거치면서 왜곡되거나 이미 낡은 것으로 변질될 수 있음에도 불구하고, 이러한 정보를 근거로 상층부에서 주요 결정이 이루어질 위험이 있기 때문이다. 중앙에서 결정된 정책과 규칙이 하향적으로 전달될 때 역시 복잡한 계서적 덤불을 거치는 관계로 지연, 왜곡, 그릇된 해석, 집행 실패 등의 문제가 초래될 수 있다(Hales, 1993: 104). 계서적 체제는 조직구성원 개개인의 책임감을 떨어뜨리는 요인이 되기도 한다. 조금이라도 불확실하거나 의문이 드는 상황이 발생하면 조직구성원은 관련 의사결정을 자신이 하지 않고 위로 미루려고 하기 때문이다. 이러한 소심함과 책임 전가(buck-passing)는 의사결정을 지연시키고 고위관리자의 업무 부담을 과중하게 할 수 있다(Hales, 1993: 105).

공식화된 규칙과 절차의 강조는 조직구성원들이 최소 성과, 몰입 결핍(lack of commitment), 변화에 둔감하거나 저항하는 등의 행태를 나타내는 결과를 초래할 수 있다(Hales, 1993: 107). 최소 성과는 조직구성원들이 자신들에게 직접 요구된 것만을 수행하는 매너리즘에 빠지는 것을 말하며, 몰입 결핍은 조직구성원들이 자신들을 기계의 한 부품으로 인식하여 일에 열의를 보이지 않는 것을 뜻한다. 변화에 대한 저항은 기존 규칙과 절차들이 너무나 확고히 자리 잡아 조직구성원들이 업무수행 등에 있어 변화를 거부하는 것을 가리킨다(Hales, 1993: 108).

규칙과 절차는 불확실성을 가능한 제거하고 인간행동의 변이(variations)를 최소화 하기 위해 정교하게 설계된 것이므로, 구성원의 재량을 제한하고 작업의 의미를 박탈함으로써 조직구성원들의 작업동기와 직무만족 등에도 부정적인 영향을 미치게 된다(Tompkins, 2005: 61-62).

전문화는 정형화된 일을 반복적으로 수행케 함으로써 조직구성원들이 일에 몰입하지 못하고 직무 불만족과 소외감을 느끼게 만들 수 있다. 또한 전문화의 정도가 높을수록 조정과 통합이 어려워진다. 부문별로 고도로 전문화된 기능부서들(functional departments)은 공동목표를 위해 협력하기보다 상호 갈등을 빚을 가능성이 더 크다(Selznick, 1949; Minzberg, 1979).

관료제 조직의 다양한 부작용은 오늘과 같은 변화의 세계에서 더욱 부각되고 있으며,[3] Thompson(1977: 52-177)은 이를 '관료적 병리'(bureaupathology)라는 용어로 집약하였다. 관료적 병리 현상은 공·사조직을 막론하고 발생될 수 있다(Rockman, 1992: 142).

3.3 ▶ 관료적 병리 현상의 양상과 원인

1. 관료적 병리 현상의 양상

관료제의 특성에서 비롯되는 관료적 병리 현상은 매우 다양할 수 있지만(Thompson, 1977; Rockman, 1992), 여기서는 경직성(rigidity), 목표대치(goal displacement), 훈련된 무능(trained incapacity), 권위의 이중체제(dual system of authority), 무사유(thoughtlessness) 등 대표적인 병리현상만을 구체적으로 설명한다.

(1) 경직성

규정 위주의 관료제 통제체제는 변화하는 상황에 적응하는 조직구성원의 능력을 저해하는 경직성(rigidities)을 초래한다. 조직구성원들이 일상적인 운영절차에 따른 조직목표 추구가 어려운 상황에서도 표준화된 일 처리 방식에 젖어 그에 유연하게 대처하지 못하는 경직성을 보일 경우, 조직과 상급자들은 보다 세부적인 규정을 만들거나 보다 구체적인 지시를 내리는 방식으로 그들 구성원들의 행태를 바로잡으려 한다. 그러나 이러한 권위적인 관리방식은 오히려 구성원들의 업무수행을 한층 더욱 경직시켜 일을 더 그르치는 결과를 가져올 수 있다.

어떤 조직도 규정과 지시로만 구성원들의 모든 행태를 통제할 수 없다. 예를 들면 일선 경찰관이 자신과 선의의 제3자가 위험에 처한 상황에서 어느 순간 총기를 사용할 수 있는지를 법규로 세세히 규정하는 것은 불가능하다. 뿐만 아니라 법규가 세부적일수록 경찰관은 현장에서 상황적응적인 대응을 하기 어렵다(Knott & Miller, 1987: 108).

---

3) Burns & Stalker(1961), Lawrence & Lorsch(1967) 참조.

Gouldner(1954)는 현대 조직은 융통성 있는 구성원들을 필요로 하지만, 관료조직에서는 그 반대로 구성원들의 레드 테입(red tape) 행태를 초래한다고 지적하였다. 레드 테입은 업무수행에 여러 법규와 절차를 적용함으로써 불필요하고 번거로운 문서처리 등이 늘어나는 현상을 말한다. 복잡성과 일 처리 지연은 레드 테입 현상의 핵심이며, 이는 시민들이나 민간기업 등이 행정기관에 제기하는 가장 보편적인 불평 가운데 하나이다. 예를 들면 미국 제약회사들은 정부가 새로운 치료제를 승인하는 데 수년이 소요되는 것에 대해 적지 않은 불만을 품고 있다.

Kaufman(1977)은 행정기관에서 레드 테입이 발생되는 것은 업무수행에 있어 동등한 취급과 적법한 절차(equal treatment and due process) 등이 강조되기 때문이라고 한다. 비슷한 사례들을 비슷한 방식으로 다루기 위해서는 규정과 절차를 개발하여 관료들이 이를 따르게 할 수밖에 없다는 것이다. 그러면서 레드 테입이 언제나 역기능적이지는 않다고 한다. 한 사람에게는 레드 테입이지만 다른 사람(특히 사회적 약자)에게는 소중한 안전장치가 될 수 있다는 것이다.

관료제 조직에서 업무를 일정한 부분으로 나누고 조직구성원들이 맡은 직무(job)에 대해서만 책임을 지도록 하는 전문화의 원리는 부분 일과 전체 일간 연관성을 손상하기 쉽다. 공조직의 경우 예를 들면 대규모의 사회봉사 행정기관에서 어떤 부서는 새로운 고객의 서비스 신청을 돕고, 다른 부서는 마약 상담 서비스를 제공하며, 또 다른 부서는 가정 문제를 다루게 된다. 그러나 많은 고객은 이러한 경직된 관료적 분업(bureaucratic divisions)의 경계를 횡단하는 문제를 가지고 있다. 이들은 민원 해결을 위해 관료들로부터 "미안하지만 우리 소관 사항이 아닙니다"라는 소리를 들으면서 여러 부서를 방문해야 할 때 좌절하며, 자신들이 마치 공장의 조립라인(assembly line) 위를 굴러가고 있다는 느낌을 받게 된다(Palumbo & Maynard-Moody, 1991: 34).

관료제 조직구조의 공식적 연결 장치들이 효과적으로 작동하는 경우는 드물다. 만약 모두가 규칙을 엄수하고 동료들과의 갈등관계 해소를 위해 상급자를 찾는다면 조직은 마비되고 말 것이다. 실제로 노조들은 준법투쟁전략(tactic of "working to rule")의 효과성을 오랫동안 입증해 왔다. 준법투쟁이란 조직의 공식적 구조를 문자 그대로 따르는 것으로서 파업보다도 더 큰 타격을 조직에 가하는 결과를 보여주었다(Heckscher, 1994: 21).

(2) 목표대치와 훈련된 무능

목표대치는 조직구성원들이 조직의 원래 목표보다 조직의 수단인 절차 준수 등에 더 큰 관심을 보이는 현상을 말한다. Merton(1949)은 관료적 구조의 특성이 규칙을 지나치게 중시하는 성격(personality)을 조직구성원들에게 심어줌으로써, 그들이 조직 목표에 관한 거시적 시각을 상실한 채 규칙을 목표 달성을 위한 수단으로 보지 않고 그 자체를 절대적인 것으로 받아들이게 하여, 규칙(general rules)에서 예견되지 않은 새로운 상황에 적응하기 어렵게 만든다고 지적하였다.

Merton은 조직원들이 규칙에 과잉 동조하는 데서 기인 된 이러한 목표대치 현상을 이른바 '훈련된 무능'(trained incapacity)과 동질적인 것으로 보았다. 훈련된 무능이란 과거 효과적이었던 훈련이나 기술이 변화된 새로운 여건하에서 오히려 무능력을 초래하는 것을 말한다. 심각하게 변화된 환경 속에서도 훈련받은 것 그대로를 절대적으로 여기고 준수하려는 의식과 행위 자체가 업무수행을 그르치는 무능력의 원인이 된다는 것이다. 아래 〈사례 1〉은 이러한 상황을 보여준다.

조직의 규칙과 절차가 상황에 적합한지 여부와 무관하게 구성원들에게 그것의 준수만을 강조하는 데서 비롯되는 목표대치 현상은 조직목표를 정의하거나 측정하기 어려운 공조직에서 특히 문제될 수 있다(Knott & Miller, 1987: 110).

사례 1 │ 훈련된 무능4)

1962년 10월 쿠바(Cuba) 미사일 위기 기간 동안 Kennedy 행정부는 미사일을 적재한 소련의 선단이 쿠바에 접근하는 급박한 상황에서 쿠바를 공습(air strike)할 것인지 아니면 해상을 봉쇄할 것인지 결정하여야 했다. 위기 대처 방안으로 공군은 공습을 해군은 해상봉쇄를 각각 주장함에 따라, Kennedy 정부는 일단 해상봉쇄 조치를 먼저 취하고 공습의 가능성은 소련에 대한 위협 수단으로 남겨 두기로 결정하였다.

세계가 숨을 죽이고 주목하는 가운데 소련이 마침내 자국의 미사일을 쿠바에서 철수하기로 함으로써 위기를 무사히 넘기게 되었다. 그런데 미국 공군사령관 Curtis LeMay는 이러한 상황 전개로 공군의 공습 기회가 사라지는 것을 못마땅하게 여기면서, Kennedy에게 "어떻든 월요일에 공습하자"고 제안하였다. LeMay는 공군전략기획가로 훈련받은 탓에 공습에 유리한 상황이란 사실은 파악하면서도 공습이 몰고 오게 될 위기와 전체적 상황을 제대로 바라보지 못하였던 것이다.

출처: Allison(1971: 200-207), Knott & Miller(1987: 111) 재구성.

---

4) 쿠바 미사일 위기에 대한 자세한 설명은 제5장 참조.

(3) 권위의 이중체제

관료제 조직은 계서제와 전문화 양쪽 모두를 강조한다. 관료제 조직에서는 관료활동의 조정, 의사결정의 일관성 유지, 불필요한 타협 제거 등을 위해 상위층에 많은 권한을 부여한다. 이는 관리자들이 조직 전체 혹은 해당 부서를 위해 최선의 의사결정을 내릴 수 있는 충분한 능력과 정보를 보유하고 있을 때 타당하다(Heckscher, 1994: 20-21). 그러나 현실에서는 관료제 조직 구성원들 가운데 의사, 변호사, 엔지니어, 과학자와 같은 해당 분야 전문가들이 적지 않은 반면, 이들의 관리자가 관련 전문성을 지닌 경우는 드물다. 이러한 상황은 관료제의 특성 가운데 능력 기준에 의한 임용의 원리와 계서적 권한 배분의 원리가 상충하기 때문에 발생한다(Knott & Miller, 1987: 111).

문제는 특정 사안에 대해 전문성이 있는 하급자들의 의견을 비전문가인 상급자들이 계서적 권위를 내세워 제대로 수용하지 않는다는 데 있다. 상급자의 계서적 권위가 하급자의 전문적 권위(expert authority)를 억누르는 상황에서는 합리적인 의사결정을 기대하기 어렵다. 이런 연유로 Weber는 이념형 관료제 모델의 구성 요소들 간 상충 문제를 제대로 점검하지 않았다는 비판을 받는다(Blau, 1970: 143-144). 그러나 전문가들의 의견이라고 반드시 타당한 것은 아니다. 〈사례 2〉에서 보듯이 전문가들은 편협한 전문주의에 빠져 상황을 종합적으로 판단하지 못하는 경우가 적지 않기 때문이다.

사례 2 │ 권위의 이중체제

쿠바(Cuba) 위기 상황에서 Kennedy 대통령은 해상봉쇄가 소련과의 핵무기 담판을 피할 수 있는 최선의 방안으로 결정하였고, George Anderson 제독이 봉쇄를 실행하게 되었다. 그러나 해상봉쇄의 주된 목적이 소련의 선단을 향해 포격을 가하는 것이 아니라, 소련의 서기장 Khrushchev에게 Kennedy 자신의 정치적 메시지를 전달하기 위한 것인 만큼, 봉쇄 작전이 통상적인 방식으로 실행될 수 없는 것이었다. Kennedy는 이 점을 분명히 하고자 McNamara 국방장관을 Anderson에게 급파하였다. 그러나 McNamara는 대통령의 생각을 전달하는 과정에서 해당 작전의 전문가인 Anderson의 강한 저항을 받았고, 작전의 세부사항을 둘러싸고 두 사람 사이에 격한 논쟁이 벌어졌다.

McNamara는 만약 소련 선박이 적재된 수송물(cargo)을 확인하려는 미국 함선 측의 시도에 비협조적일 시에 어떤 조치를 취할 것인지를 따겼고, Anderson은 해군 규정집(Manual of Naval Regulations)을 McNamara 면전에 휘두르면서 "그에 관한 모든 것은 이 속에 있다"라고 소리쳤다. 이에 대해 McNamara는 그에게 "규정

집이 아니라 당신의 생각을 묻고 있다"고 쏘아붙였다. 두 사람의 만남은 Anderson 의 "봉쇄는 해군에서 처리할 것이니, 당신은 당신 사무실로 돌아가시오"라는 말과 함께 끝을 맺었다. 세계 역사를 좌우할 결정적인 순간에 Anderson은 전문가로서 그리고 규칙의 수호자로서 그의 권위를 내세워 대통령의 계서적 권위에 도전하였 던 것이다.

출처: Allison(1971: 127-132), Knott & Miller(1987: 112) 재구성.

(4) 무사유

관료제에서의 집권적이고 권위주의적인 통제와 법규 우선주의, 비개인적·몰 인격적인 역할 관계 등은 구성원들의 정신적인 성장과 성숙을 방해한다. 이로 말 미암아 구성원들은 명령에 맹목적으로 복종하고 명령이 있어야만 행동하는 피동 적인 존재로 전락하기 쉽고, 자신의 직무수행에 있어 옳고 그름을 스스로 생각하 고 판단할 수 없는 '순수한 무사유'(sheer thoughtlessness)상태에 빠질 수 있다. 그 결과 관료조직의 구성원들은 자연인 개인으로서는 행하기 어려운 비윤리적·비 인간적인 행위를 조직의 방침이나 맡은 바 직책이 요구하는 대로 별다른 생각이 나 양심의 가책 없이 실행에 옮길 수 있게 된다(권향원, 2015: 48; 이승환, 2023: 49).

Arent(2019)의 '예루살렘의 아이히만: 악의 평범성에 대한 보고서'(Eichmann in Jerusalem: A Report on the Banality of Evil)는 이점을 분석하였다. 정치철학자인 Arent 는 제2차 세계대전 당시 유대인 학살의 주범 중 한 사람인 Eichmann에 대한 예루 살렘에서의 전범 재판에 관한 보고서를 작성하면서, Eichmann이 '타인의 관점에 서' 사유할 능력이 결핍되어 도덕적인 행위를 할 수 없는 '일반적이고 정상적인' 사람이라고 규정하였다(Arent, 2019: 38).

Eichmann은 나치스 통치 기간 고위관료로 일하였다. 그는 유대인 문제에 관 심을 가진 수송 전문가(a transportation expert)로서, 유럽 전역의 유대인들과 기타 소수민족들이 여러 곳의 말살 공장(extermination factories)에서 학살되도록 이들을 효율적으로 수송하는 책임자의 직위에 있었다. Eichmann은 유대인 말살 정책 (policy of extermination)에 개인적으로 연루되지는 않았으나, 그의 직무인 수송은 대규모 시스템의 한 축이었다. 그는 대규모 인구 수송이라는 고난도의 과업을 수 행하는 숙련된 조직책(a skilled organizer)으로서, 자신의 개인적인 발전을 위해 열 심히 노력하는 것 외에는 다른 동기가 전혀 없었다. Eichmann은 유대인에 대한 광적인 증오심을 가진 것도 열광적인 반유대주의자로 철저하게 세뇌교육을 받은 것도 아니었다. 그가 신념을 가지고 나치당에 가입한 것도 아니었고, 나치당의 정강도 몰랐으며, Hitler가 쓴 '나의 투쟁'도 읽지 않았다. 그리고 그는 개인적으로 유대인에게 거부감을 가질 아무런 이유도 없었다(Arendt, 2019: 79, 87).

그러나 Eichmann은 유대인 말살 정책에 대해 의문을 제기하지 않았다. 오히려 자신이 명령받은 대로 수백만 명의 남녀와 아이들을 죽음으로 내모는 일을 상당한 열정을 가지고 세심한 주의를 기울이면서 충실히 이행하였다(Arendt, 2019: 78). 그는 이러한 일을 완수하는 것을 자신의 당연한 의무로 여기면서 죄책감을 느끼지 않았다(Arendt, 2019: 158, 380). 그러나 Eichmann이 유대인 살인의 충동에 사로잡힌 것이 아니었다. 그는 단지 자기가 하는 일이 악인지를 깨닫지 못하는 '순수한 무사유(sheer thoughtlessness)'의 인간이었다. 그러기에 그는 인류에 어긋나는 상부의 지시와 자신의 개인적인 양심의 틈바구니에서 고통받지 않은 것이다. Arendt(2019: 158, 391)은 이를 '악의 평범성'으로 표현하였다.

Eichmann의 무사유는 그가 자신의 행위는 국가적 행위로서 국내법을 충실히 이행한 것이었고, 자신은 조직의 계서적인 권위체계에 따라 명령에 복종한 것이고, 자신이 유대인을 죽이거나 죽이라고 명령내린 적이 없으므로, 자신의 행위에 대해 법적인 책임을 묻는 것은 부당하다고 항변하면서 자신이 무죄라고 주장한 사실에서도 드러났다(Arendt, 2019: 74-75). Eichmann은 1945년 5월 독일이 패배한 후 자신에게 닥친 어려움을 다음과 같은 식으로 표현하였다(Arendt, 2019: 86).

"나는 지도자 없는 어려운 개인 생활을 영위해야 한다는 것, 누구로부터도 지령을 받지 않고 명령이나 지휘도 더 이상 나에게 내려지지 않으며, 참조할 수 있는 어떠한 포고령도 없게 될 것을 예감했다. 간단히 말해 이전에는 알지 못한 삶이 내 앞에 놓인 것이다."

Arent의 보고서가 충격적인 것은 수많은 학살을 자행한 Eichmann이 극도로 사악하거나 반사회적인 정신장애자가 아니라 악이 악인지를 깨닫지 못한 채 악을 행한 매우 평범한 보통 사람이었다는 것을 밝혀냈다는 점이다.

홀로코스트(Holocaust)을 연구한 학자들은 현대 사회의 거대한 관료제의 조직적 활동이 없이는 그것이 불가능했을 것이라는 데 동의한다. 예루살렘 법원도 판결문에서 이를 인정하였다. 홀로코스트라는 악의 규모는 '동정도 열정도 없이'(without sympathy and enthusiasm)기계적으로 작동하는 관료제에 의한 고도의 분별 없는 효율성(mindless efficiency)에 의해 가능했다는 것이다. 바꿔 말해 한 사람이 많은 사람을 죽일 수는 있으나, 관료제만이 600만이란 엄청난 수의 사람이 학살

될 수 있게끔 작동할 수 있다는 것이다(Thompson, 1979; Palumbo & Maynard-Moody, 1991: 36).

홀로코스트는 그 자체의 특성과 목표에 충실한 관료조직에 의해 저질러진 것이라고 할 수 있다. 관료제에서는 계서적 권위와 기술적 역량(technical competence)을 중시하고, 법규와 정책 그리고 조직의 규칙에 따라 이루어지는 활동을 당연시하는 조직 분위기 등이 자리 잡기에, 관료들이 자신들의 업무와 관련된 인간적 가치나 윤리적인 측면을 사유하기 어려운 무사유의 늪에 빠져 악을 평범한 일로 인식하여 행할 수 있는 것이다(임의영, 2014: 15). Eichmann 자신도 "나는 괴물이 아니다. 나는 그렇게 만들어졌을 뿐이다." "나는 오류의 희생자이다"라고 말하였다(Arendt, 2019: 343). Hummel(1982)은 관료들이 이런 행태를 보이는 것은 관료제 내에서 그들이 이른바 '절단된 성격'(truncated personalty)을 형성하기 때문이라고 진단하였다.

관료제 조직에서는 사안을 스스로 종합하고 사유할 수 있는 능동적인 구성원이 되기 쉽지 않다. Eichmann 사례는 정부관료제가 민주정부와 시민사회에 초래할 수 있는 위험을 보여준다. 한국에서도 세월호 사건과 같은 위기 상황에서 관료들이 기술적인 대처 능력이 있음에도 불구하고 책임 있는 행동을 하지 않은 사례들이 적지 않아, 이들의 무사유가 학자들의 관심사가 되고 있다(임의영, 2014; 김병섭·김정인, 2014).

2. 관료적 병리 현상의 근본 원인

관료제 조직에서 병리 현상이 발생하는 원인은 일차적으로는 관료제 자체의 특성(계서제, 규칙, 전문화 등)에 있지만, 해당 원인을 다른 측면에서도 규명할 수 있다. 예컨대 학자에 따라서는 관료제 조직의 병리 현상을 조직구성원들의 개인적 인식능력 한계나 자기 이익을 극대화하려는 그들의 합리적 전략과 연관 짓기도 한다.

(1) 조직구성원의 인식능력 한계

Simon(1945)은 조직이 목표 달성에 있어 제한된 합리성(bounded rationality)을 추구하는 비교적 단순한 설계이고, 조직의 구조와 절차는 제한된 합리성을 위한 것이라고 본다. Simon은 관료제 조직에서 목표 대치와 같은 역기능 현상이 나타나는 것은 조직이 제한된 합리성을 추구하기 때문으로 여긴다.

Simon에 의하면 인간의 제한된 인식 능력(cognitive limits)과, 시간과 자원의 부족 등을 감안할 때, 조직구성원이 모든 이슈를 포괄적으로 알려고 노력하는 것은 합리적이지 못하다. 따라서 조직의 구조와 절차가 구성원들의 의사결정을 위한 전제들을 결정하여 그 틀 내에서 조직구성원들이 합리적 선택을 하게 한다. 조직구성원은 조직에서 자신의 직무와 직접적인 관련성이 있는 분야에만 주의를 기울이고 조직 활동의 나머지 측면들은 주어진 것(givens)으로 수용하는 제한된 합리성을 추구하도록 훈련받는다.

그 결과 예컨대 조직의 표준운영절차(standard operating procedures)가 주의력 집중의 순서(sequence of attention), 문제의 분할방식 등을 정하고, 이를 조직구성원들이 주어진 것으로 받아들이면서 상황에 따른 융통성을 발휘하지 않게 된다. 조직구성원이 일단 이런 식으로 특정 유형의 상황을 어떻게 분석할 것인지를 학습하게 되면, 문제 전체가 아니라 문제의 일부 내지 전문화된 측면만을 바라보게 되고 새로운 전제를 학습하기 어렵게 된다. 이것이 목표대치 현상과 훈련된 무능 현상이 발생되는 근본 원인이라는 것이다(Knott & Miller, 1987: 171).

Simon의 제한된 합리성의 관점에서 볼 때, 조직에서 이런 식으로 훈련된 전문가들(trained experts)은 특정한 관점을 발전시킨다. 그리고 해당 관점에 자신들의 인식적 재능을 상당 부분 투자하였기에 이를 포기하고 문제를 완전히 다른 관점에서 생각하기를 거부한다. 이는 병원에서 의사가 법적 관점이나 엔지니어적인 관점에서 문제를 고려하지 않는 것과 같다. 이 때문에 만약 비전문가인 상급자가 계서적 권위를 앞세워 훈련된 전문가에게 그가 훈련받은 것과 배치되는 방향으로 어떤 일을 하도록 강요할 경우, 상급자의 계서적 권위와 훈련된 전문가의 제한된 합리성 간에 충돌이 발생된다는 것이다.

(2) 조직구성원의 합리적 전략

관료제 조직의 역기능은 조직 자체의 이익이나 자신의 개인적인 이익을 추구하려는 목적에서 조직의 규칙을 고수하려는 구성원들의 합리적인 전략에서 비롯될 수도 있다. 이 경우 조직의 규칙들은 성공 지향적인 구성원들의 행태를 형성시키는 유인체제가 될 수 있다(Knott & Miller, 1987: 173). 예컨대 앞서 〈사례 1〉의 쿠바 미사일 위기 상황에 대한 대처방식에 있어서 각 군(해군, 공군)이 각기 자신들의 매뉴얼(manual)에 따른 입장을 고수한 것은 이를 기회로 조직의 공로를 인정받고 조직예산을 증대시키려는 계산 때문이었다고 볼 수 있다. 〈사례 2〉에서 Anderson 제독이 McNamara 장관과 논쟁을 벌인 것도 그가 Kennedy 대통령의 의중을 몰라서가 아니라 해군의 자율권(autonomy)을 보장받으려는 의도에서 비롯된 것이었다고 할 수 있다. 그가 해군규정집을 내세운 것 역시 상부에 대해 하급자들이 자신들의 행동을 정당화하고자 할 때 사용하는 보편적인 방법일 수 있는 것이다(Knott & Miller, 1987: 174).

3.4 결 어

관료제 조직의 병폐와 한계를 다룸에 있어서 흔히 범하기 쉬운 오류는 관료제 조직 본래(inherent)의 문제와 관료제 조직을 잘못 운영한 데 따른 문제를 혼동하는 것이다. 전자의 문제는 새로운 형태의 조직을 모색하는 것이, 후자의 문제는 관료제 본래의 특성을 충분히 살리려는 노력이 해결책이 될 수 있다(Heckscher, 1994: 14-19).

이제까지 많은 연구가 관료제 조직 자체에 근본적인 문제가 있다는 전제에서 새로운 조직형태(post-bureaucratic organization)를 모색해 왔지만(Barzelay, 1992), 아직 진정한 의미의 근본적인 대안을 제시하지 못하고 있다.

반면에 관료제 조직의 병리 현상에 대한 비판이 지나치게 과장되거나 경험적 증거가 부족하다고 지적하는 학자들도 없지 않다(Hales, 1993: 101-109). 이들은 오늘날 많은 조직이 관료제 조직의 외양을 띠고는 있지만, 실제로는 자의적이거나 비합리적인 규칙의 존재, 공식적 장치를 뒤집거나 대체하는 비공식적 조직의 존재, 합리성과 법적 근거 없이 이루어지는 부하에 대한 비인간적인 취급 등 관료제 조직의 본래 원리에 충실하지 못한 탓에, 많은 병폐가 발생한다고 여긴다(Heckscher, 1994: 19: Bennis, 1965). 이들 학자에게는 관료제 조직의 기본 특성을 유지하면서 문제로 지목된 관료제의 병리 현상들을 극복하는 방안을 모색하는 것이 지상의 과제라고 할 수 있다.

참고문헌

권향원. (2015). 관료제의 이론적 철학적 변화: 반관료주의(신자유주의) 행정개혁 담론의 극복과 제언. 「정부학연구」, 21(1): 41-81.

김병섭·김정인. (2014). 관료 (무)책임성 재해석: 세월호 사고를 중심으로. 「한국행정학보」, 48(3): 99-120.

오석홍. (2003). 「조직이론」. 서울: 박영사.

이승환. (2023). 우리나라 공직윤리의 쟁점 및 개선 방향. 「정부학연구」, 29(2): 35-62.

임의영. (2014). 행정의 윤리적 과제: '악의 평범성'과 책임의 문제. 「한국행정학보」, 48(3): 5-25.

Allison, Graham T. (1971). *Essence of Decision: Explaining the Cuban Missile Crisis*. Boston: Little, Brown and Company.

Arendt, Hannah. (2006). 예루살렘의 아이히만: 악의 평범성에 대한 보고서. 김선욱 역. 파주: 한길사.

Barzelay, Michael. (1992). *Breaking Through Bureaucracy: A New Vision for Managing in Government*. Berkeley: University of California Press.

Bennis, G. Warren. (1965). Beyond Bureaucracy. Transaction, 2(July/August): 30-40.

Blau, Peter M. (1970). Weber's Theory of Bureaucracy. in Dennis Wrong (ed.), *Max Weber*. 141- 145. Englewood Cliffs, New Jersey: Prentice-Hall, Inc.

Burns, T. & G. M. Stalker. (1961). *The Management of Innovation*. London: Tavistock.

Crozier, Michel. (1964). *The Bureaucratic Phenomenon*. chicago: University Chicago Press.

DeHoog, Ruth Hoogland. (1998). Bureaupathology. in Jay M. Shafritz (ed.), *International Encyclopedia of Public and Administration*, 312-313. Colorado, Boulder: Westview Press.

Downs, Anthony. (1967). *Inside Bureaucracy*. Boston: Little, Brown.

Gouldner, Alvin. (1954). *Patterns of Industrial Bureaucracy*. New York: The Free Press.

Hales, Colin. (1993). *Managing through Organization*. New York: Routledge.

Heckscher, Charles. (1994) Defining the Post-Bureaucratic Type. in Heckscher, Charles & Anne Donnellon (eds.), *The Post-Bureaucratic Organization: New Perspectives on Organizational Change*, 14-62. London: Sage Publications.

Hummel, Ralph P. (1982). The Bureaucratic Experience. 2nd ed. New York: St. Martin's.

_____. (1998). Bureaucracy. in Jay M. Shafritz (ed.), *International Encyclopedia of Public and Administration*, 307-310. Colorado, Boulder: Westview Press.

Johnston, Kenneth. (1993). *Beyond Bureaucracy*. Homewood, Ill.: Business One Irwin.

Kaufman, Herbert. (1977). *Red Tape: Its Origines, Uses and Abuses*. Washington, D.C.: Brookings Institution.

Knott, Jack H. & Gary J. Miller. (1987). *Reforming Bureaucracy: The Politics of Institutional Choice*. Englewood Cliffs, New Jersey: Prentice-Hall, Inc.

Lawrence, P. R. & J. W. Lorsch. (1967). *Organization and Environment*. Cambridge, Mass.: Harvard University Press.

Merton, Robert R. (1949). *Social Theory and Social Structure*. Glencoe, Ill.: The Free Press.

Mintzberg, H. (1979). *The Structuring of Organizations*. Englewood Cliffs, N.J.: Prentice-Hall.

Osborne, David & Ted Gaebler. (1992). *Reinventing Government*. Reading, M.A.: Addison-Wesley.

Palumbo, Dennis & Steven Maynard-Moody. (1991). *Contemporary Public Administration*. New York: Longman.

Rainey, Hal G. (1991). *Understanding and Managing Public Organizations*. San Francisco: Jossey- Bass Publishers.

Rockman, Bert A. (1992). Bureaucracy, Power, Policy, and the State. in Hill, Larry B. (ed.), *The State of Public Policy*, 141-170. Armonk, New York: M.E. Sharpe, Inc.

Selznick, P. (1949). *TVA and the Grass Roots*. Berkeley, Calif.: California University Press.

Simon, Herbert A. (1945). *Administrative Behavior*. New York: The Free Press.

Thompson, Victor A. (1979). *Without Sympathy or Enthusiasm*. The University of Alabama Press.

_____. (1977). *Modern Organization*. The University Alabama Press.

Tompkins, Jonathan R. (2005). *Organization Theory and Public Management*. Belmont, California: Thomson Wadsworth.

Weber, Max. (1946). Bureaucracy. *in Max Weber: Essays in Sociology*. translated and edited by H.H. Gerth & C.W. Mills. New York: Oxford University Press.

04 CHAPTER

행정기관의 조직문화

4.1 ▶ 서 언

　　행정기관을 포함한 모든 조직은 조직문화(organizational culture)가 바람직할 때 높은 성과를 낼 수 있다. 조직문화에 대한 학자들의 관심은 1930년대의 Hawthorne 실험으로까지 거슬러 올라가지만, 관련 연구가 본격화 된 것은 1980년대 초부터였다(Trice & Beyer, 1993: 32). 당시 미국과 유럽 국가들이 경제 침체의 어려움을 겪고 있던 것과 대조적으로 일본 경제는 번성하였다. 많은 서구학자는 일본 경제의 이러한 저력을 일본의 기업문화에서 찾았고, 이것이 조직문화 연구를 가열시키는 계기가 되었다.

　　1980년대의 조직문화 연구들은 대부분 기업의 탁월함과 기업문화(corporate culture) 간 연관성을 보여주었다.[1] 그러나 시간이 흐르면서 조직문화에 기인한 조직 문제들을 함께 조명하는 쪽으로 연구 경향이 바뀌었다(Ulrich & LaFasto, 1995: 322-324).

　　행정학 분야에서도 일찍부터 공조직 문화와 관련된 연구가 일부 있었으나 (Selznick, 1949; Kaufman, 1960), 연구가 크게 확산된 것은 정부 관료들의 부정적 행태(비용에 대한 의식 결여, 서비스 정신 부재, 결과에 대한 책임감 결핍 등)가 사회적 이슈가 되면서부터였다(Wilson, 1989: 90-110). 이 장에서는 조직문화 및 행정기관 조직문화의 특성과 기능에 대해 논의한다.

---

1) Deal & Kennedy(1982), Peters & Waterman(1982), Ouchi(1981) 참조.

4.2 ▶ 조직문화의 속성과 관리

문화는 사람들 간 상호작용 과정을 통해 생겨나며 사회생활의 여러 수준 (levels)에 걸쳐 계층을 이루면서 형성된다. 사회 전체 집단의 일반적인 생활과정을 통해서 생성·진화되는 사회문화가 가장 광범위한 문화이다.[2] 사회문화는 한 사회의 구성원들 사이에 집합적으로 공유된 가치관 내지 믿음 체계이며, 사회구성원들의 오랜 공동생활과 공동 경험에 기초하여 형성된다(Hofstede, 1980).

가치관(values)은 "무엇이 바람직한지에 대한 인식"으로서, 사람이 적절한 행위를 선택하고 판단하는 기준으로 기능한다(Hofstede, 1980: 19). 한 사회에 있어 구성원들의 행위는 대부분 사회문화적 가치관에 의해 결정되므로 구성원들 상호 간 행위의 예측과 상호작용이 가능하다(Thompson, 1967).

조직문화는 사회문화의 테두리 내에서 형성되는 하위문화의 하나이다. 조직문화는 특정 조직의 구성원들이 오랜 공동 경험을 통해 공유하는 가치, 신념, 규범, 전통 등의 총체로서, 구성원들의 행위에 앞선 판단과 선택의 기준이 되는 것을 말한다. 조직문화는 구성원들이 조직 안팎에서 발생하는 여러 상황과 문제에 대처함에 있어 사고와 행동의 표준으로 작용하는 관계로, 조직의 기능에 적지 않게 영향을 미치는 규범으로 작용한다(Metcalfe & Richards, 1993: 121).

조직문화는 조직 사안들(organizational affairs)에 대한 구성원들의 공통된 인식과 해석 그리고 그들의 행태에 내포된 규칙성의 배경이 된다(Schein, 1985; Trice & Beyer, 1993: 2; Beck & Moor, 1985). 조직의 핵심 과업이 결정되고 수행되는 방식과 관련하여 구성원 다수가 공유하는 가치관이 특히 중요하다. 예컨대 Ulrich & LaFasto (1995: 318-320)는 조직의 주요 사안이 결정되는 과정과 방식, 조직 내 업무가 분담되는 방식, 조직 내 정보가 창출되고 공유되는 방식, 조직구성원들이 조직구조나 작업패턴 등의 변화에 반응하는 속도와 방식 등을 중심으로 조직문화의 주요 특성을 파악하였다.

조직문화는 구성원들의 성향, 조직의 임무, 조직의 기술(technology), 조직이 처한 상황과 환경(situational imperatives) 등 여러 요인에 영향을 받으면서 형성되며, 시간이 흐르면서 점차 변한다. 조직문화의 변화방향은 바람직할 수도 있고 부정

---

2) Hofstede et al.(1990: 286), Trice & Beyer(1993: 5-8) 참조.

적일 수도 있다(Wilson, 1989: 93; Morgan, 1986: 121). 조직문화 관리는 조직구성원들이 바람직한 기본적 가치관과 규범 등을 형성·유지하도록 관리하는 것을 의미한다. 조직문화 관리는 특정 조직 전체 구성원들 사이에 광범위하게 공유된 규범과 가치 등이 존재한다는 이른바 통합적 관점(integration perspective)에 기초한다. 많은 학자는 이러한 관점에서 조직문화 관리가 가능하다고 믿는다.[3]

그러나 특정 조직에 단일 조직문화가 존재한다는 데 의문을 제기하는 학자들도 적지 않다(Trice & Beyer, 1993: 13). 이들은 개인적·전문직업적 배경이 다양한 많은 사람이 이질적인 업무를 수행하는 복잡한 현대 조직에서 조직구성원 모두가 동일한 가치관을 공유하기 어렵다고 보는 분화적 관점(differentiation perspective)이나 분절적 관점(fragmentation perspective)을 취하는 학자들이다(Martin, 1992).[4]

분화적 관점은 하나의 조직 내에 하위기능이나 하위단위(subunits)를 중심으로 나름의 특성이 있는 다수의 하위문화가 형성되며, 이들 하위문화 간 상합성(fit)과 일관성(consistency)이 낮다고 본다. 예를 들면 동일 기업에서 판매부와 생산부에 각기 다른 문화가 형성될 수 있다는 것이다. 통합적 관점이 조직의 최고위층 리더들의 조직문화에 대한 영향력을 강조하는 데 비해, 분화적 관점은 하위 계층 구성원들이나 중하위직 관리자를 중심으로 형성되는 문화의 성격에 주목한다(Yanow & Adams, 1998: 1574).

분절적 관점은 한 조직의 특정 하위집단 내에서도 사안에 대한 구성원들 간 인식 차이가 크고, 개인의 업무 판단 등이 일관성 없이 상황 적응적인 성격을 띤다는 점을 근거로, 처음부터 조직에서의 문화의 존재 자체를 부인한다(Martin, 1992).

오늘날 다수 학자는 조직 내 하위문화의 존재 가능성을 시인하면서도 우산 문화(umbrella cultures)로서의 조직문화를 인정하고 관리하려는 통합적 관점을 취한다.[5] 이런 관점에서 조직문화 관리는 조직의 임무와 핵심 과업 등에 대한 긍정적 가치관과 믿음이 구성원들 사이에 광범위하게 공유되는 조직문화를 조성하거나 유지하려는 노력이 조직 차원에서 체계적으로 이루어지는 것을 말한다. 조직문화 관리는 조직구성원들이 조직의 임무 수행과 생산성 등을 저해하는 그릇된 의식과 행태를 보이는 부정적인 조직문화를 예방하거나 이를 바람직한 조직문화로 전환하기 위해서도 요구된다.

---

3) Achein(1985), Peters & Waterman(1982), Harrison & Shiron(1999: 265-266).
4) Cooke & Rousseau(1988), Sackmann(1992), Harrison & Shirom(1999: 266) 참조.
5) Yanow & Adams(1998: 1574), Lundbegr(2003: 876) 참조.

조직구성원들 사이에 바람직한 의식과 가치관이 조직문화로 자리 잡게 되면, 상부 관리층이 하급자들의 업무수행과 관련하여 규칙을 강화하거나 지시나 통제를 할 필요성이 그만큼 줄어든다(Metcalfe & Richards, 1993: 107; Kernaghan, 1994: 618).

그러나 조직문화를 인위적으로 관리하기는 쉽지 않으며,6) 검증된 관리 방안도 아직은 없다(Harrison & Shirom, 1999: 281-282). 일부 학자는 문화가 구성원들 간 비공식적 상호작용에서 자연적으로 형성된다는 점을 강조하면서 인위적 개입에 의한 조직문화 변화의 가능성과 윤리성을 부인하기도 한다(Smircich, 1985; Davis, 1984).

그럼에도 불구하고 기업 등 민간부문에서는 상부 관리층이 다양한 인적자원관리(새로운 인력충원, 교육훈련, 평가와 보상 등), 구성원들과의 활발한 의사소통, 새로운 조직설계 등을 활용해 조직문화를 관리하는 이른바 하향식 접근을 해왔다. 이런 접근에서는 리더의 의지와 지속적인 노력이 무엇보다 중요하며,7) 그 외에도 조직문화 관리는 환경의 지지, 잉여 자원의 존재, 조직구성원들의 감수성 등의 여건들이 뒷받침되어야만 효과를 기대할 수 있다.

4.3 ▶ 행정기관의 특성과 조직문화

1. 행정기관의 특성

과거 많은 학자들은 공조직과 민간조직 간 근본적 차이를 인정하지 않는 일반론적 시각(generic perspective)을 가졌었다. Weber는 자신의 관료제 이론이 정부기관과 민간기업에 공히 적용될 수 있다고 여겼고, Taylor도 그의 과학적 관리절차가 공조직과 민간조직 모두에 적용될 수 있다고 보았다. Hawthorne 연구 등에서 강조되었던 작업장에서의 사회적·심리적 요인들도 공조직과 민간조직 양쪽에 공통적으로 적용되는 것이었다. Simon 역시 공조직과 민간조직 모두를 포함하는 조직의 일반적인 분석(general analysis of organization)에 주력하였다(Rainey, 2003: 57). 근래의 신공공관리론(New Public Management)도 이런 전제에서 민간부문에서

---

6) Ulrich & LaFasto(1995: 322-32), Rainey(1996: 156) 참조.
7) Trice & Beyer(19930, Ulrich & LaFasto(1995: 324-328), Howard(1992) 참조.

발전된 관리기법을 정부에 적용할 수 있다고 전제한다.[8]

최근 공공부문과 민간부문이 기능 면에서 중첩되거나 연관되는 현상도 공조직과 민간조직 간 경계선을 모호하게 만든다(Rainey, 2003: 59). 오늘날 정부와 기업 그리고 비영리조직들은 다양한 방식으로 서로 연결되어 있다. 공기업처럼 민간부문 조직을 모방한 혼합형태(hybrid forms)의 공조직이 수적으로 늘고 있고, 많은 비영리 혹은 제3섹터 조직들이 정부조직과 유사한 기능을 수행하고 있다. 예컨대 정부가 담당하던 업무를 민간에 맡기거나, 민간이 운영하는 고아원이나 양로원 등에 정부예산이 지출되는 현상이 보편화되었다. 정부가 비정부 조직들로부터 생산품과 서비스를 구입하는 현상과, 방위업체들처럼 기업이 정부로부터 자금지원과 지시를 받는 현상도 확산되고 있다.

이렇게 민간영리조직, 민간자원집단, 반관반민 조직 등이 행정기관과 연계되어 공공활동을 수행할 때, 이들을 준정부(quasi-government) 혹은 유사정부(proxy government)라고 부른다. 그리고 이들이 공조직과 함께 구성하는 네트워크가 정책과정에서 작동하는 체제를 거버넌스 혹은 국정관리라고 칭한다(정정길, 2000: 185-186).

위와 같은 관점과 현상에 따르면 공조직인 행정기관에서 형성되는 조직문화는 성격 면에서 민간기업의 조직문화와 크게 다르지 않다고 할 수 있다. 그러나 공조직은 조직환경과 조직의 내적 운영 면에서 민간부문의 조직들과 뚜렷한 차이가 있다고 보는 학자들이 적지 않다.[9] 이러한 차이는 행정기관에 민간조직과는 질적으로 다른 조직문화가 형성될 수 있는 가능성을 시사한다. 공조직과 민간조직을 보다 종합적으로 비교한 연구들에 의하면, 행정기관의 조직문화 형성에 영향을 미칠 수 있는 공조직 안팎의 특성은 다음과 같다

(1) 행정기관의 조직환경적 특성

첫째, 비시장적 환경과 관련된 특성이다. 전형적인 행정기관은 법에 의해 설립되고 정부예산에 의해 운영되므로, 환경적으로 수요와 공급의 시장 법칙에 의해 생존이 좌우되지 않는 비시장조직(nonmarket organizations)의 특성을 지닌다(Vasu et al., 1998: 6). 행정기관은 경제시장에서는 교환될 수 없으나 일반사회의 가

---

8) Barzeley(2001; Kettle), 2002(Rainey, 2003: 60) 참조.

9) Nutt & Backoff(1993: 210), Chun & Rainey(2005) 참조.

치와 공익 그리고 관련 집단들의 정치적 요구에 의해 정당화 될 수 있는, 그러한 서비스를 제공하는 경우가 많다(Rainey, 2003: 62). 때문에 행정기관은 민간조직이 주어진 투입으로 최대 산출을 얻는 효율성을 최우선시 하는 것과 달리, 형평성 (equity)과 자원의 공평한 배분 등의 가치를 효율성 못지않게 중시한다(Vasu et al., 1998: 8).

행정기관이 활동 면에서 효율성에 높은 우선순위를 두지 않는 이유는 또 있다. 행정기관에 대한 예산배정이 외부 감독 주체들(oversight bodies)에 의해 결정되며, 이러한 결정은 주로 선례에 따라 이루어지기 때문이다. 예산배정의 이런 특성상 행정기관은 예산을 절감하기보다 성과의 유무와 상관없이 배정받은 예산액을 모두 지출하는 점증주의적인 전략을 취하기 쉽다(Rainey, 1992: 114). 이러한 예산과정은 공조직의 생산성 향상에 구조적인 장애가 될 수 있다. 행정기관이 특정 유형의 서비스를 독점 제공하는 것도 임무 수행의 효율성에 관한 인센티브를 감소시키는 요인이 된다.[10]

둘째, 정치적 환경과 관련된 특성이다. 행정기관은 시장에서 분투하지 않는 대신 정책과정에서 선출직 공직자들, 납세자들, 기관의 고객 등 다양한 외부집단들에 반응해야 한다.[11] 행정기관의 대외활동에는 많은 관련 외부 세력들이 연루되며 이들 세력 간의 협상과 타협이 요구된다. 행정기관의 이러한 환경은 기관 내부의 운영과 의사결정에 적지 않은 영향을 미친다. 때문에 행정기관에서는 외부의 이해당사자들이 대안을 어떻게 받아들일 것인지의 문제가 대안 자체의 타당성보다도 더 중시되는 경우가 적지 않다. 행정기관은 조직이 필요로 하는 자원을 통제하거나 그러한 자원에 영향을 미치는 많은 외부 이해당사자들(stakeholders)과, 행정기관 스스로 지지를 필요로 하는 외부관련자들 양측 모두를 관리해야 한다 (Nutt & Backoff, 1993: 2200). 민간조직이 이러한 정치적 환경에 처하는 경우는 드물다.

셋째, 법적 제약을 들 수 있다. 행정기관은 많은 관련 법규에 의해 활동의 자율성과 융통성을 제약받는다. 예컨대 행정기관은 스스로 제공하는 서비스를 확대하거나 축소하는 것도 자유롭지 못하다. 각 행정기관에 대해 어떤 서비스를 누구에게 제공하여야 하는지 등이 관련 법규에 규정되어 있기 때문이다. 예컨대 소방기관이나 법집행기관들의 경우는 특정한 지역에서만 기능하도록 규정되어 있다 (Nutt & Backoff, 1993: 216).

---

10) Berkley & Rouse(1994: 323-325), 조석준·임도빈(2019: 42), Peters & Savoie(1994: 422) 참조.
11) Guy(1998: 1839), 조석준·임도빈(2019: 43) 참조.

넷째, 공적 감시를 들 수 있다. 행정기관의 모든 활동은 배정된 예산에 의해 이루어지므로 의회를 비롯한 정부기관들과 이익집단, 언론, 일반대중의 통제와 감시 대상이 된다. 행정기관은 독점적이거나 강제적인 성격의 업무를 수행하며, 이런 업무수행에는 공정성, 개방성, 책임성이 한층 높게 요구되는 탓에 공적 감시의 대상이 되는 것이다. Blumenthal(1983)의 '어항 속 관리'(fish bowl management)라는 표현은 행정기관이 공공의 감시하에서 작동하는 상황을 단적으로 나타낸다.

(2) 행정기관의 조직 내적 특성

첫째, 목표(goals)의 모호성을 들 수 있다. 행정기관은 흔히 모호하면서도 상충적인 복수의 목표를 가진다. 이는 선출직 공직자들이 전문성 부족이나 정치적 타협과 연대(coalition)형성의 필요성 때문에 행정기관이 추구해야 할 정책목표 등을 모호하게 설정하기 때문이다. 행정기관의 모호한 목표는 행정기관의 활동 방향에 혼란을 초래하고 이해당사자들 간에 갈등을 빚는 원인이 되기 쉽다.[12]

둘째, 권위의 제약(authority limits)을 들 수 있다. 민간부문 조직과 비교할 때, 행정기관의 관리자들은 권력의 기초가 약하며, 수많은 법적·절차적 통제로 인해 조직운영과 의사결정에 있어서 재량성과 자율성을 크게 제약받는다. 예컨대 인사의 공정성을 담보하기 위한 여러 법규는 인적자원 활용에 있어 관리자들의 재량을 제한한다.[13]

셋째, 성과 측정의 어려움을 들 수 있다. 공공부문에서는 일의 성격상 성공 여부를 측정할 수 있는 기본적인 손익기준(bottom line)이란 것이 없다. 예컨대 행정기관에는 이해관계자들의 다양한 요구가 투입 되지만 행정기관이 이들 요구를 얼마나 충족시키는지 평가할 수 있는 객관적 기준을 정하거나 관련 정보를 확보하기 어렵다. 이는 민간기업이 이윤율, 시장점유율, 판매량과 같은 객관적인 성과기준을 가진 것과 대조된다(Nutt & Backoff, 1993: 222-223). 행정기관이 내부 과정에서 문서주의, 책임 증가, 업무수행의 경직성, 혁신 부족과 같은 부정적 특징을 나타내는 것도 성과 측정이 제한적이라는 특성에 기인 된 측면이 크다(Rainey et al., 1976).

넷째, 인센티브(incentives)의 취약성을 들 수 있다. 행정기관에서는 인센티브를

---

12) Nutt & Backoff(1993: 222-223), Gortner et al.(1997: 38) 참조.
13) Gawthorp(1971), Nutt & Backoff(1993: 223) 참조.

통해 관료들의 업무수행을 격려하기 쉽지 않다. 민간조직에서는 이윤창출 등 측정 가능한 성과를 금전적 보상과 연결함으로써 물질적 인센티브를 보다 효과적으로 활용할 수 있고 조직구성원들도 이에 민감하게 반응한다(Lawler, 1971). 그러나 행정기관에서는 예산의 제약과 불분명한 성과평가 기준 등의 제약으로 말미암아 관료 개인 성과에 상응하는 적절한 보상을 하기 어렵다.

또한 행정기관의 관료들에게는 민간기업 구성원들에 비해 물질적 보상보다 의미 있는 일을 수행함으로써 얻을 수 있는 만족감과 같은 무형의 내적 보상을 상대적으로 더 중시하는 경향이 있을 수 있다(Banfield, 1977; Meier, 1989: 271-272). 그러나 관료들이 공익 실현과 같은 높은 공직관을 가지고 있을지라도 자신들의 일에서 보람을 느끼지 못해 좌절하는 경우가 적지 않다(Buchanan, 1974). 행정기관에서는 여러 제약으로 말미암아 개별 관료의 성향과 능력에 부합되는 과업을 부여하는 것과 같은 내적 보상을 유연하게 활용하기 어렵다.

다섯째, 리더십의 특성을 들 수 있다. 행정기관에서의 리더십은 정무직 공직자들과 고위 직업관료들이 공유한다. 이들 가운데 정무직 공직자들은 행정기관의 최상위층에 위치하여 집권세력의 이념을 행정기관에 반영하는 변화의 매체(change agents) 역할을 수행한다. 그러나 이들은 대부분 업무에 대한 전문성이 부족하고, 재임기간이 매우 짧으며, 외부의 정치 환경에 의해 통제를 받는다. 그러면서 내부관리에 관한 복잡한 절차적 규제 속에서 움직여야 한다. 이런 관계로 리더십을 제대로 발휘하기 쉽지 않다. 이들은 자리의 특성상 단기간에 무리하게 조직의 기존 계획이나 프로젝트들을 변경하거나 중단시키기도 하는데, 이 때문에 조직활동이 이완(inertia)되는 결과가 발생되기도 한다(Rainey et al., 1976; Rainey, 2003: 316-319).

여섯째, 레드 테입(red tape)을 들 수 있다. 레드 테입은 조직성과에 장애가 되는 거추장스러운 행정적 절차나 규정을 말한다(Pandy & Scott, 2002). 행정기관은 민간기업들에 비해 레드 테입 문제를 더 많이 안고 있다. 구성원들의 조직활동에 대한 객관적 평가가 어려워 결과보다는 주로 관료제적 절차에 의거하여 이들을 통제하기 때문이다. 레드 테입은 내적인 것과 외적인 것으로 나눌 수 있다. 레드 테입의 대표적인 예로서 인사 관련 활동을 제약하는 인사규정들을 들 수 있다. 까다로운 공무원 인사규정들은 유능한 인재의 고용을 저지하거나 지연시키고, 무능한 공무원들의 퇴출을 어렵게 만든다. 이러한 내부행정절차는 업무의 효율성을 저해한다(Berkley & Rouse, 1994: 323-325). 예산, 인사, 조달 등에 관한 규정들은 기본적으로 행정기관이 신속하고 효과적으로 작동할 수 있도록 설계되기보다 부적절한 활동이나 정치적 영향력 등을 억제하게끔 설계되어 있다(Cohen & Eimick, 1995: 16).

2. 행정기관의 조직문화

행정기관은 위와 같은 여러 특성들로 인해 전체적으로 민간조직의 조직문화와 질적으로 다른 조직문화를 형성할 수 있다. 그뿐 아니라 각 행정기관은 내부적 특성, 수행하는 과업의 성격, 처해 있는 환경적 상황 등에 있어 다른 기관들과 구분되므로, 상대적 고유성을 지닌 나름의 조직문화를 형성할 수 있다(Morgan, 1986: 121). 예컨대 규제기관과 봉사기관, 임무의 기술적 전문성이 강한 기관과 약한 기관, 과업 성격상 외부에 개방적인 기관과 폐쇄적인 기관, 규모가 큰 기관과 작은 기관 등의 차이에 따라 기관마다 고유의 조직문화가 존재할 수 있는 것이다(Yates, 1982: 120-148).

관료들에게 있어서 소속 행정기관은 자신들에게 직업적·사회적 안정성을 제공하는 장치로서 매우 중요한 의미를 지니는 관계로, 이들은 기관의 임무와 과업 등을 중심으로 공통의 가치관과 시각을 형성하는 경향을 보인다.

한국 행정기관의 한 예로서 1998년 조직개편으로 인해 총무처와 내무부의 기능을 통합 수행하기 위해 새로 탄생 된 행정자치부 내 갈등 사례를 수 있다. 행정자치부는 2004년 과거 총무처의 핵심 기능을 수행하던 인사국을 신설된 중앙인사위원회로 이양할 때까지, 통합 이전 두 기관이 형성하고 있던 상이한 조직문화 간 충돌로 말미암아 많은 어려움을 겪었다. 행정자치부 내 내무부 부서들의 하위문화가 집단적·계층적 속성이 강한 반면, 과거 총무처의 기능을 수행하는 부서들의 하위문화는 자율적·평등적 속성이 강하였기 때문이다(김병섭 외, 2007: 164-176).

행정기관에 새로 부임한 정무직 공직자가 새로운 정책을 추진 할 시에 흔히 소속 공무원들의 이른바 '부처의 관점'(a departmental view)에 부딪치는 것도 조직문화의 영향이라고 할 수 있다(Peters, 1995: 213).

행정기관의 조직문화는 민간기업 조직문화에 비해 관리가 상대적으로 더 어렵다. 무엇보다 민간기업에서 최고관리자의 리더십이 조직문화에 상당한 영향력을 미칠 수 있는 것과 달리, 행정기관의 정무직 최고관리자들은 조직문화와 관련하여 일관적이고 지속적인 리더십을 발휘할 여건이 되지 못하기 때문이다. 이들은 법규의 제약을 받으면서 외부의 정치적 개입과 감독하에서 움직여야 하고, 재임 기간마저 짧은 등 여러 한계를 안고 있다.

그럼에도 불구하고 행정기관별로 고위관리자들이 기관의 임무와 과업에 적합한 조직문화를 확인하고, 기존 조직문화를 진단하여 문제 되는 측면의 처방을 모색하는 것이 전혀 불가능한 일은 아니다. 미국의 경우 연방수사국(FBI), 산림청(Forest Service)과 같은 기관이 이러한 성공 사례로 자주 꼽힌다(Morrow, 1980: 68). 이들 기관은 조직 임무의 고유성과 중요성을 조직성원들이 인식하게 하여 전문직업주의적인 문화(a culture of professionals)를 형성시키고, 이를 통해 그들의 단결심과 일에 대한 헌신을 유도해낸 경우이다.[14] 〈사례 1〉은 미국 산림청의 긍정적 조직문화를 보여준다.

사례 1 │ 미국 산림청의 조직문화

Herbert Kaufman은 그의 저서 「*The Forest Ranger*(1960)」에서 미국 산림청 (Forest Service)이 긍정적 조직문화에 힘입어 미국 전역에 분산된 산림행정을 효과적으로 통합·관리하고 있음을 다음과 같이 소개한다.

미국 산림청의 조직문화는 1898년 Gifford Pinchot가 산림청장으로 부임하면서부터 형성되기 시작하였다. 그는 산림청 공무원들이 엘리트 의식을 가져야 한다고 믿었기에 숲속 생활의 고충을 이겨내고 산림청의 엄격한 행동강령과 강력한 계서적 통제를 따를 수 있는 인물들만을 충원하려 노력하였다. 그 결과 수년 동안 많은 지원자 중 일부만이 임용되었고(1940년에는 지원자의 18%만 임용되었다), 임용된 사람들도 상당수가 도중하차하였다.

바람직한 조직문화를 형성키 위한 그의 첫 번째 전략은 인사이동과 승진 관행을 확립하는 것이었다. 그는 3~4년을 주기로 구성원들의 근무지를 수평적으로 이동시켰다. 이는 구성원들로 하여금 다양한 관점과 전문성을 지닌 다른 여러 구성원들과 교류하게 하고 여러 일들을 경험토록 하려는 의도였다. 승진은 열심히 일한 대가로서 뿐만 아니라 조직이 원하는 식의 행태를 보인 대가로도 주어졌다.

두 번째 전략은 유니폼과 배지(badge)를 이용한 상징적 전략이었다. 구성원들을 다른 사람들과 차별화하기 위해 그들에게 유니폼과 배지를 착용토록 하였는데, 이것이 구성원들 간에 집단정신과 단결심을 키우고 '우리'라는 느낌을 가지게 하는 효과를 거두었다.

세 번째 전략은 구성원들이 형제애(fraternalism)를 가지게 하기 위해 워싱턴에 위치한 산림청 본부의 주요 정책수립과정에 지역관료들을 의도적으로 참여시키고,

---

14) Morrow(1980: 68), Hogwood & Peters(1983: 147) 참조.

본부가 현장 감사를 실시할 시에도 현장의 관료들이 조직의 정책과 관련하여 자신들의 의견을 개진할 수 있는 기회를 부여하는 것이었다. 이러한 참여 프로그램은 지역 관료들을 심리적으로 조직과 그 임무에 묶음으로써 조직에 귀속감을 갖게 하는 효과를 거두었다.

  이 같은 전략의 성과로서, 산림청은 응집력이 강한 조직이 될 수 있었고, 국유림을 전문적이고도 초당파적으로 관리할 수 있게 되었다. 만약 바람직한 조직문화가 없었더라면 산림청처럼 실무자들이 전 국토 여러 곳에 흩어져 홀로 여러 결정을 내려야 하는 분권화된 조직이 각 지역 세력들의 영향력을 피하기 어려웠을 것이다. 산림청 실무자들이 지역에 따라 광산업계, 벌목업계, 자연보호 집단 등에 의해 크게 휘둘렸을 것이기 때문이다.

출처: Kaufman(1960) 재구성.

그러나 다른 한편 행정기관의 조직문화는 부작용을 빚을 수도 있다. 조직문화의 영향으로 관료들이 소속기관의 조직문화에 속하지 않는 과업에 무관심하거나, 조직문화와 상치되는 새로운 과업을 받아들이지 않는 이른바 선택적 관심(selective attention)을 가질 수 있기 때문이다(Wilson, 1989: 101). 조직문화가 강할수록 이러한 위험은 커진다.[15] 예컨대 미국의 TVA(Tennessee Valley Authority)에는 오랜 기간(아마 지금도) 엔지니어 문화(engineering culture)가 형성된 관계로, 구성원들이 효율적인 전력 생산에 높은 가치를 두는 반면 환경보호의 중요성을 평가절하하는 경향을 보였다(Wilson, 1989: 95). 아래 〈사례 2〉의 미국 CIA 사례도 조직문화가 초래하는 부정적 측면의 일단을 보여준다. 조직문화의 이러한 부정적 측면은 조직문화 관리의 필요성을 부각시킨다.

사례 2 │ 미국 CIA의 선택적 관심

  과거 미국 CIA(Central Intelligence Agency)에는 두 개의 지배적인 문화가 존재하였다. 하나는 다른 나라의 의도와 능력(intentions and capabilities)에 관한 정보 분석을 중시하는 문화였고, 다른 하나는 정보의 은밀한 수집과 해외 첩보활동을 중시하는 문화였다. CIA 문화의 이 같은 백(분석적)과 흑(비밀적)의 양 측면은 상호 경쟁 관계에 있었지만 통상 후자가 우세하였다. 이는 CIA에서 방첩활동(counterintelligence)과 도망자 관리(defector management) 등의 과업이 등한시되

---

15) 조직문화의 강도는 문화의 두터움(thickness), 공유의 정도(extent of sharing), 관련 질서의 명백성(clarity of ordering) 등에 의해 결정된다(Sathe, 1985: 15).

참고문헌

김병섭 · 박광국 · 조경호 (2007). 「우리 정부조직 이야기」, 파주: 법문사.

이선우. (2002). 정책갈등의 문화적 분석. 박종민 편. 「정책과 제도의 문화적 분석」, 106-131.

정정길. (2000). 「행정학의 새로운 이해」. 서울: 대명출판사.

조석준 · 임도빈. (2019). 「한국행정조직론」. 파주: 법문사.

최성욱. (2005). 한국행정조직의 문화적 프로필에 관한 연구: 중앙부처를 대상으로. 「한국행정학보」, 33(2): 41-62.

황창연. (2003). 행정조직에서 조직문화 및 하위문화의 비교. 「한국행정학보」, 37(1): 37-58.

Banfield, E. C. (1977). Corruption as A Feature of Governmental Organization. *Journal of Law and Economics.* 20: 587-605.

Barzeley, M. (2001). *The New Public Management.* Berkeley: University of California Press.

Berkley, George & John Rouse. (1994). *The Craft of Public Administration.* Madson, Wisconsin: Brown & Benchmark.

Blumenthal, J. M. (1983). Candid Reflections of a Businessman in Washington. in J. Perry & K. Kraemer (eds.), *Public Management: Public and Private Perceptions.* Palo Alto: Mayfield.

Beck, Breda E. F. & Larry F. Moor. (1985). Linking the Host Culture to Organizational Variables. in Frost, Peter J. et al. (ed.), *Organizational Culture,* 335-354. Beverly Hills: Sage Publica- tions.

Bennis, G. Warren. (1965). Beyond Bureaucracy. *Transaction,* 2(July/August): 30-40.

Blondel, J. O. (1985). *Government Ministries in the Contemporary World.* Londen: Sage.

Bowornwathana, Bidhya. (1997). Transforming Bureaucracies for 21st Century: Democratic Governance Paradigm. *Public Administration Quarterly.* 21(3): 294-308.

Buchanan, B. (1974). Government Managers, Business Executives, and Organizational Commitment. *Public Administration Review.* 34(4): 339-347.

Chun, Y. & Rainey, H. (2005). Goal Ambiguity in U.S. Federal Agencies. *Journal of Public Administration Research and Theory.* 15(1): 1-30.

Cohen, Steven & William Eimicke. (1995). *The New Effective Public Manager: Achieving Success in a Changing Government.* San Francisco: Jossey-Bass Publishers.

Cooke, R. & D. Rousseau. (1988). Behavioral Norms and Expectations: A Quantitative Approach to the Assessment of Organizational Culture. *Group & Organization Studies.* 13: 245-273.

Cope, Glen Hahn. (1997). Bureaucratic Reform and Issues of Political Responsiveness. *Journal of Public Administration Research and Theory.* 7(3): 461-471.

Dahl, Robert & Charles E. Lindbloom. (1953). *Politics, Economics, and Welfare.* New York:

Harper.

Davis, S. (1984). *Managing Corporate Culture*. Cambridge, M.A.: Ballinger Publishing.

Deal, E. Terrence & A. Allen Kennedy. (1982). *Corporate Culture: The Rites and Rituals of Corporate Life*. Reading, Mass.: Addition-Wesley.

Gawthorp, L.C. (1971). *Administrative Politics and Social Change*. New York: St. Martin's Press.

Golembiewski, Robert T. (1977). *Public Administration as a Developing Discipline*. New York: Marcel Dekker, Inc.

Gortner, Harold F. et al. (1997). *Organization Theory: A Public Perspective*. New York: Harcourt Brace College Publishers.

Guy, Mary E. (1998). Public Management. in Jay M. Shafriritz (ed.), *International Encyclopedia of Public Policy and Administration*, 1836-1840. Boulder, Colorado: Westview Press.

Harrison, Michael I. & Arie Shirom. (1999). *Organizational Diagnosis and Assessment*. London: Sage Publications.

Hogwood, Brain W. & Peters, B. Guy. (1983). *Policy Dynamics*. New York: St. Martin's Press.

Hofstede, Geert et al. (1980). *Culture's Consequences: International Differences in Work Related Values*. Cal.: Sage Publications.

_____. (1990). Measuring Organizational Culture: A Qualitative and Quantitative Study across Twenty Countries. *Administrative Science Quarterly*. 35(2): 286-316.

Hofstede, Geert. (1981). Culture and Organization. *International studies of Man and Organization*. 10: 15-41.

Howard, R. (1992). The CEO as Organizational Architect: An Interview with Xerox's Paul Aliaire. *Harvard Business Review*. Sept.-Oct., 106-123.

Ingraham, Patricia W. (1987). Building Bridge or Burning Them? The President, the Appointees, and the Bureaucracy. *Public Administration Review*. 47(5): 425-435.

Kaufman, Herbert. (1960). *The Forest Rangers*. Baltimore, M.D.: Johns Hopkins University.

_____. (1970). Building Identification with the Forest Service. in Golembiewski, Robert T. & Cohen, Michael (ed.), *People in the Public Service*, 325-334. Itasca, Ill.: Peacock Publishers.

Kernaghan, Kenneth. (1994). The Emerging Public Service Culture: Values, Ethics, and Reform. *Canadian Public Administration*. 37(4): 614-630.

Kettle, D. F. (2002). *The Transformation of Governance: Public Administration for the Twenty-First Century*. Baltimore: Johns Hopkins University.

Lauth, Thomas P. (1990). Responding to Elected and Appointed Officials. in Perry, James L. (ed.), *Handbook of Public Administration*, 193-207. San Francisco: Jossey-Bass, Inc.

Lawler, E. E. (1971). *Pay and Organizational Effectiveness: A Psychological View*. New York: McGraw-Hill.

Lundburg, Crag. (2003). *Organizational Culture*. in Jack Rabin (ed.), Encyclopedia of Public Administration and Policy. 873-877. New York: Marcel Dekker.

Martin, J. (1992). *Cultures in Organization: Three Perspectives*. New York: Oxford University Press.

Meier, Kennith J. (1989). Bureaucratic Leadership in Public Organizations. in Bryan D. Jones (ed.), *Leader-ship and Politics*, 267-286. University of Kansas Press.

Metcalfe, Les & Richards, Sue. (1993). Evolving Public Management Cultures. in Kjell A. Eliassen & Jan Kooiman (eds.), *Managing Public Organization: Lessons from European Experience*, 106-124. London: Sage Publications.

Morgan, Gareth. (1986). *Images of Organization*. Beverly Hills: Sage Publications.

Morrow, William L. (1980). *Public Administration: Politics, Policy, and the Political System*. New York: Random House.

Newland, Chester A. (1983). A Mid-Term Appraisal - The Regan Presidency: Limited Government and Political Administration. *Public Administration Review*. 43(1): 1-21.

Nutt, Paul C. & Robert W. Backoff. (1993). Organizational Publicness and Its Implications for Strategic Management. *Journal of Public Administration Search and Theory*. 3(2): 209-231.

Osborne, David & Ted Gaebler. (1992). *Reinventing Government: How the Entrepreneurial Spirit is Transforming the Public Service*. Readings, MA: Addison-Wesley.

Ouchi, William. (1981). *Theory Z*. Reading, MA: Addison-Wesley.

Pandy, S. K. & Scott, P. G. (2002). Red Tape: A Review and Assessment of Concepts and Measures. *Journal of Public Administration and Theory*. 12(4): 553-580.

Peters, B. Guy & Donald J. Savoie. (1994). Civil Service Reform: Misdiagnosing the Patient. *Public Administration Review*. 54(5): 418-425.

Peters, B. Guy. (1995). *The Politics of Bureaucracy*. N.Y.: Longman.

Peters, T. & R. Waterman. (1982). *In Pursuit of Excellence*. New York: Harper & Row.

Pfiffner, James P. (1987). Political Appointees and Career Executives: The Democracy-Bureaucracy Nexus in the Third Century. *Public Administration Review*. 47(1): 57-65.

Rainey, Hal G. (1996). Building an Effective Organizational Culture. in James L. Perry (ed.), *Handbook of Public Administration*, 151-166.

_____. (1992). The Uniqueness of Public Bureaucracies. in Larry B. Hill. (ed.), *The State of Public Bureaucracy*, 111-140. Armonk, New York: M.E. Sharp, Inc.

_____. (2003). *Understanding and Managing Public Organizations*. San Francisco, CA: John Wiley & Sons.

Rainey, Hal G. et al. (1976). Comparing Public and Private Organization. *Public Administration Review*. 36(2): 23-244.

Rourke, Francis E. (1992). Responsiveness and Neutral Competence in American Bureaucracy. *Public Administration Review*. 52(6): 539-546.

Sackmann, S. (1992). Cultures and Subcultures: An Analysis of Organizational Knowledge. *Administrative Science Quarterly*. 37: 140-161.

Sathe, Vijay. (1985). *Culture and Related Corporate Realities*. Homewood, Ill.: Richard D. Irwin.

Schein, Edgar H. (1985). *Organizational Cultures and Leadership: A Dynamic View*. San Francisco: Jossey-Bass.

Selznick, Philip. (1957). *Leadership in Administration*. Evanston, Ill.: Row, Peterson & Co.

Smircich, Linda. (1985). Is the Concept of Culture a Paradigm for Organizations and Our Selves? In Peter J. Frost. et al. (ed.), *Organizational Culture*, 55-72. Beverly Hills: Sage Publications.

Thompson, James D. (1967). *Organization in Action*. New York: McGraw-Hill.

Trice, Harrison M. & Janice M. Beyer. (1993). *The Cultures of Work Organizations*. Englewood Cliffs, New Jersey: Prentice Hall.

Triendis, Hearry C. (1983). Dimension of Cultural Variation as Parameters of Organizational Theories. *International Studies of Management and Organization*. 12: 139-169.

Trice, Harrison M. & Janice M. Beyer. (1993). *The Cultures of Work Organizations*. Englewood Cliffs, New Jersey: Prentice Hall.

Ulrich, David O. & Frank LaFasto. (1995). Organizational Culture and Human Resource Management. in Gerald R. Ferris et al(eds.), *Handbook of Human Resource Management*, 317-336. Cambridge Massachusetts: Blackwell Publishers Inc.

Vasu, Michael L. et al. (1998). *Organizational Behavior and Public Management*. New York: Marcel Dekker.

Wilson, James Q. (1989). *Bureaucracy: What Government Agencies Do and Why They Do It*. New York: Basic Books, Inc.

Yanow, Dvora & Guy B. Adams. (1998). Organizational Culture. in Jay M. Shafritz ed. *International Encyclopedia of Public Policy and Administration*. 1572-1576. Boulder Colorado: Westview Press.

Yates, Douglas. (1982). *Bureaucratic Democracy*. Massahusetts: Harvard University Press.

05

정부관료제 구성원과 역할

5.1 ▶ 서　언

　　정부관료제는 정부기능 대부분을 수행하는 정책과정의 중심 주체이다. 이런 측면에서 정부관료제란 용어는 행정기관을 통칭하는 의미로 사용되기도 하고, 개별 행정기관 혹은 공무원 집단과 같은 뜻으로 통용되기도 한다. 어느 뜻이건 현대 국가에서 정부관료제를 통하지 않는 통치는 상상하기 어렵다(Stillman, 1992: 21). 행정기관의 원초적 구성요소인 공무원은 크게 정무직 공무원, 사무직 관료, 일선관료의 세 계층 집단으로 구분할 수 있다(Palumbo & Maynard-Moody, 1991: 109-133).[1]정책과 행정 현상은 많은 경우 이들 공무원 집단의 활동과 상호작용을 반영한다. 이 장에서는 이들 공무원 집단의 역할과 행태에 대해 설명한다.

5.2 ▶ 정무직 공무원

　　정무직 공무원(the political executives)은 장관·차관 등 행정기관의 최상층을 점하는 사람들이다. 이들은 행정수반에 의해 정치적으로 임명되며, 자신들이 소속

---

1) 다만 모든 행정기관이 이들 세 계층의 공무원들로 구성되는 것은 아니다. 또한 행정기관에 따라 각 부류 공무원의 비율은 차이가 날 수 있다. 예를 들면, 연구기관에는 일선관료가 거의 없는 반면, 경찰이나 공립학교에는 일선관료들이 수적으로 지배적이다.

된 행정기관 전반에 대해 책임을 진다. 이들은 기관의 정책과 전략을 수립하고, 하급자들을 이끌며, 조직환경과의 관계를 관리한다. 이들은 전통적 의미의 공무원집단을 가리키는 좁은 의미에서의 정부관료제 개념에는 포함되지 않는다. 출신배경과 신분 등에서 정부관료제를 구성하는 대다수 직업관료와 차이가 있기 때문이다.

정무직 공무원의 임명은 행정수반이 자신의 정책 비전을 실현하고 행정기관들을 장악하기 위한 주된 수단이다. 행정수반은 통상 정책과 행정에 관한 자신의 권한을 상당 부분 정무직 공무원들에게 위임함으로써, 이들이 소관 정책과 기관 운영에 있어 영향력을 발휘할 수 있게 한다.

정무직 공무원은 대통령의 정책 의지를 국정에 반영하는 대통령의 보좌자의 역할, 소속 행정기관을 관리·운영해야 하는 최고관리자의 역할, 소속 행정기관을 대표하여 외부 주체들과 협상해야 하는 대외관계 책임자의 역할, 소속 행정기관 소관의 정책·행정 문제에 있어 핵심적인 결정자의 역할, 정부의 주요 정책을 다루는 회의체 구성원의 역할 등을 수행한다.

그러나 정무직 공무원이 이들 역할 모두를 효과적으로 수행하기는 어렵다. 역할들이 상충적이고 주어진 현실이 복잡하기 때문이다. 예를 들면 대통령의 정책 의중에 충실한 장관은 소속기관의 관료들로부터 반감을 삼으로써 조직 내부 지도력에 손상을 입을 수 있다. 반대로 소속기관의 기존 정책을 중시하고 직업관료들의 기대에 부응하는 장관은 대통령으로부터 국가적·범정부적 차원의 안목이 부족하다는 지적을 면치 못하게 된다. 또한 장관은 정책과정에서 객관적 합리성을 추구할 시에는 관련 외부 주체들로부터 정치 감각이 떨어지는 인물로 낙인찍히기 쉽다.[2] 행정기관의 정책결정과 집행은 행정수반의 정책비전에 부합되어야 하는 것은 물론 다른 여러 관련 주체들(국회, 유관부처, 정당, 이익집단, 대중매체, 대상집단 등)과의 협상과 조정을 필요로 하기 때문이다.

정무직 공무원은 행정기관 내부의 다단계 의사결정과정에서 주요 정책·행정 문제의 선정과 그 해결의 기본방침을 결정해야 하지만, 숱한 현안들(imposed agendas)에 쫓겨 이에 최선을 다하기 어렵다. 조직 안팎에서 끊임없이 돌출되는 크고 작은 사건·사고들, 고도의 변전성(變轉性)을 지닌 여론의 향방, 언론의 동향, 정치인들의 정치공세 등이 대표적인 현안들이다.[3]

---

2) Lynn(1981: 164-165), Wilson(1989: 209-216), Murphy(1977) 참조.
3) 이 외에도 장관은 각종 소환(청와대 비서진과의 면담, 국무회의 및 관계장관 회의, 국회로부터의

장관은 행정기관 운영에 있어서 상호 결부된 두 가지 원인으로 난관에 봉착할 수 있다(Rose, 1971). 우선 정무직 공무원들은 대부분 정치적 이유로 임용되기에 소속기관과 정책에 관한 전문지식과 경험이 부족하여 정책을 주도하거나 관료들을 관리 함에 있어 어려움을 겪는 경우가 많다(Peters & Pierre, 2022: 632). 이들은 특정 대통령에 의해 행정기관의 최고위층에 일정 기간 채용되었다가 자신의 본래 직업으로 돌아가거나 아니면 다른 직업을 찾아 나서는 이른바 '들어왔다 나가는 사람들(In-and-Outers)이다(Pfiffners, 1987). 이들에게는 정해진 임기가 없으며 재임 기간이 대부분 짧다. 선진국에서도 이들의 재임 기간은 평균 2~3년 정도에 불과 하다(Stillman, 1992: 156). 이 때문에 Heclo(1977)는 이들을 행정기관에 잠시 머물렀다 떠나는 "정치적 철새"라고 명명하였다. 정무직 공무원들이 안고 있는 시간적 제약은 행정기관에서의 직업관료들에 대한 그들의 통제력을 감소시킨다.

특히 전문지식과 경험이 부족한 장관이 급격한 변화를 주도할 시에는 직업관료들이 이를 경계하고 저항할 수 있다. 정책과 행정의 실무지식으로 무장된 관료들은 정면 도전이 아니더라도 행정기관의 구조·절차·현안 문제 등에 관한 정보를 장관에게 제대로 제공하지 않는 등 우회적인 방법을 통해 장관의 조직 운영을 저해할 수 있다.[4] 장관의 임기 초나 임기가 한시적일 것으로 예상되는 상황에서는 이 문제가 심각할 수 있다(Alderman & Cross, 1987).

다음, 장관의 정책 사안 등에 대한 기본 인식이 일반적으로 직업관료들의 그것과 다른 것도 장관의 정책 주도와 기관 운영에 장애 요인이 될 수 있다. 기존 연구들은 양 집단이 정책과 관련하여 시간적 시각(time perspective), 정책대안에 대한 평가 기준, 정책을 통해 봉사하려는 주된 대상, 정책문제에 대한 기본 인식 등에 있어 적지 않은 차이를 보이는 것으로 파악하였다(박천오, 1993).[5]

5.3 사무직 직업관료

사무직 관료들(desktop administrators)은 조직계층상 정무직 공무원들 아래에 위

출석 요구 등)과 의례적인 기능(정부 안팎의 갖가지 공식적·비공식적 행사참여 등)에 시간과 정력을 빼앗긴다(월간조선, 1995.2).

4) Zuck(1984: 18), Kaufman(1981: 124), Simon(1976: 123-153), Gilmore(1988: 142) 참조.

5) 〈표 5-1〉 참조.

치한 직업관료들이다. 사무직이란 이들의 일이 주로 조직 내부적인 사안들 (internal focus)에 치중되어 있음을 강조하기 위해 붙여진 명칭이다. 이들은 대부분 실적체제(merit system)에 의해 임용되어 계급제나 직위분류제와 같은 인사제도의 적용을 받는 공무원들로서, 중상위층과 하위층으로 구분될 수 있다.

사무직 관료들의 신분은 정무직 공무원들과 근본적으로 다르다. 이들은 재직 권(tenure)을 보장받으며 대체로 같은 행정기관에 장기간 근무하며 느린 승진과정 을 통해 계서제의 각 단계를 거친다. 때문에 정책과 행정에 대한 지식과 경험 그 리고 전문직업성(professionalism)을 갖추고 있다. 이는 정권교체 등의 상황에서도 행정부가 안정적으로 작동할 수 있는 토대가 된다(Pfiffner, 1987; Palumbo & Maynard-Moody, 1991: 114).

사무직 관료들은 광범위한 정책이나 정무직 공무원들의 정책지시를 보다 구 체적인 실행계획과 운영프로그램으로 전환하는 임무를 맡는다. 이 과정에서 많은 세부적이고 복잡한 규칙들이 적용되는데, 이것이 레드테입으로 간주되어 시민이 나 정치권의 불만을 사기도 한다. 관료에 대한 사회의 일반적 이미지는 이들 사 무직 관료들의 행태와 관련성이 깊다.

사무직 관료들 가운데 중상위층 관료들은 정무직 공무원들 아래에서 조직 전 반의 의사결정 과정에 참여하며 하위단위들을 책임진다. 이들은 의사결정 시에 대통령을 비롯한 정무직 공직자들의 정책 성향이나 압력에 민감하게 반응한다. 그러나 선진국의 경우 이들은 자기 부서에 대한 할거적 지배를 강화하려는 성향 을 나타내며, 자기 부서의 이익에 반하는 선출직 공직자들과 정무직 공무원들의 방침에 대항하여 때때로 이익집단들이나 시민들과 연대하기도 한다(Palumbo & Maynard-Moody, 1991: 113).

중상위층 직업관료들은 자신들의 경력 발전을 위해 선출직 공직자들이나 정 무직 공무원들과 돈독한 업무 관계를 형성하지만, 정무직 공직자의 정책추진 등 에 지나치게 깊이 관여하지 않으려 주의한다. 이러한 성향은 정권교체 등에 영향 받지 않고 장기적으로 자신들의 경력과 신분을 유지하려는 욕구에서 비롯된다 (Stillman, 1992: 191).

전통적 민주주의 이론에 따르면 중상위직 직업관료들은 정책에 대해 독자적 인 판단을 할 권한이 없고 선출직 공직자의 지시에 따라야 한다. 그러나 이들 직 업관료는 정무직 공무원들의 정책지시나 해석에 동의하지 않는 경우가 적지 않 다. 기본적으로 직업관료들은 정무직 공무원들에 비해 정책에 대한 시간적 시각이 길고, 조직중심적인 사고에서 정책 사안을 평가하고, 정책이념보다는 전문성을 상대적으로 중시하는 성향이 있기 때문이다(Lauth, 1990; Ban & Ingraham, 1990).

정권과 정무직 공무원들은 긴 시간적 관점과 전문성에 기초해 일을 처리하려는 직업관료들의 경향에 좌절감을 드러내는 경우가 적지 않다. 중상위층 직업관료들은 기본적으로 새로운 정책 등에 신속히 반응하지 않으려 한다. 그릇된 정책의 부정적 결과가 장시간 지나 해당 정책을 추진했던 정권과 정무직들이 정부를 떠난 시점에 나타난다면 그 책임이 자신들에게 돌아올 것을 우려하기 때문이다(Riley & Brophy-Baermann, 2006: 145-146). 또한 정무직 공직자들이 행정기관을 단순히 정책목표 달성을 위한 도구로만 여기는 경향을 보이기 쉬운 데 비해, 중상위층 직업관료들은 자신들이 몸담은 기관 자체의 생존과 성장 그리고 건전성에 관심을 두면서 과업을 수행한다(Pfiffner, 1987). 정책과 관련된 정무직 공무원들과 사무직 직업관료들 간 성향 차이는 〈표 5-1〉과 같이 요약할 수 수 있다(박천오, 1993).

〈표 5-1〉 정무직 공무원과 사무직 관료 간 정책정향 차이[6]

	시간적 시각	정책대안 평가기준	봉사 대상	정책문제 인식
정무직 공무원	▶ 조직에 머무는 기간이 길지 않아 정책의 필요성이나 정책 성패에 대한 평가와 시각이 단기적임.	▶ 업무 수행에 대한 보상을 행정수반·정당·매스컴 등 주로 외부 주체들로부터 받는 관계로, 정책대안 평가 시에 조직 자체의 이익보다 이들 외부 세력의 반응을 더 중시함. ▶ 자신이 맡은 조직을 단순히 정책목표 달성을 위한 수단으로 간주함.	▶ 행정수반의 정책 비전을 실현해야 할 책임이 있으므로, 정책결정 등이 변화지향적임.	▶ 정치적 이념이나 편의에 따라 정책문제를 선정하고 정의함 ▶ 정치적 이상에 치우쳐 기존의 정책문제들을 간과하는 경향이 있음.

---

6) Wilson(1989: 209), Heclo(1977: 144-145), Lauth(1990: 193), Ingraham(1987), Pfiffner(1987), Morrow (1980: 68) 등을 참조하여 작성했음.

사무직 직업관료	▶ 재직권이 보장된 직업관료로서 정책의 필요성과 정책 성패에 대한 평가와 시각이 장기적임.	▶ 소속 조직을 경제적·전문직업적·사회적·문화적·심리적 의미를 모두 내포한 하나의 사회체제이자 평생직장으로 여기는 관계로, 정책과 행정에 대한 인식이 조직중심적이며 조직의 이해관계를 위주로 정책대안을 평가함.	▶ 기관 자체의 제도적 건전성(institutional health)과 전문지식의 적용을 통한 중립적인 공공봉사를 우선시함. ▶ 관례를 소중히 여기며, 변화에 대해서는 점진적 태도를 취함.	▶ 행정실용성(administrative pracicality)과 전문주의(profess-ionalism)에 입각하여 정책문제를 바라 봄. ▶ 기존 정책문제들에 집착하여 새로운 정책문제들에 대한 반응이 둔감한 경향.

양 집단 간 이러한 정책성향 차이에도 불구하고 정무직 공직자들이 사무직 관료들과 협력적이고 건설적인 관계를 유지하려 노력한다면, 그들로부터 자신들이 필요로 하는 지원을 얻을 수 있다(Wilson & DiIulio, Jr., 2004: 386). 중상위직 직업관료들은 인사상 불이익 등을 감안하기에 정무직 공무원들의 정책추진이나 지시에 직접적으로 이의를 제기하지 않으려는 경향이 있기 때문이다(Palumbo & Maynard-Moody, 1991: 114).

그러나 서구 국가들에서는 중상위직 관료들의 비협조가 문제 되기도 한다(Cosidine & Lewis, 1999). 사무직 고위관료들이 정책과정상 상당한 영향력을 행사하면서 주요 결정을 둘러싸고 정무직 공무원들과 갈등을 빚는 경우가 드물지 않다. 이는 고위 직업관료들이 전문성이 높고 외부 세력들의 지원을 받기도 하기 때문이다.[7] 직업관료들의 이 같은 영향력 행사는 전통적 민주주의 이론에 부합하지 않지만, 효율성, 효과성, 계속성이 요구되는 현대 정책과정에서 불가피한 현실이다. 학자들이 정무직 공무원들과 사무직 관료들 간 적정관계를 새로운 관점에서 바라보는 것은 이런 연유에서이다.[8]

한편, 하위층 사무직 직업관료들은 중상위층과 달리 정치환경이나 정무직 공무원들과의 직접적 업무 관련성이 적으며, 업무수행방식도 민간부문의 사무직원

---

7) 예를 들면 미국의 경우 정책분야별로 관련 이익집단 및 의회 상임위원회와 함께 이른바 하위정부(subgovernments)의 삼각관계를 구성하는 행정기관의 실제 주체는 정무직 공무원이 아니라 고위직 관료들이다(Aberbach et al., 1981; Heclo, 1977; Rurke, 1992).

8) Waldo(1981: 81-98), Yate(1982), Heclo(1977), Lauth(1990), Pfiffner(1987) 참조.

들과 크게 다르지 않다(Gortner, 1987: 77). 그러나 주어진 업무를 수행할 수 있는 전문기술과 지식, 동료 및 하급자들과 업무협력 관계 등 이들이 가진 역량은 정책집행과정에 영향을 미치는 주요 변수가 될 수 있다(Gortner, 1987: 321).

5.4 ▶ 일선관료

공공정책의 수행과정에서 일선관료들(street-level bureaucrats)이 차지하는 비중에 비해 이들에 관한 연구는 많지 않다. 일선관료들은 행정기관의 최하위층을 형성하는 공무원들로서, 정부정책이 최종적으로 전달되는 집행 현장에서 시민들과 직접 접촉하며 직무를 수행하는 직업관료들이다. 현장에서 정책과 행정을 실제로 구현하는 교통경찰관이나 공립학교 교사, 보건소의 간호원 등이 그들이다(Lipsky, 1980; 조일홍, 1996: 171).

일선관료들은 상급자의 통제를 받지만 직무수행에 있어 상당한 재량이 있다는 점에서 다른 하위직 공무원들과 차별화 된다(Palumbo & Maynard-Moody, 1991: 121-122). 일선관료들은 추상적이고 일반적인 정책 지침이나 정책내용을 현실에 맞게 해석하고 구체화하여 적용할 수 있는 재량, 정책내용이나 지침이 현실에 맞지 않을 시에 광범위하게 예외를 인정할 수 있는 재량, 현장에서 예상하지 못했던 사태가 발생할 시에 대처할 수 있는 재량 등 광범위한 재량권을 행사할 수 있다(정정길 외, 2003: 707).[9] 이들에게 이러한 재량적 판단이 허용되는 것은 집행 현장에서 당면하는 상황이 매우 복잡하고 다양하여 법규나 지시로 이들의 업무수행을 표준화하기 어렵기 때문이다(Lipsky, 1980).

상급자들은 일선관료를 직접적으로 감독하기 어렵다. 예컨대 순찰 중인 경찰관이나 가정 방문을 하는 사회복지 공무원(a social worker) 등은 원거리에서 고객과 관련된 여러 사안을 처리하기 때문이다. 최근 컴퓨터화된 관리체제에 힘입어 일선관료들에 대한 상관의 통제력이 어느 정도 증대되고 있지만 일정한 한계가 있다.

---

9) 구체적인 예로서 순찰 중인 경찰관은 어떤 유형의 위반을 집중적으로 단속하기 위해 다른 유형의 위반들에 대한 단속에 소홀할 수 있다. 음주단속을 강화하기 위해 보행 위반을 무시할 수 있는 것이다.

정책은 일선관료들의 재량적 해석에 의해 여과되는 과정을 거쳐 실행되므로, 이들이 사실상 실제 정책(real policy)의 궁극적 결정자라고도 할 수 있다(Palumbo & Maynard-Moody, 1991: 123). 일선관료들의 개별적이고도 작은 결정 방식과 결정 내용이 누적되어 정책의 구체적인 내용이 정해진다는 점에서 이들이 의미 있는 정책 주체인 것이다.

실제 현대 민주주의의 성패는 채택된 정책을 현장에서 수행하는 일선관료들에 의해 상당 부분 좌우된다. 일선관료들이 재량권을 악용할 경우, 정책의 근본 목표가 수정·변질 되어 일반대중이나 사회적 약자들이 피해를 입을 수 있다. 고객과의 관계에 있어서 일선관료들의 자기중심적 행태나 목표대치(goal displacement)와 같은 행정편의적 병리 현상을 통제하기 위해 여러 방안이 강구되고 있지만 집행 현장의 특성으로 인해 실효를 거두지 못하는 경우가 많다.[10]

한편, 일선관료들은 낮은 보수, 제한된 승진 기회, 고된 일 등 근무 여건이 열악할 뿐만 아니라, 시민들로부터도 적절한 수준의 행정서비스를 제대로 제공하지 못한다는 비판을 받는 것이 보통이다. 이런 상황은 일선관료들이 직무에 몰입하기 어렵게 만든다.[11] 흔히 본부의 중상위층 관료들은 자신들이 내린 정책지시가 일선에서 제대로 지켜지지 않거나 일선의 현장 상황을 제대로 전달받지 못한다고 불평하지만, 일선관료들은 본부 관료들이 현장의 열악한 상황에 대해 무지하거나 이를 무시한다고 개탄한다(Yates, 1982: 78).

5.5 ▶ 한국 공무원의 계층별 역할

한국의 정무직 공무원은 정치적으로 임명되고 신분이 보장되지 않는 특수경력직 공무원을 말하며, 이들은 고도의 정치적·정책적 업무를 담당한다. 각 부처의 장관과 차관, 중앙행정기관인 청과 처의 장 등이 정무직 공무원에 해당되며, 2022년 현재 차관급 이상 행정부 정무직 공무원은 130명이다.[12]

한국 장관들은 정책과정에서 맡은 역할을 제대로 수행하기 어렵다. 주요 정책

---

10) 정정길(2003: 7110, 조일홍(1996: 177-178) 참조.
11) Lipsky(1980), Palumbo & Maynard-Moody(1991: 122), 조일홍(1996: 173-175) 참조.
12) 국무총리 1명, 장관급 33명, 차관급 96명(인사혁신처 인사혁신통계연보, 2023).

의 결정권이 대통령실에 집중되어 있고, 기관 외부 출신 장관들은 자신의 능력보다는 정치 논리에 의해 임명된 관계로 정책을 주도하고 행정기관을 이끌 수 있는 전문성과 경험을 갖추지 못한 경우가 많기 때문이다. 더구나 이들은 평균 재임기간이 1년을 조금 넘는 정도에 불과해,[13] 관료들과 신뢰를 쌓으면서 장기간에 걸쳐 주요 정책을 진단하고 해결 방안을 모색할 수 있는 시간적인 여유를 가지지 못한다. 이 때문에 이들은 단기간 내 일정 성과를 내기 위해 한건주의적 정책추진에 힘을 쏟는 경향을 보이기도 한다.

한국 장관의 의사결정과 활동에 가장 큰 영향을 미치는 것은 대통령의 정책정향과 비전이지만, 소속 부처 국·과장의 의견 등도 어느 정도 작용한다. 장관이 실무자들의 의견을 반영할수록 정책추진과 기관 운영이 그만큼 수월해지기 때문이다(박동서 외, 2003: 351-353).

한국에서 직업관료들 가운데 중상위층 관료들은 고위공무원단에 속하는 실·

〈표 5-2〉 한국 장관의 역할

기본적 역할	세부적 역할
대통령보좌	• 대통령의 정치적 가치의 실현 • 국가적 문제에 대한 대응과 보좌 등
국정심의	• 국무위원으로서의 역할 • 부처간 문제의 해결과 갈등의 조정 등
부처 소관사무의 통할	• 부처 소관 정책의 관리 • 부처 소관 사무에 대한 종합적 관리 등
소속 공무원의 지휘감독	• 소속 공무원에 대한 지휘와 감독 • 소속 공무원의 사기 관리 등
소속 공무원에 대한 인사권	• 소속 고위직 공무원에 대한 인사 제청권 • 5급 이하 공무원에 대한 인사권 등
정치적 역할	• 대 국회관계 업무의 처리 • 정치적 가치의 실현 등
이익집단 등 환경의 관리	• 국민의 이익 실현 • 이해관계 집단과의 관계 등
기타 역할	• 국제관계 • 언론관계 등

출처: 중앙인사위원회 고위공직자 적응 매뉴얼(2004: 23)

---

13) Blondel(1985: appendix 2)의 자료에 의하면 1945~1980년의 기간 동안 선진 각국 장관의 평균 재임 기간은 프랑스 3.4년, 일본 1.9년, 영국 4.6년, 미국 3년인 것으로 되어 있다.

국장급 공무원들과 그 아래 4급이상 과장급 공무원들이라고 할 수 있다. 2022년 현재 고위공무원은 1,131명으로 구성되어 있고, 일반직 4급이상 국가공무원 수는 8,562명이다.[14]

그간 한국의 직업관료들은 계급제 인사제도와 계서적 조직구조 그리고 전통적인 유교문화의 영향 등으로 인해 서구 관료들과 달리 상부의 방침과 상관의 지시에 가능한 순종하고 영합하려는 사고방식과 태도를 보이는 것으로 파악되었다(백완기, 2020). 그러나 일부 연구에서는 중상위직 공무원들이 스스로 소속기관의 주요 정책결정에 상당한 영향력을 미친다고 인식하거나, 국민 혹은 고객집단에 대한 봉사에 직접적인 책임을 느끼는 것으로 파악되었다(박종민·김병완, 1990; 박천오, 1993).

〈표 5-3〉 정부부처 실·국장의 역할

기본적 역할	세부적 역할
장관 보좌	• 장관의 정치적 가치의 실현 • 정책 문제에 대한 대응과 보좌 등 • 부처 간 문제의 해결과 갈등의 조정 등
부서 소관 사무의 통할	• 실·국 소관 정책의 관리 • 실·국 소관 사무에 대한 종합적 관리 등
소속 공무원의 지휘 감독	• 소속 공무원에 대한 지휘와 감독 • 소속 공무원의 사기관리 등
정치적 역할	• 대국회 관계 업무의 처리 • 정치적 가치의 실현 지원 등
이익집단 등 환경의 관리	• 국민의 이익의 실현 • 이해 관계 집단과의 관계 등
기타 역할	• 지방자치단체 및 산하기관 관계 • 원활한 언론 관계 유지 등

출처: 조경호 외(2009: 46).

한편, 기존 연구들은 한국 일선관료들이 자신들의 역할을 소극적으로 인식하여 업무수행에 있어 가능한 재량을 행사하지 않으려는 경향이 있고, 이들의 업무환경이 열악하다는 사실을 알려주고 있다.

예컨대 일부 연구는 일선관료들이 재량 행사를 꺼리는 것은 재량적 행정 처리

---

14) 인사혁신처 인사혁신통계연보(2023)

에 대한 감사의 부담, 민원인에 대한 부정적인 인식 등에 기인한다고 밝혔다.[15] 기초자치단체 사회복지사, 보건소 공무원, 사서를 대상으로 한 실증 조사는 이들 일선관료가 자신들을 시민의 봉사자가 아니라 단순히 정책의 전달자로서 인식하는 관계로 스스로 재량을 발휘해야 할 필요성을 느끼지 못한다고 진단하였다(황설화 외, 2015).

한국 일선관료들의 열악한 업무환경에 관한 연구는 상당수 있다. 한 예로서 Lipsky 이론을 적용한 실증연구는 대국민 치안 서비스의 일선에 있는 지구대, 형사, 교통 경찰관들이 과중한 업무, 시민들의 경찰권위에 대한 도전, 낙후된 장비와 부족한 예산 등의 어려운 근무 환경에서 임무를 수행하고 있음을 밝혔다(김병섭 외, 2013).

일선관료들에 대한 연구 가운데 일부는 이들이 다양한 악성 민원에 시달린다는 사실을 조명하였다. 예컨대 서울시 자치구 공무원 등을 대상으로 한 행정연구원조사(2021)는 이들 공무원에게 고충이 되는 악성 민원의 행태가 '적절한 응대에도 불구하고 지속적인 불평 제기', '제도적으로 불가능한 민원에 대한 무리한 요구', '민원인 자신의 불쾌감을 드러내는 무언의 행동', '모든 잘못을 민원 담당 공무원 탓으로 돌리는 행위', 모욕적인 비난, 고함, 욕설 행위'등 매우 다양한 것으로 파악하였다. 그러나 이와 반대로 민주화의 진척에도 불구하고 일선관료들이 여전히 과거의 권위주의적인 의식과 행태를 탈피하지 채 우월감을 가지고 일반시민을 대한다는 지적도 있다(김영민, 2013: 29).

위에서와 같은 관련 연구들에도 불구하고 전체적으로 한국 정부관료제를 구성하는 세 개 계층 공무원들 각각의 정책과정상 역할과 행태에 대한 관찰과 연구는 아직 많이 미흡한 실증이다.

5.6 결 어

20세기 초 이래 지속된 정부의 성장과 활동반경의 확대는 정부관료제의 규모와 기능을 크게 팽창시켰다. 오늘날 정부관료제는 단순히 집행 주체가 아니라 강

---

15) 김영민·임도빈(2011), 임혜경·하태수(2015) 참조.

력한 권력을 보유한 정치 주체이기에 그 정책활동에 대한 진단 없이는 통치 현상을 올바르게 파악할 수 없다.

정부관료제의 내부적 역동성과 외부적 대응성은 상당 부분 최고위층의 정무직 공무원, 사무직 직업관료, 일선관료라는 세 계층 공무원 집단의 활동 패턴과 상호작용에 의해 좌우된다. 따라서 이를 진단하고 발전 방향과 방안을 모색하는 것은 정부관료제 연구의 주요 과제라고 할 수 있다. 이런 인식에서 이 장에서는 세 개 계층 공무원들의 정책과정상의 역할 등에 관한 일반론을 소개하고 한국에서의 관련 실태를 간략히 서술하였다.

참고문헌

김병섭 외. (2013). 일선 경찰의 행태 및 근무환경에 대한참여관찰적 연구: Lipsky의 일선관료 이론을 중심으로. 「한국치안행정논집」, 10(1): 1-26.

김영민 · 임도빈. (2011). 일선관료의 재량권 사용에 대한 연구: 사회복지 전담 공무원의 재량행사 수축경향을 중심으로. 「한국조직학회보」, 8(3): 25-59.

김영민. (2013). 한국 현대 관료제의 형성과 특징. 「황해문화」, 79: 10-32.

박동서 · 함성득 · 정광호. (2003). 「장관론」. 서울: 나남.

박종민 · 김병완.(1991). 한국 국가관료의 의식. 「한국행정학보」, 25(4): 85-102.

박천오. (1993). 한국에서의 정치적 피임명자와 고위직업관료의 정책성향과 상호관계. 「한국행정학보」, 27(4): 1121-1138.

백완기. (2020). 행정문화, 「학문연구의 동향과 쟁점: 행정학」, 제10집: 223-242. 대한민국학술원.

임혜경 · 하태수 (2015). 립스키(Lipsky)의 일선관료 이론에 근거한 교사의 재량행위 분석: 수원지역 중학교 3학년 교사를 중심으로. 「정부학연구」, 21(1): 123-162.

정정길. (2003). 「정책학 원론」. 서울: 대명출판사.

조경호 · 진종순 · 박석희. (2009). 「공무원의 역할 연구」. 서울: 대영문화사.

조일홍. (1996). Michael Lipsky의 일선행정관료체제에 관한 연구. 오석홍 편, 「행정학의 주요이론」, 171-180. 서울: 경세원.

행정연구원. (2021). 「악성민원 관련 지역주민과 지방자치단체 민원담당 공무원 간의 갈등해소를 위한 대응전략 구축연구」, 수시과제 2021-07.

황설화 외. (2015). 기초지방자치단체 일선관료들의 재량행위분석:수원시를 중심으로. 「한국정책연구」, 15(2): 73-99.

Aberbach, Joel D., Robert D. Putnam, & Bert A. Rockman. (1981). *Bureaucrats and Politicians In Westren Democracies*. Cambridge, Massachusetts: Havard University Press.

Abney, G., & Lauth, T.P. (1983). The Task of State Administrators: Management or External Relations. *American Review of Public Administration*. (16): 171-184.

Alderman, R. K. & Cross, J. A. (1979). Ministrial Reshuffles and the Civil Service. *British Journal of Political Science*. 9(part 4): 41-65.

Ban, Carolyn & Ingraham, Patricia W. (1990). Short-Timers: Political Appointee Mobility and Its Impact on Political-Career Relations in the Regan Administration. *Administration and Society*. 22(1): 106-124.

Blondel, J. O. (1985). *Government Ministers in the Contemporary World*. London: Sage Publications.

Gortner, Harold F. (1987). *Organizational Theory*. Chicago, Ill.: The Dorsey Press.

Heclo, Hugh. (1977). *A Government of Strangers*. Washinton D.C.: Brookings Institution.

Heady, Bruce W. (1974). The Role Skills of Cabinet Mimisters: A Cross-National Review. *Political Studies*. 22(1): 66-85.

_____. (1975). A Typology of Ministers: Implications for Miniter—Civil Servant Relationships in Britain. in Mattei Dogan (ed.), *The Mandarins of Western Europe: Political Role of Top Civil Servants*, 63-85. New York: John Wiley & Sons.

Ingraham, P. W., & Barrilleaux, C. (1983). Motivating Government Managers for Retrenchment: Some Possible Lessons from the Senior Executive Service. *Public Administration Review*, 43: 393-402.

Ingraham, Patricia W. (1987). Building Bridge or Burning Them? The President, the Appointees, and the Bureaucracy. *Public Administration Review*. 47(5): 425-435.

Lipsky, Michael. (1980). *Street-Level Bureaucracy*. New York: Russell Sage Foundation.

Lauth, Thomas P. (1990). Responding to Elected and Appointed Officials. in James L. Perry (ed.), *Handbook of Public Administration*, 193-207. San Francisco: Jossey-Bass, Inc.

Lynn Laurence E. (1981). *Managing the Public Business: The Job of the Government Executive*. New York: Basic Books.

Morrow, William L. (1980). *Public Administration: Politics, Policy, and the Political System*. New York: Random House.

Murphy, Thomas P. (1977). Political Executive Roles, Policymaking, and Interface with the Career Bureaucracy. *Bureaucrat*. 6(2): 96-127.

Palumbo, Dennis & Steven Maynard-Moody. (1991). *Contemporary Public Administration*. New York: Longman.

Peters, B. Guy & Jon Pierre. (2022). Politicisation of the Public Service during Democratic Backsliding: Alternative Perspectives. *Australian Journal of Public Administration*. 81: 629-639.

Pfiffner, James P. (1987). Political Appointees & Career Executives: The Democracy-Bureaucracy Nexus in the Third Century. *Public Administration Review*, 47(1): 57-65.

Riley, Dennis D. & Bryan E. Brophy-Baermann.(2006). *Bureaucracy and the Policy Process*. New York: Rowman & Littlefield Publishers, INC.

Rockman, Bert A. (1992). Bureaucracy, Power, Policy, and the State. in Hill, Larry B. (ed.), *The State of Public Policy*, 141-170. Armonk, New York: M.E. Sharpe, Inc.

Rose, Richard. (1971). The Making of Cabinet Ministers. B*ritish Journal of Political Science*. 1: 393-414.

Stillman, Richard J. (1992). *The American Bureaucracy*. 김번웅 외 옮김, 서울: 대영문화사.

Wilson, James Q. (1989). *Bureaucracy: What Government Agencies Do and Why They Do It*. Basic Books, Inc.

Wilson, James Q. & John J. DiIulio, Jr., (2004). *American Government: Institutions and Policies*.

4th ed. Boston: Houghton Mifflin Company.

Yates, Douglas. (1982). *Bureaucratic Democracy*. Cambridge, Massachusetts: Harvard University Press.

Zuck, Alfred M. (1984). Education of Political Appointees. *Bureaucrat*. 13(3): 15-18.

CHAPTER 06

관료정치와 관료제에 대한 정치화: 현상과 기능

6.1 서 언

정부관료제의 공식적 기능은 국민대표기관인 의회와 대통령이 결정한 정책을 정치적 중립성과 전문성에 의거해 충실히 집행하는 것이다. 이는 정책결정은 선출직 공직자들이 하고 행정은 집행전문가인 관료들에게 맡겨야 한다는 이른바 정치·행정 이원론(politics-administration dichotomy)적 관점과 일치한다. 과거 행정학자들은 이러한 관점에서 정책결정과정에 대한 관료들의 개입과 행정과정에 대한 정치인들의 관여를 지양하는 것이 민주주의 정신과 행정의 효율성에 부합한다는 주장을 펼쳤다. 그러나 오늘날은 많은 국가에서 관료들이 정책과정 전반에 걸쳐 적극적인 역할을 담당하고 있고, 이들에 대한 집권정부의 정치적 통제 또한 강화되고 있는 것이 현실이다. 전자의 관련된 현상은 관료정치(bureaucratic Politics)로, 후자와 관련된 현상은 관료제에 대한 정치화(politicization of bureaucracy)로 각각 개념화된다.

관료정치는 관료들과 소속기관이 정책과정에서 정치적인 판단과 행위를 하는 현상을 말하며, 관료정치론(theories of bureaucratic politics)은 이에 관한 이론이다.[1] 관료정치론은 정부관료제의 정책결정 기능을 강조하면서 정치·행정 이원론(politics-administration dichotomy)의 틀을 부정한다. 관료정치 현상 및 그 기능에 관한 많은 문헌과 경험적 연구는 1940년대와 1950년대에 Appleby(1949)나 Long

---

1) Van Horn(1989: 98-122), Brewer(2003: 141-145) 참조.

(1949)과 같은 학자들이 기존의 정치·행정 이원론적 사고에 대해 관료들이 재량 (discretion) 행사를 통해 정책결정을 한다는 반론을 제기한 데서 시작되었다 (O'Leary, 2006: 8-9).

기본적으로 관료정치론은 정책결정과정을 다양한 선호와 이해관계를 가진 다수 행위자 간 정치적 게임의 전개 과정으로 보면서, 관료들과 행정기관을 이러한 게임의 주요 참여자로 간주한다.[2] 그러면서 현대 국가에서 정부관료제의 영향력이 급격히 증대한 것은 정부관료제의 기술적 우월성과 함께 자기중심적인 정부관료제의 속성이 작용한 결과라는 입장을 취한다.[3]

이에 비해 관료제에 대한 정치화는 정부관료제에 대한 집권정부의 통제가 민주적 국정운영에 필요한 적절한 수준을 넘어 강력한 정파적인 통제(partisan control)로 변질된 현상을 가리킨다(Rouban, 2007: 202; Almendares, 2011). 관료제에 대한 정치화는 집권정부가 선호하는 정책 등의 결정과 이행을 관철하고자 다양한 행정관리적 장치를 동원해 관료들과 행정기관을 정파적으로 통제하는 것을 말한다(Almendares, 2011; Peter & Pierre, 2022; 이창길, 2020: 110).

관료제에 대한 정치화는 정권교체 시에 흔히 나타나는데, 이는 새로운 정권이 정치이념이 다른 이전 정권에서 봉사했던 관료들의 충성심을 의심하기 때문일 것이다(Moynihan & Roberts, 2010: 573). 이전 정권의 집권 기간이 길수록 새로운 정권이 정부관료제에 대한 정치화를 꾀하려는 유혹은 더 커진다(Cooper, 2018: 35). 관료제에 대한 정치화는 정부관료제가 단순히 집권당의 이념에 따라 정책을 마련하고 집행하는 기계적인 존재가 아니라는 정치권의 인식을 반영한다(양재진, 2003: 266).

관료정치와 관료제에 대한 정치화는 상호 연관성이 있는 개념이다. 그러나 전자가 관료제의 정치적 영향력 행사와 관련된 현상을, 후자가 관료제에 대한 정치적 통제와 연관된 현상을, 각각 나타낸다는 점에서 차별화된다. 이러한 개념적 차이에도 불구하고 연구에 따라서는 이들 두 개념을 상호 구분 없이 포괄적으로 혹은 호환적으로 사용함으로써, 관련 현상을 규명하고 이해하는 데 혼선을 빚고 있다(Ruban, 2007).

---

2) Seidman(1998), Frederickson & Smith(2003: 53), 정정길 외(2003: 215) 참조.
3) 이와 관련하여 Meier(1993)는 행정기관의 정책과정상 영향력이 정책 환경의 유형, 정치적 및 국민적 지지의 수준, 특화된 지식, 구성원들 간 응집력, 관료적 리더십 수완 등에 의해 확장되거나 축소될 수 있다고 설명한다.

이 장에서는 관료정치와 관료제에 대한 정치화의 개념을 구분·재정립하고 각각의 관련 현상과 기능을 살핌으로써, 그리고 한국에서의 해당 양상을 부분적으로 소개함으로써, 향후 이 주제에 관한 논의와 연구가 좀 더 체계화되는 데 디딤돌이 되고자 한다.

6.2 ▶ 관료정치

1. 광의의 관료정치

행정학은 본래 정치와 행정이 분리될 수 있다는 전제에서 탄생했지만, 일찍부터 학자들은 현실에서 이런 구분이 어렵다는 점을 시인하였다. 정치가 가치의 권위적 배분(authoritative allocation of values) 과정이나(Easton, 1965), 누가 무엇을 언제 어떻게 획득하는지를 결정(who gets what, when and how)하는 과정으로(Lasswell, 1936) 정의된다면, 관료들과 행정기관이 정책과정에서 이런 정치적 행위를 사실상 일상적으로 하는 관료정치 현상을 간파하였기 때문이다(Brewer, 2003: 143). 관료정치의 모습은 다양할 수 있다.

첫째, 관료정치는 관료들과 소속기관이 정치영역으로 진입하여 정책의제 설정, 정책대안의 형성과 같은 정책결정과정에 영향을 미침으로써 발생한다(Brewer, 2003: 141). 관료정치론은 비선출직 관료들이 특정 정책분야에서 쌓은 전문성과 경험을 토대로 정치인들의 고유영역인 정책결정에 관여한다는 사실을 부각한다(Peters, 1995: 211-225; Frederickson & Smith, 2003: 42). 관료정치론은 관료들이 법규와 정무직 상관들의 지시를 구체적인 정부 활동으로 전환하는 정책집행과정에서 재량적인 결정을 적지 않게 한다는 점에도 주목한다. 정책이란 현실에서 벌어지는 일이지(policy is what happens) 법규에 명시된 것이 아니라는 차원에서는, 행정 현장에서 정책 현실(realities of policy)을 상당 부분 좌우하는 일선관료들과 하위층 관료들의 관료정치를 무시할 수 없다는 것이다(Peters, 1995: 219-220).

둘째, 관료정치는 관료들과 행정기관들이 나름의 이해관계(관할 정책영역, 예산, 유관 정책의 방향성 등)와 정책정향을 가지고 정책과정에서 상호 경쟁, 갈등, 타협하며, 이 과정에서 행정부 외부의 여러 정치세력과 연대하는 등의 모습을 띠기도 한다(Peters, 1995: 211-225; Frederickson & Smith, 2003: 42). 다수 세력과 주체들이 정책 공간을 통제하기 위해 경합하는 갈등과 거래의 과정이 정책과정이라면, 관료정치론은 관료들과 행정기관을 이 과정의 주요 참여자로 본다(Frederickson & Smith, 2003: 48). 이런 측면에서 관료정치론은 정부관료제의 활동이 정치로부터 분리된 기술적·가치중립적(value-neutral)인 성격이 아니라 정치활동 자체임을 강조한다(Frederickson & Smith, 2003: 41).

예컨대 미국의 초기 행정학자들은 관료들과 행정기관이 고객집단과 특수 이익들(special interests)에 의해 포획되는 이른바 기관포획(agency capture) 현상을 관료정치로 보았다. 이런 관료정치에서는 행정기관이 특정 고객집단들과 특수 이익 주체들로부터 정치적 지지를 얻는 대신, 이들이 행정기관의 의사결정에 영향을 미치도록 허용하는 일종의 파우스트적 거래(Faustian bargain)가 이루어졌다. 기관포획 식의 관료정치는 나중에 특정 행정기관, 의회 관련 상임위원회, 그리고 관련 이익집단의 삼자 간 철의 삼각 동맹(iron triangles)으로 발전되었다(Brewer, 2003: 141).

철의 삼각 동맹에서는 정책영역별로 의회의 특정 위원회 소속 의원들이 소관 행정기관과 관련 이익집단들로부터 정치적 지지를 받는 대가로 해당 행정기관에 대해 우호적인 입법과 재정 지원을 하는 것이 특징이었다. 철의 삼각 동맹은 소관 정책영역을 대통령마저 개입하기 어려울 정도로 배타적으로 지배하기도 하였다. 그러나 1970년대에 이르러서는 이러한 구도를 대신해 이슈네트워크(issue networks)가 주요 관료정치 현상으로 자리 잡게 되었는데, 이는 특정 행정기관과 그 기관의 정책영역에 이해관계나 관심이 있는 다수 정치주체 간에 형성되는 보다 느슨한 제휴 관계를 말한다(Brewer, 2003: 141).

행정기관 간 관료적 경쟁(bureaucratic competition)이 발생하는 정도는 정부 구조(structure of government)에 따라 다를 수 있다. 미국이나 스웨덴처럼 분권화된 정치시스템에서는 행정기관 간 경쟁이 일상화되어 있고, 그것이 개별 기관의 생존과 운영에 큰 영향을 미친다. 반면에 중앙의 정치적·행정적 통제가 강한 정부 구조에서는 이 같은 경쟁의 발생빈도와 중요성이 상대적으로 떨어진다(Peters, 1995: 218).

셋째, 관료정치가 정책관할과 예산, 기타 이해관계를 둘러싸고 행정기관들이 상호 대립·갈등·협상의 정치적 게임(political games)을 벌이는 양상이라면, 이는 정책결정과정은 물론 정책집행과정에서도 그 모습을 드러낸다. 많은 연구와 경험적 관찰이 이를 입증하였다(Pressman & Wildavsky, 1973; Bowornwathana & Poocharoen, 2010: 308).

이처럼 다양한 양상의 관료정치는 관료들과 행정기관이 자기 관점과 자기 이익에 경도되어 국정운영의 건전성을 저해하고 국익과 사회 전체의 후생 증진을 소홀히 하는 위험성을 내포하지만, 현대 국가가 광범위하고 전문적인 기능을 수행하기 위해서는 관료정치가 일정 부분 불가피하게 요구된다. 예컨대 정무직 공직자들과 접촉면이 넓은 상위직 관료들이 자신의 전문성을 바탕으로 일정 정도 정치기능을 수행하는 것이나, 일선관료들이 정책집행 현장에서 상황에 적절하게 나름의 재량을 행사하는 것과 같은 관료정치가 그것이다. 정부관료제에 대한 적

〈표 6-1〉 관료정치 문헌의 고전적 주제

1. 관료들은 재량을 행사함으로써 정책결정을 한다(Appleby 1949).
2. 행정은 정치과정이다(Appleby, 1949; Stein, 1952).
3. 관료들과 관료제는 그들 자신의 고도로 세분화되고 편협한 관점, 이익, 가치관에 의해 움직인다(Long, 1949).
4. 행정기관들은 권력(power), 위상(position), 평판(prestige)을 위해 끊임없이 경쟁하며, 이것이 정책에 막대한 영향을 미친다(Allison, 1971; Halperin, 1974).
5. 관료들의 관점은 소속기관의 독특한 문화에 의해 영향받는다(Halperin & Kanter, 1973). 바꿔말해 '선 위치는 앉은 위치에 의해 결정된다'(where you stand depends on where you sit)(Neustadt &d May, 1986).
6. 모든 관료제는 특정한 자원들을 부여받는다. 정책전문성(policy expertise), 장기성(longevity)과 연속성(continuity), 프로그램 집행에 대한 책임(responsibility) 등이 그것이다. 일부 관료들은 이들 자원을 자신들의 편익을 위해 더 성공적으로 활용한다(Rourke, 1984; Wildavsky, 1981).
7. 관료정치의 장에서 만들어진 정책은 흥정(bargaining), 조정(accommodation), 타협(compromise)으로 특징지을 수 있다(Allison, 1981). 이는 관료정치로 알려진 비합리적인 요인들에 영향받는 혼란스러운 점증주의(muddling-through incrementalism) 형식을 띤다(Lindbloom, 1959).
8. 행정기관과 관료들은 위협을 회피하기 위한 수단으로서 외부 집단들을 흡수(co-opt)한다(Selznick, 1949).
9. 관료제들은 정치제도들(대통령실, 주지사, 시장 등)과 관계를 발전시키며, 그 과정에서 정보를 제공하고, 조언하며, 의사결정을 한다. 또한 정치적인 방식으로 프로그램을 관리한다(Wildavsky, 1975; Heclo 1978: Cronin, 1980; Ripley & Franklin, 1990).
10. 관료제 내 조직 장치들(organizational arrangements)은 중립적이지 않다. 그것들은 정치적 동기로 정해진 우선순위와 선택적 실행을 의미한다(Seiaman, 1976).

출처: O'Leary(2006: 10).

절한 통제 문제가 대두되는 이유도 여기에 있다.[4] 〈표 6-1〉은 여러 학자가 제시한 관료정치의 다양한 양상을 보여준다.

2. 협의의 관료정치: Allison의 정책결정 이론모형

관료정치는 협의로는 Allison(1971; 1972)이 제시한 특정 정책결정 이론모형을 가리킨다(Brewer, 2003: 141-145). Allison은 쿠바(Cuba) 미사일 위기에 대한 미국의 대처와 관련하여 3개의 정책결정 이론모형을 제시하였는데, 협의의 관료정치는 그가 제시한 이론모형들 가운데 [모형 3]인 관료정치 모형(bureaucratic politics model)에 담긴 정책결정 상황을 말한다. 쿠바 미사일 위기는 냉전시대 미국과 소련 양국 간 가장 위험한 군사적 대치였다. 위기상황의 발단과 전개는 〈사례 1〉과 같이 축약될 수 있다.

사례 1 | 쿠바 미사일 위기

1959년 쿠바혁명 이후 Castro가 이끄는 쿠바는 미국의 옆구리를 겨누는 '붉은 칼'이었다. 1961년 쿠바 망명자 출신들로 구성된 반혁명군이 미국의 전폭적인 지원을 받아 쿠바 피그만(Bay of Pigs)을 침공하였으나, Castro의 공산정권을 전복시키는 데 실패하였다. 그 후 미국이 대 쿠바 수출금지, 미주기구에서의 쿠바제명 등 쿠바 압박 작전을 강화함으로써 쿠바와의 간 관계는 지속적으로 악화되었다. 쿠바는 소련에 의지해 사회주의화를 추진하면서 미국의 침략에 대비해 소련의 전략 핵미사일을 들여오고자 했다. 1962년 9월 소련과 쿠바는 쿠바에 IRBM(중거리 탄도미사일) 42기를 배치한다는 무기원조협정을 체결했다. 소련의 의도는 쿠바의 안전을 지키는 동시에 전략무기의 선제 배치를 통해 미국과의 교섭에서 우위를 점하려는 것이었다.

이런 가운데 1962년 10월 14일 미국의 정찰기(U-2)는 소련이 쿠바에 탄도미사일 발사 기지를 비밀리 설치하고 있음을 포착하였다. 인류의 생존이 걸린 제3차 세계 대전이 일어날 수 있는 상황에서 미국 Kennedy 대통령은 최고위 보좌관 회의를 연속적으로 개최하면서 수일간의 숙고 끝에 소련 미사일 반입을 막기위해 미국 함정으로 쿠바를 해상봉쇄 하는 조치를 하였다. 소련에 미국의 단호한 대응 의지를 보여주는 동시에, 미사일을 철수하여 평화적으로 위기를 해결할 기회를 준다는 취지였다. Kennedy는 이와 함께 소련의 당서기장 Khrushchev에게 쿠바에서 미사일이 발사되면 미국이 소련에 전면적인 보복 공격을 가할 수 있다고 경고

---

4) Niskanen(1971), Yates(1982), Peters(1995: 212-225) 참조.

하였다.

　이에 대해 Khrushchev는 Kennedy의 쿠바 해상봉쇄 조치가 국제법을 침해하고 핵전쟁을 초래할 수 있는 공격적인 행위라고 반발하였다. 이런 가운데 1962년 10월 24일 미사일을 적재한 소련의 선단(船團)이 미국의 해상봉쇄선에 접근하였다. 긴장된 상호 대치 끝에 10월 26일 소련은 미국과의 군사적 충돌을 피하면서 쿠바에 대한 미국의 불가침 약속을 받고 선단을 철수하였다. 그 후 곧바로 Khrushchev는 쿠바에 설치한 미사일 기지를 폐쇄하였다. 이렇게 하여 13일간의 위기 상황은 종식되었다.

출처: Allison(1971).

Allison은 그의 저서(1971)와 논문(1972)에서 쿠바 미사일 위기 당시 미국 Kennedy 정부가 소련의 미사일이 쿠바로 반입되는 것을 차단하기 위해 쿠바를 해상봉쇄한 군사적 조치를 취한 과정과 이유를 설명하면서, [모형 1](합리적 행위자), [모형 2](조직과정), [모형 3](관료정치)의 세 가지 이론 모형을 제시하였다.

　[모형 1]은 합리적 행위자 패러다임(Rational Actor Paradigm)으로서, 정부를 자기 이익을 전략적으로 추구하는 합리적이고 단일적인 행위자로 본다. 정책과정에 참여하는 다수 주체는 개인적 이익 혹은 소속기관의 이해관계를 전혀 고려하지 않으며, 최고결정자는 이성적 판단과 합리적 계산에 입각해 국가를 위한 합리적인 결정을 한다고 가정한다. 실제로 Kennedy 대통령과 그의 보좌진은 쿠바 위기 상황과 관련하여 지상군의 공격, 미사일 기지에 대한 공중폭격, 해상봉쇄, 국무성에 의한 외교적 항의, 상황을 무시하는 방안 등 다수의 대안을 검토하였다. 그리고 이들 대안을 미국의 잠재적 인명피해, 금전적 비용, 국내 정치에 미칠 영향 등을 기준으로 비교 평가하였다. Kennedy는 고심 끝에 해상봉쇄와 소련에 대한 경고가 가장 신중한 조치라는 결론에 도달하였다. 따라서 이 부분에 있어서는 [모형 1]은 해상봉쇄 결정과정을 바라볼 수 있는 상당한 통찰력을 제공한다.

　[모형 2]는 조직과정 패러다임(Organizational Process Paradigm)으로서, 정부를 특정 정책영역에서 각기 준독립성(quisi-independence)을 가지고 작동하는 다수 기관의 느슨한 집합체로 간주한다. 각 기관은 불확실성을 회피하고 일정한 조직성과를 담보하기 위해 소속 구성원들의 활동을 조율하는 정형화된 표준운영절차(standard operating procedures)를 수립하는데, 정부의 정책결정은 각 기관의 이러한 SOP 등에 의해 영향을 받는다는 것이다(Frederickson & Smith, 2003: 49).

[모형 2]에 의하면 많은 경우 해당 사안의 주관 행정기관이 정책결정을 주도하지만 관할범위가 중복되는 다면적인 사안들에는 다수 기관이 연루된다. 이때 관련 기관마다 국가적 목표보다 조직의 임무 달성을 우선시하고 SOP를 중시하는 경향을 나타내는 관계로 기관 간 갈등이 발생되고 상호 타협이 어려워진다. 각 행정기관에 존재하는 절차와 프로그램들에 의해 영향받는 이런 식의 정책결정은 문제 해결을 위한 장기적 대책이 되지 못하고 임기응변적인 대응이 되기 쉽다.[5]

예컨대 쿠바 미사일 위기 상황에서 McNamara 국방장관은 해상봉쇄선을 쿠바 해안 가까이 설치하기를 원하였다. 밀착 방어가 미국과 소련 간 대결 위기를 감소시킬 수 있다고 믿었기 때문이다. 그러나 해군의 SOP는 봉쇄선을 해안에서 500마일 떨어진 위치에 설치하게 되어 있었다. 봉쇄선이 멀리 설치되어야만 해안으로 향하는 선박들을 중간에서 차단할 수 있을 뿐만 아니라 본토로부터의 공중 공격을 교란할 수 있는 공간을 확보할 수 있기 때문이다. 국방부와 해군간 이견이 조율되지 못한 채, McNamara 국방장관의 밀착봉쇄 지시에도 불구하고 해상봉쇄 위치는 해군의 SOP에 의해 결정되었다(Allison, 1971: 136-143). 따라서 이 대목에서는 [모형 2]가 해상봉쇄 결정과정의 주요 측면을 이해할 수 있는 통찰력을 제공한다.

[모형 3]은 관료정치 패러다임(Bureaucratic Politics Paradigm)으로서, 정부의 정책결정과정을 행정부 각 기관의 상위직 공직자들 간 상호 밀고 당기는 갈등과 거래의 정치적 게임 과정으로 보고, 정책을 이러한 게임의 산물로 설명한다. 정책결정과정의 개별 참여자들은 국가목표, 조직목표, 개인목표를 포괄하는 복합적인 성격의 목표를 가지며, 참여자 각자의 상대적 영향력은 자신이 동원할 수 있는 정치적 자원에 따라 차이가 난다고 본다.[6] 이 모형에서 참여자들의 정책선호가 상이한 것은 그들의 공식 역할과 소속기관이 다르기 때문이며, 이들은 정책결정과정상 필요시 상호 전략적 제휴를 모색한다(Brewer, 2003: 144).

쿠바 미사일 위기 기간 동안 국방성, 국무성, 합참, CIA 등 여러 기관의 대표들이 백악관의 정책결정과정에 참여하였고, 이들은 시각과 선호가 각기 달라 위기 대응책 마련에 있어 상호 심한 줄다리기를 하였다. 이 과정에서 공중폭격과 같은 과격한 방안들도 제시되었지만, 결국 McNamara 국방장관이 Kennedy 대통

---

5) Allison(1971: 67-69), 박광국(2000: 237), 남궁근(2012: 444-446) 참조.
6) Allison(1971: 144), Frederickson & Smith(2003: 49-50) 참조.

령의 동생이자 당시 검찰총장이었던 Robert Kennedy 등을 설득해 보다 온건한 해상봉쇄라는 방안으로 최종 결정을 유도하였다(Brewer, 2003: 144). 따라서 [모형 3]은 해상봉쇄라는 최종결정에 이르는 맥락과 내부적 작동을 설명할 수 있는 통찰력을 제공한다.

이상과 같은 Allison의 모형들은 관료들과 행정기관들이 어떻게 정책결정에 참여하고 영향력을 미치는지를 파악할 수 있는 유용한 이론적 틀이 될 수 있다(Frederickson & Smith, 2003: 49). 그러나 후속 연구들은 Allison의 정책결정 이론모형들의 개념적 구조와 경험적 타당성에 대해 의문을 제기하였다.[7) 예컨대 Rosati(1981)는 행정부의 정책결정에 있어 가장 결정적인 변수는 대통령의 개입이라면서, 대통령이 특정 이슈에 깊이 관여할 때 그의 선호와 목표가 행정부의 의사결정과정을 압도하므로 그가 주목하지 않는 사안들에 한해 관료정치 현상 등이 나타날 수 있다고 주장하였다.

앞서 광의의 관료정치 현상에는 Allison의 위 3개 이론모형 가운데 관료정치라고 명명된 [모형 3]뿐만 아니라 조직과정 모형으로 명명된 [모형 2] 역시 포함된다. Alliosn의 이론모형들은 주로 행정부 내 의사결정에 초점을 맞추지만, 광의의 관료정치는 행정부 내 갈등과 협상의 게임에 국한되지 않는다. 광의의 관료정치에 있어서 행정부 내 정치 게임은 의회, 사법부, 조직화된 이익집단들, 정부 간 관계

〈표 6-2〉 Allison의 세 개 모형 비교

	제1 합리모형	제2 조직과정모형	제3 관료정치모형
행위자 수 (no. of actors)	단독 (one)	다수 (many)	다수 (many)
선호의 수 (no. of preferences)	단일 (one)	다수(결합된) (many, united)	다수(분산된) (many, divergent)
의사결정 과정 (decision-making process)	합리적 (rational)	규칙과 절차에 의거 (according to rules and regulations)	갈등과 협상을 통해 (via conflict and bargaining)
결과 (outcomes)	의도적 (intentional)	예정된 (pre-determined)	결과로서 생기는 (resultant)
주된 단점 (major drawbacks)	달성하기 어려움 (hard to attain)	융통성 결여 (not very flexible)	예측하기 어려움 (hard to predict)

출처: Brewer(2003: 145).

---

7) Frederickson & Smith(2003: 51), Bender & Hammond(1992) 참조.

(intergovernmental relationships), 일반국민 등을 포함하는 광범위한 권력구조의 한 축이라고 할 수 있다(Frederickson & Smith, 2003: 53).

6.3 ▶ 관료제에 대한 정치화

민주 정치체제에서는 선거를 통해 국민으로부터 통치권을 위임받은 집권정부가 선거 과정 등에서 자신이 제시했던 정책들을 정부관료제를 통해 실현한다. 이처럼 집권정부가 정책을 결정하고 정부관료제는 중립적인 도구로서 이를 충실히 이행하는 것이 민주주의 원칙이므로, 정부관료제에는 집권정부와 정무직 공직자들의 정책과 지시를 수용하고 이행하는 대응성(responsiveness)이 요구된다(Mulgan, 2008: 345-346). 집권정부는 이 같은 대응성을 확보하기 위해 정부관료제에 대해 적절한 통제를 가한다. 특히 행정수반과 그에 의해 임명된 정무직 공직자들에 의한 계서적 통제는 간접민주주의(overhead democracy) 체제에서 민주적 국정관리(democratic governance)를 위한 당위적 요청이기도 하다(Redford, 1969: 70; Lauth, 1990: 194).

그러나 집권정부의 통제에도 불구하고 관료정치 현상이 발생하고, 관료들과 행정기관들이 집권정부의 정책선호에 충실하지 않을 수 있다. 후자는 관료들이 이전 정권의 정치이념에 물든 경우 특히 더 그렇다(West, 2005: 151). 이 때문에 이념적 스펙트럼이 넓어 좌·우 정권교체 시에 정책변화의 폭이 비교적 큰 유럽 국가들에서는 정부관료제에 대한 통제 문제가 국정운영의 주요 변수가 될 수 있다(양재진, 2003: 266). 그러나 정부관료제에 대한 집권정부의 통제가 정파적인 성격을 띠게 되면 그것은 관료제에 대한 정치화로 변질된다. 집권정부에 대한 정부관료제의 대응성을 최대화하려는 의도에서 이루어지는 관료제에 대한 정치화는 제도적 정치화(institutional politicization)와 그에 수반되는 행태적 정치화(behavioral politicization)를 통해 구현된다.[8]

먼저, 제도적 정치화는 제도화된 규정에 의거 다양한 수단을 동원해 행정기관의 운영과 관료들에 대해 정파적인 통제를 가하는 것을 말한다. 제도적 정치화

---

8) Richardson(2019), Rouban(2007: 202), Almendares(2011) 참조.

수단의 핵심은 인사의 정치화이다. 예컨대 정권에 대한 충성심이라는 정치적 기준 위주로 정무직 공직자들을 임용함으로써 관료들에 대한 계서적 감독과 통제를 강화하는 것이다(Almendares, 2011). 이렇게 임용된 정무직 공직자들은 소속기관에서 관료들로부터 필요한 정보를 제공받되, 관료들을 정책결정과정에서 배제하고, 관료들에 대한 정책 사항 위임을 최소화하며, 관료들의 인사관리를 정치적 기준으로 하는 등의 방식으로 정부관료제를 장악할 수 있다(Moynihan & Roberts, 2010: 574; Mulgan, 2007: 571).

대통령 중심제하에서 제도적 정치화는 주요 정책의 실질적인 결정 권한을 소관 부처에서 대통령실로 이전하는 행정 권력의 집권화 전략을 통해 이루어지기도 한다. 정부관료제를 불신하는 대통령일수록 자신과 개인적으로 친밀한 주변 인물에게 주로 정책 조언을 구하거나 이들에게 정책결정의 실질적 권한을 부여하는 경향을 나타낸다(Wamsley & Wolf, 1996: 236).

제도적 정치화는 예산의 정치화를 통해서도 이루어질 수 있다. 행정부가 예산편성의 권한을 가지므로, 대통령은 중앙예산기관 등을 통해 각 행정기관의 활동과 예산지출을 정치적인 기준으로 통제할 수 있다. 대통령은 집권정부의 정책이념 등에 협조적인 기관과 비협조적인 기관을 구분하여 예산상의 이익과 불이익을 주는 전략을 구사할 수 있는 것이다(Peters, 1995: 314-315).

정부조직개편도 제도적 정치화의 수단이 될 수 있다. 대통령은 정부조직개편을 통해 행정기관들의 기존 임무와 정책지향, 관행, 외부세력들과의 연대 등을 와해시키고 집권정부의 정치적 이념과 목적에 부합되게 작동하도록 새로운 구조를 구축할 수 있다(Peters, 1995: 313-314).

이 같은 제도적 정치화는 선진국에서도 흔히 볼 수 있다. 미국의 경우 20세기 중반 이후 여러 대통령이 정부관료제에 대한 정치적 통제를 강화하였다. 예컨대 Nixson은 정무직 공직자 임용에 있어 후보자의 정치적 충성심을 핵심 기준으로 삼았고, 가능한 범위에서 직업관료들에게도 이러한 기준을 적용하였다. Carter는 정부관료제에 대한 통제를 강화하고자 1978년 공무원제도개혁법(Civil Service Reform Act of 1978)을 통과시켰으며, Reagan은 정무직 공직자의 수를 대폭 늘렸다(Brewer, 2003: 141-2).

그러나 정부관료제에 대한 정치화에 가장 적극적이었던 인물은 George W. Bush였다. Bush는 관료제의 제도적 정치화에 치중하여 정치적 충성심 위주로 정무직 공직자들을 선임하였고, 충성심이 약하다고 판단되는 공직자들에게는 사임을 요구하기도 하였다.9) Bush 정부는 워싱턴 관료제(Washington bureaucracy)의 고유한 원심력을 견제하기 위해 주요 정책의 결정 권한을 백악관으로 집중시키기도 하였다. 또한 정권의 주요 정책에 대한 공개적 이의제기를 차단함으로써 행정부 내에서 의미 있는 정책토론이 이루어지기 어렵게 하였다(Moynihan & Roberts, 2010: 574).

다음, 정부관료제의 행태적 정치화는 관료들이 집권정부와 정무직 공직자들에 대해 필요 이상으로 대응적인(responsive) 행태를 나타내는 것을 말하며, 이는 제도적 정치화에 기인하는 경우가 많다. 제도적 정치화가 관료들에게 압력으로 작용하기 때문이다(Almendares, 2011; Mulgan, 2007: 577). 무엇보다 집권 정부는 관료들의 승진, 보상, 징계 등에 있어 실적 기준(merit-based criteria) 대신에 정치적 기준을 적용함으로써 관료제의 행태적 정치화를 유도할 수 있다(Peters & Pierre, 2004: 2). 예컨대 대통령의 정책선호에 공감하는 관료들을 주요 보직에 임명하는 식의 정치적 인사를 할 수 있는 것이다(Lewis, 2008; Richardson, 2019).

그러나 제도적 정치화가 행태적 정치화의 필수적 선행조건은 아니다. 관료들 스스로 제도적 정치화에 의한 위협이나 정무직 공직자들의 기대 등을 미리 예견하여 정권이 원하는 방향으로 자신들의 행태를 자발적으로 바꿀 수 있기 때문이다(Almendares, 2011). 상위직 관료일수록 이러한 경향을 나타내기 쉽다. 정치적으로 노련한 상위직 공무원들은 정치적 상황이나 여건 등을 고려하여 예컨대 하급자들의 진솔한 보고서 등을 정권이 선호하는 내용으로 왜곡할 수 있는 것이다(Mulgan, 2007: 578). 상위직 관료들의 이 같은 정치적 행태는 하위직 공무원들에게도 영향을 미칠 수 있다(이창길, 2020: 108-112).

다만 집권정부의 관료제에 대한 정치화가 언제나 성공하는 것은 아니다. 한 예로서 Trump 행정부에서는 대통령이 환경보호에 적대적인 인물을 환경청(EPA) 기관장으로 임명한 데 대한 반발로, 환경청 소속 관료들 700명 이상이 이직함으로써 이들이 수십 년 동안 축적한 환경보호에 관한 지식을 활용할 수 없게 되었다(Richardson, 2019: 879).

결국 집권정부는 국정운영을 위해 관료제에 대해 적정 수준(just right degree)의 통제를 해야 하지만(Ebinger et al., 2019: 864), 관료제에 대한 정치화는 정부관료제

---

9) 예컨대 미국 연방검사(U.S. attorney) 상당수가 충성심이 의문시 된다는 이유로 법무성(Department of Defence)에서 사임할 것을 강요받았는데, 이들은 대부분 업무성과가 탁월한 검사들이었다(Moynihan & Roberts, 2010: 575).

를 상대로 필요 이상으로 과도한 권력을 행사하고 지나친 정치적 충성을 요구하기에 문제된다(Mulgan, 2007: 570-571). 더 큰 문제는 관료제의 정치화와 집권정부가 국정 목표를 달성하고 정부관료제의 책임성을 확보하기 위한 적절한 통제 간 경계선이 모호하여 상호 구분이 쉽지 않다는 점이다. 이는 관료제에 대한 정치화가 대부분 합법적으로 이루어지는 탓이다(Rouban, 2007: 202).

6.4 ▶ 두 현상의 기능

먼저, 현실의 관료정치는 바람직한 측면과 부정적 측면이 있을 수 있다(O'Leary, 2006: 14). 그러나 그간 많은 학자는 관료정치 현상이 민주주의 원칙에 반하고, 정책결정의 합리성을 저해하며, 원만한 정책집행에 장애가 될 수 있다는 점을 주로 강조하면서, 가능한 이를 제한해야 마땅하다는 입장을 취하였다.[10]이런 입장의 밑바탕에는 관료들과 행정기관이 자기 이익 중심적이고 자기봉사적인 (self-serving) 존재라는 인식이 깔려 있다(Brewer, 2003: 141). 예컨대 관료들은 소속 기관의 인력과 예산 규모가 커지고 소관 정책영역이 확장되기를 원한다는 것이다 (Brewer, 2003: 143). 이런 연유로 공공선택론자들은 공공부문의 비대화를 관료들의 사적인 이익 추구의 결과물로 간주하였다(Niskanen, 1971).[11]

관료정치는 관료들과 행정기관이 정책과정에서 문제의 해결 가능성보다 기존의 규정과 표준운영절차(standard operating procedures) 등에 의한 집행의 수월성을 정책대안 선택의 주요 기준으로 삼는 경향을 보인다는 이유로도 부정적으로 인식되었다(Peters, 1995: 216).

관료정치에 비판적인 학자들은 행정기관 간 관료적 경쟁에 대해서도 크게 두 가지 측면에서 비판한다. 하나는 그것이 예산 팽창 등을 통해 정부 규모를 확장시킨다는 점이다. 기존 정책과 프로그램들이 이미 자리 잡아 제도화된 상태에서, 각 기관이 경쟁적으로 제시하는 새로운 정책과 프로그램들이 계속해서 예산을 증대시킨다는 것이다. 그리고 이런 상황은 정치권력이 약한 기관들이 자기 몫의 예

---

10) Niskanen(1971), Yates(1982), Barzelay(1992), Gruber(1987), Gormley(1989) 참조.

11) 같은 맥락에서 관료들은 소속기관의 인력 규모가 커지기를, 소관 정책영역이 확장되기를, 예산을 증대되기를 원하는 경향을 띤다(Brewer, 2003: 143).

산을 챙기지 못하게 되는 등의 부작용까지 빚을 수 있다는 것이다(Peters, 1995: 217-218).

다른 하나는 행정기관 간 관료적 경쟁이 전체 정부의 내적 일관성과 응집성을 떨어뜨릴 수 있다는 점이다. 행정기관은 정책과정상 타 기관들과의 관계에서 자기 조직 위주의 이해관계를 중심으로 작동하거나 조직편협주의(organizational parochialism)에 빠지기 쉽다는 것이다. 조직편협주의는 특정 행정기관이 장기간 수행한 기존 정책과 프로그램 등이 해당 기관 내부에 깊숙이 침윤되어 이른바 '기관의 관점'(departmental view) 혹은 '기관의 이념'(agency ideologies)으로 뿌리내림으로써 형성되며(Peters, 1995: 213, 227),[12] 이렇게 고착된 조직편협주의는 중독성이 매우 강해 정책에 관한 정보와 조언을 관료들에 의존하는 정무직 공직자들마저 이에 동조하기 쉽다고 한다. 이러한 조직편협주의로 말미암아 정부관료제가 통합된 공적 도구(public instrument)로서 작동하지 않는 상황에서는 국가 차원의 정책결정에서 기관 간 협업과 공조가 어렵다는 것이다(Peters, 1995: 218; Edwards Ⅲ & Mayne, 2003: 240-241).

많은 학자의 지적대로 관료정치는 공익과 민주주의를 저해할 수 있는 요소들을 다소 내포한다. 그러나 관료정치에는 순기능도 적지 않다. 예컨대 관료들은 정책 관련 전문성과 경험을 바탕으로 정책결정과정에서 합리적이고 실행가능한 다양한 대안을 제시할 수 있다(Peters, 1995: 224; Peters & Pierre, 2022: 632). 행정기관 간 관료적 경쟁(bureaucratic competition) 역시 집권정부의 정책 선택지를 확장하는 순기능이 없지 않다. 기관 간 경쟁과정에서 각 기관이 관할권 확장이나 예산 확보 등을 위해 다양하고 혁신적인 정책을 앞다투어 제시할 수 있기 때문이다. 또한 행정기관 간 관료적 경쟁은 단일 기관에 의한 비합리적인 정책 추진을 견제하는 부수적인 효과를 거둘 수 있다(Peters, 1995: 217).

관료정치의 이 같은 순기능에 대한 기대로 관료정치를 긍정적으로 인식하는 학자들도 없지 않다.[13] 이런 입장에서는 관료제에 대한 강한 통제가 오히려 관료정치의 긍정적 측면을 저해할 수 있는 점을 우려한다.[14] 이들 학자의 기대대로 관료들과 행정기관이 정책과정에서 각기 보유한 역량을 공익을 위해 발휘한다면,

---

12) 한 예로서 영국의 교육부는 공교육의 팽창을 선호하는 관점을 오랜 기간 지속해 오고 있다고 한다(Peters, 1995: 213, 227).

13) Appleby(1949), Long(1962), Svara(1985) 참조.

14) Long(1949), Rourke(1984), Yates(1982: 149, 153), Brewer(2003: 142) 참조.

관료정치 양상의 일부은 바람직한 결과를 가져올 수 있다. 관료들이 공공가치 실현을 위해 동기부여가 된다는 공공서비스 동기(public service motivation) 이론은 관료정치에 대한 긍정적 기대를 뒷받침한다.[15] 관료들이 여러 면(교육 수준, 사회적 위상, 소득 등)에서 일반 국민과 큰 차이가 없고, 정책지향 면에서도 일반 국민과 유사하므로, 이들이 국민을 대변할 수 있다는 대표관료제 이론 역시 관료정치에 대한 긍정적 관점을 전제로 한다(Goodsell, 1985).

한편, 정부관료제에 대한 집권정부의 정파적 통제인 정부관료제에 대한 정치화는 많은 부작용을 빚을 수 있다(Moynihan & Roberts, 2010: 575). 무엇보다 관료들을 정치권력에 대한 정파적인 봉사에 치중하게 만들어, 그들의 기술적·전문직업적 역량을 사장하고 정책과 행정의 합리성을 저해할 수 있다.[16] 관료제에 대한 정치화의 영향으로 관료들이 정책의 전문직업적인 조언자(professional advisers)에서 정책의 정파적 옹호자(partisan defenders)로 변신하여 진실을 은폐하는 등 굴절된 행태를 나타내게 될 것이기 때문이다(Mulgan, 2007: 569-573). 예컨대 집권정부는 현안에 대한 정책결정에 도움이 될 객관적 증거가 아니라 자신이 미리 정략적으로 정해놓은 정책(predetermined policies)을 뒷받침해 줄 증거를 필요로 하는 경우가 드물지 않은데, 관료제의 정치화는 관료들이 집권정부의 이러한 의도에 부응하게 만든다.[17]

관료제에 대한 정치화는 집권 세력이 교체될 때마다 새로운 정권이 추진하는 정책변화에 관료들이 무조건 동조하게 강요하는 폐단을 초래하기도 한다. 이러한 상황은 국가 정책에 혼란을 일으켜 국민의 불신을 초래할 수 있을 뿐만 아니라, 집권정부가 대중의 인기에 영합하는 정책을 주로 추진하는 포퓰리즘(populism)에 빠질 시에는 국가사회에 돌이킬 수 없는 재앙을 가져올 수 있다(Peters & Pierre, 2022). 더구나 관료제에 대한 정치화 강도가 높을수록 새로 들어서는 정권이 기존 정부관료제를 정치화해야 할 필요성은 증대된다. 이런 연유로 많은 학자는 관료제에 대한 정치화를 경계한다.

실제로 관료제에 대한 정치화는 선진국에서도 적지 않은 문제를 초래하였다. 미국의 경우 George W. Bush 행정부는 관료제에 대한 정치화로 많은 정책 실패

---

15) Brewer(2003: 143), O'Leary(2006: 14) 참조.
16) Moynihan & Roberts(2010: 573), Wamsley & Wolf(1996: 236), Lauth(1990: 195) 참조.
17) 관련 해외 사례로는 이라크 전쟁에 관한 첩보 정보를 들 수 이다. 이 사례에서 미국과 영국 정부는 이라크에 대량 살상 무기가 존재한다는 분명한 정보가 없는데도 2003년 이라크 침공을 결정하였고, 이들 정부의 정보원들은 그러한 결정을 암묵적으로 지지하였다(Mulgan, 2007: 573).

를 경험했고, 정부에 대한 국민의 신뢰는 심각한 수준으로 떨어뜨렸다(Moynihan & Roberts, 2010: 579). 인사에서는 전문성을 도외시한 정무직 임용이 여러 부작용을 빚었다.[18] 예컨대 연방위기관리청(FEMA: Federal Emergency Management Agency)의 기관장은 위기관리 전문성이 부족하였던 탓에 2005년 Katrina 태풍으로 인한 재난에 제대로 대처하지 못해 피해를 엄청나게 키웠다(Moynihan & Roberts, 2010: 575).

Bush가 정책결정권을 대통령비서실로 집중시킨 조치 역시 문제를 일으켰다. 대통령 참모들은 수적으로 제한되어 있고, 정책과 정부조직에 관한 실질적인 지식이 부족하면서도 이념적 몰입도만 높은 경우가 많아, 관료들은 대통령실의 정책 주도에 냉소적인 태도를 보이기 쉽다(Moynihan & Roberts, 2010: 575; Riley & Brophy-Baermann, 2006: 146-149). 그럼에도 불구하고 Bush가 이들을 통해 정책을 주도하고 정부관료제를 장악하게 만들어 여러 불합리한 결과를 초래하였기 때문이다(Moynihan & Roberts, 2010: 577).[19]

관료제의 정치화로 인한 폐해의 우려에도 불구하고 학자에 따라서는 관료제에 대한 정치화가 정부관료제의 대응성과 책임을 가장 확실히 담보할 수 있는 수단이라는 측면을 긍정적으로 평가하기도 한다(이창길, 2020: 111). 그러나 정부관료제에 대한 정치화가 그러한 도구적 합리성을 지니려면 적어도 그로 인해 초래될 수 있는 위험이 국가사회에서 수용할 수준 내에 머물러야 할 것이다(Moynihan & Roberts, 2010: 575).

〈표 6-3〉 관료정치와 관료제에 대한 정치화의 기능

구분	관료제의 정치 관여(관료정치)		관료제에 대한 통제	
	합리적 참여	과도한 개입	적절한 통제	관료제에 대한 정치화
긍정적 기능	▶고위관료들이 정책결정과정에서 전문성과 전문직업주의에 기초한 실행가능한 다양한 정책대안 제시		▶책임정치의 구현 ▶정책과정에 있어 관료들과 행정기관의 자의적·자기이익 중심적인 영향력 행사 견제	▶집권정부가 선호하는 정책의 결정과 실행에 대한 정부관료제의 대응성과 책임성 담보

---

18) 미국에서는 정치적 충성심은 분명하나 전문성이 의문시되는 인물에 대해서는 전통적으로 제한된 책임을 부여해 왔지만, Bush 행정부에서는 이러한 전통이 제대로 지켜지지 않았다(Moyniha & Roberts, 2010: 575).

19) 예컨대 Bush 행정부 백악관은 연방기관들에 의해 생산된 과학적 지식과 정보를 억압하는 수준으로까지 관료제에 대한 통제를 강화하였다. 기후변화의 영향과 원인에 대한 여러 증거들을 환경보호청(EPA)이 저평가하도록 백악관이 개입한 사례 등이 대표적이다(Moynihan & Roberts, 2010: 577).

	▶ 행정기관 간 관료적 경쟁을 통한 집권정부의 정책 선택지 확장과 단일 행정기관에 의한 비합리적인 정책 추진 견제 ▶ 일선관료들이 정책 집행 현장에서 상황에 적합한 재량적 판단을 하는 행위		▶ 기존 조직 관행과 절차에 집착하는 관료들과 행정기관에 대해 변화와 혁신을 유발	
부정적 기능		▶ 관료들의 자기이익 중심적이거나 소속기관 중심적인 편협한(혹은 현상유지적인) 관점과 행태로 인한 정책의 합리성·혁신성 저해 및 공익 훼손 ▶ 행정기관 간 관료적 경쟁으로 인한 국가 예산 팽창과 정부 규모 확장 ▶ 행정기관 편협주의로 인한 전체 정부 정책의 일관성 결여와 기관 간 공조와 협업 저해 ▶ 정부관료제가 정책과정을 실제로 독점하는 관료정부의 등장 우려		▶ 정책과정에서 관료들의 기술적·전문직업적 역량을 사장함으로써 정책과 행정의 합리성 저해 ▶ 관료들의 정치적 중립을 훼손함으로써, 이들이 정치권력에 대해 정파적 봉사를 하게 함. ▶ 정책변화에 대한 관료들의 무조건적인 동조로 말미암아 국가사회에 혼란과 손실 발생

6.5 한국에서의 양상

　　1980년 후반 이래 권위주의적 정치체제가 붕괴되고 정책과정에 국회를 비롯한 정치권과 시민사회의 영향력이 증대되면서 한국 사회에도 점차 다원주의적 정치체제의 특성이 나타나고 있지만, 한국에서의 관료정치나 관료제에 대한 정치적 통제와 관련된 구체적인 양상과 결과 등에 관한 깊이 있고 체계적인 진단은 아직 이루어지지 않고 있다.[20)]

그러나 관료정치에 대해서는 소수지만 관련 연구가 있다. 예컨대 배종윤(2002)의 연구는 한국의 일부 외교정책에 관료정치 개념을 적용하였다. 이 연구는 기능적으로 작동해야 할 관료들과 관료 조직들이 외교정책 결정과정에서 대통령과 여타 행위 주체들을 상대로 정치적 행위를 한 것을 관료정치라고 정의하였다. 그러면서 김영삼 정부에서의 UR 협상과 쌀시장 개방 및 1992-1993년 대북정책, 김대중 정부에서의 러시아제 잠수함 획득 정책 등을 관료정치적 관점에서 해석할 수 있다고 보았다. 배종윤(2003)의 다른 연구는 대북정책에 있어 관료정치 현상을 다루었다. 이 연구는 대북정책 추진이 대통령에 의해 전적으로 이루어지는 것이 아니라 관련 기관에 속한 관료들의 정치적 행위가 일정한 영향력을 미친다는 점을 밝혔다. 이 두 연구에서는 '대통령의 정책선호가 공개된 이후 관찰된 관료들의 행동이나 발언 등이 대통령의 정책선호와 무관하거나 상반될 경우, 그리고 정책의 실제 내용이 대통령의 정책선호보다 대통령에 반발하는 관료들의 행동 내용과 유사할 경우'에 있어서 관료들의 행동을 정치적인 것으로 간주하였다.

안문석(2008)의 연구는 관료정치 모델을 적용해 2006년 북한 핵실험에 대한 노무현 정부의 대응 방안이 성안되고 실행되는 과정을 설명하였다. 이 연구에서는 북한의 핵실험 직후 노무현 대통령은 포용 정책의 근본적 수정을 언명하였지만, 포용 정책의 정당성과 효율성을 주장하는 관료들의 주장에 의해 그러한 방침이 시간이 지나면서 변화한 것과, 개성공단과 금강산 관광사업의 지속 여부나 PSI(대량살상무기 확산방지 구상)와 같은 구체적인 정책의 방향이 정부내 강경 세력과 온건 세력의 논쟁을 거치면서 조정되는 양상을 보인 것을 예로 들면서, 이를 대통령을 비롯한 고위 정책 담당자들과 관련 부처 간에 경합과 '밀고 당기기'를 한데 기인한 결과라고 보았다.

한편, 한국에서 관료제에 대한 정치화는 오랜 관행이라고 할 수 있다. 행정권력의 청와대 집중, 정치적 충성도 위주의 정무직 공무원 임용, 고위 직업관료에 대한 청와대의 인사검증, 부처 주요 결정에 대한 청와대의 내락, 정치적 목적의

---

20) 대다수 기존 연구는 특정 정책들을 둘러싸고 관련 부처들이 대립하는 이른바 부처할거주의라고 불리는 관료정치 현상 등을 부분적으로 조명하는 데 그치고 있다(김광웅, 1991; 김병완, 1993; 박천오, 2005).

사례 2 │ 대북정책 결정과정에서의 관료정치

대북정책 결정과정에서 통일부, 청와대, 국방부 등 여러 기관이 각기 스스로의 정책선호를 반영하려고 경쟁하는 것으로 알려져 있다. 대북정책을 수립, 집행하는 직접적인 권한을 가진 통일부는 남북 간 교류와 대화가 이루어질 때 부처의 생존이 보장되고, 조직과 예산, 영향력이 확대될 수 있기에, 부처가 보유한 북한문제와 통일문제 관련 전문성을 십분 활용하면서 북한과의 교류와 대화의 중요성을 강조한다고 한다. 외교부는 임무의 특성상 기본적으로 대화를 중시하면서도 국제사회의 규범을 의식해 때로는 대북 강경정책을 취하는 모습을 보이는데, 이 과정에서 국제사회 특히 주변국의 여론을 활용하기도 하고, 주변 강대국들의 움직임에 대한 정보에 바탕을 둔 전문성을 발휘하거나 외부전문가 그룹을 동원하기도 한다는 것이다. 국방부 역시 임무의 특성상 화해보다는 긴장국면에서 스스로의 존재가치와 이익을 확대할 수 있는 관계로 대북정책에 있어 대결적인 입장을 표명하는 경향을 보이며, 군사적 정보를 바탕으로 한 전문성을 권력자원으로 하고 언론을 활용하기도 한다는 것이다

출처: 안문석(2015: 179-196).

조직개편 등의 현상이 역대 정부에서 있었기 때문이다.[21] 근래의 예로서는 박근혜 정부의 블랙리스트 사건이나 문재인 정부의 적폐 청산 수사 등에서 보듯이 과거 정부에서 수행했던 특정한 업무를 문제 삼아 관련 공무원들에게 인사상 불이익을 주거나 형사 처벌을 가한 사례 등을 관료제의 정치화 현상으로 볼 수 있다(권혁주, 2022: 113).

한국에서의 관료제에 대한 정치화 현상은 학술연구에서 밝혀지기보다 언론보도를 통해 간접적으로 드러난 경우가 더 많아 보인다. 예컨대 언론은 문재인 정부가 행정기관과 관료들이 축적한 정책적 역량과 정보를 활용하기보다 그들을 기득권 구조에 매몰된 존재로 인식하여 정책결정과정에서 배제한 점을 비판하였다(중앙일보, 2018.7.21.). 이와 함께 문재인 정부가 경제정책 추진에 있어 기획재정부보다 청와대 정책 라인에 힘을 실어주고, 북한 문제에 있어 청와대가 독주하며 '외교부 패싱'을 한다는 사실을 지적하였다(중앙일보, 2018.7.26). 이는 모두 문재인 정부에 의한 관료제에 대한 정치화 현상과 관련된 보도라고 할 수 있다.[22]

---

21) 조석준·임도빈(2019: 282), 이창길(2020), 한승주 외(2021) 참조.
22) 지방자치단체에서도 단체장에 의한 인사권 행사(계약직 공무원 증원, 정치적 충성에 기반한 인사관리) 등에 의한 관료제에 대한 정치화가 노골적으로 이루어지고 있는 것으로 파악되고 있다(이병량·김서용, 2019).

언론 또한 2022년 출범한 윤석열 정부가 취임 1년여 만에 단행한 개각에서 대통령실 비서관으로 근무했던 참모들을 대거 정부 부처 차관으로 전진 배치함으로써 국정 동력으로 삼고자 한 점과 함께, 야당이 이를 "대통령실이 장관을 건너뛰고 직접 부처를 지휘하겠다는 의지의 표현"이라고 비판한 사실을 보도하였다(주간조선, 2023.7.4). 이 역시 언론이 관료제에 대한 정치화 현상에 주목한 것이라고 할 수 있다.[23] 언론은 또 윤석열 정부에서 공무원들이 전 정부의 일로 잇달아 처벌되고 있다면서 탈원전 정책을 추진한 산업통상자원부 공무원, 티브이(TV)조선 재승인에 관여한 방송통신위원회 공무원 등이 구속기소 된 사례 등을 보도하였다(한겨레21, 2023. 3.2). 이러한 보도 또한 관료제에 대한 정치화와 관련된 것으로 볼 수 있다.

이런 현실이라면 한국에서 정부관료제가 민주 시대에 걸맞게 작동하기 위해서는 정치권력으로부터의 자율성을 확보하는 것, 즉 정부관료제의 탈정치화가 가장 큰 과제라고 할 수 있다(정승건, 2004: 198-200). 그러나 다른 한편으로는 한국 정부관료제에 대한 정치적 통제가 겉보기만큼 강력하지 못하다는 평가도 있다(강원택, 2014: 73-75). 한국 대통령은 임기가 상대적으로 짧고 다음 선거에 출마할 수 없어 취임 후 일정 기간이 경과하면 레임덕에 빠지기 쉬울 뿐만 아니라, 임기 중반에 실시되는 국회의원 선거나 지방선거에서 집권당이 패배할 시에는 대통령의 정치적 리더십이 타격을 받아 국정운영 동력이 급속히 약해질 수 있다는 것이다.

그리고 이런 상황에서 관료들은 부담스럽거나 소속기관의 이익에 배치되는 정책에 대해 적극 협력하기보다 시간을 지연시키면서 이를 무력화하려는 경향을 보인다는 것이다. 또한 한국에서는 대통령 간 관계가 '단절적'이어서 후임자가 전임 대통령의 주요 정책을 계승하거나 배려하는 경우를 찾아보기 어렵고, 오히려 전임 대통령이 강조했던 정책일수록 그 합리성 여부와 무관하게 후임 대통령에 의해 사장되므로, 관료들은 현 대통령의 임기가 후반으로 접어들수록 주요 정책 실현에 적극 나서지 않으려 한다는 것이다. 이런 지적을 감안을 하면, 한국에서의 관료제에 대한 정치화는 주로 새로운 정권이 들어선 초반에 집중적으로 이루어지며, 대통령 임기가 중반을 넘어서면서 그 효력이 떨어진다고 할 수 있다.

---

23) 실제로 한국에서는 새로운 정권과 코드가 맞는 장·차관이 임명되면 공직사회의 계급제적 관성으로 인해 실·국장과 담당과장들도 연쇄적으로 보직 이동을 하게 되는 등 파급효과가 크다(윤견수, 2018: 16).

6.6 ▶ 결 어

근대국가 이후 정부관료제는 원칙적으로 집권 정부의 정책을 충실히 집행하는 도구적 역할을 담당하고 있지만, 현실에서는 정부관료제가 정책결정을 포함한 정책과정 전반에서 주요 행위주체로서 영향력을 행사하는 관료정치 현상이 일반화되어 있다. 특히 서구에서는 이런 관료정치가 오랜 기간 정치체제에 자리 잡아 왔고 앞으로도 그럴 것이다. 한국에서도 관료정치는 서구 국가와 다른 양상을 나타낼 수는 있겠으나 지속될 것이다. 어느 나라에서든 날로 거대화되고 복잡해지는 정책문제가 대규모 조직과 전문성을 갖춘 정부관료제의 정책과정 참여를 불가피하게 하기 때문이다(Meier, 1993: 48-57).

관료정치와 함께 정부관료제가 집권정부의 정치적 목표를 충실히 이행하지 않을 가능성이 존재하는 한 관료제를 통제하려는 집권정부의 노력 또한 이어질 것이다. 그리고 이러한 통제는 자칫 관료제에 대한 정치화로 변질될 수 있다. 실제로 관료제에 대한 정치화 현상은 근래 스칸디나비아 국가들과 많은 서유럽에서 증대되고 있는 추세이다(Dahlstrom & Niklasson, 2013; Peter & Pierre, 2022: 637). 그러나 관료제에 대한 정치화가 일상화되면 그 굴레에서 벗어나지 못하는 관료들이 집권정부에 대해 비판적인 거리감을 가지고 일하기 어려울 것이고, 그 결과로 정책과 행정의 합리성이 저해될 것이다. 이 문제와 관련하여 일찍이 Kaufman(1956)은 정부관료제의 중립적·전문직업적 역량이 집권정부의 편협한 정파적 이해관계에 의해 영향을 받는 것을 최소화하려는 노력과, 집권정부에 대한 정부관료제의 책임과 대응을 최대화하려는 노력 간 지속된 상충 문제에 대한 해법을 모색하는 작업이 행정학의 핵심 연구과제가 될 것임을 예견하였다.

정부관료제 연구에 있어 관료정치와 관료제에 대한 정치화라는 개념 렌즈(lens)는 누가 실제로 정책을 주도하는지의 실태는 물론, 민주사회에서 관료들과 행정기관의 바람직한 역할과 책임이 어떤 것인지의 본질적인 문제를 살피는 주요 수단이 될 수 있다. 이 장에서는 이런 측면에서 두 개념의 의미와 관련 현상 그리고 그에 따른 정책적·행정적 순기능과 역기능 등을 논의함으로써, 한국에서의 현실적 함의를 제시하고자 하였다.

참고문헌

강원택. (2014). 한국의 관료제와 민주주의: 어떻게 관료제를 통제할 것인가. 「역사비평」, 108: 65-90.

권혁주. (2022). 「갈등사회의 공공정책: 자유와 책임의 관점에서」. 서울대학교 출판부.

김광웅. (1991). 「한국의 관료제 연구」, 서울: 대영문화사.

김병완. (1993). 한국 행정부 내의 관료정치. 「한국행정학보」, 7(1): 171-194.

김호균. (2022). '관피아'의 기원과 발전. 「월간경실련」 2022년 5.6월호- 특집, 관피아 실태 보고서 (1).

남궁근. (2012). 「정책학」. 파주: 법문사.

박광국. (2000). Graham T. Allison의 의사결정의 본질. 오석홍 김영평 편저. 「정책학의 주요이론」, 233-243. 서울: 법문사.

박천오. (2005). 한국 정책과정에서의 부처가 권력관계에 관한 실증연구. 「행정논총」. 43(3): 1-27.

_____. (2015). 한국공무원의 침묵 사유와 침묵 이슈에 관한 인식. 「한국인사행정학회보」, 14(4): 25-50.

배종윤. (2002). 한국외교정책 결정과정에서의 관료정치적 해석. 「국제정치논총」, 42(4): 97-115.

_____. (2003). 1990년대 한국의 대북정책과 관료정치: 통일부와 국정원을 중심으로. 「한국정치학회보」, 37(5): 147-165.

안문석. (2008). 북한 핵실험에 대한 한국의 대북정책 결정과정 분석: 관료정치 모델의 적용. 「한국정치학회보」, 42(1): 207-226.

_____. (2015). 관료정치와 관료세력의 권력자원 동원: 박근혜 정부 대북정책 결정과정을 중심으로. 「국제정치논총」, 55(4): 169-201.

양재진. (2003). 정권교체와 관료제의 정치적 통제에 관한 연구: 국민의 정부를 중심으로. 「한국행정학보」, 37(2): 263-287.

윤견수. (2018). 한국 행정의 오래된 미래:관료제와 정치. 「한국행정학보」, 52(2) 3-35.

이병량 · 김서용. (2019). 지방 관료제의 정치화에 관한 연구, 「행정논총」, 57(4): 1−30.

이창길. (2020). 한국 관료제의 위기: '정치화'의 역설. 「한국행정학보」, 26(1): 103-130.

정승건. (2004). 「한국행정학보」, 부산: 부산대학교출판부.

정정길 외. (2003). 「정책학원론」, 서울: 대명출판사.

조석준 · 임도빈. (2019). 「한국행정조직론」. 파주: 법문사.

한승주 외. (2021). 대통령의 관료제 통제와 정책공간. 「한국행정학보」, 55(3): 25-58.

Aberbach, Joel. D., Putnam, Robert . D., & Rockman, Bert. A. (1981). *Bureaucrats and Politicians in Western Democracies*. Cambridge, MA:Harvard University Press

Allison, Graham T. (1971). *Essence of Decision*. Boston: Little Brown.

Allison, Graham & Morton Halperin (1972). Bureaucratic Politics: A Paradigm and Some Policy Implications. in Tanter R., Ullman, R.H. (eds.), *Theory and Policy in International Relations*. 40-79. Princeton, NJ: Princeton University.

Almendares, Nicholas. (2011). Politicization of Bureaucracy. in Bertrand Badie et al. (eds.), *International Encyclopedia of Political Science*. 2063-2066. Los Angeles: Sage Publications Inc.

Appleby, Paul. (1949). *Policy and Administration*. Tuscalusa: University of Alabama.

Barzelay, Michael. (1992). *Breaking Through Bureaucracy*. Berkeley: University of California Press.

Bendor, Jonathan & Thomas Hammond. (1992). Rethinking Allison's Models. *The American Political Science Review*, 86: 301-322.

Bowornwathana, Bidhya & Oraorn Poocharoen. (2010). Bureaucratic Politics and Administrative Reform: Why Politics Matters. *Public Organization Review* 10: 303-321

Brewer, Gene A. (2003). Bureaucratic Politics. in Jack Rabin. (ed.), *Encyclopedia of Public Administration and Public Policy*. 141-146. New York: Marcel Dekker, Inc.

Cooper, Christopher. (2018). Bureaucratic Identity and Resistance of Politicization. *Administration & Society*, 50(1): 30-52.

Dahlstrom, Carl & Brigitta Niklasson. (2013). The Politics of Politicization in Sweden. *Public Administration*, 91(4): 891-907.

Easton, David. (1965). *A System Analysis of Political Life*. New York: Wiley.

Ebinger, Falk et al. (2019). The Partisan-Professional Dichotomy Revisited: Politicization and Decision-Making of Senior Civil Servant. *Public Administration*, 97: 861 - 876

Edwards III, George C. & Stephen J. Mayne. (2003). *Presidential Leadership: Politics and Policy Making*. Belmont, CA: Wadsworth/Thompson Learning.

Frederickson, H. George & Kevin B. Smith. (2003). *The Public Administration Theory Primer*. Boulder, Cororado: Westview Press.

Goodsell. Charles T. (1985). *The Case for Bureaucracy: A Public Administration Polemic* 2nd. Chatham, NJ: Chatham House Publishers.

Gormley, Williams. (1989). *Taming the Bureaucracy*. Princeton:Princeton University Press.

Gruber, Judith. (1987). *Controlling Bureaucracies*. Berkeley: University of California Press.

Kaufman, Herbert. (1956). Emerging Conflicts in the Doctrine of Public Administration. *American Political Science Review*, 50: 1057-1073.

Lasswell, Harold. (1936). *Politics: Who Gets What, When, How?* New York: McGraw-Hills.

Lauth, Thomas P. (1990). Responding to Elected and Appointed Officials. in Perry, James L. (ed.), *Handbook of Public Administration*, 193-207. San Francisco: Jossey-Bass, Inc.

Lewis, David E. (2008). *The Politics of Presidential Appointments: Political Control and Bureaucratic Performance*. Princeton, NJ: Princeton University Press

Long, Norton (1949). Power and Administration. *Public Administration Review*. 9: 257-264.

_____. (1962). *The Polity*. Chicago: Rand McNally.

Meier, Kenneth J. (1993). *Politics and the Bureaucracy: Policy Making in the Fourth Branch of Government*, 3rd Ed. Pacific Grove, CA: Brooks/Cole Publisning Co.

Moe, Terry M. (1985). The Politicized Presidency. in John E. Chubb and Paul E. Peterson (eds.), *New Directions in American Politics*. 235-271. Washington D.C.: Brookings.

Moynihan, Donald P. & Alasdair S. Roberts. (2010). The Triumph of Loyalty over Competence: The Bush Administration and the Exhaustion of the Politicized Presidency. *Public Administration Review*, 70(4): 572-581.

Mulgan, Richard. (2007). Truth in Government and the Politicization of Public Service Advice. *Public Administration*, 85(3): 569-586.

_____. (2008). How Much Responsiveness is Too Much or Too Little? *The Australian Journal of Public Administration*, 67(3): 345-356.

Niskanen, William (1971). *Bureaucracy and Representative Bureaucracy*. Chicago: Aldine-Atherton.

O'Leary, Rosemary. (2006). *The Ethics of Dissent: Managing Guerrilla Government*. Washington D.C.: A Division of Congressional Quarterly Inc.

Peters, B. Guy. (1995). *The Politics of Bureaucracy*. N.Y.: Longman.

Peters, B. Guy & Jon Pierre. (2022). Politicisation of the Public Service during Democratic Backsliding: Alternative Perspectives. *Australian Journal of Public Administration*. 81: 629-639.

Peters, B. Guy. & Jon Pierre.(2004). Politicization of the Civil Service: Concepts, Causes, Consequences. in B. G. Peters & J. Pierre (eds.), *Politicization of the Civil Service in Comparative Perspective: The Quest for Control*. 1-13. Routledge.

Pressman, Jeffery L. & Aaron Wildavsky. (1973). *Implementation*. Berkeley: Univ. of California Press.

Rechardson, Mark D. (2019). Politicization and Expertise: Exit, Effort,and Investment. *The Journal of Politics*, 81(3): 878-891.

Redford, Emmett S. (1969). *Democracy in the Administrative State*. New York: Oxford University Press.

Riley, Dennis D. & Bryan E. Brophy-Baermann.(2006). *Bureaucracy and the Policy Process*. New York: Rowman & Littlefield Publishers, INC.

Rosati, Jerel. (1981). Developing A Systematic Decision-Making Framework: Bureaucratic Politics in Perspective. *World Politics*, 33: 234-254.

Rouban, Luc. (2007). Politicization of the Civil Service. in Peters, B. Guy and Jon Pierre, (eds.), *The Handbook of Public Administration*, 199-209. Los Angeles: Sage Publications.

Seidman, Harold. (1998). *Politics, Position and Power: The Dynamics of Federal Organizations*. New York: Oxford University Press.

Svara, James H. (1985). Dichotomy and Duality: Reconceptualizing the Relationship between Policy and Administration in Council-Manager Cities. *Public Administration Review*, 45: 221-232.

Wamsley, Gary L. & James F. Wolf. (1996). *Refounding Democratic Public Administration*. Thousand Oaks, California: Sage Publications, Inc.

West, William F. (2005). Neutral Competence and Political Responsiveness: An Uneasy Relationship. *The Policy Studies journal*, 33(2): 147-160.

Yates, Douglas (1982). *Bureaucratic Democracy*. Cambridge, Massachusetts: Harvard University Press.

PART 02

조직으로서의 한국 정부관료제

제2편에서는 한국 정부관료제의 관리적 측면에 관한 내용을 다룬다. **제7장은** 한국 공무원들의 공직지원 동기가 무엇인지, 공직에서 자신의 기대를 얼마나 충족하는지, 이들의 주된 직무수행 동기는 무엇이고 어떤 인센티브가 이들에게 효과적인지 등에 대해 논의하고, 관련 실증적 조사 결과를 제시한다. **제8장은** 한국 행정관리자에게 요구되는 리더십 역량과 효과적인 리더십 유형에 대해 논의하고, 관련 실증조사 결과를 일부 제시한다. **제9장은** 한국에 있어 저성과 공무원의 존재, 그로 인한 부정적 영향, 저성과자 발생 원인과 관리방안 등에 대해 논의하고, 지방공무원을 대상으로 한 관련 실증조사 결과를 제시한다. **제10장은** 한국 공무원의 신분보장 및 징계와 관련된 실태를 논의하고, 바람직한 공무원 제재시스템을 제시한다. **제11장은** 정부조직개편 목적 실현의 한계와 부작용 등에 대해 논의하고, 이에 기초하여 한국에서 이루어져 온 빈번한 조직개편을 비판적으로 검토한다.

07

한국 공무원의 공직선택 및 직무수행 동기

7.1 ▸ 서 언

현대 정부는 국가 경제의 어려움 속에서 공조직의 생산성 향상과 비용 절감을 위해 조직개편, 새로운 관리기법 도입 등 다양한 방안을 강구한다. 이런 측면에서는 공무원들이 직무에 전념토록 동기부여를 할 수 있는 방안을 모색하는 일 역시 매우 중요하다. 공무원의 업무몰입 수준과 업무수행 의지가 민간부문 종사자에 비해 뒤지는 것으로 평가되기 때문이다.[1]

일반적으로 사람은 특정한 개인적 욕구나 기대를 가지고 직업을 선택하고, 직장에서 이를 충족하려 하며, 실제로 충족하는 정도에 상응하는 직무수행 노력을 기울이는 경향을 보인다(김상묵, 2005: 303). 따라서 공무원들의 공직선택 동기가 무엇인지를 파악한다면 그들의 직무수행 동기 유발 요인이 어떤 것인지를 알 수 있다. 마찬가지로 공무원들이 입직 시에 가졌던 기대와 욕구를 공직에서 실제로 얼마나 충족시키는지를 진단할 수 있다면, 그들의 직무만족도와 직무몰입도 등을 가늠할 수 있는 단서를 얻게 된다(Feeney, 2008: 465-466).

공무원들의 공직선택 동기는 기본적으로 일에 대한 그들의 가치관(values)에 뿌리를 두고 있다. 그리고 이러한 가치관은 민간부문 종사자들의 그것과 다를 수

---

* 이 장은 「한국인사행정학보」(2015년 제14권 1호)에 게재된 박천오·박시진의 공저 논문을 재구성한 것임.

1) Lyons(2006: 609-610), Molander & Winterton(1994: 132), Greiner(1999: 175), Wright(2001: 559), Frank & Lewis(2004: 36) 참조.

있고,[2] 각 나라의 사회문화에 따라 차이가 날 수 있다. 또한 같은 나라에서도 사회적·경제적 여건에 따라 달라질 수 있다(Wittmer, 1991: 369; 380). 공무원들의 직무수행 동기(work motivation)와 행태는 일에 대한 가치관의 이러한 변화를 반영한다.

이 장에서는 공무원의 공직선택 동기와 직무수행 동기에 대해 논의하고, 한국의 하위직 공무원들을 중심으로 그들의 공직 지원 동기가 무엇이고, 공직에서 자신들의 기대를 얼마나 충족하는지, 그리고 그들의 직무수행 동기는 어떤 것인지를 보여주는 실증조사 결과를 제시한다.

7.2 ▶ 이론적 논의

1. 공직선택 동기와 직무수행 동기의 성격

사람은 사회화 과정을 통해 자신의 사고와 태도 그리고 행동의 토대가 되는 일정한 가치관을 내면화 한다(Ravari et al., 2012: 449). 그러므로 가치관을 파악하는 것은 사람의 행동을 이해하는 데 필수적이다. 일에 대한 가치관(work values)은 일의 특정한 속성 및 일과 관련된 결과의 소망성에 관한 일반화된 믿음이라고 할 수 있으며(Judge & Bretz, Jr., 1992: 261), 이는 직업 선택과도 깊은 관련성이 있다.

개인과 조직 및 업무환경 간 조화(compatibility)를 특히 강조하는 개인-조직 적합성 이론(Person-Organization Fit theory)에 의하면, 사람은 직업을 선택할 시에 자신의 지식, 자격요건, 능력만이 아니라 해당 직업이 자신의 가치관이나 개성(personality)에 부합되는지를 고려한다(Cohen et al., 2006: 451). 이 이론에 의하면 공조직의 임무에 부합되는 가치관과 욕구를 지닌 개인이 공조직의 일원이 되기를 원할 것이고, 공무원으로서의 직무수행 과정에서도 동일한 가치관과 욕구에 의해 동기부여 될 것이다. 따라서 공직선택 동기는 공직생활 전반에 걸쳐서 영향을 미친다고 할 수 있다.

---

2) Wittmer(1991: 369; 380), Greiner(1999: 179), Posner & Schmidt(2001: 278), Ritz & Walder(2011) 참조.

직무수행 동기는 사람이 직무를 수행토록 하는 내적 힘(internal force)을 말하며, 직무수행 동기가 높을수록 직무수행 효과성은 높아진다(Pinder, 1984: 8). 직무수행 동기는 이를 유발하기 위한 인센티브 체제(incentive systems)의 구상과 본질적으로 연결된다(Perry & Wise, 1990: 371).

근래 여러 나라의 공공부문에서 광범위하게 적용하고 있는 신공공관리론(NPM)은 개인이 자신의 효용 극대화를 모색하는 합리적인 존재라는 공공선택 이론(public choice theory)에 기초한 것으로서(Barzelay, 2001; Argyriades, 2003; Borins, 2002), 구성원들 간 경쟁과 금전적 보상 등을 적절히 활용하는 방식으로 구성원들의 직무수행 동기를 고취하려는 접근을 취한다(Wise, 2004: 676). 신공공관리론에 따르면 공무원들은 어떤 외재적 보상(extrinsic rewards)을 기대하고 공직을 선택한다고 할 수 있다.

그러나 상당수 행정학자는 금전과 같은 외재적인 보상을 중시하는 민간부문 종사자들과 달리, 공무원들은 심리적인 내재적 보상(intrinsic rewards)을 상대적으로 더 우선시한다고 주장한다(Lewis & Frank, 2002: 396).[3][4] 그러면서 상위직 공무원들일수록 공직에서의 내재적 보상에 대한 기대가 더 크고 강하다고 본다(Crewson, 1997). 예컨대 미국 연방정부 관리자들은 사회에 도움이 되는 의미 있는 일을 하는 것을 목표로 삼는 경향을 보인다는 것이다(Kilpatrick et al., 1964).

공무원들은 외재적 보상이든 내재적 보상이든 자신이 원하는 것을 성취할 수 있을 것이란 기대에서 공직을 선택하며(Bright, 2009: 15), 이러한 기대는 직무수행 동기가 된다. 그리고 공무원들이 맡은 직무를 얼마나 충실히 수행하고 조직몰입을 하느냐의 여부는 그들이 기대하는 보상이 조직에서 실제로 얼마나 충족하느냐에 의해 상당 부분 좌우된다.[5]

2. 공직선택 동기와 직무수행 동기로서의 PSM

내재적 보상의 중요성을 강조하는 행정학자들은 공공봉사 동기 즉 PSM(Public Service Motivation)이 사람들이 공직을 직업으로 선택하는 주요 이유라고 주장한다

---

3) Lewis & Frank(2002: 396), Ritz & Waldner(2011: 293), Cohen et al.(2006: 457), Posner & Schmidt(2001: 277) 참조.
4) Crewson(1977), Frank & Lewis(2004), Perry(1996), Rainey(2003: 238) 참조.
5) Vroom(1964), Jayaratne(1993: 115), Locke(1976) 참조.

(Bright, 2009: 18). Perry & Wise(1990)의 연구에 따르면 PSM은 주로 공공제도나 공조직(public institutions and organizations)과 관련된 요인들에 기초한 독특한 동기로서, 합리적(rational), 규범적(normative), 정서적(affective) 토대를 가진다. 합리적 동기는 정책형성 과정에 참여하거나 정책프로그램에 헌신하려는 동기를, 규범적 동기는 공익을 위해 봉사하려는 동기를, 정서적 동기는 남을 위해 선행을 하려는 동기를 각각 뜻한다.

PSM은 일반적인 공공부문 동기(public sector motivation)와 구분된다. 후자는 공직에 근무하고자 하는 모든 형태의 동기로서, 공공서비스 동기와 같은 내재적인 동기요인은 물론 공조직이 제공할 수 있는 다양한 외적 요인들을 포괄하는 광범위한 개념이다.[6]

PSM의 개념은 크게 두 부분으로 나누어질 수 있다. 하나는 공직을 선택하게 되는 직업선택 동기로서의 개념이고, 다른 하나는 공공봉사를 우선시하는 이타적 직무수행 동기로서의 개념이다.[7] PSM에 관한 연구들은 PSM 수준이 높은 사람일수록 공조직을 직장으로 선택할 가능성이 크고, 공조직에서 PSM과 성과는 양(+)의 관계를 가지며, PSM 수준이 높은 사람들은 외재적인 보상보다 내재적인 보상에 의해 동기부여 되는 경향을 보인다는 세 가지 가설을 제시한다(박성민 외, 2013: 9).

PSM 이론은 기본적으로 공무원들이 국민과 공익에 봉사하려는 욕구와 기대를 가진 사람들이며, 공조직은 이러한 욕구와 기대를 충족시킬 기회를 제공한다는 것을 전제한다(Ritz & Waldner, 2011: 295). Perry & Wise(1990)의 연구는 PSM 수준이 높은 사람일수록 공무원이 되려는 경향이 강한 것은 정부가 가치 있는 공공서비스를 할 기회를 민간부문보다 더 많이 제공하기 때문으로 파악하였다. Brewer(2003)는 공조직 구성원들이 사회 신뢰, 애타심, 형평성, 관용성, 인간주의 등과 관련된 태도 항목에서 높은 점수를 나타내고 있음을 확인하면서, 이들이 공공서비스, 지역공동체 서비스, 사회 서비스를 행하려는 강한 바람에 의해 동기부여 된다고 결론내렸다(Houston, 2006: 70).

다른 관련 연구들도 PSM 수준이 상대적으로 높은 공무원일수록 애타적이고, 민주적 가치를 더 지지하며, 높은 시민의무감(sense of civic duty)을 나타낸다는 등의 조사 결과를 내놓았다.[8]

---

6) Houston(2006: 67), Perry & Wise(1990: 371), 박성민 외(2013) 참조.

7) Crewson(1997), Houston(2000), Perry & Wise(1990), 이명진(2010: 569) 참조.

관련 연구들에 의하면 PSM은 일상의 사회화 과정을 통해 공직 선택 시에 이미 기본적으로 형성되며, 공조직에 진입한 후 조직사회화(organizational socialization)에 의해 새롭게 형성·강화될 수 있다고 한다(Cohen et al., 2006: 451). 후자의 경우, 예컨대 고객이나 일반 시민과의 접촉 기회가 적은 중앙정부 고위관리직 공무원들은 조직문화와 동료들에 의해 영향을 받거나, 주요 업무를 수행하는 과정에서 PSM이 강화될 수 있다는 것이다. 반면에 하위직 공무원들이나 일선공무원들은 고객과의 직접적인 접촉을 통해 담당 업무의 파급효과와 영향을 실감함으로써 PSM이 보강될 수 있다고 한다.[9] 그러나 국가와 사회를 위해 일하려는 높은 이상을 가지고 공무원이 되었지만 실제 공직사회에서 오랜 기간 이를 구현하지 못하는 경우에는 PSM이 오히려 감퇴 될 수 있고, 해당 공무원들은 보상 선호를 바꾸거나 새로운 조직을 찾을 수 있다고 한다.[10]

이 같은 전제에서 PSM에 관한 서구학자들의 연구는 대부분 외재적 보상에 토대를 둔 민간관리에서의 공통적인 동기부여 수단이 공조직에서는 효과적이지 못하며, PSM에 기초한 공무원 관리가 공조직의 효과성 제고를 위한 바람직한 방안이라는 조사 결과와 결론을 제시한다(Brehm & Gates, 1997). 국내 연구들도 대체로 서구의 연구들과 흐름을 같이한다.

그러나 PSM의 중요성을 강조하는 여러 연구에도 불구하고 공무원들이 외재적 보상의 가치를 반드시 평가 절하한다고 할 수 없다. 예컨대 직업의 안정성, 일/가정 균형 유지의 수월성 등은 직업 선택의 주요 동기요인이 될 수 있다.[11] 실제로 미국의 공공부문 종사자들은 '직업의 안정성'(job security)을 공직의 주요 매력 가운데 하나로 인식하는 것으로 밝혀졌다.[12] 직무수행에 있어서도 업무환경이 상대적으로 열악하고 보수 수준이 낮은 하위계층의 공무원들은 물질적 보상에 의해 동기부여될 여지가 적지 않다(Rainey, 2003: 230-234).

더구나 PSM 이론은 원래 미국의 사회문화 속에서 공직을 선택하는 사람들의 동기를 설명하기 위한 것이어서(Feeney, 2008: 466), 사회문화적 배경이 다른 한국 공무원들의 공직 선택 동기와 보상 선호를 설명하는 데는 타당성이 떨어질 수 있다(이명진, 2010: 576).

---

8) Blair & Garand(1995), Bright(2005), 김상묵(2013) 참조.

9) Wright & Grant(2010), Grant(2008), Vinzant(1998), 김상묵(2013: 107-108) 참조.

10) Moynihan & Pandey(2007), Perry & Wise(1990: 370), 김상묵(2013: 107-108) 참조.

11) Frank & Lewis(2002: 47), Ng & Gossett(2013: 340-341) 참조.

12) Frank & Lewis(2004), Kilpatrick et al.(1964), Rainey(2003) 참조.

7.3 ▶ 한국 공무원에 대한 실증조사

1. 기존 연구에 대한 의문 제기

그간 국내 다수 연구는 공직 선택과 직무수행 동기요인으로서 PSM의 중요성을 강조해왔다. 예컨대 김상묵(2005)의 연구는 전국의 공무원 1,739명을 대상으로 한 설문조사를 토대로 공직지원 동기에 따른 공무원의 태도와 행동 차이를 분석하였고, 그 결과 공직의 보람 때문에 공무원이 된 집단이 직업의 안정성이나 채용의 공정성 때문에 공무원이 된 집단에 비해 상대적으로 더 긍정적이고 바람직한 태도와 행동을 나타낸다고 파악하였다. 김상묵(2003)의 또 다른 연구는 PSM 수준이 높은 공무원은 그렇지 않은 공무원에 비해 직무만족 수준이 높고, 업무성과가 높으며, 공직을 떠나려는 의도가 적다는 점을 밝혔다.

이근주(2005a)의 연구는 PSM 개념 및 척도를 활용한 실증조사를 통해 한국에서도 공공부문 종사자들이 민간부문 종사자들에 비해 PSM의 특징을 상대적으로 더 나타낸다고 밝히면서, 공익에 대한 관심, 타인에 대한 희생, 사회적으로 의미 있는 일 추구, 정책과정 참여 등이 공공부문 종사자들이 갖고 있는 특징적인 동기요인이라고 분석하였다. 이근주(2005b)의 다른 연구는 설문조사를 통해 공공부문 종사자들의 경우 높은 수준의 PSM이 높은 수준의 성과로 이어진다는 점을 밝혔다. 서울시 공무원 165명을 대상으로 실증조사를 실시한 조태준·윤수재(2009)의 연구는 PSM이 조직성과(효율성, 효과성, 공정성 등)를 향상시킨다는 조사결과를 제시하였고, 김태호·노종호(2010)는 지방자치단체 공무원들을 대상으로 실시한 설문조사를 토대로 PSM이 성과향상을 위한 혁신행동(혁신지각, 혁신개발, 혁신실행)에 긍정적인 영향을 미친다는 연구 결과를 내놓았다. 중앙행정기관 소속 공무원들을 대상으로 한 노종호(2016)의 실증 연구는 공무원의 공공가치 몰입이 높고, 동정심이 강할수록 직무성과가 높다는 것을 밝혔다.

기존 연구들이 파악하듯이 한국 공무원들이 PSM 수준이 높다면 그들의 직무수행에 활력을 불어넣기 위해 보수 인상과 같은 공리적 인센티브(utilitarian incentives) 시스템에 크게 의존할 필요가 없게 된다. PSM에 부합하는 인센티브를 확대하는 것이 더 효과적일 것이기 때문이다(Houston, 2006: 81).

한국의 경우 근래 공직에 대한 사회적 신망이 과거에 비해 많이 떨어진 상태지만, 직업으로서의 공무원에 대한 선호도는 여전히 높다(이명진, 2010: 570-574). 그러나 한국공무원들은 공직을 직업으로 선택하는 동기부터 서구와 차이가 날 수 있다. 한국행정연구원에서 3년 주기로 전국 공무원을 대상으로 실시하고 있는 공무원 의식과 행태에 관한 설문조사에 의하면, 공직 선택의 주된 이유는 '직업안정성(신분보장)'이고, '공직의 보람' 등은 다른 요인들과 함께 다소 주요한 이유의 하나인 것으로 일관되게 나타나고 있다.[13] 다른 연구들에서 나타난 결과도 이와 크게 다르지 않다(고길곤·박치성, 2010; 오성호, 2014).

이들 연구와 그간 한국 정부가 보수 인상과 승진적체 해소를 공무원의 주요 사기진작책으로 간주해 온 현실 등에 비춰볼 때(오석홍, 2011: 179-186), 한국 공무원들이 PSM에 부합하는 내재적 보상을 더 중시한다고 단정짓기는 어렵다. 특히 하위직 공무원들이나 일선공무원들의 경우는 직업의 안정성이 공직선택 동기가 되고 성과급 인상이 직무수행 동기를 유발하는 인센티브가 될 수 있다(행정연구원, 2021: 48-49). 예컨대 소방공무원과 경찰공무원은 업무 위험도가 상대적으로 높은데 비해 처우나 혜택은 상대적으로 낮은 실정이므로, 보수 인상과 같은 외재적 인센티브의 직무동기 유발 효과가 클 수 있다(권향원, 2015: 67).

이 점과 관련하여 이하에서는 저자가 한국 하위직 공무원들의 공직선택 동기와 한국 중상위직 공무원들의 직무수행 동기를 실증적으로 조사한 결과를 제시한다.

2. 실증조사 결과

(1) 공직선택 동기

저자는 2014년 일반직 공무원, 소방공무원, 경찰공무원 세 직종의 하위직 공무원들이 공직을 선택한 주요 동기요인이 어떤 것들인지, 이들 요인과 관련된 기대가 공직에서 실제로 얼마나 충족되고 있는지를 설문조사하였다.[14]

공직선택 동기에 관한 질문은 캐나다 대학생들을 대상으로 공직의 주요 매력 (attractiveness)에 관해 실증조사를 실시한 Ng & Gossett(2013)의 연구, 미국 민간부

---

13) 황성원·함종석(2001), 황인수 외(2004) 참조.
14) 이 조사에 관한 자세한 설명은 박천오(2015) 참조.

문 종사자들과 공공부문 종사자들의 직업 가치관(job values)을 비교 분석한 Karl & Sutton(1998)의 연구, 미국 정무직 공직자들과 직업공무원들의 공직 선택 동기를 비교한 Brewer & Maranto(2000)의 연구 등에서 사용되었던 설문문항들을 참조하여 작성하였다.

조사는 경기도 일부 기초자치단체 소속 공무원들, 경기도 일부 자치단체 소재 소방서 소속 공무원들, 서울과 수도권 소재 2개 경찰서 소속 공무원들을 대상으로 이루어졌다. 응답자 총수는 391명이었다. 직종별 구성은 일반직 210명(53.7%), 소방직 98명(25.1%), 경찰직 83명(21.2%)이었다. 직급분포는 일반직 지방공무원 94%가 6급 이하, 소방직 공무원 90%가 소방교 이하, 경찰공무원 97%가 경위 이하였다. 조사 결과는 아래와 같다.

1) 공직선택 동기 관련 조사 결과

〈표 7-1〉에서 1-10의 항목은 외재적 보상에 속하는 요인들이고, 14-18의 항목은 PSM 성격을 내포한 요인들이며, 나머지 11-13의 항목은 내재적 보상의 속성을 지닌 여타 요인들이다. 〈표 7-1〉에서 보듯이 전체 하위직 공무원들에게 중요한 공직 선택 동기(기대)요인은 '직업적 안정성(1위),' '연금(2위),' '채용의 공정성(3위),' '장기적 경력 전망(4위),' '직장/가정의 균형 유지(5위)' 등인 것으로 나타나 있다. 이들 요인은 모두 외재적 보상의 성격을 띤 것이다. 보수에 대한 기대는 최하위 순위(18위)인데, 이는 응답자들이 민간부문 종사자들에 비해 공무원의 보수가 상대적으로 낮고 앞으로 인상될 가능성도 크지 않다는 사실을 인지한 상태에서 공직을 선택했기 때문이라고 할 수 있다.

PSM 성격의 요인들 가운데 '공직의 사명과 역할(6위)'과 '사회봉사(7위)'는 비교적 높은 순위이나, '소외 계층에 대한 관심(11위)'과 '정책과정 참여(14위)'는 낮은 순위를 점하고 있다. '다양한 업무(12위),' '도전적 업무(15위),' '전문가로 성장(13위)' 등 여타 내재적 보상에 속하는 요인들 역시 낮은 순위를 점하고 있다. 이러한 응답 결과는 기존 연구들에서 파악한 공직 선택의 주요 이유와 상당히 유사하다.

공직 선택 동기(기대)요인들의 상대적 중요성에 있어 세 직종의 공무원들 간 차이가 있는지 파악하기 위해 분산분석을 실시한 결과, 일부 요인에서 통계적으로 유의미한 차이가 있는 것으로 나타났다. 예컨대, '직장/가정 균형 유지'에 있어서는 일반직 공무원들의 기대 수준이 소방공무원들과 경찰공무원들에 비해 상대적으로 높았다. '다양한 업무'에 있어서는 경찰직 공무원들의 기대 수준이 다른

〈표 7-1〉 공직선택 동기(기대)요인: 전체 응답자

	공직선택 동기 요인	기대평균(순위)	표준편차
외재적	1. 장기적 경력전망	3.57(4)	1.082
	2. 직업적 안정성	4.21(1)	0.921
	3. 높은 보수	2.24(18)	0.931
	4. 교육훈련 기회	2.70(16)	0.913
	5. 적은 업무 부담	2.61(17)	0.990
	6. 채용의 공정성	3.68(3)	0.989
	7. 승진 기회	3.29(10)	0.906
	8. 연금	3.81(2)	1.121
	9. 공직에 대한 사회적 평판	3.32(8)	1.015
	10. 직장/가정의 균형 유지	3.56(5)	0.914
여타	11. 다양한 업무	3.03(12)	0.952
	12. 도전적 업무	2.85(15)	1.007
	13. 전문가로 성장	2.95(13)	1.030
PSM	14. 공직의 사명과 역할	3.46(6)	0.971
	15. 사회 봉사	3.45(7)	0.911
	16. 소외 계층에 대한 관심	3.26(11)	0.902
	17. 정책과정 참여	2.88(14)	0.973
	18. 공직의 윤리성	3.31(9)	0.959

1 낮음, 5 높음

직종 공무원들에 비해 상대적으로 높았다. '공직의 사명과 역할,'과 '사회봉사'에 있어서는 소방직 공무원들의 기대 수준이 다른 직종의 공무원들에 비해 상당히 높았다.

공무원의 공직선택 동기를 다른 각도에서 파악하고자 공직의 장점과 단점에 관해 질문한 결과, 〈표 7-2〉에서처럼 공직의 장점으로 '직업의 안정성'을 꼽는 응답자 비율이 69%로 압도적으로 높은 비율로 나타났다. '국가에 대한 봉사'는 12.9%로 두 번째로 높은 응답 비율이지만 '직업의 안정성'과는 비율 면에서 큰 차이가 있다. PSM 성격의 또 다른 항목인 '바람직한 정책을 위해 일할 수 있는 기회'를 공직의 장점으로 인식하는 비율은 4.6%로 미미하다. 〈표 7-3〉에서 공직의 단점으로는 '낮은 보수'가 가장 높은 비율(53.4%)로 나타나 있고, '공감하기 어려운 정책의 실행'의 비율(15.6%)도 상대적으로 높다. 후자의 경우는 앞서 '바람직한 정책을 위해 일할 수 있는 기회'를 공직의 장점으로 인식하는 비율이 미미하게 나타

〈표 7-2〉 공직의 장점(직종 간 비교)

공직의 장점	전체 빈도(%)	일반 빈도(%)	소방 빈도(%)	경찰 빈도(%)
보수	29(7.4)	5(2.3)	11(11.5)	13(15.4)
부가적 혜택	8(2.0)	5(2.3)	2(2.1)	1(1.1)
직업의 안정성	268(69.0)	168(80.3)	47(49.4)	53(63.0)
업무의 수월성	5(1.2)	3(1.4)	2(2.1)	0(0)
개인적 발전 기회	6(1.5)	2(0.9)	3(3.1)	1(1.1)
인사의 공정성(정실 인사 배제)	7(1.8)	2(0.9)	4(4.2)	1(1.1)
바람직한 정책을 위해 일할 수 있는 기회	18(4.6)	7(3.3)	5(5.2)	6(7.1)
국가에 대한 봉사	47(12.9)	17(8.1)	21(22.1)	9(10.7)
전체	388(100)	209(100)	95(100)	84(100)

〈표 7-3〉 공직의 단점(직종 간 비교)

공직의 단점	전체 빈도(%)	일반 빈도(%)	소방 빈도(%)	경찰 빈도(%)
낮은 보수	208(53.4)	146(69.5)	21(22.1)	41(48.8)
낮은 부가적 혜택	15(3.8)	3(1.4)	6(6.3)	6(7.1)
직업의 불안정성	12(3.0)	3(1.4)	8(8.4)	1(1.1)
고난도 업무	25(6.4)	3(1.4)	15(15.7)	7(8.3)
제한된 발전 기회	28(7.1)	22(10.4)	3(3.1)	3(3.5)
불안전한 업무 환경	40(10.2)	6(2.8)	22(23.1)	12(14.2)
공감하기 어려운 정책의 실행	61(15.6)	27(12.8)	20(21.0)	14(16.6)
전체	389(100)	210(100)	95(100)	84(100)

난 것과 일맥상통하는 응답 결과라고 할 수 있다. 공직의 장점은 직무만족과 공직의 단점은 직무 불만과 각각 연관성이 있다.

〈표 7-2〉와 〈표 7-3〉은 공직의 장단점에 관한 구체적 응답 비율에 있어 세 직종 공무원들 사이에 일정 부분 차이가 있음을 보여준다. 〈표 7-2〉에서 세 직종의 공무원들 모두 공직의 장점으로 '직업의 안정성'을 압도적으로 높은 비율로 인식하지만, 일반직 공무원들의 인식 비율이 다른 두 직종 공무원들에 비해 상대적으로 더 높다. 또한 '국가에 대한 봉사'를 공직의 주요 장점으로 인식하는 비율에서

는 소방직 공무원들이 다른 직종의 공무원들에 비해 상대적으로 높다.

〈표 7-3〉에서 소방직 공무원들은 '불안전한 업무환경'을 '낮은 보수' 못지 않게 공직의 주요 단점으로 인식한다는 점에서 다른 직종 공무원들과 차별화된다. 이는 소방직 공무원들이 수행하는 업무 특성을 반영한 응답결과로 해석된다. 경찰직 공무원들이 '불안전한 업무환경'을 공직의 주요 단점 가운데 하나로 인식하는 것 역시 그들이 수행하는 업무의 특성 때문일 것으로 여겨진다.

공직 선택 동기에 관한 위와 같은 응답 결과는 한국 하위직 공무원들의 경우 공직선택에 주된 영향을 미치는 동기(기대)요인들이 '직업적 안정성'이나 '장기적 경력전망'과 같이 외재적 보상의 성격을 띤 것임을 보여준다. 이는 PSM 이론과 달리 한국 공무원들에게는 내재적 보상이 공직 선택의 주된 동기요인이 아닐 수 있음을 시사한다.

2) 공직선택 동기 vs 기대의 실제 충족도: 관련 조사 결과

〈표 7-4〉는 공무원의 공직 선택 동기와 관련된 기대가 공직에서 실제로 얼마나 충족되는지를 보여준다. 〈표 7-4〉에서 공직 선택과 관련된 높은 기대 요인의 실제 충족도는 거의 대부분 상대적으로 낮게 나타나 있다. 특히 '연금'의 경우 기대요인으로서의 중요도는 2위이나 충족도는 9위로 양자간 순위의 격차가 큰데, 이는 최근 공무원연금 개혁이 한국 사회의 쟁점이 된 현실을 반영한 응답 결과로 해석된다. '보수'의 경우 관련 기대와 그 충족도에서 공히 최하위로 나타났는데, 이는 보수의 현실적 경직성을 반영한 응답 결과라고 할 수 있다.

〈표 7-4〉의 t 검증에서 공직선택 동기요인 관련 기대 수준과 실제 충족도 간 차이가 대부분 통계적으로 의미 있게 나타난 점은 하위직 공무원들의 직무만족도와 직무몰입도가 그다지 높지 않을 것이란 추론을 가능케 한다. 직무만족은 공직에서 실제로 얻는 것에 대한 그들의 반응이라고 할 수 있고, 직무몰입은 그 결과로 나타나는 현상인 경우가 많다(Wright, 2001: 562).

세 직종 공무원들 간 공직 선택 동기요인과 관련된 기대의 실제 충족도에 차이가 있는지를 살피기 위해 분산분석을 실시한 결과, '직업적 안정성'을 제외한 모든 요인의 기대 충족도가 통계적으로 유미한 차이가 있었다. 예컨대 '직장/가정 균형 유지'에 있어서는 일반직 공무원들의 기대 충족도가 다른 직종의 공무원들에 비해 상대적으로 높았다. '다양한 업무'에 있어서는 경찰직 공무원들의 기대 충족도가 다른 직종 공무원들에 비해 상대적으로 높았다. '공직의 사명과 역할',

〈표 7-4〉 공직선택 동기: 기대 수준 vs 충족도: 전체 응답자

공직선택 동기	기대a/ 충족b	평균(순위)	격차(순위) (a-b)	표준 편차	T값	유의 확률
1. 장기적 경력전망	기대	3.57(4)	0.3(6)	1.082	5.652	0.000
	충족	3.27(3)		1.070		
2. 직업적 안정성	기대	4.21(1)	0.42(2)	0.921	8.354	0.000
	충족	3.79(1)		0.964		
3. 높은 보수	기대	2.24(18)	-0.09(16)	0.931	-2.094	0.037
	충족	2.33(18)		0.992		
4. 교육훈련 기회	기대	2.70(16)	-0.12(17)	0.913	-2.468	0.014
	충족	2.82(13)		0.920		
5. 적은 업무 부담	기대	2.61(17)	0.14(13)	0.990	2.193	0.029
	충족	2.47(17)		1.026		
6. 채용의 공정성	기대	3.68(3)	0.2 (10)	0.989	4.148	0.000
	충족	3.48(2)		1.032		
7. 승진 기회	기대	3.29(10)	0.38(4)	0.906	7.669	0.000
	충족	2.91(11)		0.943		
8. 연금	기대	3.81(2)	0.85(1)	1.121	11.718	0.000
	충족	2.96(9)		1.154		
9. 공직에 대한 사회적 평판	기대	3.32(8)	0.37(5)	1.015	6.408	0.000
	충족	2.95(10)		1.055		
10. 직장/가정의 균형 유지	기대	3.56(5)	0.39(3)	0.914	7.036	0.000
	충족	3.17(7)		1.052		
11. 다양한 업무	기대	3.03(12)	0.13(14)	0.952	2.585	0.010
	충족	2.90(12)		0.929		
12. 도전적 업무	기대	2.85(15)	0.16(11)	1.007	3.260	0.001
	충족	2.69(15)		0.923		
13. 전문가로 성장	기대	2.95(13)	0.16(11)	1.030	3.222	0.001
	충족	2.79(14)		0.965		
14. 공직의 사명과 역할	기대	3.46(6)	0.28(7)	0.971	5.737	0.000
	충족	3.18(6)		0.956		
15. 사회 봉사	기대	3.45(7)	0.26(8)	0.911	5.185	0.000
	충족	3.19(5)		0.947		
16. 소외 계층에 대한 관심	기대	3.26(11)	0.11(15)	0.902	2.301	0.022
	충족	3.15(8)		0.958		
17. 정책과정 참여	기대	2.88(14)	0.24(9)	0.973	4.701	0.000
	충족	2.64(16)		1.023		
18. 공직의 윤리성	기대	3.31(9)	0.08(18)	0.959	1.782	0.076
	충족도	3.23(4)		1.051		

'사회봉사'에 있어서는 소방직 공무원들의 기대 충족도가 이 다른 직종의 공무원들에 비해 상당히 높았다.

(2) 직무수행 동기

저자는 한국 공무원들이 직무수행과 관련하여 일반적으로 어떤 인센티브를 상대적으로 더 중시하는지를 파악하고자 2007년 별도로 설문조사를 실시하였다.[15] 질문은 Ingraham & Barrilleaux(1983)이 미국 SES 동기유발 인센티브 시스템과 관련된 자료를 분석한 연구의 질문 문항을 일부 발췌하는 방식으로 구성하였다. 조사는 한국 중앙부처 실·국장급 공무원들과 과장급 공무원들를 대상으로 이루어졌으며, 응답자 총수는 86명(실국장 36명, 과장(팀장) 48명)이었다. 조사 결과는 〈표 7-5〉와 같다.

〈표 7-5〉는 세부 인센티브 항목들 각각에 대해 관리자들이 인식하는 중요도 및 만족도를 보여주고 있다. 이에 따르면 실·국장급 공무원들의 경우는 '신분보장'과 '성취감'의 중요도가 가장 높게, '동료들과의 원만한 관계'와 '보수'의 중요도가 가장 낮게 나타났다. 만족도에 있어서는 '성취감,' '의미 있는 업무수행'이 가장 높게, '높은 보수'와 '승진 기회'가 가장 낮게 나타났다.

과장급 공무원들의 경우는 '성취감'과 '성과에 대한 보상'의 중요도가 가장 높게, '높은 보수'와 '다양한 업무수행'의 중요도가 가장 낮게 나타났다. 만족도에 있어서는 '동료들과의 원만한 관계'와 '성취감'이 가장 높게. '높은 보수'와 '승진 기회'가 가장 낮게 나타났다.

전반적으로는 내재적·외재적 인센티브 모두에서 실·국장급 공무원들의 만족 수준이 과장급 공무원들의 만족 수준에 비해 높은 편이다.

〈표 7-5〉에 의하면 실·국장급 공무원과 과장급 공무원 양 집단에서 공히 '성취감'과 '의미 있는 업무수행'이 상대적으로 중요한 인센티브로 인식되고 있어, 적어도 중상위직 공무원들에게는 PSM이 주요 직무수행 동기일 수 있다는 해석이 가능하다. 그러나 다른 한편으로 실·국장급 관리자들은 보수, 신분보장, 승진 기회 등의 외재적 인센티브가 자신들의 기대에 못 미치는 것으로 인식하고 있다. 과장급 공무원들의 경우 외재적 인센티브의 중요도와 그에 대한 만족도 간 격차가 더 큰 것으로 나타나 있으며, 승진에 대한 만족도가 특히 낮다. 이러한 조사결

---

15) 실증 조사에 관한 자제한 내용은 박천오(2008) 참조.

과는 외재적 보상이 지방공무원의 직무만족에 가장 중요한 결정요인임에도 불구하고, 외재적 보상에 대한 전반적인 만족이 낮다는 기존 실증조사의 결과를 지지한다(제갈돈, 2002). 내재적 인센티브에 있어서는 실·국장급 공무원들은 자신들이 중요하다고 인식하는 인센티브와 그에 대한 만족도 간 차이가 거의 나지 않는다. 그러나 과장급 공무원들에 있어서는 내재적 인센티브의 중요성과 만족도 간 격차가 다소 크다. 이는 과장급 공무원들에게 해당 인센티브가 제대로 제공되지 않고 있음을 시사한다.

〈표 7-5〉 인센티브 중요도과 만족도 간의 차이

인센티브		구분	중요도 평균 (A)	만족도 평균 (B)	평균차 (A-B)
외재적	1. 승진 기회	실·국장	4.11	3.42	0.69
		과장(팀장)	4.02	3.21	0.81
	2. 신분보장	실·국장	4.57	3.47	1.10
		과장(팀장)	3.98	3.40	0.58
	3. 성과에 대한 보상	실·국장	3.71	3.47	0.24
		과장(팀장)	4.06	3.38	0.68
	4. 동료들과의 원만한 관계	실·국장	3.68	3.63	0.05
		과장(팀장)	3.81	3.75	0.06
	5. 높은 보수	실·국장	3.43	2.81	0.62
		과장(팀장)	3.69	2.81	0.88
	전체	실·국장	3.90	3.36	0.54
		과장(팀장)	3.91	3.31	0.60
내재적	1. 성취감	실·국장	4.23	4.11	0.12
		과장(팀장)	4.06	3.65	0.41
	2. 의미 있는 업무 수행	실·국장	4.14	4.06	0.08
		과장(팀장)	3.92	3.58	0.34
	3. 다양한 업무수행	실·국장	3.69	3.64	0.05
		과장(팀장)	3.50	3.27	0.23
	4. 특정 분야에서의 전문성 확보	실·국장	3.83	3.53	0.30
		과장(팀장)	3.85	3.40	0.45
	전체	실·국장	3.97	3.83	0.14
		과장(팀장)	3.83	3.48	0.35

중상위층 공무원들이 대부분 외재적 인센티브의 중요성을 높게 인식하는 것으로 나타난 것은, 직무수행 동기 유발을 위해서는 보수나 승진과 같은 인센티브의 활용도를 높여야 한다는 정책적 함의를 지닌다. 실·국장급 공무원들과 과장급 공무원들 모두에게 외재적 인센티브 만족도가 상대적으로 낮게 나타난 것은 이점을 확인해 준다.

최근의 한 실증 연구(김진아·문광민, 2020)도 저자의 조사와 유사한 결과를 제시하였다. 한국행정연구원의 「2018년도 공직생활실태조사」를 데이터로 사용한 이 연구는 두 가지 점을 밝혔다. 하나는 PSM이라는 내재적 동기가 외재적 보상과 양의 관련성을 가지는 관계로 조직구성원들이 공정하고 만족스럽다고 인지할만한 수준의 적정한 보상과 승진 및 신분보장 등이 확보되어야 그들의 PAM 역시 촉진된다는 점이고, 다른 하나는 외재적 동기 요인들 상당수가 업무 성과와의 관계에 있어 PSM을 매개로 한 유효한 영향력을 보여준다는 점이다.

7.4 ▶ 결　어

공무원의 공직 선택 동기와 보상 선호에 대한 진단은 정부에 유능한 인재를 유치하고 그들의 직무만족도와 직무몰입도를 제고시키기 위한 인센티브 시스템 구축에 있어 필수적이다(Wittmer, 1991: 369; Lewis & Frank, 2002: 397).

경제학자들은 금전 등 외재적 보상을 직업 선택과 직무수행 동기부여의 주요 결정 요인으로 간주한다. 신공공관리론(NPM)은 공공부문에서도 외재적 보상 방안이 효과적이라고 본다. 그러나 상당수 행정학자는 공공부문 종사자들이 금전적 보상보다 PSM과 관련된 내재적 보상을 더 중시한다고 전제한다. 만약 경제학자들과 NPM 이론가들의 주장이 옳다면 공조직은 민간부문 조직들과 경쟁할 수 있는 외재적 보상 방안을 강구해야 할 것이다. 반대로 PSM 이론 주창자들의 주장이 옳다면 PSM과 관련된 내재적 보상을 강화하는 것이 공조직의 우선적 과제가 될 것이다.

한국 공무원들에게는 PSM에 경도된 인센티브가 바람직하지 않을 수 있다. PSM은 상위층 공무원들에게는 어느 정도 타당할지 모르나, 외재적 보상을 중시하는 하위층 공무원들에게는 불만의 원인이 될 수 있기 때문이다. 실제로 낮은 보수 등은 최근 하위직 공직지원 비율이 하락하고 하위직의 의원면직 비율이 높아지는 추세의 가장 큰 원인이 되고 있다. 더구나 젊은 세대일수록 물질적 보상 없이 사명감만 요구하는 공직에 매력을 느끼지 못하는 것으로 파악되고 있다. 낮은 보수는 변호사 등 전문가와 박사학위 소지자 등 유능한 인력을 공직으로 유입하는 데도 큰 장애요인으로 작용하고 있다(이투데이, 2022.6.7). 이와 관련하여 최근 인사혁신처는 '부처 인사 유연성 자율성 제고 종합계획'에서 중앙부처 과장급인 4급 이상 임기제 공무원의 연봉상한을 없애고, 일반공무원 가운데 업무역량이나 성과가 뛰어난 사람에 대해서는 고속 승진의 길을 열어준다는 내용을 발표하였다. 승진의 경우 기존에는 9급 공무원이 중앙부처 국장급인 3급 부이사관으로 승진하려면 최소 16년이 소요되었지만 이를 11년으로 단축하기로 한 것이다(중앙일보, 2023.7.12).

이 장에서 제시한 저자의 실증조사 결과는 한국의 하위직 공무원들이 직종을 불문하고 공직 선택 시에 내재적 보상보다는 외재적 보상에 기대를 가졌으나, 공조직에서 기대만큼 이를 충족시키지 못하는 것으로 나타났다. 공직수행 동기를 유발하는 인센티브에 관한 실증조사 역시 한국의 중상위층 공무원들이 외재적 인센티브의 중요성을 내재적 인센티브 못지않게 높게 인식한다는 결과를 보여주었다. 따라서 이 장에서의 전체적인 논의와 제시한 실증 조사 결과는 한국 정부가 우수한 인력을 공직에 유치하고 그들에게 공직수행 동기를 부여하기 위해서는 외적 보상을 지금보다 강화할 필요성이 있다는 점을 시사한다.

참고문헌

고길곤 · 박치성. (2010). 대학생의 직업선택동기와 공직동기. 「행정논총」, 48(2): 339-364.

권향원. (2015). 관료제의 이론적 철학적 변화: 반관료주의(신자유주의) 행정개혁 담론의 극복과 제언. 「정부학연구」, 21(1): 41-81.

김상묵. (2003). 공공서비스동기와 내적 보상의 중요성에 대한 탐색적 연구. 「한국행정논집」, 15(4): 771-790.

_____. (2005). 공직선택 동기와 공무원의 행태. 「한국행정연구」, 14(2): 297-325.

_____. (2013). 「한국인의 공공봉사동기: 세계적 보편성과 한국적 특수성」. 서울: 집문당.

김진아 · 김광민. (2020). 공공봉사동기(PSM)와 업무 성과의 관계에 관한 연구: 공공봉사동기의 매개효과 분석을 중심으로. 「한국인사행정학회보」, 19(3): 23-51.

김태호 · 노종호. (2010). 공공봉사동기가 조직구성원의 혁신행동에 미치는 영향에 관한 연구. 「행정논총」, 48(3): 143-168.

노종호. (2016). 공무원의 성과급과 공공봉사동기가 직무성과에 미치는 영향분석. 「한국인사행정학회보」, 15(2): 93-22.

박성민 · 김민영 · 김민정. (2013). 개인-직무 및 개인-조직 간 적합성이 조직결과에 미치는 영향력 분석: 신뢰의 매개효과를 중심으로. 한국행정학회 하계학술대회 발표논문.

박천오. (2008). 우리나라 중상위직 공무원의 직무성격과 직무동기. 「한국인사행정학회보」, 7(1): 179-201.

박천오 · 박시진. (2015). 한국 공무원의 공직선택 동기 연구. 「한국인사행정학회보」, 14(1): 79-104.

오석홍. (2009). 「조직이론」, 서울: 박영사.

_____. (2011). 「한국의 행정」, 파주: 법문사.

오성호. (2014). 공무원이 인식하는 공직의 주요 보상요인의 값에 관한 탐색적 연구: 승진의 대체 가능성을 중심으로. 「한국인사행정학회보」, 13(3): 305-319.

이근주. (2005a). 공사부문 종사자간 동기요인의 차이 분석: PSM을 활용하여. 「한국행정연구」, 14(2): 71-99.

_____. (2005b). PSM과 공무원의 업무성과. 「한국사회와 행정연구」, 16(1): 81-104.

이명진. (2010). 공직 동기 이론에 대한 비판적 고찰: 한국 공무원의 직업선택 동기를 중심으로. 서울행정학회 학술대회 발표논문집.

조태준. (2009). 공공서비스동기와 성과 간 관계에 관한 연구. 「한국행정연구」, 18(1): 223-252.

조태준 · 윤수재. (2009). 공공서비스동기와 성과 간 관계에 대한 연구. 「한국행정연구」, 18(1): 223-252.

한국행정연구원. (2021). 「2021년 공직생활 실태조사」.

황성원 · 함종석. (2001). 「행정에 관한 공무원의 인식과 태도」, 한국행정연구원 연구보고서(01-18-2).

황인수 외. (2004). 「행정에 관한 공무원과 국민의 의식조사」, 한국행정연구원 연구보고서(04-12).

Argyriades, Demetrios. (2003). Values for Public Service: Lessons Learned from Recent Trends and the Millennium Summit. *International Review of Administrative Sciences.* 69(4): 521-533.

Barzelay, Michael. (2001). *The New Public Management: Improving Research and Policy Dialogue.* Berkeley: University of California Press.

Blair, William, & James C. Garand. (1995). Are Bureaucrats Different? Democratic Values, Political Tolerance, and Support for the Political System among Government Employees and Other Citizens,1982-1992. Paper presented at the Annual Meeting of the American Political Science Association, Chicago, IL, August 31-September

Borins, Sandford. (2002). Transformation of the Public Sector. Canada in Comparative Perspective. in Christopher Dunn. (ed.), *Handbook of Canadian Public Administration.* 3-17. Don Mills, Ontario: Oxford University Canada.

Brehm, John & Gates, Scott. (1997). *Working, Shriking, and Sabotage: Bureaucratic Response to a Democratic Public.* Ann Arbor: University of Michigan.

Brewer, Gene A. & Robert A. Maranto. (2000). Comparing the Roles of Political Appointees and Career Executives in the U.S. Federal Executive Branch. *American Review of Public Administration,* 30(1): 69-86.

Brewer, Gene A. (2003). Building Social Capital: Civic Attitudes and Behavior of Public Servants. *Journal of Public Administration Research and Theory,* 13(1): 5-26.

Bright, Leonard. (2009). Why Do Public Employees Desire Intrinsic Nonmonetary Opportunities, *Public Personnel Management.* 38(3): 15-37.

_____. (2005). Public Employees with High Levels of Public Service Motivation. *Review of Public Personnel Administration,* 25(2): 138-154.

Cohen, Aaron, Yair Zalamanovitch, and Hani Davidesko (2006). The Role of Public Sector Image and Personal Characteristics in Determining Tendency to Work in the Public Sector, *Public Administration Quarterly,* 29(4): 447-482.

Crewson, Philip E. (1997). Public-Service Motivation: Building Empirical Evidence of Incidence and Effect. *Journal of Public Administration Research and Theory.* 7(4): 499-518.

Feeney, Mary K. (2008). Sector Perceptions among State-Level Public Managers, *Journal of Public Administration and Theory,* 18(3): 465-494.

Frank, Sue A. & Gregory B. Lewis. (2004). Government Employees: Working Hard or Hardly Working? *American Review of Public Administration,* 34(1): 36-51.

Grant, Adam M. (2008). Employees without a Cause: The Motivational Effects of Prosocial Impact in Public Service. *International Public Management Journal,* 11(1): 48-66.

Greiner, John H. (1999). Motivational Programs and Productivity Improvement in Times of Limited Resources. in Kearney Richard C and Evan M. Berman (eds.), *Public Sector Performance: Management, Motivation and Measurement.* 175-196. Boulder, Colorado:

Westview Press.

Houston, David J. (2006). "Walking the Walk" of Public Service Motivation.: Public Employees and Charitable Gifts of Time, Blood, and Money. *Journal of Public Administration: Research and Theory*. 16(1): 67-86.

Ingraham, P. W., & Barrilleaux, C. (1983). Motivating Government Managers for Retrenchment: Some Possible Lessons from the Senior Executive Service. *Public Administration Review*, 43: 393-402.

Jayaratne, Srinlka. (1993). The Antecedents, Consequences, and Correlates of Job Satisfaction, in Robert T. Golembiewski (ed.), *Handbook of Organizational Behavior*, 111-140. New York: Marcel Dekker, Inc.

Judge, Timothy A. & Robert D. Bretz, Jr. (1992). Effects of Work Values on Job Choice Decisions. *Journal of Applied Psychology*, 77(3): 261-271.

Kilpatrick, F. P., Cummings, M.C., Jr., & Jennings, M.K.(1964). *The Image of Federal Service*. Washington, DC: The Brookings Institution.

Lewis, Gregory B. & Sue A. Frank. (2002). Who Wants to Work for the Government? *Public Administration Review*, 62(4): 395-404.

Locke, Edwin A. (1976). The Nature and Causes of Job Satisfaction, in M.D. Dunnette, (ed.), *Handbook of Industrial Organizational Psychology*, 901-969. Chicago: Rand McNally.

Lyons, Sean T, Linda E. Duxbery, & Christopher A. Higgins. (2006). A Comparison of the Values and Committment of Private Sector, Public Sector and Parapublic Sector. *Public Administration Review*, 66(4): 605-618.

Molander, Christopher & Jonathan Winterton. (1994). *Managing Human Resources*. New York: Routledge.

Ng, Eddy S. W. & Charles W. Gossett. (2013). Career Choice in Canadian Public Service: An Exploration of Fit with Millennial Generation. *Public Personnel Management*. 42(3): 337-358.

Perry, James L. (1996). Measuring Public Service Motivation.: A Assessment of Construct Reliability and Validity. *Journal of Public Administration Research and Theory*. 16(1): 5-22.

Perry, James L. & Lois Recascino Wise. (1990). The Motivational Bases of Public Service. *Public Administration Review*. 50(3): 367-373.

Pinder, Craig C. (1984). *Work Motivation*. Glenview, Illinois: Scott Foresman and Company.

Posner, Barry Z. & Warren H. Schmidt. (2001). The Values of Business and Federal Executives: More Different Than Alike. *Public Personnel Management*, 2593): 277-289.

Rainey, Hal G. (2003). *Understanding and Managing Public Organizations* (Third Edition), San Francisco: Jossey-Bass.

Ravari, Ali et al. (2012). Work Values and Job Satisfaction: A Qualitative Study of Iranian Nurses. *Nursing Ethics*, 20(4): 448-458.

Ritz, Adrian & Christian Waldner. (2011). Competing for Future Leaders: A Study of Attractiveness of Public Sector Organizations to Potential Job Applicants. *Review of Public Personnel Administration*, 31(3): 291-316.

Vinzant, Janet Coble. (1998). Where Values Collide: Motivation and Role Conflict In Child and Adult Protective Services. *American Review of Public Administration*, 28(4): 347-366.

Vroom, Victor H. (1964). *Work and Motivation*. New York: John Wiley & Sons. (Reissued, San Francisco: Jossey-Bass, 1995).

Wise, Lois Recascino. (2004). Bureaucratic Posture: On the Need for a Composite Theory of Bureaucratic Behavior. *Public Administration Review*. 64(6): 669-680.

Wittmer, Dennis. (1991). Serving the People or Serving for Pay: Reward Preferences among Government, Hybrid Sector, and Business Managers. *Public Productivity & Management Review*, 14(4): 369-383.

Wright, Bradley E. (2001). Public-Sector Work Motivation: A Review of the Current Literature and a Revised Conceptual Model. *Journal of Public Administration Research and Theory*, 11(4): 559-586.

Wright, Bradley E. & Adam A. Grant. (2010). Unanswered Questions about Public Service Motivation: Designing Research to Address Key Issues of Emergence and Effects. *Public Administration Review*, 70(5): 691-700.

한국의 행정리더십: 역량과 유형

8.1 ▶ 서 언

오늘날 행정조직은 급변하는 외부환경과 날로 다양화되는 행정수요에 대응하고, 저비용으로 질 높은 행정서비스를 제공해야 하는 등 많은 도전에 직면해 있어 행정리더십의 활성화가 어느 때보다 절실하다. 행정리더십은 공조직의 행정관리자가 발휘하는 리더십으로서 불완전한 조직설계를 보완하고, 조직 내외의 상황변화를 관리하고, 조직구성원들에게 동기부여를 하는 등의 효과를 거둘 수 있다. 이 때문에 리더십은 조직의 생존과 발전, 변화, 임무 달성 등에 결정적인 영향을 미치는 핵심 변수의 하나로 간주 된다(Gortner et al., 1997: 333; Behn, 1998). 따라서 각국 정부가 행정관리자들의 리더십 개발을 위해 막대한 자원을 투입하는 것은 당연하다고 할 수 있다(Van Wart, 2003: 224-225).

그간 학계에서도 행정관리자에 관한 연구가 적지 않게 이루어졌다. 그러나 행정관리자를 최고관리자인 정무직 공직자들과 그 아래 경력직 관리자들로 크게 두 부류로 구분할 때, 학자들의 기존 연구는 전자의 리더십 연구에 치우친 경향을 보였다. 기존 연구들은 정무직 공직자들이 어떻게 조직의 전체적인 비전과 목표를 설정하고 이를 달성하기 위한 조직 내부적인 분위기를 조성하는지, 그리고 그들이 변화하는 외부 환경 속에서 조직 과업이 순조롭게 이행되도록 외부 이해당사자들과 협상, 절충, 타협하는 정치과정에 어떻게 연루되는지 등의 주제를 주로 다루었다(Wilson, 1989, 217).

반면에 경력직 관리자들의 이른바 행정기관 내 관료적 리더십(bureaucratic

leadership) 연구는 상대적으로 드물었다. 이는 외부로부터의 제약과 통제를 많이 받고 내적으로도 관료적 루틴이 강하게 작용하는 행정기관의 특성상 조직 내 경력직 관리자들이 리더십을 발휘할 여지가 적다는 인식과,[1] 경력직 관리자들의 리더십 발휘가 자칫 정치인들에 대한 관료들의 민주적 대응을 저해할 수 있다는 우려에 기인 된 결과라고 할 수 있다.[2] 하지만 근래 학자들의 관심이 정책과 외부환경에 치우친 정책 중심적인 리더십에서 행정기관의 서비스나 산출과 관련된 조직리더십(organizational leadership)으로 이동하면서, 관료적 리더십에 관한 연구도 늘고 있다.[3]

이 장에서는 한국 행정기관에서 유효한 경력직 행정관리자의 리더십 역량과 리더십 유형에 대해 주로 논의한다. 리더십 역량에서는 경력직 행정관리자에게 일반적으로 요구되는 리더십 역량을 기술하고 관련 실증 조사 결과를 제시한다. 리더십 유형에서는 변혁적 리더십과 거래적 리더십의 특성과 이들 리더십의 한국에서의 실제 유효성에 대해 논의하고 관련 실증 조사 결과를 제시한다.

8.2 ▶ 관련 논의

리더십에 관한 개념 정의는 매우 다양하지만 대부분 두 요인을 공통으로 포함하고 있다. 하나는 리더십이 하나의 집단 현상(a group phenomenon)으로서 둘 혹은 그 이상의 사람들이 연루되어야 한다는 것이고, 다른 하나는 리더십이 영향력 과정(an influence process)으로서 리더가 그의 추종자들에게 의도적으로 영향력을 행사한다는 것이다. 따라서 리더십은 집단의 공동목표 성취를 위해 추종자들의 인식과 행동 등에 미치는 리더의 영향력 및 그 과정이라고 할 수 있다.[4]

조직에서 리더십은 본질적으로 하급자들에 대한 영향력 행사이므로, 하급자들의 리더에 대한 인식과 태도는 리더십 발휘와 효과를 결정짓는 주요 변수가 된다(정우일, 2006: 48-49; Yukl, 1998). 즉 리더십 발휘는 하급자들의 순응(compliance)

---

1) Terry(1995: 2-5), Palumbo & Maynard-Moody(1991: 153) 참조.
2) Terry(1995: 3-13), Van Wart(2003) 참조.
3) Cohen & Eimicke(1995: 255-6), Fairholm(2004: 578), Van Wart(2005: XI) 참조.
4) Gortner(1997: 315-317), Northouse(2001: 4-5) 참조.

을 얼마나 확보할 수 있느냐가 관건이다(Gortner et al., 1997: 320). 조직에서 관리자의 지위와 역할은 하급자들에게 지시를 내릴 수 있는 공식적인 권한(formal authority)을 수반하지만, 그 효과가 제한적이다(Thompkins, 2005: 195).

행정조직에서도 관리자의 공식적인 직위와 역할은 리더십을 담보하지 못한다. 행정관리자는 자신의 노력으로 하급자들로부터 리더의 위상과 권위를 인정받을 시에 행정리더십을 발휘할 수 있고(Gortner et al., 1997: 317-319), 그럼으로써 자신에게 부여된 공식적인 책무 이상의 역할을 수행할 수 있다.[5]

일반적으로 하급자들은 자신이 심리적으로 설정한 일정 범위 내에서 관리자의 영향력 행사를 정당한(legitimate) 것으로 인정하여 그 타당성 여부를 의식적으로 따지지 않고 그냥 따르는 경향을 보인다. 이러한 범위를 Barnard(1938: 168)는 '무관심 구역'(zone of indifference)이라 칭했고, Simon(1957: 133)은 이를 '수용 영역'(area of acceptance)으로 개념화하였다. 이들 학자에 의하면 하급자들의 이러한 무관심과 수용의 범위가 확장될수록 관리자의 리더십 발휘는 수월해지고 리더십 효과 또한 증대될 수 있다(Denhardt, 2004: 76). 리더십 효과는 조직의 임무 성취나 추종자의 만족도 등 다양한 측면에서 설명될 수 있다.[6]

하급자들의 '무관심 구역'과 '수용 영역'은 관리자의 자질과 행태가 하급자들 자신의 정서와 이해관계에 부합될수록 확장될 수 있다(Thompkins, 2005: 195). 관리자의 자질과 행태는 관리자가 리더로서 지닌 바람직한 개인적 속성들(말, 설득력, 전문성, 행태, 카리스마 등)와 관련된 것으로서 그의 '인품의 힘'(power of personality) 내지 리더십 역량이라고도 할 수 있다(Gortner et al., 1997: 319-320). 하급자들이 가지는 관리자의 바람직한 리더십 역량에 대한 일반적 이미지는 특정 관리자가 얼마나 리더다운지를 평가하거나 그의 지시나 바람에 얼마나 호응할지를 가늠하는 주요 기준으로 작용한다(Sorenson & Goethals, 2004: 873; Offermann, 2004).[7] 이 때문에 관리자는 하급자 집단의 규범과 표준에 부합되는 역량을 갖추고 입증함으로써 그들로부터 심리적인 신용(psychological credit)을 얻어 리더로서의 자신의 위상을 제고하고 그들의 순응(compliance)을 이끌어 낼 수 있다(Holland, 1958; Offermann, 2004: 829).

---

5) Palumbo & Maynard-Moody(1991: 153), Springer(2007: 345) 참조.

6) Gibson & Fiedler(1998: 1264), Vanwart(2005: 316) 참조.

7) 리더는 추종자들에게 리더다운 이미지를 심기 위해 많은 에너지를 쏟는다. 리더다움(leaderliness) 이란 하급자들에게 조직 목표와 구성원들의 집합적 이익을 충실히 추진할 역량과 의지가 있는 것으로 보이는 이미지를 말한다(Holland, 1958; Chemers, 1993).

하급자들의 '무관심 구역'과 '수용 영역'은 그들의 이해관계와 직접적인 연관성이 있는 적절한 유인(inducement)이나 보상에 의해서도 확장될 수 있다. Barnard의 유인-보상체계이론(inducement-contribution utility scale)은 이러한 전제에 바탕을 둔 것이다. Simon 역시 더 많은 금전적 보수나 더 나은 위상(status)과 같은 유인을 강화함으로써 하급자들의 수용 영역을 확장할 수 있다고 하였다(Denhardt, 2004: 76). 유인과 보상은 리더가 발휘하는 리더십 유형과도 밀접한 연관성이 있다.

리더십과 관련된 위와 같은 측면에서 이 장에서는 한국에서 유효한 리더십 역량과 리더십 유형이 어떤 것인지에 대해 논의하고 관련 실증조사 결과를 제시한다. 리더십 역량이 리더가 지닌 바람직한 개인적 속성들과 관련된 것이라면, 리더십 유형은 이에 보상의 성격이 더해진 것이라고 할 수 있다.

8.3 리더십 역량

리더십 역량 연구는 관리자가 리더십 발휘를 위해 갖추어야 할 바람직한 역량을 진단하고 개발한다. 역량(competency)은 "주어진 역할을 효과적으로 수행하기 위해 요구되는 기술, 지식, 행동 및 태도" 등의 조합을 의미한다(Hoffmann, 1999). '리더십 역량'(leadership competency)은 조직에서 리더로서 관리자들에게 보편적으로 요구되는 역량이라고 할 수 있다. 이러한 역량은 특정 과업이나 기능 수행 등과 관련된 직무역량(job competency)과 구분된다(Van Wart, 2005: 128).

일부 나라에서는 고위공무원단의 선발과 능력개발 등을 위해 리더십 역량의 성격을 띤 공통역량 모델을 적용한다. 한국에서도 고위공무원단 후보자들과 중앙부처 과장급 직위로 신규 채용, 전보, 승진 임용되는 사람들의 핵심역량을 평가한다. 그런데도 국내외를 막론하고 행정관리자의 리더십 역량에 관한 학계의 연구는 미흡한 실정이다. 다만 Van Wart(2005)의 행정리더십 역량에 관한 연구는 적지 않은 학문적·현실적 함의를 지닌다.

1. Van Wart의 행정관리자 리더십 역량 연구

Van Wart(2005)는 행정기관 관리자의 행정리더십 효과성에 기여할 수 있는 리더십 역량(leadership competencies)을 3가지 유형(types)으로 파악하였다. 상대적으로 타고난 혹은 장기적 성향(relatively innate or long-term dispositions)인 '개인적 특성'(traits), 광범위하게 응용·학습된 능력(broadly applied learned characteristics)인 '재능'(skills), 그리고 업무 수행과정에서 취하는 '구체적인 실제 행동'(concrete actions)이 그것이다. 이 가운데 '특성'과 '재능'은 리더의 개인적 자질(leader characteristics)에 해당되는 것으로서, 실제 행동의 질적 측면에 영향을 미치는 내적 태도와 학습된 능력을 말한다. Van Wart는 이들 특성, 재능, 행동 간 차이를 정도의 차이로 본다. 세 가지 리더십 역량 유형에 대한 그의 설명은 다음과 같다.

첫째, 특성은 타고난 것이거나 유년기에 형성되는 경우가 많으나. 시간이 경과하면서 어느 정도 적응적 변화를 겪을 수 있다. 리더십 역량과 관련된 주요 특성은 자신감(self-confidence), 단호함(decisiveness), 쾌활함(resilience), 에너지(energy), 성취욕(the need for achievement), 책임의식(willingness to assume responsibility), 융통성(flexibility), 서비스 정신(service mentality), 성실성(personal integrity), 정서적 성숙(emotional maturity)의 10가지이다. 이 중 6가지(자신감, 단호함, 쾌활함, 에너지, 융통성, 정서적 성숙)는 인품(personality characteristics)과 관련된 것이고, 다른 두 가지(책임의식, 성취욕)는 동기관련 욕구(motivational drives)이고, 나머지 2가지(성실성, 서비스 정신)는 가치정향적(value orientations) 성격을 지닌다. 성년기에는 특성이 이미 상대적으로 안정된 성향으로 자리 잡은 상태여서, 교육훈련 등을 통해 어느 정도 변화될 수 있지만 근본적인 변화는 쉽지 않다.

리더의 개인적 특성만으로 리더십 행태나 성공을 직접적으로 예측하고자 했던 순수 특성 리더십 이론(pure trait-based leadership theories)의 퇴조에도 불구하고, 하급자들이 리더의 개인적 특성을 중시하는 것이 현실이므로, '특성'은 여전히 리더십 성패의 강력한 예측 요인(predictors)이 될 수 있다.

둘째, 재능은 광범위하다는 측면에서는 특성과 비슷하고, 관측이 상대적으로 용이하다는 점에서는 행동과 유사하다. 리더십 발휘에 있어 특히 중요한 것은 의사소통 재능(communication skills), 사회적 재능(social skills), 영향력 행사 재능(influence skills), 분석 재능(analytic skills), 기술 재능(technical skills), 지속적 학습 능력(continual learning)의 6가지이며, 이들 모두 교육, 훈련, 연습에 의해 확보 또는 개선될 수 있다.

셋째, 행동은 실제 조직에서 리더십 평가의 직접 대상이 되는 것이다. 리더의 행동은 '재능'의 한 유형으로 볼 수도 있지만, 그보다 개념이 좁고 적용이 더욱 구체적이다. 리더는 자신의 특성과 재능을 활용하는 행동을 나타낸다.

　리더의 행동 역량은 과업 영역(task domain), 대인 영역(people domain), 조직 영역(organizational domain)으로 다시 분류된다. 이들 세 가지 행동 영역 가운데 과업 정향적 행동(task-oriented behavior) 역량은 모든 수준 그리고 모든 직위의 리더들에 있어 가장 기초적인 것이다. 리더는 일을 완수해야 하고, 문제를 해결해야 하기 때문이다. 과업정향적 행동는 리더십이 아니라 단지 관리로 간주 되기도 한다. 대인정향적 행동(people-oriented behavior) 역량은 리더와 하급자들 간 인적 상호작용과 관련된 것으로서, 리더십을 다른 사람을 리더하는 것으로 정의할 시에 가장 중요한 역량이 된다. 대인정향적인 행동 역량은 이른바 연성 역량(soft competencies)으로서, 과업정향적 행동 역량에 비해 업무수행(performance) 측면에서 양적인 진단이 쉽지 않다. 조직정향적 행동(organization-oriented behavior)은 조직 외부적 상황, 거시적 체제, 조직변화(혹은 위기) 등과 관련된 것이다.

　〈표 8-1〉, 〈표 8-2〉, 〈표 8-3〉은 Van Wart가 세 가지 리더십 역량 유형의 세부 역량들을 보여준다. Van Wart에 의하면 관리자의 행정리더십은 이들 세 유형의 세부 역량들이 어우러져 엮어내는 것이다. Van Wart가 제시한 행정리더십 역량은 기본적으로 기존 리더십 연구 가운데 특성(자질)론적 접근(trait approach)과 행태론적 접근(the style approach)을 혼합한 것이라고 할 수 있다. 특성론적 접근은 Van Wart가 제시하는 역량 가운데 특성 역량 및 재능 역량과 관련성이 있고, 행태론적 접근은 Van Wart의 행동 역량과 유사하다.

〈표 8-1〉 특성 역량

① 자신감 (self-confidence)	스스로 어떤 일을 달성할 능력을 가지고 있다는 일반적이고도 긍정적인 느낌
② 단호함 (decisiveness)	의사결정의 질을 심각하게 손상시키지 않으면서도 상황에 따라 신속하게 조치를 취할 수 있는 능력
③ 쾌활함 (resilience)	어려운 상황을 겪은 후에도 곧바로 본래의 모습, 위치, 방향으로 돌아 올 수 있는 능력
④ 에너지 (energy)	일을 수행할 수 있는 정신적·육체적 능력
⑤ 성취욕 (the need for achievement)	일을 달성하고 이를 통해 인정받으려는 강한 욕구
⑥ 책임의식(willingness to assume responsibility)	광범위한 의사결정 의무와 큰 권위를 수반하는 직위를 기꺼이 떠맡으려는 의식

⑦ 융통성 (flexibility)	부러지지 않고 휠 수 있는, 그리고 변화에 적응하고 변신할 수 있는 능력
⑧ 서비스 정신 (service mentality)	다른 사람들의 이익, 관점, 관심사를 고려하는 윤리 의식
⑨ 성실성 (personal integrity)	스스로에 대해 혹은 자신의 전문 직업이나 사회와의 관계에 있어 높은 도덕적 원칙과 정직성을 고수하는 상태
⑩ 정서적 성숙 (emotional maturity)	다양한 심리적·행태적 차원에서 균형을 잡을 수 있는 성숙된 인품

〈표 8-2〉 재능 역량

① 의사소통 재능 (communication skills)	적극적·소극적 수단을 통해 정보를 효과적으로 교환할 수 있는 능력
② 사회적 재능(social skills)	사회적 환경 속에서 효과적으로 상호작용 하고, 스스로의 인품 구조(personality structure)와 타인의 인품 구조를 이해하고 이를 효과적으로 활용할 수 있는 능력
③ 영향력 행사 재능 (influence skills)	구체적인 행동 전략(behavior strategies)을 통해 권력 기반을 실제로 활용할 수 있는 있는 능력
④ 분석 재능(analytic skills)	기억하고, 변별하고, 복잡한 사항을 처리할 수 있는 능력
⑤ 기술 재능 (technical skills)	업무 영역에 있어서 기본적으로 요구되는 전문직업적 혹은 조직관련(professional or organizational) 지식과 실천
⑥ 지속적 학습 능력 (continual learning)	새로운 정보를 확보하고, 오래된 정보를 새롭게 바라보고, 새로운 정보와 예전 정보를 창조적으로 활용할 수 있는 방안을 모색하는 능력

〈표 8-3〉 행동 역량

과 업 정 향 적	① 정보의 모니터링과 업무산정 (monitoring and assessing)	하급자들의 업무수행, 서비스나 프로젝트의 질, 부서나 조직의 성과 등에 관한 정보를 수집하고 비판적으로 평가하는 행위. 이는 작업에 대한 직접적 관찰, 생산성 자료 검토, 보고서 열람, 작업샘플 조사, 작업 수 점검 등을 통해 실행될 수 있음
	② 운영기획 (operations planning)	모든 전술적인 이슈들을 세부 청사진으로 조정하는 행위로서, 주로 업무의 분업과 조정에 관한 것임.
	③ 역할과 목표의 명확화 (clarifying roles and objectives)	계획, 정책 그리고 구체적인 기대 등에 관한 의사소통을 함으로써 부하들의 행태를 인도하고 지시하는 행위. 직무책임을 정의내리고, 성과목표를 설정하고, 업무달성에 대한 지시를 내리는 것 등을 포함.
	④ 알림(Informing)	하급자, 상급자, 동료, 조직 밖의 사람들에게 업무와 관련된 정보를 제공하는 행위. 이는 다양한 메커니즘 예컨대 메시지, 미팅, 뉴스레터, 이메일, 브리핑 등을 통해 이루어짐.
	⑤ 위임(delegating)	하급자들에게 상당한 책임과 권위를 부여하는 등 권력을 나누는 행위.

	⑥ 문제해결 (problem solving)	업무와 관련된 문제들을 확인, 분석, 처리하는 행위
	⑦ 혁신과 창조의 관리(managing innovation and creativity)	학습, 융통성, 변화 등을 권장하고 필요한 도구를 제공하는 행위 및 새로운 혹은 진보된 프로그램과 과정들의 집행을 지지하는 행위
대인정향적	① 상담(consulting)	업무사항들과 관련하여 사람들과 상담하고 사람을 의사결정 과정에 연루시키는 행위
	② 인력의 기획 및 조직화(planning and organizing people)	사람과 작업을 조정하고, 사람들에게 업무수행에 필요한 역량을 갖추게 하는 행위. 인력과 인적 기능에 관한 장기적 목표와 전략을 결정하는 행위 포함
	③ 인력 개발 (developing staff)	하급자들의 현 직위에서의 효과성을 높이고 그들이 앞으로의 직위나 단계에 준비토록 하는 행위
	④ 동기부여(motivating)	인센티브나 영감부여 등을 활용함으로써 하급자들이나 다른 사람들의 내부 욕구나 긍정적 의도를 고양시켜 그들의 업무수행을 제고시키는 행위
	⑤ 팀 구축 및 관리 (building and managing teams)	전통적 작업 단위 외에 진정한 팀을 구축하고 지지하는 행위. 팀 구축은 업무와의 일체감과 단체정신을 고양시키는 것 등을 포함함
	⑥ 갈등관리 (managing conflict)	다양한 유형의 대인간의 의사불일치를 처리하고, 건설적인 대인관계를 구축하고, 갈등의 긍정적인 효과를 활용하는 행위
	⑦ 인적변화 관리 (managing personnel change)	변화에 대해 정서적 지지와 동기부여를 하는 분위기를 창출하는 행위
조직정향적	① 환경조망 (scanning the environment)	외부 경향, 기회, 위협 등에 관한 자료를 수집하고 비판적으로 평가하는 행위
	② 전략적 기획 (strategic planning)	조직을 형상 짓고 인도할 본질적인 의사결정을 내리려는 훈련된 노력(disciplined efforts)
	③ 임무와 비전의 표명 (articulating the mission and vision)	조직의 목적, 야망, 가치를 정의내리고 표명하는 행위
	④ 네트워킹과 파트너 구축 (networking and partnering)	직접적인 상하 명령과 복종의 계층적 연결고리 외의 다른 유용한 접촉선을 개발하는 행위. 공식적 명령체계 밖에서 의미 있는 작업 관계를 개발하는 행위
	⑤ 일반관리기능 수행(performing general management functions)	조직과 관련된 일반적인 구조적 책임(structural responsibilities)을 수행하는 행위
	⑥ 의사결정(decision making)	근본적인 가치 및 그와 관련된 요소들을 이해함으로써, 그리고 적절한 의사결정 틀을 구축함으로써, 조직의 주요 결정을 내리는 행위
	⑦ 조직변화 관리 (managing organizational change)	조직의 방향, 구조, 주요 과정, 문화 등과 관련된 대규모 변화를 관리하는 행위

변혁적 리더십 등 특정 리더십 역량을 특히 강조하는 대다수 기존 이론이나, 리더의 자질이나 행태 어느 하나에 초점을 맞추는 전통적 접근과 달리, Van Wart 가 제시한 행정리더십 역량은 국가에 따라 혹은 직위나 업무에 따라 요구되는 리더십 역량의 상대적 차이와 중요성을 파악하게 하는 특징이 있다. 따라서 행정기관 관리자의 리더십 역량을 포괄적으로 진단·평가할 수 있는 유용한 이론적 틀이 될 수 있다.

2. 한국에서의 행정리더십 역량

Van Wart가 제시한 리더십 역량을 과거 한국 고위공무원단 후보자 역량평가에 적용했던 9개 핵심 역량과 비교해 보면, 〈표 8-4〉와 같이 상당 부분 일치한다. 한국 고위공무원단의 9개 핵심역량은 고위공무원이 직무를 성공적으로 수행하기 위해 요구되는 능력과 자질에 관한 것으로서, 고위직 직무분석 등을 토대로 도출된 것이다. 이들 핵심역량은 고위공무원들에게 공통으로 요구되는 역량이므

〈8-4〉 Van Wart의 행정리더십 역량 vs 고위공무원단의 공통 역량

고위공무원단의 과거 9개 역량평가 요소	Van Wart의 행정리더십 역량		
	특성 역량	재능 역량	행동 역량
1) 의사소통		• 의사소통 재능	
2) 고객지향	• 서비스 정신		
3) 비전제시			• 임무와 비전 표명
4) 조정/통합			• 갈등관리
5) 결과지향			• 문제해결
6) 혁신주도	• 융통성		• 혁신과 창조의 관리
7) 전문가 의식	• 자신감 • 단호함 • 에너지 • 책임의식	• 기술 재능 • 지속적 학습 능력	
8) 문제인식/이해		• 분석 재능	• 정보의 모니터링과 산정
9) 전략적사고			• 환경에 대한 조명 • 전략적 기획
미포함 요소	• 정서적 성숙	• 사회적 재능	• 동기부여 • 팀 구축/관리 • 의사결정

로, 특정 부처의 업무 특성을 반영하는 부처별 직무역량이나 개별직위의 업무수행에 필요한 직무역량과 구분되며, 성격상 고위공무원의 리더십 역량에 가깝다(중앙인사위원회, 2004b: 144).[8]

이 점에 착안하여 박천오(2009)는 Van Wart의 행정리더십 역량 이론을 조사 틀로 삼아 한국 중앙부처 중상위직 관리자들이 갖추어야 할 주요 리더십 역량을 실증조사하였다.[9] 이 조사는 행정안전부 하위직 공무원들(조직국과 인사실 근무자 206명)을 대상으로 설문조사를 실시하는 방식으로 이루어졌다. 질문은 앞서 Van Wart의 3가지 리더십 역량 유형 속하는 개별 역량들 각각에 대해 실·국장급 관리자와 과장급 관리자의 리더십 역량으로서의 중요성을 묻는 방식으로 구성되었고,[10] 조사는 2008년 10월에 실시되었다.

조사 결과는 〈표 8-5〉에서 보듯이 Van Wart가 제시한 행정관리자의 리더십 역량의 중요성에 대한 응답자들의 동의 수준이 전반적으로 상당히 높게 나타났다. 역량 유형별 상대적 중요성은 실·국장과 과장 양 집단에서 공히, 특성, 재능, 행동의 순으로 나타났다.

직급에 따른 응답 차이를 파악하기 위해 세부 역량에 대해 T 검증(t-test)를 실시하였으나 통계적으로 유의미한 차이가 나타난 항목은 소수에 불과하였다. 이는 실·국장의 업무와 과장의 업무가 성격 면에서 크게 다르지 않아 요구되는 역량에서 양 집단 간 차이가 별반 없기 때문으로 해석되었다.

이러한 조사 결과는 Van Wart가 제시한 행정관리자 리더십 역량의 중요성에 대한 하급자들의 공감대가 전반적으로 상당히 높아, 이들 역량이 한국 공직사회

〈표 8-5〉 Van Wart의 리더십 역량 유형별 중요성

Van Wart의 역량 유형	평균(표준 편차)	
	실·국장	과장
특성	3.97(.661)	4.03(.717)
재능	3.96(.724)	4.00(.743)
행동	3.90(.661)	3.94(.682)
전체	3.94(.648)	3.99(.680)

---

8) 고위공무원 역량평가는 2023년 현재 과거 9개 역량을 축소하여 6개 역량(문제인식, 전략적 사고, 성과지향, 변화관리, 고객만족, 조정통합)을 중심으로 이루어지고 있다.

9) 자세한 조사내용은 박천오(2009) 참조.

10) 응답은 Likert 5점 척도(매우 중요하다 5점, 전혀 중요하지 않다 1점)로 구성하였다.

에서도 타당하다는 것을 시사한다.

8.4 ▶ 리더십 유형

　　행정관리자 개인은 리더로서 특정한 행태를 반복적으로 나타낼 수 있다. 이러한 행태 패턴은 하급자들에게 신속히 알려져 그들 자신의 처신과 업무행태를 결정하는 단서가 된다(Gortner et al., 1997: 341). 행정리더십 연구에 대한 행태론적 접근(behavioral approach)은 리더가 실제 어떤 행동 패턴을 보이는지 그리고 그에 대해 하급자들이 어떤 반응을 보이는지를 규명하고자 하였다.

　　이와 관련된 리더십 유형에 관한 논의와 연구는 리더십 유효성(leadership effectiveness)이 큰 리더의 일반적인 행동 패턴을 확인하려는 노력으로 볼 수 있다. 여기서 리더십 유효성은 리더가 하급자들과 조직에 일정한 긍정적 변화와 성과를 이끌어 내는 정도를 말한다(Northouse, 2001: 84;오석홍, 2009: 546). 오늘날은 리더십 유형의 유효성이 상황적 요인에 따라 다르다는 상황적응적인 접근을 취하는 연구들이 지배적이지만, 행정기관에서 보편적으로 유효한 리더십 유형을 찾아내 처방하려는 노력은 여전히 이어지고 있다.

　　이하에서는 학자들에 의해 제시된 많은 리더십 유형들 가운데 거래적 리더십(transactional leadership)과 변혁적 리더십(transformational leadership) 두 리더십 유형의 유효성에 초점을 맞춘다. 그 이유는 크게 두 가지이다. 하나는 이들 두 유형이 다른 많은 기존 리더십 연구나 이론과 직간접적 연관성이 있고 공조직 실정에서 적용될 여지가 상대적으로 크기 때문이다(Gibson & Fiedler, 1998: 1265). 다른 하나는 국내 다수 연구가 그간 한국 공무원의 부정적 행태들(공직에 대한 사명감 결여, 업무에 대한 소극적·피동적 태도, 무사안일, 선례답습 등)에 대한 처방으로서 변혁적 리더십의 중요성을 부각해온 점이 타당한지 검토해 볼 필요성이 있기 때문이다.

1. 리더십 유형의 유효성: 거래적 리더십 vs 변혁적 리더십

　　Burns(1978)의 연구 이래 국내외 많은 학자는 리더십 유형(types)을 거래적 리더십과 변혁적 리더십으로 구분한다. 거래적 리더십은 리더가 하급자들의 업무에 대한 기대와 목표를 설정하고 하급자들이 이를 이행할 시에 상응하는 보상을 하는 식의 상호 교환관계를 중심으로 발휘된다(Avolio, 2004: 1558). 거래적 리더십은 기본적으로 하급자들의 업적에 따른 심리적·물질적 보상을 제공하는 긍정적인 거래를 지향하지만, 하급자들이 기대했던 성과를 내지 못할 시에는 예외 관리 (management by exception)로서 교정적 비판(corrective criticism)과 부정적 피드백 (negative feedback)을 한다. 교정적 비판은 하급자의 행동을 모니터링하여 기준이 충족되도록 사전에 적극적으로 시정조치를 취하는 것을, 부정적 피드백은 업무수행이 부실한 하급자에게 낮은 평점을 주는 식의 소극적인 개입을 하는 것을 각각 의미한다(Avolio, 2004, 1558; Vinger & Cilliers, 2006: 2). 거래적 리더십이 하급자들에게 영향력이 있는 것은 하급자들이 리더와 상호 합의된 계약을 이행하는 것이 그들 자신의 이익에 부합되기 때문이다(Kuhnert & Lewis, 1987).

거래적 리더십은 하급자들의 욕구를 개별화하지 않고 성과와 보상의 타산적 교환관계를 기반으로 하위 욕구를 충족시키는 방식으로 발휘하므로, 하급자들에게 사명 의식을 고취하여 업무에 높은 열의를 가지게 하는 데는 한계가 있다(오석홍, 2013: 427). 그러나 하급자들이 자신의 역할과 과업을 보다 명확히 인식하고 이행할 수 있도록 방향 제시와 지원을 하며, 하급자 개인의 이익 추구를 자극함으로써 직무수행 동기를 유발하는 유효성이 있다.[11]

거래적 리더십은 하급자들의 단기적 성과와 외재적 보상을 중시하며, 리더의 공식적 권위에 의거해 하급자들에게 책임을 묻는다는 점에서, 성격상 전통적 의미의 관리에 가깝다(유민봉, 2015: 290). 하지만 관리의 주된 기능이 기존의 규칙과 절차에 따라 하급자들을 통제함으로써 조직에 질서와 일관성을 유지하고 업무성과를 일정 수준 확보·유지하는데 그치는 것과 달리,[12] 거래적 리더십은 점진적이지만 건설적인 변화를 추구한다는 점에서 차이가 있다(Northouse, 2001: 12). 거래적 리더십은 하급자들이 더 나은 보상을 받기 위해 변화와 혁신을 모색하도록 유도할 수 있기 때문이다(박종수·최하영, 2022: 305).

그러나 공공기관에서 거래적 리더십을 발휘하는 데는 성과평가 기준이 불분명하고 구성원 개인에 대한 성과측정이 쉽지 않다는 애로사항이 있다(Nutt & Backoff, 1993: 222-223). 거래적 리더십은 성격상 모든 관리계층의 관리자들이 발휘할 수 있는 리더십이다(Burns, 1978; Gortner, 1997: 328).

---

11) Palumbo & Maynard-Moody(1991: 154), Van Wart(2013, 556) 참조.
12) Tompkins(2005: 379), Springer(2007: 345), 오석홍(2009: 624) 참조.

변혁적 리더십은 1970년대 이후 선진국 기업들이 불확실하고 역동적인 외부 환경에 적응하고자 조직 변화에 심혈을 기울이는 과정에서 그 중요성이 부각 되었다. 변혁적 리더십은 리더의 개인적 자질과 행동이 하급자들의 인식구조와 가치체계 등을 변화시키는 리더십이다(유민봉, 2015: 288). 변혁적 리더십은 리더 스스로 강력한 역할 모델이 됨으로써 조직목표 성취를 위한 하급자들의 업무몰입과 자기희생을 유도하는 것이 특징이다(Jacobson & Anderson, 2015: 829; Kee et al., 2007: 163).

변혁적 리더십은 개별화된 고려(individualized consideration), 이상적 영향력(idealized influence), 지적 자극(intellectual stimulation), 영감적 동기부여(inspirational motivation)의 네 가지 요인으로 구성된다(Bass, 1996). 개별화된 고려는 하급자들의 개별적인 욕구에 관심을 보이면서 그들이 자기 발전과 자기실현을 할 수 있도록 조언하고 지지하는 리더의 행동을 가리킨다. 이상적 영향력은 카리스마적 영향력이라고도 하며, 리더 스스로 높은 도덕적·윤리적 기준을 가지고 행동함으로써 하급자들의 존경과 충성심을 이끌어 내는 것을 가리킨다. 지적 자극은 하급자들이 기존 가정과 믿음에 의문을 제기하고 조직의 문제점들을 보다 창의적이고 혁신적인 방식으로 다루도록 유도하는 리더의 행동을 가리킨다. 영감적 동기부여는 야심 찬 조직 목표와 비전을 제시하고 그 실현 가능성을 강조함으로써 하급자들에게 긍정적 에너지를 불어넣는 리더의 행동을 가리킨다.[13]

변혁적 리더십이 조직 생산성 등의 측면에서 유효하다는 점은 그간 많은 실증 연구에 의해 입증되었고, 그 결과 민간조직에서 핵심 리더십 유형으로 자리 잡게 되었다(김호정, 2017: 120). 변혁적 리더십은 1980년대 이래 각국이 작은 정부와 신공공관리 행정개혁을 지향한 세계적인 흐름에 힘입어 공공부문에서도 그 중요성이 강조되고 있다.

행정기관에서의 변혁적 리더십은 최고관리자인 정무직 공직자의 조직 전체적 리더십(leadership of organization)에 한해 요구된다는 견해가 있다. 이는 행정기관의 최고관리자만이 정책목표 설정, 집행전략 수립, 조직구성원들의 동기부여 방안 등에 관한 전략적 결정을 내릴 수 있다는 점을 중시한 관점이다. 그러나 다수 학자는 변혁적 리더십을 정도의 차이가 있을 뿐 행정기관 내 모든 수준(level)의 관리자들에게 요구되는 조직 리더십(leadership in organization)으로 본다.[14]

---

13) Gabris et al.(1998: 345), Vinger & Cilliers(2006: 20) 참조.
14) Van Wart(2003: 222), Kee et al.(2007: 177-179), Northouse(2001: 223) 참조.

그러나 일각에서는 변혁적 리더십이 행정기관에서 실제로 유효한 러더십 유형인지에 대해 의문을 제기한다. 이는 행정관리자의 활동이 각종 법률, 규제, 절차 등에 의해 많은 제약을 받는 관계로 변혁적 리더십 발휘가 쉽지 않다는 지적이라고 할 수 있다.[15]

거래적 리더십과 변혁적 리더십의 특성에 비추어 볼 때, 전자가 적절한 보상을 통해 하급자들의 '무관심 구역'과 '수용 영역'을 확장하려는 관리지향적인 성격의 리더십인데 반해, 후자는 리더의 자질과 역량에 의거해 그러한 확장을 기하는 변화지향적인 성격의 리더십이라는 것이 양자 간 차이라고 할 수 있다(Van Wart, 2005: 23).

2. 한국에서 유효한 행정리더십 유형

한국에서 거래적 리더십은 현재 여건에서도 행정관리자들이 의지만 있다면 일정 수준 발휘할 수 있는 유효한 리더십 유형이다. 예컨대 장관은 3급 이하 공무원에 대한 모든 임용권을 위임받고 있어 거래적 리더십 발휘를 위해 동원할 수 있는 인사 보상이 다양하다. 중앙부처의 실·국장과 과장은 하급자들에 대한 근무성적평정과 하급자들의 순환보직 경로에 미치는 비공식적 영향력 등을 통해, 계장은 하급자들 개개인의 성과와 행태 등에 관한 정보를 과장에서 전달하는 기회를 활용함으로써, 거래적 리더십을 발휘할 수 있다. 이들 관리자에 의한 거래적 리더십의 유효성을 밝힌 실증 연구들도 있다(김호정, 2001a; 2001b).

한국에서 행정관리자의 거래적 리더십 발휘가 요구되는 이유는 적지 않다. 무엇보다 공식적으로 표방한 보상 배분의 기준과 실제 적용되는 기준이 다를 수 있기 때문이다. 예컨대 한국의 공무원 인사는 공식적으로는 실적제를 기반으로 운영되나, 실제로는 고위공무원 인사 등에 정치권이 개입한다.[16] 뿐만 아니라 친분 관계(학연, 지연, 직업관계에서 생긴 업연) 등 인간관계 요인도 공정한 인사를 저해하고 있다.[17] 관련 연구들에 의하면 이들 비실적 요인의 영향으로 인해 근무성적평정, 승진, 배치전환 등이 불공정하다고 인식하는 공무원들이 많다.[18] 지방자치

---

15) Abramson(1989; 564), Popovich(1996: 38), Terry(1998: 198) 참조.
16) 매일경제(2019.6.1), 세계일보(2022.1.19).
17) 오석홍(2011: 82-85), 김호정(2017: 123), 허명환(2013: 562) 참조.
18) 황성원·함종석(2001), 황인수 외(2004), 금창호·권오철(2014), 박천오(2012), 왕태규 외(2018)

단체의 경우에도 이러한 인사의 불공정 문제는 심각할 수 있다(윤견수·한승주, 2012). 최근 중앙행정기관 및 광역자치단체 소속 공무원들을 대상으로 한 공직생활실태조사에서도 공무원들은 보수의 공정성을 상당히 낮게 인식하는 것으로 나타났다(행정연구원, 2020).

공무원 관리의 핵심 수단인 인사가 이런 식으로 이루어지는 것은 거래적 리더십이 활성화되지 않았다는 방증이다. 행정관리자의 거래적 리더십이 강화되어 성과(혹은 노력)와 보상 간 교환 관계가 보다 분명할 때, 공무원들의 사기 저하를 초래하는 인사의 불공정 시비는 완화될 수 있다. 거래적 리더십은 무사안일 등 공무원의 부정적 행태가 문제 되는 한국 공직사회에 과업지향적인 조직문화를 심기 위해서도 필요하다(박종수·최하영, 2022: 317).

거래적 리더십은 변혁적 리더십을 뒷받침한다는 점에서도 중요하다. 거래적 리더십과 변혁적 리더십이 상호 대척점에 있지 않으며, 오히려 거래적 리더십이 전제되어야만 변혁적 리더십의 유효성이 증대된다는 주장이 늘고 있다(Bass, 1985; 1996; Trottier et al., 2008: 321). 공무원들은 공익 관련 요인들에 의해 동기부여 되면서도 자기 이익 또한 중시한다는 점에서 이러한 주장은 설득력이 있다(Downs, 1967; Perry & Wise, 1990).

한편, 변혁적 리더십은 그간 국내 다수 연구가 그 유효성을 강조하였다. 변혁적 리더십은 공무원들의 무사안일과 사명감 결여 등이 국책현안이 된 한국 공직사회에 변화지향적인 조직문화를 조성하기 위해서도 필요하다. 그러나 변혁적 리더십 발현을 가로막는 요인들이 적지 않은 실정에서 그것이 실제 유효한 리더십 유형인지는 불분명하다.

우선 최고관리자인 장관들부터 변혁적 리더십을 발휘하기 쉽지 않다. 대통령실의 집권적 통치 성향이 강하여 행정기관의 자율성과 독립성이 제한받는 현실에서,[19] 장관 스스로 하급자들에게 기관의 임무에 관한 비전을 제시하고 영감적 동기부여를 할 여지가 별로 없기 때문이다(임도빈, 2007: 47; 전영평, 2016: 72). 더구나 한국의 장관은 이념적 성향과 정권에 대한 충성심 위주로 임명되므로, 정책 전문성과 조직관리 능력 등의 자격요건을 온전히 갖추지 못한 경우가 많고 재임 기간마저 짧다. 이런 연유로 장관은 재직 기간 동안 기관 본연의 임무나 소속 공무원

참조.

19) 행정기관이 소관 정책과 인사 등을 결정 함에 있어 사전에 대통령실의 승낙을 받는 내락과 내인가 관행 등이 작용한다(조석준·임도빈, 2019: 282-283).

들에 깊은 관심을 가지기보다, 자신의 개인적 업적을 과시함으로써 정치적 경력을 쌓으려는 경향을 보인다(김호섭, 2019: 322; 김경은, 2015: 413). 이는 모두 변혁적 리더십 발휘의 전제가 되는 소속 공무원들의 신뢰를 저해하는 요인들이라고 할 수 있다.

한국의 장관은 향후 대통령실로의 권력 집중 현상이 어느 정도 완화된 상황에서 정책과 조직관리에 전문성이 있는 유능한 인재가 등용되어, 소관 정책 등에 대한 실질적 권한을 부여받고, 소속 공무원들과 유대감을 형성하여 공감을 얻을 수 있을 정도의 재임 기간을 보장받는 등 여러 현실 여건이 갖추어질 때, 나름의 변혁적 리더십을 발휘할 수 있을 것이다(김광웅, 1994; 중앙인사위원회, 2004c: 28).

한국에서는 경력직 관리자들도 변혁적 리더십을 발휘하기 쉽지 않다. 상당수 국내 연구가 경력직 공무원들의 변혁적 리더십이 조직효과(조직몰입, 직무만족, 조직시민행동 등)를 제고시킨다는 실증 조사 결과를 제시하였지만,[20] 여러 여건상 현실과 괴리가 있을 수 있다. 한국의 경력직 관리자들은 정무직 최고관리자의 결정과 지시를 해석·세분화하여 하급자들에게 하달하고, 이들을 지휘·감독하며, 이들이 확보한 정보를 재정리하여 최고관리자에게 전달하는 연계 역할을 주로 수행한다(윤종설, 2007: 4-8). 경력직 관리자들은 이 과정에서 소속 부서에 주어진 과업을 시스템에 맞춰 수행하기에 급급하여 하급자들에게 변혁적 리더십을 발휘할 재량과 여유를 가지지 못한다. 잦은 순환보직으로 인해 하급자들과 상호 신뢰를 쌓을 시간도 부족하다. 게다가 경력직 관리자들 스스로 변혁적 리더십을 발휘할 역량과 의지를 갖추었는지도 의문이다.[21]

이 같은 여건에 비추어 본다면 설문조사 등에서 경력직 관리자들의 변혁적 리더십이 유효하게 나타난 것은 응답자들의 실제 경험보다 그들이 관념적으로 익힌 변혁적 리더십의 규범적 당위성에 관한 인식이 반영된 결과일 수도 있다.[22] 리더십에 대한 직접적 관찰이 어려운 현실에서 리더십 연구가 인식조사에 의존할 수

---

20) 김호균(2014), 홍승희·김구(2014), 성영태 외(2008), 강지선·김국진(2021), 박종수·최하영(2022) 참조.

21) 오석홍(2011: 419, 431), 신강순(2002: 177) 참조.

22) 관리자들이나 하급자들 혹은 다른 관련자들을 대상으로 리더십에 관한 인식조사를 할 시에 관대함의 편견과 사회 소망성 편견(leniency and social desirability bias) 등이 응답에 영향을 미칠 수 있다. 관대함의 편견은 응답자가 자신의 행위나 성과 등을 평가할 때 부정적 측면들보다 긍정적인 측면에 초점을 두는 경향을 말한다. 사회 소망성 편견은 응답자가 당위적으로 바람직한 응답을 함으로써 사회적 승인과 수용을 얻으려는 경향을 가리킨다(Jacobson & Anderson, 2015: 830).

밖에 없지만, 이 점에 대한 의문의 여지가 있다.

한국의 경력직 관리자들은 향후 업무추진과 하급자 관리에 등에 있어 어느 정도 재량이 허용되고, 지금의 순환보직 기간이 적정 수준으로 연장될 시에, 그리고 그들 스스로 변혁적 리더십에 걸맞은 역량과 의지를 갖추게 될 때, 변혁적 리더십을 발휘할 수 있을 것이다. 동일 부처에서 경력직 행정관리자들이 대부분 충원되는 지금의 인사 관행도 시정되어야 할 것이다. 동질적 사고와 경험을 가진 관리자들은 변혁적 리더십에 요구되는 새로운 발상을 하기 쉽지 않다(신강순, 2002: 184-185).

다만 한국의 최고관리자들 가운데 지방자치단체장들은 예외적으로 변혁적 리더십을 발휘할 수 있는 유리한 여건에 있다. 이들은 주민들에 의해 직접 선출되었고 법적으로 임기를 보장받으면서 지방정부의 정책과정과 소속 공무원들에 대해 강력한 영향력을 행사할 수 있기 때문이다(이승종, 1998; 이종수, 2004). 자치단체장의 변혁적 리더십이 소속 공무원들의 조직몰입, 직무만족, 집단자아 존중감, 비효율적 행태 개선 등에 미치는 긍정적 효과를 파악한 연구들도 상당수 있다.[23] 따라서 만약 특정 자치단체장이 변혁적 리더십을 발휘하지 못한다면, 이는 객관적 여건의 결핍보다는 본인의 의지나 역량 부족 등에 더 큰 원인이 있을 것이다.

3. 관련 설문조사

저자는 한국 행정기관에서 거래적 리더십과 변혁적 리더십이 실제 유효한지를 알아보고자 간단한 설문조사를 실시하였다. 설문조사는 저자와 직간접적인 친분 관계가 있는 중앙행정기관 및 지방자치단체의 전·현직 행정관리자 총12명을 대상으로 2022년 2월에 실시하였으며, 이들에게 사전에 전화로 조사의 취지를 설명한 후 개방형 질문을 전송하여 회신받는 방식으로 이루어졌다. 개방형 질문은 행정관리자의 변혁적 리더십과 거래적 리더십 가운데 어느 쪽이 실제 업무 현장에서 상대적으로 더 현실적이고 유효한지 인식을 묻는 내용이었다.

조사결과 〈표 8-6〉에서 보듯이 응답자 다수(9명/12명)는 일반적으로 변혁적 리더십보다 거래적 리더십이 더 현실적이고 유효하며, 신설업무 발생과 같은 예외적 상황에 국한하여 변혁적 리더십이 필요하다는 인식을 나타냈다. 그리고 이들 응답자 가운데 일부(3명)는 변혁적 리더십 발휘에 필요한 전제조건들이 갖춰지지

---

23) 이창원 외(2003), 이창신(2006), 윤견수(2006), 성영태 외(2008) 참조.

않았다는 점을 지적하였다. 일반적·세부적·단기적 목표와 업무추진에는 거래적 리더십이, 장기적 목표 달성과 구성원들의 인식을 전환하는 데는 변혁적 리더십이, 각각 상대적으로 더 유효하다고 답한 응답자들(3명)도 있었다. 변혁적 리더십만으로 하급자의 업무성과 등을 높일 수 있다는 내용의 응답은 없었다.

전체적으로 〈표 8-6〉에서 응답자들은 일반적 상황에서 거래적 리더십 발휘의 현실성과 유효성을 인정하는 반면, 변혁적 리더십에 대해서는 이상적·당위론적 측면을 수긍하면서도 제한된 예외적 상황에서만 실제 유효성을 인정하고 있다. 변혁적 리더십은 해당 리더십 발휘의 전제조건(리더의 자질과 의지, 기관장의 적정 임기, 리더와 부하직원 간 긴밀한 유대관계와 상호소통 등)이 갖추어지지 않아 현실에 대한 밀착도가 떨어진다는 인식을 나타냈다.

이 장에서는 앞서 현재 시점의 한국 행정기관에서 변혁적 리더십 유형의 유효성에 의문을 제기하는 동시에 거래적 리더십의 활성화 필요성을 지적하였다. 〈표 8-6〉의 응답 결과는 이 같은 논지를 대체로 지지한다. 그뿐 아니라 〈표 8-6〉의 조사결과는 한국 공무원들에게 외재적 보상이 적지 않은 의미를 지닌다는 제7장의 조사결과와도 부합한다.

〈표 8-6〉 변혁적 리더십과 거래적 리더십의 실제 유효성에 관한 공무원 인식

응 답 자	의 견
지방교육행정분야 P 주무관	- 일반상황에서 거래적 리더십이 더 유효함 - 변혁적 리더십은 신설업무나 큰 변화가 필요한 경우 등 제한적인 경우에만 유효함
지방교육행정분야 M 주무관	- 거래적 리더십이 즉각적인 피드백과 명확한 메시지를 줄 수 있어 현실적임 - 변혁적 리더십은 그 발현 양태가 모호함
지방교육행정분야 P 사무관	- 핵심인재 양성, 인식의 변화에는 변혁적 리더십이 유효함 - 평상시의 원활한 조직운영, 단기 목표 달성에는 거래적 리더십이 더 유효함
인사행정분야 H 과장	- 변혁적 리더십으로는 높은 성과를 올리기 쉽지 않음(변혁적 리더십을 발휘하기 위해서는 리더와 부하 간 긴밀한 유대관계, 상호소통 등 전제조건 확보가 필수) - 이러한 제한여건 등으로 현실에서는 거래적 리더십이 더 일반적임(단기적·세부적 목표 추구, 변혁적 리더십 발휘를 위한 전제조건 확보 곤란)
인사행정분야 P 국장	- 변혁적 리더십은 이상적일 뿐 공직사회에는 비현실적임(격동기, 혼란기, 소규모 조직에 적용 가능한 모델) - 1년 남짓의 기관장 임기, 대규모· 안정적 조직, 순환보직, 성과평가에 따른 보상이 정착된 정부 조직에서는 거래적 리더십이 진정한 리더십임

대학행정분야 J 국장	- 변혁적 리더십은 점점 파편화되어가는 공직 사회에서 실현되기 어려움 - 보상(성과급, 포상 등)에 더 민감하게 반응하는 요즘 젊은 세대들에게는 거래적 리더십이 보다 현실적인 것으로 받아들여질 것임.
전. 산업자원분야 C 과장	- 변혁적 리더십은 이상적이나, 하위직원들의 개인적인 애로나 성취 욕구에 대한 관심이 적어 직원들로부터 공감대를 얻지 못함 - 현실적으로는 성과평가에 따른 인센티브, 재교육 기회 부여 등 각종 인사관리 국면에서의 동기와 보상을 유발할 수 있는 거래적 리더십이 더 유효함.
전. 행정자치분야 K 국장	- 해당 조직이 추구하는 비전과 목표, 기관장의 조직운영 방침 등에 따라 적정한 리더십 유형이 최종 결정될 것임 - 장기적 관점에서의 조직목표 달성에는 변혁적 리더십이 유효하겠으나, 주로 단기적인 목표달성을 추구하는 현실상 거래적 리더십이 더 중요함
지방자치행정분야 K 과장	- 학문적으로 양자를 구분할 수야 있겠지만 현실에서는 구분하기 어려움 - 담당 업무, 하급자의 성향, 상급자의 스타일, 조직 분위기에 따라 양자가 복합적으로 작용되어야 함.
소청행정분야 C 위원	- 변혁적 리더십은 당위론적인 측면에서 인정되는 리더십이라 할 수 있음 - 현실에서는 거래적 리더십이 훨씬 더 많이 목격되고 일반적임 - 다만, 두 리더십은 상호 배타적이지 않으며, 리더가 상황에 따라 적절히 혼합하는 운영의 묘가 필요함(외부출신 리더는 변혁적, 내부 출신 리더는 거래적 리더십에 방조점을 둘 수 있을 것임)
전. 인사행정 분야 J 과장	- 변혁적 리더십의 당위성은 인정함. - 그러나 일반적, 현실적 상황하에서는 거래적 리더십만이 유효성을 지님
전. 인사행정 분야 K 국장	- 변혁적 리더십은 특수한 변화·상황 등에 상응할 수 있는 리더십임. - 거래적 리더십이 보다 일반적이고, 현실적이며 메인이라 할 수 있음 - 변혁적 리더십이라는 이름으로 행해지는 일방적 지시, 기존 틀의 무조건적 배격이나 거부 등의 사례들을 경계해야 할 필요성이 있음.

8.5 ▶ 결　어

　　리더십이 효과적일수록 행정기관은 높은 성과를 낼 수 있다. 행정기관의 리더는 정책목표의 설정, 집행전략의 수립, 외부 지지세력의 규합, 조직구성원들을 동기부여시키기 위한 인센티브 활용 등과 관련하여 많은 전략적인 결정을 내리기 때문이다. 효과적인 리더십은 임무에 대한 몰입, 효과적인 목표설정, 효과적인 행정적·정치적 문제 극복 등으로 표출된다.

　　이제까지 한국 정부는 행정리더십 개발에 상당한 자원을 투입해 왔고 행정관리자들도 나름의 리더십을 발휘해 왔지만, 관련 연구의 검증과 뒷받침을 받지 못해 그 타당성과 실효성이 의문시된다. 이런 점에서 이 장에서는 한국의 행정 현실에 요구되는 리더십 역량과 행정리더십 유형 등에 대해 논의하였고 관련 실증조사 결과를 제시하였다.

행정관리자에게 요구되는 주요 리더십 역량을 실증적으로 진단하는 일은 관리자의 선발, 관리, 육성 등에 있어 적지 않은 의미를 지닌다. 바람직한 리더십 역량을 파악한다면 해당 리더십 역량 보유 여부에 따른 행정관리자의 선발과 재배치가 가능하고, 행정관리자 육성 차원에서 교육훈련 등을 통해 공무원들의 해당 역량을 강화할 수 있을 것이기 때문이다. 이런 측면에서 볼 때, 이 장에서 제시한 Van Wart의 행정리더십 역량 이론에 기초한 실증조사 결과에서 해당 역량의 중요성에 대한 한국 하급공무원들의 공감대가 전반적으로 높게 나타난 것은 현실적으로 시사하는 바가 크다.

한편, 이 장에서는 관련 논의와 설문조사를 통해 한국 행정관리자가 변혁적 리더십을 실제로 발휘하려면 공직사회에 여러 여건이 조성되어야 한다는 점과, 거래적 리더십을 보다 활성화할 필요성이 있다는 점도 지적하였다. 이 역시 한국에서의 행정리더십 유효성 제고를 위해 기울여야 할 노력의 방향성을 제시한다.

참고문헌

강지선·김국진. (2021). 거래적·변혁적 리더십이 공무원의 직무만족에 미치는 영향: 직급과 관리자 여부의 조절효과를 중심으로. 「한국인사행정학회보」, 20(3): 85-128

권혁주. (2022). 「갈등사회의 공공정책: 자유와 책임의 관점에서」. 서울대학교출판문화원.

금창호·권오철(2014). 지방자치단체 인사관리의 공정성 확보방안. 「한국인사행정학회보」, 13(3): 179-197.

김경은. (2015). 한국의 장관은 정치가인가 행정가인가: 장관 리더십에 대한 근거이론 적용. 「한국행정학보」, 49(3): 391-425

김호균. (2014). 지방자치단체에 있어서의 변혁적 리더십과 상사신뢰: 조직몰입간 관계에 관한 연구. 「행정논총」, 52(3): 91-116.

김호섭. (2019). 「현대행정의 가치와 윤리」. 경기: 대영문화사.

김호정. (2001a). 변혁적 리더십과 전통적 리더십의 관계 및 바람직한 리더십 모형: 공·사 조직의 중간관리층을 대상으로. 「한국정책학회보」, 10(3): 87-108.

_____. (2001b). 변혁적·거래적 리더십이 조직몰입에 미치는 영향. 「한국행정학보」, 35(2): 197-216.

_____. (2017). 21세기 공공부문 리더십의 변화: 이론적 성찰과 전망. 「한국행정학보」, 51(1): 117-143.

박종수·최하영. (2022). 거래적 변혁적 리더십과 관료적·탈관료적 조직문화가 성과에 미치는 여향: 조직문화의 매개효과를 중심으로. 「한국행정학보」, 56(2): 297-330.

박천오. (2009). 한국 중상위직 행정관리자의 주요 리더십 역량에 관한 실증연구. 「행정논총」, 47(2): 121-147).

_____. (2012). 승진 영향요인에 대한 한국 공무원의 인식 연구. 「한국인사행정학보」, 11(2): 147-168.

성영태·최봉기·임채숙 (2008). 기초자치단체장의 리더십 유형이 공무원의 조직몰입에 미치는 영향. 「지방행정연구」, 12(1): 263-282

신강순. (2002). 「한국정부개혁 10대 과제」. 서울: 한국경제신문.

오석홍. (2009). 「조직이론」, 서울: 박영사.

_____. (2011). 「한국행정」. 파주: 법문사.

_____. (2013). 「행정학」. 서울: 박영사.

왕태규·조성한·하은희. (2018). 공무원의 승진 영향요인과 승진공정성에 관한 연구. 「한국인사행정학보」, 17(4): 109-137.

유민봉. (2015). 「한국행정학」. 서울: 박영사.

윤견수. (2006). 기초단체장의 변혁적 리더십과 지역축제: 함평 나비축제에 대한 스토리텔링을 중심으로. 「한국행정학보」, 40(4): 77-100

윤견수·한승주. (2012). 정치적 중립의 경험적 범주에 대한 연구: 지방자치단체 중하위직 공무원을 중심으로. 「행정논총」, 50(3): 237-261

윤종설. (2007). 우리나라 공무원 중간관리자의 뉴 리더십 확보방안: 이슈 리더십과 전략적 리더십을 중심으로. 「한국조직학회보」, 4(1): 1-33.

이승종. (1998). 민선자치단체장 리더십의 영향요인. 「한국행정학보」, 32(1): 147-161.

_____. (2004). 한국지방정부의 혁신에 대한 실증 분석: 혁신패턴, 정책행위자 및 영향요인을 중심으로. 「한국행정학보」, 38(4): 241-258.

이창신 (2006). 변혁적·거래적 리더십이 집단자아존중감과 무사안일행태에 미치는 영향. 「한국사회와 행정연구」, 17(2): 25-52

이창원·김호정·박희봉·Ralph, W. A. (2003). 지방자치단체장들의 변혁적 리더십과 리더십 효과성. 「한국행정학보」, 37(1): 19-36

임도빈. (2007). 관료제, 민주주의, 그리고 시장주의: 정부개혁의 반성과 과제. 「한국행정학보」, 41(3): 41-65.

전영평. (2016). 정책의 성공과 장관의 리더십: 안병영 교육부장관의 사례. 「행정논총」, 54(1): 71-102.

조석준·임도빈. (2019). 「한국행정조직론」. 파주: 법문사.

정우일. (2006). 「리더와 리더십」. 서울: 박영사.

중앙인사위원회. (2004a). 「주요 외국의 고위공무원단제도」.

_____. (2004b). 「고위공무원단제도 정책자료집」.

_____. (2004c). 「고위공직자 적응매뉴얼」.

허명환. (2013). 행정학 실천의 한국화: 관료적 시각. 김현구 편, 「한국행정의 한국화론」. 561-564, 파주: 법문사.

홍승희·김구. (2014). 변혁적 거래적 리더십이 직무만족과 조직몰입에 미치는 영향: 강원도 지방교육행정공무원을 중심으로. 「한국조직학회보」, 11(3): 25-54.

황성원·함종석 (2001). 행정에 관한 공무원과 국민의 인식과 태도, 「한국행정연구원 연구보고서학보」(01-18-2).

황인수·안상현·서성아. (2004). 「행정에 관한 공무원과 국민의 인식조사」, 한국행정연구원 연구보고서(04-12).

Abramson, Mark A. (1989). The Leadership Factor. *Public Administration Review*, 49(6): 562-565.

Avolio, Bruce J. (2004). Transformational and Transactional Leadership. in George R. Goethals et al. (eds.), *Encyclopedia of Leadership*, 1558-1566. London: Sage Publications.

Barnard, Chester I. (1938). *Functions of the Executive*. Cambridge, Mass.: Harvard University Press.

Bass, Bernard M. (1985). *Leadership and Performance beyond Expectations*. New York: The Free Express.

_____. (1996). Is There Universality in the Full Range Model of Leadership, *International Journal of Public Administration*, 19(6): 731-761.

Behn, Robert D. (1998). What Right Do Public Manager Have to Lead? *Public Administration Review.* 58(3): 209-224.

Burns, James MacGregor. (1978). *Leadership.* New York: Harper & Row.

Cohen Steven and William Eimicke. (1995). *The New Effective Public Manager: Achieving Success in a Changing Government.* San Francisco: Jossey-Bass Publishers.

Chemers, Martin M. (1993). An Integrative Theory of Leadership. in Martin M. Chemers and Roya Ayman (ed.), *Leadership Theory and Research: Perspectives and Directions*, 293-319. San Diego: Academic Press.

Denhardt, Robert B. (2004). Theories of Public Organization. Belmont, CA: Thomson Wadsworth.

Downs, Anthony. (1967). *Inside Bureaucracy.* Boston: Little Brown.

Fairholm, Mathew. (2004). Different Perspectives on the Practice of Leadership. *Public Administration Review*, 64(5): 577-590.

Gabris, et al. (1998). The Leadership Enigma: toward a Model of Organizational Optimism. *Journal of Management History.* 4(4): 334-349.

Gibson, Frederick W. and Fred E. Fiedler. (1998). in Jay M. Shafritz (ed.), Leadership. *International Encyclopedia of Public Policy and Administration.* 1264-1270. Boulder Colorado: Westview Press.

Gortner, Harold et al. (1997). *Organization Theory: A Public Perspective.* Fort Worth: Harcourt Brace College Publishers.

Hoffmann, T. (1999). The Meaning of Competency. *Journal of European Industrial Training.* 23(6): 275-285.

Holland, Edwin(1958). Confirmity, Status, and Idiosyncrasy Credit. *Psychological Review.* 65: 117-127.

Jacobson, Christian Botcher and Lotte Bogh Anderson. (2015). Is Leadership in the Eye of the Beholder? A Study of Intended and Perceived Leadership Practices and Organizational Performance. *Public Administration Review*, 75(6): 829-841.

Kee, James Edwin et al.(2007). Transformational Stewardship: Leading Public-Sector Change. in Ricardo S Morse et al. (eds.), *Transforming Public Leadership for the 21st Century.* 154-182. Armonke, New York: M.E. Sharpe.

Kuhnert, Karl W. and Philip Lewis. (1987). Transactional and Transformational Leadership: A Constructive/Developmental Analysis, *Academy of Management Review*, 12(4): 648-657.

Northouse, Peter G. (2001). *Leadership: Theory and Practice.* 김남현·김정원(역). 「리더십」, 서울: 경문사.

Nutt, Paul C. & Robert W. Backoff. (1993). Organizational Publicness and Its Implications for

Strategic Management. *Journal of Public Administration Search and Theory.* 3(2): 209-231.

Offermann, Lynn R. (2004). Leader-Follower relationships. in George R. Goethals et al. (eds.), *Encyclopedia of Leadership.* 828-833. Thousand Oaks, California: Sage Publications.

Palumbo, Dannis & Steven Maynard-Moody. (1991). *Contemporary Public Administration.* New York: Longman.

Perry, James L. and Lois Recascino Wise. (1990). The Motivational Bases of Public Service. *Public Administration Review.* 50(3): 367-373.

Popovich, Mark G. (1996). *Creating High-Performance Government Organizations: A Practical Guide for Public Managers.* San Francisco: Jossey-Bass Publishers.

Simon, Herbert A. (1957). *Administrative Behavior.* New York: Free Press.

Sorenson, Georgia J. & George R. Goethals. (2004). Leadership Theories Overview. in George R. Goethals et al. (eds.), *Encyclopedia of Leadership.* 867-874. Thousand Oaks, California: Sage Publications.

Springer, Christin Gibbs. (2007). Leadership and Ethic in Decision Making by Public Managers. in Ricardo S Morse et al. (eds.), *Transforming Public Leadership for the 21st Century.* 344-356. Armonke, New York: M.E. Sharpe, Inc.

Terry, Larry D. (1995). *Leadership of Public Bureaucracies: The Administrator as Conservator.* Thousand Oak, CA: Sage Publications.

_____. (1998). Administrative Leadership, Neo-Managearialism, and the Public Management Movement, *Public Administration Review,* 58(3): 194-200.

Tompkins, Jonathan R. (2005). Organization Theory and Public Management. Belmont, CA: Thompson Wadsworth.

Trottier, Tracey et al.(2008). Examining the Nature and Significance of Leadership in Government organization. *Public Administration Review,* 68(2): 319-333.

Van Wart, Montgomery. (2003). Public-Sector Leadership Theory: An Assessment. *Public Administration Review.* 63(2): 214-228.

_____. (2005). *Dynamics of Leadership in Public Service: Theory and Practice.* Armonk, New York: M.E. Sharpe.

_____. (2013). Lessons from Leadership Theory and the Contemporary Challenges of Leaders. *Public Administration Review,* 73(4): 553-565.

Vinger, Gift & Frans Cilliers. (2006). Effective Transformational Leadership Behaviors for Managing Change. *Journal of Human Resource Management,* 4(2): 1-9.

Wilson, James Q. (1989). *Bureaucracy: What Government Agencies Do and Why They Do It.* New York: Basic Books.

Yukl, Gary A. (1998). *Leadership in Organization.* Englewood Cliffs, N.J.: Prentice-Hall.

한국의 저성과 공무원 관리

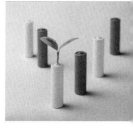

9.1 ▶ 서 언

국내외에서 공공문제 해결과 공공서비스 성과 향상을 위한 정부개혁이 이어지고 있지만, 정부에 대한 시민들의 기대와 신뢰 수준은 여전히 높지 않다. 이러한 현상은 공무원들의 직무수행력과 업무 열의에 대한 시민들의 회의적인 인식과 무관하지 않다(PSC, 2007: 2).

노동집약적인 공공행정의 특성상 정부 인력의 효율적 관리가 매우 중요함에도 불구하고, 공공부문에서는 이제까지 저성과 공무원 관리를 소홀히 해왔다.[1] 이는 민간부문 기업들이 저성과자들(poor performers)의 관리에 적극적으로 노력해온 것과 대비된다.[2] 그러나 근래 들어 공공부문에서도 각국이 성과 중심의 인적자원관리를 지향하면서 저성과 공무원 관리 문제도 국내외 학자들과 실무자들의 관심을 끌기 시작하였다.[3] 공공부문에서의 저성과자 발생은 공무원 인사제도의 특성과 무관하지 않다. 행정의 안정성과 일관성 유지를 위해 도입된 공무원 신분보장 제도 등이 공무원들을 무사안일에 빠지게 할 수 있기 때문이다. 근래의 인사개혁에서 저성과 공무원을 징계하는 인사관리 제도가 주목받는 이유이다(황정

---

* 이 장은 「한국인사행정학보」(2017년 제16권 1호)에 게재된 박천오·박시진의 공저 논문을 재구성한 것임.

1) 예컨대 미국의 경우 1998년 연방공무원들을 대상으로 한 조사에서 응답자의 44%가 소속 조직이 저성과자에 대해 적절한 조치를 취하지 못한다고 답하였다(MSPB, 1999: 15).
2) 박종희(2014: 342-343), 황정윤 외(2014: 114) 참조.
3) 박종희(2014), 이민호·김윤권(2012), 오석홍(2021: 193-203) 참조.

윤 외, 2014).

한국은 공무원 신분보장과 온정주의 행정문화 등의 영향으로 저성과자 공무원들에 대한 관리가 상대적으로 더 부실한 실정임에도 불구하고 관련 연구가 많지 않다(김미현·이종수, 2012: 59; 전대성, 2015: 181). 이런 인식에서 이 장에서는 한국에 있어 저성과 공무원의 존재, 그에 기인된 부정적 영향, 저성과 원인, 저성과자 관련 조치 등에 대해 논의하고, 한국 지방공무원들을 대상으로 실시한 관련 실증 조사 결과를 제시한다.

9.2 저성과자 관리의 특성

민간부문에서는 저성과자를 업무성과가 낮고 역량이 부족한 조직구성원으로 개념화하고 있다.[4] 공공부문의 경우 예컨대 미국 연방법 제5조는 저성과를 '수용할 수 없는 수준의 성과(unacceptable performance)'로 정의함으로써, 객관적인 기준에 못 미치는 성과를 내는 조직구성원을 저성과자로 간주한다.[5]

그러나 공공부문에서는 조직구성원의 성과를 객관적·계량적으로 평가하기 어려워, 저성과자의 개념 정의에 성과 외에도 성과와 연관된 행태적·심리적 측면을 함께 포함하는 경우가 많다(Brewer & Kellough, 2016: 178). 이런 연유로 광의의 저성과자에 대인관계 태도가 부적절하거나 심리적·정서적 문제로 인해 조직 적응력이 조직의 통상적인 기대 수준에 못 미치는 이른바 비몰두 구성원들(un-involved employees)을 포함하기도 한다(Gabris, 1988: 2-3; 박종희, 2014: 306-308). 이들은 최소 수준의 직무만을 수행할 뿐, 업무에 열의가 없고 업무성과를 개선하려 노력하지 않는 '한계 구성원들'(marginal performers)을 말한다(Gabris, 1988: 5-6; Brewer & Kellough, 2016: 176).

그러나 저성과자 범위를 지나치게 확대하면 여러 부작용이 빚어질 수 있으므로, 해당 개념을 업무수행 역량과 업무성과가 다른 조직구성원들에 비해 현저하

---

4) "개인의 업적이 자신에게 주어진 요구수준에 비해 현저히 낮고, 미래 성장을 위한 보유 잠재력도 미흡한 수준에 머물고 있는 자로서 일반적으로 조직 내 하위 10% 정도에 속해 있는 구성원"이라는 개념 정의가 대표적인 예이다(박종희, 2014: 306-308).

5) 이런 개념 정의에 따라 1997년 미국 인사관리처(OPM)는 연방공무원의 3.7%를 저성과자로 파악하였다(OPM, 1999: 7).

게 낮고 근무태도가 매우 불성실한 구성원으로 다소 제한적으로 정의하는 것이 바람직하다.

저성과자는 자신의 업무성과가 낮은 것은 물론 다른 구성원들의 업무 과부하를 초래하고 그들의 직무만족과 조직몰입을 저하시킬 수 있기에 큰 문제가 된다(황정윤 외, 2014: 121; 박종희, 2014: 307-308). 업무가 팀 단위로 수행되거나 저성과자가 관리자라면 이러한 부정적 영향은 더욱 클 수 있다(김미현·이종수, 2012: 59; Leavitt & Johnson, 1998: 76).

이를 뒷받침하는 이론이 공정성 이론(equity theory)과 기대이론(expectancy theory)이다. 공정성 이론에 의하면 저성과자들을 장기간 방치할 경우, 고성과자들이 이들을 비교 대상의 준거 인물로 간주하여 자신의 처우가 불공정하다고 인식하고 자신의 조직 기여도를 낮출 수 있다.[6] 기대이론의 측면에서 보면 고성과자들이 노력에 따른 성과와 보상을 기대할 수 있더라도 저성과자로 인해 추가적인 업무를 수행해야 할 상황이라면 높은 성과를 내려는 유인이 약해질 수 있다(이창원 외, 2012: 198; 송현진·조윤직, 2016). 저성과자들에 대한 적절한 관리는 저성과자 본인에게 변화의 기회를 주고, 고성과자들의 불공정 인식을 완화하기 위해 반드시 필요하다.[7]

저성과자에 대한 관리방안은 시정 조치(corrective action)와 처벌 조치(punishment action)로 대별될 수 있다. 저성과자 관리가 대체로 시정조치를 우선 취하고 성과 개선이 없을 시에 처벌 조치를 가한다는 점에서 저성과자들의 재활(rehabilitation)을 우선시하는 점진적 제재(progressive sanctions approach)와 유사하다(Patton et al., 2002: 355).

점진적 제재는 저성과자가 치유적 시정 조치(코칭, 교육훈련, 멘토링 등)에도 불구하고 태도 등에 긍정적 변화를 보이지 않을 시에 처벌 조치(징계)로 전환하여 점차 그 강도를 높여가는 것이다. 처벌 조치는 저성과에 상응하는 불이익을 가하는 것을 의미하며, 이 또한 조직성과 향상을 위한 관리 행위라고 할 수 있다. 점진적 제재는 저성과의 주된 원인이 저성과자 개인에게 있을 시에 효과적인 접근 방법이 될 수 있다.[8]

---

6) Patton et al.(2002: 355), 오석홍(2009: 129-132), 송현진·조윤직(2016), Patton et al.(2002: 355) 참조.

7) Patttton et al.(2002: 355), 성상현 외(2013: 3262) 참조.

8) Lovrich(1990), GAO(1990: 2), PSC(2007: 2), Patton et al.(2002: 358-359), 유민봉·임도빈(2012: 378-379) 참조.

저성과 공무원과 관련하여 한국 「국가공무원법」 제73조의3(직위해제)은 "직무 수행 능력이 부족하거나 근무성적이 극히 나쁜 자"에 대해 임용권자는 직위를 부여하지 않을 수 있다는 처벌 규정을 명시하고 있다. 고위공무원단 소속 공무원들에 대해서도 근무성적을 이유로 직위해제의 대상이 될 수 있음을 규정하고 있다. 그러나 한국에서 저성과 공무원 관리가 실제로 어떻게 이루어지는지 아직 제대로 파악되지 않고 있다.

9.3 ▶ 저성과 공무원의 발생원인과 관리

1. 선행연구

미국 연방정부 인사관리처 보고서(OPM, 1999)는 공무원 저성과의 주요 원인으로서 개인적 역량 부족이나 바람직하지 못한 태도와 습관, 건강상의 문제 등을 지적하였다.[9] 국가 및 지방공무원을 대상으로 한 국내 실증 조사도 저성과자의 업무태도를 저성과의 주된 원인으로 파악하였다(이민호 · 김윤권, 2012: 223). 이들 국내외 조사연구는 저성과자 개인의 내재적 요인을 개선하는 것이 저성과자 관리의 핵심임을 시사한다.

그러나 저성과자 문제는 개인 차원을 넘어 조직 안팎의 다양한 환경적 요인들(인사시스템, 조직문화, 업무 특성, 상관의 관리 능력 부재 등)에 기인될 수 있다(Gabris, 1988: 12, 17; Leavitt & Johnson, 2015: 75). 예컨대 미국 실적제보호위원회(MSPB)가 연방정부 공무원들을 대상으로 실시한 조사 결과를 분석한 최근의 연구는 상사와의 관계, 부서 성과, 성과와 보상 간 연계성, 근무성적평정의 공정성 등이 저성과와 유의미한 관계가 있는 것으로 밝혔다(박시진, 2016).

이 밖에도 국내에는 저성과 공무원 개인의 역량 미흡이나 불성실한 태도 외에도, 공무원 신분보장제도가 무사안일의 공직문화를 조장하는 것으로 진단한 연구(황정윤 외, 2014), 저성과의 주된 원인이 저성과자 개인뿐만 아니라 인사시스템 등

---

9) 연방공무원들을 대상으로 한 이 보고서 조사에서는 '해당 직원이 원래 저성과자여서'(60.8%), '태도와 업무 습관이 불량해서'(53.3%), '부적합한 직무가 배정되어서'(25%), '건강상 문제 때문에'(18.3%), '보직 이동이 최근에 있어서'(13.3%) 등이 저성과 주요 원인으로 나타났다(OPM, 1999).

조직 차원의 변수들에도 있음을 확인한 연구(김미현·이종수, 2012; 박시진, 2017), 온정주의나 무사안일과 같은 행정문화적 요인을 공무원 저성과 원인으로 지목한 연구(김윤권 외, 2010; 이윤경, 2014: 294-295) 등이 있다. 인사시스템의 경우는 평가 방법의 한계, 성과관리 부실, 교육훈련 미흡, 보상시스템 미비, 선발·채용의 부실 등이 저성과 원인으로 파악되었다(김미현·이종수, 2012). 정부 차원에서도 감사원(2010)은 지방자치단체에 대한 감사를 통해 다섯 가지 유형의 지방공무원 무사안일 행태를 저성과의 주요 원인으로 지적하였다.[10] 이 처럼 환경적 요인들이 저성과자 발생의 주된 원인이라면 저성과자 관리는 이들 외재적 요인을 시정하는 데 주력해야 할 것이다.

한편, 기존 실증조사에서는 저성과자 예방을 위해서는 배치전환, 교육훈련, 승진과 성과의 연계, 공개경쟁전보제(인사드래프트제), 성과에 따른 명예 부여와 금전보상 등의 방향으로 인사운영을 개선할 필요성이 있는 것으로 나타났다(김미현·이종수, 2012: 71-74).

2. 관련 이론과 한국의 저성과 공무원 관리

(1) 동료 반응에 관한 귀인이론

저성과자에 대해 동료들의 반응은 저성과자 관리의 필요성 및 관리 방안과 밀접한 연관성이 있다. 동료들이 저성과자에게 되도록 도움을 주려 한다면 조직에서 저성과자를 별도 관리할 필요성이 그만큼 줄어들 것이고, 그 반대의 경우에는 저성과자 관리의 필요성과 강도가 증대될 것이다. 뿐만 아니라 저성과자 관리는 가능한 동료들이 공감하고 수긍하는 방안을 활용할 시에 더 큰 효과를 거둘 수 있다.

이와 관련하여 심리학적 분야의 귀인이론(attributional theory)은 저성과 공무원에 대한 동료들의 반응을 이해하는 데 매우 유용하다. 귀인이론은 사람들이 특정인의 행동 원인을 어디에 귀속 혹은 귀착시키느냐에 따라 해당 행동에 대한 그들의 해석과 반응이 달라진다는 이론이다(김호섭 외, 2004: 49). 귀인은 사람들이 해당 개인의 행동을 관찰하여 그 원인을 추리하는 과정을 말한다(이경희·정창주,

---

10) 감사원의 「무사안일 감사백서」는 제주도를 제외한 서울특별시 등 15개 광역자치단체 및 관할 기초자치단체에서 2007년부터 2009년까지 집행한 국민생활 및 기업활동과 관련된 업무를 중심으로 무사안일·소극적 업무처리 사례들에 대해 실시한 감사결과를 담고 있다.

2000: 2).

귀인이론은 다수 심리학자들이 제시한 다양한 이론의 집합이라고 할 수 있으나(이경희·정창주, 2000: 2), 상당수 연구는 Weiner(1980a; 1980b; 1985)의 귀인이론을 응용하여 저성과의 원인과 저성과자에 대한 동료들의 반응(peer responses) 유형을 설명하거나 실증 조사를 하였다.[11]

Weiner(1980a; 1980b)의 귀인이론에 따르면, 예기치 못한 중요한 부정적 사건(negative event)이 발생할 시에 해당 행위자와 관련된 상황의 인과관계를 이해하려는 관측자(an observer)의 귀인과정(attributional process)이 시작된다. Weiner의 귀인이론은 세 가지 차원의 귀인유형(three types of attributions) 즉 인과관계의 소재(locus of causality) 유형, 통제가능성(controllability) 유형, 지속성(stability) 유형을 포함한다(Jackson & LePine, 2003: 460).

인과관계 소재 차원의 유형은 관측자가 부정적 사건의 원인이 특정 행위자 내부의 어떤 것(내재적 요인)에 있다고 인식하는지, 아니면 행위자의 통제를 벗어난 외적인 것(외재적 요인)에 있다고 인식하는지에 관한 것이다. 통제가능성 차원의 귀인유형은 관측자가 사건의 원인을 행위자 자신의 의지로 통제할 수 있는 성격(volitional control)(높은 통제가능성)으로 인식하는지, 아니면 행위자의 의지로 통제하기 어려운 성격(낮은 통제가능성)으로 인식하는지에 관한 것이다. 지속성 차원의 귀인유형은 관측자가 사건의 원인을 변하기 어려운 항구적인 성격(높은 지속성)으로 인식하는지, 아니면 시간의 경과나 맥락(context)에 따라 바뀔 수 있는 가변적인 성격(낮은 지속성)으로 인식하는지에 관한 것이다(Jackson & LePine, 2003: 460). Weiner의 이론은 이들 세 가지 차원의 귀인유형에 대한 관측자의 인식에 따라 해당 행위자에 대한 관측자 자신의 반응이 달라진다는 점을 강조한다.

Lepine & Van Dyne(2001)은 이러한 Weiner의 귀인이론을 저성과 상황에 적합하게 재구성한 이론적 틀을 제시하였다. 이에 의하면, 소속 부서에 저성과 구성원이 존재할 시에 저성과의 원인을 파악하려는 동료들의 귀인과정이 시작된다. 그리고 이러한 과정은 저성과자에 대한 동료들의 감정적 대응(affective reaction)과 인지적 대응(cognitive reaction)에 영향을 미치고, 이것이 해당 저성과자에 대한 동료들 자신의 행태적 반응(behavioral response)으로 이어진다.

Lepine & Van Dyne(2001)은 동료들의 저성과자에 대한 행동 반응을 보상

---

11) Russell(1982), Lepine & Van Dyne(2001), Jackson & LePine(2003) 참조.

(compensate), 훈련(train), 동기부여(motivate), 거부(reject)의 네 가지 유형으로 구분하여 설명한다.

먼저, 동료들은 저성과의 인과 소재에 대한 인식에 따라 저성과자에 대해 상이한 반응을 보이게 된다. 만약 동료들이 저성과 원인이 저성과자 본인에게 있지 않고 외부의 어떤 요인(고난도의 과업 등), 즉 외생적 요인에 있다고 인식하면, 저성과를 부득이한 상황으로 간주하여 저성과자에 대해 책임을 추궁하기보다 오히려 그를 심정적으로 동정하여, 그의 업무를 자발적으로 돕는 '보상' 성격의 행동 반응을 보이게 된다. 이 때 동료들은 저성과의 외생적 요인은 바뀌기 어렵다는 가정하에, 그것을 구체적으로 규명하려 들지 않는다.

반면에, 동료들이 저성과 원인이 저성과자 본인(무능력, 낮은 수준의 직무수행 동기 등)에 있는 내생적인 것으로 인식할 경우에는, 그러한 원인에 대한 저성과자의 통제 가능성과 그러한 원인의 지속성을 어떻게 인식하느냐에 따라 다음과 같은 상이한 반응을 나타내게 된다.

① 저성과 원인이 저성과자 본인에게 있지만 해당 원인에 대한 저성과자 자신의 통제 가능성이 낮고 그러한 원인이 장기간 유지될 지속성은 높다고 인식할 경우(예컨대 심각한 질병 등으로 저성과자가 스스로 성과를 통제할 수 없고 해당 질병이 장기간 지속될 것으로 판단하게 되면)에는, 저성과자를 동정하여 저성과자의 업무를 자발적으로 돕는 등 '보상' 성격의 행동 반응을 나타내게 된다.

② 저성과 원인이 저성과자 본인에게 있고 해당 원인에 대한 저성과자 자신의 통제 가능성과 그러한 원인이 장기간 존속할 지속성이 모두 낮다고 인식할 경우(예컨대 저성과자가 새로운 과업에 적응하는 과정에서 부득이 일시적인 어려움을 겪지만 오래지 않아 정상적인 업무수행 역량을 갖출 것으로 기대되는 상황이라면)에는, 저성과자를 동정하고 그의 업무성과가 곧 개선되리란 믿음에서 저성과자에게 효율적인 업무수행 방식을 자발적으로 알려주는(비공식적인 교육 등) 식의 '훈련' 행동 반응을 나타내게 된다.

③ 저성과 원인이 저성과자 본인에게 있고, 해당 원인에 대한 저성과자의 통제 가능성이 높은 반면 해당 원인의 장기적 지속 가능성은 낮다고 인식할 경우(예컨대 저성과자가 자력으로 단기간 내 업무성과를 개선할 수 있음에도 불구하고 스스로 노력을 하지 않아 저성과 문제가 해소되지 않는다고 믿을 시에)에는, 저성과자에 대해 부정적인 감정을 가지게 되어 저성과자가 열심히 일하도록 자극을 가하거나 경고를 하는 등 징벌적인 피드백(punitive feedback) 성격의 '동기부여' 행동 반응을 보

이게 된다.

④ 저성과 원인이 저성과자 본인에게 있고 해당 원인에 대한 저성과자의 통제 가능성이 높은데도 그러한 원인의 장기적 지속 가능성이 크다고 인식할 경우(예 컨대 저성과자가 능력이 있음에도 불구하고 업무성과를 개선하려는 노력을 보이지 않고 계속 무임승차(free-riding)를 한다고 인식할 시에)에는, 저성과자를 비난하면서 조직 이나 부서에서 방출하기를 원하는 등 저성과자를 '거부'(reject) 혹은 '배척'(ostracize) 하는 행동 반응을 보이게 된다.

이들 반응유형 가운데 '보상'과 '훈련'은 성격상 저성과자를 도우려는 조직시민 행동(organizational citizenship behavior)[12]에 속하는 긍정적 반응이고, '동기부여'와 '거부'는 저성과자에 대한 조직의 조치를 요구하는 부정적인 반응이라고 할 수 있다.

〈표 9-1〉 저성과 인과의 소재와 동료 반응

저성과 인과의 소재		동료의 반응
외생적		보상: 저성과자에 대한 동정, 저성과자에게 도움을 주는 긍정적인 조직시민 행동
내생적	낮은 통제가능성/ 높은 지속성	보상: 저성과자에 대한 동정, 업무 분담 등 저성과자에게 도움을 주는 긍정적인 조직시민 행동
	낮은 통제가능성/ 낮은 지속성	교육: 저성과자에 대한 동정, 교육 등 저성과자에게 도움을 주는 긍정적인 조직시민 행동
	높은 통제가능성/ 낮은 지속성	동기부여: 저성과자에 대한 부정적 감정, 저성과자의 업무 태도를 바꾸기 위해 자극을 가하거나 경고 등 징벌적 피드백 제공
	높은 통제가능성/ 높은 지속성	거부(배척): 저성과자에 부정적 감정, 저성과자에 대한 거부와 배척 반응

출처: Lepine & Van Dyne(2001: 72).

Jackson & LePine(2003)는 위에서 제시된 Lepine & Van Dyne(2001)의 저성과자 에 대한 동료들의 네 가지 반응 행태(보상, 훈련, 동기부여, 거부)를 구체적인 설문 문항을 통해 측정하였는데, 이들 문항은 저성과 공무원에 대한 여타 공무원들의 인식과 행태를 진단하고 그들이 수용할 수 있는 저성과자 관리방식이 어떤 것인 지를 파악하는데 유용한 도구가 될 수 있다.

---

12) 조직시민행동은 조직구성원이 자신이 맡은 직무 이상의 행동을 하는 것으로서, 조직효과성 제고 에 도움이 되지만 조직의 공식적인 보상체계에 의해 보상되지는 않는다.

(2) 저성과자 관리 이론

저성과자의 발생 원인은 다양할 수 있다. 저성과자 발생의 주된 원인이 인사 제도나 인사 운영 혹은 조직문화에 있다고 진단 될 시에는 그에 상응하는 개혁이나 조치가 필요하다. 그러나 저성과 원인이 당사자 개인에 있다고 파악될 시에는 그 원인의 성격에 따라 처방이 달라져야 한다.

한 예로서 저성과자 당사자가 해당 직무를 수행할 능력(ability to do the work in question)이 있는지와 조직에서 문제가 된 자신의 행동을 시정하려는 의지(willingness to change the behavior shown to be detrimental to organizational goals)가 있는지 두 가지 요인을 고려하여 다음과 같은 선택이 가능하다(Lovrich, 1990).

① 저성과 공무원이 업무능력은 있지만 저성과 문제를 스스로 시정할 의지가 없다면, '코칭'이 적절한 해결책이 될 수 있다. 코칭은 능력이 있음에도 불구하고 조직 내에서 소외되어 있거나 동료나 조직에 대해 부정적 태도를 보이는 공무원을 대상으로, 직장과 업무에 보다 긍정적인 인식과 태도를 가지도록 관리자가 집중적으로 주의를 기울이고 지도하는 것을 말한다.

② 저성과 공무원이 저성과 문제를 스스로 시정할 의지는 있지만 업무능력이 부족한 경우에는 '훈련'이 바람직한 해결책이 될 수 있다. 공무원은 역량(competence)과 전문지식이 부족하여 업무를 제대로 수행하지 못하는 경우가 적지 않다.

③ 저성과 공무원이 업무수행 능력과 저성과 문제를 시정할 의지를 모두 갖춘

〈표 9-2〉 저성과자에 대한 시정 조치

업무능력 ＼ 시정 의지	있음	없음
있음	멘토링	코칭
없음	교육훈련	징계

멘토링(mentoring): 저성과자가 직무에 관한 판단 능력을 기를 수 있도록 고참 구성원 혹은 유경험 구성원이 도움을 제공하게 함

코칭(coaching): 저성과자가 직무수행에 있어 적절한 태도(attitudes)를 가지도록 지도·감독을 강화함

훈련(training): 저성과자에게 직무와 관련된 새로운 지식 등을 전달하기 위해 집중적인 학습경험(learning experience)을 제공함

징계(discipline): 저성과자의 행동에 변화를 주기 긍정적·부정적 제재(sanctions)를 결합한 조치를 취함

출처: Lovrich(1990: 420).

경우에는 '멘토링'이 적절한 해결책이 될 수 있다. 멘토링은 상급자 등이 자신의 조직 경험에서 얻은 지혜와 교훈을 전달함으로써 해당 공무원이 인격적으로 성숙되게 할 수 있다.

④ 저성과 공무원이 저성과 문제를 시정할 의지나 업무수행 능력 어느 것도 크게 부족하다면 '징계'를 해야 한다.

(3) 한국의 저성과 공무원 관리

한국 공공부문의 저성과자 관리로는 과거 서울시가 2007년부터 도입·운영했던 신인사시스템의 현장시정추진단이 잘 알려져 있다. 현장시정추진단은 서울시 저성과 공무원들을 대상으로 재교육을 통하여 업무능력을 향상시키고 개선이 불가능해 보일 시에는 직위해제 및 직권면직의 조취를 취할 수 있는 저성과자 관리제도이다(서울특별시, 2007). 이 제도는 한 때 언론의 집중적인 조명을 받기도 했지만 운영이 체계적이지 못하고 조직 내부에 공감대가 제대로 형성되지 않았던 탓에 큰 성과를 거두지 못한 채 2010년에 폐지되었다(조윤직 외, 2014).[13]

중앙공무원을 대상으로 한 저성과자 관리 관련 제도와 방침은 국가공무원법(제70조, 제70조의2, 제73조의3 등)과 다른 법령 차원에서 확인할 수 있지만, 대부분 저성과 공무원에 대한 제재 위주의 규정이어서, 정부 혹은 행정기관 차원에서 저성과 공무원의 성과 개선을 위한 관리는 기껏해야 소극적으로 이루어진다고 할 수 있다(이민호·김윤권, 2012). 이는 아래에 제시한 저자의 실태조사 결과에서도 확인되고 있다.

9.4 ▶ 저성과자에 대한 한국 공무원의 인식

저자가 2016년 경기도 2개 기초자치단체 소속 공무원 245명을 대상으로 저성과 공무원의 존재와 부정적 영향, 저성과의 원인, 저성과자에 대한 관리(상관의 대응조치)에 관해 실시한 설문조사를 요약하면 다음과 같다.[14]

첫째, 기초자치단체에 저성과 공무원이 상당 수 존재하고 이들이 조직에 상당

---

13) 이 책 10장의 관련 내용 참조.
14) 조사의 자세한 내용은 박천오·박시진(2017) 참조.

히 부정적인 영향을 미치고 있다. 과거 저성과자와 함께 일한 경험을 묻는 질문에 대한 응답은 '전혀 없었다' 6.6%(16명), '거의 없었다' 30.9%(75명), '간혹 있었다' 51%(125명), '자주 있었다' 9.9%(24명), '매우 자주 있었다' 1.2%(3명)로 나타났다. 저성과자와 일한 경험이 있는 응답자의 비율이 60% 이상이라는 점은 지방공무원들 가운데 저성과자가 적지 않음을 암시한다.

현재 소속 조직의 저성과자 비율을 100% 범위 내에서 자유롭게 기재토록 한 별도의 개방형 질문에서 응답자들이 인식한 저성과자의 평균 비율은 구성원의 9.89% 수준으로 나타났다. 이러한 저성과자 비율은 기존 연구들의 조사 결과와 크게 다르지 않다. 예컨대 국가 및 지방공무원들을 대상으로 한 기존 연구(이민호·김윤권, 2012)는 평균 이하 업무성과를 내는 저성과자의 비율이 10.07%, 업무성과가 미흡하거나 매우 미흡한 저성과자 비율이 6.45%인 것으로 파악하였다. 국가 및 지방공무원들을 대상으로 한 또 다른 연구(김미현·이종수, 2012)도 공공부문 저성과자의 비율을 11%로 파악하였다.[15)]

한편, 〈표 9-3〉에서 보듯이 응답자들은 저성과자들이 소속 조직과 자신들에게

〈표 9-3〉 저성과자 존재가 조직구성원에게 미치는 부정적 영향

저성과자의 존재로 인한 부정적 영향	전혀 그렇지 않다	그렇지 않다	보통	그렇다	매우 그렇다
1) 정신적으로 스트레스를 받는다.	1명 (0.4%)	15명 (6.1%)	63명 (25.7%)	143명 (58.4%)	23명 (9.4%)
2) 업무 과부하를 겪게 된다.	2명 (0.8%)	10명 (4.1%)	49명 (20.0%)	166명 (67.8%)	18명 (7.3%)
3) 직장에 대한 만족도가 떨어진다.	3명 (1.2%)	18명 (7.3%)	56명 (22.9%)	147명 (60.0%)	21명 (8.6%)
4) 업무 열의가 감소된다.	4명 (1.6%)	23명 (9.4%)	67명 (27.3%)	128명 (52.2%)	23명 (9.4%)
5) 부서 성과 부진으로 인해 나의 근무 성적평정에 악영향을 받는다.	3명 (1.2%)	35명 (14.3%)	90명 (36.7%)	107명 (43.7%)	10명 (4.1%)
전체	13명 (1.1%)	101명 (8.2%)	325명 (26.5%)	691명 (56.4%)	95명 (7.8%)

---

15) 이와 유사하게 한국 정부의 '공무원 성과평가 등에 관한 규정'(대통령령 제26819호)에서도 저성과자를 근무성적평정에서 최하위 등급을 받은 하위 10%의 인원으로 정의하고 있다.

상당히 부정적 영향을 미치는 것으로 인식하였다. 다수 응답자(64.2%)가 저성과자로 인해 스트레스, 업무 과부하, 직장 만족도 감소, 업무 열의 저하 등의 부정적 영향을 받는다고 답하였다. 부정적 영향을 받지 않는다는 응답은 9.3%에 불과하다.

특히 저성과자로 인해 업무 과부하를 겪는다는 응답자의 비율과 직장에 대한 만족도가 떨어진다는 응답자의 비율은 각각 75.1%와 68.6%로 나타나, 이런 측면에서 저성과자가 조직에 미치는 부정적 영향이 큰 것으로 해석된다. 이러한 응답 결과 역시 공무원들을 대상으로 한 기존 연구(이민호 · 김윤권, 2012)에서 저성과자로 인해 개인적 혹은 조직 차원에서 피해를 본다는 응답 비율이 각각 74%와 70%로 각각 나타난 것과 크게 다르지 않다.

둘째, 응답자들은 저성과의 주된 원인이 저성과자 개인에 있다고 인식하면서도, 저성과 문제를 저성과자 본인의 의지나 노력만으로 해결하기 어렵고 단기간에 해결될 문제가 아니라는 인식을 지닌 것으로 나타났다.[16] 이러한 응답 결과는 조직 · 제도 차원에서의 저성과 문제 해결방안을 제시한 기존 연구들(김미현 · 이종수, 2012; 황정윤 외, 2014)의 타당성을 일부 확인하는 것으로 해석된다.

셋째, 응답자들은 저성과의 주된 원인이 저성과자 본인에 있는 한 저성과자에 대한 관리는 조직에서 '교육'이나 '동기부여'와 같은 대응조치를 취함으로써 저성과자 스스로 업무능력과 업무 몰입도를 높이도록 하는 것이 우선적이라는 인식을 보였다.[17] 이는 응답자들 자신이 저성과자들을 자발적으로 돕는 '보상' 성격의 조직시민행동을 취하려는 의향이 강하지 않음을 암시하는 응답 결과라고 할 수 있다.

이러한 응답 결과를 앞서 저성과자 본인의 의지와 노력만으로 해결하기 어렵다는 응답 결과와 연결하면, 이는 동료들이 저성과 원인이 저성과자 본인에게 있고 저성과 원인에 대한 저성과자의 통제 가능성이 낮다고 인식하면 저성과자의 업무수행을 돕는 '보상' 반응을 보일 것이란 귀인이론과 Lepine & Van Dyne(2001)의 이론 틀이 한국 지방공무원들에게는 타당하지 않을 수 있음을 시사한다.

넷째, 응답자들은 저성과자들에 대해 '교육'이나 '동기부여'와 같은 관리조치가 필요하다는 자신들의 바람과 달리, 조직에서의 실제 저성과 공무원 관리가 〈표 9-4〉에서 보듯이 저성과자에게 좀 더 수월한 업무를 부여하거나, 저성과자의 업무량을 줄여주거나 저성과자의 업무를 동료에게 전가하는 등 주로 '보상' 성격의 대응조치에 치중되어 있다는 인식을 지닌 것으로 나타났다. 저성과자에 대한

---

16) 자세한 조사결과는 박천오 · 박시진(2017) 참조.
17) 자세한 조사결과는 박천오 · 박시진(2017) 참조.

〈표 9-4〉 저성과자에 대한 상관의 실제 대응조치(중복응답)

	문항	응답(단위: 명, %)
훈련	1. 직장훈련을 받게 한다.	24명(9.8%)
	2. 공무원교육원 등 교육전문기관에서 교육을 받게 한다.	24명(9.8%)
보상	3. 좀 더 수월한 일을 부여한다.	158명(64.5%)
	4. 업무량을 줄여 준다.	142명(58.0%)
	5. 상담을 하는 등 비공식인 도움을 준다.	83명(33.9%)
	6. 동료직원이 돕도록 한다.	109명(44.5%)
동기부여	7. 근무성적평정에 저성과를 반영한다.	80명(32.7%)
	8. 업무 감독을 강화한다.	56명(22.9%)
	9. 함께 성과개선 계획을 수립한다.	32명(13.1%)
거부	10. 다른 부서로 인사이동시킨다.	103명(42.0%)
	11. 공식적인 제재조치를 취한다.	19명(7.8%)
기타	12. 어떤 조치도 취하지 않는다.	26명(10.6%)

현재의 관리방식이 불공정하다는 이 같은 인식은 공무원들의 직무만족과 직무몰입에 부정적 영향을 미칠 수 있다.

전체적으로 〈표 9-4〉의 응답결과는 지방자치단체에서 저성과 공무원에 대한 관리가 실제로 매우 소극적으로 이루어지고 있음을 보여준다. 이러한 응답 결과는 중앙정부 및 지방정부의 일반 공무원들을 대상으로 한 기존 연구(이민호·김윤권, 2012)에서 저성과 공무원에 대한 조치가 '비공식적 상담'(39%), '조직 내 보직 변경'(28.6%), '다른 조직으로의 전출'(28.6%) 위주로 이루어지고, '교육훈련'(5.2%), '징계조치'(2.6%)가 이루어지는 비율이 매우 낮은 것으로 나타난 것과 대체로 일치한다.

9.5 ▶ 결 어

국가 간 경쟁이 치열하고 공직사회의 역량과 생산성 강화가 국가 최우선 과제의 하나로 인식되는 오늘의 현실에서, 저성과 공무원에 대한 효과적 관리는 인사행정의 주요 과제라고 할 수 있다.

이 장에서 제시된 실증 조사 결과의 시사점은 크게 두 가지이다. 하나는 지방자치단체에 저성과자들이 상당수 존재하고 이로 인한 부작용이 적지 않지만, 이 문제가 제대로 해결되지 않고 있을 가능성이다. 저성과자 관리가 저성과자의 업무량을 줄여주거나 저성과자의 업무를 동료에게 전가하는 등 임시방편적인 성격에 치우쳐 있고, 동료들도 저성과자들의 업무수행을 자발적으로 돕는 조직시민행동을 하는 데 소극적인 것으로 나타났기 때문이다.

다른 하나는 지방자치단체에서 이루어지고 있는 이러한 '보상' 성격 위주의 비체계적인 저성과자 관리방식이 다수 지방공무원이 생각하는 바람직한 관리방식과 동떨어진 탓에, 그들에게 직무 불만을 증대시키는 등 부정적인 영향을 미치고 있을 가능성이다.

이는 모두 향후 지방자치단체의 저성과자 관리가 '교육'이나 '동기부여'와 같은 시정 성격의 대응조치 위주로 전환되어야 하며, 저성과자의 성과와 태도에 변화가 없는 상황에서는 처벌적인 성격의 시정 조치가 필요하다는 점을 시사한다.

이 장에서의 논의와 실증조사 결과는 향후 중앙부처에서 저성과 공무원들이 어떻게 관리되고 있는지를 체계적으로 진단해야 할 필요성을 제기한다.

감사원. (2010). 「무사안일 감사백서」.

김미현 · 이종수. (2012). 조직내 저성과자 관리에 관한 실증연구: 공공조직과 민간조직의 비교를 중심으로, 「한국인사행정학회보」, 11(3): 55-77.

김윤권 · 이민호. (2010). 공직경쟁력 강화를 위한 저성과자 관리제도 활성화 방안 연구 , 「KIPA연구보고서」.

김호섭 외. (2004). 「조직행태의 이해」, 서울: 대영문화사.

박시진. (2016). 공무원 저성과 원인에 관한 실증연구: 미국 연방정부 공무원 사례를 중심으로, 「한국인사행정학보」, 15(4): 97-119.

박시진. (2017). 저성과자의 부정적 영향에 대한 조직구성원의 인식에 영향을 미치는 요인에 대한탐색적 연구: 경기도 기초자치단체 공무원을 중심으로. 「한국조직학회보」, 14(2): 129-150.

박천오 · 박시진. (2017). 저성과 원인과 저성과자에 대한조직구성원들의 인식과 반응: 한국 지방공무원들을 중심으로. 「한국인사행정학회보」, 16(1): 103-130.

박종희. (2014). 저성과자에 대한 합리적인 인사관리방안과 관련한 법률상 쟁점 검토,「고려법학」, 75: 303-364.

성상현 외. (2013). 정년연장 시대의 저성과자 관리: 인적자원 정책에 기반 한 관리방안 모색. 대한경영학회지」, 26(12): 3257-3278.

송현진 · 조윤직. (2016). 공공조직의 저성과자 관리방안에 관한 연구. 한국행정학회 2016 하계공동학술대회 발표논문

오석홍. (2009). 「조직이론」, 서울: 박영사.

_____. (2021). 「통치하기 어려운 나라」, 파주: 법문사.

유민봉 · 임도빈. (2012). 「인사행정론」, 서울: 박영사.

이경희 · 정창주. (2000). 귀인이론에 관한 일고찰, 「산업경제연구」, 13(1): 1-17.

이민호 · 김윤권. (2012). 공무원 인식을 통한 정부조직의 저성과자 개념과 관리 실태 분석, 「행정논총」, 50(3): 207-235.

이윤경. (2014). 공무원 무사안일의 영향요인 추세 분석: 공무원 임용 시 공공봉사동기의 역할을 중심으로. 「정부학연구」, 20(2): 291-330.

이창원 외. (2012). 「새조직론」, 서울: 대영문화사.

전대성. (2015). 공무원들이 인식하는 조직 내 저성과자의 비율이 조직몰입과 직무만족에 미치는 영향, 「한국행정연구」, 24(3): 177-197.

조윤직 외. (2014). 서울시 신인사시스템에 대한 공무원 인식조사: 성과포인트제도와 현장시정추진단을 중심으로. 「한국인사행정학회보」, 13(3): 277-303.

황정윤 · 이정욱 · 김윤권. (2014). 공공부문 저성과자에 관한 경험적 연구: 저성과자 발생의 원인과 영향 그리고 관리를 중심으로, 「한국인사행정학회보」, 13(2): 113-138.

Brewer, Gene & J. Edward Kellough. (2016). Administrative Values and Public Personnel Management: Reflection on Civil Service Reform. *Public Personnel Management,* 45(2): 171-189.

Gabris, Gerald T. (1988). The Uninvolved Employee as A Unique Management Problem: A Symposium Introduction. *International Journal of Public Administration,* 11(1): 1-26.

GAO (U.S. General Accounting Office) (1990). *Performance Management: How Well the Government Dealing with Poor Performer?* (GAO/GGD-91-7, Octber 2)

Jackson, Christine L. & Jeffrey. A. LePine. (2003). Peer Responses to a Team's Weakest Link: A Test and Extension of LePine and Van Dyne's Model. *Journal of Applied Psychology,* 88(3): 459-475.

Leavitt, Willion W. & Gail Johnson. (1998). Employee Discipline and the Post-Bureaucratic Public Organization: A Challenge in the Change Process. *Review of Public Personnel Administration.* 18(2): 73-81.

Lepine, Jeffery A. & Linn Van Dyne. (2001). Peer Responses to Low Performers: An Attributional Model of Helping in the Context of Groups. *Academy of Management Review,* 26(1): 67-84.

Lovrich, Nicholas P. (1990). Managing Poor Performers, in James L. Perry (ed.), *Handbook of Public Administration,* 412-423. San Francisco: Jossey-Bass Publishers.

MSPB (U.S Merit Systems Protection Board). (1995). *Removing Poor Performers in the Federal Service.* Issue Paper.

_____. (1999). *Perspectives: Federal Supervisors and Poor Performers.*

OPM(Office of Personnel Management). (1999). *Poor Performers in Government: A Quest for the True Story.* U.S. Office of Personnel Management.

Patton, W. David et al. (2002). *Human Resource Management: The Public Service Perspective.* Boston: Houghton Miffilin Company.

PSC(Public Service Commission). (2007). *Report on the Management of Poor Performance in the Public Service.* Published in the Republic of South Africa.

Russell, Dan. (1982). The Causal Dimension Scale: A Measure of How Individuals Perceive Causes. *Journal of Personality and Social Psychology,* 42(6): 1137-1145.

Weiner, Bernard. (1980a). A Cognitive (Attribution)-Emotion-Action Model of Motivational Behavior: An Analysis of Judgments of Help-giving. *Journal of Personality and Social Psychology,* 39(2): 186-200.

_____. (1980b). May I borrow your Class Notes? An Attributional Analysis of Judgments of Help-giving in an Achievement Related. *Journal of Educational Psychology.* 72: 676-681.

_____. (1985). An Attributional Theory of Achievement Motivation and Emotion. *Psychological Review,* 92(4), 548-573.

10 한국 공무원의 징계: 실태와 개선방안

10.1 서 언

공무원들의 권익과 신분을 정치적 압력으로부터 보장해주는 인사체제가 공무원들의 무사안일을 조장하고 공공부문의 생산성을 저하시키는 부작용을 낳으면서부터, 선진 각국은 저성과 공무원들에 대한 제재를 강화해 왔다.[1] 그러나 한국에서는 저성과 공무원들에 대한 제재가 아직 미흡한 실정이다. 근무성적평정의 공정성을 확보하기 어렵고, 온정주의와 '감싸주기' 조직문화가 온존하고 있는 현실 등이 주요 원인일 것이다.

'공무원 과잉보호' 관행에 대한 사회적 비난 속에서 2000년대 초반 한 때 무능·태만한 공무원들에 대해 재제를 가한 일부 지방자치단체들(부천시, 울산광역시, 서울시 등)의 인사쇄신 노력이 언론의 주목을 잠시 받았다. 그러나 이들 자치단체의 이른바 "공무원 퇴출제"와 같은 추진 방식이 비체계적이라는 지적과 함께, 여론에 편승한 이벤트성의 인위적 조치라는 비난과, 실제로 퇴출된 공무원은 상징적인 수에 불과하다는 비판이 제기되었다(이희우, 2015).

직무수행 능력이 부족하거나 근무태도가 불량한 공무원들에 대한 제재는 현실적으로 필요하다. 그러나 징계는 그 과정과 절차가 적절하고 공정해야 정부의 생산성 제고와 공무원의 권리보호라는 두 가치 간 균형을 기할 수 있다. 이런 측면에서 이 장에서는 한국 공무원의 신분보장 및 징계와 관련된 실태와 문제점을

---

* 이 장은 「한국행정학보」(2007년 제41권 3호)에 게재된 박천오의 논문을 재구성한 것임.
1) Hays(1995: 147; 2001), OECD(1996) 참조.

살피고, 보다 체계적인 공무원 제재시스템을 제시한다. 이 장에서 초점을 맞추는 제재 대상은 공무원의 부실한 업무수행이며, 공무원의 불법행위에 대한 제재 문제는 다루지 않는다.

10.2 ▶ 공무원 신분보장과 징계

1. 공무원 신분보장의 성격과 징계

실적주의에 근거한 현대 인사행정체제는 정치적인 이유로 공무원이 본인의 의사에 반하여 자의적으로 퇴출당하거나 불이익 처분을 받지 않도록 신분을 보장한다. 신분보장은 공무원에 대한 정치적 영향력을 차단하는 것 외에도, 행정의 일관성·전문성·능률성을 유지 향상케 하고 공무원의 사기를 제고시키는 등 여러 긍정적 효과를 가져올 수 있다.

역사적으로 볼 때 공무원의 신분보장은 처음부터 의도된 것이 아니었다. 예컨대 1883년에 제정된 미국의 Pendleton법은 당초 공무원의 정치적 중립 선언과 함께, 공무원을 경쟁적이고도 공정한 방법으로 충원하는 실적제를 도입함으로써, 당시의 엽관적 임용에 따른 폐해를 방지하고자 하였다. 그러나 Pendleton법의 실행에도 불구하고 선거를 통해 집권 세력이 교체될 때마다 반대당 출신의 기존 공무원들이 부당하게 축출당하는 사례가 빈발하자, 정당한 사유(justifiable causes)와 절차(due process)에 의해서만 공무원에게 불이익 처분을 할 수 있도록 제한하는 법제도들이 도입되었다(Hays, 1995: 148-149).[2]

문제는 근래 들어 이러한 공무원 신분보장이 본래 취지에서 벗어나 저성과 공무원들의 신분마저 보장하는 폐단을 초래한다는 데 있다. 미국에서는 이런 폐단을 줄이고자 저성과 공무원들에 대한 제재를 강화해 왔다(Dresang, 1999: 268). 다른 서구 나라들 역시 공무원 신분보장과 관련하여 이와 유사한 흐름을 보여왔다.[3]

---

[2] 미국에서는 1912년의 Lloyd LaFollette Act, 1944년의 Veterans Preference Act, Kennedy 대통령의 행정명령 10987과 10988, 1978년의 Civil Service Reform Act 등이 공무원들에 대한 이러한 신분보장(job security)에 근거가 되고 있다(Hays, 1995: 148-149).

[3] Walters(1997), Hay(2001: 344-345), 권영규(2007) 참조.

문제 있는 공무원들에게 제재를 가하는 징계(disciplinary action)는 어떤 방식으로든 해당 공무원에게 불이익을 주는 결과를 가져오므로 그 사유와 기준 및 수준을 법으로 엄격하게 규정하는 것이 보통이다. 넓은 의미의 징계는 공무원을 공직사회에서 배제하는 퇴출 조치를 포함한다(Patton et al., 2002: 356; 오석홍, 2005: 610-612). 공무원의 부실한 업무수행이 징계 사유인 경우에는 통상 사전에 시정 조치가 선행된다. 이러한 조치가 실효를 거두면 징계는 사실상 불필요 할 수 있다(Dresang, 1999: 269-270).

일반적으로 기관장이나 관리자들은 저성과 공무원들에 대해 시정 조치를 취하거나 징계하기를 꺼린다. 대신에 해당 공무원의 업무량을 줄이거나 인력을 보강하는 등 다른 방식을 취하는 경향을 보인다.[4] 징계의 경우는 징계 자체에 대한 거부감, 징계를 정당화하기 쉽지 않을 것이란 우려, 주위 사람들에게 인심을 잃을 수 있다는 심리적 부담감 등이 작용하기 때문이다. 징계제도나 절차의 불완전성 또한 기관장이나 관리자들이 징계를 기피하는 주요 원인이 될 수 있다. 이들은 징계 절차가 매우 까다롭거나, 징계 사유가 명확하게 규정되어 있지 않거나, 징계 대상자가 법적으로 이의 제기를 할 가능성이 크다고 예상될 때, 징계 의지를 상실한다(Klaas & Dell'omo, 1997).

그러나 기관장이나 관리자들은 소속기관이 효율적으로 작동하도록 저성과 공무원을 관리하고 징계해야 할 책무가 있다(Hay, 2001: 344). 징계가 비인간적이라는 부정적 시각이 없지 않지만, 징계를 적절히 활용 한다면 많은 긍정적 효과를 거둘 수 있다(Arvey & Ivacevich, 1980; Thompkins, 1995: 308).

저성과자에 대한 징계 조치는 당사자에게 자극일 되는 것은 물론, 나머지 구성원들에 대해서는 업무수행의 표준과 기대를 설정하는 효과를 거둘 수 있기 때문이다(Weitz, 1980). 그러나 근거가 모호하거나 일관성과 형평성이 의문시되는 징계 조치는 해당 공무원의 반발을 초래할 뿐만 아니라 조직구성원 전체에 갈등과 분열을 조장할 우려가 있다(김중양, 2004: 428; 유민봉·임도빈, 2003: 390-393).

2. 징계의 절차와 기본 원칙

징계 조치는 일관되고 예측 가능한 방식으로 이루어져야 하므로, 절차적 과정

---

4) Dresang(1999: 269), Klaas & Dell'omo(1997) 참조.

(procedural process)이 매우 중요하다(Patton et al., 2002: 362-363). 우선 징계 결정은 직무와 직접 관련된 요인들에 기인된 정당한 사유(just cause)에 근거해야 한다. 징계는 본질적으로 사람에 대한 것이 아니라 활동(action)이나 업무수행(performance)에 대한 것으로서, 관련 규정이 있고 당해 공무원의 업무수행에 대한 객관적 평가가 존재할 시에 취해질 수 있는 조치이다(Patton et al., 2002: 355).

징계는 또한 정당한 절차(due process)의 원리에 따라야 한다. 이는 누구도 공정하고 정당한 절차에 의하지 않고서는 가치 있는 것을 박탈당하지 않는다는 원리이다(Thompkins, 1995: 312). 징계 대상 공무원은 1) 자신에게 왜 불리한 징계 조치가 취해지는지 이유를 알 수 있어야 하고, 2) 그러한 징계조치를 뒷받침하는 증거나 증인에 대해 의문을 제기할 수 있어야 하며, 3) 관리자의 결정에 대해 이의 제기를 할 수 있어야 한다(Dresang, 1999: 275).

공무원에 대한 징계가 공식적이고 구조화되기 위해서는 다음 원칙들이 분명히 적용되어야 한다(Kerney & Whitaker, 1988: 343). 첫째, 예측성(predictability)의 원칙으로서, 그릇된 행위에 대해 신속하게, 확실히, 그리고 동일한 형식으로 처벌되어야 한다. 둘째, 일관성(consistency)의 원칙으로서, 유사한 문제 행위에 대해서는 유사한 처벌이 적용되어야 한다. 유사 행위에 대해 징계 절차와 조치가 일관성 있게 반복적으로 적용되어야만 다수 공무원이 해당 행위에 대한 조직의 반응을 예측할 수 있다. 셋째, 형평성(equity)의 원칙으로서, 모든 징계 결정에 있어서 특정 사례와 연관된 완화 요인들(mitigating factors) 즉 과거의 업무실적, 근무 기간 등을 고려하는 융통성을 발휘하여야 한다. 다만 융통성의 원칙과 예측 가능성 및 일관성의 원칙이 정면으로 충돌하는 상황에서는 후자의 원칙들이 우선되어야 할 것이다.

이의 제기는 징계 절차와 밀접한 연관성을 지닌다. 징계가 공무원의 행태를 개선하기 위한 최후의 방안이라면, 이의 제기는 징계대상 공무원이 징계 조치에 대항하는 과정이다(Rollinson, 1996: 38). 근래 들어 각국 정부는 징계 대상자들의 불만과 이의 제기에 대비하여 징계절차를 보다 치밀하게 구축하려 노력한다. 징계 절차를 소홀히 할 경우 징계 조치가 중앙인사기관이나 법원에 의해 번복될 위험성이 있기 때문이다(Hays, 1995: 149-150).

미국의 경우 과거 공무원에 대한 징계 조치가 절차상의 결함으로 좌절되는 경우가 많아 절차를 크게 강화하였으나, 이로 말미암아 정당한 징계 사유가 사장되는 사례가 늘어나는 문제가 발생되었다. 이와 관련하여 1978년 Civil Service Reform

Act는 절차적 하자가 구체적인 해악을 초래하였다고 여겨지는 경우에만 MSPB (Merit Systems Protection Board)가 절차적 실수를 이유로 행정기관의 기존 결정을 뒤집을 수 있도록 하는 이른바 "test of harmful effects(해악효과 시험)"의 원리를 적용토록 규정하였다. 이후 징계 조치가 절차적 근거에서 번복되는 사례는 크게 줄었다(Dresang, 1999: 279).

10.3 ▶ 한국 공무원의 신분보장과 징계

1. 관련 법규

우리나라 「헌법」 제7조 제2항은 "공무원의 신분과 정치적 중립성은 법률이 정하는 바에 의해 보장된다"라고 규정하고 있고, 이에 따라 「국가공무원법」 제68조는 "공무원은 형의 선고·징계처분 또는 이 법에 정하는 사유에 의하지 아니하고는 그 의사에 반하여 휴직·강임 또는 면직을 당하지 아니 한다"라고 규정하고 있다. 「지방공무원법」 제60조도 이러한 규정을 두고 있다.

「국가공무원법」은 또한 문제 있는 공무원에게 퇴출을 포함한 징계 조치를 취할 수 있는 규정을 두고 있다. 「국가공무원법」 제78조는 징계사유를 "① 이 법 및 이 법에 의한 명령에 위반하였을 때, ② 직무상의 의무를 위반하거나 직무를 태만하였을 때, ③ 직무의 내외를 불문하고 그 체면 또는 위신을 손상하는 행위를 한 때"라고 포괄적으로 규정하고 있다. 또한 「국가공무원법」 제79조는 파면, 해임, 정직, 감봉, 견책 등 다섯 가지 징계를 규정하고 있다.

파면과 해임은 우리나라 법률이 정하는 좁은 의미의 징계 가운데 가장 무거운 것으로, 공무원에게 심각한 잘못이 있을 시에 일정한 절차를 밟아 퇴직시키는 배제징계를 뜻한다.[5] 정직, 감봉, 견책은 해당 공무원에게 인사상 일정한 불이익을 줌으로써 문제의 행위를 개선하려는 교정 징계를 말한다.

---

5) 파면은 공무원을 강제로 퇴직시키는 처분이며, 파면된 사람은 5년 동안 공무원으로 임용될 수 없고 연금급여의 제한을 받는다. 해임 역시 공무원을 강제 퇴직시키는 처분이지만, 연금법상의 불이익이 파면의 경우보다 적고 공무원으로 다시 임용되지 못하는 기간도 3년이어서, 불이익 면에서 파면에 비해 상대적으로 가볍다.

파면과 해임은 법률에 정한 사유에 해당되는 공무원을 임용권자가 징계절차를 거치지 않고 직권에 의해 면직시키는 직권면직과 구분된다(오석홍, 2005: 234). 직권면직은 공무원이 일정한 사유에 해당되었을 때 본인의 의사와 무관하게 임용권자가 직권으로 공무원 신분을 박탈하는 면직행위를 말한다.

「국가공무원법」 제70조 ① 제5항은 "제73조의3(직위해제) 제3항에 의하여 직무수행능력부족으로 대기명령(즉, 직위해제를)을 받은 자가 그 기간 중 능력 또는 근무성적의 향상이 기대되기 어렵다고 인정된 때"를 직권면직을 적용할 수 있는 주요 사유의 하나로 규정하고 있다. 「지방공무원법」 제62조도 이와 유사한 규정을 두고 있다.

직위해제는 공무원으로서의 신분은 보존시키되 직무담임을 해제하는 행위를 말하며, 직위해제 된 공무원은 복직이 보장되지 않는다. 직위해제는 기관장의 소속직원에 대한 지위·감독 권한을 강화하는 제도이지만, 사실상 징계처분의 일종으로서 또는 징계처분의 전 단계로서 운용되기도 한다(김중양, 2004: 392).

「국가공무원법」 제73조의3은 직위해제 대상자로서 직무수행능력이 부족하거나 근무성적이 극히 불량한 자, 파면·해임 또는 정직에 해당하는 징계의결이 요구 중인 자, 형사사건으로 기소된 자 등을 포함하고 있다. 또한 고위공무원단 소속 공무원들에 대해서도 근무성적을 이유로 직위해제 대상이 될 수 있음을 규정하고 있다. 「지방공무원법」 제65조의3도 이러한 내용을 규정하고 있다.[6] 따라서 성격상 넓은 의미의 징계 속에 「국가공무원법」 제79조가 규정하는 좁은 의미의 징계 외에도 직위해제, 직권면직 등이 포함될 수 있다.

한때 일부 지방자치단체들이 「지방공무원법」 제62조 1항 7호에 근거하여 직권면직으로 소수지만 무능·태만한 공무원들 퇴출시키기도 했다. 예컨대 서울시의 [현장시정추진단]은 검증과정을 통해 업무능력이 부족하거나 근무태도가 극히 불량한 공무원들을 선별하여 이들에게 현장 근무와 재교육을 통해 공직자로서의 자세를 새롭게 다지고 부족한 역량을 높일 기회를 부여하려는 목적에서 설계된 것이었다. 「현장시정추진단」의 운영 프로그램은 총 27주간 교육, 현장업무, 봉사활동, 시설물 조사·점검 등으로 구성되었으며, 이 기간 후 평가결과를 근거로 인

---

6) 공무원 본인의 의사표시에 의해 공무원 관계가 소멸되는 의원면직도 실제로 강요에 의한 사의표시, 즉 권고사직을 당하는 경우에는 자발적 퇴직의 형식을 갖춘 사실상의 강제퇴직에 가깝다(김중양, 2004: 366; 오석홍, 2005: 614-615). 과거 권고사직이 징계수단으로 남용되는 사례가 적지 않았으나 근래에는 줄어들고 있다.

사조치가 이루어졌다. 개인별 실적평가에 따라 부진한 소수 공무원들에 대해서는 [현장시정추진단] 근무연장 또는 직위해제·직권면직 등의 조치가 취해졌고, 일정 수준 이상 평가를 받은 공무원들은 실·국으로 재배치되었다(서울특별시, 2007; 중 앙일보, 2007.3.16).

서울시 검증과정에서 나타난 근무태도가 불량하고 실적이 미흡한 사례는 다 음과 같다(서울시, 2007). ① 업무 시간 중에도 음주를 일삼으며, 음주 후 여직원 에게 불쾌감을 유발하는 행동을 상습적으로 하고, 주변 직원들에게 술주정을 심 하게 하여 업무수행에 심한 지장을 주는 경우, ② 본인에게 분장된 업무를 소홀 히 하여 다른 직원에게 전가한 후, 근무시간 중 개인적인 자격증 취득을 위한 공 부에만 치중하고, 시민과 동료들의 업무와 관련된 질문에는 모르쇠로 일관하는 경우, ③ 채용목적에 따른 본인의 전문 업무임에도 불구하고 상습적으로 직무를 회피하여 다른 직렬 직원이 업무를 대신하고 본인은 특정 업무가 없는 경우 등이 있다.

직무수행 능력이 부족하여 업무를 제대로 처리하지 못하는 사례로서는 ① 담 당직원 3명 중 나머지 2명이 90%의 업무를 처리하고, 본인은 10% 정도에 해당하 는 경미한 일을 처리함에도 불평·불만으로 업무를 회피하여 수시로 부서를 옮겨 야 하는 경우, ② 하위 직급 직원에게 업무를 대신 수행하게 하고 본인은 지극히 적은 양의 단순·반복 업무만을 처리하는 등 해당 직급의 평균적 업무능력 수준 에 현저히 미달하는 경우, ③ 업무를 처리할 때 특정 부분에 얽매이고, 업무진행 속도가 지나치게 늦어 제때 민원을 처리하지 못해 시민의 불편을 초래하는 경우 등이 있다.

그러나 지방자치단체들의 이 같은 징계 조치는 해당자 선별방식 및 선별기준 의 공정성과 해당자의 능력개선 등을 위한 시정조치의 체계성 등에 있어 미흡한 측면이 적지 않았다.

2. 공무원 징계 실태와 문제점

기관장과 관리자들은 현행 공무원법과 자치법규에 의해 업무수행이 부실한 공무원에 대해 여러 종류의 징계를 취할 수 있지만, 이에 적극적이지 않다. 특히 직권면직이나 파면과 같은 중징계 조치에 관한 법령은 사문화 되다시피 한 실정 이다. 그 결과 공무원은 비리만 없다면 웬만큼 무능·태만해도 징계를 받지 않는 관행이 뿌리 깊게 자리 잡게 되었다.

이와 관련하여 일부 학자들은 공무원의 신분보장을 완화하는 방안으로서 계급정년제나 재임용제의 도입 필요성을 지적하기도 하였다(최병대·김상묵, 1999; 배득종, 1997). 계급정년제는 일정 연한 이상 한 직급에서 계속 머무르는 공무원을 무능하다고 추정하여 퇴직시키는 제도로서, 현재 경찰공무원, 소방공무원, 군인 등에 일부 적용되고 있다. 공무원 재임용제는 공무원으로 재직하는 동안 몇 차례에 걸쳐 재임용 심사를 받게 하는 제도로서, 공직사회에 활력을 불어넣을 수 있으면서도 계급정년제에 비해 신분보장이 상대적으로 강한 것이 장점이라고 할 수 있다. 공직사회의 무사안일 풍토를 획기적으로 바꾼다는 측면에서만 본다면 이들 제도는 매우 바람직하지만, 공직사회의 사기 저하 문제 등을 감안할 때 우선은 현행 제재 조치와 징계제도를 체계화하는 방안을 모색하는 것이 더 현실적인 접근이라고 할 수 있다.

한국 공무원의 신분보장이 강하다는 것은 국가공무원의 실제 퇴출 비율에서도 드러나고 있다. 〈표 10-1〉에서 보듯이 과거 3년간(2019년-2021년) 유형별 평균 퇴직 인원 및 비율은 자진 퇴직 13,297명(평균 56.5%), 당연퇴직(정년퇴직, 사망 등) 9964명(평균 42.3%), 강제퇴직 249명(평균 1.1%)으로 나타나, 강제퇴직의 비율이 극히 낮다는 사실을 알 수 있다.

〈표 10-2〉의 국가공무원 징계 현황에서는 성실의무위반(직무유기, 직무태만 등)이 1,551명으로 비교적 높은 비중을 차지하고 있으나, 〈표 10-3〉 징계양정 현황을 보면 대부분 경징계(감봉, 견책 등)에 그치고 파면과 해임은 7%에 불과하다.

고위공무원단의 경우 2008년부터 시작된 고위공무원 적격심사제도를 통해 퇴출된 고위공무원은 손에 꼽힌다. 인사혁신처에서 발표한 '2016~2020 고위공무원 적격심사 현황'에 따르면 해당 기간 이뤄진 10번의 적격심사에서 실제 부적격 판단을 받고 직권면직 처분을 받은 고위공무원은 극소수였다. 2019년 외교부 1명, 식품의약품안전처 1명으로 총 2명뿐이었다. 행정부 일반직 공무원도 크게 다르지 않다. 이들 중 2016년부터 2020년까지 직무수행능력과 근무성적의 부족으로 직위해제를 당한 공무원은 16명이었으나, 실제로 직권면직이 된 사례는 2018년 국가인권위원회에서 1명뿐이었다. 이러한 상황은 공무원의 성과 관련 제재가 제대로 작동하지 않기 때문이라고 할 수 있다(매일경제, 2021.6.6).

〈표 10-1〉 행정부 국가공무원 유형별 퇴직 인원 및 그 비율

(단위: 명, %)

구 분		합 계	자진 퇴직	강제퇴직			당연퇴직 (정년, 사망 등)	기 타	※퇴직인 원 중 명예퇴직
				소계	직권 면직	징계			
2019	퇴직인원	21,859	12,485	263	21	242	9,102	9	8,345
	비율(%)	100%	57.1%	1.2%	0.1%	1.1%	41.6%	0.0%	38.2%
2020	퇴직인원	23,733	13,093	244	26	218	10,365	31	8,996
	비율(%)	100%	55.2%	1.0%	0.1%	0.9%	43.7%	0.1%	37.9%
2021	퇴직인원	24,985	14,312	241	24	217	10,424	8	9,491
	비율(%)	100%	57.3%	1.0%	0.1%	0.9%	41.7%	0.0%	38.0%
3년 평균	퇴직인원	23,527	13,297	249	24	226	9,964	16	8,944
	비율(%)	100%	56.5%	1.1%	0.1%	1.0%	42.4%	0.1%	38.0%

※ 명예퇴직이 의원면직 및 사망 등과 중복되는 경우가 있어, 이를 별도로 표기함
 * 비율은 각 값의 소수점 이하 2번째 자리에서 반올림하여, 전체 합계는 ±0.2 범위에서 오차 발생 가능
출처: 인사혁신처 인사통계 자료 재구성 (행정부 지방공무원, 입법부·사법부·헌재·선관위 제외)

〈표 10-2〉 국가공무원 징계 현황(연도별/비위 유형별)

(단위: 명)

구 분	계	성실 의무 위반 (직무유기, 직무태만, 감독불충분, 공금유용·횡령 등)	청렴의 의무 위반 (금품수수 등)	품위 유지의 의무 위반	정치 운동 금지위반	집단행위 금지위반	기타 (그외)
2019년	1,952	537	96	1,194	2	0	123
2020년	1,783	486	58	1,138	0	0	101
2021년	1,763	528	52	1,078	4	0	101
계	5,498	1,551	206	3,410	6	0	325

출처: 인사혁신처 인사통계 자료 재구성('20년 4월 지방소방공무원의 국가직 전환에 따라 관련 통계 별도)

〈표 10-3〉 직무태만 등 성실의무 위반자의 징계양정 현황('19~'21)

(단위: 명)

구 분	계	파 면	해 임	강 등	정 직	감 봉	견 책
2019년	537	12	24	12	75	140	274
2020년	486	7	35	16	81	144	203
2021년	528	9	30	26	109	155	199
계	1,551	28	89	54	265	439	676

출처: 인사혁신처 인사통계 자료 재구성('20년 4월 지방소방공무원의 국가직 전환에 따라 관련 통계 별도)

한편, 징계대상 공무원들은 징계가 실제로 공정하고 합리적으로 이루어지는
지에 대해 의문을 품는 경우가 적지 않다. 한국에서도 징계위원회에 의한 징계는
어느 정도 체계화된 상태이며, 본인의 의사에 반하는 불이익처분을 받은 공무원
이 그에 불복하여 이의 제기를 할 수 있는 소청심사제도가 있다.[7] 그러나 징계의
결 전 단계와 직위해제 등 넓은 의미의 징계 적용에 있어 미흡한 측면이 적지 않
아 향후 보다 합리적인 징계체제를 정립할 필요성이 있다.

10.4 ▶ 저성과 공무원에 대한 점진적 징계

징계는 성격상 사후적 제재이지만 예방적 기능도 내포한다. 다수 학자는 징계
의 주된 목적이 처벌보다는 문제의 행태를 교정하는 데 있다는 전제에서 예방적
징계(preventive discipline)·긍정적 징계(positive discipline)를 강조한다(Patton et al.,
2002: 356; 오석홍, 2005: 610-611).

이런 측면에서 점진적 징계(progressive discipline)는 문제의 행태(행위)에 대해
처벌보다는 시정을 우선시하는 체계적인 징계방식이다. 점진적 징계는 업무수행
불량자에게 적용할 수 있는 가장 일반적인 접근방법으로서, 징계에 앞서 해당 공
무원에게 문제의 행태 등을 스스로 시정할 기회를 부여하고 그래도 시정되지 않
을 시에 징계 조치에 들어가 그 수위를 점차 높여 마지막 단계에서 퇴출하는 것
이 특징이다.[8]

점진적 징계에서는 해당 행위의 고의성과 빈도, 심각성 등에 따라 시정 조치
와 징계 조치의 혼용을 달리한다(Patton et al., 2002: 358). 예컨대 허락받지 않고 자
리를 자주 이탈하는 공무원의 경우, 처음에는 구두 경고를 받게 되지만 위반이
거듭되면 며칠간 출근정지 처벌을 받게 되고, 최종적으로 퇴출될 수 있다.

점진적 징계는 처벌의 수위를 높일수록 행위가 시정될 것이란 그릇된 가정에
기초한다는 비판을 받지만, 징계 과정에 내포된 다단계의 시정 과정을 적극 활용
할 수 있는 장점이 있다(Hays, 1995: 155).

---

7) 소청심사제도는 일종의 행정심판제도로서 사법보충적 기능을 통해 공무원의 권리를 구제해 주려
   는 목적의 제도이며, 행정소송을 제기하기에 앞서 반드시 거쳐야 하는 전심절차(前審節次)이다.
8) Rollinson(1996: 39), Hays(1995: 155), Kerney & Whitaker(1988: 343) 참조.

공무원의 부실한 업무수행에 대한 점진적 징계는 대체로 3단계 전략을 활용할 수 있다. 첫째, 관리자가 문제 해결자(a problem solver)로서의 역할을 시작하는 단계이다(Patton et al., 2002: 359). 관리자는 근무성적평정 등을 통해 직무수행 결핍이 확인되면 지체없이 해당 공무원을 만나 문제를 협의한다. 협의는 직무수행과 관련하여 관측된 문제 상황에 초점을 맞춰야 하며, 해당 공무원에게 소명 기회를 부여해야 한다(Hays, 1995: 155). 이 과정에는 근무성적평정 등의 타당성과 신뢰성이 전제되며, 주변 관련자들과의 면담 등을 통해 사실을 확인하려는 관리자의 노력이 요구된다(Finkle, 1995: 608-611).

둘째, 관리자와 해당 공무원이 문제 상황과 관련된 협의를 진행함에 따라, 징계 절차에서 가장 중요한 업무수행 개선 계획(performance improvement plan)을 설계하는 단계로 진입하게 된다. 업무수행 개선 계획은 해당 공무원이 정해진 시간 내에 충족해야 할 업무 관련 목표와 이행방법을 설정하는 것으로서, 구체적인 업무수행 개선 사항(가능한 계량적인 지표 포함), 개선이 진행되어야 할 일정(time frame), 개선이 이루어지지 않을 시에 가해질 수 있는 구체적인 처벌 수위, 서면기록(a written record) 등을 포함한다. 관리자는 이러한 프로그램을 통해 해당 공무원을 보다 면밀하고도 객관적으로 판단할 수 있게 된다(Hays, 1995: 155; Dresang, 1999: 273).

보통 이 두 번째 단계에서 시정 조치가 이루어진다. 시정조치는 근접 감독, 특화된 훈련, 재배치, 인사이동, 개인상담, 일시적 휴가, 경력 상담, 멘토링, 코칭 등 다양할 수 있으나(Hays, 1995: 155), 구체적인 조치는 해당 공무원과의 협의와 문제의 원인 진단에 기초해 결정하게 된다. 이때 해당 공무원의 업무능력과 시정 의지 등이 함께 고려되어야 한다.9)

셋째는 점진적 징계를 집행하는 단계이다. 앞서 두 번째 단계가 효과적으로 진행된다면, 이 마지막 단계는 사실상 불필요하다. 그러나 문제가 지속되면 관리자는 해당 공무원과 다시 협의를 하며, 구두 경고와 함께 문제가 일정 기간 내 시정되지 않을 시에 징계 조치를 취할 것임을 예고하는 서면통지(written notice)를 한다. 정식 징계 조치를 취할 경우 사전에 열리는 징계 청문회(a predisciplinary hearing)에서 해당 공무원은 대응 기회를 가진다. 징계청문회는 해당 공무원, 감독자, 여타 관련자들이 함께 참여하여 문제의 성격과 해당 공무원의 변론을 검토하는 공식적인 회의(a formal meeting)을 말한다(Patton et al., 2002: 359). 징계청문회는

---

9) Dresang(1999: 271), Patton et al.(2002: 359-360), Lovrich(1990: 419-421) 참조.

기관장이나 감독자의 요구에 따라 절차가 개시된다.

징계는 상황에 따라 구두경고, 공식적인 질책, 직무정지, 감봉, 강임, 해고 순으로 점차 수위가 높아지며, 원칙적으로 징계 수위가 한 단계 높아 질 때마다 청문회가 선행되어야 한다.[10] 징계의 수위가 높아지면 청문회의 참여자 및 출석증인의 수, 검토되는 관련 증거의 양, 해당 사안 심의의 강도 등이 단계적으로 증대·심화된다.

징계 수위 결정에 영향을 미칠 수 있는 요인은 크게 이슈 요인과 인적 요인으로 나눌 수 있다.[11] 이슈 요인에는 부실한 업무수행의 심각성, 업무흐름에 대한 장애 정도, 재발 가능성, 시정 가능성, 기관 이미지 손상 정도, 고객 관계의 손상 정도 등이 포함된다. 인적 요인에는 해당 공무원의 외재적 속성(맡은 과업의 특성, 과업의 난이도와 명백성 등), 내재적 속성(능력, 태도, 노력, 지능, 적성 등), 지위, 근무기간 등이 포함될 수 있다.

점진적 징계에서는 징계 조치에 앞서 시정 조치가 취해지므로, 기관장과 관리자들이 징계에 대한 심리적 부담을 덜 수 있다. 그뿐 아니라 징계에 관한 해당 공무원의 법적 도전에 대해 효과적으로 방어할 수 있다.[12] 예컨대 미국의 경우 일

[그림 10-1] 점진적 징계 절차

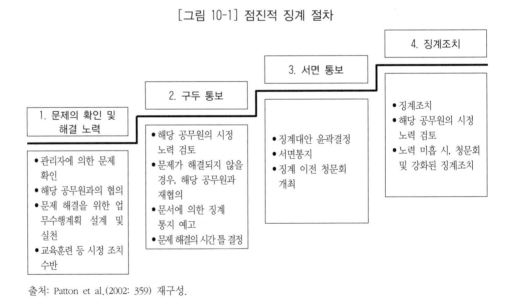

출처: Patton et al.(2002: 359) 재구성.

10) Hays(1995: 155-156), Patton et al.(2002: 359-360) 참조.
11) Rollinson(1996: 40-42), Finkle(1995: 610) 참조.
12) Lovrich(1990: 420-421), Dresang(1999: 271), Hays(1995: 156) 참조.

반적으로 연방인사기관이나 법원이 징계대상자에 대한 관리자의 판단을 번복하는 경우는 드물다. 대신에 적절한 절차에 입각해 징계가 이루어졌는지 관련 서면기록이 충실한지 등을 주로 살핀다. 따라서 만약 행정기관에 의한 공무원 퇴출 결정 등이 법원 등에서 번복되었다면, 이러한 절차적 조건이 제대로 충족되지 못했을 가능성이 크다(Hays, 1995: 156). 이런 연유로 대부분의 선진국은 〈표 10-4〉에서 보듯이 저성과자에 대해 점진적 징계를 적용한다.

〈표 10-4〉 주요 선진국의 저성과 공무원 제재 과정

국 가	저성과자 조치과정
영국	비공식적 경고 → 의사의견 청취 → 공식적 조치(경고장 교부 및 유예기간 설정) → 면직결정(개선 없을 시 강임 및 면직)
일본 (톳토리현)	인사부서면담 → 대상자 결정(저성과자 스스로 분석) → 소속기관 OJT실시 → 집합연수(인사부서 주관) → 적격성 엽부 판단(개선 없을 시 퇴직, 강임, 직권 면직 등)
일본 (요코하마시)	대상통보(소속국장이 개별 지도 책임자 결정) → 1차 개별지도(복무규율, 근무태도 교정) → 2차 개별지도(직무수행능력 향상지도) → 개별지도 종료(개선 시 업무 복귀, 불량 시 면직절차)
호주	상담(성과부진 해명 기회 부여 등) → 공식경고장 발부 → 일정기간 평가(기관장이 1~3개월 지정) → 최종결정(성과 부진 시 면직, 강임, 직무 재배치 등)
미국	미 법전 5장 43조와 75조를 이용 계획이 짜여진 상담 기간 제공 → 진행과정에서 저성과 확인 → 저성과자 상담 및 조언 제공 → 저성과 지속 예상 시 성과개선계획(performance improvement) 개발 → 저성과 지속 시 인사조치 가능성 제안 → 저성과자 반응 분석 → 필요 시 인사차원 조치 취함

출처: 서울시(2007), MSPB(2006)

향후 한국에서도 위와 같은 점진적 징계체제가 갖추어져 예측성·일관성·형평성 등의 원칙에 입각해 징계 조치가 취해진다면, 공무원 신분보장을 둘러싼 지금과 같은 사회적 비판과 불공정한 징계에 대한 공무원들의 우려가 상당히 감소될 수 있을 것이다.

점진적 징계절차는 「국가공무원법」 제79조가 규정하는 좁은 의미의 징계뿐만 아니라 직위해제, 직권면직 등 실제로 징계의 성격을 띤 모든 제재 조치에 적용될 수 있다. 현재 한국에서도 좁은 의미의 징계절차에는 징계위원회가 징계혐의자와 증인 등을 출석시켜 심문할 수 있고, 징계혐의자도 증거를 제출하고 증인의

심문을 신청할 수 있게 되어 있으며, 징계양정 감경이 가능하다는 점 등에 비추어 볼 때, 점진적 징계 절차가 나름 갖춰졌다고 할 수 있다. 그럼에도 행정기관의 장이 관할 징계위원회에 징계 의결을 요구하기 전 단계에 취할 수 있는 시정조치 등은 상당히 미흡한 수준이다. [그림 10-1]의 1단계에서 3단계의 서면 통보까지 절차가 이에 해당된다. 징계처분과 유사한 처분이라고 할 수 있는 직위해제나 직권면직의 경우는 이제까지 점진적 징계 절차를 거의 따르지 않았으므로 해당 절차를 준수할 필요성이 더욱 크다.

10.5 ▶ 결   어

정부의 생산성 향상을 위한 행정개혁에는 행정체제의 구조적 설계를 개선하는 구조적 접근, 행정체제 내 일의 흐름을 개선하는 과정적 접근, 행정문화를 전환하는 문화적 접근 등 다양한 접근이 가능하다. 이론적으로는 이들 모두를 포괄하는 통합적 접근을 하는 것이 바람직하지만, 현실에서는 행정의 일부 국면에 초점을 맞춘 다수의 분화된 접근이 유용하다.[13]

징계의 체계화는 정부의 생산성 향상을 위해 정부 인적자원을 보다 효율적으로 관리하기 위한 접근의 일환이다. 한국의 경우 공무원의 권익과 신분을 계속 보장하려는 관행이 뿌리 깊지만, 공직사회의 역량과 생산성 강화의 전제가 되는 효율적인 인력관리를 위해서는 업무능력과 업무수행 태도 등에 심각한 문제가 있는 저성과 공무원들에 대한 제재를 체계화할 필요성이 있다.

한국에 상시적 제재시스템으로서 점진적 징계체제가 정착되려면, 근무성적평정의 신뢰성과 타당성이 확보되고 기관장을 비롯한 관리자들이 해당 징계시스템을 적극 활용하려는 긍정적 의식을 가져야 할 것이다. 징계시스템의 체계화는 이제까지 공무원에 대한 '과잉보호'와 '감싸주기' 풍토에서 비롯된 여러 폐단을 해결할 수 있는 효과적인 접근이 될 수 있다.

---

13) 오석홍(1998: 952-955), Pollitt & Bouckaert(2004: 6-23) 참조.

참고문헌

권영규. (2007). 서울시 신인사시스템의 운영경험과 발전방향: 현장시정추진단 제도를 중심으로. 한
국행정학회 하계학술대회 발표논문.

김중양. (2004). 「한국인사행정론」, 서울: 법문사.

배득종. (1997). 「공무원 재임용제」, 서울: 자유기업센터.

서울특별시(2007a). 「서울시 신인사추진 백서」.

_____. (2007b). 신인사시스템 설명자료-현장시정추진단 구성을 중심으로.

오석홍. (1998). 「행정학」, 서울: 나남.

_____. (2005). 「인사행정론」, 서울: 박영사.

유민봉 · 임도빈. (2003). 「인사행정론」, 서울: 박영사.

이희우. (2015). 공무원퇴출제의 본질. 전국공무원노동조합 정책연구원 「이슈리포트」, 제6호.

최병대 · 김상묵. (1999). 공직사회 경쟁력 제고를 위한 실적주의 인사행정기능의 강화. 「한국행정학
보」, 33(4): 77-94.

Arvey, R. D. & J. M. Ivancevich. (1980). Punishment in Organizations: A Review, Propositions,
and Research Suggestions. *Academy of Management Review.* 5: 123-132.

Catey, N. Joseph. (2004). *Public Personnel Administration.* Belmont, CA: Thompson.

Dresang, Dennis L. (1999). *Public Personnel Management and Public Policy.* New York:
Longman.

Finkle, Arthur L. (1995). The Practice of Employee Discipline. in Jack Rabin. (ed.), *Handbook
of Public Personnel Administration.* 603-615. New York: Marcel Dekker, Inc.

Hays, Steven W. (1995). Employee Discipline and Removal: Coping with Job Security. in Steven
W. Hays and Richard C. Kearney (eds.), *Public Personnel Administration.* 145-161.
Englewood Cliffs, New Jersey: Prentice Hall.

_____. (2001). Discipline and Dismissal. in Jack Rabin (ed.), *Encyclopedia of Public
Administration and Public Policy.* 344-346. New York: Marcel Dekker, Inc.

Kearney, Richard C. & Frank Whitaker. (1988). Behaviorally Anchored Disciplinary Scales
(BADS): A New Approach to Discipline. *Public Personnel Management.* 17(3): 341-350.

Klaas, Brain S. & Gregory G. Dell'omo. (1997). Managerial Use of Dismissal: Organizational-
Level Determinants. *Personal Psychology.* 50(5): 927-954.

Lovrich, Nicholas P. (1990). Managing Poor Performers. in James L. Perry (ed.), *Handbook of
Public Administration.* 412-436. San Francisco: Jossey-Bass Publishers.

MSPB. (2006). *Addressing poor performers and the law.* U.S. Merit System Protection Board.
Washington, D.C.

OECD. (1996). *Integrating People Management Into Public Service Reform.*

O'Reilly, C. A. and Barton A. Weitz. (1980). Managing Marginal Employees: The Use of Warnings and Dismissals. *Administrative Science Quarterly.* 25: 467-484.

Patton, W. David et al. (2002). *Human Resource Management: The Public Service Perspective.* Boston: Houghton Mifflin Company.

Pollitt, Christopher & Geert Bouckaert. (2004). *Public Management Reform.* Oxford University Press.

Rollinson, Derek. et al. (1996). Supervisor and Manager Styles in Handling Discipline and Grievance. *Personnel Review.* 25(4): 38-55.

Thompkins, Jonathan. (1995). *Human Resource Management in Government.* New York: HarperCollins College Publishers.

Walters, J. (1997). Who Needs Civil Service? *Governing Magazine.* 10(8): 17-21.

CHAPTER

11

한국의 정부조직개편: 비판적 고찰

11.1 ▶ 서 언

　　정부조직 개편은 정부의 조직편제에 의도된 변화를 가하는 것을 말한다(Moore, 1998: 1955). 정부조직 개편은 여러 부처의 존폐, 기능과 역할, 인력과 예산, 업무 수행 방식 등에 영향을 미치고, 범정부적으로는 물론 사회적으로도 광범위한 파급효과를 가져올 수 있다. 그러나 이러한 변화가 반드시 긍정적인 것은 아니다.

　　조직개편 추진 주체는 흔히 정부조직의 능률성 제고와 정책 추진의 효과성 증진이라는 개혁 목적을 표방하지만, 이런 성과를 거두는 경우는 드물며, 오히려 정부 안팎에 적지 않은 혼란과 부작용을 초래할 수 있다.[1] 그런데도 정치권이 조직개편을 추진하는 것은 행정개혁 목적 외에도 다른 여러 상징적·정치적 목적들이 있기 때문이다.[2]

　　이 장에서는 정부조직 개편의 목적과 그 실현의 한계, 조직개편 성과의 불확실성과 부작용 등에 대해 논의하고, 이를 토대로 한국의 빈번한 정부조직 개편에 대한 비판적 관점을 피력한다. 많은 학자가 행정기관을 합병·분리·신설·폐지·소속 변경하는 이른바 기관 간 조직개편의 실효성에 의문을 제기하였다.[3] 이

＊ 이 장은 「한국조직학회보」(2011년 제8권 1호)에 게재된 박천오의 논문을 재구성한 것임.

1) March & Olson(1983), Stull & Maynard-Moody(1988: 215-216), Palumbo & Maynard-Moody(1991: 68) 참조.

2) Seidman(1970: 26), Downs & Larkey(1986: 190), Peters(1995: 168), Moore (1998), Vogelsang Coombs & Cummins(1999: 149) 참조.

3) Argyrades(1965), Brown(1979), Fisher & Moe(1981), Szanton(1981a; 1981b), March & Olson(1983), Seidman & Gilmore(1986) 참조.

장에서도 한국 중앙행정기관을 중심으로 이런 차원의 조직개편에 논의의 초점을 맞추며, 개별 부처 내부의 개편 문제는 다루지 않는다. 정부조직 개편을 둘러싼 정치세력들 간 갈등과 협상의 현실정치(realpolitik) 문제 또한 논외로 한다.

11.2 ▶ 정부조직편제의 원리와 조직개편 필요성

정부조직편제는 시대적 상황과 정부 기능의 변화에 따른 합리적인 정책선택이어야 한다. 그러나 실제로 현실에 적합한 정부조직편제가 어떤 것인지 알기 어렵고 관련 이론도 정립되어 있지 않다(조석준·임도빈, 2019: 593). 현재로서는 20세기 초 Gulick 등의 학자들이 제시한 분할의 원리(principle of division)와 조정의 원리(principle of coordination)를 정부조직편제에 적용할 수 있는 정도이다(Peters, 1995: 168; 조성한, 2008).

분할의 원리는 기본적으로 동질적이거나 상호 연관성이 높은 업무를 묶어 조직단위를 구성해야 한다는 것이다. 전통적으로 행정기관은 ① 정책 영역 혹은 프로그램(policy area or program), ② 관리기능(management function), ③ 고객유형(client type), ④ 장소(geography) 등의 기준을 토대로 설치되었으며, 이 가운데 정책영역(혹은 프로그램)이 가장 보편적인 기준이었다(Gortner et al., 1997: 98). 정책영역을 중심으로 조직을 구성할 경우, 분할은 정책영역별 차별화 내지 전문화의 수준이 된다. 분할 수준이 높을수록 다양한 조직 단위들이 각기 전문화된 독특한 과업을 수행할 것이므로 관련 업무 간 통합과 조정이 어려워진다. 분할의 원리는 분할 기준 간 상충성 문제나 상황에 따른 분화 수준의 적절성 문제 등에 대해 해답을 제시하지 못한다.

조정의 원리는 여러 조직 단위들에 나누어진 업무와 활동들을 통합해야 한다는 것이다. 통합과정은 분화된 과업들을 전체 조직목표 달성을 위해 조정하고 질서를 부여하는 모든 메커니즘과 절차를 포함한다. 통합은 통상 계서적 명령이나 규정에 의해 정해진 과업조정 절차에 의거해 이루어지지만(Gortner et al., 1997: 97), 상위계층이 없거나 모호한 상황에서 위상이 대등한 조직단위들 간 관계에는 이를 적용하기 어렵다. 조정의 원리에는 조정의 범위와 수준을 결정할 기준과 근거가 불분명하다는 문제점도 있다.

분할 원리와 조정 원리는 과학적인 조직설계 원리가 아니다(Simon, 1946). 그럼에도 마땅한 대체 원리가 없는 현실에서, 정부조직편제는 결국 이들 원리의 토대위에 외부적 환경변수와 정권의 국정관리 이념 등을 반영하는 방식으로 편성되어왔다(오석홍, 2008: 314).

한편, 정부조직편제를 변경하는 조직개편의 주된 필요성과 동인은 다양할 수있다. 예컨대 환경과의 상합성이 낮아진 기존의 정부조직편제를 개편 할 수 있다. 정부가 다뤄야 할 사회문제의 증대와 복잡화는 정부조직을 확대시키는 원심력으로, 그리고 정부경쟁력 제고를 위한 효율적 조직 관리의 필요성은 정부조직의 구심력으로 각각 작용할 수 있다(조석준·임도빈, 2019: 607). 정권교체 등으로 국정관리의 이념이나 정책의 우선순위가 바뀌었을 시에도 이를 정부조직에 반영하기위해 조직개편을 할 수 있다.

조직개편은 정부조직의 효율적 작동을 저해하는 구조적 문제(structural problems) 등에 대한 처방으로 추진될 수도 있다. 정부조직의 구조적 문제를 몇 가지 예시하면 다음과 같다(Bolman & Deal, 1985: 51-53).

① 중복: 둘 혹은 그 이상의 기관이 상호 유사 과업을 중복적으로 수행함으로써 노력의 낭비와 기관들 간 관할권 다툼을 초래하는 경우

② 간극: 중요한 과업이나 책임이 어떤 기관에도 속하지 않아 관련 기관들의 관할권 틈새로 누락된 경우

③ 저활용과 과부하: 일부 기관의 과업이 지나치게 빈약하거나 과부하 된 경우.

④ 과도한 상호의존: 복수의 기관들이 지나치게 밀착되어 있어 각 기관이 고유의 임무와 과업을 제대로 수행하지 못하는 경우

⑤ 지나친 자율: 기관들 간 연계가 지나치게 느슨하여 상호 협력이 원활하지못한 경우

⑥ 분산된 권한: 유관 기관들 간 특정 과업의 책임 소재에 대한 합의가 이루어지지 않아 해당 과업 수행에 혼란을 초래하고 기관 간 갈등이 유발되는경우

11.3 ▸ 조직개편 목적 실현의 한계와 조직개편의 부작용

1. 조직개편 목적의 실현가능성과 한계

조직개편에는 크게 행정문제(혹은 조직문제)의 치유와 같은 행정개혁 목적과, 정치적 의도를 구현하려는 정치적 목적이 있을 수 있다(Kaufman, 1978; Garnett, 1984). 다수 서구 학자들은 전자의 목적은 달성하기 어려운 반면, 후자의 목적은 실현 가능성이 상대적으로 높다고 평가한다.[4] 이들은 대다수 조직개편이 대외적으로는 행정개혁을 표방하지만 실제로는 새로운 정권의 개혁 의지 표명과 같은 정치적 효과를 위한 것이며, 전자의 개혁성과에 대해서는 처음부터 큰 기대를 하지 않는 경우가 많다고 지적한다.[5]

정부조직 개편의 구체적 목적은 ① 행정과 정부조직의 효율성(efficiency) 제고, ② 정책(프로그램) 추진의 효과성(policy effectiveness) 제고, ③ 행정수반의 통제력 강화(executive or managerial control), ④ 정책 우선순위(policy priority)의 재조정, ⑤ 전략적 편의(tactical advantage) 등으로 세분화될 수 있다.[6] 이들 가운데 ①과 ②는 행정개혁의 목적 범주에, ④와 ⑤는 정치적 목적 범주에 각각 가까운 반면, ③은 양 목적 범주 모두에 속한다고 할 수 있다. 일반적으로 조직개편은 이들 여러 목적을 동시에 추구하지만, 조직개편마다 주된 목적에 차이가 있는 것이다. 정부조직 개편의 각 목적과 그 실현 가능성은 다음과 같다.

첫째, 행정과 정부조직의 효율성 제고를 목적으로 하는 조직개편은 업무와 기능이 중복된 기관들을 하나로 묶어 조직의 과잉과 중복을 줄이는 등의 방식을 취한다. 이는 기구와 인원을 축소하고 정부의 재정적 부담을 줄임으로써 정부활동의 투입측면(input side)을 개선하려는 것이다(Moore, 1998: 1956).[7] 정부조직을 대대적으로 통폐합한 1990년대 일본의 조직개편 등이 이런 목적의 조직개편에 해당된다(황윤원 외, 2003).

---

4) March & Olson(1983), Garnett(1984), Seidman & Gilmore(1986: 17-20), Thomas(1993), Meier(1993: 6-9), Moore(1998: 1955) 참조.

5) March & Olson(1983: 281), Downs & Larkey(1986: 186), Moore(1998: 1956) 참조.

6) 조직개편의 구체적 목적에 대해서는 학자들마다 분류방식이 약간씩 다름. 이에 관한 논의는 Mosher(1967: xv), Szanton(1981a), Mansfield(1969), Salamon(1981) 참조.

7) Salamon(1981), March & Olson(1983), Radin & Hawley(1988: 216-217), Thomas(1993) 참조.

행정과 정부조직의 효율성 제고는 조직개편 시에 대외적으로 표방되는 대표적인 목적이지만 실제 실현 가능성은 낮다. Salamon(1981)은 이를 "가장 흔히 기대되면서도 실현가능성은 가장 낮은 목적"으로 보았다. March & Olson(1983: 288) 역시 행정비용, 인력규모, 생산성 혹은 지출에 대한 효과성 측면에서 본다면, 이제까지의 주요 조직개편은 심각한 실패라고 평가하였다. 비용 절감을 위한 효과적인 방안은 조직개편이 아니라, 정책과 프로그램 감축, 행정절차의 변경, 행정문화와 관행의 변화 등일 수 있다.[8] 실제로 프랑스의 경우 중앙부처의 수가 1980년대에 비해 1990년대에 현저히 감소하였으나, 공무원의 수는 1990년대에 오히려 증가하는 현상을 보였다(황윤원 외, 2003: 434-441).

둘째, 정책추진의 효과성 제고를 목적으로 하는 조직개편은 대체로 여러 기관에서 분산 처리되고 있는 유사한 공공문제들을 기관 통합 등을 통해 하나의 기관에 집중시키는 방식을 취한다. 이는 정부조직의 문제해결 능력 제고라는 산출측면(output side)을 개선하려는 것이다(Miles, 1977; Salamon, 1981). 이런 목적의 조직개편은 현대의 복잡한 정책문제들을 해결하려면 일관된 안목과 종합적인 처방이 필요하므로, 유사한 조직들과 기능을 수평적으로 통합해야 한다고 전제한다(김광웅 외, 1992). 미국이 2001년 9월 11일 테러 사태 이후 각종 수사, 재난방지 등의 기능을 통합 수행토록 하기 위해, 22개 기존 기관과 17만명의 연방공무원을 통합하여 국토안보성(Department of Homeland Security)을 신설한 사례가 여기에 해당된다(Riccucci & Thompson, 2008).

그러나 조직편제를 어떤 식으로 재편하는 것이 정책 추진의 최적화를 가져올지 알기 어렵다.[9] 뿐만 아니라 일부 기관을 통합하여도 정책 간 연관성으로 인해 여전히 다른 부처들과 유사 기능을 일정 부분 공유하게 된다(Szanton, 1981a). 더구나 기관 통합으로 거대 행정기관(superdepartment)이 만들어지면 기관 간 조정 문제가 기관 내부 조정 문제로 전환될 뿐이어서 정책 효과성 증진을 기대하기 어렵다(Salamon, 1981). 이 때문에 Stanton(2004; 조성한, 2008의 재인용)은 미국의 국토안보성(DHS)의 예를 들면서 22개 기관의 여러 기능을 한 기관으로 모으기보다, 이들 기관이 각기 맡고 있는 안전 업무를 상호 유기적으로 연계시키는 방안이 더 효과적이라고 지적하였다.

---

8) Miles(1977), March & Olson(1983: 283), Conant(1986: 55) 참조.
9) Miles(1977), Salamon(1981), Szanton(1981b), Schick(1981), 참조.

셋째, 행정수반의 통제력을 강화하려는 목적의 조직개편은 새로운 정권이 과거 정권의 파당적 관점에 물든 행정기관과 관료들을 통제하기 위한 개편 등을 포함한다.[10) 이런 목적의 조직개편은 대체로 통제의 편의를 위해 복수의 행정기관을 광범위한 목적을 추구하는 대규모 단일 행정기관으로 통합하는 방식을 취한다(Szanton, 1981b; Radin & Hawley, 1988: 1).

이러한 성격의 조직개편은 행정기관과 관료들에 대한 관리통제(managerial control)라는 측면에서 보면 행정개혁의 목적 범주에 해당하지만, 이들에 대한 행정수반의 지배력 강화라는 차원에서 보면 정치적 목적 범주에 가깝다(Kaufman, 1978).

그러나 기관 통폐합을 통한 조직의 형식적 집권화가 행정수반의 통제력을 실제로 증진한다는 객관적 증거는 드물며, 이로 인해 행정수반의 통제력이 오히려 약화 될 수 있다.[11) 조직의 규모가 클수록 상하 간 의사전달선이 길어져, 행정비용이 증대되고, 정보왜곡 현상이 심화되며, 기관 내부적인 조정이 어려워지기 때문이다.

넷째, 정책 우선순위 재조정을 목적으로 하는 조직개편은 정권의 교체나 국내외 환경 변화 등에 기인된 새로운 정책 우선순위를 정부구조에 반영하는 동시에, 이를 국민과 정치권에 표명하기 위한 것이다.[12) 특정 정책 영역의 우선순위 재조정은 흔히 관련 행정조직을 신설, 승격, 폐지, 축소하는 방식을 통해 이루어진다.[13) 예컨대 진보정권은 복지서비스 확장을 위해 관련 조직을 신설하거나 확대할 수 있고, 반면에 보수정권은 관련 조직을 축소하거나 폐지할 수 있는 것이다. 이런 식의 조직개편은 새로운 정책 우선순위의 조직적 표현(organizational recognition) 내지 제도화라고 할 수 있다(Cohen & Eimicke, 1995: 103).

예컨대 이런 목적으로 신설된 조직은 해당 정책에 현시성(salience)을 제공하고, 관련 이슈를 국가 정책의제의 위치로 끌어 올려 지속적으로 머물게 하는 등의 정치적 효과를 거둘 수 있다.[14) 때문에 Miles(1977)와 Kaufman(1978)은 그 정치

---

10) Palumbo & Maynard-Moody(1991: 680, Peters(1995), Vogelsang-Coombs & Cummins(1999: 150-151) 참조.
11) Thomas(1993), Downs(1967: 271), Miles(1977), Fesler & Kettl(1991: 93) 참조.
12) Miles(1977), Kaufman(1978), Salamon(1981), Cohen & Eimicke(1995: 98) 참조.
13) 미국의 경우 1970년대에 설치된 에너지성과 교육성은 에너지 공급과 교육에 대한 Carter 행정부의 정책 우선순위의 표현이었다(Mansfield, 1969; Szanton, 1981a; Meier, 1993).
14) Kaufman(1978), Szanton(1981a), March & Olson(1983) 참조.

적 유용성을 가장 높게 평가한다. 그러나 정책 우선순위를 재조정 하는 목적의 조직개편은 특정 분야나 기능에 정부 관심과 자원을 지나치게 집중시키거나, 상호 연관된 정부기능 간 균형과 통합을 해칠 위험이 있다(Salamon, 1981; Szanton, 1981a).

다섯째, 전략적 편의를 위한 조직개편은 다양한 정치적·상징적 효과를 얻기 위한 개편이다. 예컨대 사회 특정 세력의 요구를 반영하여 조직을 신설하거나, 정부가 특정 사회문제 해결에 노력하고 있다는 가시적 표현으로서 관련 조직을 신설하는 것 등이 이러한 목적 범주에 해당한다.[15] 예컨대 미국의 Nixon 대통령이 마약남용방지 특별기관(Special Action Office of Drug Abuse Prevention)을 설치한 것은 후자에 속하는 예이다(Lynn, 1981: 85-86). 이 밖에 국민에 대한 행정부의 이미지를 쇄신하려는 의도의 조직개편도 이런 목적 범주에 속한다.[16] 전략적 편의를 위한 조직개편은 목적 자체의 실현 가능성은 상대적으로 높지만, 조직의 수를 불필요하게 늘이거나 예산의 낭비를 초래할 우려가 있다(Fisher & Moe, 1981; Salamon, 1981a).

2. 조직개편의 부작용

일반적으로 정부조직 개편 추진 주체는 조직개편의 기대성과를 주로 강조하는 관계로 조직개편의 부작용 문제는 제대로 조명받지 못한다(Moore, 1998: 1956). 그러나 정부조직 개편은 정부조직 안팎에 많은 변화를 가져오는 것은 물론, 적지 않은 부작용을 수반할 수 있다. 따라서 조직개편 추진 시에 개편 결과의 소망성 문제를 신중히 검토해야 한다. 결과의 소망성이란 조직개편 목적의 실현 등 조직개편의 긍정적 성과가 조직개편에 따른 여러 부작용과 제 가치의 희생보다 큰 것을 일컫는다. 개편 목적의 실현 가능성이 낮거나 가능성은 높지만 결과의 소망성이 불확실한 조직개편은 추진하지 않는 것이 바람직하다.

조직개편으로 빚어질 수 있는 부작용은 다양하다. 예컨대 효율성 제고를 위한 정부조직 축소와 인력감축 위주의 조직개편은 행정서비스 양이나 질을 떨어뜨릴 수 있다(Szanton, 1981b). 정책추진의 효과성 증진 등을 위한 조직개편은 나름의 타

---

15) March & Olson(1983), Salamon(1981), Seidman(1970: 23-28), Thomas(1993) 참조.
16) Fisher & Moe(1981), Szanton(1981a) 참조.

당성을 지닌 기존 조직편제를 와해시킴으로써 불필요한 혼란과 비용을 초래할 수 있는 반면, 새로운 조직편제가 이전 편제보다 반드시 더 잘 작동하리란 보장은 없다.[17]

여러 이질적인 기능을 수행하는 복수의 행정기관을 하나의 기관으로 합병할 경우에도, 해당 기관장의 편견이나 업무 과부하 등으로 인해 기존 기능들 가운데 특정 기능을 우선시하고 다른 기능은 등한시하는 문제가 발생될 수 있다(조성한, 2008). 대규모 부처의 경우에는 장관의 전문성 부족으로 제대로 된 정책이 적기에 나오지 못할 가능성이 있다. 또한 일상적으로 처리해야 할 업무가 많은 부처와 중·장기 전략을 수립해야 할 업무를 주로 담당하는 부처가 통합되었을 시에는, 장관의 관심이 전자의 업무에 치중되어 후자의 업무를 소홀히 할 우려가 있다(남궁근, 2023: 582).

그뿐 아니라 기관 합병으로 출현한 거대 기관이 여타 부처들의 정책 영역에 개입할 시에는 정책과정이 합리성보다 힘의 논리에 의해 지배될 수 있다.[18] 조직 간 힘의 균형과 평준화가 조직개편의 가장 중요한 원칙 가운데 하나여야 한다는 주장이 제기되는 것은 이런 우려와 무관하지 않다(조석준·임도빈, 2019: 535-536).

조직개편은 공무원들의 생산성에도 부정적 영향을 미칠 수 있다. 조직개편에서 비롯되는 조직 내부적 변화(직무의 전환, 조직구성원들 간 비공식적 의사소통 채널의 붕괴, 가까운 동료들의 분산 등)는 소속 공무원들의 불안감을 증폭시키고 사기를 저하시킬 수 있다(Cohen & Eimicke, 1995: 105-106). 조직개편으로 복수의 조직이 하나의 조직으로 통합된 경우는 통합 전 모체조직을 기반으로 공무원들 간 갈등이 발생할 수 있다(최성욱, 2001: 23; 박천오, 2011). 이 밖에도 조직개편은 기존의 편제에 익숙해 있는 조직 외부의 시민과 고객, 그리고 해당 기관들과 협력 관계에 있는 다른 행정기관들에 상당한 혼란과 불편을 초래할 수 있다(Moore, 1998: 1957).

11.4 ▶ 한국 정부조직 개편의 흐름과 특성

한국에서는 정부수립 이후 이제까지 총 50 차례가 넘는 조직개편이 있었다.

---

17) Schick(1981), Cohen & Eimicke(1995: 107) 참조.
18) Allison(1972), Meier(1993), 박천오(2005), 오재록(2009) 참조.

정부조직 개편이 마치 일상화된 국정운영의 일환인 것처럼 활용되어 온 것이다 (염재호, 2009: 85-86). 그간의 정부조직 개편 흐름을 살펴보면, 정부수립부터 제4공화국까지의 개편은 정부의 체제정비와 경제발전을 위해 각종 행정기관들을 신설함으로써 정부조직 규모를 전체적으로 팽창시키는 경향을 보였다.

제1공화국 정부조직 개편의 특징은 정부수립 초기 단계의 체제정비였다. 제2공화국 정부조직 개편은 4.19 이후 내각책임제, 양원제, 지방자치체를 중심으로 다양한 사회적 욕구와 이익을 수용하는 방향으로 이루어졌다. 제3·4공화국의 조직개편에서는 산업기반시설 확충과 중화학육성 관련 경제부처의 기능 확대라는 특징을 나타냈다. 이 시기의 조직개편은 전반적으로 행정의 주도적 역할과 경제성장 우선주의를 위한 것이었다. 제5·6공화국의 조직개편에서는 경제성장의 결과로 '삶의 질'에 대한 국민의 관심이 높아짐에 따라 체육부나 환경처와 같은 사회 분야의 부처들이 신설되었다(행정안전부, 2008: 8-9). 특히 제6공화국의조직개편에서는 민주화의 발판이 마련되면서 성장과 보존의 균형을 맞추려는 노력이 반영되었다(이석환, 2008: 153).

김영삼 정부(1993-1998)의 정부조직 개편은 '작은 정부'를 지향하는 세계적인 행정개혁의 흐름에 영향 받아 부처 간 통폐합을 통한 조직 및 정원 감축을 단행하는 등 '작고 효율적인 정부' 구현을 일차적 목표로 삼았으며, 이와 함께 국제화·세계화·개방화 시대에 대처하고자 하였다. 김영삼 정부는 한 차례의 대폭적 개편과 세 차례의 부분 개편을 합쳐 모두 4차에 걸쳐 조직개편을 하였으며, 정부조직의 통폐합 또는 기능조정에 초점을 두었다. 1993년 1차 개편에서는 문화부와 체육청소년부를 문화체육부로 통합하였고, 종전의 상공부와 동력자원부를 통합하여 상공자원부로 개편하였다. 1994년의 2차 개편은 대규모 개편으로서, 경제기획원과 재무부를 합쳐 재정경제원으로, 건설부와 교통부를 합쳐 건설교통부로, 축소 조정하였다. 또한 환경처를 환경부로 격상하였고, 체신부를 정보통신부로 확대하였다. 이 외에도 상공자원부를 통상산업부로, 보건사회부를 보건복지부로 각각 축소 개편하였다. 1996년 3차 개편에서는 공업진흥청을 폐지하고 중소기업청을 신설하였으며, 같은 해 8월 해양수산부를 신설하고 농림수산부의 명칭을 농림부로 변경하였다(행정안전부, 2008: 12-13; 박대식, 2009: 163).

뒤이은 김대중 정부(1998-2003)의 정부조직 개편 역시 '작고 강력한 정부'라는 기조하에 조직과 정원의 감축에 역점을 두었으며, 경제위기에 대처하기 위한 조직개편이었다는 점이 특징이었다. 김대중 정부의 조직개편은 3차에 걸쳐 이루어졌다. 1998년 1차 개편에서는 대통령 직속기구로 기획예산위원회를 신설하였으며, 재정경제원을 재정경제부로 개편하고 그 산하에 예산청을 신설하였다. 또한 외무부에 통상교섭본부를 신설하고 명칭을 외교통상부로 바꾸었다. 이 밖에 내무부와 총무처를 행정자치부로 통합하였으며, 통상산업부를 산업자원부로 개편하였다. 그리고 보건복지부에 식품의약안전청을 설치하였다. 1999년 2차 개편에서는 1차 개편 시에 정치권의 의견조정 실패로 설치하지 못하였던 기획예산처, 중앙인사위원회, 국정홍보처를 신설하였다. 2001년 제3차 개편에서는 경제 및 교육 부서를 부총리급으로 격상하였고, 여성부를 신설하였다(행정안전부, 2008: 13; 박대식, 2009: 153).

노무현 정부(2003-2008)는 이전 김영삼 정부나 김대중 정부와 달리 '작은 정부의 구현'을 국정의 목표나 과제로 설정하지 않았으며, 조직개편을 최소화하는 대신 정부기능의 재조정과 '일하는 방식'을 개선하는 데 역점을 두었다(이창원·임영제, 2009: 7).[19] 이 때문에 큰 개편은 없었고, 소방방재청과 방위사업청을 신설하고, 철도청을 공사화 한 것이 주요 조직개편이라고 할 수 있다(행정안전부, 2008: 14; 박대식, 2009: 159-162).

이명박 정부(2008-2013)는 출범과 함께 '유능하고 작은 정부, 국민을 섬기는 실용정부'를 지향하는 대규모 조직개편을 단행하였다. 조직개편은 3회에 걸쳐 이루어졌고, 각 부처에 흩어져 있던 유사 중복 기능들을 중심으로 부처를 통합 광역화하는 대부처주의를 취함으로써 기존의 18부 4처를 15부 2처로 축소하였다. 18개 부처 중 해양수산부, 정보통신부, 과학기술부를 폐지하여 기존 업무를 다른 부처로

〈표 11-1〉 중앙행정기관 추이

연도	1960	1969	1980	1987	1992	1997	2002	2007
기관수	24	44	50	47	49	48	54	56
기구 내역	2원 12부 1처 4청 3위원회 2실	3원 15부 4처 10청 7외국 위원회 4실	3원 15부 4처 1무임소 15청 4외국 3위원회 5실	3원 17부 4처 2정무 13청 3외국 1위원회 4실	3원 17부 6처 2정무 15청 2외국 4실	3원 15부 5처 2정무 14청 1외국 4위원회 4실	2원 17부 4처 17청 10위원회 4실	2원 18부 4처 18청 10위원회 4실

출처: 2008년 대통령직인수위원회 발표자료

---

19) 참여정부는 ① 영육아 보육업무를 보건복지부에서 여성가족부부로, ② 행정개혁기능을 기획예산처에서 행정자치부로, ③ 전자정부기능 일원화하여 행정자치부로, ④ 행정자치부의 인사기능을 중앙인사위원회로 이관하는 등의 부처 간 기능조정을 하였다(이창원·임영제, 2009: 10).

이관하였고, 기획예산처와 국정홍보처도 폐지하여 기존의 기능을 각각 기획재정부와 문화체육관광부로 흡수시켰다(행정안전부, 2008: 25; 박대식, 2009: 155).

박근혜 정부(2013-2017)의 조직개편은 경제부흥을 뒷받침하면서도 국민안전을 최우선시 하는 정부구현을 지향하는 방향성을 띠었다. 조직개편은 3회에 걸쳐 소폭 이루어졌으며, 기본 틀은 이명박 정부의 것을 유지하였다. 대표적 개편으로는 정부출범 시에 미래창조과학부와 해양수산부를 신설하였고, 세월호 참사 이후에는 소방방제청과 해양경찰청 폐지하고 국민안전처를 설치함으로써 재난안전체계를 확립하고자 하였다. 전제적으로 정부조직은 17부 5처 16청으로 개편되었다(남궁근, 2023: 508-511; 조석준·임도빈, 2019: 599).

문재인 정부(2017-2022)는 최소한의 조직개편을 하였다. 정부출범 초기 중소기업 지원 추진체계를 강화하기 위하여 중소기업벤처부를 신설하였고, 재난안전 관리 조직을 재정비하기 위해 국민안전처를 해체하고 행정안전부, 소방청, 해양경찰청 등을 신설하였으며, 코로나 발발 이후 감염병 대응 컨트롤타워로서 전문성을 강화하고자 보건복지부 산하 질병관리본부를 질병관리청으로 승격한 것 등이 주요 개편이라고 할 수 있다. 정부조직은 18부 5처 18청으로 개편되었다(남궁근, 2023: 538-541).

11.5 ▶ 한국 정부조직 개편의 실효성

한국의 정부조직 개편은 앞서 서구학자들이 지적한 조직개편 목적 실현의 한계와 부작용 문제를 대부분 드러냈다.

먼저, 한국의 조직개편은 대외적으로 주로 행정과 정부조직의 효율성 제고를 목적으로 표방하였지만, 이런 목적이 실현되는 경우는 드물었다. 노무현 정부를 제외한 김영삼 정부, 김대중 정부, 이명박 정부는 모두 표현상의 차이는 약간 있어도 '작은 정부'이라는 개념을 정부조직 개편의 큰 틀로 제시하였다. 그러나 정권초기 조직개편으로 행정기관과 공무원의 수가 어느 정도 감소되었다가 정권이 중반기로 들어서면 그 수가 다시 늘어나는 현상이 되풀이되었다. 조직개편 과정에서 인력과 기능이 준정부조직인 공공기관들로 이동되는 이른바 분봉 현상이 나타난 경우도 적지 않았다.[20] 특히 김영삼 정부와 김대중 정부의 조직개편은 이러한 분봉현상을 수반함으로써, 공공예산이나 인력은 실제로 감축되지 않은 채 오히려 국민과 국회의 행정통제력만 약화시켰다는 비판을 받기도 하였다.[21)

'작은 정부의 구현'을 정책 기조로 채택하고 일부 부처의 통폐합과 기구축소를 추진하였던 김영삼 정부의 경우, 집권 후반기에 중소기업청, 해양수산부, 해양경찰청 등을 신설하고 보건복지부에 식품의약품안전본부를 설치하는 등 초기의 개편 의지와 상반된 행보를 보였다(주재현, 2008: 177).

정부조직의 통폐합과 인원과 예산 등 정부규모의 축소를 지향했던 김대중 정부에서도 '작고 강력한 정부'의 실현을 주창한 것과 달리, 말기에는 기획예산처와 국정홍보처, 여성부가 신설되는 등 중앙행정기관의 숫자가 13개 늘고 중앙공무원 숫자도 491명 증가하였다. 이처럼 김영삼·김대중 정부에서는 행정기관의 축소와 확대가 번갈아 이루어져 적지 않은 논란과 시행착오가 있었다(주재현, 2008: 178). '작고 유능한 실용정부'를 표방한 이명박 정부 역시 중앙행정기관을 무려 11개 감축하였지만, 중앙공무원의 숫자는 3,427명(0.57%)을 감축하는 데 그쳤다.[22)

정권과 시대에 따라 특정 부처가 폐지되거나 신설되고 하였지만, 보다 거시적·장기적 시각에서 보면 정부의 행정조직은 경제성장과 사회변화의 추이에 따라, 그리고 정치적 상황변화를 반영하면서 확대일로를 걸어왔다고 할 수 있다. 정권 후반부로 갈수록 정부조직이 다시 확장되는 현상은, 효과적인 정부운영을 위해서는 관료 조직의 확대가 불가피하다는 집권세력의 현실적 인식과, 집권기간이 길어질수록 관료들의 조직팽창 드라이브를 억제하는 집권 세력의 의지와 힘이 감퇴하는 현실이 함께 작용한 결과라고 할 수 있다.[23)

다음, 한국의 조직개편은 흔히 협조가 원만하지 못한 기관들을 통폐합함으로써 국가 정책조정을 원활히 하고 정책추진의 효과성을 증진한다는 목적을 표방하였지만, 부처 합병이 당초에 기대했던 시너지 효과나 재정적·전략적 목적을 달성하는 경우는 드물었다. 조직개편 시 조직 내 인간과 문화의 측면에 대한 고려가 부족하였던 점 등이 그 주요 원인으로 지적되고 있다.

예컨대 1994년 12월 조직개편에서 당시 업무 불일치 논란을 일으키고 있던 건

20) 1987년 전매청의 민영화로 해당 공무원 및 정부예산 감축이 대규모로 이루어졌지만, 그 인력과 예산이 전매인사공사에 고스란히 남게 된 것은 좋은 예이다(정용덕, 1995).
21) 정용덕(1995), 김근세·권순정(1997), 행정안전부(2008: 24), 이창원·임영제(2009: 8), 조석준·임도빈(2019: 537) 참조.
22) 박수경(2003), 이창원·임영제(2009: 7) 참조.
23) 박우순(2002: 48), 오석홍(2008: 313), 이창길(2008: 11), 문명재(2008), 염재호(2009: 85-86) 참조.

설부의 도로포장 기능과 교통부의 도로운영 기능을 건설교통부로 통합한 것과, 같은 경제부처이면서도 경제정책의 수립에 있어서 시각과 철학을 달리해 온 경제 기획원과 재무부를 재정경제원으로 통합한 것은, 정책 추진의 효과성 제고를 위한 조치였다고 할 수 있다(백완기, 1995; 정용덕, 1995). 하지만 이들 기관은 합병 전 모체조직들 간 조직문화의 차이를 극복하지 못하여 '한 지붕 두 가족' 살림을 한다거나, "물리적 봉합에는 성공했지만 화학적 융합은 아직도 요원하다"거나, "여전히 어느 부처 출신인지를 따진다"는 식의 부정적 평가를 오랫동안 받았다.[24]

경제기획원과 재무부가 합병되어 탄생된 재정경제원의 경우, 양 모체조직 간 문화적 이질성으로 인해 1997년 외환위기 대처 과정에서 정책 실기를 하였다는 진단이 있다. 환율안정과 관련하여 시장기능을 중시하고 문제해결 접근에 있어 상대적으로 급진적인 사고를 가진 경제기획원 출신 관료들이 시장 자율을 강조하는 정책 논리를 펼친 반면, 시장실패를 우려하고 현실을 중시하면서 문제해결에 상대적으로 점진적인 접근을 취하는 재무부 출신 관료들은 정부개입을 주장함으로써, 양 집단 간 대립이 심각하였다는 것이다(최성욱, 2001: 29-31).

그런가 하면 진취적 정향의 경제기획원과 보수적 정향의 재무부가 재정경제원으로 합쳐지기 전에는 두 기관 간 상호견제로 인해 경제정책에 균형 감각이 유지될 수 있었지만, 하나로 합쳐진 후에는 보수적 정향이 진취적 정향을 압도하게 되어 경제정책의 균제와 균형이 사라지게 되었다는 평가도 있다(황성돈, 1998: 64).

유사한 사례로 1998년 조직개편으로 총무처와 내무부를 통합한 행정자치부가 탄생하였으나, 통합 이전 두 기관이 형성하고 있던 상이한 조직문화가 충돌함으로써 조직운영에 적지 않은 어려움이 있었다. 구 내무부의 문화가 집단적·계층적 속성이 상대적으로 강하고, 구 총무처의 문화가 자율적·평등적 속성이 상대적으로 강하였던 것이 갈등의 주된 원인으로 작용하였다(김병섭 외, 2007: 164-176). 이 밖에도 1996년 조직개편으로 해운항만청, 수산청, 건설교통부, 내무부 등 10개 부처와 3개 청에 분산 수행되던 해양관련 업무를 일원화한 통합행정기구로 해양수산부가 신설되었지만, 해양행정 기능을 강화하고 관련 정책을 효과적으로 추진하겠다는 본래의 목적에도 불구하고 내부 하위 조직단위 간 갈등과 비협조로 체계적이고 효율적으로 작동하지 못하였다(강윤호, 2003).

이명박 정부도 부처 간 영역 다툼과 정책 추진의 일관성 결여와 같은 문제점

---

24) 한국일보(1995.12.23), 중앙일보(1996.12.3) 참조.

을 해소하고자 정책 대상이나 영역별로 각 부처에 흩어져 있던 유사하거나 연관
된 기능들을 한 곳으로 통합하는 대규모 조직개편을 2008년에 단행하였지만, 부
처통합이 정책기능의 원활화와 같은 성과를 기대만큼 거두지 못하였다.[25] 관련
실증조사는 이명박 정부 조직개편의 조직효과성(민원만족도, 국민 정책만족도, 전문
가 정책만족도 등의 측면에서)을 부정적으로 파악하였다(박용성 외, 2014).

요컨대 한국의 정부조직 개편은 적어도 정부 조직의 효율성이나 정책추진 효
과성을 지향하는 수단으로서는 실효성이 낮았다. 더구나 개혁적 목적이 조직개편
의 진정한 목적인 경우도 그다지 많지 않았다. 한국의 정부조직 개편은 정권의
개혁 의지 표명과 같은 정치적 목적에 비중을 두는 경향을 보여 왔다. 특히 대폭
적인 조직개편은 대부분 정권교체 직후에 대통령의 통치 철학을 실현하거나 이전
정권에 봉사한 관료제를 불신하여 이를 통제하려는 의도에서 추진되었다. 김영삼
정부 이후에 있었던 네 차례의 큰 개편이 모두 그랬다.[26]

정책 우선순위를 재조정하기 위한 목적의 조직개편 또한 드물지 않았다. 예컨
대 제1공화국 당시 부흥부와 외자청이 신설된 것은 전재복구(戰災復舊)가 국가의
당면 목표임을 강조하려는 것이었고, 1960년대 경제기획원의 설치는 제3공화국의
경제발전 정책이념을 강조하려는 측면이 강하였다(안해균, 1988: 56, 195).

상징적 효과를 노린 조직개편도 적지 않았다. 예컨대 1994년 조직개편에서 종
래의 보건사회부를 보건복지부로 개명함으로써 외관상 복지를 중시한다는 인상
을 주었으나 실제 하부기구는 도리어 축소된 것이나, 역시 1994년 조직개편에서
환경처를 환경부로 위상을 높였으나 예산이나 기능 면에서는 과거에 비해 달라진
것이 없었던 점은 해당 조직개편의 성격을 방증한다(정용덕, 1995). 유사한 사례로
정권의 브랜드 부처 신설을 들 수 있는데, 이명박 정부의 지식경제부, 박근혜 정
부의 미래창조과학부 등이 이에 해당한다. 이러한 부처는 5년 단임의 정권과 더
불어 폐지되거나 명칭이 변경되는 등 대부분 단명에 그쳤다(남궁근, 2023: 582).

전략적 편의 목적의 조직개편도 종종 있었다. 김영삼 대통령이 1996년 조직개
편 시에 통합해양 행정기구인 해양수산부를 신설한 것은 신 해양시대에 대비하여
해양 국가를 건설하려는 김대통령 의지의 표현이기도 하였지만, 다른 한편으로는
대통령 선거에서 자신을 지지해 준 부산 지역에 보답함으로써 향후 정치적 지지
기반을 계속 유지하려는 의도도 있었다. 이 때문인지 그 후 해양수산부는 조직개

---

25) 조태준·황혜신(2009: 142-148), 박천오(2011), 박용성 외(2014) 참조.
26) 문명재(2008), 조성한(2008), 박대식(2009: 151), 염재호(2009) 참조.

편이 있을 때마다 폐지 논란에 휩싸였다. 해양수산부는 김대중 정부의 2차례 조직개편(1998년, 1999년) 과정에서 그 규모가 대폭 축소되었고, 2008년 이명박 정부의 조직개편으로 폐지되었다.[27] 김대중 정부의 여성부 신설 배경에 대해서도 대중영합주의(populism)라는 비판이 제기되었다(이창원, 2002: 66).

집권 정부가 정치적으로 궁지에 처했을 경우 이를 돌파하기 위한 '비장의 카드'로 조직개편을 활용하기도 하였다. 1994년 김영삼 정부의 조직개편은 당시의 정치적 난관(정기국회에서의 날치기예산안 통과, 성수대교 붕괴, 군기문란 사건 등)을 벗어나기 위한 국면 전환에 목적이 있었다(정용덕, 1995). 박근혜 정부가 2014년 세월호 참사의 후속 조치로 기존 소방청과 해양경찰청을 폐지하고 신설한 국민안전처는 문재인 정부 출범 직후 해체되어 원상복귀 되었다(남궁근, 2023: 582).

전체적으로 한국에서는 조직개편이 정부조직 구조와 환경에 대한 체계적인 진단을 토대로 추진되는 경우가 드물었다. 대부분의 조직개편이 기존 편제의 문제점, 국내외 환경변화, 미래지향적인 새로운 국정업무의 필요성 등에 대한 정밀한 분석에 기초하기보다 정권교체와 같은 정치적 조건변화에 따라 결정되고 추진되었다.[28] 또한 조직개편이 청와대 중심으로 '개혁의지의 표현,' '권력재분배'와 같은 정치적 목적을 위해 즉흥적으로 혹은 급하게 추진됨으로써(박우순, 2002: 51; 이창원·임영제, 2009: 16), 조직개편으로 발생될 수 있는 상황과 문제에 대한 사전 대비가 거의 없어 조직개편 이후의 후속 관리에 혼란과 어려움이 따랐다(조태준·황혜신, 2009: 206-207).

예컨대 조직개편으로 인해 복수의 부처가 한 부처로 통합된 경우, 부처 내 구성원 비율이 낮은 모체조직 소속 공무원들은 다양한 어려움과 불이익을 겪게 되지만 이에 대한 적절한 관리가 이루어지지 않았다. 실증 조사에서 이들 공무원의 불만과 우려는 다음과 같이 파악되었다(박천오, 2011).

① 자신들의 조직이 다른 조직에 흡수되어 그 속에서 불이익을 받고 있다는 열등감을 지니고 있다. ② 통합 부처 내 구성 비율이 높은 모체조직 출신 공무원들의 이질적 조직문화에 지배당하고 있다는 불편함과 소외감을 느낀다. ③ 이전 모체조직의 기능과 임무의 비중이 통합 부처 내에서 크게 위축되었다는 인식을 지니고 있다. ④ 기존 모체조직에서의 인적 네트워크가 통합조직 내에서 무너져 자신의 존재감을 왜소하게 느끼며, 알지 못하는 사람들과의 극단적인 경쟁 상황

---

27) 강윤호(2003), 문화일보(2008.2.18) 참조.
28) 박수경(2003), 조성한(2008), 염재호(2009: 85-86) 참조.

으로 내몰린다는 위기의식을 지니고 있다. ⑤ 자신의 신분, 승진 지체, 보직경로
의 불투명성, 업무 전문성 저하 등을 우려한다. ⑥ 개인적 선호, 적성, 전문성을
무시한 채, 출신 부처를 달리하는 공무원들의 업무를 서로 섞는 이른바 '융합인사'
로 인해 업무만족도와 사기가 크게 저하된 상태이다.

11.6 ▶ 결   어

　서구의 기존 연구들이 밝히듯이 정부조직 개편은 개혁 목적을 실현하기 어려
운 반면, 부작용을 초래할 위험성이 크다. 특히 다수의 부처를 통폐합 하는 등 대
규모 조직개편은 막대한 자원소모, 업무전문성 와해, 조직구성원들의 인간관계
붕괴 등 여러 부작용과 현실적인 희생을 초래할 수 있는데 반해, 그 결과는 불확
실하다(남궁근, 2023: 581). 그런데도 한국에서는 그동안 이런 식의 조직개편이 매
우 빈번하였다.

　향후 정부는 조직개편의 추진 여부를 결정함에 앞서 조직개편 외에 다른 대안
은 없는지를 숙고하는 것이 바람직하다. 실제로 행정 문제들 가운데는 조직구조
와 무관한 것이 많고, 조직구조와 연관성이 있는 문제도 조직개편보다는 조직구
성원들의 행동변화를 유도하는 등의 다른 방안을 강구하는 편이 더 나은 성과를
거두는 경우가 많다.[29] 예컨대 여러 기관에서 분산 처리되는 공공문제의 경우 조
직통합을 하기보다는 기존 조직들 간 협력을 증진할 방안을 모색하는 편이 훨씬
더 현실적이다(Bardach, 1998). 한국에서는 그동안 부처 간 협력체계를 강화하려는
노력이 드물었다. 특히 소규모일지라도 전문성이 필요한 부처는 통폐합하기보다
그대로 유지하는 것이 바람직하다. 인사혁신처, 금융감독위원회, 공정거래위원회,
개인정보보호위원회 등이 이러한 부처에 해당한다. 이들 부처는 통폐합될 경우
그간 각 조직에서 쌓인 전문성이 와해될 수 있다(남궁근, 2023: 583).

　조직개편 결과의 불확실성에 비춰볼 때, 정부조직 개편은 가능한 심각한 환경
변화 등 부득이한 경우에 한해 추진되어야 한다. 이때도 국민과의 공감대를 형성
하고 관련 공무원들의 협조하에 소폭 개편을 점진적으로 추진하는 것이 바람직하

---

29) 이와 관련하여 Seidman(1970)은 조직개편이 행정개혁 방안으로는 한계가 있음에도 불구하고 거
　듭 추진되는 것은 보다 효과적인 대체 방안이 연구·제시되지 않기 때문으로 본다.

다. 그래야만 결과의 불확실성을 어느 정도 줄일 수 있다(김영평, 1993: 27-29). 점진적 조직개편이 원칙 없는 땜질식 단기 처방이 되지 않기 위해서는 조직개편 시에 체계적인 조직진단이 선행되어야 하며, 기능 분석과 함께 조직문화 등에 대한 검토도 이루어져야 한다. 조직구조의 변화만으로는 의미 있는 성과를 기대하기 어렵다.

정부조직 개편이 정치적 효과를 성취할 가능성은 상대적으로 크지만, 심각한 부작용을 수반할 우려가 있는 경우는 개편을 지양하는 것이 바람직하다. 정치적 효과를 노린 조직개편은 정부의 기능수행에 혼란을 빚고 국가의 자원을 낭비하는 결과를 가져올 수 있기 때문이다. 정부조직은 정부가 추진하는 정책을 입안하고 집행하는 기본 틀이므로 가능한 지속성과 안정성이 요구된다.

참고문헌

강윤호. (2003). 정부조직 개편의 과정과 결과(해양수산부를 중심으로). 「사회과학연구」. 19(1): 1-19.

김근세·권순정 (2003). 작은 정부?: 김영삼 행정부의 정부규모에 관한 실증적 분석. 「한국행정학보」, 31(3): 275-293.

김병섭·박광국·조경호. (2007). 「우리 정부조직 이야기」, 파주: 법문사.

김영평. (1993). 행정개혁의 논리와 방향. 김영평·최병선 편저. 「행정개혁의 신화와 논리]」, 21-46. 서울: 나남.

남궁근. (2022). 「민주화 이후 국정운영」, 파주: 법문사.

_____. (2023). 「민주화 이후 국정운영」 제2판, 파주: 법문사.

문명재. (2008) '정부조직개편과 국정운영의 이론과 실제. 한국행정학회 세미나 발표논문.

박대식. (2009). 정부조직개편 결정과정 비교분석: 전면개편과 부분개편을 중심으로. 「한국조직학회보」, 6(3): 143-172.

박수경. (2003). 김대중 정부의 조직개혁 분석. 「한국사회와 행정연구」, 14(1): 77-96.

박용성 외. (2014). 대부처 중심의 조직개편이 조직효과성에 미치는 영향분석: 정책·민원만족도를 중심으로. 「한국인사행정학회보」, 13(2): 299-319.

박우순. (2002). 김대중 정부 조직개편의 성과와 전망. 「한국행정연구」, 11(2): 41-74.

박천오. (2005). 한국 정책과정에서의 부처가 권력관계에 관한 실증연구. 「행정논총」. 43(3): 1-27.

_____. (2011). 이명박 정부의 조직개편에 대한 공무원 인식: 통합부처 소속 공무원을 중심으로. 「행정논총」, 49(1): 1-30.

백완기. (1995). 던져진 행정개혁 주사위, 문제는 추진과정. 「자유공론」, 1: 102-121.

안해균. (1988). 「한국행정체제론」. 서울대학교 출판부.

염재호. (2009). 한일 행정개혁의 비교연구: 정부조직개편의 제도론적 접근. 「정부학 연구」, 15(2): 71-106.

오석홍. (2008). 우리나라 행정개혁의 진로. 오석홍 외, 「행정개혁실천론」, 305-320. 파주: 법문사.

오재록. (2009). 정부조직개편에 따른 기획재정부의 권력관계 변화 분석. 「행정논총」, 47(2): 211-231).

이석환. (2008). 산업·경제행정조직. 「한국행정 60년」, 한국행정연구원 편, 151-165.

이창길. (2008). 국정관리조직. 「한국행정 60년」, 한국행정연구원 편, 109-127.

이창원. (2002). 김대중정부 정부기구개편에 대한 평가. 행정개혁시민연합 편. 「정부개혁평가와 공약 모니터링」, 60-83. 서울: 한울아카데미.

이창원·임영재. (2009). 우리나라 민주화 이후의 정부조직개편의 특성에 관한 고찰: '작은 정부론'적 시각을 중심으로. 「한국정책과학학회보」, 13(4): 1-17.

정용덕. (1995) '한국의 정부조직개편' 한국행정학회 국제학술대회 발표논문.

조석준·임도빈. (2019). 「한국 행정조직론」, 파주: 법문사..

조성한. (2008). 정부조직구조의 영향요인. 「한국조직학회보」, 4(2): 1-18.

조태준·황혜신. (2009). 「대부처주의(부처통합)의 효과와 성공요인에 관한 연구」. KIPA 연구보고서 2009-17.

주재현. (2008). 사회·문화행정조직. 「한국행정 60년」, 한국행정연구원 편, 166-195.

최성욱. (2001). 정부조직개편에 있어 문화통합 논리의 모색. 「한국정책학회보」, 10(3): 17-40.

행정안전부. (2008). 「정부조직개편 백서」.

황성돈. (1998). 정치타협으로 좌초한 행정개혁의 심장부. 「월간시사평론 길」, 98(3): 60-65.

황윤원 외. (2003). 「정부개혁론」, 서울: 박영사.

Allison, Graham T. (1972). The Power of Bureaucratic Routines: The Couban Missile Crisis. in Francis E. Rourke (ed.), *Bureaucratic Power in National Politics*, 81-99. Boston: Little, Brown.

Argyrades, D. C. (1965). Some Aspects of Civil Service Reorganization in Greece. *International Review of Administrative Sciences*. 31(4): 297-307.

Bardach, Eugene. (1998). *Getting Agencies to Work Together: The Practice and Theory of Managerial Craftmanship*. Washington, DC: Brookings Institutions.

Bolman, Lee G. & Terrence E. Deal. (1985). *Modern Approaches to Understanding and Managing Organizations*. San Francisco: Jossey-Bass Publishers.

Brown, R. G. (1979). *Reorganizing the National Health Service: A Case Study in Administrative Change*. Oxford: Blackwell/Robertson.

Cohen, Steven & William Eimicke. (1995). *The New Effective Public Manager*. San Francisco: Jossey-Bass Publishers.

Conant, James K. (1986). Reorganization and the Bottom Line. *Public Administration Review*. 46(1): 48-56.

Downs, Anthony. (1967). *Inside Bureaucracy*. Boston: Little, Brown.

Downs, George W. & Patrick D. Larkey. (1986). *The Search for Government Efficiency*. Philadelphia: Temple University Press.

Emmerich, Herbert. (1971). *Federal Organization and Administrative Management*. The University of Alabama Press.

Fesler, James W. & Donald F. Kettl. (1991). *The Politics of the Administrative Process*. Chatham, New Jersey: Chatham House Publishers, Inc.

Fisher, Louis & Ronald C. Moe. (1981). Presidential Reorganization Authority: Is it Worth the Cost?. *Political Science Quarterly*. 96(2): 301-318.

Garnett, James L. (1984). Why State Executive Reorganization Occur: Competing and Complementary Theoretical Perspective. in Robert Miewald and Michael Steinman (eds.), *Problems in Administrative Reform*, 197-221. Chicago: Nelson-Hall.

Gortner, Harold F., Julianne Mahler, & Jeanne Bell Nicholson. (1997). *Organization Theory: A*

Public Perspective. New York: Harcourt Brace College Publishers.

Kaufman, Herbert. (1978). Reflection of Administrative Reorganization. in Frederick S. Lane (ed.), *Current Issues in Public Administration*, 214-233. New York: St. Martin's Press.

Lynn, Laurence E. (1981). *Managing the Public Business: The Job of the Government Executive.* New York: Basic Books.

Mansfield, Hanry C. (1969). Federal Executive Reorganization: Thirty Years of Experience. *Public Administration Review.* 29(4): 332-345.

March, James G. & Johan P. Olson. (1983). Organizing Political Life: What Administrative Reorganization Tells Us about Government. *American Political Science Review.* 77(2): 281-296.

Meier, Kenneth J. (1993). *Politics and The Bureaucracy: Policymaking in the Fourth Branch of Government.* Pacific Grove, California: Books/Cole Publishing Company.

Miles, Rufus E. (1977). Considerations for a President Bent on Organization. *Public Administration Review.* 37(2): 155-162.

Moore, Patricia. (1998). Reorganization. in Jay M. Shafritz (ed.), *International Encyclopedia of Public Policy and Administration.* 1955-1958. Boulder, Colorado: Westview Press.

Mosher, Frederick C. (1967). *Governmental Reorganization: Cases and Commentary.* Indianapolice: Bobbs-Merrill.

Palumbo, Dennis & Steven Maynard-Moody. (1991). *Contemporary Public Administration.* New York: Longman.

Peters, B. Guy. (1995). *The Politics of Bureaucracy.* N.Y: Longman.

Radin, Beryl A. & Willis D. Hawley. (1988). *The Politics of Federal Reorganization: Creating U.S. Department of Education.* New York: Pergamon Press.

Riccucci, Norma A. & Frank J. Thompson. (2008). The New Public Management, Homeland Security, and the Politics of Civil Service Reform. *Public Administration Review.* 68(5): 877-890.

Salamon, Lester M. (1981). The Question of Goals. in Peter Szanton (ed.), *Federal Reorganization: What Have We Learned?* 58-84. Chatham, New Jersey: Chatham House Publishers, Inc.

Schick, Allen. (1981). The Coordination Option. in Peter Szanton (ed.), *Federal Reorganization: What Have We Learned?* 85-113. Chatham, New Jersey: Chatham House Publishers, Inc.

Seidman Harold. (1970). *Politics, Position, and Power: The Dynamics of Federal Organization.* New York: Oxford University Press.

Seidman, Harold & Gilmore, Robert. (1986). *Politics, Position, and Power: From the Positive to the Regulatory State.* New York: Oxford University Press.

Simon, Herbert A. (1946). The Proverbs of Administration. *Public Administration Review.* 6(1): 53-67.

Stull, Donald D., Steven Maynard-Moody, & Jerry Mitchel. (1988). The Ritual of Reorganization in a Public Bureaucracy. *Qualitative Sociology.* 11(3): 215-233.

Staton, T. H. (2004). Organizational Structure and Government Performance. http://www.lhc. ca.gov/ lhedir/reorg/stantonNov04.pdf.

Szanton, Peter. (1981a). So You Want to Reorganize the Government? in Szanton, Peter. (ed.), *Federal Reorganization: What Have We Learned? 1-21.* Chatham, New Jersey: Chatham House Publishers, Inc.

_____. (1981b). What Are We Talking About, and Why? in Szanton, Peter. (ed.), *Federal Reorganization: What Have We Learned?* 25-32. Chatham, New Jersey: Chatham House Publishers, Inc.

Thomas, Craug W. (1993). Reorganizing Public Organization: Alternatives, Objectives, and the Evidence. *Journal of Public Administration Research and Theory.* 3(4): 457-486.

Vogelsang-Coombs, Vera & Marvin Cummins. (1982). Reorganization and Reforms: Promises. *Review of Public Personnel Administration.* 2(2): 21-34.

_____. (1999). Reorganization and Reforms: Promises, Promises. in Richard C. Kearney and Evan M. Berman (eds.) *Public Sector Performance: Management, Motivation and Measurement.* 148-162. Boulder, Colorado: Westview Press.

PART 03

한국 정부관료제와
정책과정

제3편에서는 한국 정부관료제의 정책과정상 활동 양상을 다양한 각도에서 조명한다. **제12장은** 행정기관들 간 권력 분포와 상호작용 패턴에 관한 이론을 소개하고, 한국 중앙부처들 간 해당 현상을 실증 조사한 결과를 제시함으로써, 행정부 정책과정의 주요 측면을 밝힌다. **제13장은** 행정기관 간 경계를 뛰어넘는 협업행정의 중요성을 설명하고, 한국에서 이러한 행정이 추진되는 양상과 발전 과제에 대해 논의한다. **제14장은** 정치적 민주화의 진척과 지방자치의 실시로 말미암아 한국 지방정책과정에서 이익집단이 수행하는 정책적 기능이 얼마나 활성화되었는지를 실증 조사한 결과를 제시한다. **제15장은** 근래 수적으로 급성장한 한국 여성공무원들이 대표관료제 이론이 제시하듯이 정책과정에서 한국 여성을 대표하는 역할을 실제로 수행할 수 있는지의 의문과 관련된 실증조사 결과를 제시한다.

한국 정책과정상 부처 간 권력관계

12.1 서 언

현대 정책과정에서 핵심 기능을 담당하는 행정부는 고유의 정책영역을 가진 다수 부처들로 구성된다. 일반적으로 각 부처는 자율적으로 운영되므로 자신과 직접적인 관련성이 없는 한 타 부처의 관할영역과 정책문제에 개입하지 않는다 (남궁근, 2023: 7). 그러나 오늘날 각 부처의 관할권을 상호배타적으로 명확히 설정하기는 어렵다. 다수 부처의 관할영역에 중첩적으로 속하는 정책이슈들(cross-cutting policy issues)이 날로 증가하고 있기 때문이다. 부처 간 영역 구분이 점점 더 모호해지면서 관할권이 중첩된 정책의 결정과 집행 등에 있어 부처 간 협력과 조정의 필요성도 증대되고 있다.

그러나 현실은 관련 부처들이 여러 이유로 정책과정에서 상호 대립·갈등하는 양상을 나타내기 쉽다. 부처들 간 경쟁과 갈등이 심각하거나, 정치권력이 특히 강한 일부 부처가 여러 영역의 정책을 좌우할 경우, 전체 정부 차원에서의 바람직한 정책결정과 집행을 기대하기 어렵다. 실제로 많은 국가에서 이로 인한 폐단이 문제되고 있다. 한국에서도 이 점에 주목해야 할 현실적 필요성이 크다(이송호, 2001: 70). 이와 관련하여 이 장에서는 부처 간 권력관계에 대해 논의하고, 한국에서의 부처 간 권력 분포와 상호작용 패턴에 관한 실증 조사한 결과를 제시한다.

---

* 이 장은 「행정논총」(2005년 제43권 3호)에 게재된 박천오의 논문을 재구성한 것임.

12.2 ▶ 부처 간 상호작용과 네트워크

현실의 정책과정은 대부분 합리성의 논리보다 정치적 논리에 의해 좌우된다. 정책과정의 성격이 사회문제 해결을 모색하는 기술적 과정이기보다 이해당사자들이 끊임없이 상호작용하는 정치과정에 더 가깝기 때문이다. 전자의 과정에서 전문성이 관련 활동의 중심 기준이 된다면, 후자의 과정에서는 관련자들 간 네트워크(network)와 정치권력 관계가 핵심 변수로 작용한다.[1]

일반적으로 네트워크는 조직 간 관계 패턴에 관한 개념으로서, 자원교환과 상호의존성에 초점을 두는 조직 간 이론(inter-organization theory)에서 많이 다뤄진다. 정책학에서 네트워크는 정부기관 간 그리고 정부기관과 외부 주체들 간 복잡한 상호관계를 나타내는 개념으로 주로 사용된다.

공공정책에 대한 네트워크 접근에는 적어도 세 가지가 전제된다.[2] 첫째, 관련 행위 주체들 간 상호의존성이다. 즉 특정 행위 주체는 정책과정상 목표 달성에 있어 다른 행위 주체들에 의존적인 입장에 있다. 둘째, 정책은 다수 행위 주체 간 상호작용 과정의 결과이다. 정책네트워크는 상이한 목표와 이해관계를 가진 다수 독립적 행위 주체들로 구성되며, 이들 간에는 영향력의 차이는 있을지언정 어느 주체도 지배적이지 못하다. 셋째, 행위 주체들 간 의존성과 상호작용 패턴은 일정한 밀도(density)와 지속성을 지닌다.

네트워크 개념은 행정부 내부의 부처들 간 관계를 설명하는 데 매우 유용하다. 행정부는 준독립적인 성격의 다수 부처가 상호 느슨하게 연결된 일종의 집합체(a conglomerate)이고, 행정부의 많은 결정이 이들 부처 간 상호작용으로 이루어지며, 이러한 상호작용에 일정한 패턴이 존재하기 때문이다(Rhodes, 1977).

오늘날 부처들 간 네트워크는 현대 정부에서 가장 큰 도전이 되는 빈곤, 실업, 마약과 같은 이른바 난잡한 문제들(messy problems)을 해결하는 데 필수적이다(Keast et al., 2004: 363). 이들 문제는 여러 정책영역에 중첩적으로 속해 있어 단일 부처에 의한 해결이 불가능하고, 관련 부처들 간 네트워크 구조에 의한 통합적이고도 전체적인 접근(integrated and holistic responses)으로만 해결의 실마리를 찾을 수 있기 때문이다. 더구나 부처 간 네트워크에는 풍부한 정보와 다양한 시각의

---

1) 정정길(2003: 215), 김석준(2000: 195-199) 참조.
2) Klijn & Koppenjan(2000), Keast et al.(2004: 364-365) 참조.

활용, 결정내용의 정당성 확보, 결정결과에 대한 관련 주체들의 높은 수용성과 같은 이점이 존재한다.[3]

그러나 정책문제가 여러 부처에 걸쳐 있는 상황에서 부처들 간 관계는 문제해결을 위해 상호의존적·협력적으로 작동하는 정책공동체(policy community)의 성격을 띠기보다, 상호 이해의 공유도가 낮고 경쟁적인 이른바 네거티브 섬 게임(negative sum) 관계의 특성을 나타내는 경향이 있다.[4] 이는 각 부처의 일차적 관심이 국가 차원의 목적 달성보다 조직의 국지적인 시각과 이해관계에 집중되기 때문이다. 서구에서는 부처들 간 상호작용 과정에 정당이나 의회의 관련 상임위원회가 가담함으로써 정책과정이 더욱 복잡해지기도 한다.

다원주의 학자들은 이 같은 부처들 간 경쟁적 상호작용을 그다지 큰 문제로 보지 않는다. 이들 학자는 누구나 동의할 수 있는 공익이란 것이 존재하지 않는 상황에서, 이해관계가 있는 사회 관련 집단들 간 밀고 당기는 힘의 상호작용을 통해 도출된 균형점을 정책에 반영하는 것을 가장 현실적인 민주주의 구현으로 여긴다. 이런 관점에서 Seidman & Gilmore(1986)는 행정부 역시 다원주의 사회의 다양한 가치, 갈등, 경쟁적인 이익을 반영하도록 구조화되고 운영되어야 한다는 '행정부 내 다원주의'를 주창하였다.

그러나 다원주의 관점에 대해서는 행정부처들 간 힘과 영향력에 차이 때문에 정책과정상 공정한 교환게임이 이루어지기 어렵다는 지적과, 행정부 내 다원주의는 부처들 간에 이익 대변 구도의 골을 깊게 형성시켜 각 부처가 공익보다는 특정이익을 더 옹호하게 만들고 부처 간 갈등을 유발한다는 반론이 제기되었다(이달곤, 2000).

12.3 ▶ 부처 간 권력관계

1. 부처 간 경쟁과 갈등

부처 간 갈등은 권한과 지위 면에서 횡적으로 동렬에 있는 복수의 부처가 상

---

3) Keast & Brown(2002), Klijn & Koppenjan(2000) 참조.
4) Mandell(1988), 이희선·윤상오(1999) 참조.

호의존적인 정책 활동이 필요한 상황에서, 상호 의견 불일치 등으로 인해 긴장 상태가 유발되는 것을 의미한다(Klausner & Grove, 1994: 355-356). 부처 간 갈등은 부처마다 현상에 대한 지각과 가치관이 다르거나 상반된 이해관계를 가질 때 흔히 발생할 수 있다.

먼저, 정책문제와 해결책에 대한 관련 부처들 간 인식 차이는 주요 갈등요인이 된다. Schattschneider(1960)는 나름의 특정한 가치나 선호를 정치과정에 반영하려는 조직의 경향을 "편견의 동원(mobilization of bias)"으로 표현하였다. 그가 말하는 조직은 본래 이익집단이나 정당이지만 행정기관도 이들과 크게 다르지 않다.

현실 세계에서 각 부처는 국방, 농림, 환경, 보건복지, 노동 등과 같은 기관 명칭에서부터 특정한 정책정향과 가치 그리고 활동의 방향성을 드러낸다. 부처 간 경쟁과 갈등은 각 부처가 임무 수행과 연관된 사회문제나 정책에 대해 경도된 입장을 보이기 때문에 발생하는 경우가 많다(Morrow, 1980: 4-5). 각 부처의 이러한 편협성은 소관 업무 위주의 가치 전제와 상황인식, 조직목표에 입각한 선별적 정보수집과 해석 등 다양한 요인들에 의해 조장·강화되며,[5] 이는 해당 부처의 정책문제에 대한 정의, 정책목표, 대안 선택 등에 투영된다.

개별 부처의 정책입장과 우선순위는 정책 현안이나 정치사회적 상황의 특수성과 무관하게 일관성을 유지한다(Allison, 1972). 그러므로 양립되기 어려운 목표를 추구하는 관련 부처들 간에는 갈등 소지가 구조적으로 내재 되어 있다. 이런 연유로 전쟁이나 천재지변이 발생할 시에만 행정기관들의 과업 수행이 범정부적인 차원에서 조정·통일될 수 있다는 극단적인 주장이 제기되기도 하였다(Long, 1949).

각 부처는 이해관계 때문에도 정책과정상 상호 대립한다. 일반적으로 각 부처는 정책의 관할권이나 주도권을 확보하기 위해 경쟁하며, 여기에는 조직구성원들의 개인적 동기와 기관 자체의 생존(혹은 확대)전략이 함께 작용한다. 공공 선택론적 관점에서 보면, 각 행정기관과 소속 관료들은 자신들의 이해와 선호를 추구하고 효용을 극대화하려는 합리적 행위 주체라고 할 수 있다. 부처 간 관할권 갈등은 미개척 영역을 선점하기 위한 경쟁이거나 기존 영역에 대한 쟁탈전 성격을 띤다. 각 부처는 타 부처 관할에 속하는 정책영역에서 각종 사업을 추진하는 전략을 구사하기도 한다(윤상오, 2005: 165).

---

5) Allison(1972), Yates(1986), Freeman(1972) 참조.

Downs(1967: 79-91), Dunleavy(1991) 등은 정부 부처들이 더 많은 예산, 인원, 정책영역 등을 확보하기 위해 타 부처와 경쟁하는 경향을 보이는 것은 이를 통해 구성원들이 더 많은 보상(권력, 이익, 평판 등)을 얻고 기관의 생존 능력을 강화할 수 있기 때문으로 보았다. Tullock(1965), Niskanen(1971)과 같은 학자들 역시 관료들이 개인적인 이익과 동기를 추구하기 위해 소속기관의 예산과 규모를 확대하려는 성향을 보인다고 지적하였다. 이처럼 행정기관이 합리적 행위 주체로서 정책과정상 자신의 이해관계 위주로 활동하는 한 성격상 민간 부문의 이익집단들과 크게 다를 바 없다(Yates, 1982: 76).

사례 1 │ 부처 간 갈등

[낯뜨거운 통상 밥그릇 싸움]

최근 한국에서는 새 정부(윤석열 정부) 조직 개편 과정에서 산업부 산하에 있는 통상교섭본부 조직을 외교부로 옮기느냐, 마느냐를 두고 산업통상자원부와 외교부가 갈등을 빚었다. 두 부처는 전직 장·차관을 동원한 여론전(戰)은 물론 인수위에 대한 로비전, 익명의 인터뷰를 통한 비방전까지 펼쳤다.

외교부는 최근 미·중 패권경쟁 등 외교·안보적 이해관계가 통상에 큰 영향을 미치는 만큼, 통상기능을 가져와야 한국의 경제안보 역량이 강화될 것으로 본다. 지난해 요소수 사태처럼 최근 통상 환경 변화에 산업부가 적절히 대응하지 못하고 있다는 입장이었다. 산업부는 통상이 반도체·배터리 등 핵심 산업 중심으로 벌어지고 있어, 산업기술에 대한 전문성이 필요하다는 방어 논리를 내세웠다. 산자부는 재계의 지원사격도 받고 있다. 통상 기능을 둘러싼 두 부처의 '핑퐁 게임'은 거의 30년 가까이 진행되어 왔다.

통상은 경제적 요소와 외교적 요소가 섞여 있는 만큼 산업부 또는 외교부가 상호 협력 없이 단독으로 할 수 있는 일이 아니다. 통상을 누가 가져가든 간에 산업부·외교부 간 감정의 골이 깊은 지금의 상황이 지속된다면 두 부처 간 유기적 융합·협력이 제대로 이뤄지기 어렵다. 통상이 어느 부처에 속하느냐보다 현안이 생겼을 때 어떻게 유기적으로 협력하고 대응하냐가 중요한 것이다.

출처: 중앙일보(2022. 4. 6) '노트북을 열며'(손해용) 요약.

일각에서는 각 부처가 예산의 팽창보다는 자율권(autonomy) 고수를 오히려 더 원한다는 주장도 제기되었다(Holden, 1966: 943-51). 여기서 자율권은 한 기관이 독특한 일체성(a distinctive identity)을 성취하고 유지할 수 있는 수준의 독립된 상태를 말한다(Selznick, 1957: 121). 자율권의 외부적인 측면은 독립성으로서 관할권

(jurisdiction) 혹은 영토(domain)와 같은 의미이다(Wilson, 1989: 179-180).6) 부처의 자율권 증대는 구성원들 사이에 응집성과 사명 의식을 심을 수 있는 매력이 있어 과업 확대나 예산 증대보다 더 중시된다는 것이다(Wilson, 1989: 183).

자율권을 확보하려는 부처의 경향 역시 타 부처들과의 협력을 어렵게 하는 변수이다. 행정기관은 자율권을 고수하기 위해 타 기관으로부터의 통제에 대해 저항하기도 한다. 예컨대 1970년대에 미국 환경처(Environmental Protection Agency)가 공기업인 TVA(Tennessee Valley Authority)에 대해 전력시설에서 방출하는 특정 오염물질의 양을 줄일 것을 지시하였을 때, TVA는 Pacific Gas & Electric Company와 같은 민간회사들보다 훨씬 더 오랫동안 환경처의 규정을 따르지 않았다(Wilson, 1989: 192-194).

부처들 간 갈등은 조직설치의 토대가 서로 다른 탓에 발생하기도 한다. 부처들은 목적(purpose), 과정(process), 고객(clientele), 장소(place) 등에 기초하여 설치되며, 설치 원리가 다른 부처들 간 갈등이 빚어질 수 있다. 예컨대 고객 위주로 설치된 기관은 관련 고객의 모든 측면을 다루고자 하므로, 목적 위주의 기관과 충돌하게 된다(Fesler & Kettle, 1991: 86-90). 한 예로서 한국의 보훈처가 국가유공자의 보건 문제에 관여하려 하고, 보건복지부가 보건복지 기능 전반을 수행하려 할 때, 양 기관 간 관계는 긴장될 수밖에 없는 것이다.

일반국민과 직접 접촉하여 공공서비스를 제공하는 계선부처들과 예산, 조직관리, 인사관리 기능을 담당하는 참모부처들 간에도 갈등이 발생될 수 있다. 계선부처는 참모부처가 프로그램과 현장에 대한 지식이 없는 상태에서 자신에 대해 통제 권한을 행사한다는 인식을 가지는 반면, 참모부처는 정책에 대한 계선부처의 시각이 편협하여 정부 전반의 정책우선 순위 등에 대한 이해가 부족하다고 여기는 경향이 있기 때문이다(남궁근, 2023: 230-231).

한국의 경우는 특정 조직의 구성원들이 일과 관련하여 자신을 전문화시킴으로써 다른 조직의 구성원들과 차별화되는 사고방식을 갖게 되는 이른바 스키마(schema) 현상이 일부 부처(국토교통부, 국방부, 교육부 등)에서 강하게 나타나는 것도 부처들 간 갈등의 원인이 될 수 있다(조석준·임도빈, 2019: 490-491).

일반적으로 한국에서는 부처 간 갈등 발생의 1차 요인이 기관 간 기능중복과

---

6) 자율권의 내부적 측면은 일체성과 사명(identity and mission)으로서, 이는 구성원들 사이에 광범위하게 공유되고 승인된 소속기관의 핵심 과업에 대한 이해 정도라고 할 수 있다(Wilson, 1989: 179-180).

관할권 중복, 조직문화의 차이 및 가치관과 이념의 차이, 국가정책 우선순위 및 예산 배분에 관한 입장 차이, 정책의 수단과 집행 방법에 관한 인식 차이 등에 있고, 2차 요인은 이들 1차 요인을 적절히 관리할 수 있는 조정시스템과 메커니즘이 부족한 데 있다고 지적된다(박재희, 2004: 105).

2. 부처 간 갈등 조정과 권력관계

부처 간 갈등은 긍정적 효과와 부정적 효과의 상반된 결과를 가져올 수 있다. 부정적 측면에서 보면 부처 간 갈등은 정책 실패의 원인이 되기 쉽다(김영평 외, 1991: 312; 이성우, 1993a: 6). 다수 부처가 연관된 정책영역에서 각 부처가 자신의 관점과 이해관계에만 집착함으로써 갈등을 빚을 경우, 부처들 간 의사소통과 협력이 단절되어 정책결정의 타이밍을 놓칠 수 있다. 또한 경쟁 부처가 상호 중복·모순된 정책결정과 집행을 할 시에는 자원과 예산의 낭비를 가져오고 국민의 신뢰를 상실할 수 있다. 정책에 참여하는 부처의 수가 많고 정책 규모가 클수록 이러한 부작용의 위험은 커진다. 그럼에도 불구하고 각 부처는 해당 정책의 부정적 결과에 대한 책임을 타 부처에 전가하려는 경향을 보이는 경우가 많다(김영평, 1991; 이희선·윤상오, 1999).

그러나 부처 간 갈등은 각 기관이 구성원들의 응집성과 충성심을 제고시킴으로써 기관의 동질성(identities)을 공고히 하고, 타 부처들과의 경쟁에서 우위를 점할 수 있는 보다 설득력 있는 대안을 모색하게 하는 것과 같은 긍정적 효과를 가져올 수도 있다(Lan, 1997: 28-29). 다만 이러한 긍정적 효과가 있더라도 부처 간 갈등은 결국 조정되고 해소되어야 한다. 조정은 정책 내용 등을 둘러싼 부처들간 입장 차이와 갈등을 조율하는 것을 말한다(남궁근, 2023: 8). 다수 부처가 관련된 정책의 결정이나 집행은 이러한 조정을 통해서만 유기적으로 연결되고 일관성을 지니게 되어 정책의 실효성을 기대할 수 있다(박재희, 2004: 17; 이송호, 2001: 71).

정책이슈를 둘러싼 부처 간 갈등에는 각 부처의 분리된 임무, 경합적인 법적 지침(competing legal mandates), 부처별로 형성된 상이한 정책지지 집단과 수혜 집단, 자원획득을 위한 상호 경쟁과 같은 여러 요인이 작용한다. 이는 부처 간 자율적 조정이나 상위 계층에 의한 공식적 조정을 어렵게 한다(Jennings & Ewalt, 1998: 418; 남궁근, 2023: 7).[7] 사회적 가시성이 높은 이슈에는 대통령과 같은 정치지도자

---

7) 미국의 경우 1960년대의 위대한 사회건설 프로그램 집행에 있어서 다수 관련 기관 간 조정 실패

가 직접 개입하여 갈등 상황을 끝내는 경우도 있지만, 이는 예외적인 현상이다. 전문지식과 시간이 부족한 정치지도자가 부처 간 관계를 일일이 통제하기 어렵기 때문이다. 이처럼 부처 간 갈등이 상호 협상이나 공식적인 조정 장치에 의해 해소되지 못하는 상황에서는, 그러한 갈등은 관련 부처들 간 힘의 역학관계에 의해 권력적으로 종식될 가능성이 크다(Allison, 1972; Yates, 1982).

한국에서는 그간 부처 간 갈등이 빈번하고 이로 인한 폐단이 적지 않았다. 노령 인구의 증가, 저출산, 부동산값 급등, 불법체류자 증가와 같은 문제들이 심각한 상태지만, 관련 부처들이 각기 자기 부처와 직접적으로 연관된 사안들만을 산발적·부분적으로 다룸으로써 문제 해결의 실마리를 찾지 못한다는 비판을 받아 왔다. 통상, 과학기술, 국토개발계획, 교통, 환경 등의 정책영역에서도 부처 간 협력이 제대로 이루어지지 않아 관련 정책이 표류하는 경우가 특히 많았다.

부처 간 이견과 갈등을 조정하는 제도적 장치로서, 국무총리실·부총리실과 같은 조직과, 국무회의·경제장관회의·국가안보회의와 같은 회의가 있으나, 여러 이유에서 실효를 거두지 못하고 있다.[8]

관련 연구들은 부처 간 갈등이 주로 '관련 부처 실무자회의'에서 조정되며 이 과정에서 힘센 부처의 입김이 크게 작용한다는 사실을 밝혔다.[9] 그러나 부처들 간 정치권력 행사는 성격상 비공개적으로 이루어지고 은폐되는 탓에 그 동태적 측면을 실증적으로 검증하기 쉽지 않다.

3. 부처 간 권력분포와 환경변화

권력(power)은 상대방과의 비교를 통해서만 의미를 지니는 관계적 개념(relational concept)이다(Dahl, 1957: 203). 행정부처의 정치권력은 다수 부처가 연루된 정책과정에서 스스로의 정책 의지를 투입·관철시킬 수 있는 특정 부처의 상대적 역량(relative clout)을 뜻한다.

정치권력의 크기는 부처에 따라 차이가 날 수 있다. 타 부처들의 개입과 견제로 말미암아 자신의 소관 영역에서 마저 본연의 역할과 기능을 자율적으로 수행하지 못하는 약소 부처들이 있는 반면, 타 부처들에 대해 막강한 영향력을 행사

가 그 대표적인 사례이다(Pressman & Wildavsky, 1973).

8) 이성우(1993b: 57-106), 박재희(2004: 2), 조석준·임도빈(2019: 325-352) 참조.

9) 이성우(1993a), 박재희(2004: 52, 74) 참조.

하면서도 자신에 대한 타 부처들의 관여를 최소화하는 강한 부처들도 있다. 관련 부처들 간 조정과 협력을 도출할 수 있는 제도적 장치가 미흡할 경우, 행정부처 간 이러한 권력 격차는 행정부의 정책결정과 집행을 정책문제의 본질과 동떨어진 방향으로 이끌 수 있다. 권력이 강한 소수 부처의 논리에 의해 정책과정이 좌우될 것이기 때문이다.[10]

일반적으로 특정 부처의 정치권력은 조직 내부적인 변수와 조직 외부적인 변수에 의해 결정된다. 조직 내부적으로는 임무의 전문성, 구성원들의 결속력, 리더의 능력 등을 갖춘 조직일수록 정치권력이 강하다.[11] 조직 외부적으로는 행정수반, 의회, 일반국민, 이익집단, 고객(clientele), 정책대상집단, 여타 행정부처, 언론매체 등 외부 세력들의 지지를 받지만 특별한 견제(혹은 적대)세력이 없는 부처일수록 정치권력이 강하다(Rourke, 1984; Meier,1993; 1980). 이러한 경향은 한국 행정부처들에도 적용될 수 있다(김영평·신신우, 1991; 최병선, 1993).

한편, 행정부처 간 정치권력 분포는 사회 환경과 여건 등이 변함에 따라 바뀔 수 있다(Cronin, 1986). 예컨대 사회 환경변화는 행정수요의 증감을 초래하여 행정 각 부처의 예산과 인력에 변화를 가져오거나 각 부처의 임무에 대한 정치사회의 지지 수준을 바꾸어 놓을 수 있다는 것이다.

한국의 경우 1990년대 중반의 실증조사에 의하면, 공무원들은 재정경제원, 내무부, 법무부, 국방부, 총무처, 외무부, 통산산업부, 건설교통부 등의 순으로 정치권력이 강한 부처로 인식하는 것으로 나타났다(박천오·박경효, 2001: 334-353). 그러나 1990대 중반 상당수 국내 학자는 향후 국내외 정치·사회·경제적 상황과 정부 기능의 변화추세를 다음과 같이 전망하면서, 이로 말미암아 관련 부처들의 영향력에도 변화가 있을 것임을 시사하였다.[12]

첫째, 국민의 소득 및 생활수준의 향상으로 한국사회가 후기산업사회로 진입

---

10) 예컨대 1997년 외환위기를 초래한 주요 원인의 하나는 당시 재정경제원에 권력이 집중되었던 데 있다는 지적은 이런 맥락과 무관하지 않다(오재록, 2007: 325).

11) 첫째, 각 부처는 수행하는 기능과 관련된 전문성의 수준에 따라 권력에 차이가 날 수 있다. 예컨대 사회의 생존과 직접적인 연관성이 있거나, 사회 일반인들이 이해하기 어려운 매우 기술적(technical) 전문성이거나, 일반인들이 쉽게 인지하는 가시적 성과(tangible achievement)를 가져오는 전문성은 주요 권력 원천이 될 수 있다. 둘째, 조직구성원들 간 결속력이 강한 기관일수록 권력이 강하다. 여기서 결속력은 조직 또는 조직목표에 대한 조직구성원들의 충성심과 헌신성을 말한다. 셋째, 행정부처의 권력은 리더에 따라 달라진다. 리더는 조직 내부에서는 전문성을 높이고 구성원들의 결속력을 강화하며, 조직 외부로는 다양한 전략을 구사하여 정치적 동맹세력들을 육성·규합하는 구심점이 될 수 있다(Meier, 1993: 72; Rourke, 1984).

12) 김광웅 외(1992), 송하중(1993), 서삼영(1995) 참조.

함에 따라, 교육·환경·복지후생과 같은 분야의 행정기능이 팽창될 것이다. 둘째, 사회가 과학기술 변동을 중심으로 변화·경쟁하고 있어, 과학기술 개발이나 정보통신과 관련된 행정기능이 크게 확대될 것이다. 셋째, 개방화·국제화로 국가 간 경제 분야의 경쟁이 과열되고 있어, 경제발전을 위한 행정기능은 앞으로도 감소하지 않을 것이다. 넷째, 지방자치가 확대됨에 따라 중앙정부의 지방에 대한 통제기능이 약화될 것이다. 다섯째, 대외교섭의 중요성이 증대함에 따라 외교기능이 강화될 것이다.

다음에 제시하는 저자의 실증조사 결과는 학자들의 위와 같은 전망이 있고 10여 년이 경과한 시점에서 부처 간 권력관계의 변화 여부를 알려준다.

12.4 ▶ 실증조사 결과: 한국부처 간 권력관계

아래 내용은 한국에서의 부처 간 권력 분포와 상호작용 양상에 관해 저자가 2005년 한국의 6개 중앙부처 소속 127명 공무원들을 대상으로 실시한 설문조사 결과를 요약한 것이다.[13] 제시된 〈표 12-1〉과 〈표 12-2〉는 설문조사 분석의 일부이다.

첫째, 한국에서는 부처이기주의가 심하고 부처들 간 갈등이 빈번하지만, 이것이 외부로 공개되는 경우는 드물다. 〈표 12-1〉에서 보듯이 부처들 간 갈등은 관점의 차이보다는 이해관계가 상이한 데 기인하는 경우가 많으며, 정책집행 단계보다 정책입안 과정에서 좀 더 많이 발생된다.

둘째, 부처 간 갈등은 공식적·비공식인 여러 통로를 통해 해소되나, 부처들 간 권력 격차가 큰 탓에 정치권력이 강한 부처에 유리한 쪽으로 정책 방향이 조정되는 경우가 많다.

셋째, 부처 간 갈등이 특정 부처가 추진하는 정책결정과 집행에 장애가 되는 경우가 적지 않다. 예산이 낭비되거나 정책의 종합성과 일관성이 손상되는 경우도 드물지 않다.

넷째, 부처의 권력 규모를 결정짓는 기관 내부적 주요 요인들은 예산과 인력

---

13) 구체적인 조사방법과 조사결과는 박천오(2005) 참조.

규모, 기관의 법적·공식적인 권한 등이다. 기관 외부적인 주요 요인으로는 기관 업무에 대한 대통령의 관심과 지지, 기관장에 대한 대통령의 총애 등이 있다.

다섯째, 〈표 12-2〉에서 보듯이 2005년 현재 관료들이 피부로 느끼는 체감권력에 의하면, 재정경제부, 기획예산처, 중앙인사위원회, 행정자치부, 외교통상부, 법무부 등의 부처가 정치권력이 상대적으로 강한 것으로 나타났다. 이러한 조사결과는 앞서 1990년대 중반의 조사결과와 크게 다르지 않다. 1990년대 중반 학자들이 내놓았던 부처간 권력변화의 전망에도 불구하고, 2005년 시점에서 부처들 간기존 권력관계에 큰 변화가 없는 것으로 나타난 것이다. 전통적으로 정치권력이 강한 이들 부처는 앞으로도 상당 기간 부처 간 상호작용에서 강한 영향력을 행사할 것이다. 반면에 노동부, 문화관광부, 해양수산부, 농림부, 여성부 등은 정치권력이 상대적으로 약하며, 이러한 상황은 단기간에 바뀌지 않을 것이다.

〈표 12-2〉가 시사하듯이 복지, 정보·통신, 과학기술, 환경오염과 같은 정책영역의 중요성이 부각 됨에 따라, 향후 보건복지부, 정보통신부, 과학기술부, 환경부 등의 정치권력이 좀 더 강화될 가능성이 있지만 이러한 변화는 더디게 나타날 것이다.

다른 학자에 의한 실증 연구(이창길, 2007)도 〈표 12-2〉의 부처 간 권력 분포와 유사한 조사 결과를 보였다. 노무현 정부를 대상으로 한 이 연구는 부처들 간 상호작용 패턴을 파악하기 위한 지표의 하나로서 '중심성'이란 개념을 적용하였다.

〈표 12-1〉 부처 간 갈등 발생 원인과 시점

	관련 진술	동의수준	
		평 균	표준편차
발생 원인	부처 간 갈등은 부처 간에 이해관계가 다르기 때문에 발생된다	3.82	0.801
	부처 간 갈등은 부처 간의 임무와 가치관(정책성향)이 상이한 데서 비롯된다	3.47	0.805
	부처 간 갈등은 상호간의 정보교환이 부족한데서 비롯된다	3.23	0.818
	부처 간 갈등은 관련 법규의 모호성에서 비롯되는 경우가 많다	3.30	0.818
	부처 간 갈등은 예산부분을 둘러싸고 주로 발생된다	3.27	0.859
	부처 간 갈등은 관할권을 둘러싸고 주로 발생된다	3.69	0.802
발생 시점	부처 간 갈등은 정책입안과정에서 주로 발생된다	3.57	0.673
	부처 간 갈등은 정책집행과정에서 주로 발생된다	3.33	0.759

1 전혀 동의하지 않음, 5 전적으로 동의함.

〈표 12-2〉 부처 간 권력분포(2005)

구 분	현재 권력 및 순위[A]	향후 예상 권력 및 순위[B]	권력변화[B-A]
재 정 경 제 부	4.50(1)	4.14(1)	-0.36(0)
기 획 예 산 처	4.39(2)	4.17(2)	-0.22(0)
중앙인사위원회	4.17(3)	4.05(3)	-0.12(0)
행 정 자 치 부	3.95(4)	3.46(8)	-0.49(4)
외 교 통 상 부	3.48(5)	3.61(4)	0.13(-1)
법 무 부	3.33(6)	3.24(12)	-0.09(6)
정 보 통 신 부	3.28(7)	3.58(5)	0.3(-2)
교 육 인 적 자 원 부	3.25(8)	3.35(11)	0.1(-3)
건 설 교 통 부	3.24(9)	3.19(13)	-0.05(4)
산 업 자 원 부	3.13(10)	3.17(14)	0.04(4)
국 방 부	3.12(11)	2.98(17)	-0.14(6)
보 건 복 지 부	3.10(12)	3.58(5)	0.48(-7)
통 일 부	2.99(13)	3.36(9)	0.37(-4)
과 학 기 술 부	2.99(14)	3.36(9)	0.37(-4)
환 경 부	2.97(15)	3.48(7)	0.51(-8)
노 동 부	2.94(16)	3.14(15)	0.2(-1)
법 제 처	2.94(16)	2.98(17)	0.04(1)
문 화 관 광 부	2.81(18)	3.07(16)	0.26(-2)
해 양 수 산 부	2.64(19)	2.68(19)	0.04(0)
농 림 부	2.55(20)	2.54(21)	-0.01(1)
여 성 부	2.49(21)	2.65(20)	0.16(-1)
보 훈 처	2.24(22)	2.26(22)	0.02(0)

1 영향력이 매우 약함, 5 영향력이 매우 강함

중심성은 특정 행정기관이 전체 네트워크에서 중심에 위치하는 정도를 나타내는 표현으로서, 정책협의와 조정 측면에서 균등적인 관계가 아닌 권위적이고 하향적인 의존 관계를 나타낸다. 예컨대 새로운 정책의 도입과 확산 측면에서는 중심성이 높은 부처에서 중심성이 낮은 부처로 이루어진다. 중심성이 낮은 부처는 정책 조정과정에서 타협과 양보를 강조하는 협상전략을 활용하는 반면 중심성이 높은 부처는 자기 규범과 목표를 강조하는 협상전략을 활용할 가능성이 높다는 것이다. 이러한 중심성을 측정한 결과, 행자부, 기획예산처, 법무부, 재경부, 산자부, 건교부의 순으로 중심성이 높고, 법제처, 통일부, 여성부 등은 중심성이 낮은 것으로 나타났다.

한편, 박근혜 정부 43개 중앙부처의 상대 권력 순위와 권력 크기를 정량적으로 측정한 보다 최근의 연구(오재록, 2018)에서는 기획재정부, 검찰청, 국방부, 국토교통부, 산업통상자원부 순으로 권력 지수와 상대 순위가 높게 나타났고, 법제처, 병무청, 농촌진흥청, 국가인권위원회, 기상청 순으로 권력 지수와 상대 순위가 낮게 나타났다. 보건복지부, 미래창조과학부, 환경부의 순위는 10위, 11위, 20위로 각각 나타났으나, 대부분 청 단위 기관들이 하위순위를 차지 한 점에 비추어 볼 때 부 단위 기관들에 있어서 이들 기관의 상대적 순위가 달라진 것은 아니라고 할 수 있다. 따라서 이 연구 결과 역시 〈표 12-2〉와 크게 다르지 않다.

12.5 결 어

오늘날 사회의 주요 정책문제들은 대부분 단일 행정부처의 관할영역에 배타적으로 속하지 않고 여러 부처의 관할영역에 복합적으로 연계된다. 그러므로 이들 문제를 해결하기 위해서는 부처들 간 긴밀한 협의와 조정이 요구된다. 흔히 부처들 간 상호작용이 행정부 내 정책과정의 핵심 국면으로 간주되는 것은 이 때문이다.

문제는 행정부의 정책결정과 집행이 상당 부분 관련 부처들 간 정치권력 역학관계에 의해 좌우됨으로써 사회문제 해결에 효율적으로 대처하지 못하는 경우가 적지 않다는 데 있다. 한국에서는 정치권력이 소수 부처에 불균형적으로 집중되어 있어, 이들 부처가 해당 문제에 공식적 관할권을 가진 부처들의 입장과 다른 방향으로 정책을 끌고 가는 경우가 드물지 않다.

임무와 전문성을 달리하는 부처들 간에 입장과 우선순위가 일치할 수 없고, 부처 간 권력 격차도 쉽게 좁혀지지 않는 것이 현실이지만, 부처 간 불협화음은 정부의 통합성을 크게 저해하지 않고 사회에 심각한 부작용을 초래하지 않는 수준에 머물러야 한다. 이를 위해서는 부처마다 공익과 국가 발전이라는 기본 가치를 공유함으로써 타 부처들과의 상호작용에서 자기의 관점과 이해관계에 과도하게 집착하지 않는 조직문화를 조성하는 행정리더십이 요구된다. 이와 함께 부처 간 갈등을 줄이고 협업을 유도하는 제도적 장치와 인사 운영 방안이 적극 모색되어야 할 것이다. 이것이 국정운영의 관건이라고 할 수 있다.

📖 참고문헌

김광웅·정정길·방석현. (1992). 새정부의 정부형태와 정부조직. 「한국행정학보」, 26(4): 1393-1426.

김석준. (2000). Peter Gourevitch의 사회연합이론. 오석홍·김영평 편, 「정책학의 주요 이론」, 195-211. 서울: 법문사.

남궁근. (2023). 「민주화 이후 국정운영」. 제2판, 파주: 법문사.

박재희. (2004). 「중앙부처의 갈등관리」. 한국행정연구원.

박천오. (2005). 한국 정책과정상의 부처간 권력관계에 관한 실증조사. 「행정논총」. 43(3): 1-28.

박천오·박경호. (2001). 「한국관료제의 이해」. 서울: 법문사.

서삼영. (1995). 서비스행정 증진을 위한 정보화정책. 「한국행정연구」, 4(2): 21-38.

송하중. (1993). 21세기 행정환경과 정부기능. 「한국행정연구」, 2(2): 164-185.

오재록. (2007). 「한국의 관료제 권력구조: 진단과 처방」. 경기: 한국학술정보(주).

_____. (2018). 관료제 권력 측정: 박근혜 정부 중앙부처를 중심으로. 「한국행정학보」, 52(1): 139-166.

윤상오. (2005). 정부부처간 정책경쟁에 관한 연구: 산업정보화정책 분야를 중심으로. 「한국사회와 행정연구」, 16(2): 163-189.

이달곤. (2000). John C. Campbell의 정책결정과 해소. 오석홍 외, 「정책학의 주요 이론」, 99-107. 서울: 법문사.

이성우. (1993a). 한국의 정책조정체계: 평가와 대안. 「한국행정연구」, 2(4): 5-22.

_____. (1993b). 「행정부의 정책조정체계 연구」. 한국행정연구원.

이송호. (2001). 미국과 프랑스의 정책조정시스템 비교. 「행정논총」, 39(2): 69-102.

이창길. (2007). 중앙부처의 수평적 정책네트워크 구조 분석: 협력과 경쟁 그리고 권위의 관계를 중심으로, 「한국행정학보」, 41(1): 21-47.

이희선·윤상오. (1999). 정보화정책에 있어 정부 부처간 이익추구행태에 관한 연구. 「사회과학논총」 (한양대), 18: 33-64.

조석준·임도빈. (2019). 「한국 행정조직론」, 파주: 법문사.

정정길. (2003). 「정책학원론」. 서울: 대명출판사.

Allison, Graham T. (1972). The Power of Bureaucratic Routines: The Couban Missile Crisis. in Francis E. Rourke (ed.), *Bureaucratic Power in National Politics*, 81-99. Boston: Little, Brown.

Cronin, Thomas E. (1986). A Cabinet of Unequals. Bureaucratic Politics. in Francis E. Rourke (ed.), *Bureaucratic Power in National Politics*, 188-202. Boston: Little, Brown.

Dahl, Robert. (1957). The Concept of Power. *Behavioral Science*. 2: 201-215.

Downs, Anthony. (1967). *Inside Bureaucracy*. Boston: Little, Brown.

Dunleavy, Patrick. (1991). *Democracy, Bureaucracy and Public Choice: Economic Explanation in Political Science*. Hemel Hempstead: Harvester Wheatsheaf.

Fesler, James W. & Donald F. Kettle. (1991). *The Politics of the Administrative Process*. Chatham, New Jersey: Chatham House Publishers, Inc.

Freeman, J. Leiper. (1972). The Bureaucracy in Pressure Politics. in Francis E. Rourke (ed.), *Bureaucratic Power in National Politics*, 15-27. Boston: Little, Brown.

Holden, Matthew. (1966). Imperialism and Bureaucracy. *American Political Science Review*. (60): 943-951.

Jennings, Jr., Edward T. & Jo Ann G Ewalt. (1998). Interorganizational Coordination, Administrative Consolidation, and Policy Performance. *Public Administration Review*. 58(5): 417-428.

Keast, Robyn, et al. (2004). Network Structures: Working Differently and Changing Expectations. *Public Administration Review*. 64(3): 363-371.

Keast, Robyn & Kerry Brown. (2002). The Government Service Delivery Program: A Case Study of Push and Pull of Central Government Coordination. *Public Management Review*. 4(3): 1-21.

Klausner, Michael & Mary Ann Groves. (1994). Organizational Conflict. in Farazmand, A. (ed.), *Handbook of Bureaucracy*, 355-371. New York: Marcel Dekker, Inc.

Klijn, Erik-Hans & Joop F.M. Koppenjan. (2000). Public Management and Policy Networks: Foundations of a Network Approach to Governance. *Public Management Review*. 2(2): 135-158.

Lan, Zhiyong. (1997). A Conflict Resolution Approach to Public Administration. *Public Administration Review*. 57(1): 27-35.

Long, Norton. (1949). Power and Administration. *Public Administration Review*. 2: 257-264.

Mandell, Myrna P. (1988). Intergovernmental Management in Interorganizational Networks: A Revised Perspective. *International Journal of Public Administration*. 11(4): 393-416.

Meier, Kenneth J. (1980). Measuring Organizational Power: Resources and Autonomy of Government Agen-cies. *Administration and Society*. 12(3): 357-375.

_____. (1993). *Politics and the Bureaucracy*. Pacific Grove, California: Brooks/Cole Publishing Company.

Morrow, William L. (1980). *Public Administration: Politics, Policy, and the Political System*. New York: Random House.

Niskanen, William. (1971). *Bureaucracy and Representative Bureaucracy*. Chicago: Aldine-Atherton.

Pressman, Jeffrey L. & Aaron B. Wildavsky. (1973). *Implementation*. Berkeley: Univ. of California Press.

Rhodes, R. A. W. (1977). *Understanding Goverance: Policy Networks, Goverance, Reflexibility, and Accountability*. Buckingham: Open University Press.

Rourke, Francis E. (1984). *Bureaucracy, Politics, and Public Policy*. Boston: Little, Brown.

Schattschneider, E. E. (1960). *The Semi-sovereign People*. New York: Holt, Rinehart, and Wiston.

Seidman, Harold & Robert Gilmore. (1986). *Politics, Position, and Power*. New York: Oxford University Press.

Selznick, Philip. (1957). *Leadership in Administration*. Evanston, Ill.: Row, Peterson & Co.

Tullock, Gordon. (1965). *The Politics of Bureaucracy*. Washington, D.C.: Public Affairs Press.

Van Horn, Carl E. et al. (1989). *Politics and Public Policy*. Washington, D.C.: A Division of Congressional Quarterly Inc.

Wilson, James Q. (1989). *Bureaucracy: What Government Agencies Do and Why They Do It*. New York: Basic Books.

Yates, Douglas. (1982). *Bureaucratic Democracy*. Cambridge, Massachusetts: Harvard University Press.

_____. (1986). An Analysis of Public Bureaucracy, in Frederick S. Lane (ed.), *Current Issues in Public Administration*. 54-69. New York: St. Martin's Press.

13 CHAPTER

한국의 부처 간 협업행정

13.1 ▶ 서 언

1980년대 이래 각국은 공공부문 성과 향상을 위해 공조직들 간은 물론 공조직과 민간조직 간 경쟁을 강조하는 신공공관리(New Public Management)를 광범위하게 적용하였지만, 시간이 경과하면서 이러한 접근의 취약점이 드러나기 시작하였다. 여러 기관의 공조로만 해결의 실마리를 찾을 수 있는 복합적 정책문제들이 날로 증대되는 현실에서 기관마다 자신의 단편적 관점과 성과에만 주목하고 다른 부처들과의 기능적 연계를 등한시하는 경향을 부추기는 결과를 초래한 것 등이 그것이다. 경쟁과 성과 위주의 정부 관리는 개별 조직의 미션과 전략을 달성하는 데는 어느 정도 도움이 되겠지만, 조직 내외의 칸막이(silos)를 더욱 고착화시켜 부처 간 소통, 협조, 조정, 협업을 더욱 어렵게 할 수 있다(김윤권, 2021: 60).

오늘날 기후변화에 따른 자연재해, 바이러스 감염증, 마약, 핵위협, 저출산·고령화 등 많은 난제는 행정기관 간 기능 경계선을 넘나드는 복잡성과 불확실성을 띠기에, 이를 해결하기 위해서는 관련 행정기관들 간 협력이 절실히 요구된다(Peters, 2006: 121; Kettl, 2006: 6). 분산된 행정서비스가 아니라 조정되고 통합된 행정서비스를 한 번에 편리하게 제공받기를 원하는 시민들의 바람 등에 비춰볼 때도 행정기관들 간 협력의 당위성은 충분하다(SGVSSA, 2007: 4).

이런 연유로 근래의 공공부문 개혁은 정부조직의 구조적 분권화, 기능분화

---

* 이 장은 「정부학연구」(2013년 제19권 2호)에 게재된 박천오의 논문을 재구성한 것임.

(disaggregation), 단일목표 기관(single-purpose organization) 설치 등을 중시하는 신공공관리적 접근에서 벗어나, 기관 간 수평적 협력을 강조하는 연계형 정부(joined-up government) 등을 구축하는 방향으로 무게 중심이 이동하는 경향을 보인다. 이러한 변화는 한때 신공공관리적 개혁을 선도했던 영국, 오스트리아, 뉴질랜드, 미국, 캐나다 등의 국가에서 더욱 짙게 나타나고 있다(Christensen & Lægreid, 2007: 1059). 이들 국가는 신공공관리적 개혁에 기인된 정부조직의 편제와 기능의 분산(fragmentation) 문제에 대한 대응으로서, 종래의 기관 간 단순 협력이나 기능 조정을 넘어선 보다 적극적인 성격의 기관 간 협업(collaboration)을 추진해오고 있다(Christensen & Lægreid, 2007: 1059-1060).

한국도 행정기관들 간 새로운 협력모델로서 협업행정이 확산일로에 있다. 이 장에서는 한국 중앙부처들 간 협업행정의 특징과 추진 양상을 영국 연계형 정부 등의 경험에 비추어 살피면서 앞으로의 발전 과제를 제시한다.

13.2 행정기관 간 협업과 연계형 정부

1. 행정기관 간 협업의 특성

다수 학자에 따르면, 공공부문에서 협업은 함께 일함으로써 더 많은 공적 가치(public value)를 창출하려는 목적을 지닌 둘 이상의 조직에 의한 합동 활동(joint activity)이라고 할 수 있다.[1] 행정에 있어 협업은 복수의 기관 간에 이루어지며, 공동 실행목표(common operational objectives), 집합적 의사결정(collective decisions), 합동 예산(joint budgets), 공동 규범(shared norms) 등에 기반한다.[2] 넓은 의미의 협업은 행정기관 간은 물론 행정기관과 민간부문 주체들 간 긴밀한 네트워크 관계 등을 포괄하는 개념이며(Imperial, 2005: 286), 진보된 형태의 신국정관리(advanced governance)라고도 할 수 있다(Imperial, 2005: 308).

행정기관 간 협업은 참여기관들 간 집합적 활동(collective action)의 수준이 단순한 상호 협력(cooperation)이나 상호 조정(coordination)에 비해 상대적으로 강하

---

1) Bardach(1998: 8), Pollitt(2003: 37), Imperial(2005: 286-287) 참조.
2) Moore(1996), Wood & Gray(1991), Vigoda-Gadot(2003: 275) 참조.

다(Mattessich & Monsey, 1992). 상호 협력은 특정 기관이 스스로 목적 달성을 위해 타 기관의 도움을 받는 것이고, 상호조정은 zero-sum 관계에 있는 기관들 간 갈등을 완화하기 위한 것이므로,[3] 어느 것도 참여기관들 간 상호작용의 심층성, 통합성, 지속성 등의 측면에서 협업에 크게 못 미친다.

협업에 참여하는 행정기관들은 집합적 의사결정과 활동을 위한 규정, 규범, 조직구조 등을 일정 부분 공유하며, 특정 정책 혹은 프로그램 이행의 책임, 소요자원, 수반되는 위험 등을 분담한다. 그러나 각 참여기관은 기능 면에서 기본적으로 상호 독립성을 유지한다. 각 참여기관은 다른 참여기관들과 연계된 협업적 정체성(collaborative identity)과 더불어 그들 기관과 분리된 고유의 정체성과 조직권한(organizational authority)를 가진다.[4]

행정기관 간 협업은 각 기관의 개별 이익과 참여기관들 간 집합적 이익의 조화를 필요로 한다. 때문에 행정기관 간 협업에 있어 핵심은 참여기관들이 한편으로는 공동 목표를 추진하는 공동체제로서 함께 작동하면서, 다른 한편으로는 각 기관 고유의 성과에 대한 수직적 책임(vertical accountability)을 다하는 것이라고 할 수 있다.

일반적으로 행정기관은 자신의 조직목표 달성에 도움이 될 수 있는 범위 내에서 협업에 참여하려 하며, 그렇지 않으면 협업을 회피한다. 또한 협업 목표가 개별 기관 고유의 독자적 목표와 충돌할 시에는 후자의 목표와 임무를 우선시 한다(Thompson & Perry, 2006: 26).

사회문제 해결과 국민 편익 증진을 위해 부처 간 협업은 적극적으로 추진되어야 할 것이지만, 문제의 성격과 내용을 고려하지 않은 무조건적 협업은 기대했던 효과를 거두지 못하고 혼란과 비용만 발생시킬 수 있다. 이런 측면에서 부처 간 협업은 '사악한 문제'나 '어려운 문제' 해결에 한해 적극 추진되는 것이 더 바람직할 수 있다(박치성 외, 2018).

뿐만 아니라 행정기관 간 협업은 본질적으로 전략적인 노력이다. 즉 협업은 참여기관들의 상호 이해가 일치하는 win-win 상황이나, 적어도 어느 측도 손해를 보지 않는 win-no-lose 상황의 이슈에만 적용될 수 있고, win-lose 혹은 zero-sum games의 상황 등에서는 문제해결을 위한 적절한 전략이 되지 못한다(Imperial, 2005: 308).

---

3) Thompson & Perry(2006: 23), 행정안전부 내부자료(2012) 참조.
4) Bardach(1998: 17), Powell(1990), Imperial(2005: 286-7) 참조.

2. 연계형 정부

선진국의 경우 행정기관 간 협업을 나타내는 용어는 매우 다양하다. 영국의 연계형 정부(joined-up government), 캐나다의 수평적 관리(horizontal Management), 호주의 총체형 정부(whole of government), 미국의 협업적 공공관리(collaborative public management) 등이 그것이다(SGVSSA, 2007: 2; 행정안전부, 2012: 49-52). 이들 국가에서의 행정기관 간 협업은 주로 기관 횡단적(cross-cutting)으로 추진되어야 할 이슈들을 중심으로 이루어진다. 또한 행정기관 간 협업이 동일 수준의 정부 내에서 뿐만 아니라, 연방정부와 주정부 간, 중앙정부와 지방정부 간처럼 수준이 다른 정부 기관들 간에 이루어지기도 한다(Peters, 2006: 119).

행정기관 간 협업을 대표하는 영국의 연계형 정부는 공식적으로 분리된 여러 기관들의 활동을 서로 연결하는 다양한 방식을 포괄하는 우산 개념(an umbrella term)으로서, 1997년 Blair 정부가 마약사범, 취약계층의 사회적 소외 등의 문제를 해결하기 위해 처음 도입하였다. 연계형 정부는 행정기관들이 각기 자기 조직의 국지적 시각과 이해관계에만 집착하는 데서 비롯되는 부성주의(departmentalism)나 터널비전(tunnel vision)과 같은 부처 간 비협조 현상을 나타내는 용어들과 대비되는 것으로서, 복수의 행정기관이 기관(혹은 정책) 횡단적으로 상호 협력하는 구도를 나타내는 용어이다. 초창기는 주로 상위 정책 영역에서 강조되었으나, 점차 일선기관의 공공서비스 전달 영역으로 확대되는 추세를 보이고 있다.[5]

연계형 정부는 행정기관 간 기존의 경계선을 제거하지 않으면서 각 행정기관의 활동을 상호 연계시키고자 한다. 기존의 행정기관 간 기능적 분리가 분업을 통해 정책문제 해결과 행정서비스 전달 목적을 달성하려는 접근이라면, 연계형 정부는 행정기관들 사이에 분산된 기능을 유기적으로 연결함으로써 현대 사회의 복잡한 정책문제들을 해결하고 정부의 대민서비스를 제고시키려는 접근이라고 할 수 있다(Ling, 2002: 616-617).

연계형 정부는 중앙정부 행정기관 간 경계를 횡단하는 것에서 출발하여, 중앙정부-지방정부 간 경계 횡단, 공공부문-민간부문 간 경계 횡단 등으로 확장되었다. 따라서 연계형 정부는 공공부문과 민간부문 간 협업을 강조한다는 측면에서는 그간 행정개혁의 조류였던 뉴거버넌스와 연관된다(주재현, 2012: 243).

---

5) Christensen & Lægreid(2007: 1060), 행정안전부 내부자료(2012), 주재현(2012: 242-249) 참조.

연계형 정부에 있어 행정기관 간 협업은 대체로 네 가지 기본 목적을 가진다. 첫째, 각 행정기관이 추진하는 상이한 정책들 간 모순과 상충을 제거함으로써 자원의 활용도를 높이고 정책의 효과성을 증진시키려 한다. 둘째, 행정기관 간 경계와 정책영역들 간 경계를 넘나드는 난제들(wicked issues)을 보다 효과적으로 통제하려 한다. 셋째, 특정 정책영역을 분담하는 행정기관들 간에 아이디어와 협력의 흐름을 개선함으로써, 업무수행의 시너지 효과를 거두고자 한다. 넷째, 행정서비스를 이용하는 시민의 관점에서 통합되고 이음매 없는 서비스를 생산하려 한다(Pollitt, 2003: 35). 이 같은 특성의 연계형 정부는 현재 한국 중앙 부처들 사이에 확산되고 있는 협업행정의 전개와 발전에 시사하는 바가 크다.

13.3 ▶ 행정기관 간 협업 추진의 단계와 요건

1. 협업 추진 단계

(1) 정책결정단계 협업

행정기관 간 협업은 정책결정단계와 집행단계에서 이루어질 수 있다. 정책결정단계에서의 협업은 표면상 행정기관 간 정책조정과 유사해 보인다. 그러나 협업은 참여기관들이 관련 정책결정에 서로의 입장과 관점을 적극 반영하고, 이것이 정책실행 수준에서의 집합적 목표(collective goals) 달성을 가능케 하는 조타적 기능(steering function)을 한다(Imperial, 2005: 293) 따라서 협업은 단순히 행정기관 간 정책의 모순과 중복을 피하기 위한 소극적 목적의 정책조정과 구분된다.

일반적으로 정책결정 단계에서의 기관 간 협업은 개별 기관 간에 직접 이루어지기보다 정책조정 등을 위해 존재하는 제3의 제도적 장치를 통해 추진되는 경우가 많다. 기관 간 정책조정이나 협업을 가능케 하는 제3의 제도적 장치로는 내각(Cabinet), 정무장관(ministers without portfolio) 등을 들 수 있다.[6]

내각이 기관횡단적인 정책 이슈 관리의 소재지가 될 수 있는 것은 그것이 기관별 정책결정의 주된 주체들로 구성되기 때문이다. 대체로 장관들은 각기 소속

---

6) Peters(2006), Christensen & Lægreid(2007: 1063), Salamon(1981), Szanton(1981) 참조.

기관의 이익을 옹호하는 경향을 보일 수 있기에, 내각은 행정수반이 적절한 리더십을 발휘할 시에만 기관 간 협업을 유도할 수 있다.

광범위한 정책영역 내지 프로그램을 조정하는 업무를 전담하는 정무장관직을 설치하는 것도 기관 간 협업을 유도하는 데 유용하다. 부처 권력의 뒷받침이 없는 장관이 정책결정단계에서 기관 간 협업을 이끌기 쉽지 않지만, 행정수반의 신임이 두터운 인물이라면 중립적인 입장에서 이러한 역할 수행을 수행할 수 있다.

한편, 정책결정과정에서의 개별 기관 간 협업은 참여기관들이 각기 조직 내부에 자문위원회(advisory committees)를 설치하여 유관기관의 관련자들을 참여시키는 등의 방식으로 이루어질 수도 있다. 예를 들면 노르웨이를 비롯한 스칸디나비아 국가들에서는 각 행정기관이 유관기관들의 대표는 물론 관련 이익집단들의 대표까지 함께 참여하는 자문위원회를 운영하면서, 중요 정책 추진 시에 이러한 자문위원회의 검토를 거치도록 하고 있다(Peters, 2006: 130).

(2) 정책집행단계 협업

행정기관 간 협업은 정책결정단계보다 집행(operation) 단계에서 더 많이 이루어진다. 집행단계에서의 협업은 정부서비스 전달 등을 중심으로 추진된다. 이 단계에서의 협업은 잠정적·일시적일 수도 있지만, 장기간에 걸쳐 지속되기도 한다. 또한 가용 가능한 자원과 다양한 맥락 요인들(물리적 환경, 문제의 형태, 상황적 배경 등)에 따라 협업 양태가 달라질 수 있다. 집행단계 협협은 통상 기존 조직 간 틈새(interstices)에 Task Force, Working Groups, 기관 간 위원회(interministrial committees)를 설치·운영하는 등의 방식으로 이루어진다(Peters, 2006: 132).

행정기관 간 집행기능의 연계는 예산기관, 인사관리기관 등 행정부 전체에 대한 관리(central management)가 주된 임무인 이른바 중심기관들(central agencies)에 의해 유도·촉진할 수 있다. 중심기관의 예로서는 영국의 내각사무처(Cabinet Office)와 재무성(Treasury), 캐나다의 추밀원(Privy Council)과 재무위원회(the Treasury Board Secretariat), 핀란드의 인사성(Department of the Public Service)과 재무성(Ministries of Finance) 등을 들 수 있다(Peters, 2006: 128).

이들 중심기관은 집행단계에서 행정기관 간 협업이 필요한 과업들을 발굴하여, 다양한 형태의 지원을 통해 관련 기관들 간 협업을 유도하고, 그 성과를 평가할 수 있다(Ling, 2002: 622-624; 박천오 외, 2012). 그러나 막료기관의 성격을 지닌 이들 중심기관은 협업에 참여하는 계선기관들과 마찰을 빚을 수 있다. 계선기관은 행정현장을 재대로 알지 못하는 중심기관의 관여를 경계할 수 있고, 중심기관은 계선기관의 협소한 정책 시야에 불만을 가질 수 있기 때문이다(Peters, 2006: 128).

2. 협업 추진 요건과 한계

행정기관 간 협업은 효과적으로 추진하기 쉽지 않다. 협업이 기본적으로 행정기관들의 자발적 참여에 의존하며, 비협조적인 기관에 대한 계층적 통제가 어렵기 때문이다. 따라서 행정기관 간 협업에서는 참여기관들이 파트너십을 구축할 수 있는 여러 여건을 갖추는 것이 중요하다(SGVSSA, 2007: 6).

우선, 협업 참여기관들 상호 간 이해와 신뢰가 전제되어야 한다(Bardach, 1998). 참여기관 간에 해당 정책이나 사업에 대한 인식, 비전과 구상, 성과에 대한 기대에 차이가 있을 수 있기에, 상호 의사소통 등을 통해 협업에 대한 서로의 의지를 확인할 수 있어야 한다(Cigler, 1999; Page, 2003).

이를 위해서는 각 참여기관에 기관 간 경계에 구애받지 않는 사고와 행동을 수용하는 조직문화가 조성되어야 한다. 이러한 문화조성은 상당 부분 기관장을 비롯한 기관 내 고위관리자들의 리더십에 달려있다. 이들이 외부의 관점을 수용하면서 전통적인 조직 간 경계에 구애받지 않는 혁신적 문제 해결방안 등을 중시하는 인식과 노력을 보인다면, 조직구성원들이 협업에 대해 긍정적인 가치관을 가질 가능성은 그만큼 커진다(SGVSSA, 2007: 6). 행정수반의 강력한 의지도 주요 변수가 될 수 있다. 실제로 영국 노동당 정부의 연계형 정부가 활성화될 수 있었던 것은 Blair 총리의 강력한 정책 의지가 작용했기 때문이기도 하다(주재현, 2012: 252).

행정기관 간 협업은 참여 행정기관들이 기관 간 협업을 중시하는 관리체제를 갖출 시에 성과를 낼 수 있다(SGVSSA, 2007: 7). 예컨대 각 기관이 기관 간 업무추진 실적 등을 기관 내 각 부서와 개인 단위의 성과관리 체계에 포함시킬 경우 협업이 보다 활성화 될 수 있을 것이다(박천오 외, 2012).

그러나 행정기관 간 협업은 적지 않은 비용(일의 지연, 높은 거래비용 등)과 위험(복잡성, 타협이 어려운 의견 불일치 등)을 수반하고, 각 참여기관의 정책과 행정에 대한 책임을 모호하게 하는 등의 약점이 있다.[7] 때문에 협업을 추진하기에 앞

---

7) Christensen & Lægreid(2007: 1063), Imperial(2005: 308) 참조.

서 그 효과와 비용에 대한 엄밀한 검토가 필요하다. 행정기관 간 협업은 상황에 따라 요구되는 선택적 프로젝트인 것이다(Bakvis & Juillet, 2004).

13.4 ▶ **한국의 협업행정**

1. 협업행정의 특징과 등장 배경

한국의 협업행정 관련 법규로는 「행정업무의 운영 및 혁신에 관한 규정」이 있다. 동 규정 제42조(행정협업의 촉진)는 '행정기관의 장은 다른 행정기관과 공동의 목표를 설정하고 해당 행정기관 상호간의 기능을 연계하거나 시설·장비 및 정보 등을 공동으로 활용하는 방식의 행정기관 간 협업을 촉진하고 이에 적합한 업무 과제를 발굴해야 한다. 이 경우 행정기관의 장은 발굴한 행정협업과제 수행을 위하여 노력해야 한다.'라고 규정하면서, 행정협업과제 대상 업무를 다음과 같이 제시하고 있다.

1. 다수의 행정기관이 공동으로 수행할 필요가 있는 업무
2. 다른 행정기관의 행정지원을 필요로 하는 업무
3. 법령에 따라 다른 행정기관의 인가·승인 등을 거쳐야 하는 업무
4. 행정기관 간 행정정보의 공유 또는 제46조의4에 따른 행정정보시스템의 상호 연계나 통합이 필요한 업무
5. 그 밖에 다른 행정기관의 협의·동의 및 의견조회 등이 필요한 업무

「행정 효율과 협업 촉진에 관한 규정」 제43조는 행정안전부장관이 행정협업을 촉진하기 위하여 행정기관의 장이 발굴한 행정협업과제 외의 행정협업과제를 추가로 발굴할 수 있음을, 제45조(협의체 구성 및 업무협약 체결)는 행정기관이 행정업무 혁신의 효율적인 수행을 위하여 필요한 경우 관련 행정기관과 협의체를 구성하거나 행정업무 혁신의 목적, 협력 범위 및 기능 분담 등에 관한 업무협약을 체결할 수 있음을, 제46조(혁신책임관)는 각 행정기관의 장이 소속 기획조정실장 또는 이에 준하는 직위의 공무원을 해당 행정기관의 행정업무혁신을 총괄하는 책임관("혁신책임관")으로 임명 할 것을, 제46조의2(행정협업 시스템의 구축·운영)는

행정안전부장관이 행정협업이 원활하게 수행되도록 전자적 협업지원시스템을 구축할 것을, 제46조의3(행정업무혁신시스템의 활용 촉진)은 행정기관의 장이 행정업무혁신시스템 활용 실태를 평가·분석하고 그 활용을 촉진할 것을, 제46조의5(행정협업조직의설치)는 행정기관의 장이 다수의 행정기관이 수행하는 사무의 목적, 대상 또는 관할구역 등이 유사하거나 연관성이 높은 경우에는 관련 기능, 업무처리절차 및 정보시스템 등을 연계·통합하거나 시설·인력 등을 공동으로 활용하는 등 협력하여 업무를 수행하는 조직("행정협업조직")을 설치·운영할 수 있음을, 제46조의7(행정업무혁신문화의 조성 및 국제협력 등)은 행정안전부장관이 행정업무혁신협업에 대한 인식을 높이고 행정협업문화를 조성하기 위하여 각종 사업을 추진할 수 있음을, 각각 규정하고 있다.

「행정 효율과 협업 촉진에 관한 규정」 제2조는 해당 규정의 적용 범위를 중앙행정기관과 그 소속기관, 지방자치단체의 기관과 군(軍)의 기관으로 정하고 있다. 그러나 넓게 보면 협업행정은 중앙부처-지방자치단체, 중앙부처-민간기업, 중앙부처-지방자치단체-민간기업, 중앙부처-민간기업-시민단체, 중앙부처-공공기관-군(육군, 공군 등), 중앙부처-지방자치단체-시도 교육청, 중앙부처-기업-대학 등 다양한 주체들 간에 이루어 질 수 있다. 한 예로서 지방정부, 지방주민, 시민단체 간 협업거버넌스가 성공적으로 작동한 사례 등을 들 수 있다(배응환, 2016).

2. 부처 간 협업행정 양상

(1) 정책조정과 협업행정

영국의 연계형 정부 등과 달리 한국의 부처 간 협업행정 개념과 사례에는 정책결정 단계에서의 협업이 포함되어 있지 않다. 한국에서는 국가의 주요 정책, 국정 현안, 사회갈등 사안 등은 국무회의, 국무총리실, 국가정책조정회의, 차관회의 등에서 다루어진다. 그러나 이들은 기본적으로 부처들 간 정책충돌을 방지하기 위한 정책조정 기제이다.[8] 때문에 영국의 연계형 정부에서와 같은 부처 간 협업을 유도하기 어렵다. 더구나 이들 기제에 의한 정책조정은 고위 정책결정자들의 정무적·거시적 판단에 따라 이루어지며 일회적인 성격을 띠기 쉽다(성지은 외, 2009: 41).

---

8) 박재희(2000; 2004: 165) 참조.

따라서 한국에서는 정책결정단계에서 부처 간 의미 있는 협업을 찾기 어렵다. 현재 협업행정은 집행문제와 서비스 전달 이슈에 초점을 맞추며, 상대적으로 하위직인 공무원들의 실무적·미시적 판단에 힘입어 추진되는 경우가 많다. 「행정효율과 협업 촉진에 관한 규정」이 담고 있는 행정협업에 관한 내용도 대부분 정책집행단계에서의 협업에 관한 것이라고 할 수 있다.

〈표 13-1〉 정책조정과 협업행정 비교

구 분	정책조정	협업행정
사안	• 국가 주요 정책, 국정 현안, 사회갈등 사안 등(BRM 기능분류체계상 '정책분야', '중기능' 수준)	• 하위 집행기능, 대국민 직접 서비스 기능 등(BRM 기능분류체계상 '소기능', '단위과제' 수준)
성격	• 국정과제 수준의 국가 주요 정책에 대한 관계 기관 간 기능 및 역할조정 • 기관 간 이견에 따른 zero-sum 성격을 띨 수 있음	• 상대적으로 낮은 수준의 정책과제에 기능 조정 없이 이루어지는 능동적 협력 • 기관 간 협력을 통한 plus-sum 성격을 띰
추진방식	• 고위 정책결정자들로 구성된 회의체 등에서의 정무적·거시적 판단에 의한 하향식(top-down) 추진	• 하위 실무자의 실무적·미시적 판단에 의한 상향식(bottom-up) 추진

출처: 행정안전부(2012: 4)를 참고하여 작성.

(2) 정책집행단계의 부처 간 협업행정

한국에서 협업행정은 이제까지 주로 행정실무자들 수준에서 추진되었다. 그간의 부처 간 협업행정은 그 내용, 효과, 참여 주체를 기준으로 여러 유형으로 분류할 수 있다. 먼저, 협업행정은 내용을 기준으로 자원공동활용형, 원스톱서비스제공형, 기관 간 기능연계형 등으로 나눌 수 있다. 협업행정은 주된 효과가 직접국민에 영향을 미치는지 아니면 행정업무 프로세스 개선을 가져오는지에 따라 서비스 만족도 제고형과 내부 효율성 제고형으로 구분될 수 있다. 협업행정은 또한참여 주체를 기준으로 중앙부처간 협업형, 중앙과 지방 간 협업형, 중앙과 공공기관 및 민간 간 협업형 등으로 분류될 수 있다(행정안전부, 2012: 19-25).

〈표 13-2〉의 내용별 분류에서 자원공동활용형은 협업행정에 필요한 자원(예산, 인력, 각종 장비, 업무정보, 서비스 전달체계 등)을 공동으로 활용하는 유형으로서, 상호 협력에 따른 이익 창출이 용이해 상대적으로 추진이 수월하다. 원스톱 서비스 제공형은 수요자 관점에서 기관 간 통합된 서비스를 제공하는데 중점을 두는

〈표 13-2〉 내용별 분류

유 형	자원공동 활용형	원스톱 서비스형	기관 간 기능연계형
특징	• 동일·유사목적 시설 및 장비·정보를 기관 간 공유 • 보유자원이 상호 보완적일 때 융합행정 추진이 용이	• 고객관점에서 기관 간 통합된 서비스 제공 • 공장설립 등 각종 인허가 및 규제관련 사항이 주요 대상	• 기관간 기능연계 협력에 중점 • 권한이관, 기능축소, 통·폐합 문제가 개입될 시 추진이 어려움
사례	• 실종아동·여성 찾기 정보 공유(경찰청, 행안부, 복지부) • 기상강우레이더 공동활용(기상청, 국토부, 국방부 등)	• 통관창구 단일화를 위한 협력(관세청, 환경부, 농진청 등) • 전화금융사기 예방 및 신속한 피해회복(경찰청, 금융위, 금감원 등)	• 해수욕장 안전관리 효율화 협력(소방청, 경찰청, 해경청) • 수용자 위기가족 지원(법무부, 안행부, 여가부, 교과부, 복지부, 경찰청)

유형으로서, 수요자(국민)가 행정 효율성 향상을 직접적으로 체험할 수 있어 수요자의 만족도를 높일 수 있다. 기능연계형은 여러 부처의 팀워크를 바탕으로 한 기관 간 기능연계·협력에 중점을 두는 유형으로서, 참여주체들이 각기 예산, 조직, 인력 등 자원을 더 많이 확보하는 방향으로 협력결과를 도출하려 하는 관계로 추진 난이도가 상대적으로 높다.

〈표 13-3〉의 효과별 분류에서 내부 효율성 제고형은 협업행정의 추진으로 관련 업무수행에 소요되는 예산의 절감, 업무처리의 신속성 제고 및 중복 배제 등의 결과를 지향하는 유형이다. 서비스 만족도 제고형은 서비스 질의 제고, 서비스 범위의 확대 등 국민의 서비스 만족도를 제고하려는 유형으로서, 앞서 내용별 분류에서의 원스톱 서비스 제공형을 함께 포함한다.

〈표 13-3〉 효과별 분류

유형	내부 효율성 제고형	서비스 만족도 제고형
특징	• 협업행정을 통한 예산절감, 업무 신속성 제고, 중복 감소	• 협업행정을 통한 서비스 질 제고 • 공급자의 입장이 아닌 수요자 관점의 공동 목표 설정 필요
사례	• 헬기운용 효율화(경찰청, 산림청, 소방방재청, 해양경찰청)	• 출소예정자 취·창업 지원(법무부, 고용부, 농진청, 중기청) • 연말정산 간소화를 위한 협력(국세청, 신용카드사, 병의원 등)

〈표 13-4〉 참여 주체별 분류

유형	중앙부처 간	중앙과 지방	중앙부처, 공공기관, 민간 간
특징	• 2개 이상의 중앙부처 참여 • 협업행정 대상업무의 내용에 따라 추진 용이성 등에 차이	• 중앙부처와 자치단체 참여 • 자치단체의 경우, 중앙부처의 주도적 역할 및 더 많은 예산부담을 기대	• 중앙부처, 공공기관, 민간 주체 • 공공기관, 민간주체는 수익 발생이 예상될 때 적극 참여
사례	• 결혼이민자 한국어 교육효율화(행안부, 여가부, 법무부, 문광부) • 석면의 안전한 관리를 위한 협력(외교통상부, 농식품부)	• 민간육종연구단지의 활성화 지원(국립종자원, 김제시) • 노사관계발전 및 일자리 창출 지역파트너십 활성화(고용부, 16개 광역시도)	• 자동차 과태료 일괄 압류 해제 납부시스템 구축 협력(국토부, 행안부, 국세청, 지자체, 국민연금건강보험공단) • 고졸자 채용활성화를 위한 협력(교과부, 고용부, 기재부, 병무청, 금융권 등)

출처: 행정안전부(2012, 내부자료).

　　정책집행단계에서의 이 같은 협업 추진에도 어려움이 적지 않을 것이다. 협업에 따른 추가적 업무 상황이 부담이 될 수 있고, 참여주체들 간 갈등이 생길 수 있는 등 협업행정 추진과정에 다양한 제약이 작용할 수 있기 때문이다. 특히 각 기관에 자리 잡은 권위주의적이고 계서적인 행정문화와 가능한 기관 단독으로 임무를 수행하려는 관행도 걸림돌이 될 수 있다(김윤권, 2021: 77-82).

13.5 결　어

　　협업행정은 이 시대 정부가 '일하는 방식'의 하나로 자리 잡아가고 있으며, 한국도 예외가 아니다. 개별 행정기관의 분산된 노력으로는 더 이상 현대 사회의 복잡한 정책문제를 해결하거나 다양한 행정수요를 충족시키기 어렵기 때문이다.

　　한국에서 협업행정이 실제로 어떻게 이루어지는지를 파악할 수 있는 구체적인 자료와 연구는 아직 절대적으로 부족하다. 그러나 이제까지 알려진 사실로 판단할 때, 한국에서의 부처 협업행정은 적지 않은 발전과제를 안고 있다. 우선 정책수립(결정) 단계에서의 부처 간 협업이 아직 드물다. 정책수립 단계에서의 협

업없이는 집행단계에서 하위 담당자들 간 실무 수준의 협업이 극대화 되기 어렵
다. 따라서 지금의 집행단계 위주의 부처 간 협업행정이 정책수립 단계로 확장되
어야 할 것이다. 이를 위해서는 부처 간 권력의 격차 문제와 각 부처의 일차적 관
심이 조직의 국지적 시각과 이해관계에 집중되는 문제 등을 극복하는 것이 과제
라고 할 수 있다.

행정기관 간 기능적 경계는 모두 자의적이며, 어떤 경계도 완벽할 수 없다. 과
거 각국 정부는 각 행정기관에 관할 영역을 구분하여 분담시키는 조직편제를 통
해 주요 문제들을 통제하고 관리해 왔지만, 오늘날 사회의 많은 문제가 특정 기
관이 전담할 수 없는 복합적 성격을 내포하는 상황에서, 국정관리를 개선할 수
있는 효과적인 방안의 하나는 행정기관 간 수평적 협업을 체계화하고 활성화하는
것이다.

참고문헌

김윤권. (2021). 협업행정의 동인과 제약에 관한 이론적 연구. 「한국행정학보」, 55(3): 59-94.

박재희. (2000). 부처 간 갈등과 정책조정력 강화방안. 「한국행정연구」, 9(4): 5-28.

_____. (2004). 「중앙부처의 갈등관리」, 한국행정연구원.

박천오 외. (2011). 「융합행정의 효율적 추진방안 연구」. 행정안전부 용역보고서.

_____. (2012). 우리나라 융합행정의 정책방향과 추진방안에 관한 연구. 「행정논총」, 50(2): 35-64.

박치성. (2018). 사악한 문제 해결 전략으로서 협업에 대한 탐색적 연구: 박근혜 정부의 협업 사례를 중심으로. 「한국조직학회보」. 15(2): 83-113.

배응환. (2016). 협업행정의 실증분석: 님비사업 의사결정의 성공요인. 「한국행정연구」, 25(3): 91-127.

성지은 외. (2009). 「통합적 혁신정책을 의한 정책조정방식 설계(정책연구 2009-07)」. 과학기술정책연구원.

주재현. (2012). 조정기제의 혼합과 계층적 기제의 의의에 관한 연구: 영국 행정개혁 사례를 중심으로. 「한국사회와 행정연구」, 23(3): 237-261.

행정안전부. (2012). 「기관 간 자율적 협력체계 활성화를 위한 융합행정 가이드」.

Bakvis, Herman & Luc Juillet. (2004). *The Horizontal Challenge: Line Departments, Central Agencies and Leadership*. Ottawa: Canada School of Public Services.

Bardach, Eugene. (1998). *Getting Agencies to Work Together: The Practice and Theory of Managerial Craftmanship*. Washington, DC: Brookings Institutions.

Christensen, Tom & Per Lægreid, (2007). The Whole-of-Government Approach to Public Sector Reform. *Public Administration Review*. 67(6): 1059-1066.

Cigler, A. B. (1999). Pre-conditions for the Emergence of Multicommunity Collaborative Organization. *Policy Studies Review*. 16: 87-101.

Imperial, Mark T. (2005). Using Collaboration as A Governance Syrategy: Lessions from Six Watershed Management Programs. *Administration & Society*. 37(3): 281-320.

Kettl, Donald F. (2006). Managing Boundaries in American Administration: The Collaboration Imperative. *Public Administration Review*. 66(Special Issue): 10-19.

Ling, Tom. (2002). Delivering Joined-up Government in the UK: Dimensions, Issues and Problems. *Public Administration*. 80(4): 615-642.

Mattessich, Paul W. & Brabara R. Monsey. (1992). *Collaboration-What Makes It Work*. St Paul, MN: Amherst H. Wilder Foundation.

Moore, Mark H. (1996). *Creating Public Value: Strategic Management in Government*. Harvard Universuty Press.

Page, Stephen. (2003). Entrepreneurial Strategies for Managing Intraagency Collaboration. *Journal of Public Administration Research and Theory.* 13(3): 311-340.

Peters, B. Guy. (2006). Concepts and Theories of Horizontal Policy Management. in B. Guy Peters and Jon Pierre eds. *Handbook of Public Policy,* 115-138. London: Sage Publications.

Pollitt, Christopher. (2003). Joined-Up Government: A Survey. *Political Studies Review.* 1: 34-49.

Powell, Walter W. (1990). Neither Market nor Hierarchy: Network Forms of Organization, *Research in Organizational Behavior.* 12: 295-336.

Salamon, Lester M. (1981). The Question of Goals. in Peter Szanton (ed.), *Federal Reorganization: What Have We Learned?* 58-84. Chatham, New Jersey: Chatham House Publishers, Inc.

SGVSSA(State Government of Victoria State Service Authority). (2007). Joined Up Government: A Review of National and International Experiences. Working Paper No 1.

Szanton, Peter. (1981). So You Want to Reorganize the Governmrnt? in Peter Szanton (ed.), *Federal Reorganization: What Have we Learned?* 1-21. Chatham, New Jersey: Chatham House Publishers, Inc.

Thompson, Ann Marie & James L. Perry. (2006). Collaboration Processes: Inside the Black Box. *Public Administration Review.* 66(Special issue): 20-32.

Vigoda-Gadot, E. (2003). *Managing Collaboration in Public Administration.* Westport, Connecticut: Praeger.

Wood, Donna & Barbara Grey. (1991). Toward a Comprehensive Theory of Collaboration. *Journal of Applied Behavioral Science.* 27(2): 139-162.

한국 지방정책과정상 이익집단 활동

14.1 ▶ 서 언

지방자치의 본질은 지방정부가 자율적으로 주민들의 의사를 집약하여 지역의 문제들을 해결하는 데 있다. 지방정책과정에서 이익집단들은 지역의 정치사회적 문제를 이슈화하거나 주민의 이익을 대변하는 등 다양한 역할을 수행할 수 있다.[1] 따라서 이익집단의 활동과 영향력은 지방정부 간 정책 차이 등을 설명하는 주요 변수가 될 수 있다.

한국은 민선단체장이 선출된 1995년 이래 본격적인 지방자치 시대로 접어들어 지방정치와 자치의 공간이 상당히 확장되었지만, 그로 인해 지방정책과정에서 이익집단의 활동이나 영향력에 어떤 변화가 있는지를 진단한 연구는 아직 드물다. 이는 주요 지방정책이 중앙정부 중심으로 이루어지는 한국적 특수성에 기인된 현상이라고도 할 수 있다.

그러나 앞으로 한국의 지방정치와 정책을 조망함에 있어 이익집단에 관한 연구는 필수 요건이 될 것이다(이정희, 2010: 58). 장기적으로 한국 사회가 더욱 다원화되고, 중앙정부와 지방정부 간 관계, 지방정부와 주민 간 관계 등이 새롭게 정립되는 추세 속에서 이익집단이 지방정책과정의 주요 참여 주체로 자리잡게 될 것이기 때문이다. 이런 인식에서 이 장에서는 지방정책과정에서의 이익집단 활동의 의미와 양상 및 그 영향력에 대해 논의하고, 관련 실증 조사 결과를 제시한다.

※ 이 장은 「한국사회와 행정연구」(2013년 제24권 3호)에 게재된 박천오의 논문을 재구성한 것임.
1) 박대식·최진혁 편(2005: 385), 도묘연·이관률(2008: 154), 김정욱(1992: 111) 참조.

14.2 지방정책과정에서의 이익집단의 이익표출

1. 이익집단 활동의 의미

이익집단은 다양한 이익표출 활동을 통해 정부와 공공정책에 영향력을 행사하는 단체를 말한다. 광의의 이익집단 개념은 구성원들의 이익증진을 목적으로 활동하는 사익집단과 공공이익을 추구하는 공익집단(또는 시민단체)을 모두 포함한다. 이익집단은 정치적 영향력을 행사하므로 압력단체라고 불리기도 한다.[2]

지방정부 차원에서 이루어지는 이익집단의 활동은 지방정책과정에서 중요성을 띤다. 공동체 내 정책을 지지하는 조직된 이익집단의 존재는 정책의 채택과 집행 등에서 결정적인 영향을 미칠 수 있기 때문이다. 특정 정책을 요구하는 이익집단이 이익표출 활동을 적극 전개하면 해당 정책의 채택 가능성이 높아지고 집행이 촉진될 수 있다. 지방정부가 이익집단에 민감하게 반응한다면 특히 더 그렇다. 이익집단은 지방정책과정에서 주민과 지방정부 사이의 주요 연결고리가 된다는 점에서 중요하다. 투표 외에는 지방정책과정에 영향을 미칠 수 있는 마땅한 방안이 많지 않은 주민들에게 이익집단은 자신들의 정책선호를 지방정부에 전달할 수 있는 효과적인 접근통로가 될 수 있기 때문이다.[3]

지방정책과정에서 있어 이익집단의 기능은 단순히 지역주민들의 정책 참여를 촉진하는 데 그치지 않는다. 지역주민들은 이익집단의 활동에 참여함으로써 정책 사안과 정치과정에 대해 학습할 수 있으며, 자신들의 이익에 대한 보다 명료한 인식을 가질 수 있게 된다. 또한 다른 사람들과 함께 공동 목표를 위해 노력하는 과정에서 스스로의 힘으로 지방정치와 정책에 변화를 가져올 수 있다는 믿음을 형성하게 되고, 더 나은 정치적 기술과 역량을 갖출 수 있게 된다(박응격 역, 2012: 16-17).

한국에서는 민주화 과정에서 급성장한 시민단체들의 역할이 주목받고 있다. 시민단체들은 공익집단으로서 주민의 정책과정 참여에 기여하는 외에도 지방의 정치지도자를 양성하는 역할도 맡고 있어, 여기서 활동한 사람들이 후일 지방의

---

2) 이승종·김혜정(2011: 277-278), 박응격 역(2012: 31) 참조.
3) 박응격 역(2012: 9), 이승종·김혜정(2011: 278-279) 참조.

회 의원으로 진출하기도 한다(이정희, 2010: 289). 시민단체는 또한 지역사회 각 분야에서 지방정부와 기업의 파행을 통제하는 활동을 펼치기도 한다(이승종·김혜정, 2011: 300).

2. 이익집단의 영향력

정책학자들은 지방의 정책결정 등을 연구함에 있어 다양한 이론과 모델을 제시하였다(Liu et al., 2010: 69). 지방의 권력구조에 관한 대표적 이론으로는 엘리트론(elitism)과 다원론(pluralism)이 있다. 엘리트론은 지역사회가 단일체적(monolithic)이고 집중적인 권력구조로 형성되어 있다고 보는 반면, 다원론은 지역사회가 다원적(pluralistic)이고 분산적인 권력구조를 형성하고 있다고 본다(김익식, 2008: 401).

엘리트론은 경제계 주요 인사 등 경제적 부와 사회적 지위를 보유한 지역사회의 소수 지배집단인 엘리트들이 강한 응집력을 가지고 지방정책을 좌우한다는 이론으로서, 엘리트들이 공식 정부 밖에서 은밀히 지역의 주요 사안을 자신들의 이익에 유리한 방향으로 결정한다고 여긴다.[4] 엘리트론은 많은 정책영역에서 엘리트들이 존재하지 않거나, 존재하더라도 역할이 미미하거나 통일된 정책 입장이 없을 수 있다는 비판을 받는다(정정길 외, 2010: 239).

다원론은 지역사회의 주요 정책 결정 등에 다수 이익집단이 참여하며 각기 제한된 범주 내에서 영향력을 행사한다는 이론으로서, 정책을 다양한 이익집단들 간 경쟁과 타협의 산물로 간주한다.[5] 다원론에서는 이익집단의 활동이 지방정부의 공식 기관 밖에서 활발히 펼쳐지며, 이러한 활동은 주민과 공식기관을 연결하는 중간매체로 작용한다고 본다(김익식, 2008: 408). 다원론은 공익이 무엇인지 모호한 상황에서 이익집단들의 요구에 따라 정책을 결정·집행하는 것이 가장 민주적이라고 전제한다. 이러한 다원론은 다수 이익집단 간 힘의 균형이 이루어질 때만 타당하다는 지적을 받고 있다(정정길 외, 2010: 180).

엘리트론과 다원론은 공히 공식 정부를 정책과정의 독립적 변수로 보지 않고 부수적인 존재로 간주한다. 엘리트론은 공식 정부가 기업공동체 혹은 경제엘리트에 종속된다고 주장하며, 다원론은 공식 정부를 단순히 집단이익의 경합장으로

---

4) Hunter(1963), Domhoff(1961), 박종민 외(2000: 344) 참조.
5) Dahl(1961), Polsby(1980), 김익식(2008: 402), 정정길 외(2010: 237) 참조.

본다(박종민 외, 2000: 344).

국내 연구들은 한국에서는 기업엘리트들이 지방정책과정에서 이익표출을 적극적으로 하지 않으며, 이는 지방정부가 의미 있는 정책수단을 충분히 보유하지 못하기 때문인 것으로 파악하였다. 이들 연구는 또한 한국은 다양한 사회세력들이 지방정치를 경쟁적으로 주도하는 지방권력구조가 아니라고 진단하면서, 공식 정부와 이를 대표하는 자치단체장이 독주체제를 구축하고 있는 현실을 부각하였다.[6] 그러나 이들 연구에도 불구하고 정치적 민주화와 지방자치 실시라는 근래의 상황변화로 인해 지방정책과정에서 이익집단의 영향력이 점차 증대되고 있을 가능성을 배제할 수 없다.

지방정책과정에서 이익집단의 활동은 여러 측면에서 순기능적이지만, 그러한 활동이 적절하지 못할 시에는 적지 않게 부작용을 초래할 수 있다. 예컨대 주민 다수가 원하는 정책이 소수의 조직화 된 이익집단들의 강한 반발로 말미암아 제대로 추진되지 못하는 상황 등은 공익과 지역주민의 이익을 저해할 수 있다.[7] 또한 이익집단의 참여가 폭발적으로 늘어나거나 정책 사안을 둘러싼 이익집단들 간 대립이 첨예하고 빈번한 경우에는 지방정부의 통치력에 악영향을 미칠 수 있다 (김익식, 2008: 407; 이대희, 2008: 372).

3. 이익집단의 활동 패턴과 효능

이익집단의 이익표출은 활동방식과 활동대상을 기준으로 몇 가지로 분류될 수 있다. 활동 방식은 합법성 여부에 따라 합법적인 방식과 비합법적인 방식으로 나눌 수 있다. 합법적 방식에는 위원회·간담회·공청회 참석과 같은 공식적 활동과 여론조성·합법적 시위와 같은 비공식적 활동을 포함한다. 비합법적 방식으로는 불법시위나 폭력 등이 있다.[8] 활동 대상을 기준으로는 정부(혹은 정치인, 관료 등 공식 정책주체들)를 직접 상대로 한 공식적·비공식적인 활동으로 구성되는 권력 수준으로의 직접적인 활동과, 일반시민이나 언론매체 등을 상대로 한 대중 수준으로의 간접적인 활동으로 나눌 수 있다. 전자는 내부적 전략(insider strategy)으로, 후자는 외부적 전략(outsider strategy)으로 각각 불리기도 한다.[9]

---

6) 김재훈(1996), 유재원(2000), 박종민 외(2000: 364-365) 참조.

7) 안병영(1977: 76), 정정길 외(2010: 179-180) 참조.

8) Duverger(1972: 121-125), Peters(1995; 1977) 참조.

미국과 유럽의 국가들의 경우 이익집단들은 의회나 행정부를 상대로 권력수준으로의 직접적인 활동과 대중 수준으로의 간접적인 활동을 상황에 따라 적절히 혼용한다.[10) 반면에 과거 한국의 중앙정책과정에서는 이익집단들이 행정부를 대상으로 한 권력 수준으로의 공식적·비공식적 활동에 치중하는 패턴을 보여왔다. 정책의 결정권과 집행권이 행정부에 집중되었던 현실에서 이러한 접근이 국회에 대한 로비나 대중 수준으로의 접근에 비해 효능이 훨씬 컸기 때문이다(정상호, 2011: 10). 여기서 효능은 특정 활동 방식에 투입한 인적·물적 자원으로 기대했던 결과를 얻는 정도를 뜻한다. 한국 지방정책과정에서도 이익집단의 활동은 유사한 패턴을 보였을 것으로 추측된다.

이익집단들은 정책과정의 모든 단계에 걸쳐 활동을 펼칠 수 있다. 정책의제 설정단계에서 이익집단은 자신에게 유리한 특정 사안을 정부의 정책과제로 전환하고, 자신이 원하지 않는 문제가 정책의제화 되는 것을 막고자 다양한 활동을 전개할 수 있다. 정책결정단계에서 이익집단은 자신에게 유리한 정보와 자료를 행정기관장 등 공식 정책주체들에게 제공하거나 선거 시에 정치적 지원을 약속하는 등의 방식으로 영향력을 행사할 수 있다. 정책집행단계에서는 자신에게 유리한 정책이 원활히 추진될 수 있도록 집행기관을 지원할 수 있고, 자신에게 불리한 정책에 대해서는 집행의 강도를 완화하거나 집행이 지연되도록 집행기관을 상대로 다양한 활동을 전개할 수 있다. 정책평가단계에서는 자신에게 유리한 정책에 대해서는 긍정적 평가가 이루어지게 하고, 자신에게 손해가 되는 정책에 대해서는 부정적 평가를 이끌어 내기 위해 다양한 수단을 동원할 수 있다.[11)

이익집단들이 적극 정책 활동을 펼치는 정책과정 단계는 정치체제의 특성에 따라 달라질 수 있다. 과거 민주화 이전의 한국 중앙정책과정에서는 힘 있는 극소수 이익집단을 제외한 대부분 이익집단은 집행단계에서 적게나마 활동할 기회를 가졌었다.[12) 지방정책과정에서도 과거에는 사정이 비슷하였을 것으로 추측되지만, 이것 역시 근래의 정치적 민주화와 지방자치 활성화라는 상황변화로 달라졌을 가능성이 있다.

---

9) Douverger(1972: 121-125), Binderkrantz(2005: 695-696) 참조.

10) Binderkrantz(2005), Halpin(2011), Birkland(2001: 105-131) 참조.

11) Burstein & Hirsh(2007), 정상호(2011: 19), 박응격 역(2012: 11) 참조.

12) 안병영(1994: 623) 참조.

4. 이익집단에 대한 공식 정책주체의 수용도

지방정책과정에서의 이익집단들의 활동과 영향력은 자신들의 능력과 전략은 물론, 공식 정책주체들의 수용도에 의해서도 상당 부분 좌우된다.[13] 여기서 수용도는 행정기관이나 관료들과 같은 공식 정책주체들이 이익집단에 의한 이익 투입의 당위성과 가치를 받아들이는 정도를 의미한다(King & Stivers, 2001). 만약 공식 정책주체들이 이익집단의 존재와 활동을 평가절하한다면, 이익집단의 활동은 위축될 수 있다. 반대로 이들이 이익집단의 활동을 민주사회의 자연스러운 정치 현상의 일부로 받아들이면서 협조적인 태도를 보인다면, 이익집단의 활동은 탄력을 받게 될 것이다(Putnam, 1973).

서구 국가들의 다원주의 정치체제에서는 공식 정책주체들과 이익집단들이 정책과정에 대한 영향력을 공유하는 경우가 많다(Furlong, 1998). 한국에서는 과거 공식 정책주체들에게 주도권이 있었으며, 이익집단에 대한 이들의 인식은 부정적이었다.[14] 그러나 오늘날과 같이 정치적 민주화와 지방자치가 크게 진척된 상황에서는 이들의 인식에 변화가 있을 수 있다.

14.3 ▶ 관련 연구

한국 지방정책과정에서의 이익집단의 활동상과 영향력을 경험적으로 조사한 기존 연구를 일부 살펴보면 다음과 같다.

박종민 외(2000)는 5개 도시(청주, 진주, 부천, 평택, 성남)를 대상으로 한 실증조사를 통해, 지방정치에 있어 권력은 공식 정부에 있고 기관장(시장)은 공식 정부의 정점에 있으므로 기관장(시장)이 독주하는 권력구조라는 점과, 공식 정부를 효과적으로 견제하고 제한할 수 있는 사회이익이 거의 존재하지 않는다는 사실을 파악하였다.

김익식·장연수(2004)의 연구는 수원시에서 활동 중인 이익단체의 책임자 45명을 대상으로 한 설문조사와 인터뷰를 통해 이익단체 유형별로 영향력을 행사하

---

13) King & Stivers(2001), 이승종·김혜정(2011: 252) 참조 .
14) 안병영(1977), 박천오·강여진(2003), 이정희(2010), 정상호(2011) 참조.

는 정책과정의 단계, 정책과정에의 참여방식, 대정부 건의 내용 등이 어떻게 다른 지를 조사하였다. 이 연구에서는 전문가단체, 연고단체, 직능단체는 주로 집행단 계에 역점을 두고 활동하나, 시민단체는 정책문제 제기와 형성 단계에서, 연고단 체는 정책형성 단계에서 각각 더 많은 활동을 한다는 사실이 밝혀졌다. 또한 사 익집단은 주로 정책담당자를 직접 만나 설득하는 방식을 활용하지만 시민단체는 여론을 환기시키는 방법에도 적지 않게 의존한다는 사실과, 지방정부와 이익집단 간에 어느 정도 협력이 이루어진다는 사실도 확인되었다.

박대식·최진혁 등 다수 학자(2005: 385-415)가 9개 지역 도시의 382개 주요 이 익집단(연고단체, 직능단체, 전문가 단체, 종교단체 등)을 대상으로 실시한 설문조사 는 이익단체의 활동이 정책문제 제기, 정책집행, 정책형성 단계에서 대부분 전개 되고, 정책과정 참여는 정책담당자들을 직접 만나 설득 혹은 건의하는 방식 위주 로 이루어지며, 건의 내용은 행정규제/개혁, 교육, 환경 등의 정책부문과 관련된 것이 다수인 것으로 파악하였다.

도묘연·이관률(2008)의 연구는 대구광역시에서 활동하는 총 67개 이익집단을 대상으로 설문조사를 실시하여, 사익집단은 정치적 민주화 이후에도 집행기관 등 공식 정책주체를 대상으로 한 이익표출 활동에 치중하고 대중이나 언론을 대상으 로 한 정책 활동을 많이 하지 않는 반면 공익집단은 지방의회나 시민을 대상으로 한 이익표출 활동을 주로 한다는 차이점 등을 밝혔다.

유재원(2000)의 연구는 전국 232개 기초자치단체 소속 주요 과장 700여명을 대 상으로 한 설문조사 결과, 지방정책의 역학 구조와 관련하여 경제엘리트 영향력 의 미약성, 비공식 사회세력에 대비한 공식 정부기구의 영향력 우위, 정당의 저조 한 영향력 등이 여러 자치단체에서 발견되는 공통적인 현상임을 확인하였다. 이 연구는 한국에서는 경제엘리트가 지방정책과정에서 주변적인 지위를 차지한다는 점을 부각시켰다.

권경한(2007)의 연구는 1995년 민선단체장 출범 이후부터 민선 2기(2001년)까 지를 시간적 범위로 설정하여 270개 기초자치단체(시, 군, 자치구) 중 195개를 대상 으로 한 패널데이터 분석을 통해, 지역의 이익집단인 광공업체와 의료계가 지방 정부의 세출예산결정과정에 미치는 영향력이 미미한 원인이 단체장 우위의 지방 권력구조에 있는 것으로 진단하였다.

이상의 연구들은 지방자치단체장에 권력이 집중된 한국의 지방정부에서는 이 익집단의 정책과정 및 정책에 대한 영향력이 크지 않다는 점, 시민단체를 제외한 대부분의 이익집단들이 자치단체장을 비롯한 공식 권력주체를 상대로 설득·건의하는 권력적 접근에 의존하고 있다는 점 등을 공통적으로 파악하였다. 이는 정치적 민주화와 지방자치의 실시에도 불구하고, 한국 지방정책과정에서의 이익집단의 영향력과 활동방식이 과거에 비해 크게 달라지지 않았으며, 이익집단이 시민의 여론을 유도하여 특정 문제를 정책의제로 채택토록 지방정부에 강요하는 등의 정책 활동을 활발히 펼치지 못하고 있음을 시사한다.

그러나 일부 연구는 지방정책과정에서의 이익집단의 활동이 과거 정책집행단계에 치우쳤던 데서 벗어나 정책과정의 다른 단계들로 확장되고 있고, 지방정부와 이익집단 간 상호 협력이 어느 정도 이루어지는 등 긍정적 변화의 조짐을 포착하였다.[15]

14.4 ▶ 실증조사

1. 조사의 초점과 조사방법

저자는 한국 지방정책과정에서 이익집단의 영향력과 활동 패턴에 어떤 변화가 있는지 파악하고자 2013년 서울특별시 25개 자치구 가운데 임의로 선정한 8개 자치구 소속 공무원 376명을 대상으로 설문조사를 실시하였다.[16] 공무원들을 조사대상으로 한 것은, 이들이 정책과정의 공식 참여자로서 지방자치단체장이나 지방의원과 같은 다른 공식 정책주체들은 물론, 비공식 정책주체인 이익집단들과도 많은 접촉을 하는 등 관련 경험과 정보가 풍부할 것으로 판단하였기 때문이다 (Miller, 1987: 240; 유재원, 2000: 24).

설문지는 이익집단의 정책과정상 활동이나 영향력과 관련된 국내외 기존 연구들을 토대로 작성하였다. 외국 문헌은 Duverger(1972), Peters(1995), Binderkrantz

---

15) 김익식·장연수(2004), 박대식·최진혁 편(2005) 참조.
16) 서울시 25개 자치구 모두를 조사 대상으로 하기 어려워, 동서남북 4개 방향에서 지리적으로 상호 인접한 2개의 자치구(서대문구/은평구, 도봉구/성북구, 동작구/양천구, 서초구/송파구)를 각각 임의로 선정하였다. 응답자의 분포는 도봉구 47명(12.5%), 동작구 43명(11.4%), 서대문구 74명(19.7%), 서초구 40명(10.6%), 성북구 40명(10.6%), 송파구 42명(11.2%), 양천구 40명(12.8%), 은평구 42명(11.2%)이다. 조사의 자세한 내용은 박천오(2013) 참조.

(2005), King & Stivers(2001) 등의 연구를, 국내 문헌은 김영래(1987), 도묘연·이관률(2008), 이승종·김혜정(2001), 김익식·장연수(2004) 등의 연구를 주로 참고하였다.

설문지는 서울시 자치구에서 1) 이익집단의 영향력이 과거에 비해 증대되었는지? 2) 이익집단들이 자치구의 어떤 정책부문에서 주로 영향력을 행사하는지? 3) 이익집단들이 활동하는 정책단계가 광범위한지? 4) 이익집단의 활동 방식이 다양한지? 5) 이익집단의 활동에 대한 공식 정책주체들의 수용도가 높은지? 등을 묻는 내용으로 구성되었다.

일부 응답에 대해서는 상호 지리적으로 인접한 4개 그룹(서대문구/은평구, 도봉구/성북구, 동작구/양천구, 서초구/송파구) 자치구 간 차이가 있는지를 비교·분석하였다.

2. 조사결과

(1) 이익집단의 영향력

〈표 14-1〉은 설문지의 개방형 질문을 통해 파악한 서울시 8개 자치구에서 공통으로 활동 중인 이익집단들을 보여준다. 이들 이익집단에는 전형적인 사적 집단들 외에도, 관변단체, 직능단체, 시민단체 등이 포함되어 있다. 조사대상에 포함되지 않은 나머지 17개 서울시 자치구에서 활동하는 이익집단들의 상황도 이와 유사할 것으로 추측된다. 이하에 제시된 이익집단의 영향력과 활동에 관한 분석 결과는 상당 부분 〈표 14-1〉에 제시된 이들 이익집단과 관련된 것이라고 할 수 있다.

〈표 14-2〉는 해당 8개 자치구에서 이익집단의 정책과정상 영향력이 과거에 비해 얼마나 달라졌는지를 묻는 질문에 대한 응답결과이다. 8개 자치구의 평균값이 4.17로 나타나 이익집단의 영향력이 과거에 비해 상대적으로 증대되었음을 알 수 있다.

〈표 14-3〉은 이익집단들이 자치구의 각 정책부문에 얼마나 영향을 미치는지를 묻는 질문에 대한 응답결과이다. 〈표 14-3〉은 이익집단들의 정책 부문별 영향력이 전체 평균 3.21로 보통 수준이고, 보건·복지, 재개발·재건축의 정책 부문에서 상대적으로 더 큰 영향을 미친다는 것을 알려준다. 분산분석 결과 예산 부문을 제외하고는 4개 그룹 자치구 간 통계적으로 의미 있는 응답 차이가 나타나

지 않았다.

〈표 14-4〉는 자치구정책과정에서의 각 정책주체의 상대적 영향력을 묻는 질문에 대한 응답결과이다. 여기서는 자치단체장, 지방의회, 중앙정부, 언론의 순으로 정책과정에 큰 영향을 미치며, 이익집단의 영향력 평균(3.27)의 순위는 12개 정책주체들 가운데 8위로 나타나 있다. 분산분석 결과 4개 그룹 자치구 간 통계적으로 의미 있는 응답 차이가 나타나지 않았다.

자치단체장의 영향력이 가장 강하게 나타난 것은, 한국의 지방정책과정에서 단체장이 지배적인 영향력을 행사한다는 기존의 연구결과들과 일치한다(유재원, 2000: 24; 권경한, 2007: 679). 기업과 노동조합의 영향력이 상대적으로 약하게 나타난 것은 이들이 전국 차원에서 주로 활동하기 때문일 것으로 추측되며, 이 또한 기존의 연구결과들과 일치한다(유재원, 2000; 박종민 외, 2000).

〈표 14-2〉·〈표 14-3〉·〈표 14-4〉의 응답결과는 자치구정책과정에 있어 이익집단의 영향력이 과거에 비해 증대하였지만, 다른 정책주체들과의 상대적 영향력에 있어서는 여전히 뒤지고 있음을 시사한다. 이러한 현상은 한국의 이익집단 활동이 주로 중앙정부를 대상으로 한 중앙집권적 특성을 가진데서 비롯된 것일 수

〈표 14-1〉 서울시 8개 자치구의 주요 이익집단

보훈단체, 장애인단체, 체육회, 방위협의회, 통장협의회, 재개발·재건축 조합, 환경단체, 노인단체, 부녀회, 새마을관련단체, 주민자치위원회, 적십자봉사회, 지역사랑모임, 생활협동조합, 시민회, 여성회, 자율방범대, 철거민연합회, 아파트연합회, 노점상 연합회, 어린이집연합회, 상가번영회, 향우회, 바르게살기운동협의회, 모범운전사회, 택시연합회, 참여연대 등 시민단체, 바른정책시민연합회, 희망제작소

〈표 14-2〉 8개 자치구정책과정에 있어 이익집단의 영향력 변화

	빈도	평균	표준편차	F값	유의 수준
서대문/은평	116	4.08*	.836		
송파/서초	82	3.89	.930		
도봉/성북	87	4.33	.726	6.752	.000
동작/양천	91	4.37	.770		
전체	376	4.17	.837		

* 1 크게 감소, 5 크게 증대

⟨표 14-3⟩ 8개 자치구의 각 정책부문에 미치는 이익집단의 영향력

정책부문 영향력	자치구	빈도	평균	표준편차
1. 예산	전체	376	3.25	.912
2. 행정절차 및 집행	전체	376	3.19	.872
3. 건축 · 토목	전체	376	3.13	.928
4. 환경	전체	376	3.21	.925
5. 교육	전체	376	3.15	.884
6. 보건 · 복지	전체	376	3.37	.876
7. 교통	전체	376	3.15	.851
8. 재개발 · 재건축	전체	376	3.37	.971
9. 홍보 · 언론	전체	376	3.10	.916
전체		376	3.21	.918

1 아주 작음, 5 매우 큼

⟨표 14-4⟩ 8개 자치구정책과정에 있어 정책주체별 영향력

정책주체	자치구	빈도	평균	표준편차
1. 지방자치단체장	전체	375	4.20	1.037
2. 지방의회	전체	376	3.96	.939
3. 이익집단 (직능단체 및 시민 단체 포함)	전체	376	3.27	.797
4. 지구당	전체	375	3.29	.863
5. 언론	전체	376	3.36	.917
6. 지방여론(일반주민)	전체	376	3.34	.837
7. 주민조직	전체	376	3.19	.817
8. 기업	전체	376	2.72	.846
9. 노동조합	전체	376	2.80	.850
10. 공무원노조	전체	376	2.84	.888
11. 중앙정부	전체	376	3.43	1.023
12. 광역자치단체 혹은 타 지방자치단체	전체	376	3.29	.921

1 아주 작음, 5 매우 큼

있다(염재호, 2002: 143). 전체적으로 정치적 민주화의 진척과 지방자치의 실시에도
불구하고 지방정책과정에서의 이익집단의 영향력이 괄목할 만한 수준으로 증대

되지는 않은 것으로 해석된다.

(2) 이익집단 활동의 패턴과 효능

〈표 14-5〉는 자치구정책과정에서 이익집단들이 주로 어떤 방식으로 활동하며, 얼마나 실효를 거두는지를 묻는 질문에 대한 응답결과이다. 여기서는 이익집단들이 지방자치단체장, 지방의회(혹은 지방의원), 공무원 등 공식 정책주체들과 접촉하는 권력 수준으로의 직접적 활동 방식을 주로 취하며, 이를 통해 상대적으로 큰 실효를 거두는 것으로 나타나 있다. 또한 청원이나 자치단체 주최의 공청회와 간담회 참석 등 공식적·합법적 방식의 활용도 역시 상대적으로 높으며, 이를 통해서도 어느 정도 실효를 거두고 있음을 알 수 있다. 반면에 캠페인·심포지엄·공개토론회 개최 등 대중 수준의 간접적 활동 방식이나 시위나 파업과 같은 대결적(혹은 비합법적) 활동 방식의 활용도는 저조하고, 효능 또한 상대적으로 낮게 나

〈표 14-5〉 이익집단 활동방식별 활용도와 효능

활동방식	활용도(A)	효능(B)	B-A
	평균/표준편차(순위)	평균/표준편차(순위)	(평균)
1. 의견서 제출	2.97/1.025 (9)	3.06/.901 (7)	0.09
2. 청원, 건의 등	3.26/.961 (3)	3.17/.872 (6)	-0.09
3. 자치단체 주최의 공청회, 간담회, 설명회 참여	3.26/.948 (3)	3.25/.915 (4)	-0.01
4. 자치단체의 자문위원회, 분쟁해결위원회 등에 참여	3.03/.987 (8)	3.27/.897 (3)	0.24
5. 공무원들과 막후 접촉	3.22/1.046 (6)	3.03/1.034 (8)	-0.19
6. 자치단체를 상대로 한 소송 제기	2.84/1.053 (12)	2.93/1.032 (11)	0.09
7. 자치단체장과 직간접적 접촉	3.60/.967 (2)	3.47/1.017 (1)	-0.13
8. 지방의회(지방위원)과 접촉	3.76/.946 (1)	3.45/.962 (2)	-0.31
9. 조직구성원들을 동원	3.26/1.020 (3)	2.92/.953 (12)	-0.34
10. 스스로 각종 캠페인, 심포지엄, 공개토론회 개최	2.78/1.046 (13)	3.00/.917 (10)	0.22
11. 시위, 파업 등 충격 요법	2.95/1.191 (10)	2.76/1.066 (13)	-0.19
12. 언론 동원	3.14/1.054 (7)	3.21/1.020 (5)	0.07
13. 자치단체장이나 고위 공무원들을 초청하는 간담회, 조찬회 등 개최	2.93/1.028 (11)	3.02/.915 (9)	0.09

1 매우 낮음, 5 매우 높음

타나 있다. 활동방식의 활용도 및 효능과 관련하여 분산분석을 실시하였으나, 4
개 그룹의 자치구 간 통계적으로 의미 있는 응답 차이는 나타나지 않았다.

〈표 14-5〉와 관련하여서는 활동방식 간 관계구조를 확인하기 위해 요인분석
을 실시하였다. 요인추출은 주성분 분석을, 회전은 베리멕스 직교회전을 사용하
였고, Kaiser-Meyer-Olkin 척도가 .773으로 요인분석을 위한 변수선정이 적절한
것으로 나타났다. 요인분석 결과 〈표 14-6〉과 같이 4개 요인으로 묶이는 것으로
나타나, 이들 각각에 대해 대결적 활동유형, 협의적 활동유형, 직접적 설득 유형, 정
보제공 유형으로 명명하였다. 〈표 14-7〉에서 보듯이 추출된 요인별로 Cronbach's
α가 각각 .774, .747, .751, .536으로 나타나 신뢰성에 큰 문제가 없는 것으로 판단
되었다.

〈표 14-6〉에서 대결적 활동유형은 이익집단이 다양한 방식으로 정부(혹은 공
식 정책주체들)와 대치하면서 정부에 압박을 가하는 방식이다. 협의적 활동유형은
이익집단이 합법적이고 공식적인 방식으로 정부에 대해 자신의 입장을 표명하는
방식이다. 직접적 설득유형은 이익집단이 공식 정책주체들을 상대로 직접 설득

〈표 14-6〉 이익집단의 활동방식별 효능의 요인분석

활동 방식	성분			
	대결적 활동유형	협의적 활동유형	직접적 설득유형	정보제공 유형
시위, 파업 등 충격요법	.827	-.001	.041	.169
언론동원	.769	.099	.142	.288
자치단체를 상대로 한 소송제기	.681	.089	.402	-.090
조직구성원들을 동원	.551	.147	.117	.436
청원, 건의 등	.040	.810	.135	-.039
자치단체 주최의 공청회, 간담회, 설명회 참석	-.048	.764	.110	.222
의견서 제출	.309	.741	-.173	.053
자치단체의 자문위원회, 분쟁해결위원회 등에 참석	.042	.555	.126	.536
자치단체장과 직접 혹은 간접적 접촉	.159	.112	.847	.010
지방의회 혹은 지방의원과 접촉	.197	.072	.827	-.110
관련공무원들과 비공식적 막후 접촉	.027	-.048	.700	.371
자치단체장이나 고위 공무원들을 초청하는 조찬회 등 개최	.173	.013	.105	.768
스스로 각종 캠페인, 심포지엄, 공개토론회 개최	.347	.256	-.168	.600

〈표 14-7〉 설문문항의 신뢰성 검증

활동 유형	항목 수	Cronbach-α	활동 유형	항목 수	Cronbach-α
대결적 활동	4	.774	직접적 설득	3	.751
협의적 활동	4	.747	정보제공	2	.536

〈표 14-8〉 활동유형별 효능

활동유형	빈도	평균	표준편차	분산
대결적 활동	376	3.05	.835	.697
협의적 활동	376	3.14	.735	.541
직접적 설득	376	3.52	.807	.651
정보제공	376	2.85	.857	.735

작업을 펼치는 방식이다. 정보제공 유형은 이익집단이 정책과정에서 자신에게 유리한 정보를 정부(혹은 공식 정책주체)에 제공하는 방식이다. 〈표 14-8〉에서 보듯이 이들 네 가지 활동 유형 가운데 직접적 설득유형의 효능이 가장 높고, 정보제공 유형의 효능이 가장 낮은 것으로 나타나 있다. 또한 협의적 활동유형이 대결적 활동유형보다 효능이 상대적으로 높게 나타나 있다.

　〈표 14-9〉는 이익집단들이 자치구 정책과정의 어느 단계에서 주로 활동하는지를 묻는 질문에 대한 응답 결과이다. 여기서는 이익집단이 정책결정 단계와 정책의제설정 단계에서 주로 활동하고, 집행 단계에서도 어느 정도 활동을 하고 있으나, 평가단계에서는 드물게 활동하는 것으로 나타나 있다. 이러한 응답결과는 한국에서는 이익집단들이 집행단계에서만 적게나마 영향을 미치다는 과거 주장

〈표 14-9〉 정책과정 각 단계에 있어 이익집단 활동의 비중 빈도(%)

영향력 행사 단계	4개 구역 자치구				전체
	서대문/은평	송파/서초	도봉/성북	동작/양천	
정책의제(문제)설정 단계	31(26.8%)	31(37.8%)	35(40.3%)	24(26.4%)	121(32.2%)
정책결정 단계	45(38.8%)	29(35.4%)	33(37.9%)	37(40.6%)	144(38.3%)
정책집행 단계	33(28.4%)	18(21.9%)	17(19.5%)	27(29.7%)	95(25.3%)
정책평가 단계	7(6%)	4(4.9%)	2(2.3%)	3(3.3%)	16(4.2%)
전체	116(100%)	82(100%)	87(100%)	91(100%)	376(100%)

(안병영, 1977: 80)과 배치된다.

이상 〈표 14-5〉에서 〈표 14-9〉까지 응답 결과에 의하면 한국 지방정책과정에서 이익집단의 활동 방식은 여전히 권력수준의 직접적 접근에 치우쳐 있고, 이런 방식의 효능이 가장 크다는 점에서는 과거와 큰 차이가 없다고 할 수 있다. 다만 이익집단이 활동을 펼치는 정책단계는 과거에 비해 어느 정도 확장된 것으로 보인다. 이러한 조사 결과는 기존의 연구 결과와 대체로 일치한다.[17]

(3) 이익집단에 대한 공식 정책주체의 수용도

〈표 14-10〉에서 이익집단의 활동에 대한 8개 자치구 공식 정책주체들의 전체 수용도가 평균 3.32로 나타나 있어, 공식 정책주체들이 이익집단의 주장과 관점을 어느 정도 받아들이는 것으로 추측된다. 〈표 14-11〉에서는 이익집단들과 자치구의 공식 정책주체들 간 협력 관계가 대체로 보통 수준인 것으로 나타나 있다.

〈표 14-12〉는 자치구 내에서 이익집단들의 주장을 가장 경청하는 공식 정책

〈표 14-10〉 이익집단의 이익표출에 대한 자치구 공식 정책주체의 수용도

자치구	빈도	평균	표준편차	F값	유의 수준
서대문/은평	116	3.38	.776		
송파/서초	82	3.41	.816		
도봉/성북	87	3.44	.773	2.116	.098
동작/양천	91	3.19	.714		
전체	376	3.32	.773		

1 거의 무시함, 5 전적으로 수용함

〈표 14-11〉 이익집단과의 자치구 공식 정책주체들 간 협력관계

자치구	빈도	평균	표준편차	F값	유의 수준
서대문/은평	116	3.20	.649		
송파/서초	82	3.30	.827		
도봉/성북	87	3.36	.628	2.484	.061
동작/양천	91	3.10	.651		
전체	376	3.23	.692		

1 매우 소원함, 5 매우 긴밀함

---

17) 박대식·최진혁 편(2005), 도묘연·이관률(2008) 참조.

〈표 14-12〉 이익집단의 주장을 가장 경청하는 정책주체

빈도(%)

정책주체	4개 구역 자치구				전체
	서대문/은평	송파/서초	도봉/성북	동작/양천	
자치단체장	52(44.8%)	42(51.2%)	47(54%)	44(48.4%)	185(49.2%)
지방의회	46(39.7%)	21(25.6%)	20(23%)	36(39.6%)	123(32.7%)
지방공무원	18(15.5%)	19(23.2%)	20(23%)	11(12%)	68(18.1%)
전체	116(100%)	82(100%)	87(100%)	91(100%)	376(100%)

주체를 묻는 질문에 대한 응답결과이다. 여기서는 자치단체장이 49.2%로 가장 높게, 지방의회가 32.7%로 2 순위로, 공무원이 18.1%로 가장 낮게, 각각 나타나 있다. 여기서 응답자인 공무원들 스스로 이익집단 활동에 대한 자신들의 수용도를 가장 낮게 평가한 점은 매우 흥미롭다.

(4) 이익집단 활동에 대한 자치구 공무원의 인식

〈표 14-13〉은 이익집단의 존재와 활동에 대한 자치구 공무원들의 인식이 그다지 호의적이지 않다는 사실을 보다 직접적으로 보여준다. 이러한 응답결과는 앞서 〈표 14-12〉에서 공무원 스스로 이익집단 활동에 대한 자신들의 수용도를 다른 공식주체들에 비해 상대적으로 낮게 평가한 것과 같은 맥락으로 해석할 수 있다.

〈표 14-13〉 이익집단의 존재와 활동에 대한 공무원 인식

자치구	빈도	평균	표준편차	F값	유의 수준
서대문/은평	116	3.03	.790		
송파/서초	82	3.07	.828		
도봉/성북	87	3.08	.879	1.742	.158
동작/양천	91	2.84	.834		
전체	376	3.01	.833		

1 매우 부정적임, 5 매우 긍정적임

자치구 공무원들의 이익집단에 대한 인식이 그다지 호의적이지 않은 점은 무엇보다 이익집단 활동의 부정적 측면에 대한 자신들의 경험과 우려에 기인한 것으로 보인다. 이익집단 활동의 부정적 측면을 묻는 개방형 질문에 대한 공무원들

의 응답을 예시하면 아래와 같다.

- 이익집단은 지방자치단체의 거시적 이익보다는 스스로 이득을 위해 움직임. 특히 자치단체장이 민선이라는 점을 악용하여 소수의 이익을 위한 정책을 만들 것을 압박함.
- 이익집단의 활동으로 자원배분이 공정하게 이루어지지 못하고 목소리가 큰 단체에 우선 배분하는 불합리한 결정이 이루어짐.
- 이익집단은 자치단체장이 추진하는 사업에 제동을 거는 등 주요 사업에 반대 의견을 내고 마찰을 빚음으로써, 예산낭비, 정책결정 지연, 산업추진 지연 등을 초래함.
- 이익집단은 자신의 요구사항이 받아들여지지 않으면 조직적인 반발을 하거나 업무에 지장을 줄 정도로 민원 신청을 하는 등 다양한 수단을 동원함.

이익집단 활동에 대한 지방공무원들의 이 같은 인식은 한국 공무원들의 보편적인 인식일 수 있다. 과거 Putnam(1973)의 관료모형에 기초해 한국 중앙부처 공무원들의 정치 태도(political attitudes)를 두 차례 실증 조사 한 박천오(1996; 2003)의 연구가 이를 암시한다. 이들 조사에서는 '국가이익은 이익집단 간 끊임없는 충돌로 인해 심각하게 위협받는다'라는 의견에 대한 중앙공무원들의 동의 비율이 매우 높게 나타났다(1996년 84%, 2003년 91%). 2003년 연구에서 조사 대상으로 포함된 기초자치단체 공무원들의 경우 같은 의견에 대한 동의 비율이 93%에 달했다.

박천오의 연구는 그간 한국에서 이루어진 정치적 민주화의 진척에도 불구하고 한국 공무원들이 이른바 고전적 관료(classical bureaucrats)의 특성을 벗어나지 못하고 있음을 밝혔다. Putnam(1973)에 의하면 고전적 관료는 다원주의적 민주주의의 핵심 현상이라고 할 수 있는 국회·정당·정치인·이익집단 등 정치세력들의 정책과정에 대한 욕구 투입과 그들 간 협상·갈등을 정부 정책의 능률성과 객관성을 해친다는 이유에서 부정적인 시각으로 바라본다. 고전적 관료는 공공문제는 기술적 실용성(technical practicality)과 같은 객관적 기준에 의해 해결되어야 한다는 믿음을 지닌 것이 특징이다.

Putnam은 서구 선진국 관료들은 이러한 고전적 관료와 대비되는 이른바 정치적 관료(political bureaucrats)의 특징을 나타내는 것으로 파악하였다. 정치적 관료의 정치 태도는 크게 두 가지 특징을 나타낸다. 하나는 공익에 대한 절대적 기준이 없는 상황에서 그 해석과 실현을 둘러싸고 관련 집단들이 경합하는 다원주의적 정치환경을 자연스럽게 여긴다는 것이다. 다른 하나는 정치현실을 이해하고 정책과정에 대한 정치·사회적 제 세력들의 영향력 행사를 정당한 것으로 받아들인다는 것이다.

한국 관료들이 민주화의 진전에도 불구하고 과거의 폐쇄적·배타적 고전적 관료의 특징을 탈피하지 못하고 있는 데는 그들의 민주의식이 부족한 탓도 있겠지만, 이익집단들이 그간 합리적이고 성숙한 활동 모습을 보여주지 못한 탓도 있을 것이다(박천오, 1999). 어떤 이유에서건 한국 관료들이 이처럼 이익집단 활동에 대해 비호의적인 인식과 태도를 지닌 한 이익집단의 활동을 활성화하기 위한 제도적 개선 등이 이루어지더라도 이들 관료가 설치하는 보이지 않는 장벽으로 인해 실효를 거두기 어렵다.

이상에서 제시한 저자의 조사 결과를 전체적으로 요약하면 다음과 같다. 첫째, 서울시 자치구 정책과정에서의 이익집단의 영향력은 과거에 비해 어느 정도 증대되었으나, 여타 정책주체들에 비해서는 아직 상대적으로 약한 편이다. 이는 이익집단의 영향력 증대가 아직 괄목할 수준은 못 된다는 점을 시사한다. 둘째, 이익집단은 자치단체장이나 지방의회와 같은 공식 정책주체들과 접촉하는 권력수준으로의 직접적 활동방식에 치중하고 있고, 이를 통해 상대적으로 큰 실효를 거두고 있다. 이는 이익집단의 활동이 과거의 패턴에서 크게 벗어나지 못하고 있음을 시사한다. 셋째, 이익집단은 정책의제설정 단계와 결정 단계에서 나름대로 활동을 펼치고 있다. 이는 과거에 비해 이익집단의 활동 범위가 확장되었음을 시사한다. 넷째, 이익집단에 대한 공식 정책주체들의 인식은 비교적 긍정적이지만, 양자 간 협력관계가 긴밀한 수준은 못 된다. 이 모두는 정치적 민주화의 진척과 지방자치의 실시에도 불구하고 한국 지방정책과정에서 이익집단들의 정책적 매개 기능이 아직 미흡한 수준임을 시사한다.

이러한 조사결과는 2013년 실시한 저자의 다른 실증조사의 결과와 유사하다. 광역자치단체인 서울특별시 소속 공무원 176명과 서울특별시의 25개 자치구 가운데 9개 자치구 소속 공무원 421명을 대상으로 설문조사를 실시한 이 조사에서 역시 지방정책과정에서의 이익집단의 영향력이 과거에 비해 전반적으로 증대되었으나 여타 정책주체들에 비해서는 상대적으로 약한 편이며, 활동 측면에서도 과거의 패턴을 크게 벗어나지 못하고 있고, 지방정부와의 협력관계 역시 다소 미흡한 수준으로 나타났다(박천오·변록진, 2013).

14.5 ▶ 결　어

　　지방정책과정에서 이익집단은 다양한 지역문제들을 이슈화하는 동시에 지방
정부에 대해 소속 구성원들의 이익과 주민을 대변할 수 있다. 또한 이익집단은
지방정부의 독단적 정책결정에 제동을 걸 수 있고, 정책대안을 제시할 수 있으며,
주민의 정책과정 참여를 유도할 수 있다. 때문에 이익집단들이 이익표출을 활발
히 하고 지방정부가 이를 수용하고자 노력할수록, 지방정치 및 행정의 성숙과 지
역의 발전을 기대할 수 있다.

　　한국에서는 과거 이익집단이 지방정책과정의 주요 행위자가 못되었다. 그러
나 민주화, 지방화, 정보화라는 시대적 흐름과 더불어, 이익집단의 활동과 영향력
은 앞으로 증대될 것이다. 이 장에서는 정치적 민주화와 지방자치가 어느 정도
궤도에 오른 시점에서 이익집단의 활동 실태와 영향력을 서울시 자치구 소속 공
무원들을 대상으로 한 설문조사를 통해 살펴보았고, 그 결과 기초자치단체 정책
과정에서 이익집단들이 수행하는 정책적 기능이 아직은 기대만큼 활성화되지 못
한 것으로 나타났다. 이와 함께 자치구 공무원들의 이익집단에 대한 인식이 여전
히 호의적이지만은 아닌 것으로 확인되었다.

참고문헌

권경환. (2007). 기초자치단체 예산결정에 대한 이익집단의 영향분석. 「한국행정논집」, 19(3): 661-684.

김익식. (2008). "지방정부", 하태권 외, 「한국정부의 이해」 378-450. 파주: 법문사.

김익식 · 장연수. (2004). 지방정부에서 이익단체들의 활동전략과 영향력에 관한 연구, 「지방행정연구」, 18(4): 131-156.

김재훈. (1996). 민선단체장 이후 환경규제행정의 변화, 「한국행정학보」, 30(3): 121-136.

김정욱. (1992). 지방자치단체에 있어서 이익집단의 이익투입요인에 관한 연구. 「지역복지정책」, 6: 109-125.

도묘연 · 이관률. (2008). 이익집단 활동 패턴의 다양성과 일치성: 대구광역시 이익집단을 사례로, 「한국지방자치학회보」, 20(1): 135-156.

박대식 · 최진혁 편. (2005). 「한국 지역사회 이익단체: 활동과 영향」. 서울: 도서출판 오름.

박응격(역). (2012). 「이익집단사회」. 파주: 법문사. (Berry, Jeffery M. and Clyde Wilcox. (2009). *The Interest Group Society*. Longman)

박종민. (2000). 한국의 지방정치와 권력구조, 박종민 편. 341-372. 「한국의 지방정치와 도시권력구조」, 서울: 나남출판.

박천오. (1996). 다원주의적 민주주의에 대한 한국관료의 태도. 「한국행정논집」, 8(2): 1-15.

박천오. (1999). 이익집단의 정책과정상의 영향력과 활동패턴: 정부관료제와의 관계를 중심으로. 「한국행정학보」. 33(1): 239-259.

_____. (2003). 다원주의적 정치환경과 한국관료의 태도. 「행정논총」. 41(4): 23-48.

_____. (2010). 한국 여성공무원의 여성대표적 역할 인식에 관한 탐색적 연구, 「한국행정연구」, 19(1): 177-200.

박천오 · 강여진. (2003). 다원주의적 정치환경과 한국관료의 태도, 「행정논총」, 4(4): 23-48.

박천오 · 변녹진. (2013). 지방정책과정에서의 이익집단의 영향력과 활동에 대한 공무원 인식: 서울특별시와 자치구의 비교 연구. 「지방행정연구」, 27(3): 129-152.

안병영. (1977). 한국의 이익집단과 정치발전, 「한국정치학회보」, 11: 78-86.

염재호. (2002). 한국 시민단체의 성장과 뉴 거버넌스의 가능성. 「아세아 연구」, 45(3): 113-147.

유재원. (2000). 지방관료제에 대한 외부행위자들의 영향력 분석. 「한국정책학회보」, 11(4): 23-44.

이대희. (2008). 이익집단, 시민단체, 하태권 외, 「한국정부의 이해」, 340-375. 파주: 법문사.

이승종 · 김혜정. (2011). 「시민참여론」, 경기: 박영사.

이정희. (2010). 「이익집단정치: 갈등과 통합의 역동성」, 서울: 인간사랑.

정상호. (2011). 한국의 민주화와 이익정치의 변화와 연속성에 대한 연구. 「한국정당학회보」, 10(1): 5-29.

정정길 외. (2010). 「정책학원론」, 서울: 대명출판사.

Binderkrantz, Anne. (2005). Interest Group Strategies: Navigating between Privileged Access and Strategies of Pressure. *Political Studies*, 53: 694-715.

Birkland, Thomas A. (2001). *An Introduction of Policy Process*. Armonk, New York: M.E. Sharpe.

Burstein, Paul & Elizabeth Hirsh. (2007). Interest Organizations, Information, and Policy Innovation in the U.S. Congress. *Sociological Forum*. 22(2): 174-199.

Dahl, Robert A. (1961). Who Governs? New Heaven: Yale University Press.

Domhoff, G. William. (1961). *Who Governs? Democracy and Power in an American City*. New Heaven, CT: Yale University Press.

Duverger, Maurice. (1972). *Party Politics and Pressure Groups*. New York: Thomas Y. Crowell.

Furlong, Scott R. (1998). Political Influence on the Bureaucracy: The Bureaucracy Speaks. *Journal of Public Administration Research and Theory*. 8(1): 39-65.

Halpin, Darren. (2011). Explaining Policy Bandwagons: Organized Interest Mobilization and Cascade of Attention, *Governance: An International Journal of policy, Administration, and Institutions*, 24(2): 205-230.

Hunter, Floyd. (1963). *Community Power Structure*. Garden City, New York: Doubleday and Company Inc.

King, Cheryl Simrell & Camilla Stivers. (2001). Reforming Public Administration: Including Citizens. in Kuotsai Tom Liou (ed.), *Handbook of Public Management Practice and Reform*, 473-491. New York: Marcel Dekker, Inc.

Liu, Xinsheng et al. (2010). Understanding Local Policymaking: Polcy Eletes' Perceptions of Local Agenda Setting and Alternative Policy Selection. *Policy Studies Journal*, 38(1): 69-91.

Lynn, Laurence. (1987). *Managing Public Policy*. Boston: Little Brown.

Miller, Cheryl M. (1987). State Administrator Perceptions of the Policy Influence of Other Actors: Is Less Better?. *Public Administration Review*. 47(3): 239-245.

Peters, B. Guy. (1995). *The Politics of Bureaucracy*. N.Y.: Long man.

Polsby, Nelson W. (1980). *Community Power and Political Theory*. New Hwaven, Conn.: Yale University Press.

Putnam, Robert D. (1973). The Political Attitudes of Civil Servants in Western Europe: A Preliminary Report. *British Journal of Political Science*. 3: 257-290.

CHAPTER

15

대표관료제와
한국 여성공무원의 역할 인식

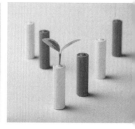

대표관료제는 정부관료제의 인적 구성이 인종, 성(gender), 지역, 신분 계층 등의 기준에 의해 분류되는 사회 전체의 부문별 인구를 고루 반영해야 한다는 원리를 적용하는 제도를 말한다(오석홍, 2013: 537-538). 대표관료제 이론은 공무원의 충원 등에 있어 사회인구학적 특성을 반영함으로써 정부관료제의 인적 대표성, 정책적 대표성, 민주성을 동시에 확보할 수 있다는 점을 이론적으로 뒷받침한다.[1]

대표관료제는 기존의 실적제를 보완하는 인사제도라고 할 수 있다. 실적제는 우수 공무원 선발, 공무원의 자질 향상과 업무 능률성 제고 등의 측면에서 그 효과가 인정되어, 세계 많은 나라에서 오랜 기간 광범위하게 적용해 온 현실 제도이다. 그러나 실적제는 소수민족이나 사회 소외계층 등 사회 일부 집단의 공직 진입을 어렵게 한다는 취약점이 있다. 예컨대 미국에서는 전통적인 실적제가 공식적인 교육 수준이 높은 백인 중산층 남성들에게 상대적으로 유리한 인사제도로 비판받아 왔다. 대표관료제는 실적제의 이러한 한계에 대한 비판을 기반으로 등장하였다(Naff, 1998: 1960). 오늘날 적지 않은 나라가 대표관료제를 도입하여 인사행정에 직·간접적으로 적용하고 있다.

그러나 상당수 학자는 실증 연구 결과 등을 토대로 대표관료제 이론의 타당성과 실효성에 의문을 제기해 왔다. 이들 학자는 무엇보다 공무원들이 실제로 자신

---

* 이 장은 「한국행정연구」(2010년 제19권 1호)에 게재된 박천오의 논문을 재구성한 것임.

1) Meier(1993b: 393), Sowa & Selden(2003: 700), Riccucci & Saidel(1997: 423) 참조.

들의 사회 출신 집단의 관점과 이익을 정책과정에 투입할 가능성을 낮게 본다 (Lim, 2006: 193-194).

대표관료제 이론의 타당성을 둘러싼 이 같은 논란은 근래 여성공무원들의 공직 진출이 크게 증대된 한국 사회에서도 관심사가 되고 있다. 이 장에서는 대표관료제 이론에 대해 논의하며, 해당 이론의 타당성과 관련하여 한국 여성공무원들을 대상으로 한 실증 조사 결과를 제시한다. 이러한 실증 조사는 지금과 같은 한국 여성공무원의 수적 증가 추세가 여성의 선호와 이익을 정책과정에 더 많이 반영하는 결과를 가져올 것인지의 개연성을 개략적으로 점쳐 볼 수 있게 한다.

15.2 대표관료제 이론과 관련 연구

대표관료제 이론이 지향하는 바는 기본적으로 두 가지이다. 하나는 능력과 자격을 중시하는 실적제에서 소외된 사회 비혜택집단들(소수민족, 여성, 장애인 등)의 공직 진입 기회를 실질적으로 보장함으로써, 복지주의 측면에서 공직 임용에 형평을 기하려는 것이다. 다른 하나는 정부관료제의 주요 결정에 사회적 출신배경이 다양한 공무원들이 참여할 수 있게 함으로써, 실적제에 의한 충원에서 비롯될 수 있는 편향된 정책과 행정을 방지하고 정부관료제의 정치적·정책적 대표성을 제고하려는 것이다.[2] 전자는 소극적 대표성(passive representation)과 후자는 적극적 대표성(active representation)과 각각 관련성을 가진다.

대표관료제 이론에서 소극적 대표성은 공무원 구성이 사회 전체의 인구학적 배경(인종, 성별, 종교, 사회계층 등)을 수적으로 반영하는 것을 뜻한다(Mosher, 1968: 11-12). 소극적 대표성은 공무원체제의 개방성과 정부관료제 활동의 정당성을 제고하고(Riccucci & Saidel, 1997: 423), 정책과정에 사회 소외 계층의 욕구 투입 통로를 넓힌다는 상징적 효과를 거둘 수 있다.[3]

---

2) 대표관료제란 용어를 처음으로 사용한 Kingsley(1944)는 20세기 들어 정책의 실제 결정권이 의회로부터 행정부로 넘어간 상황에서, 행정 결정의 주체가 되는 공무원들을 사회의 다양한 집단들을 대표하게끔 구성함으로써 그들의 민주적 책임성을 확보할 필요성이 있음을 주장하였다. 그는 특히 상류층과 중산층으로 주로 구성된 영국 공무원집단이 2차 세계대전 후 정권을 잡은 노동당 정부에 의한 노동계급 중심의 정책들을 저해할 수 있음을 우려하였다.

3) Sowa & Selden(2003: 701), Long(1952: 810, 814) 참조.

대표관료제 이론에 의하면 소극적 대표성은 적극적 대표성으로 이어져야만 상징적 효과를 넘어 실질적·정책적 효과를 거둘 수 있다(Lim, 2006: 193). 적극적 대표성은 공무원이 정책과정에서 자신의 출신 사회집단의 관점과 이익을 의식적·무의식적으로 반영하는 것을 각각 의미한다.[4] 적극적 대표성은 공무원이 정책과정에서 출신 사회집단의 관점과 이익을 대변하는 행태를 실제로 나타냄으로써 구현된다(Thompson, 1976: 203). 따라서 소극적 대표성이 적극적 대표성으로 연결된다는 것은 공무원 구성의 사회적 대표성이 정치적·정책적 대표성으로 전환됨을 의미한다(오석홍, 2009: 35).

서구에서는 소수집단 출신 공무원 사례를 중심으로 적극적 대표성을 확인한 연구들이 적지 않다.[5] 예컨대 Meier & Stewart(1992)의 연구는 교육기관에서 흑인 교사들이 흑인 학생들을 혜택이 상대적으로 많이 부여되는 학급에 우선 배치하는 경향을 보인다는 사실을 파악하였다. Rosenbloom & Kinnard(1977)의 연구에서는 미국 국무성의 소수민족 출신 상위직 공무원들이 스스로 사회 소수집단 문제를 시정하기 위해 노력한다는 믿음을 지닌 것으로 나타났다.

반면에 소극적 대표성과 적극적 대표성 간 연계성에 의문을 제기하는 연구들도 상당수 있다. 이들 연구는 흑인 범죄혐의자에 대해 가혹행위를 함에 있어서 흑인 경찰과 백인경찰 간에 차이가 없다는 사실(Reiss, 1973), 미국 연방정부의 고위직 남·여 공무원들이 예산지출 우선순위에 대해 유사한 태도를 보인다는 점(Meier & Nigro, 1976) 등을 보여주었다.

Meier & Nigro(1976: 459)가 지적하듯이 대표관료제 이론은 기본적으로 몇 개 요인들 간 인과관계 연계성을 전제로 한다. 즉 사회적 배경은 사회화 경험을 가져오고, 사회적 경험은 일정한 태도를 형성하며, 이런 태도는 특정 행태로 연결된다는 것이다. 따라서 사회적 배경이 다른 공무원들은 정책과정상 이를 반영한 가치관과 행태를 정책과정에서 나타낸다는 것이다.

문제는 공무원들의 사회 출신배경과 그들의 정책과정상 실제 행태 간 연결고리가 중간에 다양한 장애요인들이 개입함으로써 손상될 수 있다는 점이다(Lim, 2006: 193-194). 학자들이 지적하는 이들 주요 장애요인은 다음과 같다.

우선, 조직 내 사회화이다. 조직사회화는 공무원이 공직사회 진출 이전에 형성하였을 가치관이 조직에서 세탁되고, 대신 새로운 조직가치관 내지 집단정신

---

4) Mosher(1968: 11-12), Thompson(1976: 201-202) 참조.
5) Hindera(1993), Keiser et al.(2002), Meier(1993a), Meier & Stewart(1992), Lim(2006: 198-199) 참조.

(esprit de corps)이 주입되는 현상을 가리킨다.6) 예컨대 사회적·지역적 배경이 각기 상이한 고위직 공무원들이 유사한 정책정향을 보이는 것은 조직사회화의 영향 때문일 수 있다(Garnham, 1975).

상위 공직에서의 수적 부족도 장애요인이 될 수 있다. 예컨대 소수집단 출신 공무원이 출신 사회집단의 입장을 대변하려 해도 자신이 정책과정에 영향력을 미칠 수 있는 상위 직위에 있지 않다면 그럴 기회가 현실적으로 많지 않다(Thompson, 1976: 204; Meier, 1993b: 397).

동료집단의 압력 또한 장애요인이 될 수 있다. 소수집단 출신 공무원들은 조직에서 다수를 차지하는 주류집단의 비공식 규범과 가치관에 배치되는 행동을 하기 어렵다(Thompson, 1976: 205). 이는 동료집단의 압력이 인종적·성적 편견과 왜곡을 강화하는 방향으로 작동할 때 더욱 문제될 수 있다(Herbert, 1974).

공공선택이론에 의하면 사적 이익을 우선시하는 공무원들의 경향 또한 주요 장애요인이 될 수 있다. 예컨대 공무원들은 적극적 대표성을 구현하기보다 자신의 경력을 더 중시할 수 있다.7)

이 밖에, 불확실성과 무지도 적극적 대표성 실현에 걸림돌이 될 수 있다. 대표관료제 이론은 공무원이 출신 사회집단의 선호와 가치를 인지한다고 전제하지만(Wise, 2007: 226), 공무원이 특정 정책에 대한 출신 집단의 관점과 이익을 제대로 알지 못하는 상황이 적지 않다(Thompson, 1976: 205).

한편, 일부 학자들은 소극적 대표성이 적극성 대표성으로 자동적으로 전환되지 않는다는 전제에서, 이러한 전환에 긍정적인 영향을 미치는 조건(요인)들을 다음과 같이 파악하였다.8)

첫째, 소수집단 출신 공무원들은 특정 문제가 출신 사회집단의 명백한 관심사인 경우, 출신집단을 대변하는 성격의 활동을 전개할 가능성이 크다.

둘째, 특정 행정기관에 소수집단 출신 공무원이 다수 배치된 경우, 이들이 출신 사회집단을 대변하는 행태를 보일 가능성은 커진다. 이들 공무원은 상호 간에 공감대를 형성하면서 서로를 지지하게 되고, 지배 집단으로부터의 압박을 상대적으로 덜 느낄 것이기 때문이다.

셋째, 소수집단 출신 공무원들은 소속기관의 최고관리자나 사회 내 조직화된

---

6) Janowitz(1960), Kaufman(1960), Meier & Nigro(1976) 참조.
7) Buchanan & Tullock(1977), Niskanen(1971), Dolan(2000: 525) 참조.
8) Dolan(2000: 517-518), Thompson(1976: 213-217), Meier & Bohte(2001), Meier(1993b) 참조.

집단들이 자신들을 분명히 지지하는 등 주변 정치적 환경 여건이 우호적일 때, 출신 사회집단에 유리한 방향으로 직무를 수행할 가능성이 크다.

넷째, 공무원들은 소속기관의 임무가 자신의 출신 사회집단의 이익이나 가치관에 부합할 경우, 직무수행에 더 적극적일 수 있다. 여성 관련 기능을 주로 수행하는 기관에 소속된 여성 공무원들이 이러한 예에 해당한다.

다섯째, 공무원들은 출신 사회집단과 연관된 정책 영역에서 자신이 상당한 재량권을 가질 시에 해당 집단을 위해 행동할 가능성이 크다.

대표관료제 이론은 적극적 대표성의 구현이 불확실하다는 점 외에, 규범적·현실적 측면에서도 비판받는다. 우선, 대표관료제 이론이 정부관료제를 대표성을 띤 정치제도로 정당화하려는 시도는 규범적 측면에서 민주적 지배에 위반된다는 비판을 받는다(Krislov & Rosenbloom, 1981). 즉 공무원들은 의회나 대통령의 지시를 중립적으로 성실히 집행하는 집단이므로, 이들이 출신 사회집단을 대표하는 성격의 활동을 한다는 것은 선출직 공직자들의 합법적 권한을 찬탈하는 결과가 된다는 것이다.[9]

대표관료제 이론은 공무원들이 출신 사회집단 위주의 직무수행을 하게 되면 정책과정에 있어 공무원들 간 합의와 협력이 쉽지 않아 행정의 효율성이 떨어질 수 있다는 점과, 공무원들 간에 힘의 불균형이 있을 시에 정책과정의 형평성이 저해될 수 있다는 측면에서도 타당성을 의심받는다.[10]

이상의 논의가 시사하는 바는, 대표관료제 이론의 기본전제와 타당성은 앞으로 더 많은 연구를 통해 규명되고 검증되어야 한다는 점이다.

국내에서는 대표관료제에 관한 연구가 드문 편이다. 이는 서구의 다인종 국가들과 달리 한국에서는 그간 소수집단 등에 대한 정책 차별이나 임용 차별 문제가 상대적으로 적었기 때문이다. 그러나 한국에는 전통적인 인습에 의한 임용 차별이 잔존 해 있다. 성, 지역 연고, 학벌에 의한 차별과, 장애인과 기술계 인력에 대한 차별 등이 그것이다(오석홍, 2022: 40).

근래 들어 사회 계층 간 및 부문 간·지역 간 균형발전이 주요 관심사가 되면서, 사회형평적 인재 등용과 사회통합의 차원에서 소외인력(여성, 장애인, 지방인재, 과학기술 인력 등)의 공직 유입을 확대하기 위한 정부의 균형인사정책이 실행되고 있다. 이와 맞물려 대표관료제 관련 국내 연구들도 점차 늘고 있는 추세이다.[11]

---

9) Lowi(1969), Rourke(1984), Thompson(1976) 참조.
10) Mosher(1968: 12), Krislov & Rosenbloom(1981), Wise, 2004(673) 참조.

결혼이주자, 외국인 노동자, 북한 이탈자 등이 수적으로 크게 증대되고 있는 현실에 비춰볼 때, 향후 정부 차원에서 새로운 균형인사정책이 요구되며, 관련 연구 또한 확장되어야 할 것이다.

15.3 ▶ 한국 여성공무원의 여성대표적 역할

1. 여성공무원의 여성대표성

대표관료제 이론에 의하면, 여성공무원의 수적 증대는 정책과정에 여성대표성을 확보할 수 있는 효과적인 방안이 될 수 있다. 남성공무원과 상이한 여성공무원의 정치적 태도와 정책정향이 정책과정에 반영될 가능성이 그만큼 커질 것이기 때문이다. 기본적으로 정책과정에 대한 여성공무원들의 영향력은 그들의 고위직 점유율에 달려있지만, 하위직과 일선의 여성공무원들이 정책집행과정에서 미치는 영향력도 무시할 수 없다. 일반여성들의 입장에서는 자신들이 실제로 접촉하고 실감할 수 있는 일선 여성공무원들이 관리직 여성공무원들에 비해 오히려 더 의미 있는 존재가 될 수 있다(김혁, 2003: 9).

관련 연구에 따르면 여성공무원들은 정책과정에서 여성대표적인 활동을 직접 전개할 수 있는 것은 물론, 남성공무원들의 여성 차별적 인식이나 행태 등에 반발하는 식의 견제를 통해서도 여성의 실질적 혜택을 증진시킬 수 있다.[12] 또한 여성공무원들의 수적 증대는 장기간에 걸쳐 남성공무원들의 가치관과 행태에 변화를 가져오는 재사회화 효과를 거둘 수도 있다. 여성공무원들과의 근접생활은 남성공무원들에게 여성 문제에 대한 무지와 부정적 감정을 줄이고, 여성의 욕구와 문제에 대한 인식과 관심을 높이는 기회가 될 수 있는 것이다(Kranz, 1974: 435). 예컨대 Meier & Nicholson-Crotty(2006)는 여성경찰관들의 존재 자체가 남성경찰관들을 성문제(gender issues)에 보다 민감하게 만든다고 지적하였다.

미국에는 여성공직자의 여성대표 의식 내지 행태와 관련된 연구가 상당수 축

---

11) 윤창근·문명재(2009), 김선희(2012), 황보명훈 외(2014), 최무현(2002), 김판석 외(2002), 김윤태 외(2005), 박천오 외(2007) 참조.

12) Lim(2006: 196), Meier & Nicholson-Crotty(2006) 참조.

적되었다. 어떤 연구들은 여성공직자들의 여성 대표적인 활동이나 인식을 확인하였다. 예컨대 지방정부의 법집행기관에 여성구성원의 점유 비율이 높을수록 성범죄 관련 보도와 체포 건수가 늘어난다는 사실,[13] 여성공무원들이 미국 사회의 일반 여성들과 마찬가지로 사회복지 관련 지출을 증대하는 대신 국방 관련 지출을 감소해야 한다는 인식을 지닌다는 사실 등이 밝혀졌다.[14] 그러나 다른 한편에서는 여성공무원들의 여성대표적 활동이 분명하지 않거나, 그런 활동이 다양한 장애요인들에 의해 저해됨을 보여주는 연구들도 상당수 있다. 예컨대 관료적 인식과 태도에 있어 성별 차이가 없음을 보여주는 연구(Meier & Nigro, 1976), 여성공무원들이 자신들의 인사상 불이익을 피하려고 여권주의 이상을 포기하는 현실을 포착한 연구(Yishai & Cohen, 1997: 445-446) 등이 그것이다.

2. 한국 여성공무원의 여성대표성

대표관료제의 필요성이나 주요 적용 대상 집단은 각 나라의 정치·사회적 특성과 역사적 배경에 따라 다르다. 한국의 경우 남녀 간 인습적인 성(gender) 차별과 여성의 공직임용 형평성 문제가 우선적 관심사가 되어 왔다(오석홍, 2009: 42). 그간 학자들은 공공부문 인력 충원 등에 있어 여성에 대한 고려가 불충분하다는 점을 강하게 비판하였으며, 1990년대 중반 이후부터 관련 법적·제도적 개선이 점진적으로 이루어져 왔다(변신원, 2008; 김엘림, 2008).

여성공무원 충원의 경우, 1996년에서 2002년까지 「여성공무원 채용목표제」가 실시되었고, 이후 사회형평적 인재등용 인사정책의 일환으로 「양성평등채용목표제」 등이 도입·실시(2003-2007년)됨으로써, 여성의 공직 유입에 상당한 성과가 있었다. 이에 더하여 「여성관리자 임용확대 5개년 계획」(2006-2007년)에 따라 「여성관리자 임용목표제」가 실시됨으로써, 관리자급 여성공무원의 임용도 대폭 늘었다. 더구나 최근에는 공무원 공개채용시험에서 여성응시자 합격률이 가파르게 증가하고 있어,[15] 여성공무원의 임용확대 추세는 앞으로도 지속될 전망이다.

---

13) Meier & Nicholson-Crotty(2006), Bradbury & Kellough(2008: 699) 참조.
14) Bradbury & Kellough(2008: 701) Bowling et al.(2006), Dolan(2002: 354) 참조. 이와 함께 연방 의회, 주정부 의회, 주정부 내각, 주정부의 고위 행정직 등에서 여성공직자들이 일관되게 여성의 이익을 옹호하는 것으로 파악한 연구들도 있다(Dolan, 2000: 514; Lim, 2006: 198-199).
15) 행정부 국가공무원 중 여성공무원의 비율은 2018년 50.6%, 2019년 50.8%, 2020년 47.9%, 2021년 48.2%, 2022년 48.5%로 파악되었다(인사혁신처 인사혁신통계연보, 2023).

이처럼 여성공무원의 수적 대표성이 급격히 개선되고 있음에도 불구하고 여성공무원의 여성대표적 역할에 관한 연구는 아직 미흡한 수준이다. 예외적으로 근래 한 연구는 기초자치단체 내 여성공무원 및 여성 고위직 공무원의 구성 비율이 실제 여성정책 추진사업 예산에 미치는 영향을 경험적으로 연구하였다. 2014-2017년 한국의 218개 기초자치단체 성인지예산을 이용하여 분석한 이 연구는 일반직 여성공무원의 비율이 높을수록 여성정책 예산이 오히려 줄어들었고, 고위직 여성공무원의 비율이 여성정책 예산에 미치는 영향이 통계적으로 무의미한 것으로 파악하였다(김진영·여양모, 2018).

향후 대표관료제 차원에서의 여성공무원 연구들이 여성공무원의 여성대표적 역할인식, 여성공무원의 정책정향과 정책과정상의 활동, 그것이 미치는 정책결과의 측면까지 두루 다룰 때, 그 학문적 가치와 현실적 유용성이 한 단계 높아질 수 있을 것이다.

15.4 실증조사

(1) 조사방법

여기서는 저자가 한국 여성공무원의 여성대표성과 관련하여 실증조사를 한 결과를 간략히 소개한다. 실증조사는 한국 여성공무원이 여성대표적인 역할을 수행하려는 인식이 있는지, 그러한 역할 수행을 가로막거나 유도하는 요인들이 어떤 것인지, 두 가지 사항을 파악하는 데 초점을 맞췄다. 그러나 기본적인 조사목적은 지금과 같은 한국 여성공무원의 증가 추세가 여성의 선호와 이익을 정책과정에 더 많이 반영하는 결과를 가져올 것인지의 개연성을 진단하는데 두었다.

실증조사는 한국 중앙부처 여성공무원들을 대상으로 설문조사를 실시하는 방식으로 이루어졌으며, 조사는 2009년 5월 12개 부처 소속 총 158명의 여성공무원들을 대상으로 실시하였다.[16]

설문 문항은 Sowa & Selden(2003), Selden et al.(1998) 등의 연구에 기초해 작성

---

16) 조사대상이 된 부처는 특허청, 보건복지가족부, 중소기업청, 지식경제부, 교육과학기술부, 금융위원회, 통일부, 외교통상부, 행정안전부, 여성부, 농촌진흥청, 국가권익위원회였다. 실증조사에 관한 자세한 내용은 박천오(2010) 참조.

하였다. 이들 학자의 연구는 소수집단 출신 공무원의 적극적 대표 활동이 그 자신의 '소수집단 역할 수용도'와 '전통적 역할 수용도'에 의해 상당 부분 결정된다는 사실을 확인하였다. '소수집단 역할 수용도'는 소수집단 출신 공무원이 스스로를 소수 집단의 대표자 내지 옹호자로 인식하는 정도를 나타내는 개념이다. '전통적 역할 수용도'는 공무원이 스스로의 개인적 가치관이나 외부로부터의 압력 등에 영향받지 않고 중립적 입장에서 직무를 전문적·효율적으로 수행하려는 인식을 지닌 정도를 의미한다. 이에 따르면 여성공무원의 '여성대표적 역할 수용도'가 높을수록 그리고 '전통적 역할 수용도'가 낮을수록, 여성대표적 역할을 실천하고자 하는 의지가 강할 것으로 가정할 수 있다. 저자의 조사도 이러한 가정에 기초하였다.

(2) 조사결과

이하에서는 여성대표적 역할 수용도, 전통적 역할 수용도, 여성대표적 역할수행의 장애요인과 유도요인 등에 대한 응답자들의 인식을 5점 척도로 측정한 결과와, 그 가운데 일부를 T 검증을 통해 연령별, 재직 연수별, 직급별, 기관별로 비교분석한 결과를 제시·해석한다.

1) 여성대표적 역할 수용도

〈표 15-1〉은 여성공무원들의 '여성대표적 역할 수용도'와 '전통적 역할 수용도'가 각각 평균 3.62와 3.74로 대체로 높게 나타난 것을 보여준다. 먼저, '여성대표적 역할 수용도'에서는 정부정책 등에 대한 여성의 균등한 접근(3.94), 여성의 복지 문제(3.79), 여성 공무원의 승진(3.75), 여성의 이익 증진(3.70) 등에 대한 동의 수준이 상대적으로 높게 나타나 있다. 반면에 자신이 여성대표라는 사고(3.42), 충원에 있어 여성후보자 선호(3.41) 등의 항목에 대한 동의 수준은 상대적으로 낮고, 정책결정자에게 여성의 욕구와 관점을 전달하는 행위에 대한 동의 수준(3.28)이 가장 낮게 나타나 있다. '전통적 역할 수용도'에서는 중립적 업무 수행에 대한 동의 수준(4.12)과 공무원 인사에서의 실적 원칙 적용 항목에 대한 동의 수준(4.16)이 특히 높게 나타나고 있다.

〈표 15-1〉 여성공무원의 역할 수용도

변수	측정 항목	평균	표준편차	빈도(비율 %)				
				전혀 아니다	아닌 편이다	보통 이다	그런 편이다	매우 그렇다
여성대표역할수용도	1. 나는 업무를 수행함에 있어 우리사회의 여성을 대표한다는 생각을 가지고 있다.	3.42	.973	5(3.2)	19(12.0)	59(37.3)	54(34.2)	21(13.3)
	2. 나는 우리사회 여성의 복지문제에 상당한 관심을 가지고 있다.	3.79	.732	1(0.6)	4(2.5)	44(27.8)	87(55.1)	22(13.9)
	3. 나는 직무에 임함에 있어 우리사회 여성의 이익을 증진시켜야 한다는 의식을 가지고 있다.	3.70	.778	0(0.0)	7(4.4)	57(36.1)	70(44.3)	24(15.2)
	4. 나는 여성들의 욕구나 관심사를 충족시키기 위한 정책을 적극 권장하거나 옹호한다.	3.62	.842	0(0.0)	9(5.7)	60(38.0)	66(41.8)	22(13.9)
	5. 나는 여성들과 관련된 사항에 있어서, 정책결정자에게 여성들의 욕구와 관점을 전달하고자 노력한다.	3.28	.775	0(0.0)	17(10.8)	83(52.5)	49(31.0)	8(5.1)
	6. 나는 여성들이 정부의 정책, 프로그램, 서비스에 보다 균등하게 접근케 하려는 목적의 행정절차 등을 지지한다.	3.94	.698	0(0.0)	3(1.9)	34(21.5)	90(57.0)	31(19.6)
	7. 나는 공무원 충원 시에 남성보다 역량을 갖춘 여성 후보자를 더 선호한다.	3.41	.830	1(0.6)	16(10.1)	74(46.8)	51(32.3)	16(10.1)
	8. 나는 여성 공무원의 승진 등을 적극 옹호한다.	3.75	.722	1(0.6)	2(1.3)	54(34.2)	80(50.6)	21(13.3)
	전체	3.62	.520				158 (100.0)	
전통역할수용도	1. 공무원으로서 나의 역할은 중립적으로 업무를 수행하는 것이다	4.12	.777	1(0.6)	1(0.6)	30(19.0)	72(45.6)	54(34.2)
	2. 나의 주된 관심사는 정부 프로그램과 서비스를 어떻게 효과적으로 집행하느냐에 있다.	3.74	.815	1(0.6)	12(7.6)	36(22.8)	87(55.1)	22(13.9)
	3. 나의 역할은 상충하는 이익들을 중재하여 모두를 만족시킬 수 있는 길을 모색하는 것이다.	3.72	.775	0(0.0)	11(7.0)	43(27.2)	84(53.2)	20(12.7)
	4. 나는 경쟁하는 이슈들에 대해 중립적이고도 전문가적인 입장에서 반응하는 경향을 보인다.	3.70	.753	0(0.0)	8(5.1)	51(32.3)	79(50.0)	20(12.7)
	5. 나는 무엇이 합법적인지는 알지만 무엇이 올바른지 잘 알지 못하므로, 업무수행에 있어 합법성을 중시한다.	3.26	.815	1(0.6)	20(12.7)	78(49.4)	50(31.6)	8(5.1)
	6. 나는 상급자의 지시와 바람에 따라 행동하고자 한다.	3.49	.656	2(1.3)	4(2.5)	70(44.3)	78(49.4)	4(2.5)
	7. 공무원의 충원과 승진은 기회 균등과 실적을 기준으로 이루어져야 한다.	4.16	.647	0(0.0)	3(1.9)	13(8.2)	97(61.4)	45(28.5)
	전체	3.74	.441	158 (100.0)				

1 전혀 아니다, 5 매우 그렇다

〈표 15-1〉에서 '여성대표적 역할 수용도'가 평균 3.62로 비교적 높게 나타난 응답결과는 소극적 대표성과 적극적 대표성 간 연계성을 전제하는 대표관료제 이론을 어느 정도 지지하는 것이 된다. 그러나 여성대표적 역할 수용도가 전통적 역할 수용도에 비해 오히려 약간 낮게 나타난 점을 감안하면, 〈표 15-1〉의 응답결과는 한국 여성공무원들이 여성대표적인 역할을 어느 정도 수용하고 있으나, 전통적 역할 수행을 저해하지 않는 범위 내에서 이를 실천하려는 다소 제한된 인식을 지닌 것으로 해석된다. 이러한 응답결과는 한국 여성공무원의 수적 증대가 단기간 내 정책결과에 가시적 변화를 나타내지는 못할지라도, 중·장기적으로 여성의 관점과 이해관계가 정책과정에 좀 더 충실히 반영되는 결과를 가져 올 것이란 기대를 갖게 한다.

T 검증(t-test)에서는 40-50대 연령층 여성공무원들이 20-30대 젊은 연령층에 비해 '여성대표적 역할 수용도'가 상대적으로 높은 것으로 나타났다. 모든 관련 항목에서 40-50대 연령층의 동의 수준이 일관되게 높았고, 다수 항목에서 통계적으로 유의미한 응답 차이를 보였다. 이는 40-50대 연령층이 오랜 근무 기간을 통해 정책과정이나 공직 내 인사과정에서 여성차별적 상황을 많이 경험한 데 비해, 20-30대 젊은 연령층은 근무 기간이 짧을 뿐만 아니라, 근래의 법적·제도개선으로 여성차별적 경험을 상대적으로 덜 하였기 때문일 것으로 해석된다.[17] T 검증을 실시한 결과, 유의확률 $p < .05$ 수준에서 직급(6급 이하 vs 5급 이상) 간에는 유의미한 응답 차이를 찾지 못하였다.

2) 여성대표적 역할 수행의 장애요인과 유도요인

〈표 15-2〉는 어떤 요인들이 한국 여성공무원의 여성대표적인 역할 수행에 얼마나 장애가 되는지를 보여준다. 〈표 15-2〉에는 '상위 직위 여성공무원의 수적 부족'(3.87), '남성지배적 조직문화'(3.70), '조직임무 중심의 지배적 가치관' (3.70) 등이 주요 장애요인으로 나타나 있다. 이는 여성공무원의 수적 증대에도 불구하고 아직은 남성 위주로 작동하는 한국 공직사회의 현실과, 목표달성과 업무성과 등을 특히 강조하는 근래의 신공공관리(New Public Management)식 관리방식의 영향 등

---

17) 이러한 해석은 몇몇 여성공무원과의 면담 결과에 근거한 것이다. 현대적 교육과 사회의 의식변화로 남녀평등적인 제도와 정책의 당위성에 더 익숙한 젊은 연령층의 여성공무원들이 오히려 높은 여성대표적 역할 수용도를 보일 수 있으리란 가정도 가능하지만, 면담에 응한 여성공무원들은 연령과 무관하게 연구자의 해석을 뒷받침하는 비슷한 답변을 하였다.

이 반영된 응답 결과로 추측된다. 〈표 15-2〉의 응답결과는 서구 문헌에서 제시된 '대표활동 저해 요인'들의 보편성을 어느 정도 확인해 준다고 할 수 있다.

장애요인에 대한 직급별(6급 이하 vs 5급 이상), 연령별(20-30대 vs 40-50대) 응답 차이를 알고자 T 검증을 실시하였으나, 통계적으로 유의미한 차이가 없는 것으로 나타났다.

〈표 15-2〉 대표역할 장애요인별 중요도

측정 항목		평균**	표준편차	빈도(비율%)				
				매우 작음	작은 편임	그저 그렇다	큰 편임	매우 큼
장애요인	1. 조직임무 중심의 지배적 가치관의 영향	3.70	.827	0(0.0)	9(5.7)	58(36.7)	63(39.9)	28(17.7)
	2. 상위 직위 여성공무원의 수적 부족*	3.87	.875	0(0.0)	4(2.5)	50(31.6)	62(39.2)	41(25.9)
	3. 동료 남성 공무원들의 압력(혹은 남성지배적 조직문화)	3.70	.894	0(0.0)	18(11.4)	40(25.3)	72(45.6)	28(17.7)
	4. 승진 등 경력 관리에 있어서의 불이익에 대한 우려*	3.34	.834	0(0.0)	20(12.7)	72(45.6)	54(34.2)	11(7.0)
	5. 관련 일을 할 수 있는 직위에 있지 못함	3.42	.912	2(1.3)	21(13.3)	62(39.2)	54(34.2)	19(12.0)
	6. 우리사회 여성의 선호와 이익에 대한 정보 부족	3.39	.866	2(1.3)	22(13.9)	58(36.7)	64(40.5)	12(7.6)
전체		3.57	.562	158 (100.0)				

* 무응답 각 1명, ** 1 장애 정도가 작음, 5 장애 정도가 큼

〈표 15-3〉은 여성대표적 역할 수행을 유도하는 각 요인의 중요성을 보여준다. 〈표 15-3〉에 의하면 여성공무원의 소속기관이 여성관련 정책을 주로 다루거나 (3.84), 여성공무원이 여성 특유의 고충을 겪는 고객들을 많이 접하거나(3.83) 여성들의 명백한 관심사나 이슈를 다루거나(3.78) 할 경우, 여성대표적인 행태를 보일 가능성이 크다고 할 수 있다. 이러한 응답 결과 역시 기존 서구 연구에서 제시된 '대표역할 수행 유도요인'들의 보편성을 어느 정도 확인해 주고 있다.

'대표역할 수행 유도요인'에 있어 연령별, 직급별, 그리고 재직 년수별 차이가 있는지 알고자 T 검증(t-test)을 실시하였으나, 유의확률 p<.05 수준에서 통계적으로 유의미한 차이를 찾지 못하였다.

〈표 15-3〉 대표역할 유도요인별 중요도

측정 항목		평균	표준편차	응답				
				매우 작음	작은 편임	그저 그렇다	큰 편임	매우 큼
유도요인	처리해야 할 사항이 여성들의 명백한 관심사나 이슈인 경우	3.78	.710	0(0.0)	3(1.9)	52(32.9)	80(50.6)	23(14.6)
	소속 행정기관에 여성공무원들이 집중적으로 배치된 경우	3.13	.755	1(0.6)	28(17.7)	84(53.2)	40(25.3)	5(3.2)
	여성관련 사항에 관해 최고관리자가 지지하는 등 조직 내 분위기가 좋고 주변의 정치적 환경도 우호적인 경우	3.75	.835	1(0.6)	8(5.1)	49(31.0)	71(44.9)	29(18.4)
	조직 내에 여성공무원 협의체 등이 존재하는 경우	3.35	.836	3(1.9)	16(10.1)	64(40.5)	68(43.0)	6(3.8)
	본인이 여성관련 사항의 처리에 상당한 재량권을 가진 경우	3.73	.761	0(0.0)	8(5.1)	48(30.4)	80(50.6)	22(13.9)
	여론 조사 등을 통해 남성과 여성의 입장이 확연히 구분되는 것으로 밝혀진 사항의 경우	3.39	.781	1(0.6)	17(10.4)	68(43.0)	63(39.9)	9(5.7)
	해당 사항이 여성들에게 직접적이고도 명백한 혜택이 되는 경우	3.75	.773	1(0.6)	6(3.8)	48(30.4)	80(50.6)	23(14.6)
	여성 특유의 고충을 겪고 있는 여성 고객을 맞이하는 경우	3.83	.815	0(0.0)	6(3.8)	40(25.3)	82(51.9)	29(18.4)
	다수 여성공무원들이 물리적으로 가까운 위치에서 함께 일하는 경우	3.10	.750	2(1.3)	26(16.5)	89(56.3)	36(22.8)	5(3.2)
	소속 행정기관이 여성관련 정책을 결정·집행하는 것을 주된 임무로 하는 경우	3.84	.786	0(0.0)	5(3.2)	48(30.4)	72(45.6)	33(20.9)
전체		3.57	.464	158 (100.0)				

1 중요하지 않음, 5 매우 중요함

3) 부처별 비교

부처별 응답 결과를 평면적으로 비교한 〈표 15-4〉에서 주목할 점은 다음과 같다. 먼저, '여성대표적 역할 수용도'가 높은 3개 기관(중소기업청, 농촌진흥청, 여성부) 모두에서 '전통적 역할 수용도' 역시 비교적 높게 나타나 있다. 반면에 '여성대표적 역할 수용도'가 가장 낮은 2개 부처(외교부, 통일부)의 전통적 역할에 대한 수용도 또한 그다지 높지 않다. 이러한 응답 결과는 '여성대표적 역할에 대한 수용도'와 '전통적 역할에 대한 수용도'가 상호배타적이지만은 않다는 해석을 가능케 한다. 또한 이러한 응답 결과는 '여성대표적 역할에 대한 수용도'가 높으면 '전통적 역할에 대한 수용도'가 낮고 그 반대 논리도 성립된다는 Sowa & Selden(2003)의 연구와 배치된다.

다음, 40개 중앙부처 가운데 여성공무원 구성 비율이 각각 1위와 2위로 가장 높은 여성부와 보건복지부 소속 응답자들의 '여성대표 역할 수용도'는 각각 평균 3.68(3위)과 3.54(7위) 정도인 데 비해, 여성공무원 구성 비율이 최하위인 중소기업청과 농촌진흥청의 '여성대표 역할 수용도'가 평균 4.30(1위)과 3.92(2위)로 매우 높게 나타나 있다.[18] 이는 앞서 해당 집단 출신 공무원들이 동일 행정기관에 많이 배치될수록 집단대표적 활동이 증대된다는 서구학자들의 주장에 배치되는 응답 결과이다.

한편, '여성대표적 역할 수용도'가 상대적으로 높게 나타난 기관들은 소속 응답자들의 '여성대표 역할 유도요인'의 중요성에 대한 공감대가 높고, '여성대표적 역할 수용도'가 낮게 나타난 기관들의 응답자들은 그러한 공감대가 낮다는 공통점을 보인다. 이러한 응답 결과는 행정기관 내 '여성대표적 역할 유도요인'과 '여성대표적 역할 수용도' 간 긍정적 상관관계가 있을 수 있다는 추측을 낳는다.

그러나 장애요인의 경우는 '여성대표적 역할 수용도'와의 관계에서 일정한 패턴을 찾기 어렵다. 즉 장애요인의 심각성에 대한 인식과 '여성대표적 역할의 수용도'가 반드시 역의 상관관계에 있지 않다. 예컨대 중소기업청과 농촌진흥청의 경우 제약요인의 심각성에 대한 공감도가 매우 높음에도 불구하고, '여성대표적 역할 수용도'가 아주 높게 나타나 있다. 통일부는 제약요인의 심각성이 매우 낮은 수준임에도 불구하고, '여성대표적 역할의 수용도' 또한 가장 낮다. 이는 장애 요인이 '여성대표적 역할의 수용도'에 결정적인 영향을 미치지 못하거나, 아니면 장애요인과 유도요인이 함께 복합적으로 작용한 결과일 수 있다.

---

18) 행정안전부 내부 통계자료에 의하면 2008년 12월 현재 여성공무원은 구성비율은 여성부 62.3%, 보건복지부 58.8%, 중소기업청 10.5%, 농촌진흥청 9.3%로 나타나 있다.

〈표 15-4〉 부처별 응답 비교

부처	평균 점수 및 순위						
	여성대표 역할 수용도		전통 역할 수용도		장애요인 공감도		유도요인 공감도	
1. 특허청	3.47	(10)	4.02	(1)	3.41	(6)	3.48	(7)
2. 보건복지가족부	3.54	(7)	3.89	(2)	3.35	(9)	3.21	(11)
3. 중소기업청	4.30	(1)	3.88	(3)	3.92	(1)	4.07	(1)
4. 지식경제부	3.49	(9)	3.73	(7)	3.40	(6)	3.61	(4)
5. 교육과학기술부	3.58	(6)	3.36	(12)	3.39	(8)	3.37	(10)
6. 금융위원회	3.66	(4)	3.69	(8)	3.19	(12)	3.53	(5)
7. 통일부	3.31	(11)	3.77	(5)	3.25	(11)	3.39	(9)
8. 외교통상부	3.31	(11)	3.66	(10)	3.47	(5)	3.13	(12)
9. 행정안전부	3.53	(8)	3.67	(9)	3.63	(4)	3.47	(8)
10. 여성부	3.68	(3)	3.73	(6)	3.32	(10)	3.53	(5)
11. 농촌진흥청	3.92	(2)	3.87	(4)	3.85	(2)	3.83	(2)
12. 국가권익위원회	3.58	(6)	3.59	(11)	3.74	(3)	3.66	(3)
합계 평균	3.62		3.74		3.57		3.57	

15.5 ▶ 결어 및 정책적 함의

대표관료제 이론은 많은 국내외 학자들의 공감을 얻고 있고 해당 내용이 실제로 법제화되기도 하였지만, 여전히 검증되어야 할 측면이 적지 않다. 이와 관련하여 이 장에서는 한국 중앙부처 여성공무원들을 대상으로 그들의 여성대표적 역할 인식을 실증적으로 조사한 결과를 제시하였다.

조사결과에서는 한국 여성공무원들의 '여성대표적 역할 수용도'는 긍정적 수준으로 나타났다. 그러나 여성대표적 역할과 상반된 것으로 알려진 '전통적 역할 수용도' 역시 높은 편으로 나타났다. 이는 여성공무원들이 공무원의 전통적·중립적 역할을 저해하지 않는 범위 내에서 정책과정에 여성의 관점과 이익을 고려할 것이란 해석을 가능케 한다. 이러한 조사 결과는 소극적 대표성이 적극적 대표성으로 연결된다는 대표관료제 이론을 일정 수준 지지하는 동시에, 정책과정에서의 공무원의 중립성이 그들의 사회 출신집단 배경별 대표 활동으로 인해 훼손될 수 있다는 일부 학자들의 우려와는 일치하지 않는다. 저자의 조사결과는 한국 공직사회에서의 여성공무원의 증대가 장기적으로 그리고 합리적 범위 내에서 여성의 정치적·정책적 대표성을 증진할 것이란 기대를 낳는다. 저자의 이러한 조사결과는 다른 실증 연구(김선희, 2012)에서도 일정 부분 확인되었다.[19)]

이 장에서는 여성공무원의 여성대표적 역할 수행을 가로막는 주요 장애 요인들과 여성대표적 역할 수행을 용이하게 하는 유도 요인들에 대해서도 함께 조사하였다. 그 결과 서구 학자들의 연구에서 제시된 주요 장애 요인들과 유도 요인들 가운데 상당수가 한국 여성공무원들에게도 적용되는 것으로 밝혀졌다. 이러한 조사결과는 정책·행정과정에 있어 한국 여성공무원들의 여성대표적 활동이 활발해지려면 여성공무원의 수적 증대와 함께 기존 인사제도와 관행에 어떤 변화가 요구되는지를 보여준다.

---

19) 중앙행정기관 남녀 공무원 617명을 대상으로 한 설문조사를 실시한 이 연구에서는 여성 공무원들은 남성 공무원들에 비해 배경집단의 이익을 대변하기 위한 적극적 태도를 보이며, 여성 공무원 비율 등이 능동적(적극적) 대표성에 영향을 미치고 있는 것으로 나타났다.

참고문헌

김선희. (2012). 여성 공무원의 능동적 대표성에 대한 탐색적 분석. 「행정논총」, 50(1): 91-116.

김엘림. (2008). 양성평등과 관련법. 「공무원을 위한 젠더와 정책」. 87-106, 한국양성평등교육진흥원.

김영미. (2004). 관리직 여성인력의 확대와 전문성 확보를 위한 정책대안에 관한 연구. 「한국행정연구」. 13(2): 179-209.

김윤태·김정열·류명화·김은경. (2005). 「장애인공무원 균형인사 실태조사 및 정책방안」. (사)장애우권익문제연구소.

김재기. (2004), 관리직 여성공무원 육성을 위한 정책방향: 대구·경북을 중심으로, 한국인사행정학회 춘계학술대회 발표논문.

김진영·여양모. (2018). 한국행정학회 동계학술대회발표논문집.

김판석·권경득·박경원·오성호. (2002). 「이공계 출신자의 공무원 임용확대를 위한 제도 개선 방안 연구」, 과학기술부.

김 혁. (2003). 차별보상정책과 미국 관료제의 여성대표성: 차별보상정책을 통한 대표관료제의 달성수준에 대한 평가를 중심으로. 한국행정학회 춘계학술대회 발표논문.

박기관·금창호. (2005). 여성공무원의 육아휴직에 따른 대체인력 확보방안. 한국행정학회 학계학술대회 발표논문.

박상희·김병섭. (2006). 여성채용목표제의 정책적 효과분석: 공직 대표성에 대한 영향을 중심으로. 「한국행정학보」, 40(4): 179-203.

박영미. (2000). 고위여성공무원의 보직실태와 정책결정. 한국행정학회 세미나 발표논문.

박통희 외. (2004). 「편견의 문화와 여성리더십」. 서울: 대영문화사.

박천오·박홍엽·최무현. (2007). 사회형평적 인재등용. 「정부혁신지방분권위원회 사례분석시리즈 3」.

변신원 (2008). 성인지 관점과 정책형성. 「공무원을 위한 젠더와 정책」. 125-139, 한국양성평등교육진흥원.

오석홍. (2009). 「인사행정론」, 서울: 박영사.

_____. (2013). 「행정학」, 서울: 박영사.

_____. (2022). 「인사행정론」, 서울: 박영사.

윤창근·문명재. (2009). 소극적 대표성과 적극적 대표성의 관계 전환에 관한 연구: 최소공직비율과 재량권을 중심으로. 「행정논총」, 47(3): 25-49.

이명화. (2006) 문화적 관점에서의 여성공무원 인사정책: 여성 관리직 임용목표제를 중심으로. 한국행정학회 하계학술대회 발표논문

최무현. (2002). 적극 평등인사정책(Affirmative Action)의 세가지 접근법과 시사점. 「현대사회와 행정」, 12(1): 173-198.

황보명훈·장한나·윤기찬. (2014). 한국 공무원 채용제도에 있어 형평성 분석. 「한국지방자치연구」,

41(2): 301-329.

Bowling, Cynthia J. et al. (2006). Cracked Ceiling, Firmer Floors, and Weakening Walls: Trends and Patterns in Gender Representation among Executives Leading American State Agencies, 1970-2000. *Public Administration Review*. 66(6): 823-836.

Bradbury, Mark D. & J. Edward Kellough. (2008). Representative Bureaucracy: Exploring the Potential for Active Representation in Local Government. *Journal of Public Administration Research and Theory*. 18(4): 697-714.

Buchanan, James M. & Gorden Tullock. (1977). The Expanding Public Sector: Wagner Squared. *Public Choice* 3(Fall). 147-151.

Dolan, Julie. (2000). The Senior Executive Service: Gender, Attitudes, and Representative Bureaucracy. *Journal of Public Administration Research and Theory*. 10(3): 513-529.

_____. (2002). Representative Bureaucracy in the Federal Executive: Gender and Spending Priorities. *Journal of Public Administration Research and Theory*. 12(3): 353-375.

Garnham, David. (1975). Foreign Service Elitism and U.S. Foreign Affairs. *Public Administration Review*. 35(1): 44-51.

Herbert, Adam. (1974). The Minority Administrator: Problems, Prospects, and Challenges. *Public Administration Review*. 34(6): 556-563.

Hindera, John J. (1993). Representative Bureaucracy: Further Evidence of Active Representation in EEOC District Offices. *Journal of Public Administration Research and Theory*. 3(4): 415-429.

Janowitz, Morris. (1960). *The Professional Solider*. New York: Free Press Glencoe.

Kaufman, Herbert. (1960). *The Forest Ranger*. Baltimore: Johns Hopkins University Press.

Keiser, Lael R. et al. (2002). Lipstick and Logarithms: Gender, Identity, and Representative Bureaucracy. *American Political Science Review*. 96(3): 553-564.

Kingsley, J. Donald. (1944). *Representative Bureaucracy*. Yellow Springs: Antioch Press.

Kranz, Harry. (1974). Are Merit and Equity Comparable? *Public Administration Review*. 34(5): 343-340.

Krislov, Samuel & David H. Rosenbloom. (1981). *Representative Bureaucracy and the American Political System*. New York: Praeger.

Lim, Hong-Hai. (2006). Representative Bureaucracy: Rethinking Substantive Effects and Active Representation. *Public Administration Review*. 66(2): 193-204.

Lipsky, Michael. (1980). *Street-Level Bureaucracy: Dilemma of the Individual in Public Services*. New York: Russell Sage Foundation.

Long, Norton E. (1952). Bureaucracy and Constitutionalism. *American Political Science Review*. 46(3): 808-818.

Lowi, Theodore. (1969). *The End of Liberalism*. New York: Norton.

McGlen, Nancy E. & Meredith Sarkees. (1993) *Women in Foreign Policy: The Insiders*. New York: Routledge.

Meier, Kenneth & Jill Nicholson-Crotty. (2006). Gender, Representative Bureaucracy, and Law Enforcement: The Case of Sexual Assault. *Public Administration Review*. 66(6): 850-860.

Meier, Kenneth. J & Bohte J. (2001). Structure and Discretion: Missing Links in Representative Bureaucracy. *Journal of Public Administration Research and Theory*. 11: 455-469.

Meier, Kenneth. J & Joeseph J. Stewart Jr. (1992). The Impact of Representative Bureaucracies. Educational Systems and Public Policies. *American Review of Public Administration*. 22: 157-171.

Meier, Kennith J. (1993a). Representative Bureaucracy: A Theoretical and Empirical Exposition. *Research in Public Administration*. 2: 1-35.

_____. (1993b). Latinos and Representative Bureaucracy: Testing the Thompson and Henderson Hypotheses. *Journal of Public Administration Research and Theory*. 3(4): 393-414.

Meier, Kennith J. & Lloyd G. Nigro. (1976). Representative Bureaucracy and Policy Preferences: A Study in the Attitudes of Federal Executives. *Public Administration Review*. 36(5): 458-469.

Mosher, Frederick C. (1968). *Democracy and the Public Service*. New York: Oxford University Press.

Naff, Katherine C. (1998). Representative Bureaucracy. in Jay M. Shafritz (ed.), *International Encyclopedia of Public Policy and Administration*. 1958-1960. Boulder, Colorado: Westview Press.

Niskanen, William. (1971). *Bureaucracy and Representative Government*. Chicago: Aldine.

Reiss, A. J. (1973). How Much Police Brutality in Here, in S. M. David and P. E. Peterson (eds.), *Urban Politics and Public Policy*. 269-288. New York: Praeger.

Riccucci, Norma M. & Judith Saidel. (1997). The Representativeness of State-Level Bureaucratic Leaders: A Missing Piece of the Representative Bureaucracy Puzzle. *Public Administration Review*. 57(5): 423-430.

Riccucci, Norma M. et al. (2017). Representative Bureaucracy: A Lever to Enhance Social Equity, Coproduction,and Democracy. *Public Administration Review*. Vol. 77(1): 21‐30.

Rosenbloom, David H. & D. Kinnard. (1977). Bureaucratic Representation and Bureaucratic Behavior: An Exploratory Analysis. *Midwest Review of Public Administration*. 11(1): 35-42.

Rosenbloom, David H. & Jeannette C. Featherstonhaugh. (1977). Passive and Active Representation in the Federal Service: A Comparison of Blacks and Whites. *Social Science Quarterly*, 64: 734-746.

Rourke, Francis. (1984). *Bureaucracy, Politics, and Public Policy*. Boston, MA: Little, Brown.

Selden, Sally Coleman. (1997). *The Promise of Representative Bureaucracy: Diversity and Responsiveness in a Government Agency*. Amonk, N.Y.: Sharpe.

Selden, Sally Coleman et al. (1998). Bureaucracy as a Representative Institution: Toward a Reconciliation of Bureaucratic Government and Democratic Theory. *American Journal of Political Science*. 42(3): 719-744.

Sowa, Jessica & Sally Coleman Selden. (2003). Administrative Discretion and Active Representation: An Expansion of the Theory of Representative Bureaucracy. *Public Administration Review*. 63(6): 700-710.

Thompson, Frank J. (1976). Minority Groups in Public Bureaucracies: Are Passive and Active Representation Linked? *Administration and Society*. 8(2): 201-226.

Wise, Lois Recascino. (2004). Bureaucratic Posture: On the Need for a Composite Theory of Bureaucratic Behavior. *Public Administration Review*. 64(6): 669-680.

_____. (2007). Representative Bureaucracy. in B. Guy Peters and Jon Pierre (eds.), *The Handbook of Public Administration*. 223-233. Los Angeles: Sage Publications.

Yishai, Yael & Aaron Cohen. (1997). (Un)Representative Bureaucracy: Women in the Israeli Senior Civil Service. *Administration and Society*. 28(4): 441-465.

PART **04**

한국 정부관료제와
민주주의

제4편에 들어가면서

제4편에서는 정부관료제가 정책 및 행정과정에서 민주주의와 공익실현에 부합되게 작동할 수 있는지의 문제와 관련된 주제를 다룬다. **제16장은** 정부관료제의 영향력 확대를 둘러싼 논쟁을 소개하고 정부관료제에 대한 민주적 통제 방안을 모색한다. 그리고 이 과정에서 한국의 관련 상황을 부분적으로 언급한다. **제17장은** 정책과정에서 시민참여가 가지는 의미를 설명하고, 시민참여에 대한 한국 관료들의 수용성과 향후 시민참여의 활성화 가능성에 대해 논의한다. **제18장은** 시민이 정부관료제를 불신하는 원인과 이러한 불신을 해소할 수 있는 방안에 대해 검토하며, 한국의 관련 상황을 일부 언급한다. **제19장은** 공무원의 정치적 중립 의무라는 포괄적 용어 속에 포함된 상반된 성격의 두 가지 의무로 인한 한국 공무원의 딜레마 문제와 관련 사례를 조명한다.

CHAPTER 16

한국 정부관료제의 책임과 통제

16.1 서 언

오늘날 정부관료제는 정책과정 전반에 심대한 영향을 미친다. 행정기관과 소속 직업관료들을 포괄하는 의미로서의 정부관료제는 대부분 국가에서 정책집행은 물론 정책결정과정에서도 주요 행위 주체가 되고 있다. 현대 국가가 흔히 관료국가(modern bureaucratic state)로 불리는 것은 정부관료제의 영향력이 이렇듯 막강하기 때문이다.

20세기 초 이래 정부관료제의 규모와 기능은 전쟁, 경제 위기, 외부 고객집단의 요구, 복잡한 사회문제의 증대 등 다양한 요인들로 인해 지속적으로 팽창해 왔고, 학자들은 일찍부터 정부관료제의 이러한 현상에 주목해 왔다. 예컨대 Appleby(1949: 7, 170)는 관료들이 지속적으로 규정을 만들어 내며, 법이 실제로 무엇을 의미하는지를 끊임없이 결정한다면서, "행정은 곧 정책결정이다"라고 단언하였다. Hummel(1977: 26) 역시 행정기관은 서비스 조직이라기보다 막강한 힘을 가진 통제도구(control instruments)라고 지적하였다.

그러나 정부관료제의 역할 증대에 대한 학자들의 인식과 평가는 대체로 부정적이다. 다수 학자는 국민대표기관이 아닌 정부관료제가 정책과정을 실제로 장악하는 현상을 민주적 정치과정의 전복으로 여기면서, 정부관료제에 대한 견제 방안을 모색해 왔다(Lowi, 1979; Hood et al., 2004). 이들 학자는 정부관료제의 정책과

* 이 장은 「행정논총」(2007년 제45권 1호)에 게재된 박천오·주재현의 공저 논문을 재구성한 것임.

정상 활동과 정부관료제의 내적 특성에 비민주적 속성이 있다는 점을 부각시키면서, 정부관료제가 정책결정과정에 개입하지 않고 오로지 국민대표 기관과 선출직 공직자들의 뜻을 충실히 이행하는 데 충실해야만 정책과 행정의 민주성이 확보된다고 본다. 반면에 현대 사회의 복잡한 문제들을 해결하려면 전문지식과 능력을 갖춘 정부관료제가 정책결정과정에 참여하는 것이 오히려 바람직하다는 입장을 나타내는 학자들도 적지 않다.[1]

이 장에서는 정부관료제의 현대적 기능과 관련하여 정부관료제의 대한 책임 확보와 적절한 통제를 통해 정부관료제와 민주주의 간 조화를 모색하는 여러 방안에 대해 논의한다.

16.2 ▶ 정부관료제의 비민주적 속성과 책임 및 통제

1. 정부관료제의 비민주적 속성

(1) 정부관료제의 활동 성향

일반적으로 민주주의는 국민에 의한 지배를 말하며, 민주정부는 피통치자의 동의와 정치적 평등성에 토대를 둔 정부를 뜻한다. 민주정부에서는 시민이 정치적·경제적·사회적 선호를 스스로 형성할 수 있어야 하고, 이를 정부에 효과적으로 전달하여 정부 활동에 반영시킬 수 있어야 한다(Krislov & Rosenbloom, 1981: 10).

그러나 정부관료제의 활동에는 이러한 민주주의 기본정신에 반하는 속성이 있다. 우선 행정기관과 관료들은 기능과 업무의 수행에 있어서 시민의 선호나 정치적 평등성보다는 전문성을 우선시하는 경향이 있다. 또한 정책과정상 비밀을 유지하거나 관료적 이념과 이해에 의해 착색된 정보를 시민들에게 제공하고, 전문화된 언어를 개발·사용함으로써, 시민들이 정책과 행정을 제대로 이해하기 어렵게 만들기도 한다. 이는 모두 시민들이 정책선호를 형성하고 표현하는데 장애요인이 된다(Krislov & Rosenbloom, 1981: 11-14).

---

1) Long(1949), Aberbach & Rockman(1988: 606) 참조.

정부관료제가 정책과정에서 나름의 선호와 효용 극대화를 추구하는 행태를 보이는 것 역시 민주주의 정신에 반한다. 공공선택이론(public choice theory)이나 관료정치(bureaucratic politics)이론은 이 점을 특히 강조한다.

공공선택이론은 자기 이익을 추구하는 관료들이 소속기관의 예산을 극대화하려 하고(Niskanen, 1971), 자신들의 이익과 편의를 지킬 수 있는 조직구조에 집착하는(Dunleavy, 1991) 등의 행태들 보임으로써, 행정의 효율성과 공익을 훼손할 수 있다고 지적한다. 관료정치 이론 역시 정책과정에서 행정기관과 관료들이 자기중심적인 전략에 치중함으로써 정부 차원의 합리적인 의사결정을 저해한다는 점을 부각한다(Brewer, 2003: 145).

같은 맥락에서 Downs(1967: 279)는 행정기관이 다음과 같은 자기 본위의 관료적 이념(bureau ideology)을 발전시키는 경향이 있음을 파악하였다.

① 당해 기관의 활동이 가져오는 혜택은 강조하는 반면, 그에 수반되는 비용은 평가절하한다.
② 당해 기관의 서비스 팽창은 언제나 바람직하며 어떤 경우라도 감축은 바람직하지 않다고 본다.
③ 당해 기관이 제공하는 서비스는 특정 이익주체들이 아니라 사회 전체에 혜택이 된다고 강조한다.
④ 당해 기관이 능률적으로 작동하고 있음을 강조한다.
⑤ 당해 기관의 성과와 미래의 능력을 부각하는 반면, 그 반대 측면은 무시하거나 최소화한다.

Downs는 행정기관의 이러한 관료적 이념이 소속 관료들 사이에 쉽게 전파되는 것은 소속기관에 대한 관료들의 강한 충성심 때문이라고 한다. 그러면서 행정기관에서의 전문화와 사회화를 소속 관료들의 세계관을 채색하는 핵심 변수로 지목한다.

한편, 관료들은 기존 정책에 이해관계가 있는 고객집단들과의 호혜 관계나 기존 정책과 관련된 자신들의 전문성과 경험 등을 매몰 비용으로 인식하여 새로운 정권이 추진하는 정책변화 등에 비협조적인 경향을 보이기도 하는데, 이 역시 민주주의 원칙에 반한다(양재진, 2003: 267). 이 밖에도 다수 관료가 사회의 중산층 출신이어서 정책 활동에 있어 출신 사회계급에서 비롯된 편견을 보일 수도 있다(Rosenbloom & Kravchuk, 2005: 516).

(2) 정부관료제의 내부 특성

정부관료제의 비민주적 속성은 주로 정부관료제의 정책과정상 기능과 관련된 것이지만(Wamsley et al., 1992: 67), 이러한 속성이 정부관료제의 내적 특성 차원에서 논의되기도 한다. 그 이유는 정부관료제를 구성하는 행정기관들이 대부분 계층적 구조 등 전통적 관료제 조직의 특성을 내포하기 때문이다(deLeon & deLeon, 2002: 231).

관료제 조직의 권위구조는 민주적 권위구조와 대비된다. 소수 관리엘리트들에 의해 하향적으로 이루어지는 관료제 조직 내 의사결정 구조는 평등을 기본으로 하는 민주주의 정신에 부합되지 않는다.[2] 민주주의는 조직구성원을 포함한 관련자들의 참여와 분권화를 중시한다(Koven, 1994: 92; Kirlin, 1996: 421). 업무수행에 있어 규칙과 정확성을 강조하는 관료제 조직의 특성 역시 민주주의의 자유의 원리에 배치된다(Waldo, 1981: 85-92).

이처럼 비민주적인 관료제 조직의 특징을 지닌 행정기관들이 정치적 민주주의 실현에 기여하고 민주주의와 조화를 이루는 것이 가능한지의 문제와 관련하여, Levitan(1943: 359)은 민주적 정부는 민주적 원리들에 토대를 두는 것은 물론 민주적으로 관리되어야 한다면서 부정적인 입장을 피력하였다. Waldo(1948) 역시 행정체제 내 민주주의와 행정체제 외부와의 관계에서의 민주주의를 엄격히 구분할 수 없다고 보았다. 그는 정의를 정의롭지 못한 방식으로 추구할 수 없듯이 민주적 목표를 비민주적인 조직을 통해 이룰 수 없다고 지적하면서, 민주사회의 이상에 부합되는 민주적 형태의 행정조직이 필요하다고 주장하였다.

그러나 다수 학자는 정부관료제의 여러 비민주적 속성에도 불구하고 정책과정상 정부관료제의 순기능을 부인하기 어려운 현실을 인정한다. 그러면서 정부관료제가 그 현대적 기능과 역할이 위축되지 않으면서도 민주적 틀(scheme) 속에서 작동할 수 있도록 정부관료제에 대한 책임 확보와 통제 방안을 모색해 왔다.[3]

2. 정부관료제의 책임과 통제

학자들은 민주국가에서의 정부관료제의 책임성(responsibility)과 대응성(respon-

---

2) Thompson(1964), Rockman(1992: 152), Koven(1994: 79) 참조.
3) Wood & Waterman(1994: 10), Krislov & Rosenbloom(1981: 1) 참조.

siveness)을 강조한다.[4] 정부관료제의 책임이란 행정기관 또는 관료들이 주권자인 국민의 기대와 요망에 부응하여 공익·법령·직업윤리 등 일정한 기준에 따라 기능하거나 행동하여야 할 의무를 뜻한다.[5] 책임은 정부관료제가 정책의 전 과정에서 자신의 선호나 이해관계보다 우위에 있는 여러 요구들을 충족해야 할 의무를 의미하는 것이기도 하다. 책임성 문제는 정부관료제가 정책과정상 가지는 재량적 성격의 권한을 남용할 우려 때문에 제기된다. 대응성은 책임과 맞물린 것으로서, 정부관료제가 국민대표와 국민 등 외부의 요청에 신속히 반응을 해야 할 의무 등을 포함한다(오석홍, 2013: 158; 백완기, 2006: 328).

민주사회에 있어서 정부관료제의 본래 역할은 국민으로부터 통치를 위임받은 집권세력의 국정운영에 필요한 중립적인 전문능력을 제공하는 것이라고 할 수 있다. 그러나 현실에 있어서 정부관료제는 나름의 이해관계와 가치판단을 토대로 작동하므로, 업무에 대한 헌신도와 국정운영 방향에 대한 협력 수준은 정권의 성격에 따라 차이가 날 수 있다. 정치이념적 스펙트럼이 넓어 좌·우 정권교체가 적지 않게 이루어지는 유럽 국가들에 있어 정부관료제에 대한 책임 확보와 통제 문제가 더 큰 관심사가 되는 것은 이 때문이다(양재진, 2003: 265-266).

그렇다면 민주국가에서 정부관료제는 어떤 식으로 책임을 이행하는가? 초기 학자들은 간접민주주의(overhead democracy)에 입각하여 정부관료제는 국민대표기관과 정무직 공직자들이 결정한 정책을 충실히 집행하면서 이들의 필요와 요청에 대해 적시에 반응하는 식으로 책임을 이행하는 것으로 보았다. 국민에 대한 간접적 책임 이행을 중시하는 이러한 논리는 정부관료제의 객관적 책임(objective responsibility)을 강조한다.[6] 같은 맥락에서 Finer(1972), Lowi(1979) 등의 학자는 정부관료제의 책임 이행을 객관적으로 담보하기 위해서는 관련 법령의 구체화나 하향적인 계서적 감독과 같은 외부적인 통제 장치를 강화해야 한다고 주장하였다. Wilson(1887)의 정치·행정 이원론이 비현실적인 것으로 판명된 지 오래지만, 정부관료제를 위로부터 강하게 통제할 것을 주장하는 학자들이 적지 않다(Meier, 1993: 144; Behn, 2001: 42).

그러나 정부관료제에 대한 불신을 전제로 한 외부적·계서적 통제 위주의 이

---

4) Morrow(1980: 79), Denhardt(1993: 153) 참조.
5) 민주국가에 있어서 정부관료제의 책임은 ① 국민의 수임자로서의 도의적·규범적 책임, ② 법령에 따라야 할 법적 책임, ③ 국민과 그 대표기관에 대한 민주적·정치적 책임, ④ 국민과 여론에 따라야 할 대응적 책임 등을 포함한다.
6) Redford(1969), Denhardt(1993: 144), 정정길(2000: 227) 참조.

러한 접근으로는 고도로 전문적이고 복잡한 사회문제를 다루는 방대한 규모의 정부관료제의 책임 이행을 담보할 수 없다는 비판이 제기되었다. 외부적·계서적 통제는 행정수반의 계서적 명령체제를 통한 통제, 의회의 법규 제정과 예산의 심의 및 결정 등을 통한 통제를 주로 의미하지만, 이들 방안이 여러 현실적 한계가 있어 소기의 성과를 거두기 어렵다는 것이다.[7]

정부관료제에 대한 위로부터의 통제의 어려움은 흔히 주인-대리인 이론(principal-agent theory)으로 설명된다. 이 이론을 적용할 수 있는 것은 정무직 공직자들로 구성된 집권세력과 정부관료제 양측의 목표와 선호가 상이하나, 양측 간 정보 격차가 현격하여 전자가 후자를 효과적으로 통제할 수 없기 때문이다. 관료들은 정책에 관한 정보와 경험 및 전문성 면에서 정치인들에 비해 비교우위를 점한다. 그뿐만 아니라 정부관료제의 규모가 매우 방대하여 정치인들 누구도 정부관료제의 조직·예산·인력·기능 등을 세밀히 파악하기 불가능하다.

정부관료제에 대한 위로부터의 통제는 근래 제3자 정부(third-party government)의 출현으로 정부의 많은 기능이 외부 계약(contracting out) 등으로 이루어짐에 따라 점점 더 어려워지고 있다. 정책집행 등에 있어서 정부관료제의 책임소재가 더욱 모호해지기 때문이다(Hague & Harrop, 2004: 303).

이런 측면에서 정부관료제의 책임 이행을 다른 각도에서 이해하는 학자들도 적지 않다. 예컨대 Fredrich(1972)와 Mosher(1968) 등의 학자는 관료들의 주관적 책임(subjective responsibility)을 강조하였다. 이들 학자는 오늘날 관료들은 단순히 법규를 준수하거나 상부의 지시나 관행을 따르는데 그치지 않고 자신들의 직업적 전문성이나 국민 정서에 대한 이해를 토대로 직무를 수행하는 경우가 많으므로, 관료들의 이 같은 내적 견제(inner check)가 정부관료제의 책임 이행을 담보하는 주요 통제 수단이 된다고 주장하였다. 그러나 이에 대해서는 관료들 개인의 윤리의식 등에 의존하는 것으로는 정부관료제의 책임 이행을 확실히 담보할 수 없다는 비판이 제기되었다.

---

7) Rourke(1984), Wilson(1989), Aberbach(1990) 참조.

16.3 정부관료제에 대한 통제와 민주성 확보 방안

1. 접근의 기본 구도

정부관료제에 대한 위로부터의 계서적인 통제가 현실적으로 어려운 상황에서, 각국은 정부관료제의 책임 이행을 객관적으로 담보하기 위한 다양한 방안들을 도입·적용하고 있지만 이행과 성과 면에서 일정한 제약과 한계가 있다. 정부관료제를 직·간접적으로 통제하거나 정부관료제가 민주적으로 작동케 하기 위한 이들 방안은 [그림 16-1]과 같다.

이들 방안은 공히 정부관료제의 실체인 관료들이 자기 이익을 추구하는 행위자임을 전제하지만, 크게 두 범주로 나눌 수 있다. 하나는 관료들의 재량과 자기 이익 추구 활동을 허용하되 그것이 사회전체의 집합적 이익에 기여토록 유도하는 방안들이고, 다른 하나는 관료들의 자기 이익 추구 활동과 재량 자체를 제한하는 방안들이다.[8] 전자의 범주에 속하는 방안들은 다시 두 범주로 나눌 수 있다. 하나는 정부관료제의 구성 및 운영과 관련된 방안들이고, 다른 하나는 정부관료제의 임무 달성 등과 관련된 방안이다. 전체적으로 이들 여러 방안의 구분은 상대

[그림 16-1] 정부관료제에 대한 통제와 민주성 확보를 위한 접근 구도

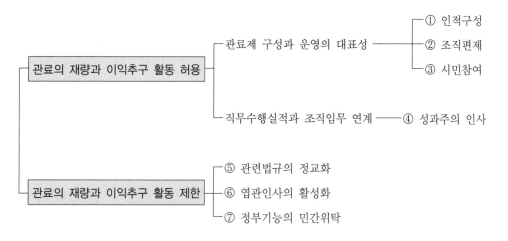

---

8) 관료들의 재량과 이익 추구 활동이 반드시 논리적 등치관계에 있는 것은 아니지만, 재량이 이익 추구의 가능성과 위험을 높인다는 전제에서 유사 분류기준으로 삼았다.

적이다. 어느 방안도 관료들의 자기 이익 추구를 정면으로 허용하거나 전적으로 금하기 어렵기 때문이다.

[그림 16-1]의 여러 방안은 대부분 공공선택론, 다원론, 관료정치론, 신공공관리론 등에 기초하고 있다(Dunleavy & O'Leary, 1987; Osborne & Gaebler, 1992). 예컨대 관료제 구성과 운영의 대표성을 지향하는 접근(인적구성, 조직편제, 시민참여)은 사회세력들과 행정기관들 및 관료들 간 상호 견제를 유도하는 것으로서, 다원주의 이론 및 관료정치론과 관련성이 있다. 성과주의와 정부기능의 민간위탁은 공공부문에 시장 경쟁의 원리를 도입하려는 신공공관리론 및 공공선택론에서 도출된 것이다. 관련 법규의 정교화와 엽관인사의 활성화는 관료들의 행태에 제약을 강화하는 것으로서, 관료들의 재량행위를 제한하려는 다원주의이론과 공공선택론에서 근거를 찾을 수 있다.

2. 구체적 방안

(1) 관료제의 인적 구성을 통한 대표성 확보

인적 구성의 대표성(representation by personnel)은 관료들을 사회의 인구 분포와 다양한 사회적 배경을 반영하도록 충원함으로써 정부관료제를 대표성 있는 정치제도로 변신시키려는 방안이다. 이는 다양한 사회세력들이 상호 견제하게 하는 대중 통제 방식을 정부관료제에 내장시킴으로써 정책과정에 민주주의를 실현하려는 시도라고 할 수 있다(오석홍, 1999: 266).

이른바 대표관료제(representative bureaucracy) 개념을 처음 소개한 Kingsley (1944)는 행정기관의 관료들을 일반국민의 인구학적 특성을 반영하도록 구성할 수 있다면, 행정기관의 결정 사항이 국민의 선호와 요구에 근접할 것으로 보았다. 그러나 일각에서는 관료들이 직무수행에 있어 출신 사회집단의 관점과 이익을 실제로 대변할 수 있는지에 의문을 제기하였다(Krislov & Rosenbloom, 1981: 23). 이는 관료들의 적극적 대표성(active representation) 실현 가능성에 대한 회의적인 시각이라고 할 수 있다(Shafritz, 1998: 1958-1960).

대표관료제는 능력과 자격을 기준으로 공무원을 임용하는 대표적인 인사제도인 실적제(merit system)와의 관계에서도 문제의 소지가 있다. 대표관료제의 실천수단 가운데 인적 구성의 비례적 대표성을 강제적으로 확보하는 임용할당제 등은 실적제의 원리와 정면으로 충돌하기 때문이다.

그럼에도 불구하고 대표관료제는 관료들의 인적 구성의 다양성 자체가 민주적 가치에 부합되고 관료들의 정책 시각을 확대할 수 있다는 장점 때문에 현재 여러 나라에서 인사행정의 주요 제도로 자리 잡고 있다.

(2) 행정조직 편제를 통한 대표성 확보

행정조직 편제를 통한 대표성(representation by administrative organizations)은 정부관료제의 조직구조와 임무를 통해 정치공동체의 다양한 이익과 사회세력을 대표하도록 하는 방안이다. 이러한 방안은 농림·노동·교육 등 사회 각 부문을 대표하는 각 행정기관의 명칭에서도 알 수 있듯이 이미 현실에서 구현되고 있다(Krislov & Rosenbloom, 1981: 75). 이처럼 많은 국가의 행정기관들이 다원주의적 사회의 경쟁하는 여러 세력의 이익을 반영하는 정치적 기능을 지닌 탓에, Seidman(1970: 13)은 행정부의 구조는 사회의 축소판이라고 하였다.

행정조직 편제의 대표성은 정부관료제의 정책과정에 사회 다양한 세력들의 이익을 광범위하게 반영할 수 있는 장점을 내포한다. 관료정치(bureaucratic politics)이론은 이러한 관료제적 분산이 기관들 간 상호 경쟁과 제도화된 갈등을 유발함으로써 관료권 행사를 제약하는 내부장치가 될 수 있음을 알려준다.[9]

그러나 다수 행정기관이 특정 정책영역에 중첩적으로 연루되어 상호 경쟁 할 경우 과다 서비스나 중복 규제, 인력과 예산의 낭비와 같은 문제를 초래할 수 있다. 특히 이들 기관이 복합적인 성격의 정책 사안들을 다룸에 있어 균형감각과 종합적인 시각을 결여한 채 상호 힘겨루기를 한다면, Pressman & Wildavsky(1973)가 지적한 이른바 '합동행위의 복잡성'(complexity of joint action)으로 인해 정책과정의 지연과 혼란이 불가피해진다.

그러나 이런 우려에도 불구하고 다원주의적 조직편성이 정부관료제의 사회이익 대표성을 제고시킨다는 점은 부인하기 어렵다(Krislov & Rosenbloom, 1981: 83). Long(1965: 17-18)은 정부관료제의 이러한 대표성이 의회의 대표성에 뒤지지 않는다고 주장하였다. Janowitz 등(1977)의 민주적 균형이론(theory of democratic balance)에 의하면 정부관료제가 정치체제에서 단일의 지배세력이 되지 못하도록 정부관료제 내 경쟁의 원리가 제도화되어야 한다. 그래야만 행정기관 간 그리고 프로그램 간 경쟁이 유발되어 강력한 상호 견제가 이루어질 수 있다(Krislov & Rosenbloom,

---

9) Yates(1982: 71-88), Fesler & Kettle(1991: 90-94) 참조.

1981: 18).

(3) 시민참여를 통한 대표성 확보

시민참여를 통한 대표성(representation through citizen participation)은 시민을 정부관료제의 주요 결정과정에 직접 참여케 함으로써 민주행정의 이념을 실현하려는 방안이다(Van Slyke et al., 2005). 여기서 시민은 공동체 의식을 지닌 일반시민으로서 특수 이익을 대변하는 사람들과 구분된다. 이익집단의 구성원이 아니며, 자신들의 요구만을 강하게 주장하는 고객도 아닌, 일반시민이 정부관료제의 정책과정에 참여함으로써 직접민주주의 이념이 구현 될 수 있다는 것이다. 문제는 일반시민에게는 많은 시간과 노력을 들여 정부관료제의 정책과정에 참여할 동기가 별로 없다는 점이다. 일부 시민이 참여해도 이들은 대부분 시간과 경제적 여유가 있는 중상층 사람들로서 사회 하위계층(lower-class)의 입장과 이익 등을 대변하기 어려울 것이다(Peters & Pierre, 2000; 정정길, 2000: 231).

정부관료제가 주도하는 주요 결정과 집행에는 사회 하위계층에 속하는 사람들의 참여가 오히려 더 큰 의미가 있다. 이들이야말로 정부관료제를 불신하거나 정부관료제와의 관계에서 소외되기 쉽기 때문이다. 예컨대 저소득층에 도움을 주기 위한 정부 프로그램들은 해당 수혜자들의 무관심과 비협조로 소기의 성과를 거두지 못하는 경우가 많다(Krislov & Rosenbloom, 1981: 160-161). 더구나 이들은 관료적 구조와 규범에 익숙하지 않아 원활한 정책집행에 걸림돌이 될 수도 있다.[10]

시민참여에는 관료조직 내부의 타성이나 관료들의 거부감과 같은 장애요인이 작용할 수 있다(McSwite, 1997). 그러나 정보기술의 혁신 등으로 정부와 정책정보에 대한 시민들의 접근이 용이해짐에 따라 시민참여가 활성화될 여지와 필요성은 커지고 있다(Vigoda, 2000; Thomas & Streib, 2005). 다만 시민참여를 통해 정부관료제의 의사결정에 대표성을 부여하려는 시도는 일의 진척에 시간과 노력 등 각종 비용을 유발시켜 정책과정의 능률성을 저해할 위험성이 있다(Peters & Pierre, 2000).

---

10) 사회 하층 사람들과 달리 중간계층 사람들은 스스로의 이익을 위해 관료적 규칙 등을 어떻게 이용할 것인지를 잘 알고 있는 것이 일반적이다. 더구나 중간계층 사람들은 몰인격적인 맥락(an impersonal context) 속에서 타인들과 관계를 맺는 데 비해, 하층 사람들은 사적인 성격(personal manner)의 관계를 맺는다. 이 또한 하층 사람들이 관료제 체제의 작동방식과 상황을 제대로 인식하지 못하는 이유 중의 하나이다(Sjoberg et al., 1972).

(4) 성과주의 인사

성과주의 인사는 관료들의 자기 이익 추구 활동이 정권의 정책 실현에 기여하도록 유도하는 방안으로서, 성과급제도로 대표된다. 성과주의는 관료들의 업무와 활동을 평가할 시에 조직 전체의 임무 완수나 정책의 구체적 실현 등과의 연관성을 강조한다. 성과주의는 보수와 승진 등을 정책지향적인 직무수행실적과 결부시킴으로써 관료들이 집권정부의 정책 실현에 협력하도록 동기부여를 하는 것이 특징이다. 관료의 입장에서는 집권정부의 정책추진에 협조하는 것이 곧 높은 보수와 승진이라는 자신의 효용을 극대화하는 길이 된다.

세계 각국은 관료들을 통제하고 정부의 경쟁력을 향상하기 위해 직무성과계약제도 등 성과주의 인사관리를 광범위하게 확대 적용하고 있다.[11] 일부 국가에서 고위공무원단제도를 도입한 이면에는, 비협조적이거나 성과가 낮은 고위공무원을 해직할 수 있는 권한을 정무직 공직자들에게 부여하고 고위공직을 개방하여 민간인의 진입이 가능케 함으로써 고위공무원들에 대한 정치적 통제를 강화하려는 정치적 목적도 포함되어 있다.[12]

성과주의는 성과지향적 목표가 명확히 설정되고 그에 대한 직무수행실적을 구체적으로 측정할 수 있어야 실효를 거둘 수 있지만, 정부조직에서는 성과의 객관적인 측정과 계량화가 어려운 경우가 많다는 점이 문제된다(오석홍, 2005: 433-434). 그뿐 아니라 관료들이 평가지표 자체를 자신의 주된 활동 목표로 삼는다면, 성과평가를 통해 실현하려는 궁극적 가치(공익의 증진 등)를 소홀히 할 위험이 있다.

(5) 관련 법규의 정교화

관료들의 재량과 자율, 이익 추구 등을 제한하기 위해 관련 법규의 내용을 정교화하는 방안을 말한다. Lowi(1979)는 입법부가 법규를 보다 세밀히 제정함으로써 집행과정에서의 정부관료제의 재량을 축소할 수 있다고 주장하였다. 이는 행정에 대한 정치의 우월성을 강조하는 정치·행정 이원론적 입장이라고 할 수 있다. 그러나 복잡다기한 현대 사회에서 전문성과 정보가 부족한 입법부가 법규의 내용을 매우 구체적으로 규정하기 어렵다. 더구나 입법부는 현실의 상황 변화에 따라 관련 법규를 빈번히 수정해야 하는 정치적 부담을 감당하기 벅차다. 이런

---

11) Christensen & Legreid(2003), Ingraham(1997), Hood(1990) 참조.
12) Huddleston(1991: 178-184), Durant(2003: 1089) 참조.

연유로 학자들은 오히려 관료들이 정책집행 과정에서 정책내용을 상황에 부합되게 구체화하고 필요시에 재조정하는 재량을 가지도록 법규의 내용이 포괄적이어야 한다는 점을 지적한다(Elmore, 1980; Ham & Hill, 1993).

(6) 엽관인사의 활성화

오늘날 엽관인사는 행정수반이 책임정치 구현을 위해 상위 공직에 자신이 신뢰할 수 있는 사람을 정치적으로 임용하는 형식으로 이뤄진다. 엽관인사의 활성화 방안은 이렇게 임명하는 정무직 공무원의 숫자를 늘임으로써 행정기관과 관료들을 통제하려는 목적을 지닌다(Hood, 1986: 112).

그러나 정치적 이유에서 임용되는 정무직 공무원들은 소속 행정기관의 정책영역에 관한 전문지식이나 조직관리 경험이 부족한 경우가 많아, 이들의 수적 증대는 정책의 합리성과 행정의 효율성 저해하고 관료들의 반발을 초래할 수 있다.[13] 이런 문제를 극복하고 관료들에 대한 장관의 통제력을 강화하기 위해 독일이나 핀란드에서처럼 장관의 개인 보좌관들(personal advisory staff)을 증원할 수도 있지만, 이런 방식 또한 보좌관들 자신의 책임 문제를 낳을 수 있다(Hague & Harrop, 2004: 299-300).

정무직 공무원은 직업관료들에게 포획될 위험도 있다. 직업관료들은 처음부터 같은 기관에 소속되어 함께 일하였기에 상호 유대가 끈끈하고 기관 특유의 노하우로 무장되어 사안에 대한 설득력이 강한 관계로, 시간이 지나면서 정무직 공무원이 이들에 동조하여 대통령의 정책 의지를 관철하려는 의지가 약해지고 나중에는 오히려 직업관료들을 대변하는 의견을 대통령에게 전달하는 경향을 나타낼 수 있다(김영민, 2013: 12).

(7) 정부기능의 민간위탁

민간위탁(contracting out, outsourcing)은 공공서비스의 생산과 공급을 정부 또는 공공부문이 직접 하지 않고, 이를 민간 부문에 맡기는 방안이다. 민간위탁은 서비스의 공급 결정과 대가 지불은 정부가 하고 서비스의 생산만을 민간부문이 맡기는 것이 특징이며, 공공서비스 공급의 민영화 전략 가운데 가장 널리 사용되는 방안이다.[14] 민간위탁은 관료 행위의 재량범위를 제약함으로써 관료들의 자기 이

---

13) Durant(1990), Palumbo & Maynard-Moody(1991: 110) 참조.

익 추구 활동을 상당 부분 제한할 수 있지만, 이를 위해서는 다양한 요건들이 갖추어져야 한다(Williamson, 1975; Mintro, 2003).

예컨대 해당 과제나 사업의 불확실성과 복잡성이 과도하지 않아야 한다. 민간수탁기관(기업 또는 NGO)과 계약 시에 예측하지 못한 상황이 나중에 발생하여 위탁된 과제가 제대로 수행되지 못할 우려가 있기 때문이다. 해당 과제를 수행할 수 있는 역량을 가진 민간 주체가 다수 존재해야 하는 것도 민간위탁의 주요 요건이다. 역량 있는 민간 주체의 수가 적어 이들 간 경쟁이 이루어지지 않고 상호담합 할 경우, 정부는 열등한 위치에서 계약할 상황에 놓일 것이기 때문이다.15) 민간위탁을 위한 여건들이 갖춰진 경우에도 행정책임성이 훼손될 수 있다. 관련 서비스 제공 등에 있어서 문제가 발생할 경우 행정기관이 아니라 해당 민간주체가 일차적인 책임을 지기 때문이다.16)

아래 〈표 16-1〉은 이상에서 살펴본 정부관료제에 대한 통제 및 민주성 확보 방안들의 특징, 강점, 제한점 등을 간추려 정리한 것이다.

〈표 16-1〉 정부관료제에 대한 통제 및 민주성 확보 방안

방 안	특 징	강 점	한계 내지 잠재적 문제점
대표관료제	인적 구성을 통한 관료제의 대표성 확보	• 사회세력 간 상호경쟁방식을 정부관료제에 내장함으로써 정책과정과 행정의 민주주의 구현	• 관료의 적극적 대표성에 대한 의문 • 실적제와의 충돌
다원주의적 조직편제	행정조직편제를 통한 관료제의 대표성 확보	• 정부관료제의 정책체제에 사회 다양한 세력들의 선호와 이익을 광범하게 반영	• 정책과정의 지연과 혼란 • 개별기관의 책임소재 모호
시민참여	시민참여를 통한 관료제의 대표성 확보	• 직접 민주주의의 이념에 근접 • 고객지향적 행정의 실현	• 중상층 시민 위주의 참여 • 정책과정의 능률성 저해
성과인사	성과평가에 근거한 관료 급여의 책정	• 급여 수준을 높이려는 관료들의 노력을 공익 증진과 서비스 수준 개선으로 연결	• 정부기관 목표 구체화의 한계 • 직무수행실적 측정과 계량화의 어려움 • 개인별 기여도 구분 곤란 • 성과평가 지표라는 수단 자체의 목표화

14) 민간위탁은 정부가 무엇을 언제 그리고 어떻게 공급할 것인지에 대한 결정권을 가지면서 민간의 활력을 이용하는 방법이다. 공급 주체의 변동이라는 점에서는 민영화와 같으나, 재화·서비스 구입 주체가 소비자가 아니라 정부라는 점에서 차이가 난다.
15) 주재현(2004), 손희준·최영환(2003) 참조.
16) Hughes(2003: 2520, Dunleavy & Hood(1994: 12) 참조.

관련 법규의 정교화	관련 법규의 정교화를 통한 관료들의 재량 제한	• 관료들의 자기이익 추구 가능성을 제한하고, 행정에 대한 정치의 통제력을 강화	• 현대사회 문제의 복잡성으로 인한 법규 구체화의 한계 • 경직적 법집행으로 인한 부작용
엽관인사	정무직 공직자들의 수적 증대	• 정치적 '주인'과 정무직 공무원의 성쇠를 연계시킴으로써 직업관료들에 대한 통제 강화	• 정무직 공무원의 역량 한계 • 정무직 공무원의 임기 제한 • 직업관료들에 의한 포획
민간위탁	특정 공공서비스의 생산과 전달을 민간에서 담당	• 관료들의 자기이익 추구가능성을 제한하고, 보다 능률적인 서비스 제공을 도모	• 적용 가능한 서비스의 제한 (낮은 불확실성과 기관 선정상의 경쟁이 전제되어야 적용 가능) • 행정책임성 훼손

16.4 결 어

　사회문제가 복잡화·이질화되고 공공수요가 다양해짐에 따라, 국정의 주도권이 비전문가인 선출직 공직자들로부터 정책과 행정의 전문성과 경험을 겸비한 행정기관과 관료들에게로 이전되는 행정국가화 현상이 점점 더 심화되고 있다. 정부관료제의 이러한 영향력 팽창은 20세기 새로운 환경변화와 사회경제적 요구에 따른 불가피한 측면이 있지만, 의회나 정치집행부가 정부관료제를 효과적으로 통제할 수 없는 현실에서 정치적 민주주의에 부합되지 않는다는 논란을 불러일으켰다. 이런 이유로 각국에서 정부관료제를 민주적 정치체제에 접목하기 위한 여러 통제 방안이 도입·적용되고 있고, 방안마다 나름의 효과와 한계를 나타내고 있어 어느 한 방안이 다른 방안들에 비해 효과 면에서 상대적으로 더 우월하다고 하기 어렵다. 따라서 현재로서는 정부마다 처한 여건에 부합되는 방안을 취사선택하거나 여러 방안을 복합적으로 적용할 수밖에 없는 실정이다.

　예컨대 한국의 경우는 국민과 정치권의 정서를 감안하면 엽관인사는 정치적 의혹만 불러일으킬 가능성이 크다. 반면에 시민참여·민간위탁·성과급제·다원주의적 조직편제 등은 앞으로 사회발전과 행정문화의 변화가 진척되면서 활용도와 효과가 더 커질 것으로 기대된다. 사회형평적인 인재 등용은 여성공무원의 증대에서 알 수 있듯이 이미 가시적인 효과를 거두고 있다.

　사회문제 해결을 정부관료제에 의존할 수밖에 없는 현대 국가의 현실에서, 정부관료제를 보다 적절히 통제하기 위한 방안에 관한 연구는 학자들의 지속적인 과제라고 할 수 있다.

참고문헌

김영민. (2013). 한국 현대 관료제의 형성과 특징. 「황해문화」, 79: 10-32.

백완기. (2006). 「행정학」, 서울: 박영사.

손희준·최영환. (2003). 지방자치단체 민간위탁사업에 대한 평가: 충청북도를 대상으로. 「지방행정연구」, 17(1): 159-180.

양재진. (2003). 정권교체와 관료제의 정치적 통제에 관한 연구: 국민의 정부를 중심으로. 「한국행정학보」, 37(2): 263-287.

오석홍. (1999). 인사행정원리의 이해와 오해. 「행정논총」, 37(2): 255-270.

_____. (2005). 「인사행정론」, 서울: 박영사.

_____. (2013). 「행정학」. 서울: 나남

정정길. (2000). 「행정학의 새로운 이해」. 서울: 대명출판사.

정정길 외. (2003). 「정책학원론」. 서울: 대명출판사.

주재현. (2004). 정부와 자원조직간 협력관계: 종합사회복지관 위탁운영 분석을 중심으로. 「사회복지연구」, 24: 149-186.

Aberbach, Joel D. (1990). *Keeping a Watchful Eye: The Politics of Congressional Oversight.* Washington, D.C.: Brookings Institution.

Aberbach, Joel D. & Bert A. Rockman. (1988). Mandates or Mandarins? Control and Discretion in the Modern Adminiostrative State. *Public Administration Review.* 48(1): 606-612.

Appleby, Paul. (1949). *Policy and Administration.* Tuscaloosa: University of Alabama Press.

Behn, Robert. (2001). *Rethinking Democratic Accountability.* Washington DC: Brookings Institution Press.

Brewer, Gene A. (2003). Bureaucratic Politics. in Jack Rabin. (ed.), *Encyclopedia of Public Administration and Public Policy*, 141-146. New York: Marcel Dekker, Inc.

Christensen, T. & P. Lægreid. (eds.) (2003). *New Public Management: The Transformation of Ideas and Practice.* Aldershot, UK: Ashgate.

deLEON, Linda & Peter deLEON. (2002). The Democratic Ethos and Public Management. *Administration and Society.* 34(2): 229-250.

Denhardt, Robert B. (1993). *Theories of Public Organization.* Belmont California: Wedsworth Publishing Company.

Downs, Anthony. (1967). *Inside Bureaucracy.* Boston: Little, Brown.

Dunleavy, P. (1991). *Democracy, Bureaucracy and Public Choice: Economic Explanations in Political Science.* Hemel Hempstead, UK: Harvester Wheatsheaf.

Dunleavy, P. & C. Hood. (1994). From Old Public Administration to New Public Management.

Public Money & Management. 14(3): 9-16.

Dunleavy, P. & B. O'Leary. (1987). *Theories of the State.* London: Macmillan.

Durant, Robert F. (1990). Beyond Fear or Favor: Appointee-Careerist Relations in the Post-Reagan Era. *Public Administration Review.* 50(3): 319-331.

_____. (2003). Senior Executive Service. in Jack Rabin (ed.), *Encyclopedia of Public Administration and Public Policy.* 1089-1093. New York: Marcel Dekker, Inc.

Elmore, R. (1980). Backward Mapping: Implementation Research and Policy Decisions. *Political Science Quarterly.* 94.

Fesler, James W. & Donald F. Kettle. (1991). *The Politics of the Administrative Process.* Chatham, New Jersey: Chatham House Publishers, Inc.

Finer, H. (1972). Administrative Responsibility in Democratic Government. in Francis Rourke (ed.), *Bureaucratic Power in National Politics,* 326-337. Boston: Little, Brown.

Fredrich, Carl J. (1972). *Public Policy and The Nature of Administrative Responsibility in Bureaucratic Power in National Politics.* 165-175. Boston: Little, Brown.

Hague, Rod & Martin Harrop. (2004). *Comparative Government and Politics.* New York: Palgrave Macmillan.

Ham, C. & Hill, M. (1993). *The Policy Process in the Modern Capitalist State.* 2nd ed. London: Harvester Wheatsheaf.

Hood, Christopher. (1986). *Administrative Analysis: An Introduction to Rules, Enforcement and Organizations.* London: Harvester Wheatsheaf.

_____. (1990). De-Sir Humphreyfying the Westminster Model of Bureaucracy: A New Style of Governance? *Governance.* 3(2): 205-214.

_____ et al. (2004). *Controlling Modern Government.* Cheltenham, UK: Edward Elgar.

Huddleton, Mark W. (1991). The Senior Executive Service: Problems and Prospectives for Reform. in Carolyn Ban and Norma M. Riccucci. (eds.), *Public Personnel Management.* 175-189. New York: Longman.

Hughes, Owen E. (2003). *Public Management and Administration: An Introduction,* 3rd ed. New York: Palgrave Macmillan.

Hummel, Ralph. (1977). *The Bureaucratic Experience.* New York: St. Martin's Press.

Ingraham, P. W. (1997). Play It Again, Sam; It's Still Not Right: Searching for the Right Notes in Administrative Reform. *Public Administration Review.* 57(4): 325-331.

Janowitz, Morris et al. (1977). *Public Administration and the Public.* Westport, Conn.: Greenwood Press.

Kingsley, Donald. (1944). *Representative Bureaucracy: An Interpretation of British Civil Service.* Yellow Springs, Ohio: Antioch University Press.

Kirlin, John H. (1996). The Big Questions of Public Administration in a Democracy. *Public Administration Review.* 56(5): 416-423.

17 CHAPTER

시민참여와 한국 정부관료제

17.1 ▶ 서 언

시민참여는 사회적 · 경제적 문제해결에 있어서 한계를 드러내고 있는 정부와 관료적 메커니즘을 보완할 수 있는 효과적인 대안이 될 수 있다.[1] 시민참여는 또한 정보통신 기술의 발달로 정부 활동에 대한 시민들의 지식과 정보가 급증한데 따른 불가피한 현실이기도 하다.[2] 특히 인터넷이 시민들 간 자유로운 의사 교환을 가능하게 하는 사회적 공론장의 역할을 하는 상황에서 정부가 정책과정에 시민참여를 도외시하기 어려운 것이다(조화순 · 송경재, 2004: 198).

한국에서는 이와 함께 지난 30여 년에 걸쳐 정치적 민주화가 진행되면서 그간 정부에 의해 일방적으로 결정되고 추진되던 공공 정책이 근래 시민들의 반대에 부딪혀 좌절되는 사례가 늘어나는 현실 때문에도 시민참여의 중요성이 부각하고 있다. 이런 흐름속에서 현재 많은 행정기관이 다양한 방식의 시민참여제도를 운용하고 있고, 관련 연구들도 시민의 참여 의지나 참여 양태, 정부에 대한 시민의 신뢰 문제 등에 초점을 맞추고 있다.[3]

그럼에도 불구하고 시민참여제도는 아직 제대로 활성화되지 않고 있으며, 정책과 행정이 관련 기관의 의지대로 결정되고 집행되는 경향이 여전히 강하다(신

---

* 이 장은 「행정논총」(2002년 제40권 2호)에 게재된 박천오의 논문을 재구성한 것임.
1) Berman(1997), King & Stivers(2001: 474) 참조.
2) Peterson(1986), Thomas(1995: 5-6), White(1997) 참조.
3) 김대욱 · 이승종(2008), 김병섭 · 강혜진(2015) 참조.

상중·이숙종, 2017: 158). 이러한 현상은 시민참여에 대한 공직자들의 인식 및 태도와 무관하지 않다(김혜정, 2022). 시민참여에 대해 공직자들이 가질 수 있는 인식과 태도는 다양하며, 그들이 시민참여에 대해 얼마나 수용적인 태도를 가지느냐에 따라 시민참여의 활성화 여부와 효과성이 상당 부분 좌우될 수 있기 때문이다(이승종 외, 2018; 김혜정, 2022). 이 장에서는 이 점을 중심으로 정부관료제의 정책활동에 있어서 시민참여에 대해 논의하고, 한국에서의 관련 상황에 대해 살핀다.

17.2 ▶ 시민참여의 유용성

광의의 시민참여는 정부의 정책과정에 영향을 미치기 위한 시민의 다양한 활동과 행위를 의미한다(King & Stivers, 2001). 이는 여론조사, 공청회, 시민자문위원회 등에 참여, 관료들과 정치인들을 상대로 한 개인적 접촉, 집회와 시위 등 다양한 형식을 띨 수 있다. 정부관료제의 정책활동에 대한 시민참여의 경우는 정부관료제의 통제하에 시민이 자발적으로 정부관료제의 주요 의사결정 및 관리과정에 참여하는 방식으로 이루어진다(유희정·이숙종, 2015: 31).

정부관료제의 정책활동에 대한 시민참여는 민주주의의 당연한 요청이다. 그뿐 아니라 시민참여는 대리인 문제를 내포한 정부관료제에 의한 정책결정과 집행의 민주적 책임성과 대응성을 제고할 수 있다. 또한 전문가 위주의 능률 편향적인 관료들의 정책활동 경향을 완화할 수 있다는 측면에서도 바람직하다.[4]

무엇보다도 시민참여는 정책과정에 있어 정책 갈등의 소지를 사전에 해소함으로써 시민의 정책 수용성을 높이는 유용성이 있다. 시민참여는 님비(NIMBY) 현상에 따른 입지 선정 교착 문제의 극복 방안으로 특히 각광 받는다. 일례로 미국과 캐나다에서는 유해 폐기물 처리장 입지 선정과 관련하여 그간 규제적(regulatory), 시장적(market), 자발적(voluntary) 세 가지 접근이 이루어졌는데, Rabe (1994)의 연구는 이 중 자발적 접근의 성공가능성이 가장 높다고 밝혔다(Kim, 1997: 281-282).

여기서 규제적 접근은 정부기관이 일방적으로 입지결정을 하고 선매와 토지

---

4) Ross(1998: 397), Callahan(1999: 26), Kim(1997: 278-280), Thomas(1993: 445), 이승종(1997: 4) 참조.

수용권을 동원하여 집행에 임하는 접근방식을, 시장적 접근은 민간 폐기물 관리 회사들이 경제적 고려를 바탕으로 입지를 선정한 뒤 관련 시민들에게 보상을 하는 접근방식을, 자발적 접근은 폐기물 처리시설을 받아들이기로 동의한 공동체만을 입지선정 후보지로 고려함으로써 정책형성의 초기 단계에서부터 시민들의 투입을 허용하는 접근방식을 각각 의미한다. 규제적 접근과 시장적 접근이 신속한 업무추진과 경비 절감을 목표로 하면서 시민참여를 지양하는 데 반해, 자발적 접근은 시민과의 상담과 합의 도출을 중시하는 것이 특징이다.

Rabe의 연구 결과는 한국의 1990년 핵폐기물 처리시설 입지 선정 사례와 1994년 중랑구 쓰레기 소각장 입지 선정 사례에서도 입증되었다. 1990년 핵폐기물 처리시설 입지 선정 사례의 경우 과학기술처는 입지 선정을 기술적인 사안으로 간주하여 시민참여를 배제하고 일방적으로 안면도로 결정함으로써 사회적 소요와 시민의 불신을 불러일으켜 실패하였다. 반면, 1994년 중랑구 쓰레기 소각시설 입지 선정은 시민들이 지방정부와 더불어 의사결정에 참여함으로써 성공하였다. 핵폐기물 처리시설 입지 선정의 경우는 규제적 접근을 하였고, 중랑구 쓰레기 소각장의 경우는 자발적 접근을 하였던 것이다(Kim, 1997: 284-291).

정부관료제의 입장에서도 시민참여는 바람직하다. 정부관료제는 시민참여 활성화를 통해 시민의 요구에 효과적으로 대응하고, 관련 이익집단의 무리한 영향력 행사를 견제하고, 정책 및 행정과 관련된 애로 사항들(자원의 가용성, 관리의 복잡성, 효과의 불확실성, 정치적 갈등)을 시민에게 알림으로써 관료제 자신의 한계를 이해시키는 등의 효과를 기대할 수 있다. 또한 시민들이 주요 결정에 관여함으로써, 정부관료제는 해당 결정의 합법성과 정당성을 확보할 수 있고 반대 측 이해당사자들을 설득할 근거를 마련할 수 있다. 그리고 그 과정에서 시민의 냉소주의를 완화하고 시민의 신뢰를 얻을 수 있다(유희정·이숙종, 2015: 34-35).

정부관료제는 이러한 효과를 거두기 위해 정책과정 단계별로 다양한 참여 기제를 활용할 수 있다. 예컨대 정책의제설정 단계에서는 정책 포럼, 인터넷에 의한 정보공개, 시민 의견 온라인 투표, 주민제안제도 등을 통해 시민들이 정책의제 항목을 직접 검토할 기회를 제공할 수 있다. 정책결정 과정에서는 위원회, 협의회, 공청회 등을 통해 시민이 관련 정보를 수집하고 대안을 탐색 및 분석하고 의결에 참여하게 할 수 있다. 정책집행 과정에서는 시민자문위원회 등을 개최하여 문제점을 발견하고 대응 방안을 모색하게 할 수 있다. 정책평가 단계에서는 시민들이 정책만족도 조사, 여론조사, 자체평가위원회, 정책모니터링 등에 참여하게 할 수 있다.[5] 이처럼 시민이 정책과정에 참여하고 협력하는 이른바 '협력적 거버 넌스'는 행정부가 국민의 의사와 이해관계를 국정에 제대로 반영하지 못하는 현 실에서 대의민주주의의 약점을 보완하는 기제가 될 수 있다(권혁주, 2022: 178).

한국에서는 인터넷을 통한 정부의 정책공개가 보편화되면서 시민들이 정부의 활동을 감시하고 그에 참여할 기회가 한층 더 확대되고 있다. 인터넷을 통한 의 사소통의 비용감소, 신속한 정보전달, 정보접근성 강화 등은 정책과정의 각 단계 에서 시민들의 영향력을 증대시키고 있다. 근래의 네트운동은 오프라인 영역에서 의 각종 사회문제가 네트워크로 침투 확산되기도 하지만, 반대로 네트워크에서 사회적인 이슈로 발전되기도 한다(조화순·송경재, 2004: 200-201). 한국에서도 인터넷 의 영향으로 정치와 행정과정에 변화가 일고 있다. 예컨대 성수여중폭력사건, 국 민연금제도변경운동, 남산타운21 등의 사례는 시민이 중심이 된 외부주도형의 의제 설정과정과 시민의 확대된 정치적 영향력을 보여주었다(조화순·송경재, 2004: 198).

그러나 시민참여의 활성화는 과거 서구의 경험에서 보듯이 심각한 부작용을 수반할 수 있다(Plein et al., 1998). 미국의 경우 1960년대와 1970년대 시민참여를 의무화하는 법들이 상당수 등장하여 시민참여가 증폭되었지만, 실제 결과는 대부 분 부정적이었다(Thomas, 1995). 관련 연구들에 의하면 시민참여는 ① 시간과 경 비 등 각종 비용을 유발시킴으로써 정책과정의 능률성을 저해할 수 있고, ② 다 수 시민이 무관심하거나 참여 능력이 부족한 상황에서 일부 계층이나 집단이 참 여를 독점하여 과도한 영향력을 행사하는 이른바 행정기관 포획(agency capture) 현상을 초래함으로써, 정책과정의 중립성과 일반시민의 보편적 이익을 해칠 수 있고, ③ 선동가들이 등장하여 공공이슈를 둘러싼 시민의 갈등을 증폭시킴으로써 정치·행정적 안정을 저해할 수 있고, ④ 정보와 전문성으로 무장된 관료들이 시 민을 조작의 대상으로 전락시킬 수 있고, ⑤ 정보와 자질이 부족한 일반인들이 의사결정의 합리성을 저해할 수 있고, ⑥ 경제적 보상만을 노린 맹목적인 집단적 이기주의가 정책집행을 방해할 수 있는 등 다양한 부작용을 빚을 수 있다.[6]

따라서 근래 인터넷을 통한 시민참여의 증진 역시 적절히 이루어지지 않는다 면 정부의 정책추진 효율성을 떨어뜨리고 정부의 책임성을 약화시키는 것과 같 은 부정적인 결과를 초래할 수 있다. 이런 연유로 이슈와 상황에 부합되는 적절

---

5) 강인성(2008), 김상묵 외(2004), 유희정·이숙종(2015: 32) 참조.
6) Ross(1998: 397), Callahan(1999: 25), Peters & Pierre(2000: 14), Riedel(1972), 이승종(1997: 4-7), Kim(1997: 280) 참조.

한 시민참여 방식을 모색하는 것이 학자들과 실무자들의 과제가 되고 있다(나태준, 2010).

17.3 ▶ 시민참여 방식과 범위

시민참여가 활성화되려면 정책·행정과정에 대한 시민들의 참여 기회가 온·오프 라인 방식과 통로를 통해 광범위하게 보장되어야 한다. 그러나 현실 여건과 부합되지 않는 시민참여는 부작용을 빚을 수 있기에 시민참여를 무조건 확대·강화하기보다는 상황적응적인 시민참여가 이루어져야 한다는 점을 밝히는 연구들이 늘고 있다.[7] 그러나 구체적으로 어떤 이슈들에 대해, 어떤 시민이, 어떤 목적에서, 언제 어떤 형식으로 정책과정에 참여하는 것이 적절한지에 관한 설득력 있는 이론과 구체적인 사례들을 찾기는 어렵다(King & Stivers, 1998: 55).

일부 연구는 시민참여의 특정 측면을 중심으로 효과적인 참여방안을 제시하였다. 한 예로서 이슈의 성격을 중시하는 연구는 갈등 수위가 높은 이슈의 경우는 정책과정의 초기 단계에서부터 워크샵 등 합의 도출에 유리한 시민참여 방식을 적극 활용해야 한다고 강조하였다(Mitrott & Sagasti, 1973). 다른 측면에서 Thomas(1993: 446-447)는 정책과정에 있어서 시민의 수용성과 정통성이 크게 요구될 때는 광범위한 시민참여가 필요하지만, 정책과정상 의사결정의 질과 기술적 적합성(혹은 집행의 능률성)이 특히 요구될 때는 시민참여 수준을 어느 정도 제한해야 한다고 지적하였다. 예컨대 교도소나 소방서 설치를 위한 입지선정에는 시민참여가 바람직하지만, 교도소에 어떤 경고장치를 선택할 것인지 혹은 어떤 소방자동차를 구입할 것인지 등을 결정할 시에는 시민참여가 바람직하지 않다는 것이다.

참여자의 범위 내지 참여 주체에 초점을 맞춘 연구들도 있다(Kweit & Kweit, 1981; Rosner, 1995). 예컨대 이해당사자들이 소수 집단으로 조직화되어 있다면 해당 집단의 리더들을 중심으로 한 인터뷰, 워크샵, 자문위원회 등이 효과적인 참여 방식이 될 수 있고, 반대로 이해당사자들이 조직화되어 있지 않고 광범위하게 분

---

7) Thomas(1990: 4350, Callahan(1999: 27) 참조.

산된 경우라면 여론조사나 공청회와 같이 이해당사자들과 보다 직접적으로 접촉하는 참여방식을 채택해야 한다는 점을 밝힌 연구들이 그것이다(Mitroff & Sagasti, 1973; Dunn, 1994).

시민의 영향력 문제를 다룬 연구들도 있다. 예컨대 Timney(1996)는 시민들이 정책과정의 주도권을 가지며 정부는 상담자로 봉사하는 적극적(active) 참여, 정부가 정책과정을 주도하고 시민참여는 형식에 그치는 소극적(passive) 참여, 시민이 정부와 정책과정상 영향력을 공유하지만 영향력이 상대적으로 약한 자문적(advisory) 역할을 수행하는 전환적(transitional) 참여 등의 세 가지 모델을 제시하면서, 이 가운데 적극적 참여모델을 주창하였다.

17.4 ▶ 고객지향적 행정

행정서비스는 흔히 시민과 고객에 대한 봉사라는 보다 근본적인 목표를 등한시할 수 있다. 시민과 고객의 바람에 배치되는 행정은 설사 다른 측면에서 긍정적인 성과를 거둔다고 할지라도 바람직하지 않다. 이와 관련하여 서구에서는 1990년대 들어 행정개혁과 정부혁신의 흐름 속에서 고객지향적(customer-oriented) 행정이 새로 주창되었다.[8] 고객지향적 행정이란 고객의 입장과 시각에 입각한 행정으로서, 진정한 의미에서는 행정서비스에 관한 선택과 평가의 기회를 고객에게 부여함으로써 실현된다고 할 수 있다.[9] 이런 측면에서 고객지향정 행정은 시민참여와 연결된다.

구체적으로 고객지향적인 행정은 시민이나 주민이 정부의 고객이라는 전제에서 행정 업무처리 및 행정서비스 제공이 고객지향적으로 이루어지는 것이다. 고객지향적 행정은 고객을 대상으로 하는(to clients) 행정이 아니라, 고객을 위한(for clients) 그리고 고객과 함께 하는(with clients) 행정을 말한다. 즉 고객이 어떤 행정서비스를 필요로 하며, 고객에게 이를 어떻게 공급할 것인지를 행정기관이 일방

---

8) 고객지향적 행정은 1980년대에 민간부문에서 특히 강조되었던 고객중심적(customerism) 경영방식에서 전파된 것으로서, 기업의 고객중시 정신을 정부의 서비스전달에도 적용할 것을 주창하기 위해 사용되기 시작한 용어라고 할 수 있다(Hambleton, 1988: 126). 고객지향적 행정에 관한 자세한 논의는 박천오(1997) 참조.

9) Jenkins & Grey(1992), Van Wart(1995), Kaul(1996), Potter(1993: 257) 참조.

적으로 결정하지 않고 다양한 방식으로 고객에게 묻는 행정이라고 할 수 있다 (Walsh, 1989: 6).

고객지향적 행정에 대한 학자들의 접근은 크게 두 범주로 구분할 수 있다. 행정서비스의 전달체제 및 관련 공무원들의 행태에 초점을 맞추는 절차적(procedural) 접근과 행정서비스의 실질적 내용 및 그 결정 과정에 비중을 두는 실질적(substantive) 접근이 그것이다.10)

절차적 접근은 고객의 행정서비스 만족과 고객과의 관계(customer relations) 개선을 중시하는 제한된 접근이다. 이는 행정서비스의 전달 과정에서 발생할 수 있는 고객의 시간적, 경제적, 정신적 손실을 최소화하려는 접근으로서, 행정서비스의 전달체제나 관료들의 태도 개선에 주안점을 둔다.11) 이런 측면에서 예컨대 Wagenheim & Reurink(1991: 267-268)는 고객은 행정기관에 대해 서비스 관련 정보제공, 대응성(서비스 적시성), 문제해결, 신뢰할 수 있고 일관된 서비스 전달, 구성원의 일 처리 능력과 정중하고도 친절한 태도 등을 기대한다고 파악하였다.

이러한 행정서비스 전달체계 중심의 고객지향적 행정은 행정업무 처리의 절차와 외관(appearance)의 변화를 추구할 뿐, 행정서비스의 실질적 내용이나 행정주체와 고객 간 기존 권력관계에 변화를 가져오지 않는 관계로 실천이 상대적으로 용이하다. 그뿐 아니라 성과의 가시성도 높은 편이다. 이런 연유에서 대부분 국가는 행정서비스 전달체제를 개선하는 고객지향적 행정을 주로 실천한다(Hambleton, 1988: 128). 한국에서의 고객지향적 행정에 관한 연구와 실천도 이제까지 이런 절차적 접근을 중심으로 이루어져 왔다. 그러나 고객지향적 행정이 이처럼 단순히 고객의 용무를 보다 신속히 처리하고 고객을 되도록 친절히 대하는 등 행정서비스 외관상의 변화에 불과하다면 그 민주적 의미는 크지 않다.

반면에 고객지향적 행정에 대한 실질적 접근은 행정서비스에 대한 고객의 선호와 권리를 보장함으로써 행정의 민주성을 지향하는 보다 본질적인 접근이라고 할 수 있다. 이는 행정기관이 고객이 원하는 내용의 행정서비스를 제공하기 위해 고객에게 서비스 내용에 대한 선택과 평가의 기회를 부여하는 시스템을 갖추는 것을 중시하는 접근이다.

이런 측면에서 Stewart(1988: 59)는 고객지향적 행정이 고객에게 ① 행정기관의

---

10) Hambleton(1988), Jenkins & Grey(1992: 287), Stewart & Clarke(1987), Schmidt(1977: 404-405) 참조.

11) Schmidt(1977: 404-405), Dilulio, Jr. et al.(1993: 50), Wagenheim & Reurink(1991: 263) 참조.

주요 결정 내용 및 그러한 결정에 도달한 이유를 알 권리, ② 행정기관이 고려하고 있는 이슈들을 논의하고 자신의 견해를 전달할 수 있는 권리, ③ 행정기관에 자신의 관심과 이해관계를 고려하게 할 권리, ④ 행정기관의 의사결정에 참여할 수 있는 권리, ⑤ 행정기관의 실적을 평가할 수 있는 권리 등을 부여함으로써 실천될 수 있다고 보았다. Potter(1993: 253-254) 역시 고객지향적 행정을 위해서는 고객이 행정서비스의 목표, 행정서비스의 기준, 행정서비스에 대한 고객의 권리, 행정기관의 의사결정과정, 그러한 결정에 도달한 이유 등에 관한 정보를 요구할 수 있어야 한다고 주장하였다. 같은 맥락에서 고객의 행정참여 편의를 위해 되도록 많은 결정 권한을 행정서비스가 제공되는 일선으로 위임해야 한다는 주장도 제기되었다.[12]

이처럼 고객지향적 행정이 행정기관의 서비스 전달체제 개선에 그치지 않고 행정기관의 서비스 결정에 고객의 바람과 요구를 반영하는 것이라면, 고객지향적 행정은 정책 및 행정과정에 대한 시민참여를 전제로 한다고 할 수 있다.

17.5 정부관료제의 시민참여 수용성

정부관료제의 정책활동에 대한 시민참여는 시민의 적극성과 능력 그리고 의지만으로 활성화 되지 않는다. 시민참여를 운영하는 주요 주체가 정책과정에 공식적인 권한을 가진 관료들이기 때문이다. 시민참여는 시민과 관료들의 상호작용이다. 그러므로 관료들의 인식이나 태도는 시민참여에 영향을 미치는 독립변수인 동시에 시민참여로부터 영향을 받는 종속변수가 되기도 한다(이승종 외, 2018: 236).

문제는 시민참여의 여러 속성이 업무의 상례화(routinization), 계서적 권위, 전문성과 몰인격성(impersonality) 등의 특성에 기초한 정부관료제의 전통적인 행정기능 수행과 상충한다는 점이다(Callahan, 1999: 24).

더구나 관료들은 시민참여에 대해 부정적인 인식을 가지는 것이 보통이다(King & Stivers, 2001). 오늘날의 많은 문제는 일반시민이 이해하기에 너무 복잡하고, 시

---

12) Hambleton(1988), Sanderson(1992), Jenkins & Gray(1992) 참조.

민들과의 협의를 중시하는 의사결정은 비합리적이며, 시민들 다수는 정책문제에 무관심하며 간혹 정책과정에 개입할 시에는 자신들의 편협한 사익을 앞세워 행정 업무 처리를 지연시킴으로써 자원의 낭비를 초래한다는 것이 관료들의 일반적인 인식이다. 따라서 관료들은 시민참여를 법에 규정되어 있거나 지지 세력을 확보 해야 하는 부득이한 상황에서 어쩔 수 없이 치러야 하는 일종의 행정비용으로 간 주하는 경향을 보인다(유희정·이숙종, 2015: 37).[13]

시민참여에 대한 관료들의 부정적 인식은 정부관료제의 시민참여 수용성을 저하시킨다. 정부관료제의 시민참여 수용성은 시민 투입의 당위성과 가치를 인정 하고 정책과정에서 시민의 선호와 제안을 적극 받아 들이려는 관료들의 인식과 의지를 반영한다. 시민참여에 대한 관료들의 높은 수용성은 시민참여가 수반할 수 있는 여러 불확실성에도 불구하고 시민참여가 바람직하며 공익 실현과 소속기 관의 목표 달성에 도움이 될 것이라는 그들의 긍정적 인식과 믿음에 기초한다.[14]

시민 참여의 활성화 정도는 시민참여에 대한 관료들의 수용성에 따라 달라질 수 있다. 시민참여에 대한 관료들의 수용성이 높을 때, 시민참여는 다양한 방식 으로 그리고 실질적으로 이루어질 수 있다. 반대로 시민참여를 수용하려는 관료 들의 의지가 약한 경우에는 시민의 참여가 형식화되고 유명무실해질 수 있다 (Kweit & Kweit, 1981: 106). 시민들이 관료들과의 접촉에서 자신들이 환영받지 못한 다는 인상을 받으면 정책·행정과정에 참여하기를 꺼릴 것이기 때문이다. 요컨대 정부관료제의 시민참여 수용성은 시민참여의 활성화 여부를 좌우하는 주요 변수 라고 할 수 있다(Kettering Foundation, 1991).

McNair et al.(1983)은 정부관료제의 시민참여 수용성과 거의 동일한 의미로 정 부와 시민 간 상호성(reciprocity)이란 표현을 사용하면서, 다음 몇 가지 지표를 통 해 시민과 더불어 정책과정을 진행하려는 정부관료제의 의지를 파악할 수 있다고 보았다.

첫째, 정부관료제가 시민에 대해 기대하는 역할이다. 시민의 역할은 행정기관 의 주요 결정에 실질적으로 참여하는 매우 적극적인 것에서부터 이미 결정된 정 책을 단순히 지지해 주는 극히 소극적인 것에 이르기까지 그 범위가 다양할 수 있다. 정부관료제가 시민에게 적극적인 역할을 기대할수록 상호성 수준이 높다는 것이다.

---

13) Walters et al.(2000: 349-350), Callahan(1999: 25), King & Stivers(1998) 참조.
14) King & Stivers(2001), 유희정·이숙종(2015; 38) 참조.

둘째, 정부관료제가 효과적인 시민참여에 소요되는 자원을 얼마나 충실히 지원하느냐에 관한 것이다. 시민들에게 관련 정보를 충분히 제공하고, 관련 예산을 충분히 배정하고, 시민들과 직접 함께 일할 수 있는 기구를 따로 설치하는 등의 노력을 보일수록 상호성 수준이 높다는 것이다.

셋째, 정부관료제가 접촉 대상인 시민의 범위를 되도록 넓게 설정할수록 시민과 파트너십을 구축하려는 행정기관의 의지가 강하며 상호성 수준이 높다는 것이다.

넷째, 정부관료제가 시민들을 정책 수요조사, 정책목표의 결정, 정책대안의 모색과 선정, 정책대안의 최종 승인, 정책집행의 계획 등에 되도록 많이 연루시킬수록 상호성 수준이 높다는 것이다.

다섯째, 정부관료제와 시민 간 접촉 빈도가 높을수록 시민참여의 에너지와 활력이 증대될 것이므로 상호성 수준이 높다는 것이다.

여섯째, 정책과정에 참여한 시민들이 정책과 관련된 사항을 정부관료제의 최고위층에 직접 토로하거나 전달할 기회를 더 많이 보장받을수록 시민의 영향력이 강해지므로 상호성 수준이 높다는 것이다.

한편, Arnstein(1969)과 Thomas(1993)의 연구도 각기 정부관료제와 시민 간 권력의 공유 정도를 파악하기 위한 모델을 제시하였다. Arnstein(1969)은 시민참여에 있어서 시민의 영향력을 8단계로 분류하였다. ① 조작(manipulation)과 심리적 치유(therapy)로 구성된 하위 두 단계는 실질적인 비참여(nonparticipation)를, ② 정보제공(informing)·상담(consultation)·회유(placation)를 포함하는 가운데 세 단계는 상징적인 참여 수준(degree of tokenism)을, ③ 동업자 관계(partnership)·권력위임(delegated power)·시민통제(citizen control)로 이어지는 상위 세 단계는 시민이 참여를 통해 행사할 수 있는 실제 영향력 정도를 각각 나타낸다(Ross, 1998: 395).

Thomas(1993) 역시 시민의 영향력 행사에 대한 정부관료제의 입장을 몇 가지로 구분하였다. ① 시민의 영향을 받지 않고 독자적으로 의사결정을 하는 독자적인 관리적 결정(autonomous managerial decision), ② 시민들부터 정보(아이디어와 제안 등)를 얻은 뒤 독자적으로 의사결정을 하는 수정된 독자적인 관리적 결정(modified autonomous managerial decision), ③ 시민들 각계각층(segments)과 별도로 문제를 공유하고 그들에게서 얻은 정보를 의사결정에 반영하는 분절된 공중상담(segmented public consultation), ④ 단일 집합적인 집단(a single assembled group)으로서의 시민과 문제를 공유하고 그들로부터 정보를 얻어 이를 반영하는 의사결정을 내리는 단일적 공중상담(unitary public consultation), ⑤ 집합적 공중(the assembled public)과 문제를 공유하고 그들과 함께 해결책에 대한 합의에 도달하는 공중 결정(public decision) 등이 그것이다.

Arnstein(1969)의 연구와 Thomas(1993)의 연구에서 다루어진 정부관료제와 시민 간 권력관계에 있어서는 정부관료제가 시민과 권력을 공유하려는 경향이 강할수록 시민참여에 대한 정부관료제의 수용성은 높다고 할 수 있다.

17.6 ▶ 한국에서의 시민참여와 관료의 태도

한국에서의 시민참여는 시민참여제도의 활용 빈도가 꾸준히 늘어나는 등 꾸준한 발전을 보이고 있다. 그간 중앙정부와 지방정부는 공청회, 협의회, 국민청원 등을 통해 시민들의 의견에 귀 기울이는 창구를 다양화하였다. 그리고 주민투표제, 조례제정청구제, 주민소환제, 주민참여예산제 등 적극적인 참여제도를 마련하였다. 근래에는 인터넷의 발전으로 전자정부가 실현됨에 따라 중앙정부와 지방정부에 대한 시민참여의 접근성이 한층 더 향상되었다. 현재 중앙행정기관, 광역자치단체에서 운영 중인 시민(국민)참여제도는 〈표 17-1〉·〈표 17-2〉와 같이 다양하며, 기초자치단체에서는 이런 제도들이 더욱 세분화 되어 있다(행정안전부, 2020).

〈표 17-1〉 국민참여제도 현황 분석: 중앙행정기관

구 분	국민참여제도
농림축산식품부	신고함, 제도개선 및 공정사회 제안, 정책토론, 설문조사, 전자공청회, 공모제안, 국민생각함, 적극행정, 민원
농촌진흥청	국민의 소리, 신고함, 칭찬합시다. 규제개선 건의방, 국민제안방, 공무원제안, 정책토론방, 규제혁신, 적극행정
산림청	민원신청, 규제혁신, 국민제안, 부패비리신고, 국민생각함, 공모전, 설문조사, 정책토론, 적극행정
보건복지부	제안신청, 적극행정, 규제개혁, 설문조사, 정책토론, 전자공청회, 장관과의 대화, 모범공직자 추천
환경부	장관과의 대화, 자유발언대, 설문조사, 정책토론, 전자공청회, 민원신청, 규제개혁, 클린신고센터, 국민생각함
기상청	민원질의, 부패신고센터, 국민행복제안, 정책토론, 규제신고센터, 적극행정

여성가족부	국민제안, 전자민원, 국민참여, 규제개혁, 사이버신고, 적극행정
해양수산부	국민참여 해양안전공모전, 규제개혁, 신고센터, 전자민원, 적극행정
해양경찰청	민원, 제안하기, 청렴고충신문고, 규제개혁신문고, 안전신문고, 칭찬해주세요, 적극행정
통일부	국민행복제안, 정책참여, 공익신고, 예산낭비 신고, 적극행정
국방부	신고센터, 청렴옴부즈만, 정책참여, 국방정책 나도 한마디, 장병사랑재능기부 사업, 적극행정
병무청	정책참여, 적극행정, 안전신문고, 규제혁신, 칭찬합시다. 자유게시판, 국민제안 마당
방위사업청	국민참여, 국민혁신제안, 국민생각함, 전자민원, 적극행정, 규제혁신, 신고센터
문화체육관광부	전자민원, 신고센터, 적극행정, 규제혁신, 국민신문고, 소통공간
문화재청	법정민원 신청, 국민신문고, 신고센터, 국민의 소리, 문화재 협업포털, 적극행정
산업통상자원부	민원, 국민참여 · 제안, 신고센터, 적극행정, 국민생각함
특허청	열린청장실, 민원신청, 국민신고, 국민제안, 정책참여, 민원제도 개선, 고객서비스 피드백
고용노동부	민원, 정부포상 365일 추천창구, 규제개혁, 정책참여, 칭찬합시다, 안전신문고, 적극행정
국토교통부	정책참여, 국민제안, 여론광장, 청렴홍보방, 규제개혁, 민원마당, 적극행정, e-클린센터
행정중심복합도시건설청	전자민원, 국민제안, 정책참여, 신고상담실, 적극행정, 국민참여단, 설계공모, 설문조사
새만금개발청	온라인민원, 정책참여, 적극행정, 클린신고센터, 예산낭비신고센터, 청렴자료실
중소벤처기업부	중소기업옴부즈만, 민원신청, 국민제안, 정책토론, 안전신고, 적극행정, 공익신고 상담, 규제개혁

〈표 17-2〉 국민참여제도 현황 분석: 광역자치단체

구 분	국민참여제도
서울특별시	시민청원/제안, 시민감사옴부즈만위원회, 온라인 여론조사, 희망서울 모니터단, 공모전, 정책토론회
부산광역시	나눔장터, 국민생각함, 시정모니터, 시민게시판, 주민참여예산, 민생규제혁신과제 공모, 시민청원, 토론
대구광역시	두드리소(민원/제안), 안전신문고, 대구시민원탁회의, 신고, 복지 및 인권 옴부즈만, 시민참여, 정책토론
인천광역시	시민게시판, 설문조사, 공모전, 온라인 정책 투표, 제안, 청원, 토론, 생생시정 아카데미
광주광역시	시민의 소리, 적극행정, 온라인여론조사, 시민제안, 정책포럼, 열린강연, 대학생소통콘텐츠대회

대전광역시	시장에게 바란다, 시민시정제안, 대전시소(정책제안·토론), 규제개혁, 적극행정
울산광역시	시민제안, 정책토론, 설문조사, 전자공청회, 자유게시판, 칭찬합시다
세종특별자치시	시민투표, 설문조사, 시문시답(시문들이 묻고 시장이 답한다), 정책제안, 시민모니터 제도, 부패공익신고
경기도	시민감사관, 도민제안/청원, 도민참여예산, 도민기자단, 공익제보단, 옴부즈만, 인권카페
강원도	자유게시판, 칭찬합시다, 도민정책 추진단, 정책토론, 정책제안, 사이버 설문조사, 규제입증요청제
충청북도	도정제안, 국민생각함, 여론조사, 중소기업 옴부즈만, 충북인권센터, 적극행정, 안전신문고, 규제개혁신문고
충청남도	도민제안, 도민리포터, 도정모니터, 도민평가단, 범도민 정책서포터즈, 공모전
전라북도	도정참여, 국민제안, 안전신문고, 자유발언대, 전자민원모니터, 인권공감, 적극행정
전라남도	열린혁신도지사실, 도민의 소리, 도민제안/참여, 청렴전남, 정책참여, 전자공청회, 정책포럼
경상북도	도민의 소리, 여론조사, 토론마당, 도민행복제안, 자유게시판
경상남도	경남 1 번가, 도민제안, 도정위원회, 시민단체(NGO), 자유게시판, 설문조사
제주특별자치도	전자공청회, 정책토론방, 디지털참여플랫폼, 적극행정, 도민정책평가단

중앙행정기관에서는 정책 기획을 위한 시민의견 수렴 제도가 주로 활용되고 있다. 광역자치단체의 경우는 정책제안, 규제개선, 적극행정, 민원신청 등 기본적인 제도를 운영하고 있으며, 중앙행정기관에 비해 정보 제공, 정책평가 등 더 다양한 시민참여제도를 활용하고 있다. 기초자치단체는 주민들과 상대적으로 좀더 밀접하게 접촉하는 특성상 보다 세분화된 프로그램을 운영하는 것으로 파악되었다.

그러나 이처럼 다양한 참여제도가 운영 중이지만, 이들 제도는 대부분 일상행정과 관련된 사항들에 대해 온라인 위주의 참여에 의거 의견을 수렴하는 방식이어서 일반시민의 역할이 제한적이다. 위원회도 구성원들이 사회단체, 기업 및 NGO와 같은 특정 쟁점의 이해관계자 중심으로 선정되는 등 형식적인 성격을 띠고 있다. 때문에 시민들의 실제 참여율은 상당히 저조한 편이어서 시민참여의 수준과 범위를 확대할 필요성이 있는 상황이다(행정안전부, 2020).

시민참여가 부진한 것은 시민들의 무관심 때문일 수도 있다. 실제로 주요 사회문제나 정책에 대한 시민들의 관심은 여전히 부족한 것으로 파악되고 있다(행정안전부, 2021). 그러나 기존 참여제도의 형식화 현상은 관련 제도를 합리적으로 운영하려는 관료들의 의지가 부족한 데서 비롯된 측면이 더 강하다(이승종, 1999a: 256-257; 이규환, 1999: 197).

형식적으로는 일반시민의 참여를 보장하고 실제로는 행정기관이 일방적으로 주도하는 식의 의사결정이 빈번히 이루어지는 현실은 정보공개를 제한하는 등 공무원들이 설치하는 보이지 않는 장벽에 기인하는 경우가 많다. 예를 들면 군포시 쓰레기 소각장 입지선정과정에서 관료들은 구독률이 낮은 지방지에 광고를 낸 후 입주자도 없는 상태에서 기존 동사무소에 주민공람을 비치하고 '주민의견 없음'이란 결론을 내리는 편법을 사용하였다(임도빈, 1997: 179).

이런 현상은 시민을 정부 정책의 동반자가 아니라 대상자로 인식하는 공직사회의 문화와 관련성이 있다. 정부관료제에는 여전히 미리 정책을 결정한 후에 형식적으로 시민의 의견을 수렴하려는 경향과, 시민참여를 단순히 기관의 시책을 합리화하거나 홍보하는 수단으로 여기는 풍토가 불식되지 않고 있기 때문이다.[15] 이 같은 비민주적인 공직사회 문화는 유교문화에서 유래된 관료들의 관 우월적 사고방식, 권위주의적 정치 현실, 동원·규제·지시·감독 위주의 행정기능과 같은 과거의 부정적 요인들이 복합적으로 작용한 결과로서 빚어진 것이라고 할 수 있다(박재희, 1996: 62-63).

물론 근래에는 시민참여에 긍정적 영향을 미칠 수 있는 환경변화도 적지 않았다. 예컨대 한국 정부는 1990년대 후반 신공공관리적 행정개혁을 하면서 정부성과의 책임성과 투명성 제고를 위해 시민참여의 활성와 공무원과 시민 간 협력적 관계를 강조하였다. 지식정보화사회의 도래와 사회문제 해결에 있어서 시민단체의 역할 증대라는 새로운 상황 또한 시민참여 필요성을 부각시켰다(유희정·이숙종, 2015: 30). 지방자치 시대로의 진입과 더불어 등장한 "참여행정"이나 "고객지향적 행정"과 같은 이념도 행정과정에서의 시민의 역할과 지위를 강조하는 것이었다(유희정·이숙종, 2015: 34).

그러나 이 같은 환경변화에도 불구하고 실증 조사에서는 한국 관료들이 일반시민의 정책과 행정에 대한 지식과 정보의 수준을 여전히 낮게 평가하는 것으로 나타났다(박천오, 1996; 박천오, 2003). 보다 근래의 연구들도 시민참여에 대한 공무

---

15) 이승종(1999a: 255), 이규환(1999: 196), 김상묵 외(2004: 871) 참조.

원들 인식의 이중성을 파악하였다. 예컨대 일선 공무원들의 시민참여에 대한 태도를 조사한 일부 연구는 공무원들이 시민참여의 가치를 인정하면서도 그 실효성에 대해서는 다소 회의적인 반응을 보인다는 공통된 결과를 확인하였다(곽현근, 2010; 오정석·김행종, 2006). 비슷한 맥락에서 주민참여예산에 대한 시민과 공무원간 인식 차이가 유효함을 발견한 연구도 있다(임혜경 외, 2014). 이 연구는 시민은 시민참여 권한을 중요시하고 예산감시 및 불필요한 예산삭감 등 예산 전반에 참여를 기대하는 반면, 공무원은 시민의 제한적 참여(예산 제안, 의견제시 등)를 기대하는 것으로 나타났다.

지방공무원들을 대상으로 실증 조사를 실시한 김종욱(2016)의 연구도 시민참여에 대한 공무원들의 태도가 〈표 17-3〉에서 보듯이 아직은 유보적임을 보여 준다. 이와 관련하여 근래의 한 연구는 실증분석을 통해 시민참여에 긍정적인 조직문화가 조성되고 공직자가 참여 효과성을 긍정적으로 인식하면서 시민참여를 수용하고 반영해야 한다는 의무감을 가지는 경우에만 시민참여가 활성화될 수 있다는 점을 밝혔다(김혜정, 2022).

이들 연구 결과는 이는 그간 전통적인 유교문화와 권위주의적 정권 아래 형성되어온 관료들의 우월 의식이 여전히 남아있어 시민참여에 대한 그들의 인식과 태도에 부정적인 영향을 미친다는 방증일 수 있다(한국행정연구원, 1995; 이승종,

〈표 17-3〉 시민참여에 대한 공무원 태도(%)

항목	찬성	어느 쪽도 아니다	반대	N
시민참여는 가능한 많은 정책분야와 행정부서에서 도입되어야 한다.	66.8	14.3	19.0	351
보다 많은 시민을 행정에 참여시키기 위해서 자신의 업무시간을 투자하고 싶다.	43.7	28.4	27.9	351
정책형성 및 결정에는 전문적 지식이 요구되기 때문에 시민참여는 정책집행에 국한되어야 한다.	52.1	18.2	29.7	351
행정업무의 특성상 시민참여는 형식적일 수밖에 없다.	52.3	18.7	28.9	351
시간, 노력, 비용 등의 제약을 고려하면 직접적인 이해관계가 있는 특정 집단을 중심으로 한 시민참여가 바람직하다.	47.0	14.8	38.2	351
시민참여는 행정업무의 효율성을 저해하지 않는 범위에서 실시되어야 한다.	86.2	6.5	7.3	351

출처: 김종욱(2016: 205).

1999b). 시민참여가 대부분 정부관료제의 발의에 의해 시작되고 정부관료제 스스로 시민 의견을 행정에 반영할지 여부를 결정하는 현실에서, 시민참여의 활성화와 효율성 증진을 위한 선결 과제는 관료들의 부정적 인식을 바꾸는 일이라고 할 수 있다.[16]

17.7 결   어

21세기 사회환경에서는 공공부문의 의사결정에 시민참여가 광범위하게 요구된다. 디지털 시대에 시민이 직접 정책과정에 참여할 수 있는 수단이 점점 더 확장되고 있고, 대부분 정책이 시민의 동의와 협력 그리고 행태 변화가 뒷받침될 때 소기의 성과를 거둘 수 있기 때문이다.

시민참여는 정책과정에 시민의 집합적 지혜를 모음으로써 일부 집단과 계층이 아닌 다수 시민을 위한 정책결정과 집행을 가능케 하고, 정책과정에서 갈등 소지를 줄일 수 있다. 선진 여러 나라에서 시민참여의 범위가 꾸준히 확장되고 있는 것은 시민참여의 이런 긍정적 효과를 기대하기 때문이다.

시민참여가 활성화 되어 본래적 가치를 발휘하기 위해서는 시민투입의 당위성과 가치를 인정하는 관료들의 수용성이 높아야 하지만, 한국 관료들은 이런 측면에서 취약점이 있다. 근래 시민참여에 대한 한국 관료들의 인식에 긍정적 변화의 조짐이 나타나고 있으나 아직은 미흡한 수준이므로 개선이 요구된다.

---

16) 유희정·이숙종(2015: 30), 차경은(2012) 참조.

참고문헌

강인성 (2008). 지방정부 주민참여제도의 정책과정과 참여유형에 따른 영향력 분석: 16개 광역자치단체를 중심으로. 「한국행정학보」, 42(3): 215-238.

곽현근 (2010). 대전시 거버넌스의 진단과 과제: 거버넌스 참여주체들의 인식을 중심으로. 「한국공공관리학회보」, 24(4): 185-210.

권혁주. (2022). 「갈등사회의 공공정책」, 서울대학교출판문화원.

김대욱·이승종. (2008). 정부신뢰의 참여에 대한 효과. 「한국사회와 행정연구」, 18(4): 43-62.

김병섭·강혜진. (2015). 신뢰가 정부역할에 대한 국민태도에 미치는 영향에 관한 연구: 정권교체 및 신뢰대상에 따른 방향성 차이를 중심으로. 「한국사회와 행정연구」, 26(1): 115-137.

김상묵·이창원·한승환 (2004). 중앙정부 정책과정과 시민참여. 「한국행정논집」, 16(4): 861-885.

김종욱. (2016). 시민참여와 지방공무원의 도구적 합리성. 「지방행정연구」, 30(2): 199-224.

김혜정. (2022). 공직자의 참여수용성에 관한 연구. 「한국행정논집」, 34(3): 283-304.

나태준. (2010). 정책수단으로서 시민참여의 역할과 한계: 서울시 사례를 중심으로. 「현대사회와 행정」, 20(1): 95-116.

박재희. (1996). 「중앙행정부처의 정책결정역량 제고 방안」. 한국행정연구원, 95-107. 서울: 한국행정연구원.

박천오. (1996). 다원주의적 민주주의에 대한 한국관료의 태도. 「한국행정논집」, 8(2): 1-15.

_____. (1997). 고객지향적 행정: 실천상의 문제점과 한국관료의 시각에 관한 탐색적 연구. 「한국행정학보」, 31(2): 1-19.

_____. (2002). 정부관료제의 시민참여 수용성: 한국공무원의 인식을 중심으로. 「행정논총」. 40(2): 1-28.

_____. (2003). 다원주의적 정치환경과 한국관료의 태도. 「행정논총」, 41(4): 23-48.

신상중·이숙종. (2017). 공공갈등에서 시민참여 변화: 수도권매립지 사례에 대한 근거이론의 적용, 「한국행정학보」, 51(3): 157-191.

오정석·김행종 (2006) 고객지향성 확보를 위한 지적행정서비스의 인식차이에 관한 연구: 지적직 공무원과 주민을 중심으로. 「한국지적학회지」, 22(2): 37-55.

유희정·이숙종. (2015). 일선공무원의 시민신뢰가 시민참여 수용성에 미치는 영향. 「한국행정학보」, 49(1): 29-57.

이규환. (1999). 「한국지방행정론: 이론과 실제」. 서울: 법문사.

이승종. (1997). 지역주민의 활성화방안. 「한국지방자치학회보」, 9(2): 1-20.

_____. (1999a). 행정과정에 대한 여론 투입기제 강화방안. 행정개혁시민연합 편, 「시민과 행정개혁」, 253-263.

_____. (1999b). 지방정치참여와 시민교육. 「행정논총」, 37(2): 99-118.

_____. (1999). 지방정치참여와 시민교육. 「행정논총」, 37(2): 99-118.

이승종 · 김혜정. (2018). 「시민참여론」. 서울: 박영사.

임도빈. (1997). 「지방조직론」. 서울: 박영사.

임혜경 · 하태수. (2014). 주민참여예산에 대한 시민과 공무원의 인식차이와 정책제언: 수원시사례를 중심으로. 「한국정책연구」, 14(2): 1-26

조화순 · 송경재. (2004). 인터넷을 통한 시민 정책참여: 단일이슈 네트운동의 정책결정과정. 「한국행정학보」, 38(5): 197-214.

차경은. (2012). 지역공동체 형성을 위한 주민의 행정참여 개선방안. 「정책과학연구」, 21(2): 112-134.

한국행정연구원. (1995). 「지방자치의 정착을 위한 시민참여의 활성화 방안」.

행정안전부. (2020). 「수준 진단을 통한 국민참여 활성화 방안 연구」(연구보고서).

Arnstein, Sharry. (1969). A Ladder of Citizen Participation. *Journal of the American Institute of Planners.* 35(4): 216-224.

Berman, Evan. (1997). Dealing with Cynical Citizens. *Public Administration Review.* 57(2): 105-112.

Callahan, Kathe. (1999). The Challenge of Promoting and Sustaining Meaningful Participation. *International Review of Public Administration.* 4(2): 23-31.

Dilulio, Jr., John J., Gerald Garvey, & Donald F. Kettl. (1993). *Improving Government Performance.* Washington, D.C.: The Brookings Institution.

Dunn, William N. (1994). *Public Policy Analysis: An Introduction.* Englewood Cliffs, N.J.: Prentice-Hall, Inc.

Hambleton, Robin. (1988). Consumerism, Decentrslization and Local Democracy. *Public Adminis-tration.* 66: 125-147.

Jenkins, Bill & Andrew Grey. (1992). Evaluation and the Consumer: The UK Experence. in J. Mayne et al. (eds.), *Advancing Public Policy Evaluation: Learning from International Experences,* 285-299. Elsevier Science Publishers B.V.

Kaul, Mohan. (1996). Civil Service Reforms: Learning from Commonwealth Experience. *Public Administration and Development.* 131-150.

Kettering Foundation. (1991). *Citizens and Politics(Report prepared for the Kettering Founda-tion by the Harwood Group).* Dayton, OH: Kettering Foundation.

Kim, Hunmin. (1997). The Role of Citizen Participation in Siting Unwanted Public Facilities. *Korean Review of Public Administration.* 2(2): 277-296.

King, Cheryl Simrell & Camilla Stivers. (1998). Citizen and Administrators: Role and Re-lationships. in King, Cheryl Simrell & Camilla Stivers (eds.), *Government is Us,* 49-67. Thousand Oaks: Sage Publications.

_____. (2001). Reforming Public Administration: Including Citizens. in Kuotsai Tom Liou (ed.), *Handbook of Public Management Practice and Reform,* 473-491. New York: Marcel

Dekker, Inc.

Kweit, Mary Grisez & Robert W. Kewit. (1981). *Implementing Public Participation and in a Bureaucratic Society*. New York: Praeger.

MacNair, Ray H. et al. (1983). Citizen Participants in Public Bureaucracies: Foul-weather Friends. *Administration and Society*. 14(4): 507-524.

Mitroff, Ian I. & Francisco Sagasti. (1973). Epistemology as General Systems Theory: An Approach to the Design of Complex Decision-Making Experiments. *Philosophy of the Social Sciences*. 3(1): 117-134.

Peters, B. Guy & Jon Pierre. (2000). Citizens versus the New Public Managers. *Administration and Society*. 32(1): 9-28.

Peterson, Steven. (1986). Sources of Citizens' bureaucratic Contacts. *Administration and Society*. 2: 152-165.

Potter, Jenny. (1993). Consumerism and the Public Sector: how well does the coat fit? in David McKevitt & Alan Lawton (eds.), *Public Sector Management*. 250-264. London: Sage Publications.

Rabe, Barry G. (1994). *Beyond NIMBY: Hazardous Waste Siting in Canada and the United States*. Washington DC: The Brookings Institution.

Riedel, James E. (1972). Citizen Participation: Myths and Realities. *Public Administration Review*. 32(3): 211-220.

Rosener, Judy B. (1995). *America's Competitive Secret*. New York: Oxford University Press.

Ross, Bernard H. (1998). Citizen Participation. in Jay M. Shafritz (ed.), *International Encyclopedia of Public Policy and Administration*, 394-397. Boulder, Colorado: Westview Press.

Sanderson, Ian. (1992). *Management of Quality in Local Government*, 1-15. London: Longman.

Schmidt, Stuart M. (1977). Client-oriented Evaluation of Public Agency Effectiveness. *Administration and Society*. 8(4): 403-422.

Stewart, John & Michael Clarke. (1987). The Public Service Orientation: Issues and Dilemmas. *Public Administration*. 65: 161-177.

Stivers, Camilla. (1993). Gender Images in Public Administration: Legitimacy and the Administrative State. *Administration and Society*. 22(1): 86-105.

Thomas, John Clayton. (1993). Public Involvement and Governmental Effectiveness: A DecisionMaking Model for Public Managers. *Administration and Society*. 24(4): 444-469.

_____. (1995). *Public Participation in Public Decisions*. San Francisco: Jossey-Bass.

Timney, Mary M. (1996). Overcoming NIMBY: Using Citizen Participation Effectively. *Paper Presented at the 57th National Conference of the American Society or Public Administration*. Atlanta, GA.

Van Wart, Montgomery. (1995). The First Step in the Reinventing Government. *Public Admin-*

istration Review. 55(5): 429-438.

Wagenheim, George D. & John H. Reurink. (1991). Customer Service in Public Administration. *Public Administration Review.* 51(3): 263-270.

Walters, Lawrence C. et al. (2000). Putting More Public in the Policy Analysis. *Public Administration Review.* 60(4): 349-359.

White, Charles S. (1997). Internet(Computer Network): Social Participation. *Social Studies.* 88(1): 23-29.

18

한국 정부관료제에 대한 시민 불신

18.1 ▶ 서 언

근래 세계 각국은 정부개혁을 광범위하게 추진해 왔고, 한국의 경우도 예외가 아니다. 정부의 생산성과 서비스 질을 높이고 국가의 대외적 경쟁력을 향상시키려는 것이 정부개혁의 본래 목적이지만, 정부에 대한 시민의 신뢰를 높이기 위한 노력이라고도 할 수 있다. 정부에 대한 시민의 신뢰는 정부가 시민들 자신의 기대에 부응하여 운영된다는 긍정적 믿음이라고 할 수 있다(손호중 외, 2005; 김현정, 2022: 226).

시민의 신뢰가 두터운 정부는 국정운영에 있어 국민 순응과 협력을 확보하기 위해 귀중한 자원과 노력을 소모할 필요가 없다.[1] 반면에, 시민의 신뢰를 상실한 정부는 시민들의 정책 호응을 얻을 수 없는 것은 물론, 그들에게서 필요한 인적·물적 자원을 제대로 지원받기도 어렵다(Nye, 1997: 4). 정부에 대한 시민의 불신은 정치 및 행정개혁의 촉매제가 되는 등 일부 긍정적 효과를 가져올 수도 있지만, 적정 수준을 넘으면 국정운영에 심각한 지장을 초래할 수 있다(Miller, 1974: 951).

불행히도 오늘날 정부에 대한 시민의 신뢰와 지지는 지속적으로 약화되고 있다. 이는 세계 여러 나라에서 공통으로 나타나는 현상이다.[2] 시민의 불신은 입법

---

* 이 장은 「행정논총」(1999년 제37권 2호)에 게재된 박천오의 논문을 재구성한 것임.

1) Tyler(1998: 271-272), Miller(1974: 971), 강혜진·이하영(2021: 50) 참조.

2) Fukuyama(1995), Putnam(1995), Ruscico(1996) 참조.

부, 행정부, 사법부를 포괄하는 광의의 정부에 대한 것으로서, 정치 불신 등을 포괄한다. 행정기관들과 관료들로 구성된 정부관료제 역시 시민 불신의 주요 대상이 되고 있다.

오늘날 정부관료제에 대한 시민들의 정서는 부정적이며, 여기에는 크게 두 가지 원인이 있을 수 있다. 하나는 시민들은 정부의 올바른 기능과 역할에 관한 거시적·본질적 문제보다는 비생산성·비능률성·비대응성·무능력·부패와 같은 정부의 운영상의 문제를 더 잘 이해하고 이에 더 주목하는 경향이 있는데, 이들 문제는 대부분 정부관료제와 연관된 것들이기 때문이다. 다른 하나는 대다수 국가에서 새로 들어서는 정권마다 정부관료제가 마치 정부 문제의 전부인 양 지목하고 이를 개선하겠다고 천명함으로써, 정부관료제에 대한 부정적 이미지를 시민들에게 심었기 때문이다.[3] 실제로 각국에서 추진된 이른바 "정부혁신운동"은 대부분 정부관료제의 기능 및 권력 축소에 초점이 맞춰졌다.[4] 어느 경우든 정부관료제는 정부가 안고 있는 문제의 전부는 아닐지라도 정부불신의 주요 대상임은 부인하기 어렵다.

한국 정부는 그간 '국민에게 신뢰받는 정부'를 구현하기 위해 나름의 정책적 노력을 기울였지만, 여전히 시민의 신뢰를 받지 못하고 있다.[5] 더구나 근래 한국 정부는 여러 중점정책(부동산 정책, 일자리 정책 등)의 연이은 실패 등으로 인해 시민들에게 상당히 심각한 수준의 불신을 받고 있다. 한국행정연구원의 최근 조사(2022)에서 일반 국민들이 인식하는 우리나라 정부에 대한 전반적인 신뢰도는 중간(3점)보다 낮은 2.7점으로 나타났다.

한국 정부관료제 역시 그간 밀실 행정, 부처 간 관할 다툼, 불합리하고도 자의적인 규제, 관료들의 복지부동과 부패 등 공익에 반하는 여러 부정적인 행태를 드러내었다. 근래에는 사회가 처한 각종 재난과 위험에 대해 매우 부실하게 대처함으로써, 과거 '국가 주도 경제성장' 과정에서 발휘한 역량으로 얻었던 긍정적 이미지를 상실한 채 시민들에게 경계와 불신의 대상이 되고 있다(강원택, 2014). 이처럼 정부 기능의 중추적 역할을 맡고 있는 정부관료제를 시민이 신뢰하지 않는다는 것은 한국 국정운영에 많은 어려움이 있음을 의미한다(김대욱·이승종,

---

3) 예컨대 미국의 경우 Cater, Reagan, Clinton 등 대부분의 대통령이 선거과정에서 정부관료제의 문제점을 지적하며 개혁 필요성을 강조하였다(박희봉, 1998: 126).

4) Downs & Larkey(1986: 3), Peters & Savoie(1994) 참조.

5) 강혜진·이하영(2021: 50), 한국행정연구원(2021) 참조.

2008). 이 점에서 이 장에서는 시민이 정부관료제를 불신하는 일반적인 원인을 한국의 상황과 연관하여 논의한다.

18.2 ▶ 정부관료제에 대한 신뢰와 불신

정부관료제를 시민이 불신하는 원인을 논의하기 위해서는, 먼저 신뢰, 신뢰자로서의 시민, 신뢰 대상으로서의 정부관료제 등 관련 개념들을 정의해야 한다.

불신은 신뢰의 부재를 뜻한다. 신뢰(trust)는 복잡하고도 다차원적인 개념이지만, 여기서는 불확실성이 개입된 교호작용에서 피신뢰자의 행동이 바람직한 결과를 가져올 것이라는 신뢰자의 긍정적 기대를 의미하는 것으로 정의한다(오석홍, 2021: 36). 이를 달리 표현하면 신뢰는 신뢰자의 입장에서 피신뢰자가 신뢰자 자신이 원하는 바를 추구할 의향과 능력이 있고 실제로 추구한다고 믿는 것을 말한다.[6]

시민은 다수 시민의 집합체를, 정부관료제는 행정기관들과 그 구성원인 관료들을 포함한 포괄적 주체를 각각 뜻한다. 따라서 시민이 정부관료제를 신뢰한다는 것은 시민들 자신이 원하는 바를 행정기관이나 관료들이 정책 활동에 반영할 의향과 능력이 있고 실제로 그렇게 행동한다고 믿는다는 의미이다.

신뢰관계는 지식의 불완전성과 예측의 불확실성 하에서 이루어진다(오석홍, 2021: 36). 신뢰자인 시민이 피신뢰자인 정부관료제에 대해 가질 수 있는 신뢰는 신탁적 신뢰(fiduciary trust)와 상호적 신뢰(mutual trust) 두 가지이다(Thomas, 1998: 170).

신탁적 신뢰는 주인-대리인 관계(principal-agent relationships)로 대표된다. 주인과 대리인은 상호 비대칭적인 관계(asymmetric relationship)여서 주인은 대리인을 신뢰해야 하지만 대리인은 주인을 신뢰할 필요가 없는 것이 특징이다. 예컨대 환자나 의뢰인이 관련 지식과 정보의 비대칭성 상황에서 의사나 변호사의 업무수행을 신뢰하는 경우이다. 신탁적 신뢰는 이들 신뢰자가 의사나 변호사가 자신들의 우월한 위치를 남용하지 않고 전문직업인으로서의 정신과 도덕적 의무감으로 업무를 성실히 수행한다고 믿는 것이 된다. 주인-대리인 관계에서는 주인이 대리인

---

6) Thomas(1998: 169), La Porte & Metlay(1996: 342) 참조.

의 업무수행을 감시 또는 통제하기 어려워 대리인이 주인의 이익보다 자신의 이익을 극대화하는 이른바 도덕적 해이(moral hazard) 문제가 발생할 수 있다(Thomas, 1998: 170).

신탁적 신뢰는 행정기관 혹은 중상위층 관료들과 시민들 간 관계에서 생성될 수 있다. 행정기관에 대한 시민의 신뢰를 신탁적으로 볼 수 있는 것은 행정기관이 수행하는 복잡하고도 광범위한 기능을 시민들이 제대로 파악하거나 모니터하지 못하여 일방적으로 신뢰할 수밖에 없기 때문이다. 중상위층 관료들도 시민들과의 직접적인 접촉이 드물고 선거 등을 통한 시민의 통제에서도 벗어나 있다. 행정기관과 중상위직 관료들에 대한 시민의 신뢰는 이들이 전문화된 기관과 관료들로서 공익을 추구할 것이란 믿음이라고 할 수 있다.

한편 상호적 신뢰는 반복적으로 교류하는 사람들 사이에서 생성되는 대인적인(interpersonal) 성격을 띠며, 신뢰자와 피신뢰자의 관계가 상대적으로 대칭적(symmetric)인 것이 특징이다. 상호적 신뢰는 시민들과 그들이 접촉하는 하위층 관료들 내지 일선관료들 간에 생성될 수 있는데, 시민들이 이들 관료의 업무를 상당 부분 이해하고 경험할 수 있기 때문이다(Thomas, 1998: 172).

상호적 신뢰는 시민들이 하위층 공무원들 혹은 일선관료들과의 접촉에서 얻는 신속한 민원 처리 등의 긍정적인 경험이 누적됨으로써 생성·유지된다. 이러한 상호적 신뢰는 그들 공무원이 소속된 행정기관에 대한 시민들의 신탁적 신뢰를 높일 수 있다(Thomas, 1998: 172).

시민과 정부관료제 간 신탁적·상호적 양 차원에서 신뢰가 유지된다면, 시민이 정부관료제를 불신할 여지가 적지만, 현실에서는 정부관료제가 시민의 신뢰를 받지 못해 어려움을 겪는다.

정부관료제에 대한 시민의 신뢰가 낮다는 것은 시민이 정부관료제를 불신한다는 의미이다. 학자에 따라서는 신뢰와 불신을 상호 독립적인 현상으로 보거나, 신뢰자가 피신뢰자의 어떤 측면은 신뢰하고 다른 측면은 불신하는 등 신뢰와 불신이 공존할 수 있다고 주장하지만(박통희, 1999), 신뢰와 불신을 상호 반대 현상으로 보는 것이 전통적인 관점이다(Rotter, 1971). 이는 신뢰와 불신이 상호 영향을 미치기 때문이다. 예컨대 피신뢰자의 어느 한 측면에 대한 불신은 다른 측면에 대한 신뢰에도 부정적인 영향을 미쳐 전체적인 신뢰수준을 낮추게 된다.

한국에서는 시민과 정부관료제 간 신탁적·상호적 양 차원의 신뢰가 현재 어떤 수준에 있으며 과거와는 어떤 차이가 있는지, 시민이 정부관료제를 불신한다면 그로 인해 어떤 부작용이 발생하고 있는지 등의 측면이 아직 제대로 밝혀지지 않고 있다.

다만 한국행정연구원에서 실시한 일련의 사회통합실태조사에서는 시민의 행정기관에 대한 신뢰가 전반적으로 낮게 나타났다. 2019, 2020, 2021년 중앙행정기관에 대한 신뢰수준은 5점 척도에서 각각 2.3, 2.4, 2.6으로 나타났고, 지방자치단체에 대한 신뢰수준은 2.4, 2.6, 2.6으로 각각 나타났다(한국행정연구원, 2021).

한국행정연구원(2014)이 시민들을 대상으로 실시한 공공부문 신뢰에 관한 인식조사는 정부관료제에 대한 시민의 신뢰수준을 간접적으로 보여 준다. 이 조사에서 100점 환산 점수로 파악한 10개 공공부문 기관의 신뢰 수준은 '소방 당국' 58.4점, '경찰'37.1점, '광역자치단체' 34.9점, '군대' 34.4점, '기초자치단체' 33.9점, '검찰' 32.0점, '행정부'와 '사법부' 각 30.4점, '입법부' 22.8점, '정당' 20.3점으로 대부분 낮게 나타났다. 행정부의 경우 연령이 낮을수록 신뢰도가 낮게 나타났는데 (20대: 25점, 60세 이상: 38.6점), 이는 정부관료제에 대한 불신이 앞으로 더 심각해질 수 있음을 시사한다.

18.3 ▶ 정부관료제에 대한 불신 원인

정부관료제에 대한 시민의 불신은 정부관료제와 시민 양측 간 관계적 현상이므로, 그 원인을 정부관료제와 시민 양측에서 함께 살펴봐야 마땅하다(오석홍, 2021: 37). Orren(1997: 85)은 시민들이 정부를 불신하는 원인을 정부에 대한 시민의 인식과 기대에서 찾는다. 그의 이론에 의하면 시민의 불만은 정부에 대한 시민의 인식이 부정적이거나, 정부에 대해 가지는 시민의 기대가 크거나, 아니면 양자가 동시에 작용할 때 야기될 수 있고, 이러한 불만이 시민이 정부를 불신하는 바탕이 된다. Orren의 이론은 시민이 정부관료제를 불신하는 원인을 설명하는 데 그대로 적용될 수 있다.

1. 정부관료제 측 원인

(1) 정책과정에서의 낮은 대응성

정책과정에서의 대응성은 정부관료제가 정책과정의 각 단계(정책의제설정, 정책결정, 정책집행)에서 시민이 원하고 요구하는 바에 귀 기울이고 이를 정책과 행정에 반영하려 노력하는 정도를 말한다(Schumaker, 1975). 20세기 들어 정부관료제의 영향력은 정책과정 전반에 걸쳐 줄곧 증대되어 왔지만, 정부관료제의 대응성은 여전히 미흡하다. 정부관료제의 대응성이 낮으면 시민은 무력감과 소외감을 느끼고 정부관료제를 불신하게 된다(Miller, 1974: 951; 이종범, 1991: 196).

정부관료제에 의한 정책과정상의 대응성 수준은 그 활동의 투명성 및 그에 대한 시민의 접근가능성을 나타낸다. 활동의 투명성은 정부관료제가 소관 정책과 관련된 정보를 시민에게 공개함으로써 시민으로의 정보의 흐름을 보장하는 정도를 말하고, 시민의 접근가능성은 시민이 정부관료제의 정책과정에 참여하여 영향력을 행사할 수 있는 정도를 의미한다(한세억, 1999).

한국의 경우 과거 정부관료제의 의사결정과정은 고도의 권위주의적·과두적·수직적·폐쇄적 성격을 띠는 것으로 지적받아 왔다. 그리고 관료들은 통치자의 방침과 지시에는 민감하게 반응하면서도 시민의 욕구 수렴을 소홀히 한다는 평가도 받아 왔다.[7] 또한 관료들은 시민들이 정책과정에 의미 있는 투입을 할 만큼 충분한 지식과 정보를 보유하지 못한 것으로 평가절하하거나, 시민들이 스스로의 사익만을 추구할 것으로 의심하거나, 시민의 의사보다 특수 이익을 우선시하는 등의 경향이 있다는 비판을 받아왔다.[8]

이와 관련하여 Putnam(1973)의 관료 모형을 이론적 토대로 한국 관료들의 정치 태도(political attitudes)를 실증 조사한 연구(박천오, 2003)는 시민들이 자신들의 의사를 온라인과 오프라인을 통해 정책과정에 투입할 수 있게 된 현실에도 불구하고, 한국 관료들은 일반국민의 정책과 행정에 대한 지식과 정보의 수준 그리고 정책에 대한 판단 능력을 여전히 낮게 평가하면서 그들이 정책과정에 관여하는 것을 부정적으로 인식한다는 점을 밝혔다. 예컨대 '일반국민 가운데 자신들의 진정한 장기적 이익이 무엇인지를 제대로 아는 사람은 드물다'라는 의견에 대한 응

---

7) 안병영(1994), 배병용·이시원(1998: 418) 참조.
8) 이종범(1991: 201-206), 최병선(1992: 142-143) 참조.

답자들의 찬성 비율이 81%에 달했다. 이 연구는 한국사회에서도 정부 안팎의 여러 세력이 정책과정에 실질적으로 영향력을 행사하는 다원주의적인 정치환경 (pluralistic political environment)이 서서히 조성되고 있는 상황에서도, 한국 관료들은 그에 걸맞은 민주적 의식과 태도를 형성하지 못한 채 경직된 고전적 관료 (classical bureaucrats)의 정치 태도를 보이고 있음을 보여주었다.

근래 들어 정치적 민주화나 민간부문의 역량 증대와 같은 환경변화로 말미암아 정부관료제의 대응성이 다소 증대되었다지만, 아직도 크게 미흡한 것이 사실이다. 최근 한국행정연구원(2022)이 일반국민을 대상으로 실시한 행정에 관한 국민 인식조사에서 정부가 좋은 결정을 내리기 위해 정보를 충분히 수집하는지, 정책 결정 시 편견이 없고 어느 한쪽으로 치우지지 않는지' 등을 측정한 결과, 관련 인식이 부정적인 것(2.4점/5점 척도)으로 나타났다.

(2) 비합리적 정책

시민이 정부부관료제를 불신하는 주요 원인은 주요 정책과 관련되어 있다. 예컨대 행정기관이 그릇된 상황인식에 기초하여 주요 정책결정을 하는 경우, 성취하기 어려운 정책을 표방하는 경우, 실패를 거듭한 정책에 집착하는 경우, 필요 이상으로 빈번한 정책변동을 도모하는 경우, 일시적인 국면전환을 위한 정책을 채택하는 경우, 지나치게 이상적이거나 관편의주의적인 정책을 추진하는 경우 등이 그것이다(오석홍, 2021: 40-43). 행정기관의 이 같은 비합리적이고 일관성 없는 정책이나 조치로 말미암아 선의의 피해를 입는 시민들이 늘어난다면 행정기관에 대한 시민의 불신이 증폭될 수밖에 없는 것이다.

한국행정연구원 보고서들에서는 정부의 각 정책에 대한 시민의 평가가 수년에 걸쳐 지속적으로 매우 부정적으로 나타났다.[9] 시민들의 정부 정책분야별 평가를 직접 조사한 보고서(2014)에 의하면, 13개 정책분야 100점 환산 평가 점수가 '문화 정책' 46.7점, '여성 정책' 44.0점, '보건정책' 42.1점, '건설·교통 정책' 41.4점, '외교·안보 정책' 40.2점, '복지 정책' 40.1점, '치안 정책' 39.9점, '육아 정책' 39.4점, '환경 정책' 38.1점, '교육 정책' 35.0점, '경제정책' 32.3점, '고용 정책' 32.0점, '재난 관리 정책' 24.6점 순으로 나타났다.

정부 정책에 대한 시민의 이러한 부정적 평가는 정치권의 부정적 행태에 대한

---

9) 조성한(1995), 이헌수(1998) 참조.

불신이 크게 작용한 결과이기도 할 것이다. 그러나 한국 정책과정의 특성상 정부정책이 실제로는 소관 행정부처에서 형성되는 경우가 적지 않은 점에 비춰볼 때 이는 정부관료제에 대한 불신과 연관 지을 수 있다. 더구나 한국 정부관료제는 통치자의 방침과 지시에는 민감하게 반응하면서도 시민의 욕구 수렴은 소홀히 한다거나, 사회계층 가운데 노동자·농민 등 이른바 민중부문은 소외시킨다는 등의 비판을 받아 왔다.[10]

(3) 그릇된 정책집행

정부관료제의 그릇된 정책집행도 시민의 불신을 초래할 수 있다. 정부관료제가 정책집행과정에서 정책 의도를 왜곡하거나, 집행을 미루거나, 집행의 형식만 갖추고 내실 있는 집행을 하지 않거나, 정책적용을 공정하게 하지 않는 경우 등이 이에 해당된다(Meier, 1993: 130-132; 오석홍, 2021: 41).

(4) 미흡한 역량과 불성실한 대처

정부관료제의 역량과 성과가 미흡한 것도 시민이 정부관료제를 불신하는 원인이 될 수 있다. 역량은 정부관료제의 사회문제 해결 의지(committment)와 능력 가리키는 개념으로, 성과는 정부관료제 활동의 효과성과 능률성 등을 포괄하는 개념으로 각각 사용된다. 정부관료제는 공공서비스 생산 등에 있어 독점적인 지위를 누리면서 다른 생산자들과 경쟁을 하지 않는 관계로, 비용 대비 활동 성과가 낮고, 문제해결 역량과 의지 또한 미흡한 것으로 평가 받는다.[11]

근래 한국의 정부관료제는 세월호 참사, 이태원 참사와 같은 사회적 관심이 집중된 사건 사고에 대해 비체계적이고 불성실하게 대처함으로써 시민들로부터 비난을 받고 있다. 최근 한국행정연구원 보고서(2021)에 의하면 일반국민들이 인식하는 행정기관의 헌신도는 2.5점(5점 척도)으로 중간(3점)보다 낮다. 이는 한국 행정기관의 행정서비스를 국민들이 낮게 평가하고 있음을 의미한다. 같은 조사에서 일반국민이 인식하는 공무원의 역량 또한 2.7점(5점 척도)으로 중간(3점)보다 낮게 나타났다. 이 조사에서 공무원의 역량은 '성실성', '전문성', '근무의욕' 등 13개 항목으로 구성되었다.

---

10) 안병영(1994), 배병용·이시원(1998: 418) 참조.
11) Meier(1993: 121-122), La Porte & Metlay(1996) 참조.

(5) 부적절한 서비스 행태

정부관료제는 행정서비스를 구체화하여 시민들에게 직접 전달하는 일선행정 과정에서 시민의 불신을 사는 경우가 적지 않다(오석홍, 2021: 40). 특히 시민들은 관료들의 서비스 전달행태가 바람직하지 못하면 정부관료제를 불신한다. 한 연구 는 일선관료들의 행태에 대한 시민의 평가기준은 관료들이 고객의 편의를 위해 법규를 탄력적으로 적용하는지, 업무처리를 신속히 하고 친절한 태도를 보이는지 등인 것으로 파악하였다(박천오, 1997).

법규 중심의 관료적 마인드(bureaucratic mentality)로 장착된 관료들이 시민과 고객들을 비인격적인 객체로 간주하여 법규가 정하는 바에 따라 똑같이 취급하 고, 이들을 특수한 사정과 감정을 가진 하나의 인격체로 대하지 않는 탓에 시민 들의 불신을 받는 경우가 많다(Goodsell, 1994). 일선행정관료들이 시민들에게 적 절한 서비스를 제공하지 못하는 것은 그들의 서비스 의식이 부족한 탓도 있겠지 만, 많은 업무량에 비해 인적·물적 자원이 만성적으로 부족하기 때문이기도 하 다(Lipsky, 1980). 한국의 경우 일선관료들의 업무처리가 과거에 비해 개선되었지 만 시민들의 만족도는 여전히 낮은 편이다. 다만 최근 한국행정연구원 조사(2021) 에서는 국민들이 평가하는 행정서비스 수준이 2.9점(5점 척도)으로 보통인 3점에 가까운 것으로 나타났다. 이 조사에서 행정서비스의 수준을 신속·대응성, 공정 성, 공개성, 정확성, 친절성 등으로 파악하였다.

(6) 비윤리성

시민들은 윤리적 이유에서도 정부관료제를 불신한다. 영국 역사학자 Walter Baghot가 시민의 신뢰를 유지할 수 있는 정부의 가장 중요한 속성은 정직성 (dignity)이라고 한 점은 정부관료제에 대해서도 유효하다(Orren, 1997: 91-92). 시민 들은 정부관료제가 능률적이면서도 도덕적이어야 한다는 기대를 가지고 있다 (Milward & Rainey, 1983). 시민들이 직접 경험하거나 간접적으로 전해 듣는 관료들 의 스캔들, 부정적인 영향력 행사, 부패와 정실주의, 사익추구, 영향력 있는 소수 집단을 우선시하는 일 처리 등의 사례들은 정부관료제의 윤리적 이미지를 손상한 다(Meier, 1993: 130).

한국에서는 공직자들이 다른 사회구성원들보다 더 도덕적이어야 한다는 것이 시민들의 일반적인 인식이다(이승환, 2023: 46). 그럼에도 불구하고 한국 정부관료 제의 윤리적 측면에 대한 시민들의 인식은 상당히 부정적이다. 그간 한국관료들이 부패 행위와 행태적 병폐(권위주의적, 비밀주의적, 무사안일적, 공급자 중심적 등)를 적지 않게 보였기 때문이라고 할 수 있다(오석홍, 2021: 40-43).

　한국에서는 이제까지 정부관료제의 비윤리성 문제를 해결하기 위해 다양한 제도개혁과 의식개혁의 방안들이 도입되었지만 실효를 거두지 못하였다. 2019, 2020, 2021년에 일반시민을 대상으로 한 조사에서 중앙정부부처에 대한 청렴도 인식은 5점 척도에서 2.2, 2.3, 2.5로 각각 나타났고, 지방자치단체의 경우는 2.3, 2.5, 2.5로 각각 나타났다(한국행정연구원, 2021). 한국행정연구원(2018)에서 실시한 공직윤리제도 국민체감도 조사에서는 현재 공직자 윤리수준을 어떻게 생각하는 지를 묻는 질문에 대해 일반국민은 전반적으로 매우 부정적으로 평가하였다. 그 이유는 '공직자들이 공직을 이용해 개인적 이익을 추구하기 때문', '퇴직공직자에 대한 전관예우 관행 때문', '공직자들이 사기업체에 특혜를 주는 등 민관유착을 하기 때문' 순으로 나타났다. 최근 국제투명성기구(Transparency International)가 발표한 국가별 부패인식지수(Corruption Perceptions Index)에 따르면 한국은 100점 만점에 63점으로 조사대상국 180개 중 31위로, 경제협력개발기구(OECD) 가입 38개국 중에서는 22위로 나타났다(한겨레, 2023. 1.31). 이는 상대적으로 나쁜 편은 아니지만 경제력 10위권의 한국의 국가 위상에 비춰보면 여전히 낮은 수준이다.

2. 시민 측 원인

(1) 후기물질주의적 가치관

　경제가 발전하고 사회가 안정된 국가일수록 물리적 생존과 번영을 당연시하는 반면, 자기표현과 자기실현을 보다 중시하는 이른바 후기물질주의적 가치관을 지닌 시민의 비율이 높아진다. 이들 시민은 기존의 확립된 권위와 제도에 비판적이며 도전적인 성향을 보이는 것이 보통이다. 20세기 중반 이후 선진 각국에서 정부관료제에 대한 시민의 불만이 증폭된 것은 이러한 새로운 가치관을 지닌 시민의 수적 증가 때문일 수 있다(Inglehart, 1997).

　한국의 경우도 사회 변화가 빠르게 진행되면서 기성세대와는 상이한 가치정향을 가진 새로운 세대가 등장한 것으로 파악되고 있다. 관련 연구에 따르면 이들 세대가 전체 인구에서 차지하는 비율이 빠르게 증가하면서 시민 전체의 가치정향에 영향을 미치고 있다. 특히 1960년대 이후에 출생하여 경제적으로 풍요로운 환경에서 성장한 세대는 후기물질주의적 성향이 강하다(정진민, 1999: 282). 이 렇게 볼 때 한국에서도 시민의 가치관 변화가 정부관료제에 대한 불신 수준을 높 이는 주요 변수일 가능성이 있다. 정부는 웬만해서는 후기물질주의적 가치관을 가진 까다로운 시민들을 감동케 하고 그들의 신뢰를 얻기 어렵다.

(2) 과도한 요구

오늘날의 풍요시대와 정보화 시대에 있어 정책과 행정에 대한 시민들의 과도 하게 팽창된 요구는 양적·질적 측면에서 정부관료제의 능력에 과부하(overload) 를 초래하고 있다(오석홍, 2021: 44-45). 시민들은 정부관료제의 실제 능력을 훨씬 앞서는 요구를 하면서도 정부관료제를 자신들의 요구를 충족시키지 못하는 비생 산적·비효율적 기제로 간주한다. 그들은 또한 오늘날의 시대적인 난제들을 신속 히 해결하지 못하는 정부관료제를 비판하고 불신하면서도(오석홍, 2021: 44-45), 다 른 한편으로는 정부관료제에 더 많은 문제해결과 서비스 제공을 요구하는 모순된 경향을 보인다. 한국에서도 정부관료제에 대한 시민들의 과도한 요구가 정부관료 제에 대한 불만의 주요 원인이 될 수 있다.

(3) 과도한 기대

오늘날 시민들이 정부관료제에 대해 가지는 기대의 준거 기준이 되는 것은 일 반적으로 민간부문의 기업이다. 시민들은 흔히 정부관료제를 생산성이 높은 민간 기업과 대비시키면서 정부관료제에 대한 불만과 불신을 표출한다. 그러나 정부관 료제는 생산성 위주로 작동하는 민간기업과 달리 행정서비스의 안정성, 책임성, 공평성 등도 함께 추구하여야 하며, 다양한 법규들의 망(web) 속에서 여러 가지 제약을 받으면서 기능한다. 때문에 정부관료제가 민간기업처럼 작동하리란 기대 는 과도하다(Downs & Larkey, 1986: 3, 45-46). 더구나 시민들은 다른 한편으로는 관 료들이 공평하고 개방적이며 정직하고 윤리적이어야 한다는 기대를 가지고 있다 (Milward & Rainey, 1983).

(4) 오해와 선입견

시민들이 구체적인 근거나 직접적인 경험 없이 정부관료제를 불신하는 경우 도 적지 않다. 시민들은 생활 속의 사회화 과정에서 대중매체나 정치적 수사를 통해 간접적으로 전해 들은 정보에 영향 받아 행정기관은 비생산적이며 관료들은 부정직하다는 선입견을 가질 수 있다. 예컨대 서구에서 중앙정부의 관료제에 대한 시민의 불신이 지방정부의 그것에 비해 상대적으로 심한 것은 시민들이 중앙정부 관료제와 직접 접촉할 수 있는 기회가 드물어 경험에 입각한 인식을 형성하기 어렵기 때문인 것으로 알려지고 있다.[12] 언론매체가 전달하거나 정치인들이 펼치는 정부관료제에 대한 정보와 주장은 객관적이지 못하고 정부관료제의 부정적인 측면에 초점을 맞춘 편향된 것이 많다.[13] 최근에는 인터넷을 통해 급속히 퍼지는 이른바 '가짜 뉴스'도 정부관료제에 대한 시민의 불신을 부채질 할 수 있다(오석홍, 2021: 43).

그러나 정부관료제의 거대한 규모와 그것이 제공하는 광범위한 서비스를 감안한다면, 정부관료제의 문제는 대중매체가 전달하는 만큼 그렇게 보편적이거나 심각한 것이 아닐 수도 있다.[14] 그뿐만 아니라 정부관료제가 훌륭히 작동하고 있거나 과거에 비해 기능이 상당히 향상된 측면도 없지 않을 것이다. 정부관료제가 사회 일반에 알려진 것보다 훨씬 더 잘 작동하고 있다는 경험적 연구결과는 적지 않다.[15]

한국의 경우도 객관성과 전문성이 결여된 부정적인 언론보도로 말미암아 정부관료제가 입는 이미지 손상이 큰 것으로 알려지고 있다. 언론이 예외적인 사례를 침소봉대하거나 중요한 것보다는 특이하고 말초적인 것에 초점을 맞춤으로써 문제의 본질을 왜곡하는 사례가 적지 않은 것이 현실이다(오석홍, 2021: 44).[16]

(5) 사적 이해관계

시민들은 정부관료제의 정책이나 조치를 공익의 관점에서가 아니라 자신들의

---

12) Downs & Larkey(1986: 15), Nye(1997: 56) 참조.

13) Goodsell(1994), Kaufman(1981: 7) 참조.

14) 시민들은 정부관료제와 관련된 어떤 문제도 심각하고도 보편화된 현상으로 받아들이는 경향이 있다. 무기 구매에 터무니없이 비싼 값이 지불된다거나, 생활보호대상자에 대한 지출이 적시에 이루어지지 않는다는 것과 같은 사례가 전형적인 경우이다. 하지만 엄격한 의미에서 보면 민간 기업들도 그에 못지않은 문제점들을 유발한다. 예컨대 타이어 회사가 고속 주행 시에 파열되는 불량 타이어를 생산하거나, 자동차회사가 충돌 시에 화염에 휩싸이는 자동차를 생산하거나, 식품회사와 의약품 회사가 발암 물질을 함유한 제품을 생산하는 등의 사례가 적지 않지만, 시민들이 이를 일반적인 현상으로 받아들이는 경우는 그다지 많지 않다(Downs & Larkey, 1986: 15-16).

15) Goodsell(1994), Orren(1997: 94), Nye(1997: 16) 참조.

16) 팔당호의 수질 저하가 계절적으로 나타나는 일시적인 현상임에도 불구하고 이를 심각한 환경오염문제로 크게 보도하는 것과 같은 경우가 이에 해당한다.

개인적 신념이나 이해관계를 기준으로 정부관료제를 비판하고 불신하기도 한다. 예컨대 보수주의자들이 규제나 복지 프로그램을 매우 비능률적이라고 주장하고, 진보주의자들이 무기 구매나 환경에 부정적 영향을 미치는 정부 사업을 낭비라고 주장하면서, 정부관료제를 공격하고 불신하는 사례 등이 이에 해당한다(Downs & Larkey, 1986: 12-13). 행정기관의 정책으로 인해 손실을 입은 이익집단들이 해당 정책의 객관적 합리성과 무관하게 정부관료제를 불신하는 것 역시 이와 유사한 성격을 띤다. 요컨대 국민 개개인 또는 집단들은 정부관료제가 자신들의 뜻대로 조치를 취하지 않는다거나 자신들에게 특별한 대우를 하지 않는다는 이유에서 비난하고 불신하기도 하는 것이다(오석홍, 2021: 45).

정부관료제가 시민들의 신뢰를 얻기는 현실적으로 쉽지 않다. Berman(1997)은 정부관료제에 대한 시민들의 여러 편견과 오해를 극복하기 위한 세 가지 전략을 제시하였다. 첫째, 정부관료제가 어떤 일을 하고 있으며, 그것이 시민의 이익에 어떻게 도움이 되는지를 다양한 채널을 통해 적극적으로 홍보해야 한다. 둘째, 시민의 요구나 기대를 정부관료제의 의사결정에 투입할 수 있도록 공청회, 시민 설문조사, 패널, 포커스 그룹 등의 참여 방식을 활용한다. 셋째, 정부관료제의 능력과 성과를 적극 알림으로써 시민들이 관련 정보를 제공받지 못한 데서 기인된 부정적 평가를 예방하고자 노력한다.

18.4 ▶ 결 어

정부관료제는 정부가 안고 있는 문제이기도 하지만, 통치를 가능케 하는 핵심 수단이기도 하다. 때문에 정부관료제가 시민의 신뢰를 받은 것은 매우 중요하다.

한국행정연구원(2014)에서 시민들이 정부를 신뢰하는 데 있어 가장 중요한 것이 무엇인지를 조사한 결과, 1순위 기준으로 '청렴성'이라는 응답이 27.8%로 가장 높았고, 다음으로 '국민요구 신속 대응력'(24.2%), '위기대처능력'(19.0%), '투명성'(9.7%) 등이 그 뒤를 이었다.

이로 미루어 볼 때, 시민이 정부관료제를 불신하는 원인을 개선하기 위한 노력의 방향은 비교적 분명하다. 정부관료제는 윤리성, 대응성, 현실적합성, 행동지향성, 성과지향성, 일관성 등을 제고하는 방향으로 정책 및 정책과정을 보완해야 할 것이다. 이와 함께 행정서비스의 질과 관료들의 행태를 개선해 나가야 할 것이다. 특히 관료들은 국민의 요구에 민감하게 반응해야 하며, 규칙과 절차의 준수에 치중하여 문제해결과 결과 생산을 등한시하는 것과 같은 행정편의적인 사고방식과 행태에서 벗어나야 할 것이다.

정부관료제의 능력과 성과를 향상하기 위해서는 정부관료제의 구성과 운영에 있어서, 인력감축 및 조직구조의 합리화, 결과와 비용가치 중시, 권한의 위임과 책임의 강화, 고객 및 서비스 지향, 경쟁 및 기타 시장요소 도입, 전략 및 정책능력 강화와 같은 변화가 요구된다.

한편, 시민들의 입장에서는 정부관료제가 무능하고 비효율적이라고 쉽게 비판하거나 정부관료제의 문제해결 능력에 너무 큰 기대를 갖지 않는 균형감각과 성숙한 시민의식이 요구된다. 정부관료제가 해결하기를 요구받는 사회문제들 가운데는 기술적으로 해답을 구하기 어려운 것이 많고, 설사 해결이 가능해도 긴 기간이 소요되는 되는 경우가 적지 않기 때문이다. 더구나 정부관료제는 사회문제 해결과정에서 다양한 사회집단의 상충하는 이익을 조율해야 하는 등 여러 어려움을 안고 있는 것이 현실이다.

시민들은 또한 부정확한 정보나 유언비어에 현혹되거나 개인적인 이해관계나 신념에 따라 객관적인 근거 없이 정부관료제를 불신하거나 부정적인 낙인을 찍는 일도 자제해야 할 것이다(오석홍, 2021: 46-47). 이런 이유로 정부관료제를 빈번히 공격대상으로 삼는다면 관료들의 근로의욕과 사기는 현저히 떨어질 수밖에 없고, 유능한 인재가 공직에 지원하기를 꺼릴 것이다.

Slovic(1993)은 신뢰는 서서히 형성되지만 단 한 차례의 실수에 의해서도 급격히 무너지는 특성이 있고, 일단 무너진 신뢰를 원상태로 복구하는 데는 긴 시간이 소요되며 때로는 회복이 불가능한 경우도 있다고 지적하였다. 불행히도 한국의 정부관료제는 시민의 신뢰를 얻지 못하여 공공목적을 추진하는 데 어려움을 겪고 있다. 정부관료제가 시민의 신뢰를 단기간에 확보하기는 현실적으로 쉽지 않겠지만, 시민의 불신에서 비롯되는 정책과정상의 부작용이 심각한 만큼 이 문제를 해결하기 위한 노력이 시급하다.

참고문헌

강원택. (2014). 한국의 관료제와 민주주의: 어떻게 관료제를 통제할 것인가. 「역사비평」, 108: 65-90.

강혜진·이하영. (2021). 정부신뢰와 불신의 메커니즘에 대한 탐색적 연구. 「한국정책학회보」, 30(2): 49-71.

김대욱·이승종. (2008). 정부신뢰의 참여에 대한 효과. 「한국사회와 행정연구」, 18(4): 43-62.

김현정. (2022). 인사제도의 정치화가 정부신뢰에 미치는 영향분석: 정부역량 조절효과를 중심으로. 「정부학연구」, 28(1): 223-253.

박천오. (1997). 고객지향적 행정: 실천상의 의문점과 한국관료의 시각에 관한 탐색적 연구. 「한국행정학보」, 31(2): 1-19.

_____. (2003). 다원주의적 정치환경과 한국관료의 태도. 「행정논총」, 41(4): 23-48.

박통희. (1999). 신뢰의 개념에 대한 비판적 검토와 재구성. 「한국행정학보」, 33(2): 1-17.

박희봉. (1998). 관료제의 도구적 합리성과 실제적 합리성: 관료제 문제 극복을 위한 대안 제시. 「한국정치학회보」, 32(2): 125-145.

배병용·이시원. (1998). 정부불신의 원인과 결과. 「한국행정학보」, 22(2): 393-427.

손호중·채원호. (2005). 정부신뢰의 영향요인에 관한 연구: 부안군 원전수거물처리장 입지사례를 중심으로, 「한국행정학보」. 39(3): 87-113

안병영. (1994). 한국관료제의 전개과정. 안해균 외, 「한국관료제의 정책과정」, 67-97. 다산출판사.

오석홍. (2021). 「통치하기 어려운 나라」. 파주: 법문사.

유희정·이숙종. (2015). 일선공무원의 시민신뢰가 시민참여 수용성에 미치는 영향. 「한국행정학보」, 49(1): 29-57.

이승환. (2023). 우리나라 공직윤리의 쟁점 및 개선 방향. 「정부학연구」, 29(2): 35-62.

이종범. (1991). 「국민과 정부관료제」. 서울: 고려대학교출판부.

이헌수. (1998). 「행정에 관한 국민의 인식」. 한국행정연구원, 98-13-1.

조성한. (1995). 「행정에 관한 국민과 공무원의 인식조사」. 한국행정연구원, 95-14.

정진민. (1999). 한국 정당정치의 환경변화와 개혁방향. 「국가전략」, 5(2): 279-299.

최병선. (1992). 한국의 산업화과정에서의 관료역할과 정책. 「1992년 행정학회 국제학술대회논문집」.

한국행정연구원. (2014). 「공공부문 신뢰에 관한 인식조사」. 사회조사센터 연구보고서.

_____. (2018). 「공직윤리제도 국민체감도분석 및 개선방안」. 수시과제 2018-04

_____. (2020). 「공직생활실태조사」. 연구보고서.

_____. (2021). 「사회통합실태조사」. 연구보고서.

_____. (2022). 「행정에 관한 국민인식조사」. KIPA 연구보고서 2022-14.

한세억. (1999). 지식사회에서 행정신뢰 확보방안: 투명성과 접근성. 「1999년 행정학회 춘계학술대회 발표논문집」.

Berman, Evan M. (1997). Dealing with Cynical Citizens. *Public Administration Review*. 57(2): 105-112.

Downs, George W. & Patrick D. Larkey. (1986). *The Search for Government Efficiency*. Philadelphia: Temple University Press.

Fukuyama, F. (1995). *Trust: The Social Virtues and the Creation of Prosperity*. New York: Free Press.

Goodsell, Charles T. (1994). *The Case for Bureaucracy*. Chatham, N.J.: Catham House.

Inglehart, Ronald. (1997). Postmaterialist Values and the Erosion of Institutional Authority. in Joseph S. Nye (ed.), *Why People Don't Trust Government*, 217-236. Cambridge, Massachusetts: Harvard University Press.

Kaufman, Herbert. (1981). Fear of Bureaucracy: A Raging Pandemic. *Public Administration Review*. 41(1): 1-9.

La Porte, Todd R. & Daniel S. Metlay. (1996). Hazards and Institutional Trustiwordiness: Facing a Deficit of Trust. *Public Administration Review*. 56(4): 341-347.

Meier, Kenneth J. (1993). *Politics and The Bureaucracy: Policymaking in the Fourth Branch of Government*. Pacific Grove, California: Books/Cole Publishing Company.

Miller, Auther H. (1974). Political Issues and Trust in Government: 1964-1970. *American Political Science Review*. 68(3): 951-972.

Milward, H. Brinton & Rainey, Hal G. (1983). Don't Blame the Bureaucracy. *Jounal of Public Policy*, 3(2): 149-168.

Nye Joseph S. et al. (1997). *Why People Don't Trust Government*. Cambridge, Massachusetts: Harvard University Press.

Orren, Gary. (1997). Fall from Grace: The Public's Loss of Faith in Government. in Joseph S. Nye (ed.), *Why People Don't Trust Government*, 77-107. Cambridge, Massachusetts: Harvard University Press.

Peters, B. Guy & Donald J. Savoie. (1994). Civil Service Reform: Misdiagnosing the Patient. *Public Administration Review*. 54(5): 418-425.

Putnam, Robert D. (1973). The Political Attitudes of Senior Civil Servants in Western Europe: A Preliminary Report. *British Journal of Political Science*. 3: 257-290.

_____. (1995). Bowling Alone: America's Declining Social Capital. *Journal of Democracy*, 6: 65-78.

Rotter, J. B. (1971). Generalized Expectancies for Interpersonal Trust. *American Psychologist*. 26: 443-452.

Ruscio, K. P. (1996). Trust, Democracy, and Public Management: A Theoretical Argument. *Journal of Public Administration Research and Theory*, 6: 461-478.

Schumaker, Paul D. (1975). Policy Responsiveness to Protest Groups. *Journal of Politics*. 37: 487-521.

Slovic, Paul. (1993). Perceived Risks, Trust and Democracy. *Risk Analysis*. 13: 675-682.

Thomas, Craug W. (1998). Maintaining and Restoring Public Trust in Government Agencies and Their Employees. *Administration and Society*. 30(2): 166-193.

Tyler, Tom R. (1998). Trust and Democratic Governance. in Valerie, Braithwaite and Margaret Levi (eds.), *Trust and Government*, 269-294. New York: Russell Sage Foundation.

19 CHAPTER

한국 공무원의 정치적 중립 쟁점

19.1 ▸ 서 언

현대 국가에서 정부관료제의 구성원이자 본질이라고 할 수 있는 공무원들의 재량권 행사는 단순히 정책집행과정에서 사실적·수단적·기술적 선택을 하는 정도에 머물지 않는다. 그것은 정책결정과정에서 가치의 우선순위와 목표를 설정하는 수준으로까지 확장된 상태이다. 이는 현대의 복잡한 사회문제 해결을 위한 필연적이고도 보편화된 현상이라고 할 수 있다. 공무원들의 역할이 이처럼 팽창하면서 그들 스스로 공익을 수호하고 증진해야 할 사회적 책무 또한 증대되고 있다. 그러나 다른 한편으로 공무원들의 영향력이 증대되었다고 하여 정치권력자의 정책을 충실히 집행해야 하는 그들의 본래 지위가 근본적으로 달라진 것은 아니기에, 공무원의 권력남용 등을 통제해야 할 필요성 또한 커지고 있다.

이점과 관련하여 이 장에서는 공무원의 정치적 중립 의무라는 포괄적 용어 속에 공존하는 두 가지 의미의 의무 즉 정치적 대응 의무와 전문가적 대응 의무 간 상충성과 그에 기인한 공무원의 딜레마 문제를 논의한다. 이와 함께 한국 공무원의 정치적 중립 의무 이행을 둘러싼 딜레마 사례를 소개하고, 한국 공무원들의 관련 인식을 실증 분석한 결과를 제시한다.

＊ 이 장은 「행정논총」(2011년 제49권 1호)에 게재된 박천오의 논문을 재구성한 것임.

19.2 ▶ 정치적 중립 의무의 복합적 의미와 상충성

1. 정치적 중립 의무의 복합적 의미

행정기관과 같은 관료조직의 구성원들은 통상 기술적 역량을 갖추고 상급자들의 지시에 순응하면서 실무 차원에서 객관적·몰인격적(impersonal)으로 업무처리를 할 것을 기대받는다. 이런 분위기에서 공무원들은 전문직업적인 자아의식을 가지기 어렵고 직무수행에 내포된 윤리성 문제에 무관심하기 쉽다. 공무원의 정치적 중립 의무에 관한 논의는 이런 현상과 관련된 것이다.

포괄적 의미에서 공무원의 정치적 중립은 당파적 정쟁에 대한 중립으로서 직업공무원이 정당 세력 간 권력투쟁이나 정파적 특수 이익에 연루되어 직무수행에 공정성을 잃지 않아야 한다는 뜻이다(오석홍, 2021: 180). 그러나 정치적 중립의 구체적인 의미는 다음과 같이 여러 갈래로 해석되고 통용된다.

1) 정치·행정 이원론: 공무원은 정책결정에 관여하지 않아야 한다는 의미의 중립 의무로서, 이는 전통적인 정치·행정 이원론에 근거한 공무원의 중립적 역량(neutral competence)을 강조한다. 여기서 중립적 역량은 공무원이 스스로 정책결정에 관여하지 않으면서 자신에게 주어진 정책 과업을 객관적이고 전문적인 기준에 입각하여 실행할 수 있는 능력을 가리킨다(Kaufman, 1956: 1060). 행정의 본질을 관리로 보는 이런 관점에서는 공무원은 관리 문제에 집중해야 하고 정치적·정책적 문제에 개입할 여지가 없게 된다. 정책과정상 공무원의 역할과 재량이 크게 팽창된 오늘의 현실에서, 공무원의 역할을 크게 제한하는 이러한 전통적 의미의 정치적 중립 의무를 주장하는 학자는 많지 않다(West, 2005: 149).

2) 실적주의 원칙: 공무원은 정당에 대한 공헌과 무관하게 실적을 토대로 선발되고 관리되어야 한다는 의미의 중립 의무로서, 이는 이미 대다수 현대 국가에서 실적 중심의 공무원 인사제도로 확립되고 법제화 되었다.[1] 이러한 의미의 정치적 중립 의무는 공무원에게 부과된 의무라기보다 공무원 인사에 정파적 성격의 개입을 하지 않아야 할 정치권의 의무라고 할 수 있다. 정치권이 이러한 의무를

---

1) 오늘날은 공무원의 임명과 경력관리를 정치적 의지에 종속시키는 엽관제(spoils system)는 대부분 나라에서 국정관리에 중요한 일부 정치적 직위에 한해 제한적으로 적용되고 있다(Rouban, 2007: 202).

준수함으로써 정치적 변화에도 불구하고 경력직 공무원들이 일상의 업무를 계속 수행할 수 있게 된다. 이러한 의미의 정치적 중립 의무는 공무원 인사에 있어 실적주의를 존중하려는 정무직 상관들의 의식이 전제될 때 충실히 준수될 수 있다. 경력직 공무원에게 있어 이러한 중립은 정치적인 이유로 실적제에 반하는 부당한 인사처분 등을 받지 않을 권리의 성격을 가진다.

3) 공무원의 정치 참여 제한: 공무원이 정파적인 정치활동을 하지 않아야 한다는 의미의 중립 의무로서, 공무원이 정당과 관련된 사안들에 직접 개입하지 않아야 함을 뜻한다(Levitan, 2007: 13-15). 이런 의미의 정치적 중립은 공무원에게 정치인이나 그 선거운동원과 똑같은 방식으로 정치행위를 할 수 없는 제약을 가한다는 점이 핵심이지만(오석홍, 2002: 118), 시민으로서의 공무원의 정치적 권리를 제한한다는 논란을 초래할 수 있다.

4) 집권 정부에 대한 비판 금지: 공무원은 정권 혹은 집권정부의 정책이나 행정에 대해 공개적으로 비판할 수 없다는 의미의 중립 의무이다. 이러한 중립 의무는 집권 정부의 정책추진이 거의 전적으로 공무원들의 충성과 역량에 달린 현실에 근거하며, 일본 등의 국가에서는 이를 법적 의무로 규정하고 있다. 하지만 합법성이 크게 의문시되는 사안이나 시민의 건강과 안전을 심각하게 위협할 우려가 있는 정부 조치 등에 대해서는 오히려 이를 비판하고 관련 내부 정보를 폭로하는 것이 공무원의 의무라는 반론이 제기되고 있다. 이는 내부고발과 관련된 문제로서 공무원이 공익 수호 차원에서 집권 정부의 정책을 공개적으로 비판할 수 있다는 것이다(Sossin, 2005: 25, 30).

5) 집권 정부에 대한 대응성: 공무원은 자신의 정치적 철학이나 의견과 관계없이 집권 정부의 정책 실현에 충실해야 하는 중립 의무로서, 공무원은 정당 간 정권교체와 무관하게 그리고 특정 정당에 대한 편견 없이 어떤 정권하에서도 똑같은 열정으로 업무를 수행해야 한다는 의미이다. 이러한 중립 의무는 공무원이 집권정부와 정무직 공직자들의 지시에 충실히 대응하고 공무원 스스로 독자적인 판단을 하지 않음을 뜻한다. 또한 공무원이 집권 정당의 정책 공약이 안정적으로 이행되도록 협력해야 할 정치적 대응의 의무이기도 하다(Levitan, 2007: 13-15; Thompson, 1985: 459). 공무원의 정치적 대응(충성)을 강조하는 이러한 중립 의무는 Weber(1958)가 다음과 같이 기술한 경력직 공무원(career administrators)의 적절한 역할과 본질적으로 같다.

공무원의 영예는 상부의 지시를 마치 그것이 자신의 확신과 일치하는 것처럼 양심껏 실행하는 그의 능력에 주어진다. 이것은 설사 그 지시가 그릇된 것으로 여겨져 공무원 자신이 이의를 제기했음에도 상부가 해당 지시를 철회하지 않는 상황에도 적용된다. 공무원에게 이 같은 도덕적 훈련(moral discipline)과 자기부정(self-denial)이 없다면 가장 높은 의미에서 전체 조직이 산산조각날 것이다(Max, 1958: 78).

6) 전문직업적(전문가적) 중립: 공무원 자신이 관련 분야에 전문지식이 있고 오랜 경험을 쌓을 전문가(professional)[2]로서, 공익의 관점에서 불편부당하게 직무를 수행해야 한다는 의미의 중립 의무이다. 이러한 중립 의무는 공무원에게 필요시에 '권력에 대해 진실을 말하고(speaking truth to power)' 그에 상응하는 행동을 보일 것을 요구한다(Svara, 2009: 1037). 따라서 공무원 스스로 불합리하다고 판단한 정책이나 정무직 상관의 명령을 정치적 고려 때문에 이행하는 경우 등은 이러한 정치적 중립 의무에 위배된다(이창길, 2019: 498). 이 같은 정치적 중립 의무는 공무원이 정치도구화되는 것을 막고 직무수행에 있어 자율성을 담보하기 위해 요구된다.

이상 여섯 가지 의미의 공무원의 정치적 중립 의무 가운데 현실적으로 가장 중요하고도 쟁점이 되는 것은 집권 정부에 대한 공무원의 정치적 대응을 강조하는 정치적 중립 의무(위의 다섯 번째 의무)와 공무원의 비정파적 객관성(nonpartisan objectivity)과 전문가적·공익적 판단을 요구하는 정치적 중립 의무(위의 여섯 번째 의무) 간 상충성과 양립 가능성 문제라고 할 수 있다(West, 2005: 147). 국내에서는 한때 특정 사건이 발단이 되어 이 문제가 언론의 뜨거운 관심사가 되기도 하였다.

2. 정치적 대응의 중립 의무와 전문가적 중립 의무 간 상충

Christensen(1991)은 관료적 역할과 관련된 규범을 정치적 규범(political norms)과 전문직업적 규범(professional norms)으로 구분하고, 공무원들이 의사결정 시에

---

2) 여기서는 행정을 하나의 전문 직업(profession)으로 보고, 이에 종사하는 공무원들이 나름의 경험, 전문지식, 공익 가치관에 충실해야 한다는 이른바 공공 전문직업주의(public professionalism)를 말한다(Waldo, 1981: 61-62, 105). 공무원은 변호사, 의사, 회계사의 경우처럼 자격증을 소지한 전문직이라고는 할 수 없으나, 대다수가 일정 기능을 수행하는 특정 소속기관에 장기간 근무하므로 전문직에 준하는 전문성을 인정할 수 있는 것이다(Svara, 2009; 1037).

이들 규범을 어떻게 수용하는지에 관한 인식조사를 함으로써 그들의 정치적 충성심과 전문직업적 독립성 수준을 파악하였다. 여기서 정치적 규범은 공무원이 집권정부(existing government)의 도구로서 정무직 상관의 정책과 지시에 충실해야 한다는 것이다. 이는 앞서 서술한 정치적 대응의 중립 의무와 연관된다. 전문직업적 규범은 공무원이 전문가적 판단과 공익의 관점에서 직무를 수행해야 한다는 것으로서, 앞서 전문가적 중립 의무와 일맥상통한다.

공무원이 행정기관에서 정무직 공직자의 하급자로서 집권정부의 정책과 그의 지시에 충실할 의무와, 그가 관련 정책 혹은 업무의 전문가로서 공익 차원에서의 독자적인 판단에 따라 직무를 수행할 의무는, 성격상 상충할 수 있다. 전자의 정치적 대응의 의무가 정권(changing partisans)의 변화 등에 따라 공무원이 직무수행의 방향을 달리하는 것이라면, 후자의 전문가적 중립 의무는 정권의 변화 등과 무관하게 공무원 자신이 전문가적 판단과 공익관에 따라 직무를 수행하는 것이기 때문이다. 현실에서 이러한 상황은 공무원을 혼란과 딜레마에 빠뜨릴 수 있다 (West, 2005: 151-157).

현대 국가의 집권 정부는 정책비전 실현을 위해 공무원들이 정치적 대응의 중립 의무를 적극 이행하기를 기대한다. 그러나 과거에는 그렇지 않았다. 과거 미국 정부는 비정파적인 태도로 전문지식을 적용하여 공공문제를 해결하는 공무원의 중립적 역량을 중시하였다.[3] 제도적 측면에서 보더라도 1883년 Pendleton법에 의해 도입된 실적제는 이전의 엽관제하에서 정무직 공직자들에 대한 공무원들의 과도한 충성에서 비롯된 여러 부작용을 극복하기 위한 것이었다(Ingraham et al., 1995). 그러다가 20세기 중반부터는 미국 대통령들이 단순히 중립적 역량을 갖춘 공무원들보다는 대통령 자신의 정책선호와 관심사에 민감하게 반응하는 이른바 대응적 역량(responsive competence)을 갖춘 공무원들을 선호하게 되었다.[4] 국가 정책에 획기적인 변화를 구상하는 대통령일수록 공무원들에게 소극적인 중립적 역량보다는 정책비전 실현 등에 열정적인 대응과 몰입을 할 것을 기대하는 경향을 보였다.

새로운 대통령의 입장에서는 중립적 역량을 지닌 공무원들은 기껏해야 정권의 정책 목표에 대해 일정한 거리를 두는 수준의 미지근한 순응을 할 뿐, 정권의 적극적인 협력자가 못 되는 경우가 많기 때문이다(Rourke, 1992: 540-541). 실제로

---

3) Heclo(1975), Rourke(1992), Svara(2001: 178), Knott & Miller(1987: 235), West(2005: 147) 참조.
4) Thompson(1990: 362), Rourke(1992: 541), West(2005: 153) 참조.

과거 오랫동안 미국의 경력직 공무원들은 정치지도자들의 정책 우선순위에 충분한 대응을 보이지 않았다. 이에 대한 대처로 미국 대통령들은 관료들의 정치적 대응을 이끌어 내기 위해 관료제 내에 자신들이 직접 임명하는 정무직 공직자의 숫자를 계속 늘이는 등의 방안을 강구해 왔다.[5]

근래 들어 미국 학자들도 집권 정부의 정책비전 실현을 위해서는 정치와 행정이 교차하는 회색영역(grey zone)에서 일하는 고위직 공무원들이 집권정부의 정책실현에 충실해야 한다는 입장을 피력하였다.[6] 예컨대 Benveniste(1977)는 직업공무원들은 중립의 가면(mask)을 벗어던지고 자신들이 전문가이면서 동시에 정치행위자들임을 인정해야 한다면서, 이른바 공무원들에 의한 '전문성 정치'(politics of expertise)의 불가피성을 강조하였다. 비슷한 맥락에서 영국에서도 장관에 대한 고위경력직 공무원들의 정치적 대응성을 높일 메커니즘을 모색하는 것이 정부의 주요 과제가 되어 왔다(Matheson et al., 2007: 11).

그러나 일각에서는 정치적 대응성을 지나치게 강조할 경우, 공무원들을 정권에 무조건 복종하는 하수인으로 전락시켜 그들의 온당한 직무수행을 저해할 수 있고, 이념정당 간 정권교체 시에는 합리적인 정책들을 희생시킬 수 있다는 우려를 표명해 왔다.[7] 이런 측면에서 Friedrich(1972)는 선례나 상관들의 지시가 아니라 스스로의 전문성과 시민 정서에 대한 이해를 토대로 의사결정을 해야 할 공무원의 책임성을 강조하였다. Heclo(1975) 역시 공무원들은 정책문제에 대한 최선의 전문적·객관적 판단을 정파적인 상관들(partisan bosses)에게 제공해야 하지만, 그 과정에서 정치적 고려는 하지 않아야 한다는 중립적 규범을 강조하였다.

이들 학자의 주장은 공무원들이 단순히 정무직 상관에 '충성스런 행정'(loyal administration)을 할 것이 아니라, 전문가로서 공익 차원에서 공평무사한 판단과 접근을 해야 한다는 것으로서(Sossin, 2005: 3, 24),[8] 결국 공무원의 전문가적 중립 의무를 강조하는 것과 마찬가지이다.

전문가적 중립 의무의 이행은 경력직 공무원들에게 정무직 공직자들의 지시

---

5) Moynihan & Roberts(2010), Dunn(1997), Light(1995) 참조.

6) Aberbach et al.(1981: 225; 227), Moe(1985) 참조.

7) Moynihan & Roberts(2010), West(2005: 149), Dickinson(1997), Sossin(2005: 28) 참조.

8) 예컨대 선거 후 정권교체가 이루어지기 전과 같은 정권교체기에 공무원들은 현 정권에 대해 봉사를 계속하면서도, 다른 한 쪽으로는 새로 출범할 정권의 성향 등에 신경을 기울이지 않을 수 없다. 따라서 공무원들은 떠나는 정권이 일상적이거나 긴급한 일만을 추진토록 조언하고, 새로 출범하는 정권에 대해서는 진행 중인 이슈 등을 충실히 알림으로써 집권과 동시에 국정관리가 효율적으로 이루어질 수 있도록 해야 하는 중립적 의무를 진다는 것이다(Sossin, 2005: 21).

에도 불구하고 전문가로서 공익을 위한 독자적 판단과 문제 제기를 할 수 있는 여지를 부여하며, 이러한 의무 이행은 정무직 공직자들이 정파적인 판단으로 정책과정상 필요한 조치를 취하지 않거나 부적절한 조치를 취할 경우 현실적 중요성을 띠게 된다(Box, 1992: 326). 특히 정치적으로 주도되는 변혁은 흔히 부작용에 대한 심각한 고민 없이 기대만으로 추진되는 경우가 많기에, 공무원들의 견제가 필요한 것이다(Kee et al., 2007: 177). 공무원이 사회의 집합적 이익을 우선시하는 방향으로 직무를 수행해야 한다는 원칙으로서의 정치적 중립은 대부분 OECD 국가에서 강조되고 있다(Matheson et al., 2007: 14).

그러나 전문가적 중립 의무 또한 여러 측면에서 도전받아 왔다. 무엇보다도 공무원의 전문직업적 자율성 강화는 민주주의가 요구하는 공무원의 정치적 대응에 대한 위협된다는 문제점이 제기되어 왔다(Christensen, 1991: 311; Sossin, 2005: 3-4). 이와 함께 공무원의 자율성 강조가 오히려 공익을 저해하는 결과를 초래할 수 있다는 지적도 이어져 왔다. 공무원들은 공권력 활용에 경도된 경향을 보이거나(Butler et al., 1984), 자기중심적인 혹은 소속기관 중심적인 정책 추구를 하거나, 공익을 자신들의 전문성과 동일시하는 기술자적 태도(a technocratic attitude)를 고집하는 등의 경향을 나타내기 쉽다는 것이다.[9]

이 밖에도 공무원의 전문직업적 접근을 강조할 경우 다음과 같은 모호성과 의문이 문제될 수 있다. 공무원은 집권정부 혹은 정무직 상관의 방침이나 지시를 어떤 상황에서 어느 수준까지 거부할 수 있는지? 공무원은 어떤 방법으로 자신의 반대 입장이나 전문직업적 소견을 표명할 수 있는지? 공무원은 자신의 반대 입장 등을 조직 밖으로 표출할 수 있는지? (Thompson, 1985: 557-558). 이들 질문에 대한 해답은 행정 이론과 현실 양 측면에서 적지 않은 함의를 내포한다. 예컨대 만약 공무원들이 정무직 상관의 지시에 쉽게 불응할 수 있다면, 민주주의의 기본 원칙에 위배될 뿐만 아니라 관료제 체제의 전체 질서가 와해될 수 있기 때문이다 (Danhardt, 1991: 118).

이상의 논의에서 알 수 있듯이 공무원은 정치적 중립 의무라는 표현 하에, 집권정부에 '충성스런 행정'을 제공하는 동시에, 공익에 대한 나름의 전문적·독자적 판단에 의거해 직무를 수행할 것을 요구받는다(Matheson et al., 2007: 9). 상충되는 이들 두 중립 의무를 어떤 식으로 조정할 것인지 혹은 어떤 상황에서 어떤 기

---

9) Finer(1941), Niskanen(1971), O'Leary(2006: 14) 참조.

준에 따라 어느 한 의무를 상대적으로 더 우선시할 것인지의 문제는 공무원들에게 내면적 갈등을 일으키는 현실적이고도 심각한 도전이 되고 있으나, 아직 이에 대한 마땅한 해법이 없다. 이 장에서 제시하는 한국 사례는 공무원들의 이 같은 이중적인 정치적 중립 의무 이행과 관련된 딜레마 상황을 보여준다.

19.3 ▶ 한국공무원의 정치적 중립 의무와 관련 사례

1. 관련 법규

한국에서는 앞서 기술하였던 다양한 의미의 공무원의 정치적 중립이 법적 의무로서 혹은 비공식적 의무 내지 불문율(不文律)의 의무로서 강조되고 있다. 공무원 인사원칙으로서의 정치적 중립과 공무원의 정파적 정치활동을 금지하는 의미의 정치적 중립은 이미 오래전에 법규에 명문화 되었다.

전자와 관련하여 「헌법」(제25조)과 「국가공무원법」(제28조, 제35조)은 균등한 공무담임권과 공개경쟁시험 등을 규정함으로써, 실적주의 인사원칙을 분명히 하고 있다. 또한 「국가공무원법」(제26조, 제32조의5, 제40조, 제50조, 제51조)은 신규채용과 승진을 비롯한 모든 인사활동이 개인의 능력, 자격 및 성적을 기준으로 이루어져야 함을 규정함으로써, 엽관이나 정실 요소가 인사관리에 개입하는 것을 엄격히 금하고 있다. 그뿐 아니라 「헌법」 제7조는 '공무원의 신분과 정치적 중립성은 법률이 정하는 바에 의하여 보장된다'고 규정하고 있다. 이렇듯 분명한 명문규정이 존재하기 때문에 비정파적 인사원칙으로서의 정치적 중립에 대해서는 학자들과 실무자들 사이에 이견이 없다.

공무원의 정파적 정치활동을 금지하는 의미의 정치적 중립 의무는, 정치인이 공무원을 선거 등에 부당하게 끌어들여서는 안 된다는 것과, 공무원 스스로 선거 등에 관여해서는 안 된다는 것이 핵심 내용인데, 이 또한 법제화되어 있다. 「국가공무원법」 제65조 및 「지방공무원법」 제57조는 공무원의 정당가입과 정치운동 등을 금지하고 있고, 같은 맥락에서 「공직선거법」(제9조, 제85조, 제86조)은 공무원의 중립 의무, 선거운동 금지, 지위를 이용한 선거운동 금지 및 선거에 영향을 미치는 행위 금지 등을 규정하고 있다.

공무원의 정파적 정치활동을 방지하기 위해 공무원의 정치활동을 일정 수준 제약해야 할 필요성에 대해서는 정치권과 학계에 어느 정도 공감대가 형성되어 있다. 그러나 「국가공무원법」 등에서 규정한 제약이 적절한 수준인지는 논란의 여지가 있다. 공무원의 정치활동을 엄격히 제한하는 것은 과거 권위주의 정권 하의 선거과정에서 외부의 강압에 의한 공무원의 정치활동과 공무원의 자발적 정치 가담으로 인한 폐해가 컸고, 오늘날도 이러한 폐해가 완전히 불식되지 않았기 때문일 것이다. 그러나 그간의 정치적 민주화의 진척과 오늘날의 시대적 요청에 비춰볼 때, 이제는 공무원의 정치활동 제한을 완화하고 시민의 한 사람으로서 당연히 누려야 할 참정권을 보장해야 한다는 주장이 제기되고 있다(정영태, 2010).

한편, 이 장에서 중점적으로 논의해 온 두 개의 상충하는 의미의 중립 의무 즉 정치적 대응의 중립 의무와 전문가적 중립 의무는 성격에 차이가 있다.

우선 정치적 대응의 중립 의무는 「국가공무원법」 제57조(복종의 의무)가 '공무원은 직무를 수행할 때 소속 상관의 직무상 명령에 복종하여야 한다'라고 규정하고 있어, 법적 의무 내지 법제화된 규범이라고 할 수 있다. 더구나 한국 공무원들은 집권 정부와 정무직 공직자들의 정책과 지시를 상대적으로 충실히 이행하는 관계로 정치적 대응 수준이 상당히 높다고 할 수 있다.

문제는 공무원들이 다수 국민의 뜻이나 공익에 기초하지 않은 정파적이고 비합리적인 정책이나 부당한 지시에도 민감하게 대응하는 경향을 보인다는 점이다(임도빈·유민봉, 2022: 70). 한국 공무원들이 정치적 대응의 중립 의무와 복종의 의무 이행에 치중하는 것은 한국 공직사회에 위계적·권위주의적 조직문화가 여전히 강하게 자리 잡고 있고, 정무직 상사를 상대로 자신의 전문가적 판단을 주장할 시에 발생할 수 있는 심리적 부담과 인사상 불이익이 상당히 큰 현실 때문이라고 할 수 있다(주재현·한승주, 2015).

한편, 전문가적 중립 의무는 법규에 직접적인 관련 명문 규정이 없는 관계로 비공식적·불문율적 성격의 윤리 규범이라고 할 수 있다. 다만 「헌법」 제7조 ①의 '공무원은 국민전체에 대한 봉사자이며, 국민에 대하여 책임을 진다'라는 규정은 공무원에게 국민을 위해 자신의 전문가적 판단을 적용해야 할 의무가 있다는 간접적 근거가 될 수 있다. 한국 공무원들은 집권정부와 정무직 공직자가 비합리적인 정파적 정책을 추진하거나 부당한 지시를 내려도 이를 거절하거나 시정하려 노력하지 않고 침묵하는 등 전문가적 중립 의무를 충실하지 않다는 지적을 받는다.[10] 이는 전문직업적 중립 의무가 법제화되어 있지 않아 공무원들이 이를 자신들의 행동 기준으로 무겁게 받아들이는 경우가 드물기 때문일 수 있다(강명구, 2017: 6-7).

2. 관련 사례

정치적 대응(충성)의 중립 의무와 전문가적 중립 의무 간 상충 문제는 한국 공무원들이 업무현장에서 직면할 수 있는 심각한 현실 문제이다. 실제로 2008년 초 특정 사건을 계기로 공무원의 정치적 중립 문제가 언론매체와 정치권 및 사회 일반인들 사이에 큰 관심사로 부상하였다. 이 사례를 개략적으로 소개하면 다음과 같다.

2008년 1월 3일 이명박 당선자의 대통령직인수위원회 대변인은 언론 브리핑에서, 앞서 노무현 정부에서 국정홍보처가 주도했던 '기자실 통폐합 방안'이[11] "언론 자유에 역행하는 것"이라며, 이명박 당선인이 기자실을 원상회복하고 조직개편을 통해 국정홍보처를 폐지할 예정임을 밝혔다. 그러면서 국정홍보처 측이 인수위원회에서의 보고에서 "지난 5년간 언론과 적대적인 관계로 정책 동력이 퇴색됐고 국민에 대한 정부 홍보가 부족했다"는 점을 시인했다고 밝혔다. 특히 인수위원회는 국정홍보처의 한 간부가 "우리는 (시키는 대로 하는) 영혼 없는 공무원들"이라는 말을 했다고 전하였는데, 이 '영혼 없는 공무원'이란 표현이 언론으로부터 강한 비판을 받으면서 세간의 관심을 집중시켰다.[12]

국정홍보처 간부의 문제의 발언에 대해 대다수 언론매체는 기자실 통폐합이 잘못된 정책이고 지시인 것을 뻔히 알면서도 자신들의 안위와 영달을 위해 상사(대통령과 그 측근 포함)가 지시하는 일이라면 아무 생각 없이 따르면서 권력에 부화뇌동 하는 공무원들과, 어떤 일이 문제되면 자신은 단지 위에서 시키는 대로만 했을 뿐이라고 항변하는 무책임한 공무원들이 다수임을 개탄하였다. 그러면서 공무원이 잘못된 일임을 알면서도 이를 바로 잡으려고 하지 않았다면 이는 명백한

---

10) 감사원(2010: 228, 232), 박천오(2015) 참조.
11) 기자실 통폐합 방안은 2007년 5월 노무현 정부의 국정홍보처에 의해 발표된 이른바 '취재선진화' 방안으로서, 37개 부처에 분산되어 있던 브리핑룸들을 정부중앙청사, 과천청사, 대전청사 등 3곳으로 통폐합하고, 기자의 부처사무실 무단출입을 방지한다는 것 등을 골자로 한다. 이러한 방안은 추진과정에서 언론과 정치권으로부터 취재제한을 통해 언론의 자유를 말살하려 한다는 강한 비판과 함께 많은 저항을 받았다.
12) 중앙일보(2008.1.4), 조선일보(2008.1.5) 참조.

직무유기라고 질타하였고, 그런 식의 '영혼이 없는 공무원'이라면 자리에서 물러 나는 것이 마땅하다고 다그쳤다. 아래 사설들은 당시 언론의 이 같은 비판적 기 조를 선명하게 보여준다.

사례 1 | '영혼 없는 공무원'은 필요 없다

　　국정홍보처의 한 공무원이 "우리는 영혼이 없는 공무원"이라고 했다 한다. 그 제 대통령직인수위원회에 보고하는 자리에서였다. 이날 보고는 국정홍보처 존폐 여부와 언론정책 등에 대한 의견을 주고받는 자리였다. 정권홍보, 기자실 폐쇄 등 언론자유에 역행하는 언론정책을 그저 시키는 대로 했을 뿐이라는 뜻이었던 모양 이다. 코드홍보로 일관하다 부처 해체의 위기에 몰렸는데도, 공무원들 책임은 없 다는 발상이다. 한심하고 어안이 벙벙하다.

　　공무원들이 지금의 국정홍보처 직원처럼 철저하게 정권의 하수인 노릇을 한 적이 있었던가. (중략) 공무원들이 국민들을 위해 존재한다는 기본원칙을 지키려 는 의지가 조금이라도 있었다면, 오늘처럼 참담한 평가를 받지 않았을 것이다. 이 제 정권이 바뀔 때가 되니, 영혼 없는 공무원 운운이다. 무책임, 면피의 극치라 하지 않을 수 없다. '관료는 영혼이 없다.'라는 말은 원래 정치학자 막스 베버가 한 이야기이다. 관료는 정부의 철학에 따라 일한다는 의미다. 정권주구 노릇을 한다 는 뜻은 아님을 알아야 한다.

　　국정홍보처뿐이 아니다. 정부 조직 곳곳에 똬리를 틀고, 정권의 눈치를 보는 무책임, 무소신의 영혼 없는 공무원이 적지 않은 것으로 알고 있다. (중략) 이들 에게 지급되는 혈세가 아깝다. (이하 생략)

출처: 서울신문, 2008.1.5.

사례 2 | 영혼이 있는 공무원이 나라를 살린다

　　국정홍보처가 대통령직 인수위원회에 업무보고를 하던 중 "우리는 영혼이 없는 공무원"이라고 했다고 한다. 인수위가 홍보처의 정책 실패 문제를 계속 지적하자 "대통령제 하에서 관료는 대통령의 뜻에 따라 일할 수밖에 없는 것 아니냐"며 자 신들의 입장을 변명한 셈이다. '관료는 영혼이 없다'는 저명한 사회학자 막스 베 버의 이 말은 관료의 특성을 압축적으로 표현하고 있다.

(중략) 공무원도 '영혼'이 있어야 한다. 그들에게도 판단이 있고, 양식이 있고, 양 심이 있다. 대통령과 장·차관이 지시한 일이 불법적 요소를 지니고 있거나 실패 할 게 뻔한데도 무조건 복종하겠다면 영혼 없는 로봇이나 허수아비와 다름없다. 그렇다고 주요 국가정책에 대해 사사건건 항의하고 반대하라는 얘기가 아니다. 국민이 낸 세금으로 봉급을 받는 공직자라면, 국민에게 봉사할 책무를 가진 공무 원이라면, 민주사회의 건강한 시민이라면, 인격을 가진 인간이라면 자신의 마음속

에 결코 물러설 수 없는 최저선(bottom line)은 있어야 한다.
(중략) 현실적으로 임면권자의 지시를 거부하면 신분상 손해가 발생할 수 있다.
(중략) 그렇다고 '공무원은 영혼이 없다'며 굴종하는 자신을 합리화해서는 안 된다. 부당한 권력자의 요구와 지시를 거부하는 공직자가 나타날 때마다 공직사회는 한 단계씩 발전해 나갈 수 있다.

출처: 중앙일보, 2008.1.5.

이처럼 대다수 언론이 자기 판단을 포기한 공무원들의 정치적 충성에 대해 매우 냉소적이고 비판적이었지만, 일부 언론은 동정론을 펴기도 하였다. 즉 새로운 정권이 어제까지의 정책을 한순간에 바꾸도록 강요함으로써 공무원들에게 모멸감을 불러일으키는 등 공직사회의 사기와 안정성을 크게 저해하고 있는 점을 지적하면서, '영혼이 없다'는 말은 어느 정권이든 그 철학에 맞게 공무원들은 공복의 역할을 다한다는 뜻이지, 자조적이거나 비굴함의 표출은 아닐 것이란 믿음을 나타내었다.

예컨대 한겨레신문(2008.1.4)은 〈"하라니까 하지만…" 공무원들 '무력감'〉이란 관련 기사에서 "인수위원회가 각 부처에 기존 정책에 대한 '자기배반적'인 보고를 요구해 공무원 사회가 몸살을 앓고 있고, 특히 노무현 정부와 이명박 대통령 당선인의 정책 기조가 완전히 달라 그 사이에 낀 부처의 공무원들은 업무보고를 치르면서 큰 마음고생을 하고 있다"고 강조하였다. 2008년 9월에도 한겨레신문에는 이와 유사한 인식을 담은 칼럼이 아래와 같이 게재되었다.

[칼럼 1] 영혼이 없는 존재

대통령직 인수위원회의 서슬이 퍼렇던 시절 '공무원은 영혼이 없는 존재'라는 한 고위 관료의 말이 화제가 된 적이 있었다. 그때 대부분의 사람들은 너무나 자조적인 말이 아니냐는 반응을 보였다. 최소한의 자존심은 갖고 있어야 할 공직자가 그런 말을 서슴없이 내뱉으면 어떻게 하느냐는 게 일반적인 정서였다. 솔직히 말하면 나도 그렇게 생각한 사람 중 하나였다.

그런데 시간이 흐르면서 그런 말을 하게 된 심정을 점차 이해하는 쪽으로 바뀌어 갔다. 정치가 이래라저래라 하는 대로 따라가야 하는 것 그 자체도 무척 피곤한 일임에 틀림없다. 어디 그뿐인가? 열심히 일을 해도 정권이 바뀌면 열심히 일한 것 자체가 시비의 대상이 되는 판이다. 오죽 답답했으면 자신을 영혼이 없는 존재라고 비하했을까(이하 생략).

출처: 한겨레신문, 2008.9.1.

2008년 이명박 정부 출범 당시 공무원들이 자율성을 가지지 못한 상명하복의 '영혼이 없는' 존재인가를 둘러싸고 전개되었던 언론에서의 논쟁은 이후 세종시 건설 사안이 쟁점화되면서 재연되었는데, 아래 칼럼이 이를 보여준다.

[칼럼 2] 공무원의 영혼

(중략) 어느 날 갑자기 (이명박 정부의) 권력 핵심층에서 참여정부 때 마련한 세종시 건설은 '백년대계'를 위해 백지화해야 한다고 밝혔고, 공무원들은 부정을 위한 논리 마련을 위해 우왕좌왕 하고 있다.

이들은 참여정부 때도 공무원이었고, 지금도 공무원이다. 달라진 것이 있다면 권력의 주체가 바뀌었다는 점뿐이다. 권력의 출렁임이 공무원들에게 영혼을 허락하지 않는 것이다.

최근 술자리에선 현 정부가 끝나면 행정도시를 원안 추진해야 한다는 주장이 또다시 제기되고 공무원들은 행정도시 원안 추진을 해야 하는 각종 논리를 다시 만들어 낼 것이라는 농담이 오간다.

결국 공무원의 영혼은 권력이 하기 나름이 아닐까. 정권을 관통하는 시대적 진리와 국민적 합의가 바탕이 된 정책의 추진이라면 공무원들은 자신들의 영혼을 실어 일할 것이다. 권력은 더 이상 세종시 문제처럼 공무원들에게 거짓말을 하도록 유도하지도, 그들의 영혼을 버리도록 강요하지도 말아주길 당부한다.

출처: 충청투데이, 2009.11.23.

앞서 논의하였듯이 한국 「국가공무원법」 제57조(복종의 의무)는 '공무원은 직무를 수행할 때 소속 상관의 직무상 명령에 복종해야 한다'고 규정함으로써, 공무원의 정치적 대응(충성) 의무를 법적 의무화 하고 있다.[13] 반면에 공무원의 전문가적 중립 의무와 관련하여서는 아무런 명시적 규정을 두지 않고 있다. 「헌법」 제7조 제1항은 "공무원은 국민 전체에 대한 봉사자이며, 국민에 대해 책임을 진다"라고 규정하고 있고, 「국가공무원법」 제1조도 공무원이 "국민전체의 봉사자"임을 밝히고 있지만, 이들 규정이 공무원이 독자적인 판단을 하는 등의 방식으로 국민에 대한 직접적 책임을 지는 근거가 될 수 있는지는 불분명하다. 그럼에도 불구하고 전문가적 중립 의무도 공무원이 자율적으로 마땅히 준수하여야 할 직업윤리인 동시에 당위적 행동규범이라고 할 수 있다.[14]

---

13) 다만 이는 조직 내의 질서유지와 기강확립을 위해 하급자의 복무규정 의무를 규정한 것으로서, 정권이나 정무직 공직자들에 대한 정치적 충성을 의무화 한 것은 아니라는 해석도 가능하다.
14) Waldo(1981: 104-105), Olson(2005: 3) 참조.

한국 언론은 대체로 공무원들의 정치적 대응(충성)의 중립 의무를 저평가하는 반면, 공무원의 전문가로서의 혹은 공익수호자로의 중립 의무를 강하게 부각하는 경향을 보인다. 그러나 공무원에게 법적인 복종의 의무가 있는 점, 오늘날 정권의 국가비전 실현과 국정관리에 있어 공무원들의 적극적인 협력이 필수적인 점, 과거 권위주의적 정권 못지않게 지금의 민주 정부에서도 대통령의 영향력이 막강하여 공무원들이 정권의 국정철학이나 정책 비전 등으로부터 자유롭지 못한 점, 상급자에 대한 복종을 미덕으로 여기는 권위주의적 행정문화가 공직사회에 여전히 자리 잡고 있는 점, 신공공관리(New Public Management)에 토대를 둔 성과급제 하에서 공무원의 정치적 대응성이 그의 성과와 동일시 될 수 있는 점 등을 감안할 때,[15] 공무원의 정치적 대응(충성)을 무조건 폄하할 수만은 없는 것이다.

규범적 측면에서 보더라도 정책과정에서 공무원이 정권의 방침과 정무직 상관의 지시에 불응하면서까지 자신의 전문가적 소신을 고집하는 행위는 민주주의 원리에 반하는 것은 물론 조직 내 계서제의 원칙에도 위배된다(Caden, 1981: 50; Box, 1992: 5). 공무원이 정무직 공직자의 합법적인 지시를 거부할 수 없다는 것은 대다수 국내 학자들의 견해이기도 하다.[16] 공무원들의 판단이 정무직 상급자들의 판단에 보조적으로 기능할 수는 있지만 정무직 상관들의 판단을 대신할 수는 없다는 것이다.

하지만 공무원의 궁극적 충성 대상은 국가와 국민이고, 정책과정에서 정권과 정무직 공직자들이 언제나 국민을 위한 초당적인 입장을 취하는 것은 아니기 때문에, 공무원들은 자신들과의 단순한 정책 성향 차이가 아니라 명백히 공익에 위배되거나 정권만을 위한 것으로 판단되는 사안에 대해서는 이의를 제기하거나 불응할 의무가 있다고 할 수 있다(정성호, 2000).

이런 차원에서 본다면, 공무원이 나름의 내면화된 윤리적 기준 내지 '영혼'을 가지지 못한 채 무조건 정권에 충성한다는 언론의 비판은 타당하다. 앞서 사례에서 "우리는 (시키는 대로 하는) 영혼이 없는 공무원들"이라는 표현을 사용한 국정홍보처 간부의 경우, 그의 행동이 단순히 상층부에서 결정한 정책과 지시들을 무조건 충실히 수행하거나 복종할 뿐, 스스로 그 결과에 대한 책임은 지지 않아도 된다는 식의 과거의 그릇된 의식과 관행에 따른 것이었다면 더욱 더 그렇다(강신택, 2009: 120-121).

---

15) 강신택(2009: 101), 정성호(2000: 71-72), Bowman & West(2009: 52) 참조.
16) 오석홍(1999: 263-264), 박동서(1997: 76) 참조.

19.4 ▶ 한국공무원의 정치적 중립 인식

앞서 소개한 국정홍보처 사례에도 불구하고 공무원의 정치적 중립 의무에 대한 한국 공무원 다수의 인식은 아직 제대로 파악되지 않고 있다. 이 장에서는 저자가 실시한 관련 실증조사 결과를 제시한다.

1. 조사방법

Simon(1957)에 의하면 공무원은 의사결정 시에 인식과 주의력의 제약으로 말미암아 제한된 가치 규범 및 사실 전제를 선택하여 그것에 주의를 집중할 수밖에 없다. 따라서 공무원의 역할 인식 속에 투영된 일부 전제들은 공무원 자신의 활동모델을 구성하며, 이 모델은 그들의 실제 의사결정에 강력한 영향을 미치게 된다. 그러므로 공무원들의 정치적 중립에 대한 인식을 밝히는 조사는 관련 사안에 대한 그들의 지배적인 의사결정 전제와 규범을 진단하는 것이 된다.

실증 조사는 두 개의 상충하는 중립 의무 즉 정치적 대응의 중립 의무와 전문가적 중립 의무에 대한 한국 공무원들의 인식을 파악하기 위한 것으로서, 중앙부처 일부 중상위직 공무원들을 대상으로 간단한 설문조사를 실시하는 방식으로 이루어졌다.[17] 조사는 사전에 전화로 조사대상 공무원들에게 조사의 취지를 설명한 뒤, 공무원의 정치적 중립과 관련된 소수의 개방형 질문을 이메일로 전송하여 이를 회신받는 방식을 취하였다. 중상위직 공무원을 조사 대상으로 삼은 것은 이들이 장·차관과 같은 정무직 공직자들과 빈번히 접촉하므로 정치적 중립 의무 이행의 딜레마 상황을 직접 겪었을 가능성이 크다는 판단에서였다. 개방형 질문을 사용한 것은 자유롭고 현장감 있는 응답을 확보하기 위해서였다.

개방형 질문에서는 먼저 정치적 대응 의무와 전문직업적 접근 의무의 개념을 간략히 기술하였다.[18] 그리고 한국 공무원의 정치적 대응(충성)에 대한 다수 언

---

17) 설문조사는 2010년 5월에 실시되었고, 평소 저자와 직간접적으로 친분이 있는 6개 중앙부처 소속 30명의 중상위직 공무원(국장급 15명, 과장급 15명)을 조사 대상으로 하였다.

18) 개념 정의는 다음과 같이 제시하였다. ① 정치적 대응(충성)의 중립 의무: 공무원은 자신의 개인적 철학이나 의견과 무관하게 집권 정부의 정책 실현에 충실해야 한다는 의미의 정치적 중립 의무로서, 이는 공무원이 정당 간 정권교체와 관계없이 어떤 정권하에서도 똑같은 열정으로 업무를 수행해야 한다는 것이다. ② 전문가적 중립 의무: 공무원은 정치적 고려를 떠나 행정 전문가

론의 비판적 시각과 일부 언론의 동정적인 보도를 요약하여 기술하면서, 앞서의 [사설 1]과 [칼럼 1]을 제시하였다. 마지막으로 다음 몇 개의 구조화된 질문을 중심으로 정치적 중립 의무에 대한 응답자 본인의 인식과 의견을 자유로이 기술하도록 요청하였다.

① 정치적 대응(충성)의 중립 의무와 전문가적 중립 의무 가운데, 어느 것을 본래의 공무원의 정치적 중립 의무로 인식하는지? ② 두 가지 의미의 중립 의무 간 상충성을 인지하고 있는지? 어느 쪽 의미의 정치적 중립이 규범적으로 더 타당하다고 인식하는지? 그 이유는 무엇인지? ③ 한국 공직사회에서 어느 쪽 의미의 중립 의무가 현실적으로 더 요구되는지? 어느 쪽 의미의 중립 의무가 실천하기 더 어려운지? 그 이유는 무엇인지? ④ 응답자 자신은 직무수행과정에서 어느 쪽 의미의 정치적 중립에 더 충실한지? 그 이유는 무엇인지?

2. 조사 결과 및 현실적 함의

회신된 응답을 내용 분석한 결과, 공무원의 정치적 중립 의무에 대한 응답자들의 인식은 대체로 다음과 같이 나타났다. ① 정치적 중립의 본래 의미는 전문가적 중립 의무이며, 이 의무가 정치적 대응(충성)의 중립 의무에 비해 규범적 측면에서 더 타당하다. ② 그러나 정치적 대응(충성) 중립 의무는 공무원의 복종 의무에 속하며, 공무원은 국민의 뜻을 반영하는 집권 정부의 정책 실현에 협조해야 하므로, 이러한 의무 또한 준수해야 한다. ③ 공무원이 어느 쪽 의무에 보다 더 충실할 수 있느냐는 여건에 따라 달라진다. 정치적으로 긴급하거나 정무직 상관이 특히 관심을 가진 사안들에 대해서는 전문가적 중립 의무를 이행하기 어렵고 정치적 대응을 할 수밖에 없다. ④ 공무원은 현실적으로 전문가적 판단보다 정치적 대응을 더 강하게 요구받는다. ⑤ 고위직 공무원일수록 정무직 상관과의 잦은 접촉 등으로 말미암아 정권의 국정 철학과 방향에 민감하게 반응하게 되지만, 하위직에서는 전문가적 판단을 적용할 여지가 커진다. ⑥ 소신에 따른 전문가적 중립 의무는 공직사회의 여건상 실천하기 쉽지 않다. ⑦ 상부의 정책이나 지시가 공익에 반할 소지가 있다고 판단될 시에도 진정으로 국민을 위한 길이 어떤 것인

로서의 객관적 입장에서 정책과 행정 문제에 접근해야 하는 의무로서, 이는 공무원이 공익 수호를 위해 정책과정에서 나름의 경험, 전문지식, 가치관에 입각한 독자적 의사결정과 행동을 보여야 한다는 것이다.

지 확신이 서지 않아 전문가적 중립 의무를 다하기 어렵다. ⑧ 적어도 위법하거나 상식적으로 부당한 정무직 상관의 지시에 대해서는 그대로 따르지 않고 공무원으로서 할 말을 해야 한다는 책임감을 느낀다. ⑨ 정치적 대응의 중립 의무와 전문가적 중립 의무는 상충적이지만 공무원에게 공히 요구되는 것이고 선택사항이 아니다.

이러한 응답 결과로 미루어볼 때 전체적으로 응답자들은 정권의 정책 방향과 정무직 상관들의 지시에 순응해야 하고 자신들의 전문가적 가치와 기준을 고수하거나 Hirschman(1970) 등이 말하는 불만을 표출하기 어려운 현실에서도,19) 다수가 전문가적 중립 의무의 중요성을 인식하고 있는 것으로 해석된다. 아래는 내용분석의 근거가 된 응답자들의 응답 가운데 일부를 저자가 압축·재정리한 것이다.

> • 정치적 대응(충성) 의무와 전문직업적 접근 의무 가운데 어느 의무를 진정한 정치적 중립 의무로 인식한다고 단정적으로 얘기하기 어렵습니다. 사안의 복잡성과 긴급성, 상급부서 혹은 정무직 상관의 관심 여하에 따라 인식을 달리한다고 할 수 있습니다. 정치적으로 긴급하거나 상급기관에서 관심을 가지고 있는 사안은 공무원 개인의 가치관이나 전문성을 바탕으로 판단하고 결정하기보다는 상급부서의 의지, 관련부처의 협조여부, 이해단체의 반응, 그리고 여론 등을 고려하여 정치적 인식을 가지고 판단하고 결정하는 수가 많습니다. 사안의 성격상 자신의 판단으로 결정하여도 무리가 없는 것은 개인의 가치관과 전문성을 바탕으로 처리하고 있고, 여기서는 전문직업적인 인식이 바탕이 된다고 봅니다. 고위직일수록 전문직업적인 인식보다는 정치적 대응(충성)의 인식을 가지는 비중이 커질 수밖에 없는 것이 현실이라고 봅니다.
>
> 규범적으로는 정치적 대응(충성)보다는 전문직업적 접근이 정치적 중립에 타당하다고 봅니다. 정치적 대응(충성)으로 처리된 정책이나 사안들은 문제의 본질에 바탕을 두고 민주성과 효율성의 합리적인 가치기준에 의해 판단 또는 결정하기보다는 권력의 영향으로 비합리적인 결정이 될 우려가 있기 때문입니다. 하지만 현행 선거제도와 대통령 중심의 막강한 권력구조에서는 공무원들이 전문가적인 정치적 중립을 지키는 것이 현실적으로 어렵다고 봅니다. 또한 오늘날 사회문제의 복잡성과 다양성, 세계화의 시대적 특성을 감안할 때, 정권의 권력유지와 권력창출을 위해 공직사회에서는 정치적 중립보다는 정치적 대응(충성)을 더욱 요구하고 있다고 생각합니다.

---

19) 불만 표출 행위(voice)는 정책에 대한 반대 의사나 나름의 입장을 공식 회의에서 혹은 문서 등을 통해 제기하거나, 반대를 위한 집단적인 행동을 공개적으로 취하거나, 정책의 문제점을 언론 등 외부에 제공하거나, 정책이 더 이상 진척되지 못하도록 암암리 저해하는 것 등이 될 것이다 (Hirschman, 1970; Golden, 1992: 33).

저 자신은 전문성에 입각하여 정치적 중립을 견지하면서 직무수행을 하고 있다고 생각하며, 앞으로도 그럴 것입니다. 공무원은 공직자로서 국민에 대한 성실봉사의 의무와 책임성을 지니고 있기 때문에 영혼이 없는 존재라기보다는 영혼이 있는 존재가 되어야 한다고 봅니다(A 국장).

• 공무원의 정치적 중립은 공무원 자신이 가진 정치적 입장이나 견해를 업무수행에 반영하여서는 안 된다는 뜻으로 이해하고 있습니다. 하지만 이것을 정치적 대응(충성)으로 보기에는 무리가 있습니다. 정치적 대응(충성)이란 정권에 대한 적극적인 자세와 의사표시를 전제로 하기 때문입니다. 정부 관료제에서 공무원 개인의 위치에 따라서도 정치적 중립 의무가 달라질 수 있습니다. 고위직으로 갈수록 대통령의 국정 철학과 방향이 피부에 와 닿은 정도가 더 실질적이므로 전문직업적인 접근만으로는 직무와 주어진 역할을 제대로 수행하기 쉽지 않을 것입니다. 상부 관리층으로 갈수록 외부적 시각, 의사결정자의 생각 등에 민감할 수밖에 없으나, 이러한 태도 역시 주어진 역할에 충실한 것이라고 생각됩니다. 또한, 사안에 따라서도 달라질 수 있습니다. 즉 단순한 법령집행적인 혹은 기술적인 사안이냐 중요한 정책 사안이냐에 따라 전문직업적 판단의 적용 가능성에 차이가 있는 것입니다.

정치적 대응(충성) 의무와 전문직업적 접근 의무 가운데 어느 쪽이 더 타당한지의 문제는 이를 당위론적으로 볼 것인지 현실론적으로 볼 것인지에 따라 대답이 달라질 수 있습니다. 개인적 판단으로는 현실적으로는 전자이고 당위론적으로는 후자가 타당하다고 생각합니다. 다른 나라에서 후자가 실제로 얼마나 실현 가능한지 알 수 없지만, 우리의 경우 현실적으로는 전자의 의미의 정치적 중립이 강조되고 있다고 생각합니다. 그렇지만 한 가지 분명한 것은 저 자신은 불법적인 상부지시까지 받아들이지는 않습니다. 불법적인 상부 지시까지 따르는 공무원은 거의 없다고 봅니다. 공무원은 자신의 신념과 가치를 가지지 않고 무뇌아적으로 직무를 수행하지는 않습니다. 인간은 일을 통하여 자아를 실현하려고 하며, 공무원도 자신의 일에 알게 모르게 스스로의 신념과 가치를 담게 됩니다. 비록 그 신념과 가치가 상사의 그것과 충돌하여 삭제되는 경우가 있더라도 그렇게 하는 것이 인간의 본성이라고 생각합니다(C 과장).

• 공무원의 정치적 중립 의무를 정치적 대응(충성)의무로 인식해 왔습니다. 공무원은 예산 등과 함께 정부를 구성하는 한 요소로서 국민에게 약속한 국가목표 실현을 위해 노력하는 대통령을 보좌하여 현장에서 뛰는 인적자본이라고 할 수 있습니다. 따라서 공무원으로서 직업적 전문성을 갖추고 있다면 이를 민주적 절차에 따라 국민이 뽑은 대통령이 그 직무를 효과적으로 수행하는데 최대한 도움이 되도록 활용하여야 할 것입니다. 이러한 측면에서 정치적 대응(충성)의무가 타당하다고 생각합니다. 또 현실의 정부 행정시스템도 이에 맞추어 작동되고 있습니다. 따라서 공무원이 각종 정책수립 또는 정책집행 등의 과정에서 자기의 주장을 집권당이나 대통령의 뜻까지 거슬러 가며 유지하는 "전문직업적 접근"은 현실적으로 어렵거니와 타당하지도 않다는 판단입니다.

정치적 대응(충성)의무에 입각한다고 하더라도 권력에 대해 진실을 말하지 않거나 하는 식으로 처신하여야 한다는 의미는 아닙니다. 사안의 객관적인 현황과 문제점, 그리고 정책처방에 따르는 한계와 영향 등을 집권층과 함께 규명하고 분석하여 국민적 관점의 정책대안을 마련하는 것이 공무원의 일반적 행태라고 할 수 있습니다. 대통령의 뜻에 따라 직무를 수행하는 것에 대해 '영혼이 없는 존재'라고 표현하는 것은 다소 과장된 표현이거나 사실을 비하·왜곡하는 측면이 있다고 여겨집니다(k1 과장).

- 공무원은 공익의 수호자로서 정치적 고려를 떠나 전문가로서의 객관적 입장에서 정책과 행정 문제에 접근해야 하는 전문직업적 접근의무를 가진다고 생각합니다. 공무원의 역할이 커지고 있는 현대행정국가에서는 정치적 약자들의 이익을 반영할 수 있는 안전판으로서, 기르고 전문직업주의에 기반한 공익수호자로서 공무원들이 정치적 중립성을 지키는 것이 더욱 중요해지고 있습니다.

정책 대안의 탐색 기준인 소망성 차원에서 보더라고 전문직업주의적 접근의 타당성은 분명합니다. 정치적 중립성을 정치적 대응(충성) 의무라고 해석할 경우, 대안 탐색이 제한될 수 있습니다. 다양한 정보를 보유하고 있는 공무원은 효과성과 효율성 있는 대안을 탐색하기보다 정치적 고려에 의해 의도적으로 선별된 대안과 정보만을 제공할 가능성이 높습니다. 정책의 일관성 또는 예측가능성도 훼손될 수 있습니다. 정권이 바뀔 때마다 정책이 변경될 경우 사회의 준거기준이 흔들림으로써 사회질서가 위협받게 될 뿐만 아니라 시장의 신뢰도 하락하게 되어 장기적 투자 등이 어렵게 될 것입니다.

그러나 현실에서 전문직업적 접근을 하기는 쉽지 않습니다. 특히 고위직의 경우 과거 어느 정도 정치적 고려에서 자유로웠던 국장급(2~3급) 공무원들이 고위공무원단에 편입되면서 집권 정부의 정책실현을 위한 정치적 대응(충성)에 몰입할 수밖에 없는 상황이 되었습니다. 전문직업적인 정치적 중립성을 확립하는 것이 더 소망스럽다고 할 수 있지만, 전문직업주의의 강화에는 위법·부당·무능 등 역기능에 대한 통제가 수반되어야 하므로, 행정책임의 확보방안도 동시에 검토되어야 할 것입니다(k2 과장).

19.5 ▶ 결어: 상충적 의무의 현실적 양립성과 조화

대의 민주주의 원칙과 Weber(1947)의 관료제 이론에 따르면 공무원은 집권 정부의 정책과 정무직 상관의 지시에 충실할 의무가 있다. 하지만 Cooper(1998: 200)의 지적대로 공무원은 집권 정부뿐만 아니라 일반 시민에 대해서도 책임을 진다. 전자에는 직접적이고도 상시적인 책임을, 후자에는 궁극적인 책임을 진다. 이런 측면에서 본다면 공무원에게는 전문가로서 일반시민과 사회전체를 위해 독자적인 판단과 행위를 해야 할 전문가적 중립 의무도 있는 것이다(Butcher & Massey, 2003: 10).

일반적으로 재직 기간이 상대적으로 짧은 정무직 공직자들이 자신들에게 잠시 동안 열리는 기회의 창을 최대한 활용하여 정권 유지나 다른 정치적 목적을 위해 왜곡된 정책을 추진할 경우 국가사회에 큰 폐단과 부작용을 초래할 수 있다. 공무원이 단순히 상부의 정책 등에 정치적 대응을 하는 것만으로 자신을 정당화되기 어렵고, 자신의 전문지식과 경험에 따른 의무 이행을 함께 요구받는 것은 이 때문이다(Stull et al., 1988: 219).

정무직 상관들과 공무원들 양측 간 관계는 정치적 통제와 전문가적 독립성 간 상호작용으로 단순화할 수 있다. 정치적 통제는 정무직 상관이 정책 방향을 설정·지시하고 공무원들에 대해 감독권을 행사하는 것을 말한다. 전문직업적 독립성은 공무원들이 직무수행에 있어 전문직업적 관점과 기준을 고수하는 것을 포함한다. 정치적 통제는 공무원의 정치적 대응의 중립 의무와, 전문가적 독립성은 공무원의 전문가적 중립 의무와, 각각 연결된다.

정치적 통제와 전문가적 독립성 간 관계를 어느 한쪽이 일방적으로 지배하는 상황과 둘 사이에 일정한 균형이 이루어지는 상황으로 대별 한다면(March & Olson, 1995: 7; Svara, 2001: 179), 전자의 경우 심각한 부작용을 빚을 수 있다. 정무직 상관의 정치적 통제가 지나칠 경우, 공무원의 전문적 견제가 작동하지 않아 정책의 오류나 정치적 부패, 정치권력의 남용 가능성 등이 커진다. 반대로 공무원의 전문가적 독립성 내지 관료적 자치성이 지나치게 확장되면, 공무원의 자기중심적 혹은 소속기관 중심적 행태 등이 증폭될 수 있다(Svara, 2001: 179). 따라서 정치적 통제와 전문가적 독립성은 상호 균형 속에 공존하는 것이 바람직하다. 그러기 위해서는 정무직 공직자들과 공무원들 양측에 서로를 국정관리의 건전한 공동 참여자로 인정하면서 상호보완성과 상호의존성을 받아들이려는 의식이 요구된다.

정무직 공직자들에게는 이는 곧 정책과정에서 이른바 행정의 중립성(administrative neutrality)을 존중하는 것이 된다. 행정의 중립성은, ① 정무직 상관이 공무원에게 전문지식과 판단을 투입할 기회를 부여하지 않은 채 정책과 프로그램을 일방적으로 부과하지 않아야 한다는 비부과(non-imposition)의 원칙, ② 정무직 상관 자신이 선호하는 정책결과를 옹호하려는 목적으로 공무원이 제공하는 정보를 선별적으로 선택하지 않아야 한다는 비조작(non-manipulation)의 원칙, ③ 정무직 상관이 특정 세력이나 이해관계자들에게 유리하도록 행정기준을 왜곡하지 않아야 한다는 비정실(non-favoritism)의 원칙 등을 포괄하는 의미이다. 정무직 공직자들은 흔히 이런 행정의 중립성을 간과한다(Svara, 2006: 130-131). 이들에게는 공무원들이 특정 사안과 관련하여 즉각적 · 제한적 · 단기적 · 정파적인 시각이 아닌, 보다 중립적 시각을 제공한다는 긍정적 인식이 부족하다(Loverd & Pavlak, 1995: 11).

공무원들의 입장에서는 정무직 상관과의 상호보완성을 받아들인다는 것은 한편으로는 직무수행에 있어 정무직 상관의 정치적 우월성(political supremacy)을 존중하고 그의 정치적 통제에 순응하면서도, 다른 한편으로는 자기 자신도 전문가로서 그리고 공익의 관점에서 판단을 어느 정도 한다는 것을 의미한다(Svara, 2001: 179).

실제로 일부 서구 국가에서는 정무직 상관과 공무원들이 각기 상호 보완적으로 협력하는 것으로 알려져 있다. 예컨대 Christensen(1991)은 실증연구를 통해 노르웨이 공무원들이 정치적 대응(충성)의 규범을 잘 수용하지만, 전문가적 판단에서 정당한 이유가 있을 시에는 정무직 상관과의 갈등을 유발할 수 있는 정책 제안을 하는 것도 서슴지 않으며, 정무직 상관들 또한 공무원들의 전문가적 자율성과 영향력을 대체로 수용하나 때때로 계서적 통제권을 행사함으로써 공무원들의 정치적 대응 의무를 상기시킨다는 사실을 밝혔다.

정치적 중립 문제의 내용과 중요성은 특정 사회가 처한 시,공간적 특수성에 따라 달라질 수 있다. 예컨대 미국과 같은 나라에서는 공무원들이 스스로 권력기반을 구축하여 대통령을 비롯한 정무직 상관들의 정책과 지시에 충실히 대응하지 않는 것이 문제라면, 한국에서는 공무원들이 정무직 상관들의 지시에 지나치게 민감하게 반응한다는 것이 문제될 수 있다. 한국 공직사회는 아직 공무원들이 자신의 소신을 부담 없이 표출할 수 있는 문화적 · 현실적 여건이 충분히 갖추어지지 않은 상태이다.

한국에서 정무직 상관들과 경력직 공무원들 간 관계는 기본적으로 전자의 의식과 행태에 의해 상당 부분 설정된다. 따라서 정무직 상관이 정책과정에서 '행정의 중립성'을 존중하고 공무원들의 정책 조언을 중시한다면, 공무원들이 정치적 대응 의무와 전문직업적 중립 의무의 이행에 균형을 기할 수 있을 것이다. 공무원들이 현실적으로 정치적 대응(충성) 의무를 우선시하면서도 전문가적 중립 의무도 가능한 준수하려는 인식을 지녔음을 보여준 이 장의 실증 조사 결과는 이러한 가능성을 시사한다.

앞으로 한국 사회에서 민주적 가치의 중요성이 증대될수록 공직사회에서도 권위와 계층에 대한 공무원의 복종 의식과 충성심은 점차 엷어질 것이다. 그리고 공무원들 자신의 전문가적 판단을 업무 과정에 적용하려는 인식과 의지는 점점 더 강해질 것이다.[20] 정무직 상관들의 인식과 태도도 공무원들의 이러한 변화에 상응하는 방향으로 전환될 것이다.

---

20) 2021년 한국행정연구원이 47개 중앙행정기관 일반직 공무원과 17개 광역자치단체 일반직 공무원 4,100여명을 대상으로 실시한 공직생활실태조사에서 공무원 본인의 업무 전문성 수준을 측정하는 전문성 인식 지표의 점수는 5점 척도에서 3.45점으로 나타났다. 직급별로는 '1~4급'이 3.80점으로 가장 높은 수준을 보였고, '5급'은 3.62점, '6~7급'은 3.33점, '8~9급'은 3.26점으로 각각 나타났다. 이는 직급이 높을수록 자신의 업무 전문성에 대한 인식이 높다는 점을 시사한다 (한국행정연구원, 2021: 60).

참고문헌

감사원. (2010). 「무사안일 감사백서」.

강명구. (2017). 관료제와 장인정신: '영혼 없는 공무원'을 위한 변론. 「한국행정학보」, 51(4): 3-18.

강신택. (2009). 논의의 배경과 의의. 이민호 외 편저. 「한국의 행정이념과 실용행정」, 93-121. 파주: 법문사.

박동서. (1997). 「인사행정론」, 서울: 법문사.

박천오. (2011). 공무원의 정치적 중립: 의미와 인식. 「행정논총」, 49(4): 25-50.

_____. (2015). 한국공무원의 침묵 사유와 침묵 이슈에 관한 인식. 「한국인사행정학회보」, 14(4): 25-50.

오석홍. (1999). 인사행정원리의 이해와 오해. 「행정논총」, 37(2): 255-270.

_____. (2002). 「한국의 행정」, 서울: 법문사.

_____. (2021). 「통치하기 어려운 나라」, 파주: 법문사.

오재록. (2007). 「한국의 관료제 권력구조: 진단과 처방」, 경기도 파주: 한국학술정보(주).

이창길. (2019). 「인적자원행정론」. 파주: 법문사.

임도빈·유민봉. (2022). 「인사행정론」. 서울: 박영사.

정성호. (2000). 21세기 한국행정의 업무수행가치 모색 – 명령복종성에서 공공봉사성으로. 「한국정책학회보」, 9(3): 69-89.

정영태. (2010). 공무원의 정치적 자유에 대한 헌법재판소의 논거와 문제점. 「한국정치연구」, 19(1): 71-99.

주재현·한승주. (2015). 공무원의 책임성 딜레마 인지와 대응: 지방자치단체 공무원을 중심으로. 「정부학연구」, 21(3): 1-33.

한국행정연구원. (2021). 「2021년 공직생활 실태조사」.

Aberbach, Joel D., Putnam, Robert D., & Rockman Bert A. (1981). *Bureaucrats & Politicians in Western Democracies*. Cambridge, Massachusetts: Harvard University Press.

Benveniste, Guy Boyd. (1977). *The Politics of Expertise*. 2nd ed. Berkeley, California: Boyd and Fraser.

Bowman, James S. & Jonathan P. West. (2009). To "Re-Hatch" Public Employees or Not? An Ethical Analysis of the Relaxation of Restrictions on Political Activities in Civil Service. *Public Administration Review*. 69(1): 52-63.

Box, Richard C. (1992). The Administrators as Trustee of the Public Interest: Normative Ideals and Daily Practices. *Administration and Society*. 24(3): 323-345.

Butcher, Tony & Andrew Massey. (2003). *Modernizing Civil Services*. Cheltenham, UK: Edward Elgar.

Butler, Stuart M., Michal Sanera, & W. B. Weinrod. (1984). *Mandate for Leadership II: Continuing the Conservative Revolution*. Washington, D.C.: Heritage Foundation.

Caden, Gerald W. (1981). Ethics in the Public Service: Codification Misses the Real Target. *Public Personnel Management*. 10(1): 109-118.

Christensen, Tom. (1991). Bureaucratic Roles: Political Loyalty and Professional Autonomy. in Moshe Maor and Jan-Erick Lane, (eds.), *Comparative Public Administration Volume I: Analytical Frameworks and Critiques*. 435-452. Brookfield, Vermont: Ashgate Publishing Company.

Cooper, Terry. (1998). *The Responsible Administrators: An Approach to Ethics for the Administrative Role*. 4th ed. San Francisco, CA: Jossey-Bass.

Denhardt, Robert B. (1991). *Public Administration: An Action Orientation*. Pacific Grove, California: Brooks/Cole Publishing Company.

Dunn, Delmer D. (1990). *The Responsible Administrator*. San Francisco: Jossey-Bass.

_____. (1997). *Politics and Administration at the Top-Lessons from Down Under*. Pittsburgh: University of Pittsburgh Press.

Dickinson, Matthew J. (1997). *Bitter Harvest*. New York: Cambridge University Press.

Finer, Herman. (1941). Administrative Responsibility in Democratic Government. *Public Administration Review*. 1(Summer): 335-350.

Friedrich, Carl J. (1972). Public Policy and the Nature of Administrative Responsibility. in Francis Rourke (ed.), *Bureaucratic Power in National Politics*. 165-175. Boston: Little, Brown.

Golden, Marissa Martino (1992). Exit, Voice, Loyalty, and Neglect: Bureaucratic Responses to Presidential Control during Reagan Administration. *Journal of Public Administration Research and Theory*. 291: 29-62.

Heclo, Hugh. (1975). OMB and the Presidency-the Problem of Neutral Competence. *The Public Interest*. 38: 80-98.

Hirschman, Albert. (1970). *Exit, Voice, Loyalty: Responses to Decline in Firms, Organizations, and States*. Cambridge, Mass.: Harvard University Press.

Ingraham, Patricia W. (1995). The Foundation of Merit: Public Service in American Democracy. The Johns Hopkind University Press.

Kauman, Herbert. (1956). Emerging Conflicts in the Doctrines of Public Administration. *American Political Science Review*. 50(4): 1057-1073.

Kee, James Edwin et al.(2007). Transformational Stewardship: Leading Public-Sector Change. in Ricardo S Morse et al. (eds.), *Transforming Public Leadership for the 21st Century*. 154-182. Armonke, New York: M.E. Sharpe.

Knott, Jack H. & Gary J. Miller. (1987). *Reforming Bureaucracy: The Politics of Institutional Choice*. Englewood Cliffs: New Jersey, Prentice-Hall, Inc.

Levitan, David M. (2007). The Neutrality of the Public Service. in Norma M. Riccucci (ed.), *Public Personnel Administration and Labor Relations*. 13-20. Armonk, New York: M.E. Sharpe.

Light, Paul C. (1995). *Thickening Government: Federal Hierarchy and Diffusion of Authority*. Washington, D.C.: The Brookings Institution and the Governance Institute.

Loverd, Richard A. & Thomas J. Pavlak. (1995). Analyzing the Historical Development of American Civil Service. in Jack Rabin, (ed.), *Handbook of Public Personnel Administration*. 1-19. New York: Marcel Dekker, Inc.

March, James G. & John P. Olson. (1995). *Democratic Governance*. New York: Free Press.

Matheson, A. et al. (2007). Study on the Political Involvement in Senior Staffing and on the Delineation of Responsibilities Between Ministers and Senior Civil Servants, OECD *Working Papers on Public Governance*, 2007/6, OECDdoi:10.1787/136274825752

Moe, Terry M. (1985). The Politicized Presidency. in John E. Chubb and Paul E. Peterson (eds.), *New Directions in American Politics*. 235-271. Washington, D.C.: Brookings.

Moynihan, Donald P. & Alasdair S. Roberts. (2010). The Triumph of Loyalty over Competence: The Bush Administration and the Exhaustion of the Politicized Presidency. *Public Administration Review*. 70(4): 572-581.

Niskanen, William. (1971). *Bureaucracy and Representative Government*. Chicago: Aldine-Atherton.

O'Leary, Rosemary. (2006). *The Ethics of Dissent: Managing Guerrilla Government*. Washington, D.C.: CQ Press

Olson, Johan P. (2005). Maybe It Is Time to Rediscover Bureaucracy. *Journal of Public Administration Research and Theory*. 16(1): 1-24.

Rouban, Luc. (2007). Politicization of the Civil Service. in B. Guy Peters and Jon Pierre. (eds.), *The Handbook of Public Administration*. 199-209. Los Angeles: Sage Publications.

Rourke, Francis E. (1984). *Bureaucracy, Politics, and Public Policy*. Third Edition. Boston, MA: Little Brown, and Co.

_____. (1992). Responsiveness and Neutral Competence in American Bureaucracy. *Public Administration Review*. 52(6): 539-546.

Simon, Herbert A. (1957). *Administrative Behavior*. New York: The Free Press.

Sossin, Lorne. (2005). Speaking Truth to Power: The Search for Bureaucratic Independence in Canada. *University of Toronto Law Journal*. 55: 1-59.

Stull, Donald D., Steven Maynard-Moody, & Jerry Mitchel. (1988). The Ritual of Reorganization in a Public Bureaucracy. *Qualitative Sociology*. 11(3): 215-233.

Svara, James H. (1999). Complementarity of Politics and Administration as a Legitimate Alternative to the Dichotomy Model. *Administration and Society*. 30(6): 676-705.

_____. (2001). The Myth of the Dichotomy: Complementarity of Politics and Administration in the Past and Future of Public Administration, *Public Administration Review.* 61(2): 176-183.

_____. (2006). Complexity in Political-Administrative Relations and the Limits of the Dichotomy Concept. *Administration Theory & Praxis.* 28(1): 121-139.

_____. (2009). Introduction to the Symposium: The Nature of Public Professionalism and the Future of ASPA. *Public Administration Review.* 69(6): 1037-1039.

Thompson, Dennis F. (1985). The Possibility of Administrative Ethics. *Public Administration Review.* 45(5): 555-561.

Thompson, Frank J. (1990). Managing Within Civil Service Systems. in James L. Perry. (ed.), *Handbook of Public Administration.* 359-374. San Francisco: Jossey-Bass.

Waldo, Dwight. (1981). *The Enterprise of Public Administration.* Novato, California: Chandier & Sharp Publishers, Inc.

Weber, Max. (1947). *The Theory of Social and Economic Organization.* Translated by A.M. Henderson and Talcott Parsons. New York: Oxford University Press.

Weber, Max. (1958). Politics and Vocation. in H.H. Gerth and C.W. Mills. (eds.), *From Weber: Essays in Sociology.* New York: Oxford University Press.

West, William F. (2005). Neutral Competence and Political Responsiveness: Uneasy Relationship. *The Policy Studies Journal.* 33(2): 147-160.

PART 05

한국 정부관료제의
책임과 윤리

제5편에서는 공무원 책임의 성격과 공무원의 윤리 역량 등에 관한 주제에 대해 논의한다. **제20장은** 한국 공무원들에게 기존의 소극적인 법적·계층적 책임 이행을 넘어선 보다 적극적인 성격의 윤리적·개인적 책임 의식과 책임 이행이 요구된다는 점을 규범적·현실적 양 차원에서 강조한다. **제21장은** 자치단체장의 부당한 정책추진과 관련하여 한국의 상위직 지방공무원들이 준수해야 할 정책윤리를 부각하고, 관련 실증조사 결과를 제시한다. **제22장은** 시민사회가 공무원들에게 기대하는 적극적 행정윤리 행위와 그 전제조건이 되는 공무원 윤리역량의 특성을 설명하고, 한국 공무원의 윤리역량 제고를 위한 방안을 제시한다.

CHAPTER

한국 공무원의 책임 확장

20.1 ▶ 서 언

사회학적 개념으로서의 책임은 특정 주체가 다른 주요 주체들에게 자신의 행위를 설명하거나 정당화할 의무를 지는 것으로 매우 포괄적으로 정의된다(Lupson & Partington, 2011: 897). 행정책임에 대한 개념 정의 또한 이와 유사하게 광범위하다(엄석진, 2009: 21). 반면에 공무원 책임의 정의는 보다 구체적이어서, 공무원이 특정한 행위를 하지 않아야 할 의무나 공무원이 일정한 기준에 따른 행위를 할 의무를 뜻하는 경우가 많다(Gregory, 2007: 339-340). 이러한 의무에 반하는 공무원의 행위는 흔히 비윤리적인(unethical behavior) 행위로 인식된다(오석홍, 2011: 97).

일반적으로 공무원의 비윤리적 행위는 법에 어긋나는 위법적인(illegal) 행위와 위법하지는 않으나 비윤리적인 행위(the legal kind of unethical behavior)의 두 범주로 나눌 수 있다. 이 가운데 시민사회의 관심을 끌고 정부가 해결을 위해 우선적으로 노력하는 것은 부정부패나 권력남용으로 대표되는 전자의 행위이다. 공무원의 책임과 윤리에 관한 기존의 연구들도 공무원의 부정부패나 정책과정에서의 공무원의 재량(discretion) 남용과 같은 병리적 행위와 관련된 법적 책임과 통제 문제를 주로 다루었다.

그러나 현실에서는 후자의 비윤리적인 행위 범주, 즉 '위법하지 않으나 비윤리적인 공무원 행위'가 훨씬 더 일상화 되어 있다. 이러한 비윤리적 행위에는 '위

---

* 이 장은 「한국행정학보」(2016년 제50권 1호)에 게재된 박천오의 논문을 재구성한 것임.

법하지 않으나 부당한 행위'(legal but not ethical)를 피할 의무를 위반한 행위와 '법적 의무를 넘어선 옳은 행위(right doing)'를 행할 의무를 위반한 행위가 포함된다. 이런 성격의 비윤리적 행위가 공직사회에 만연될 경우, 정부에 대한 국민의 기본적 신뢰가 저하되는 등 공무원의 위법 행위 못지않은 부정적 결과를 초래할 수 있다.[1] 이런 연유로 해당 행위와 관련된 의무 역시 공무원의 책임에 속한다.

공무원들의 행태가 사회적 기대에 부응하지 못하는 것은 이 같은 '법제화 되지 않은 공무원 책임'을 다하지 않기 때문인 경우가 많다(Lewis & Catron, 1996: 699-700). 한국 공무원들이 세월호 참사를 비롯한 근래의 여러 사태에서 공인의식이 결여된 행태를 보인 것은 '법제화되지 않은 공무원 책임'의 중요성에 대한 인식이 부족했던 탓이라고 할 수 있다. 공무원 인식의 이러한 문제는 그간 한국 공직사회가 공무원들의 위법행위를 방지하거나 공무원들로부터 최소한의 업무성과를 확보하기 위한 소극적인 성격의 법적·계층(서)적 책임 이행을 주로 강조했던데 기인한다(박천오, 2014a).

이 장에서는 그동안 연구가 미진했던 '법제화 되지 않은 공무원의 책임' 즉 '위법하지 않으나 부당한 행위' 및 '법적 의무를 넘어선 옳은 행위'와 관련된 공무원의 책임 문제를 고찰한다. 구체적으로 한국 공무원들이 기존의 소극적인 법적·계층적 책임 의식을 넘어 보다 적극적인 성격의 윤리적·개인적 책임 의식을 가져야 한다는 점을 규범적·현실적 양 측면에서 논의한다. 공무원 스스로 자신의 책임을 어떻게 이해하고 인식하느냐에 따라 그의 직무수행 태도와 행동 패턴이 크게 달라질 수 있다는 것이 이러한 논의의 기본 전제이다(Lupson & Prtington, 2011: 899).

20.2 ▶ **책임의 성격: 법적 책임 vs. 윤리적 책임**

1. 법적 책임

책임은 기본적으로 누가 누구에게 무엇에 대해 어떻게 책임을 지는가의 문제

---

1) Brumback(1991: 354-355), 박흥식 외(2010: 41-42), 이윤경(2014: 292) 참조.

로서,[2] 그간 학자들 사이에 다양한 공무원 책임론이 제기되어 왔다. 공무원의 책임은 그 성격에 따라 크게 법에 근거한 법적 책임과 윤리에 근거한 윤리적 책임으로 나눌 수 있다(Gregory, 2007: 344). 법적 책임은 공무원이 법적으로 부과된 의무를 이행해야 할 책임으로서, 부정부패나 권력남용과 같은 공무원의 위법행위를 방지하거나 공무원의 직무수행을 확보하려는 데 주된 목적을 둔 협의의 소극적 책임이다(Stewart, 1985: 492).

위법 행위를 하지 않아야 할 의무로서의 법적 책임은 이해의 상충, 재산공개, 퇴직 후 취업 제한, 뇌물수수, 사적 목적을 위한 공직 사용 금지, 정부 내부 정보의 오용 등에 관한 법규에 근거하며, 의무 이행을 담보하기 위한 외적 통제와 제재를 수반하는 것이 보통이다.[3] 법적 책임은 공무원이 법 규정에 충실해야 하며, 공무원의 재량권 행사는 집행의 매우 세부적인 사안들에 국한된다는 것을 기본 전제로 한다(Dobel, 1990: 357).

법적 책임에 기초한 전통적인 행정모델(classical administration model)은 공무원이 중립적 기술자(neutral technician)로서 책임 있는 행정인(responsible administrators)이 될 것을 강조한다. Weber, Taylor, Gulick 등 초기 학자들은 조직에서 개인의 투입(individual inputs)을 표준화하고자 하였고, 조직의 부품으로서 조직 목표 달성을 위해 능률성, 효율성, 전문성을 발휘하는 사람을 이상적인 조직인으로 보았다(Alexander, 1997: 350). 이 모델에 따르면 공무원은 정책집행 등과 관련하여 법에 요구된 바를 충실히 이행함으로써 책임을 다하게 되고,[4] 관련 법규를 준수한 이상 자신의 행위에서 비롯되는 부정적 결과들에 대한 법적 책임을 면제받게 된다(March & Olson, 1995: 154-155). 법적 책임은 법에 규정된 절차의 준수를 중시하므로 절차적 책임이라고도 할 수 있다. 법적 책임은 뒤에서 서술하는 계층적 책임과 더불어 고전적 행정이론에서 가장 강조되는 공무원 책임이다(엄석진, 2009: 25).

공무원들이 정해진 규칙을 엄수하면, 업무수행의 정확성, 예측성, 신뢰성, 신속성이 제고된다는 장점이 있다. 그러나 법규가 늘고 법적 책임이 강조될수록 다양한 병리 현상이 빚어질 수 있다. 예를 들면 공무원이 법규에 대한 형식적 순응에 치중할 뿐 자신이 수행하는 업무의 근본 목적을 의식하지 않는 목표대치(goal displacement) 현상을 초래할 수 있다.[5] 법적 책임의 지나친 강조는 공무원이 조직

---

2) Denhardt & Denhardt(2007: 120), Bovens(2008: 226) 참조.
3) Gregory(2007: 339-340), Lewis & Carton(1996: 701) 참조.
4) Harmon(1990: 156-158), Dobel(1990: 354) 참조.

의 여러 문제에 대해 도덕적 판단을 하지 못하는 훈련된 무능(trained incapacity)에 빠지게 할 수도 있다.[6] 요컨대 통제 위주의 법적 책임 강화는 윤리를 법으로 축소시키고 판단을 규정으로 대체하는 법규만능주의를 초래함으로써, 보다 높은 수준의 공무원 윤리 실천을 저해할 수 있다(Lewis & Carton, 1996: 703).

다른 한편으로 법적 책임은 이른바 '다수 손의 문제'(problem of many hands)로 인해 법적 의무를 위반한 행위자를 명확히 가려내기 어려운 한계도 있다(Thompson, 1980; Stewart, 1985: 489). 많은 주체들이 관여하고 온갖 종류의 내생적·외생적 변수들이 복합적으로 작용하는 복잡한 정책과정 속에서, 정책집행 실패 등과 관련된 인과관계를 규명하여 특정 공무원 개인의 법적 책임을 입증하기 쉽지 않기 때문이다(Gregory, 2007: 343).

한국의 경우 법적 책임을 중시하는 행정 풍토는 세월호 참사 등에서 나타났듯이 공무원들의 보신주의와 무사안일 풍조를 낳았다.[7] 공무원이 법규를 철저히 지키면서 무사안일하게 행동하더라도 현행법상 제재 수단이 마땅하지 않은 것이 현실이다(김호정, 1996: 62). 「국가공무원법」 제78조는 직무상의 의무를 위반하거나 직무를 태만한 경우를 공무원 징계 사유의 하나로 규정하고 있지만, 행정기관장들과 관리자들은 이러한 규정을 적용하는 데 매우 소극적인 태도를 보인다(박천오, 2007). 이런 현상과 관련하여 공무원 업무에 대한 감사 방향을 "한 일에 대한 감사"에서 "해야 할 일을 하지 않은 데 대한 감사"로 전환해야 한다는 지적에 따라, 한국 감사원은 공직자들이 적극적이고 능동적으로 업무를 수행하는 과정에서 일어난 실수나 문제에 대해서는 과감하게 법적 책임을 면제해 주는 이른바 "적극행정 면책제도"를 도입하였다(감사원, 2010: 24-25).

2. 윤리적 책임

공무원의 윤리적 책임은 앞서 밝힌 대로 '위법하지 않으나 부당한 행위'를 피할 의무와 '법적 의무를 넘어선 옳은 행위'를 행할 의무를 뜻한다. 위법한 행위는 거의 모두 비윤리적 행위이지만, 비윤리적 행위가 모두 위법한 행위인 것은 아니다(Berman & West, 2006: 191). 예컨대 제주도에 공무로 출장 간 공무원이 관광을

---

5) Merton(1940), Lewis & Carton(1996: 703), Alexander(1997: 350), 박천오(2014a: 160) 참조.
6) Stewart(1985: 493), Morrison & Milliken(2000: 707) 참조.
7) 김병섭·김정인(2014), 임의영(2014) 참조.

위해 현지에 하루 더 체류한 것은 비윤리적인 행위는 될지라도 위법한 행위는 아 닌 것이다. 공무 시간에 사적 목적으로 인터넷 서핑을 한 것도 이와 마찬가지 성 격의 행위라고 할 수 있다.

윤리적 책임은 공무원이 자신의 직업윤리와 공익관에 비춰 스스로 주관적으 로 느끼는 의무를 이행해야 할 책임을 말한다(이종수, 2012: 162). 공무원은 의사나 변호사처럼 엄격한 의미의 전문직업인(professionals)은 아니지만, 오랜 행정 경험 과 행정기관에서의 사회화 과정을 통해 특정한 가치체계와 직업윤리를 갖춘 준전 문직업적 성격의 전문행정인(professional administrators)이라고 할 수 있다. 공무원 의 윤리적 책임은 전문행정인으로서의 자신의 지식과 경험을 토대로 직업윤리에 부합되게 행동할 의무를 뜻한다.

공익은 윤리적 책임의 또 다른 기초가 될 수 있다. 일반적으로 공익은 두 가 지 내용으로 개념화할 수 있다. 하나는 사회 형평성(social equity)의 측면에서 힘없 는 사람들, 동정받아야 마땅한 사람들, 긴급한 필요가 있는 사람들에게 유리한 결 과를 가져오는 것이 바로 공익이라는 개념 정의이다. 다른 하나는 공평무사 (disinterest)가 곧 공익이라는 개념 정의이다. 공평무사는 공무원 개인의 이익이나 소속기관의 이익과 대비되는 공정성(impartiality)의 의미로서, 사회공동체 전체 의 사와 이익에 부합되는 것이 곧 공익이라는 개념 정의와 일맥상통한다. 이런 차원 에서 Fredrich(1972)는 공무원의 행위가 전문직업적 전문성(professional expertise), 기술적 기준(technical standards), 사회공동체의 선호 등에 대한 고려를 바탕으로 형 성된 강한 내적 윤리(internal ethics)에 의해 인도되어야 한다고 주장하였다(Al-exander, 1997: 350).

윤리적 책임은 단순히 법규를 준수하는 것 이상의 높은 수준의 의무를 이행할 책임이므로, 법적 책임을 이행하는 데 머문 공무원 행위도 비윤리적 행위가 될 수 있다. 법적 책임이 외부로부터 강요된 책임이라면, 윤리적 책임은 해당 의무 를 이행해야 한다는 공무원 자신의 지각과 인식에 근거한 도덕적 · 주관적 책임이 라고 할 수 있다.[8]

Lewis & Carton(1996: 704)은 공무원의 윤리적 책임 이행에 지침이 될 수 있는 몇 가지 기본적인 윤리 원리를 제시하였다. 첫째, 상호성(reciprocity)의 원리로서, 공무원이 사람의 존엄과 권리를 존중하고 다른 사람에게 해가 되지 않게 행동할

---

8) 이종수(2012: 160), 한승주(2013: 31) 참조.

것을 요구한다. "남들이 당신에게 해주기 원하는 대로 남들에게 해주어라"는 인간 관계의 황금률(Golden Rule)이 그 대표적인 예이다. 둘째, 역지사지(reversibility) 혹은 감정이입(empathy)의 원리로서, 공무원 스스로 자신이 행하는 행위의 대상자(subject) 혹은 희생자의 위치에 서서 해당 상황을 판단할 것을 요구한다. 셋째, 유용성(utility) 혹은 좋은 결과(net good results)의 원리로서, 공무원이 자신의 행위로 인해 얼마나 많은 사람이 어떤 영향을 장·단기적으로 받게 될 것인지를 충분히 고려할 것을 요구한다. 넷째, 보편성과 일관성(universality and consistency)의 원리로서, 공무원의 행위가 자의적이지 않고, 공평무사, 공정, 예측가능해야 함을 요구한다.

Lewis & Carton(1996: 709)은 공무원이 자신의 행위가 비윤리적 행위인지 여부를 고결성 시험(mirror test for integrity)을 통해 판단할 수 있다고 하였다. 이는 해당 행위에 관한 신문 기사를 공무원 자신이 읽기를 원할 것인지, 해당 행위를 공무원 스스로 가족들에게 떳떳이 말할 수 있을지 등의 질문을 자신에게 던지는 방식으로 자기 점검을 하는 것을 말한다.

한편, 공무원에게는 공익을 저해할 수 있는 조직 안팎의 문제점들에 대해 침묵하지 않고 이를 표출하여 시정하고자 노력할 윤리적 책임도 있다(Buchanan, 1996: 425-426). 이것은 '법적 의무를 넘어선 옳은 행위'를 행할 성격의 의무로서, 여기에는 상관이나 동료 혹은 하급자의 비윤리적 행위를 바로 잡고자 노력할 의무가 포함된다. 정무직 상관이 사회공동체의 가치관이나 이익에 반하는 정책을 추진할 시에도 공무원은 이를 시정하려 노력할 윤리적인 책임이 있다(Lewis & Carton, 1996: 708; Cooper, 1982: 156-157). 이와 관련하여 Fredrich(1972)는 정무직 상관의 형식적·법적 권한이 시민의 의지를 왜곡할 시에, 공무원은 시민의 비공식 대리인으로서 이를 외면해서는 안 된다고 주장하였다.

그러나 현실에서 공무원들은 상관의 부당한 정책에 대해 자신의 직무 전문성과 조직 경험 등에 근거한 견해나 판단을 소극적으로 제시하는 수준의 노력에 그치는 것이 보통이다. 이는 윤리적 책임을 다하려는 자신들의 노력이 도리어 문제를 초래할 것이란 우려 때문이다.[9]

공무원의 침묵 현상과 관련하여 한국 감사원은 상관이 누가 보아도 비합리적인 명령을 하고 있음에도 불구하고 공무원이 상명하복식 사고방식에 젖어 그것이

---

9) Morrison & Milliken(2000), Hassan & Wright(2014: 335) 참조.

국민에게 어떤 영향을 미칠지 등을 심사숙고하지 않고 기계적으로 문제를 처리하는 사례 등을 감사 지적 사례로 제시하였다(감사원, 2010: 228, 232). 그러나 실제로 한국에서 상관이 '위법하지 않으나 부당한' 성격의 정책을 추진할 시에 하급 공무원이 문제 제기를 할 수 있을지는 의문이다. 한국 공무원들은 상관의 지시에 복종하는 전통 행정문화의 영향을 여전히 강하게 받고 있을 뿐만 아니라, 「국가공무원법」 제57조(복종의 의무)가 공무원이 직무를 수행할 때 소속 상관의 직무상 명령에 복종해야 한다고 명백히 규정하고 있기 때문이다.

상관의 '위법하지 않으나 부당한 지시'에 대한 공무원 책임 문제는 공무원의 정치적 중립 의무와도 연관된다. 공무원에게는 자신의 정치적 철학이나 의견과 무관하게 집권 정부와 정무직 상관의 정책 실현에 충실해야 한다는 의미의 정치적 중립 의무가 있는 동시에, 스스로 오랜 행정 경험을 쌓은 전문가로서 정치적 고려를 떠나 객관적으로 정무직 상관의 지시가 부당하다고 판단할 시에 문제 제기를 해야 한다는 의미의 정치적 중립 의무도 있기 때문이다(박천오, 2011: 28-31). 전자의 정치적 중립 의무는 공무원의 법적 책임과, 후자의 정치적 중립 의무는 공무원의 윤리적 책임과 각각 궤를 같이한다.

윤리적 책임에 속하는 '법적 의무를 넘어선 옳은 행위'는 넓게는 '맥락적 활동'(contextual activities), '조직시민 행동'(organizational citizenship behavior), '추가적 역할 수행'(extra-role behavior) 등의 행위를 포함한다. 이들은 모두 조직에서 공식적으로 요구되는 최소 수준의 업무수행을 넘어선 조직구성원 개인의 자율적인 행위들(discretionary behaviors)로서, 조직 과업 달성에 도움이 되는 긍정적인 성격을 띤다.[10]

공무원의 윤리적인 책임은 자신을 도덕적 해이(moral hazard)에 빠지지 않게 견제하는 내적 제약(internal constraints)으로 작용할 수 있다. 공무원의 도덕적 해이는 자원을 낭비하고 불필요하게 예산과 인력을 증대하는 행위(자원의 비효율적 활용), 공적 자원을 유용하는 행위(자원의 오용), 본래의 정책목표에서 벗어난 목표를 추구하는 행위(목표대치), 상관의 정당한 정책이나 지시를 적시에 집행하지 않고 의도적으로 지연시키는 행위(수동적 반대), 근무 시간에 업무에 몰입하지 않고 여가 활동 등 허용되지 않은 다른 활동을 하는 행위(회피), 자신들의 전문영역이 아닌 영역까지 불필요하게 활동반경을 확장하는 행위(전문가적 팽창주의) 등의 행위를

---

10) Ritz et al.(2014: 130-131), Kim(2006: 723-725) 참조.

〈표 20-1〉 법적 책임과 윤리적 책임의 대비

법적 책임		윤리적 책임	
위법행위를 하지 않을 의무	법에 요구된 행위를 할 의무	'위법하지 않으나 부당한 행위'를 피할 의무	'법적 의무를 넘어선 옳은 행위'를 행할 의무
(해당 행위) • 부정·부패 행위 • 기타 법에 금지된 행위	(해당 행위) • 법에 규정된 직무를 이행하는 행위 • 법적 절차를 준수하는 행위	(해당 행위) • 도덕적 해이 • 무사안일	(해당 행위) • 공익을 저해하는 조직 안팎의 문제들에 대해 발언하는 행위 • 상관의 부당한 지시를 시정하려는 행위 • 조직시민행동 등 조직 과업 달성에 기여하는 자발적 행위

포함한다. 공무원의 법적 책임을 강조하는 것만으로는 이들 행위를 통제하기 어려운 관계로(Buchanan, 1996: 425-426), 공무원에게 '위법하지 않으나 부당한 행위'를 하지 않을 윤리적 책임을 강조할 현실적 필요성이 있는 것이다.

그러나 윤리적 책임은 공무원 개인의 도덕적 의무감에 기초한 자기성찰적인 특성(self-reflective character)을 지닌 탓에 의무 불이행에 대한 제재가 공무원 개인의 양심의 가책에 그친다는 한계가 있다(Finer, 1972). 뿐만 아니라 윤리적인 책임을 지나치게 중시하면, 공무원이 자기도취증(narcissism)과 '거짓 자기 직관'(pseudo self-insight)에 빠져 자의적으로 행동하거나 상관의 합법적 권한을 부정하는 행태들 나타낼 우려도 없지 않다. 공무원의 윤리적 책임을 과도하게 강조하면 공무원을 자신의 도덕성을 다른 무엇보다 우선시하는 행정 현인(administrative Platonists)으로 만들 수 있다는 비판이 제기되는 것은 이 때문이다(Fox & Cohen, 1990). 같은 맥락에서 공무원의 판단이 정무직 상관의 판단을 대체하게 되면 민주주의의 기본 취지와 정치적 책임 원리에 위배 된다는 지적이 설득력을 얻고 있다(Pops, 1991: 272). 또한 공무원이 상관의 명령에 충실하지 않으면 계층적 질서에 토대를 둔 관료제 체제 자체가 와해될 수 있다는 우려도 제기되고 있다(Denhardt, 1991: 118).

20.3 ▶ 책임의 소재: 계층적 책임 vs. 개인적 책임

1. 계층(서)적 책임

Weber의 관료제적 구조에 토대를 둔 계층적 체제에서 공무원은 직무수행에 있어 상관의 지시와 기대에 충실할 책임이 있다. 고전적 행정이론은 이러한 계층적 책임을 법적 책임과 더불어 공무원의 가장 중요한 책임으로 간주한다. 계층적 책임은 기본적으로 고위직에 많은 권한과 책임을 부여하여 부하들을 지휘 감독케 하는 방식의 계층적 통제를 통해 이행이 확보된다(Petter, 2005: 203; 한승주, 2013: 28).

공무원의 계층적 책임을 강조할 경우, 공무원은 상관의 지시에 따라 직무를 수행하므로 해당 지시가 불법이 아닌 한 그 결과에 대해 윤리적 책임이 없고 단지 조직 전체의 집합적 책임(collective responsibility)만 있을 수 있다는 주장이 가능하다. 이는 개인은 스스로 자유롭게 행한 행위에 대해서만 윤리적 책임이 있으므로, 조직에서 요구된 역할로 인해 행동의 제한을 받는 공무원에게는 윤리적 책임을 물을 수 없다는 논리이다(Stewart, 1985: 489). 이러한 논리는 정책과 행정 그리고 공무원의 활동에 대한 궁극적 책임은 조직의 최고관리자인 정무직 상관에게 있고, 공무원은 익명성이 요구된다는 주장과 일치한다.[11] 또한 정책의 성패를 특정 공무원과 직접 연관 짓게 되면 공무원의 정치적 중립에 위배된다는 주장과도 일맥상통한다(Drewry & Butcher, 1988: 151).

계층적 책임의 강화는 간접 민주주의(overhead democracy)를 구현하고, 공무원의 권한 남용과 자의적인 정책집행을 억제하는 등의 긍정적인 효과를 기대할 수 있다. 그러나 이것이 지나치면 공무원의 공적 마인드(public-mindedness)와 윤리적 책임성을 약화 시켜 공익을 위한 공무원의 자발적 노력을 저해할 수 있다(Petter, 2005: 203). 이 점과 관련하여 Cooper(1987)는 계층제는 공무원이 국민이 아니라 상급자를 만족시킬 것을 요구한다고 지적하면서, 공직 윤리는 공무원이 자신을 특정 기관이나 상급자에 대한 봉사자가 아니라 국민에 의해 고용된 사람으로 인식하고, 공익, 사회정의, 자유와 같은 이른바 행정의 내적 선(internal goods)을 추구

---

11) Drewery & Butcher(1988: 150-153), Gregory(2007: 344) 참조.

함으로써 지켜질 수 있다고 주장하였다.

계층적 책임을 강조할 시에 공무원들 사이에 나타날 수 있는 또 다른 병리 현상은 위로부터 명백한 지시가 주어지지 않는 한 아무 일도 하지 않으려는 행태이다. 이러한 행태는 자신들의 판단과 책임을 상관의 판단에 무조건 종속시키려는 아부적인 복종행위(sycophantic obedience)로 이어질 수 있다(Harmon, 1990: 140; Dobel, 1990: 357). 공무원들은 비판적인 이견을 제시할 때보다 복종적 일치(obedient conformity)의 모습을 보일 때 보상받기에 이러한 기회주의적인 행태를 나타내기 쉬운 것이다(Gregory, 2007: 342).

그러나 공무원은 이러한 행위를 명령에 충실한 것으로 정당화할 수 없다(Buchanan, 1996: 429). 한국 감사원은 상관의 부당한 지시 등에 대해 문제를 제기하지 않고 묵종하는 공무원의 행태를 '수동적 처리' 행태로 명명하면서 무사안일의 한 유형으로 간주한다(감사원, 2010: 228, 232).

2. 개인적 책임

앞서 공무원의 윤리적 책임을 주장하는 관점은 정책결과 등에 대한 공무원 개인의 책임을 강조한다. 행정기관의 실체는 소속 공무원들이며 이들의 활동이 집합적으로 조직의 활동을 구성하는 것이므로(Bonczek, 1992: 79), 공무원은 조직의 집합적 책임과는 별도로 자신의 행위에 대해 개인적으로 윤리적 책임(personal responsibility)이 있다는 것이다.[12] 공무원 개인의 윤리적 책임은 공무원 자신의 행위와 관련된 책임으로서(Bonczek, 1992: 82), 해당 행위가 조직이라는 집합체의 일부분으로 이루어졌더라도 그 결과를 다른 공무원들이나 제도적 구조(institutional structures) 탓으로 돌릴 수 없는 성격의 책임이다(Stewart, 1985: 487-488).

어떤 규칙이나 상관의 명령도 공무원 자신이 연루된 사안의 부정적 결과에 대해 윤리적 면죄부를 주지 못하며, 법규와 명령에 따른 법적 책임과 계층적 책임을 이행했다는 점이 공무원 스스로 판단해야 할 윤리적 의무를 대신하지 못한다(Dobel, 1990: 357-358). 이처럼 윤리적 책임의 소재가 공무원 개인에게 있는 것은 직무수행 시에 거의 언제나 공무원 개인이 판단하고 선택할 여지와 의무가 있기 때문이다(Stewart, 1985: 489). 예컨대 법규의 집행에는 해석이 요구되며, 상관의 부

---

12) Gortner(1991, 36), Luke(1991: 160), Buchanan(1996: 422) 참조.

당한 지시에 대해서는 Hirshman(1970)이 말하는 이탈(exit)과 발언(voice)이라는 선택이 가능한 것이다. 윤리적 책임은 공무원이 업무 수행에 있어 공익에 기초한 판단과 행동을 할 의무를 내포한다.

공무원이 개인적으로 윤리적 책임을 지는 것은 행정 현실과도 부합된다 (Dobel, 1990: 359). 공무원은 정도의 차이는 있지만 어떤 형식으로든 사안의 결정 과정 등에 연루되는 관계로, 그에 상응하는 수준의 윤리적 의무가 있는 것이다.[13] 윤리적인 책임이 있는 공무원은 법적 책임이 없더라도 스스로의 부당한 행위에 대해 양심의 가책을 느끼면서, 해당 행위와 관련된 외부로부터의 도덕적 비난을 마땅히 감수해야 한다(Stewart, 1985: 488).

공무원 개인에게 윤리적 책임이 있다는 것은 공무원이 수행하는 일은 모두 시민들로부터 위임받은 것이란 수탁자(fiduciaries)의 논리에 근거하며(Buchanan, 1996: 427), 공무원이 자신의 행위에 대해 직접 책임을 지는 도덕적 주체임을 전제한다 (Gregory, 2007: 343). 공무원의 개인적인 책임의식은 자신의 부당한 행위를 견제할 뿐만 아니라, 상관이 추진하는 부당한 정책이나 조직의 문제점들을 시정하려는 노력으로 이어질 수 있다(Dobel, 1990: 359). 관료조직은 미묘한 방식으로 구성원들의 도덕적 민감성(moral sensibilities)을 둔화시키고, 구성원을 자신의 행위에 대해 사려 깊은 판단(reflective judgment) 없이 상관이나 조직에 무조건 충성하는 존재로 전락시킬 수 있다(Gregory, 2007: 343; Buchanan, 1996: 429). 공무원의 개인적 책임 의식이 현실적으로 중요한 이유도 바로 여기에 있다.

그러나 윤리적 책임을 지나치게 강조할 경우 자칫 공무원이 자신의 개인적인 양심과 판단을 앞세워 조직의 요구나 상관의 지시를 쉽게 거부하는 부정적인 결

〈표 20-2〉 계층적 책임과 개인적 책임의 대비

계층적 책임	개인적 책임
• 공무원이 상관의 지시에 충실할 의무 • 의무 불이행 시에 계층적 제재가 가해짐 • 공무원은 자신이 연루된 사안의 부정적 결과에 대해 윤리적 책임이 없으며, 조직의 최고관리자가 해당 책임을 짐	• 공무원이 직무 수행과 관련하여 스스로 판단하고 선택할 의무 • 의무 불이행 시에 공무원 스스로의 내적 제재(양심의 가책)와 외부로부터의 도덕적 비난을 받음 • 공무원은 자신이 연루된 사안의 부정적 결과에 대해 도덕적 주체로서 윤리적 책임을 짐

---

13) Aberbach et al.(1981), Drewry & Butcher(1988: 156-159) 참조.

과를 가져올 수 있다(Cooper, 1982: 157). 즉 개인적 책임은 공무원이 상부나 조직의 상관이 하달한 지시에 충실할 조직책임(organizational responsibility)과 갈등 관계에 놓일 수 있고(Cooper, 1998), 특정 사례에 있어 상관의 권위에 대한 존중의 적정한계선이 어디까지인지 알기 어렵게 할 수 있다(Buchanan, 1996: 429). 이에 대해 Harmon(1995)은 공무원 책임의 특징은 조직에 대한 책임과 도덕적 책임이 상충되는 모순에 있다고 지적하였다.

20.4 > 윤리적 · 개인적 책임의 불이행과 이행 여건

1. 공무원의 도덕적 해이

민주주의 이념에 의하면 국민-의회-행정부 간 관계와 행정기관 내 고위관리자와 하급자들 간 관계는 대리인 이론(Principal-Agent Theory) 틀 속의 위임자-대리인 관계로 볼 수 있다. 위임자-대리인 관계는 대리인이 위임자의 업무 수행에 최선을 다하지 않아도 될 여건과 인센티브들 갖게 되어 도덕적 해이에 빠질 위험이 큰 것이 특징이다(Moe, 1984; 권순만 · 김난도, 1995).

공무원의 도덕적 해이는 공무원이 최소한의 법적 · 계층적 책임만을 이행하고 윤리적 책임을 회피하는 행태로 나타나는 경우가 많다. 공무원은 자신의 일탈행위가 윤리적 측면에서 비난받을 시에, 다른 공무원들의 유사 행위를 들어 스스로의 행위를 변호하려는 경향을 나타낸다(Tuckness, 2010: 263). '다른 공무원들도 모두 그렇게 한다'는 식의 주장은 특정 행위가 광범위하게 확산되어 있다는 주장이거나, 아니면 다수 공무원이 특정 유형의 행위를 인지하고 묵시적으로 동의한다는 주장이 된다. 이런 주장은 다른 공무원들이 관련 의무를 회피하는 상황에서 자신만이 부담스러운 의무를 이행하는 것이 공평한지 의문을 제기하는 것일 수도 있다(Tuckness, 2010: 270). 다른 공무원들의 유사 행위를 부각하는 주장은 대체로 '위법하지 않으나 부당한 행위'를 피할 의무를 위반하거나 '법적 의무를 넘어선 옳은 행위'를 행할 의무를 위반한 공무원이 자신의 도덕적 해이를 정당화하는 방편이 되고 있다.

학자들은 한국 공무원들이 도덕적 해이의 대표적 사례라고 할 수 있는 무사안

일 행태를 보인다는 점을 빈번히 지적해 왔다.[14) 무사안일은 공무원이 책임추궁
이나 비판이 두려워 일에 적극성을 보이지 않는 부정적인 행태를 의미하며, 다양
한 비윤리적 행위를 포괄한다(이윤경, 2014: 294-295).

한국 감사원은 2009년 "공직자에게 요구되는 법적·도덕적 책임과 의무를 적
정하게 이행하지 아니하여 국민생활 및 기업 활동에 불편을 주거나 권익을 침해
하는 경우 또는 예산상 손실을 초래한 경우" 등을 국가경쟁력을 저하시키는 무사
안일 행위로 간주하여 업무실태 감사를 실시하였다. 감사원은 감사지적 사례
1,900여건을 13개 유형에 따라 분류 정리하여 무사안일의 판단 기준으로 제시하
였다(감사원, 2010: 211-212).

감사원은 무사안일을 〈표 20-3〉과 같이 4가지 유형으로 대별 하였으며, 각 유
형을 〈표 20-4〉와 같이 세부 유형으로 구분하였다. 감사원에서 처리한 무사안일
사례들을 무사안일 유형별로 분석한 결과는 보신적 무사안일이 절반(48.9%)에 이
르는 것으로 나타났으며, 다음으로 자의적 무사안일(19.7%), 형식적 무사안일
(15.8%), 권위적 무사안일(15.6%) 순으로 나타났다(감사원, 2010: 30).

앞서 언급한 대로 감사원은 2008년 창의적이고 적극적인 행정풍토 조성을 위
해 '적극행정 면책제도'를 도입하였는데, 이 제도는 공무원이 공익을 증진하기 위
해 능동적으로 업무를 처리하는 과정에서 선의의 실수로 부분적인 절차상 하자,

〈표 20-3〉 무사안일 유형별 의미

유 형	의 미
보신적	공무원이 자리보전을 위해 위험회피적, 변화저항적, 책임회피적 행태를 보이며, 적당하게 일을 처리하는 행태를 보이는 무사안일
형식적	공무원이 규정이나 절차를 지나치게 중시하거나 얽매여 상황 변화에 따른 유연하고 적실성 있는 대응을 하지 못하고 단지 선례답습, 법규빙자, 탁상행정 등의 행태를 보이는 무사안일
권위적	조직 내에서의 명령과 복종의 위계질서가 중시되고, 최고결정자의 판단에 부하 직원이 쉽게 도전하지 못하며 수동적으로 따르는 무사안일. 조직구성원들의 창의적인 아이디어가 제한되고 조직이 경직되므로 무책임성, 고압적 처리, 수동적 처리의 행태
자의적	국민의 이익보다는 공무원과 조직(기관, 부서 등) 이익을 우선시하여 업무를 수행함으로써 업무전가, 비협조, 관료이익 등의 행태를 보이는 무사안일

출처: 감사원(2010: 22)

---

14) 오석홍(2011: 124-127), 이윤경(2014) 참조.

〈표 20-4〉 무사안일 세부 유형별 정의

세부유형		세부유형별 정의
보신적	적당처리	공무원이 일을 어물어물 요령만 피워 적당히 해치우려는 행태, 즉 근원적인 대책을 강구함이 없이 현실만을 모면하자는 방식이며, 원칙이나 정도대로 처리하지 아니하는 행태
	업무태만	공무원이 주어진 업무를 게을리하거나 부주의하여 업무를 불이행 하는 행태
	책임전가	자신에 주어진 책임을 다른 사람이나 조직에 덮어씌우거나 돌리는 행태
	변화저항	행정환경이나 행정수요의 변화에 따르기를 거부하거나 거역하는 행태
형식적	선례답습	기존 행정 처리의 타당성 여부 등을 전혀 검토하지 않고 무비판적으로 따르는 행태로 법령이나 지침 등이 개정되었음에도 이를 간과한 채 구 법령, 개정 전의 지침에 따라 만연히 처리하는 행태
	법규빙자	법규 자체를 합목적적·합리적으로 해석하지 아니하고, 안 되는 방향에서 법규를 집행하는 행위 혹은 경미한 사항의 하자를 이유로 기본 행정처분 자체를 거부하는 행위
	탁상행정	현실을 무시한 행정을 비판하는 말로 공무원이 탁상에 앉아 머리와 서류만으로 정책을 만들어내는 것을 가리키는 행태
권위적	무책임성	주어진 권한과 의무를 이행하지 않고 이에 대한 책임을 지지 않는 행태
	고압적 처리	우월적 지위를 이용하여 상대방에게 겸손하고 성실한 자세를 보이지 않고 명령적이거나 불손하게 업무를 처리하는 행태
	수동적 처리	상관의 지시, 명령, 결정에만 의존하여 업무를 처리하는 행태
자의적	업무전가	자신이 해야 할 업무를 다른 사람 또는 조직에게 고스란히 떠넘기는 행태
	비협조	자기 혹은 조직만 중시하고 다른 사람이나 조직과의 유기적인 업무 협조를 거부하거나 경시하는 행태
	관료이익	공무원이 민원 등 국민의 편익을 위해서가 아니라 자신이나 조직의 이익만을 중시하여 업무를 처리하는 행태

출처: 감사원(2010: 22)

비효율성, 예산 낭비 등의 부작용이 발생하더라도 일정 요건을 충족한 경우 관련 공직자 등에 대해 감사원법상의 불이익 처분 요구 등을 하지 않거나 감경 처리하는 제도이다(감사원, 2010: 201). 이러한 면책제도가 어느 정도 실효를 거두고 있는지는 아직 구체적으로 알려지지 않고 있다.

2. 윤리풍토

공무원이 윤리적·개인적 책임을 이행하는 정도는 공무원 개인의 가치관에 따라 다르겠지만, 이들 책임은 어느 정도 외적 여건이 조성되어야만 이행할 수 있다. 한국에서처럼 법 규정이 과다하고 공무원의 실수에 대한 문책은 심한 반면 성과에 대한 보상은 약한 현실에서, 공무원이 윤리적·개인적 책임을 다하기는 쉽지 않을 것이다. 이런 외적 여건의 불비는 뒤에서 언급하는 인사제도적인 요인과 더불어 한국 공무원들을 무사안일 행태에 빠지게 만드는 주요 요인이 될 수 있다(이윤경, 2014: 295-297).

구성원들의 윤리적 행동을 유도하는 조직문화와 윤리풍토(ethical climates)는 리더십, 조직구조, 인센티브시스템, 의사결정과정, 비공식적 조직시스템 등의 요인을 적절히 관리함으로써 조성할 수 있다.[15] 특히 윤리풍토는 공무원의 윤리적·개인적 책임 의식에 결정적인 영향을 미치는 외적 변수 가운데 하나이다(Wittmer & Coursey, 1996: 559).

Victor & Cullen(1987; 1988)에 의하면 윤리풍토는 조직의 도덕적 분위기 내지 조직문화의 윤리적 측면으로서, 무엇이 옳은 행동인지에 대한 구성원들 간 공유된 인식이라고 할 수 있다. 윤리적·개인적 책임에 대한 학습은 대부분 문화적 맥락에서 일어난다. 개인은 다른 조직구성원들과의 사회적 관계를 통해 윤리적 의무와 행동에 대한 책임을 구체화하고 내면화하기 때문이다(전종섭, 2015: 230).

개인은 의식적으로 혹은 무의식적으로 조직의 윤리풍토에 순응하는 방향으로 행동하는 경우가 많은 까닭에(전종섭, 2015: 234), 윤리풍토는 그 특성에 따라 구성원들의 윤리적·개인적 책임 이행을 유도하거나 저해할 수 있다.[16] 무사안일과 같은 한국 공무원의 행동패턴은 한국 공직사회의 그릇된 윤리풍토에 기인된 현상이라고 할 수 있다. 반면에 올바른 윤리풍토는 윤리적·개인적 책임과 결부된 의무에 대한 조직구성원들의 의식을 높일 수 있다(Wang & Hsieh, 2013: 784).

Bardwick(1995)은 공공부문과 민간부문의 조직들에서 공포문화(cultures of fear), 자격문화(entitlement cultures), 부흥문화(revitalization cultures)라는 세 가지 상이한 유형의 조직문화를 확인하였다. 공포문화는 조직에서의 스트레스가 강하고 직업의

---

15) Cohen(1993), Berman & West(2006: 194) 참조.
16) Wittmer & Coursey(1996: 561), West et al.(2013: 186) 참조.

안정성에 대한 우려가 큰 탓에 조직구성원들이 업무를 제대로 수행할 수 없는 분위기로 특징지어진다. 자격문화는 활기가 없는 조직(lethargic organizations)에서 주로 나타나며, 이런 조직에서는 보상과 신분보장이 자동적으로 이루어지는 탓에 조직구성원들이 현상에 만족하며 업무수행 시에 탁월한 성과를 낼 동기부여가 되지 않는 것이 특징이다. 부흥문화는 구성원들이 도전적인 업무와 성과에 상응하는 보상체제로 인해 활력을 얻으며, 위험을 감수하면서 직무를 수행하도록 용기를 부여받고 설사 실수를 하더라도 결과가 긍정적이면 문책을 당하지 않는 문화이다.

Bardwick에 의하면 자격문화와 공포문화는 조직의 낮은 생산성과 연관성이 있는 반면, 부흥문화는 조직의 탁월함과 일치한다. 윤리적·개인적 책임의식은 부흥문화의 윤리풍토 하에서 쉽게 조성될 수 있을 것이다. 한국의 인사행정은 공무원의 신분을 정년까지 보장하는 직업공무원제도를 기반으로 운영되고 있어, 공무원들이 신분에 대한 위협을 크게 받지 않는 상태에서 최소한의 직무수행으로 공직을 유지하려는 무사안일과 적당주의에 빠질 위험이 적지 않다. 때문에 Bardwick이 말하는 자격문화에 가까운 조직문화가 형성되어 있을 개연성이 높다 (조석준·임도빈, 2019: 473-486).

Bardwick(1995)은 조직구성원들에 대해 보상과 제재 등을 효과적으로 활용함으로써 부흥문화를 조성할 수 있다고 지적한다. 행정기관에서도 부흥문화의 조성과 더불어 적절한 윤리 관리(ethics management)를 통해 공무원들의 윤리적 책임 이행을 유도할 수 있을 것이다.[17) 윤리 관리는 윤리헌장(code of ethics)의 제정, 교육훈련, 충원 등을 통해 공무원의 가치관과 행태를 체계적으로 관리하는 것을 말한다(Berman & West, 2006: 191).

공무원 윤리헌장은 내용 면에서 포괄적이지만 공무원의 윤리적 행동에 대한 기대와 수용 가능한 행동 범위 등을 명시적으로 제시함으로써 윤리적 행동을 유도할 수 있다(Keller, 1988). 현재 한국의 「공무원윤리헌장」, 「공무원윤리헌장실천강령」, 「공무원신조」, 「공무원복무선서」 등은 공무원의 정신자세에 관한 추상적인 내용을 담고 있을 뿐, 공무원의 윤리적·개인적 책임과 관련된 지침을 명확히 제시하지 않고 있다.

체계적인 윤리교육은 공무원의 윤리적 감수성을 높일 수 있다. 다수 연구는

---

17) Hassen & Wright(2014: 334), Berman et al.(2001: 328-330), Berman & West(2006: 192) 참조.

교육훈련이 공조직 구성원들의 책임 있는 행동을 유도하는 효과적인 방안이 될 수 있다고 밝힌다.[18] 한국에서는 공무원들이 직무를 수행하면서 위기상황, 가치 충돌 상황, 양심에 어긋나는 부당한 상황 등에 직면했을 때 올바른 판단을 할 수 있는 공직가치관을 강조하면서, 헌법정신·윤리의식·국정철학·역사이해·준법 정신 등을 주요 내용으로 하는 공무원 교육을 실시하고 있으나(행정안전부, 2013: 121-122), 교육의 실효성은 밝혀지지 않고 있다.

공무원 충원 시에 윤리의식과 공직관이 확고한 사람을 선별하여 채용하거나, 직무수행과 관련하여 상관의 부당한 지시 등에 대해 이의를 제기하는 공무원들을 보다 강력히 보호하는 방안도 건전한 윤리풍토 조성에 이바지할 수 있다(오석홍, 2011: 202-204). 그러나 한국에서는 공무원 채용시험은 물론, 과장급 승진과 고위 공무원단 진입과정에 실시되고 있는 역량평가과정에서도 후보자의 윤리적 역량 에 관한 점검은 제대로 이루어지지 않고 있다

20.5 ▶ 공무원 책임의 확장과 균형

공무원의 법적 책임과 계층적 책임은 공무원의 위법 행위를 방지하거나 공무 원의 직무수행에 있어 최소한의 성과를 확보하기 위한 장치이다. 때문에 이들 책 임을 강조하고 외재적 통제를 강화하는 것만으로는, 공무원들이 공익 추구에 최 선을 다하도록 유도하기 어렵다.[19] 공익 추구에는 공무원들의 윤리적·개인적 책 임의식과 책임이행이 요구된다(Brumback, 1991; Buchanan, 1996). 그간 한국 공무원 은 법에 저촉되는 행위를 하지 않으려는 법적 책임의식과 상관의 지시에 충실하 려는 계층적 책임의식은 비교적 강한 반면, '위법하지 않으나 부당한 행위'를 피 할 의무와 '법적 의무를 넘어선 옳은 행위'를 행할 의무를 이행하려는 윤리적·개 인적 책임의식은 상대적으로 약한 경향을 보여 왔다. 이는 법적·계층적 책임을 주로 강조하는 한국 공직사회의 풍토와 자신의 경력 관리 등을 우선시하는 공무 원들의 현실적 계산이 함께 작용한 결과라고 할 수 있다.[20]

---

18) Gortner(1995), Berman & West(2006) 참조.
19) Brumback(1991: 354), 김병섭·김정인(2014) 참조.
20) 조석준·임도빈(2010: 29-45), 박천오(2014b), 김병섭·김정인(2014) 참조.

법적·계층적 책임을 우선시하는 한국 공무원들의 의식은 법적 책임에 속하는 사항이 아닌 한 시끄러워질 소지가 있는 일을 되도록 피하려는 무사안일적인 행태와, 상관의 지시에 의존하고 스스로 옳다고 판단하는 일을 행하지 못하는 수동적 행태를 낳았다고 할 수 있다.[21] 한국 공무원들이 공익을 추구하려는 사명감이 미약하고, 약자의 편에 서서 사회정의를 구현하려는 용기가 없고, 공직에서 보람과 의미를 찾지 못한다는 등의 부정적인 평가받는 것은 공무원들의 이런 의식과 행태 때문이라고 할 수 있다(오석홍, 2011: 134). 한국 공무원들에게 윤리적·개인적 책임의 중요성이 강조되어야 할 당위성과 현실적 필요성은 여기에 있다.

이처럼 공무원의 책임이 윤리적·개인적 책임으로 확장되어야 마땅하지만, 공무원의 책임 이행이 법적·계층적 책임이나 윤리적·개인적 책임 어느 한쪽으로 과도하게 치우친다면 앞서 논의한 여러 부작용이 초래될 수 있다. 공익은 공무원이 어느 한쪽의 책임 이행에 치우치지 않고 양쪽 책임을 조화롭게 이행할 때 추구될 수 있다(임의영, 2014). 〈표 20-5〉에서 보듯이 공무원이 어느 한쪽의 책임 이행에 치중함으로써 나타날 수 있는 부작용은 공무원이 다른 쪽의 책임을 함께 고려하는 균형 잡힌 책임 의식을 가질 때 상당 부분 감소될 수 있을 것이다.

〈표 20-5〉 불균형적 책임 이행에 기인된 병리 현상과 억제

유발 ⇨	관련 병리 현상	⇦ 억제
(경도된) 법적 책임 이행 ▶ 법에 저촉되는 행위를 하지 않거나 법에 규정된 대로 행동할 의무에 치중	1) 목표대치: 법을 형식적으로 준수할 뿐, 자신이 수행하는 업무의 근본 목적을 의식하지 않는 행태 2) 공무원의 침묵: 스스로 인지한 소속 조직의 여러 문제들에 대해 자신의 법적 책임이 아니라는 이유에서 침묵하는 행태 3) 도덕적 해이(무사안일): 최소한의 법적 의무만 이행하고 공익 추구에 적극성을 보이지 않는 행태 4) 다수 손의 문제: 정책과정에 수많은 공무원들이 다양한 방식으로 관여하는 관계로, 법적 의무를 위반한 특정 공무원을 명확히 가려내기 어려운 문제	◀ 윤리적 책임 의식 ◀ 개인적 책임 의식

---

21) 오석홍(2011: 124-127), 조석준·임도빈(2010: 29-45), 김병섭·김정인(2014) 참조.

(경도된) 윤리적 책임 이행 ▶ 법적 의무를 넘어선 옳은 행위를 하거나, 위법하지 않으나 비윤리적인 행위를 피할 의무에 치중	1) 자기도취: 개인적 가치관이나 편협한 전문성을 앞세워 합법적 권위를 부정하는 행태 2) 책임정치의 저해: 스스로 정무직 상관의 판단을 대체하는 판단을 함으로써 민주주의의 기본 취지에 위배되는 문제	◀ 법적 책임 의식 ◀ 계층적 책임 의식
(경도된) 계층적 책임 이행 ▶ 직무수행에 있어 상관의 지시에 충실할 의무에 치중	1) 가치판단의 배제: 업무와 관련된 판단과 책임을 상관에 종속시키고, 자신이 연루된 정책의 결과 등에 대해 관심을 가지지 않는 행태 2) 기회주의: 개인적 이득을 위해 상관에 대해 아부적인 복종을 하는 행태 3) 도덕적 해이(무사안일): 상관의 지시만을 최소한 이행하고 공익 추구에 적극성을 보이지 않는 행태	◀ 윤리적 책임 의식 ◀ 개인적 책임 의식
(경도된) 개인적 책임 이행 ▶ 자신이 연루된 정책의 결과 등에 대한 윤리적 책임에 치중	1) 조직책임 이행의 저해: 개인의 양심과 판단을 근거로 조직의 요구나 상관의 지시에 쉽게 저항하는 행태	◀ 법적 책임 의식 ◀ 계층적 책임 의식

20.6 ▶ 결 어

기존 연구들은 공무원의 법적·계층적 책임 확보를 위한 외부적 통제 문제에 초점을 둘 뿐, 공무원이 자발적으로 공익을 위한 행동을 하거나 공익에 저해되는 행동을 하지 않을 윤리적인 책임에 대한 논의나 이론 구성을 소홀히 해왔다. 전통적인 행정의 특성을 반영하는 법적·계층적 책임론에 따르면 공무원의 재량권 행사나 시민에 대한 직접적인 책임과 자발적인 공익 추구는 불필요하거나 부적절하다고 할 수 있다. 신공공관리론(NPM)으로 대표되는 근래의 행정이론도 공무원의 임무 수행과 관련하여 생산성 향상과 같은 관리적 측면만을 강조하고 윤리적인 물음을 등한시한다는 점에서 전통적 행정의 공무원 책임론과 크게 다르지 않다(Danhardt & Danhardt, 2007: 130-131).

그러나 외부에서 공무원들에게 부과되는 법적·계층적 책임은 공무원 책임의 한 단면에 불과하며, 이들 책임의 이행을 통해서는 공무원의 위법행위를 방지하거나 최소한의 업무성과를 확보할 수 있을 뿐이다. 공무원은 행정의 궁극적 목표

인 사회의 공공가치 추구를 위해 적극적으로 노력해야 할 윤리적 · 개인적 책임이
있다.

윤리적 · 개인적 책임은 단순히 위법 행위를 하지 않는 것 이상의 높은 수준의
의무를 이행할 적극적 성격의 책임인 동시에 공무원 개인이 직접 감당해야 할 규
범적인 성격의 책임이라고 할 수 있다(Van Wart, 1996: 527). 윤리적 · 개인적 책임
은 기본적으로 공무원의 도덕적 사유와 판단의 내적 역량을 바탕으로 일정한 외
부 여건이 갖추어진 상황에서 이행될 수 있다. 그러므로 공무원의 책임 확장을
위해서는 공무원의 의식개혁과 더불어 제도적 · 관리적 측면의 뒷받침이 필요하다.

그동안 한국 공무원들이 윤리적 · 개인적 책임의식이 부족한 것으로 평가받아
온 점에 비추어, 이 장에서는 한국 공무원들이 윤리적 · 개인적 책임의식을 가지
고 행동해야 할 규범적 당위성과 현실적 필요성을 강조하였다.

참고문헌

감사원. (2010).「무사안일 감사백서」.

권순만·김난도. (1995). 행정의 조직경제학적 접근: 대리인 이론의 행정학적 함의를 중심으로.「한국행정학보」, 29(1): 77-95.

김병섭·김정인. (2014). 관료 (무)책임성 재해석: 세월호 사고를 중심으로.「한국행정학보」, 48(3): 99-120.

김호정. (1996). 한국의 공무원과 기업체직원의 무사안일행태 비교.「한국행정학보」, 30(3): 53-70.

박경효. (2013). Richard C Kerney와 Chandan Sinha의 전문직업주의와 관료제적 대응성. 오석홍 편저.「행정학의 주요 이론」, 668-676. 파주: 법문사.

박천오. (2007). 우리나라의 공무원 징계와 퇴출: 실태와 대안.「한국행정학보」, 41(3): 221-241.

_____. (2011). 공무원의 정치적 중립: 의미와 인식.「행정논총」, 49(4): 25-50.

_____. (2014a). 공무원 윤리의 확장: 행동윤리에서 정책윤리로.「정부학연구」, 20(2): 155-184.

_____. (2014b). 한국 지방공무원의 윤리의식에 관한 실증연구.「한국인사행정학회보」, 13(2): 93-112.

박흥식·김호섭·최순영. (2010). 공직자 비윤리적 행동과 윤리적 위험간의 관계: 제재와 교육의 조절변수로서의 역할.「한국행정학보」, 44(2): 41-61.

엄석진. (2009). 행정의 책임성: 행정이론간 충돌과 논쟁.「한국행정학보」, 43(4): 19-45.

오석홍. (2011).「한국의 행정」. 파주: 법문사.

_____. (2013). Richard Chapman의 공직윤리론. 오석홍 편.「행정학의 주요이론」, 687-693. 파주: 법문사.

이윤경. (2014). 공무원 무사안일의 영향요인 추세 분석: 공무원 임용 시 공공봉사동기의 역할을 중심으로.「정부학연구」, 20(2): 291-330.

이종수. (2012).「새행정윤리」. 서울: 대영문화사.

임의영. (2014). 행정의 윤리적 과제: '악의 평범성'과 책임의 문제.「한국행정학보」, 48(3): 5-25.

전종섭. (2015).「행정학: 해석, 비판, 그리고 사회적 구성」. 서울: 대영문화사.

조석준·임도빈. (2019).「한국 행정조직론」. 파주: 법문사.

한승주. (2013). 공무원의 주관적 책임성: 지방자치단체 중하위직 공무원의 경험을 통한 탐색.「한국행정학보」, 47(1): 25-45.

행정안전부. (2013).「공무원 인사백서」.

Aberbach, Joel D., Putnam, Robert D., & Rockman Bert A. (1981). *Bureaucrats & Politicians in Western Democracies.* Cambridge, Massachusetts: Harvard University Press.

Alexander, Jennifer. (1997). Avoiding the Issue: Racism and Administrative Responsibility in Public Administration. *American Review of Public Administration,* 27(4): 343-361.

Bardwick, Judith M. (1995). *Danger in the Comfort Zone*. New York: AMACON.

Berman, Evan M. et al. (2001). *Human Resource Management in Public Service*. Thousand Oaks: Sage Publications, Inc.

Berman, Evan M. & Jonathan P. West. (2006). Ethics Management and Training. in Norman M. Riccucci, (ed.), *Public Personnel Management: Current Concerns, Future Challengers*, 190-203. New York: Longman.

Bonczek, Stephen J. (1992). Ethical Decision Making: Challeng of the 1990's: A Practical Approach for Local Governments. *Public Personnel Management*, 21(1): 75-88.

Bovens Mark et al. (2008). Does Public Accountability Work? An Assessment Tool, *Public Administration*, 86(1): 225-242.

Brumback, Gary B. (1991). Institutionalizing Ethics in Government. *Public Personnel Management*. 20(3): 353-364.

Buchanan, Allen. (1996). Toward A Theory of the Ethics of Bureaucratic Organizations, *Business Ethics Quarterly*, 6(4): 419-440.

Cohen, Deborah Vidaver. (1993). Creating and Maintaining Ethical Work Climates: Anomie in the Workplace and Implications for Managing Change, *Business Ethics Quarterly*, 3(4): 343-358.

Cooper, Terry L. (1982). *The Responsible Administrator: An Approach to Ethics for the Administrative Role*. Port Washington, N.Y.: National University Publications Kennikat Press.

_____. (1987). Hierarchy, Virtue, and the Practice of Public Administration: A Perspective for Normative Ethics. *Public Administration Review*, 47(4): 320-328.

Denhardt, Robert B. (1991). *Public Administration: An Action Orientation*. Pacific Grove, California: Brooks/Cole Publishing Company.

Dehhardt, Janet V. & Robert B. Denhardt. (2007). *The New Public Service: Serving, Not Steering*. Armonk, New York: M.E. Sharpe.

Dobel, J. Parick. (1990). Integrity in the Public Service. *Public Administration Review*, 41(6): 354-366.

Drewry, Gavin & Tony Butcher. (1988). *The Civil Service Today*, Oxford, UK: Basil Blackwell Ltd.

Finer, Herman. (1972). Administrative Responsibility in Democratic Government, in Francis Rourke (ed.), *Bureaucratic Power in National Politics*: 326-336. Boston: Little Brown.

Fox, Charles J. & Clarke E. Cochran. (1990). Discretion Advocacy in Public Administration Theory: Toward a Platonic Guardian Class. *Administration & Society*, 22(2): 249-271.

Fredrich, Carl J. (1972). Public Policy and the Nature of Administrative Responsibility, in Francis Rourke (ed.), *Bureaucratic Power in National Politics*: 165-175, Boston: Little Brown.

Gortner, Harold F. (1995). How Public Managers View Their Environment: Balancing Organizational Demands, Political Realities, and Personal Values, in James S. Bowman (ed.),

Ethical Frontiers in Public Management. 34-63, A Publication of the American Society for Public Administration.

Gortner, Harold F. (1991). How Public Managers View Their Environment: Balancing Organizational Demands, Political Realities, and Personal Values, in James S. Bowman (ed.), *Ethical Frontiers in Public Management*. 34-63, A Publication of the American Society for Public Administration.

Gregory, Robert. (2007). Accountability in Modern Government, in B. Guy Peters & John Pierre (eds.), *The Handbook of Public Administration*, 339-350. Los Angeles: Sage Publications.

Harmon, Michael. (1990). The Responsible Actor as "Tortured Soul": The Case of Horatio Hornblower, in Henry D. Kass & Bayard L. Catron, (eds.), *Images and Identities in Public Administration*, 151-180. Newbury Park: Sage Publications.

_____. (1995). *Responsibility as Paradox*. Thousand Oaks, CA: Sage.

Hassan, Shahidul & Bradley E. Wright. (2014). Does Ethical Leadership Matter in Government? Effects on Organizational Committment, Absenteeism, and Willingness to Report Ethical Problems. *Public Administration Review*, 74(3): 333-343.

Hirschman, Albert. (1970). *Exit, Voice and Loyalty: Responses to Decline in Firms, Organizations, and States*. Cambridge, Mass.: Harvard University Press.

Kim, Sangmook. (2006). Public Service Motivation and Organizational Citizenship Behavior in Korea. *International Journal of Manpower*, 27(8): 722-740.

Lewis, Carl W. & Bayard L. Catron. (1996). Professional Standards and Ethics, in James L. Perry (ed.), *Handbook of Public Administration*, 699-712. San Francisco: Jossey-Bass Publishers.

Luk, Sabrina Ching Yuen. (2012). Questions of Ethics in Public Sector Management: The Case Study of Hong Kong, *Public Personnel Management*, 41(2): 361-378.

Luke, Jeffrey S. (1991). New Leadership Requirements for Public Administrators: From Managerial to Policy Ethics, in James S. Bowman (ed.), *Ethical Frontiers in Public Management*. 158-182, A Publication of the American Society for Public Administration.

Lupson, Jonathan & David Partington. (2011). Individual Civil Servants' Conceptions of Accountability: A Preliminary Study, *Public Management Review*, 13(7): 895-918.

March, James & Johan P. Olson. (1995). *Democratic Governance*. New York: The Free Press.

Merton, Robert K. (1940). Bureaucratic Structure and Personality, in Water E. Natemeyer (ed.), *Classics of Organizational Behavior*, 244-253, Oak Park, Illinois: Moore Publishing Company, Inc.

Moe, Terry. (1984). The New Economics of Organization, *American Journal of Political Science*, 28(4): 739-777.

Morrison, Elizabeth Wolfe & Frances J. Milliken. (2000). Organizational Silence: A Barrier to Change and Development in A Pluralistic World. *Academy of Management Review*, 25(4): 706-725.

Paine, Lynn Sharp. (1994). Managing for Organizational Integrity, *Harvard Business Review*, 72(2): 106-117.

Petter, John. (2005). Responsible Behavior in Bureaucrats: An Expanded Conceptual Framework, *Public Integrity*, 7(3): 197-217.

Pops, Gerald M. (1991). Improving Ethical Decision Kaking Using the Concept of Justice, in James S. Bowman (ed.), *Ethical Frontiers in Public Management*: 261-285, A Publication of the American Society for Public Administration.

Ritz Adrian et al. (2014). From Leadership to Citizenship Behavior in Public Organizations: When Values Matter. *Review of Public Personnel Administration*, 34(2): 128-152.

Stewart, Debra. (1985). Ethics and The profession of Public Administration: The Moral Responsibility of Individuals in Public Sector Organizations. *Public Administration Quarterly*, 8: 487-495.

Thompson, Dennis F. (1980). Moral Responsibility of Public Officials: The Problem of Many Hands, *American Political Science Review*, 74(4): 905-916.

Tuckness, Alex. (2010). "Everybody Does It": An Analysis of A Common Excuse. *Public Integrity*. 12(3): 261-272.

Van Wart, Montgomery. (1996). The Sources of Ethical Decision Making for Individuals in the Public Sector. *Public Administration Review*, 56(6): 525-533.

Victor, Bart & John Cullen. (1987). A Theory and Measure of Ethical Climate in Organizations. *Research in Corporate Social Performance and Policy*, 9: 51-71.

_____. (1988). The Organizational Bases of Ethical Climate. *Administrative Science Quarterly*, 33: 101-105.

Wang, Yau-De & Hui-Hsien Hsieh. (2013). Organizational Ethical Climate, Perceived Organizational Support, and Employee Silence: A Cross-Level Investigation. *Human Relations*, 66(6): 783- 802.

West, Joanthan P., LooSee Beh, & Meghna Sabharwal. (2013). Charting Ethics in Asian-Pacific HRM: Does East Meet West, Ethically? *Review of Public Personnel Administration*, 33(2): 185-204.

Wittmer, Dennis & David Coursey. (1996). Ethical Work Climates: Comparing Top Managers in Public and Private Organizations. *Journal of Public Administration Research and Theory*, 6(4): 559-572.

CHAPTER 21

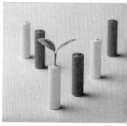

한국 지방공무원의 정책윤리

21.1 ▶ 서 언

    지방자치는 특정 지역을 기초로 지방자치단체가 수행하는 모든 활동을 말한다. 지방자치는 민주주의의 기초이며 민주주의 실천과 완성을 위한 필수 요건이라고도 할 수 있다. 지방자치단체는 지역발전과 주민의 복리증진을 추구해야 하고, 이를 위한 정책과 사업의 추진은 주민들의 의사에 토대를 두어야 하며, 자원을 경제적으로 활용함으로써 주민의 부담을 최소화 하려고 노력해야 한다. 그러나 현실에서 지방자치단체가 이렇게 이상적으로 작동하는 경우는 드물다.

    한국에서는 지방자치제의 실시로 이전 관선지방정부체제와 비교할 때, 지방정책과정에 주민들의 자발적인 직접 참여가 상대적으로 활성화되고, 지방공무원들의 의식이 과거에 비해 민주적으로 전환되는 등 다양한 긍정적인 효과가 나타나고 있다. 그러나 다른 한편으로는 지방 정부의 비합리적인 정책과 비효율적인 재정운영이 문제되어 왔다. 이런 문제는 무엇보다도 선거를 의식한 자치단체장들의 선심성·전시성 사업 추진과 그에 따른 방만한 경비지출에 기인한다.

    그간 자치단체장이 공직을 남용하여 사적 이익을 취하는 비리행위 등에 대해서는 「형법」 및 「지방공무원법」에 의거 법적 제재가 가해졌다. 이와 함께 감사원, 검찰, 경찰 등을 통한 외부 통제와 지방자치단체 내 자체감사(감찰)기구에 의한 내부 통제를 통한 예방 노력이 지속적으로 이루어져 왔다(감사원, 2012: 363).

---

* 이 장은 「한국인사행정학보」(2014년 제13권 2호)에 게재된 박천오의 논문을 재구성한 것임.

그러나 이와 달리 자치단체장이 부당한 정책이나 사업을 추진할 시에는 해당 자치단체장에게 민·형사상 법적 책임을 묻기 어렵고, 외적 통제를 가할 수 있는 제도적 장치 또한 매우 취약한 것이 현실이다(김병국 외, 2010: 4). 자치단체장을 견제해야 할 지방의회는 정치적 이해관계에 얽매여 오히려 자치단체장과 유착·공생하는 경향을 보이는 경우가 많고, 선거에 의한 정치적 심판마저도 주민들의 무관심 등으로 말미암아 실효성이 의문시 되고 있다(이승종, 2002: 302; 김병국 외, 2010: 4).

2004년 주민의 의사에 반하는 지방정치인의 결정을 주민이 투표로 거부(veto)할 수 있고, 지방정치인이 주민이 원하는 결정을 하지 않을 시에 주민 발안을 통하여 주민이 직접 결정할 수 있도록 도입된 주민투표 제도는 제대로 작동하지 않고 있다. 과거 13년(2004-2016) 간 전국 지자체 243곳에서 실시한 주민투표는 모두 8건에 불과했다. 이는 「주민투표법」의 까다로운 규정이 주민투표 실시를 어렵게 하였기 때문이다(이기우, 2016).

이 같은 여건에도 불구하고 지방분권화에 따라 중앙기능의 지방이양이 확대되면서 자치단체의 정책수립 범위와 집행권은 계속 확장되는 추세여서, 자치단체장의 정책추진과 관련된 문제의 심각성은 날로 더해 가고 있다.

이런 상황에서 지방자치단체의 정책결정과정에 참여하는 상위직 지방공무원들이 자치단체장의 부당한 정책추진과 관련하여 어떤 행동을 취하는지는 향후 지방자치의 발전 가능성과 관련하여 적지 않은 현실적 함의를 내포한다(이승종, 2002: 287). 만약 상위직 지방공무원들이 윤리적 책임의식을 가지고 자치단체장의 부당한 정책 추진을 시정하고자 노력한다면 지방자치의 파행을 줄이는 데 기여할 수 있을 것이나, 반대로 이들이 자치단체장에 무조건 협력하는 태도를 보인다면 지방자치의 파행은 더욱 심화될 수 있기 때문이다.

이 장에서는 한국 지방공무원들이 준수해야 할 정책윤리에 대해 논의하고, 자치단체장의 부당한 정책추진과 관련하여 이들이 어떤 윤리의식을 가지고 어떻게 반응하는지를 실증적으로 조사한 결과를 제시한다.

21.2 ▶ 지방공무원의 정책윤리

민선자치의 가장 큰 병폐 가운데 하나는 자치단체장들이 타당성 검토가 제대로 이루어지지 않은 대형 사업들을 무분별하게 추진함으로써 지방재정을 악화시키는 문제라고 할 수 있다. 경제정의실천시민연합, 한국사회여론연구소 등에서 실시한 설문조사는 일반시민들이 이를 지방자치의 가장 큰 문제로 인식하고 있음을 보여준다(감사원, 2012: 38). 행정자치부, 정부혁신지방분권위원회, 한국지방행정연구원(2005: 343)이 공동으로 실시한 「민선 지방자치 10년 평가(1995-2005)」 보고서에서도 자치단체장과 관련된 가장 큰 문제점은 선심성 시책추진 및 예산낭비, 전시행정으로 인한 행정력 소진, 재선을 위한 행정조직 및 인력활용, 윤리의식 결여 등인 것으로 파악되었다. 이 보고서는 중앙공무원, 지방공무원, 교수, 시민단체를 대상으로 설문조사를 실시한 결과를 담고 있다.

지방자치단체의 비효율적인 지출 및 예산 낭비 사례로서는 1990년대부터 대도시 지방자치단체를 중심으로 추진된 경전철 사업, 청사 신축, 국제행사 등을 들 수 있다. 대표적인 사례로서 용인 경전철 사업의 경우 몇 천억원이 소요되는 대형 토목사업임에도 불구하고 당시 시장이 자신의 치적 쌓기 목적으로 타당성 평가를 제대로 하지 않은 채 이를 추진함으로써, 향후 수십 년간 시민에게 엄청난 재정적 부담을 안기는 결과를 초래한 것으로 보도되었다(대전 NGO 소식, 2012. 8. 1). 또 다른 예로서 일부 자치단체들이 몇 년 사이에 다섯 개의 국제스포츠대회를 유치하면서 12조원 넘게 적자를 본 것을 들 수 있다. 2010년부터 4년 동안 매년 열린 전남 영암의 포뮬러(F1) 코리아 그랑프리를 비롯, 2010 상주 세계대학생승마선수권대회, 2011 대구세계육상선수권대회, 2013 인천 실내무도 아시아경기대회, 2013 충주 세계조정선수권대회 등이 그것이다(중앙일보, 2013. 12. 13). 비슷한 사유로 양양국제공항, 무안공항 등도 적자에 허덕이고 있다(조선일보, 2019. 2. 12).

이 밖에도 자치단체장들의 선거를 의식한 무분별한 선심성 사업 추진은 테마파크 조성, 박물관 건립, 도로사업 등 손꼽을 수 없을 정도로 많다. 선거 시기에 단체장이 생색내기 좋은 각종 축제 예산이 크게 늘어난 배경에 대한 의혹도 적지 않게 제기되고 있다(김준호 외, 2020). 자치단체장들이 이처럼 과시적 성격의 사업 추진에 집착하는 것은 사업 유치에 성공하면 당장 차기 선거에 유리해지는 반면,

재정 문제 등 해당 사업의 부작용은 수년 후에야 나타나기 때문일 것이다(중앙일보, 2013. 12. 13). 자치단체장들의 이러한 과잉투자, 비윤리적인 재정운영의 결과로 지방자치 실시 이후 지방자치단체의 재정자립도는 오히려 하락하고 있는 실정이다(신아일보, 2012. 3. 12).

이런 연유로 지자체와 관련된 건설 및 복지 분야 예산 낭비 사례를 수집하여 내용분석을 한 근래의 한 연구는 지자체 예산 낭비를 제어하기 위해서는 자치단체장의 포퓰리즘 공약에 대한 시민사회의 검증 노력이 필요하고, 자치단체장에 의한 무리한 사업 추진을 통제할 수 있는 실효성 있는 제도적 장치가 마련되어야 한다고 강조하였다(박희정 · 김승렬, 2017).

특정 지역(광역 및 기초자치단체) 실태자료를 활용하여 예산 낭비 관점에서 지방재정투자사업의 추진실태를 분석한 다른 연구는 사업계획 단계에서의 사업에 대한 타당성 부족, 비효율적인 방식의 사업추진, 유사 중복 투자, 관련 절차 이행 소홀 및 지방투자심사제도 적용 미흡 등으로 인한 예산 낭비 유형을 파악하였다. 이 연구는 예산 낭비를 방지하기 위해서는 지방 스스로 사업추진을 모니터링할 수 있어야 하며, 이를 위해서는 지방자치단체 내부 통제기구, 지방의회, 지역주민, 전문가 집단 및 외부 관리 · 감독기구 등 다양한 이해관계자 간 역할 분담과 협력이 중요하다고 지적하였다(양지숙 · 문광민, 2022).

그렇다면 자치단체장의 부당한 정책추진과 관련하여 지방공무원들에게는 아무런 책임이 없는 것인가? 공무원의 정책관련 책임에 관한 이론은 크게 계서적 책임(hierarchical responsibility)에 관한 것과 개인적 책임(personal responsibility)에 관한 것으로 나눌 수 있다(Thompson, 1980). 계서적 책임 이론에 의하면, 지방자치단체 정책에 대한 책임은 계층 조직의 최고 책임자인 자치단체장에게 있고, 공무원은 자치단체장의 지시에 따라 해당 정책을 충실히 이행만하면 책임을 다하는 것이 된다. 개인적 책임 이론은 어떤 식으로든 정책결정에 연루된 공무원은 그 결과에 대해 윤리적 책임이 있다는 이론으로서, 이른바 '정책윤리'(policy ethics)를 강조하는 것이다.[1] 공무원을 정무직 상관의 지시에 순응하는 현실주의자들(realists)과, 정무직 상관의 지시에 더하여 공동체의 가치에 대한 스스로의 판단을 함께 고려하는 이상주의자들(idealists)의 두 부류로 구분할 때(Nalbandian, 1990; Box, 1992: 324), 정책윤리에 입각하여 개인적 책임을 다하려는 공무원들은 후자의 이상주의

---

[1] Thompson(1980), Bovens(2005: 191-192), Luke(1991: 160), Gortner(1991: 36), Rohr(1980: 214), 엄석진(2009: 25-28) 참조.

자에 속한다고 할 수 있다.

21.3 ▶ 정책윤리의 성격과 현실적 필요성

1. 정책윤리의 성격

정책윤리는 정책 대안의 모색과 선택 등 정책결정과정에 참여하는 공직자들에게 요구되는 규범으로서, 그들이 정책결정 시에 소속 조직의 편협한 시각이나 자신들의 이해관계에 얽매이지 않고 공익 실현과 같은 윤리적 측면에서 해당 정책의 필요성과 예상되는 결과 등을 고려해야 한다는 행동원칙(principles of conduct)을 말한다.[2] 정책윤리가 중요한 것은 정책이 사회에 미치는 긍정적·부정적 파급효과가 크기 때문이다.

지방자치단체의 경우 정책윤리는 자치단체장과 같은 정무직 공직자들은 물론 상위직 직업공무원들에게도 적용될 수 있다(Luke, 1991: 160; Gortner, 1991: 36). 상위직 지방공무원들은 단순한 집행이나 보조 업무를 수행하는 하위직 지방공무원들과 달리 정책결정과정에 직·간접적으로 연루될 수 있기 때문이다(Luke, 1991; 김호섭, 2002: 41).

상위직 지방공무원들에게 있어 정책윤리는 지방의 정책결정과정에서 자신들의 도덕적 판단과 내면화된 기준(internalized standards)에 의거해 행동해야 할 의무이다. 정책윤리에 의하면 상위직 지방공무원들은 법규와 자치단체장의 명령을 준수하였다는 사실만으로 스스로 연루된 부당한 정책에 대한 윤리적 책임을 면할 수 없다(Dobel, 1990: 358). 정책윤리는 지방공무원들에게 법규 및 공식적 절차의 준수와 자치단체장에 대한 복종을 요구하는 이른바 '중립의 윤리'(ethics of neutrality)와 대비된다.[3] '중립의 윤리'에 의하면, 공무원들은 자신들에게 주어진 정책이나 지시를 실행할 뿐 스스로 도덕적·전문직업적 판단을 하지 않음으로써 윤리적으로 중립적(ethically neutral)이 된다(Thompson, 1985: 555-556; 이문수, 2013: 5). 중립의 윤리에서는 공무원들의 정책 활동에 대한 책임을 모두 정무직 상관이 지

---

2) Fleishman et al.(1981: 10), 이종수(2012: 15) 참조.
3) Thompson(1985: 556), Morgan(1987: 281), Romzek & Ingraham(2000: 242) 참조.

게 된다(Dobel, 1990: 357).

정책윤리는 상위직 지방공무원들에게 지역주민의 도덕적 수탁자(trustee)로서 공익의 관점에서 정책결정과 관련된 직무를 성실히 수행할 의무를 부과하며, 여기에는 자치단체장의 부당한 정책 추진을 시정하고자 노력해야 할 의무도 포함된다(Box, 1992: 327; 김호섭, 2002: 41). 정책윤리는 상위직 공무원들이 자신들의 전문직업적(professional) 혹은 실체적(substantive) 가치관에 기초해 자치단체장의 그릇된 정책추진 여부를 판단하거나 해당 정책에 대한 지역주민들의 여론을 파악할 능력이 있음을 전제한다(Cooper, 1984; Box, 1992: 327). 또한 지방공무원의 충성은 궁극적으로 공익 추구와 지역주민에 대한 헌신을 의미한다고 전제한다(Hall & Sutton, 2003: 291; Burke, 1989).

정책윤리는 상위직 공무원이 정책과정에서 '해야 마땅한 행동'에 관한 것으로서, Fredrich(1972)가 말하는 공무원 자신이 인식하는 주관적 책임에 속한다. 주관적 책임의 이행은 공무원 스스로를 구속하는 심리적 내지 내적 통제(internal control)에 의존하며, 미이행 시에도 법적 제재를 받지 않는다(Cooper, 1990; 이종수, 2012: 159). 주관적 책임의 이런 특성은 법규 등 외부로부터 공무원에게 부여되며 미이행 시에 법적 제재 등이 수반되는 법적·객관적 책임과 구분된다. 정책윤리에 의하면 특정 공무원은 그의 행위가 정책실패 등에 주된 원인인 경우는 물론, 그가 부분적으로라도 정책결정과정에 영향을 미쳤거나 미칠 수 있는 위치에 있었다면 윤리적 책임을 지게 된다(Thompson, 1980: 909).

일부 학자들은 공무원들이 정책윤리를 실천하는 것은 민주주의의 정치적 책임 원리에 반한다는 주장을 펼친다. 정무직 공직자들이 정책을 결정하고 그 결과에 대해 시민들에게 책임지는 것이 민주주의 원칙인데, 중간에 공무원들이 개입하게 되면 이러한 원칙이 훼손된다는 것이다(Pops, 1991: 272; Box, 1992: 332). 그러나 지방공무원들은 궁극적 봉사주체인 지역주민들의 도덕적 수탁자이므로 정책윤리를 준수하는 것이 마땅하다(Box, 1992: 334; Van Wart, 1996: 527).

2. 정책윤리의 실제 필요성과 관련 법규

한국에서는 자치단체장들이 무책임하게 정책을 추진하는 경우가 많아 상위직 지방공무원들에게 정책윤리의 실천을 강조할 현실적 필요성이 매우 크다. 정책윤리는 상위직 지방공무원이 자신의 지위에 상응하는 윤리적 행동을 해야 할 책임을 강조한다. 정책윤리에 의하면 도덕적·전문직업적 판단을 할 수 있는 상위직 지방공무원이 자치단체장이 추진하는 정책이 부당함을 알면서도 이를 시정하려 노력하지 않는 것은 도덕적·윤리적으로 부끄러운 행동이 된다(Dobel, 1990: 358).

「지방공무원법」 제49조(복종의 의무)가 "공무원은 직무를 수행할 때 소속 상사의 직무상 명령에 복종하여야 한다"라고 규정하고 있어, 지방공무원이 자치단체장의 의사에 반하여 정책윤리를 실천하는 것이 법적으로 가능한지에 대해 의문이 제기될 수 있으나, 공무원의 정책윤리 준수 의무를 암시하는 법규나 헌장이 있다. 예컨대 「헌법」 제7조 1항은 "공무원은 국민 전체에 대한 봉사자이며, 국민에 대하여 책임을 진다"라고 규정하고 있고, 「공무원윤리헌장」은 "우리는 공익 우선의 정신으로 국리민복을 추구함으로써 복지 국가를 실현하는 겨레의 기수가 된다"는 내용을 담고 있다. 또한 「공무원행동강령」 제4조(공정한 직무수행을 해치는 지시에 대한 처리)는 "① 공무원은 상급자가 자기 또는 타인의 부당한 이익을 위하여 공정한 직무수행을 현저하게 해치는 지시를 하였을 때에는 그 사유를 그 상급자에게 소명하고 지시에 따르지 아니하거나…"라고 규정하고 있다.

「지방공무원법」 제48조(성실의 의무) 역시 "모든 공무원은 법규를 준수하며 성실히 그 직무를 수행하여야 한다"고 규정하고 있다. 여기서 성실의 의무는 공무원이 양심에 따라 공익을 도모하여야 한다는 것으로서, 공무원의 의무 중 가장 기본적인 의무라고 할 수 있다(행정자치부, 2006: 133). 대법원 판례도 '성실의무'의 범위를 폭넓게 인정하고 있다. 따라서 지방공무원의 정책윤리 준수는 명시적이고 구체적인 법적 의무는 아닐지라도, 법제화된 윤리규범인 '복종의 의무'에 정면으로 배치되지 않는 범위 내에서 상위직 지방공무원들이 지켜야 할 당위적 성격의 행동규범이라고 할 수 있다(Waldo, 1981: 104-105; Olson, 2005: 3).

판례: 성실의무는 공무원에게 부과된 가장 기본적이고 중요한 의무로서 최대한으로 공공의 이익을 도모하고 그 불이익을 방지하기 위하여 전인격과 양심을 바쳐서 성실히 직무를 수행하도록 하기 위한 규정임(대판 1989. 5. 23. 88누 3161)

출처: 행정자치부, 2006: 133.

21.4 부당 정책에 대한 공무원 반응 유형

정책윤리에 의하면 상위직 지방공무원들은 자치단체장이 부당한 정책을 추진할 시에, 이를 시정하거나 해당 정책으로 인한 지역주민의 피해를 최소화하려는 노력을 기울여야 한다. Hirschman(1970), Rusbult & Lowery(1984), Golden(1992) 등이 제시하는 불만 상황에 대한 반응 유형 이론에 의하면, 지방공무원들이 자치단체장의 부당한 정책 추진에 대해 보일 수 있는 반응(response)은 이탈(exit), 발언(voice), 순응(loyalty), 방관(neglect) 등이다. 이탈은 이직하는 것을, 발언은 해당 상황의 문제점 등을 다양한 방식으로 표출하는 것을, 순응은 소극적·수동적이지만은 낙관적인 자세로 상황이 개선되기를 기다리는 것을, 방관은 무관심하거나 체념적인 태도로 해당 상황을 받아들이거나 방치하는 것을 각각 의미한다.

정책윤리에 의하면 지방공무원들은 정무직 상관이 추진하는 부당한 정책에 대해 위의 여러 반응 유형들 가운데 '발언'의 반응을 보여야 한다. '발언'은 해당 정책 및 관련 지시의 문제점을 지적하거나 보완하려는 성격의 다양한 이의 제기와 반발을 포괄한다. 여기에는 회의석상 등에서 공식적이고도 직접적으로 반대의사를 전달하는 '논쟁'(argumentation), 반대를 위해 집단적인 행동을 취하거나 그러한 움직임을 보이는 '집단 행위'(collective action), 해당 정책의 문제점에 관한 내부 정보를 외부세력에 제공하는 '누설'(leaks), 정책의 진척을 암암리 저해하는 '태업'(sabotage) 등의 반응 행태가 포함된다(Golden, 1992).[4]

'발언'과 관련하여 공무원은 정책결정과정에서 상급자의 의사에 반하는 의견을 피력하거나 대안을 제시할 수 있으나, 일단 정책이 확정되면 이를 충실히 실행해야 한다는 이른바 '변형된 중립 윤리'(a variation of the ethics of neutrality)가 주장되기도 한다(Thompson, 1985: 556). 그러나 '변형된 중립'에서의 대안 제시가 단순히 소극적이고 일시적인 의견 표명에 지나지 않는다면, 이는 앞서 '중립의 윤

---

4) Thompson(1985: 557-558)도 비합리적인 정책 등에 대한 공무원의 이의 제기(dissent) 방식을 크게 넷으로 나눈다. 첫째, 정책에 반대하면서도 이를 이행하는 가장 약한 방식이다. 둘째, 정책을 이행하면서도 정책에 대한 자신들의 반대 의사를 조직 외부로 공개적으로 표출하는 방식이다. 셋째, 정책을 공개적으로 저지(open obstruction)하는 형태로서, 예컨대 정무직 상관이 필요로 하는 정책 관련 정보를 제공하지 않는 행동이나, 해당 정책에 적대적인 외부 세력들과 협력하는 행동 등이 그것이다. 넷째, 정책을 은밀히 저지(covert obstruction)하는 형태로서, 해당 정책에 관한 부정적 정보를 언론과 시민들에게 은밀히 폭로하거나 유출(leak)하는 행위가 대표적 예이다.

리'를 준수하는 것과 크게 다르지 않다.

한편, Chaleff(2009)는 추종자(followers)와 리더 간 관계의 측면에서, 리더가 추종자의 활동과 성과에 책임을 지듯이 추종자들도 리더의 활동과 성과에 책임이 있으므로, 추종자들은 문제 있는 리더의 활동을 시정하고자 노력해야 한다고 주장한다. 그는 추종자들이 리더를 지지하는 정도(degree of support)와 리더의 그릇된 행동이나 정책에 도전하려는 의지의 정도(willing to challenge)를 기준으로, 추종자들을 [그림 21-1]과 같이 '파트너'(partner), '집행자'(implementer), '개인주의자'(individualist), '자원'(resource)의 네 가지 유형으로 분류한다(Chaleff, 2009: 40).

[그림 21-1]   리더에 대한 추종자의 지지와 도전

낮은 도전 (low challenge)	높은 지지(high support)		높은 도전 (high challenge)
	집행자 (implementer)	파트너 (partner)	
	자원 (resource)	개인주의자 (individualist)	
	낮은 지지(low support)		

출처: Chaleff(2009: 40)

'파트너'(높은 지지, 높은 도전)는 리더를 적극 지원하면서도, 리더의 부당한 정책과 지시에 대해서는 개인적인 불이익을 감수하면서 이를 시정하려는 의지를 가진 추종자들로서, '용기 있는 추종자들'(courageous followers)이라고 할 수 있다. '집행자'(높은 지지, 낮은 도전)는 리더를 적극 지원할 뿐 리더의 결정에 대해 의문을 제기하지 않는 추종자들이다. 이들 추종자는 리더가 그릇된 길로 들어설 경우 직언을 하지 않으며, 설사 직언을 하더라도 리더가 받아들이지 않으면 더 이상 설득하려 노력하지 않는다. '개인주의자'(낮은 지지, 높은 도전)는 리더에 대한 존경심이 낮으며, 리더의 정책이나 활동에 대해 자신의 의견을 직접 말하기를 망설이지 않는 추종자들이다. 이들은 리더의 선제적 노력을 지지하는 데는 그다지 열의를 보이지 않는다. '자원'(낮은 지지, 낮은 도전)은 조직에서 자신들의 일상 업무를 정직하게 수행하지만 자신들에게 기대된 최소 수준을 넘어서지 않는 추종자들이다.

Chaleff(2009: 1-5)는 정보화 시대 조직에서의 리더는 추종자들의 진정한 지지와 도움을 얻어야 조직을 성공적으로 이끌 수 있으므로 '파트너' 유형의 추종자들이 가장 필요하다고 주장한다. 그러면서 권력이 리더에게 집중된 상황에서는 추

종자들은 리더의 변덕에 휘둘리게 될 것이고, 리더는 문제 있는 상황에서도 아첨만하는 추종자들에 의해 둘러싸일 것이라고 지적한다(Chaleff, 2009: 5, 17-18).

한국 지방자치단체의 경우 기존 연구들은 대체로 자치단체장의 부당한 정책에 대한 지방공무원들의 이의 제기는 기껏해야 제한적이거나 산발적인 것에 그칠 것으로 여기지만(이승종, 2002: 288; 박종민 외, 1999: 128), 이를 직접적으로 밝히는 실증연구는 드물다. 이하에서는 저자가 정책윤리와 관련된 한국 지방공무원들의 의식과 반응을 설문조사한 결과를 제시한다.

21.5 ▶ 실증조사

1. 조사방법

저자는 한국의 상위직 지방공무원들이 자치단체장의 부당한 정책추진과 관련하여 어떤 윤리의식에서 어떤 유형의 반응을 보이는지를 파악하고자 실증조사를 하였다. 조사는 앞서 소개 한 Hirschman(1970), Rusbult & Lowery(1984) 등의 불만족 상황에 대한 반응유형에 관한 이론, Thompson(1985)의 비합리적인 정책 등에 대한 이의 제기 형태에 관한 이론, Chaleff(2009)의 리더-추종자 관계에 관한 이론 등을 토대로 관련 설문조사를 하는 방식으로 이루어졌다. 설문지의 문항은 〈표 21-1〉과 같다.

설문조사는 경기도 6개 기초자치단체(성남시, 고양시, 구리시, 파주시, 용인시, 의정부시) 소속 공무원들을 대상으로 실시되었다. 응답자는 470명이었으며, 직급은 상위직(5급 이상)과 하위직(6급 이하)이 각각 50% 가깝게 균등하게 구성되었다. 응답자 중 15년 이상 오랜 공직생활을 한 공무원의 비율이 60% 이상이어서 응답에 전임 자치단체장들의 정책 활동에 대한 경험이 함께 반영되었을 것으로 추측된다.[5]

---

5) 실증조사에 관한 자세한 내용은 박천오(2014) 참조.

〈표 21-1〉 상위직 공무원의 역할과 행태에 관한 조사 설계

이론적 근거	질문 범주		해당 문항
Thompson(1985), Dobel(1990)의 중립윤리에 관한 이론, Luke(1991), Box(1992) 등의 정책윤리에 관한 이론	역할 인식	중립윤리	1) 상위직 공무원은 자치단체장이 추진하는 정책이나 사업이 위법적이지 않는 한 무엇이든 충실히 이행 할 의무가 있다.
			2) 상위직 공무원은 자치단체장이 추진하는 정책(사업)에 협력하더라도 그 결과에 대해서는 윤리적 책임이 없다.
			3) 상위직 공무원은 스스로 법규를 위반하지 않는 한 자치단체장의 행위에 대해 윤리적 책임이 없다.
		정책윤리	4) 상위직 공무원은 자치단체장이 추진하는 정책이나 사업의 타당성과 공익성을 판단할 수 있는 능력이 있다.
			5) 상위직 공무원은 자치단체장이 추진하는 정책(사업)과 관련하여 자신의 전문가적 판단과 윤리의식에 따라 소신 발언을 해야 한다.
			6) 상위직 공무원은 자치단체장의 지시보다 지역공동체의 공익을 우선시해야 한다.
			7) 상위직 공무원은 주민의 요구를 정책에 반영할 의무가 있다.
Hirschman(1970), Rusbult & Lowery (1984)의 불만족 상황에 대한 반응유형 이론	반응 유형	발언	8) 자치단체장에게 소신 발언을 하는 등 직접 불만을 표출한다
		변형된 중립	9) 사업(정책) 추진을 만류하려고 노력하지만, 일단 결정되면 따른다.
		순응	10) 속으로 불만이 있더라도 그냥 따른다.
		방관	11) 별 생각 없이 그냥 따른다.
		적극호응	12) 좋은 결과가 나올 수 있도록 무조건 적극 협력한다.
Golden(1992)의 정치적 통제에 대한 반응유형이론, Thompson(1985)의 비합리적인 정책에 대한 이의 제기 형태에 관한 이론	발언 형태	논쟁	13) 자치단체장에게 소신 발언을 하거나 언쟁을 벌인다.
		집단행위	14) 다른 공무원들과 함께 집단적으로 자치단체장에 항의한다.
		누설	15) 해당 정책이나 사업에 대한 자신의 반대 입장을 외부에 공공연히 밝힌다.
		태업	16) 관련 업무를 태만하게 수행하는 방식 등으로 정책(사업) 추진을 방해한다.
Chaleff(2009)의 리더-추종자 관계 이론	리더-추종자 관계	파트너	17) 평상시 적극 협력하지만, 자치단체장의 행동이나 정책에 문제가 있을 시에는 직접 의문을 제기하고 이를 시정하려 노력한다.
		집행자	18) 거의 언제나 적극 협력하며, 자치단체장의 행동이나 정책에 문제가 있어도 이의를 제기하는 경우가 드물다.

개인주의자	19) 평상시 협력에 소극적이나, 자치단체장의 행동이나 정책에 문제가 있을 시는 직접 이의를 제기한다.
자원	20) 평상시 협력에 소극적이며, 자치단체장의 행동이나 정책에 문제가 있더라도 아무런 이의를 제기하지 않는다.

2. 분석결과

〈표 21-2〉에서 (문항 1)·(문항 2)·(문항 3)은 '중립의 윤리'에 관한 것으로, 이에 대한 동의 수준이 높을 경우 상위직 지방공무원들이 정책결정과 관련하여 '중립의 윤리'에 가까운 윤리의식을 가졌다고 할 수 있다. 〈표 21-2〉의 (문항 4)에서 (문항 7)까지의 4개 문항은 '정책 윤리'에 관한 것이므로, 이에 대한 동의 수준이 높다면 '정책윤리'에 가까운 윤리의식을 가졌다고 할 수 있다.

〈표 21-2〉에서 보듯이 '정책윤리'에 관한 문항들에 대한 동의 수준이 '중립의 윤리'에 관한 문항들에 비해 훨씬 높게 나타나 있어, 상위직 지방공무원들이 적어도 규범적으로는 '정책윤리'를 중시하는 의식을 지닌 것으로 해석된다. '중립의 윤리'에 속하는 문항들 가운데(문항 2)에 대한 동의 수준이 특히 낮은 것은(평균 2.27) 자치단체장이 추진하는 부당한 정책에 대한 상위직 지방공무원들의 윤리적 책임 의식을 보여준다. 이러한 응답 결과에 있어서 상위직 공무원들 자신과 하위직 공무원들 간 차이가 거의 없었다.

이 같은 응답 결과는 상위직 지방공무원들이 정책과 관련하여 '중립의 윤리'에 가까운 윤리의식을 보일 것이란 다수의 기존 연구 결과에 배치된다. 반면에 지방공무원들의 공익 실현 의지가 강하고 전문가적 자부심과 윤리의식이 두드러지며, 그들이 심리적으로 책임을 느끼는 범위가 공식적 역할 이상으로 상당히 넓다는 기존의 특정 연구결과(한승주, 2013)를 지지한다. 〈표 21-2〉의 응답결과에 대해 6급 이상 집단과 7급 이하 집단 간 t 검증을 해보았으나, 5%의 유의수준에서 의미 있는 응답 차이는 나타나지 않았다.

〈표 21-2〉 자치단체장에 대한 상위직 공무원의 의무와 책임

평균(표준편차)

	의무와 책임	성남	고양	구리	파주	용인	의정부	전체
중립윤리	1) 상위직 공무원은 자치단체장이 추진하는 정책이나 사업이 위법적이지 않는 한 무엇이든 충실히 이행할 의무가 있다.	3.68 (0.87)	3.19 (1.01)	3.97 (0.87)	3.71 (0.82)	3.30 (0.98)	3.42 (0.95)	3.55 (0.95)
	2) 상위직 공무원은 자치단체장이 추진하는 정책(사업)에 협력하더라도 그 결과에 대해서는 윤리적 책임이 없다.	2.40 (1.03)	2.80 (0.89)	1.88 (0.82)	2.28 (1.03)	2.01 (0.84)	2.25 (0.99	2.27 (0.98)
	3) 상위직 공무원은 스스로 법규를 위반하지 않는 한 자치단체장의 행위에 대해 윤리적 책임이 없다.	2.59 (1.00)	2.90 (0.98)	2.38 (0.97)	2.38 (0.97)	2.44 (0.90)	2.53 (1.00)	2.53 (0.98)
정책윤리	4) 상위직 공무원은 자치단체장이 추진하는 정책이나 사업의 타당성과 공익성을 판단할 수 있는 능력이 있다.	3.75 (0.82)	3.63 (0.81)	3.74 (0.92)	3.90 (0.75)	3.76 (0.88)	3.85 (0.78)	3.78 (0.82)
	5) 상위직 공무원은 자치단체장이 추진하는 정책(사업)과 관련하여 자신의 전문가적 판단과 윤리의식에 따라 소신 발언을 해야 한다.	4.08 (0.78)	3.81 (0.84)	4.03 (0.97)	3.88 (0.76)	4.29 (0.79)	4.21 (0.81)	4.07 (0.83)
	6) 상위직 공무원은 자치단체장의 지시보다 지역공동체의 공익을 우선시해야 한다.	3.90 (0.87)	3.75 (0.84)	3.97 (1.00)	3.72 (0.77)	4.28 (0.75)	4.09 (0.83)	3.96 (0.86)
	7) 상위직 공무원은 주민의 요구를 정책에 반영할 의무가 있다.	4.00 (0.77)	3.86 (0.80)	4.14 (0.83)	3.87 (0.83)	4.16 (0.84)	4.16 (0.72)	4.04 (0.80)

1 전혀 아니다, 5 전적으로 그렇다

(1) 부당한 정책추진에 대한 반응

〈표 21-3〉은 자치단체장의 부당한 정책 추진에 대한 지방공무원의 반응 패턴을 보여준다. 여기서는 상위직 지방공무원들이 지방자치단체장의 부당한 정책추진을 만류하려 노력하지만 일단 정책이 확정되면 이를 충실히 실행한다는 응답 비율이 가장 높아(50%), 상위직 지방공무원들 다수가 '변형된 중립 윤리'에 가까운 반응을 보인다고 할 수 있다. 부당한 정책일지라도 상위직 공무원들이 별다른 이의 제기 없이 순응한다는 응답 비율도 비교적 높다(35.4%). 반면에 Hirschman(1970) 등이 제시한 본래 의미의 '발언'에 속하는 반응을 보인다는 응답 비율은 낮게(4.1%) 나타났다. 전체적으로 〈표 21-3〉의 응답결과는 상위직 지방공무

〈표 21-3〉 자치단체장의 부당한 정책(사업) 추진에 대한 상위직 공무원의 반응

빈도(%)

반응 유형	성남	고양	구리	파주	용인	의정부	전체
8) 자치단체장에게 소신 발언을 하는 등 직접 불만을 표출한다.	3 (3.3)	1 (1.7)	2 (3.2)	9 (11.7)	0 (0.0)	4 (3.8)	19 (4.1)
9) 사업(정책) 추진을 만류하려고 노력하지만, 일단 결정되면 따른다.	41 (45.6)	31 (52.5)	31 (50.0)	45 (58.4)	36 (52.9)	46 (44.2)	230 (50.0)
10) 속으로 불만이 있더라도 그냥 따른다.	36 (40.0)	17 (28.8)	24 (38.7)	11 (14.3)	27 (39.7)	48 (46.2)	163 (35.4)
11) 별 생각 없이 그냥 따른다.	3 (3.3)	2 (3.4)	2 (3.2)	3 (3.9)	2 (2.9)	1 (1.0)	13 (2.8)
12) 좋은 결과가 나올 수 있도록 무조건 적극 협력한다.	7 (7.8)	8 (13.6)	3 (4.8)	9 (11.7)	3 (4.4)	5 (4.8)	35 (7.6)
전체	90 (100)	59 (100)	62 (100)	77 (100)	68 (100)	104 (100)	460 (100)

원들이 자치단체장이 부당한 정책을 추진할 시에 이를 시정하려는 노력을 적극 기울이지 않음을 시사한다. 〈표 21-3〉의 응답 결과에 대해 6급 이상 집단과 7급 이하 집단 간 교차분석을 실시하였으나, 통계적으로 의미 있는 응답 차이를 발견할 수 없었다.

(2) 부당 정책 추진에 대한 '발언' 방식

〈표 21-4〉의 4개 문항은 단체장의 부당한 정책 추진과 관련하여 상위직 지방공무원들이 어떤 방식의 '발언'을 주로 하는지를 묻는 것이다. 여기서의 응답결과 역시 어떤 방식으로든 '발언'을 하는 상위직 지방공무원은 드문 것으로 나타나 있다. 이러한 응답결과는 앞서 〈표 21-3〉에서 나타난 '변형된 중립 윤리'를 실천하는 행동이 대부분 단순히 자신의 의견을 표명했다가 받아들여지지 않으면 곧바로 철회하는 소극적 수준에 지나지 않을 것이란 추론을 가능하게 한다.

〈표 21-4〉의 t 검증 결과는 다수 항목에서 6급 이상 집단과 7급 이하 집단 간에 5%의 유의수준에서 의미 있는 응답 차이를 보여준다. 이들 차이는 공히 하위직 공무원들이 상위직 공무원들 스스로가 인식하는 수준에 비해 상대적으로 더 많은 '발언'을 상위직 공무원들이 한다고 인식하는 특징을 나타내고 있다.

〈표 21-4〉 자치단체장의 부당한 정책에 대한 상위직 공무원의 '발언' 방식

평균(표준편차)

발언 형태		평균	표준편차	T 값	유의확률
13) 자치단체장에게 소신 발언을 하거나 언쟁을 벌인다	6급이상	2.28	1.021	-.408	.684
	7급이하	2.32	.903		
14) 다른 공무원들과 함께 집단적으로 자치단체장에 항의한다.	6급이상	1.72	.835	-2.319	.021
	7급이하	1.91	.876		
15) 해당 정책이나 사업에 대한 자신의 반대 입장을 외부에 공공연히 밝힌다.	6급이상	2.01	.791	-2.292	.022
	7급이하	2.20	.906		
16) 관련 업무를 태만하게 수행하는 방식 등으로 정책(사업)추진을 방해한다.	6급이상	2.07	.849	-2.487	.013
	7급이하	2.29	.924		

1 전혀 아니다, 5 전적으로 그렇다

(3) 추종자 유형

〈표 21-5〉는 Chaleff(2009)의 리더-추종자 관계 이론에 따른 상위직 지방공무원들의 자치단체장에 대한 협력과 견제의 정도를 보여준다. 〈표 21-5〉의 (문항 18)에서 보듯이 자치단체장의 행동이나 정책을 거의 언제나 별다른 이의 제기 없이 이행한다는 응답 비율이 과반을 넘어(54.9%) '집행자' 유형(높은 지지, 낮은 도전)의 상위직 지방공무원들이 다수를 차지하는 것으로 나타나 있다.

다만 정책윤리 의식을 갖춘 '파트너' 유형(높은 지지, 높은 도전)의 추종자들도 상당수(27.4%) 있는 것으로 나타나 있고, 어떤 이유에서든 파주시와 고양시에서 이런 유형의 비율이 상대적으로 더 높게 나타나 있다. 그러나 앞서 응답결과에 비추어 볼 때, 〈표 21-5〉에서의 정책에 대한 의문 제기와 시정 노력이 적극적인 성격의 것인지는 불분명하다. 6급 이상과 7급 이하 집단 간 교차분석을 하였으나 통계적으로 의미 있는 응답 차이는 나타나지 않았다.

〈표 21-6〉의 응답결과는 자치단체장이 부당한 정책을 추진할 시에, 상위직 공무원들이 이의를 제기하기보다 협력을 하게 되는 주된 이유가 자신들의 경력상, 인사상 불이익을 피하려는 데(전체 평균 41.6%) 있음을 알려 준다. 의정부시와 용인시의 경우 이러한 응답 비율이 특히 높게 나타나고 있다. 이 같은 응답 결과는 자치단체장이 강력한 인사권을 가진 관계로 그의 정책 활동에 이의를 제기하는 지방공무원은 드물다는 기존의 주장(이달곤, 2002: 264-265)을 확인해 준다. 상급자

의 명령에 복종해야 할 법적 의무가 있기 때문이라는 응답은 두 번째로 높은 비율(27.8%)을 차지하고 있다. 6급 이상 집단과 7급 이하 집단 간 교차분석을 실시하였으나, 통계학적으로 의미 있는 응답 차이가 거의 나타나지 않았다.

〈표 21-5〉 자치단체장의 리더십에 대한 협력 정도

빈도(%)

협력 정도	성남	고양	구리	파주	용인	의정부	전체
17) 평상시 적극 협력하지만, 자치단체장의 행동이나 정책에 문제가 있을 시에는 자치단체장에게 직접 의문을 제기하고 이를 시정하려 노력한다(파트너).	23 (25.0)	24 (40.7)	12 (18.5)	38 (48.7)	18 (26.5)	13 (12.3)	128 (27.4)
18) 거의 언제나 적극 협력하며, 자치단체장의 행동이나 정책에 문제가 있어도 이의를 제기하는 경우가 드물다(집행장).	58 (63.0)	14 (23.7)	37 (56.9)	30 (38.5)	41 (60.3)	77 (72.6)	257 (54.9)
19) 평상시 협력에 소극적이나, 자치단체장의 행동이나 정책에 문제가 있을 시는 직접 이의를 제기하고 대안을 제시한다(개인주의자).	6 (6.5)	9 (15.3)	7 (10.8)	9 (11.5)	5 (7.4)	4 (3.8)	40 (8.5)
20) 평상시 협력에 소극적이며, 자치단체장의 행동이나 정책에 문제가 있더라도 아무런 이의를 제기하지 않는다(자원),	5 (5.4)	12 (20.3)	9 (13.8)	1 (1.3)	4 (5.9)	12 (11.3)	43 (9.2)
전체	92 (100)	59 (100)	65 (100)	78 (100)	68 (100)	106 (100)	468 (100)

〈표 21-6〉 자치단체장의 부당한 정책(사업)에 대한 상위직 지방공무원의 협력 이유

빈도(%)

협력 이유	성남	고양	구리	파주	용인	의정부	전체
1) 자치단체장은 주민의 대표로 선출된 사람이기에	12 (13.0)	5 (8.5)	5 (7.9)	24 (31.2)	8 (14.8)	13 (12.5)	67 (14.9)
2) 공무원은 상급자의 명령에 복종해야 할 법적 의무가 있으므로	24 (26.1)	21 (35.6)	25 (39.7)	23 (29.9)	10 (18.5)	22 (21.2)	125 (27.8)
3) 자치단체장의 사업 추진 등이 법적으로 문제가 없으므로	15 (16.3)	12 (20.3)	10 (15.9)	15 (19.5)	6 (11.1)	5 (4.8)	63 (14.0)

4) 자신들의 경력상, 인사상 불이익 을 피하기 위해	40 (43.5)	20 (33.9)	22 (34.9)	14 (18.2)	29 (53.7)	62 (59.6)	187 (41.6)
5) 어차피 공무원은 자치단체장이 주도한 정책 결과에 법적 책임을 지지 않을 것이므로	0 (0.0)	1 (1.7)	1 (1.6)	1 (1.3)	1 (1.9)	1 (1.0)	5 (1.1)
6) 공무원이 사업의 타당성이나 공 익성 등을 공무원 스스로 판단할 수 없으므로	1 (1.1)	0 (0.0)	0 (0.0)	0 (0.0)	0 (0.0)	1 (1.0)	2 (0.4)
전체	92 (100)	59 (100)	63 (100)	77 (100)	54 (100)	104 (100)	449 (100)

21.6 분석결과 요약 및 정책적 함의

한국에서 지방자치제 실시는 여러 긍정적 측면과 함께 적지 않은 부작용을 드러내고 있다. 자치단체장들의 독주와 장기적 비전 부재, 재선을 의식한 전시행정, 선심성 예산집행 등에 기인 된 정책 혼선과 예산 낭비는 대표적인 부작용 현상으로 지적된다. 지방자치의 궁극적 목적은 주민복지증진과 지역발전에 있으므로, 자치단체장들의 정책(사업)추진과 관련된 이들 현상은 지방자치를 왜곡하고 지방자치의 장기적 정착을 심각하게 저해하는 요인이라고 할 수 있다.

자치단체장의 자의적 권력행사는 일차적으로 주민대표기관인 지방의회와 주권자인 주민들에 의해 견제되어야 할 것이지만, '약의회 강단체장'의 구조 하에서 지방의회는 권력 면에서 자치단체장에 크게 뒤져 있고, 주민참여를 위한 제도적 장치들 또한 상당히 미흡한 실정이다. 단체장이 많은 권한을 행사하고 있음에도 그에 상응하는 책임을 제대로 확보할 수 없는 이런 상황에서, 지방공무원들의 역할은 매우 중요할 수 있다. 특히 자치단체장의 정책결정과정에 참여할 수 있는 위치에 있는 상위직 지방공무원들이 올바른 정책윤리관을 가지고 직무를 수행한다면 자치단체장에 의한 자의적인 정책추진을 어느 정도 견제할 수 있을 것이기 때문이다.

그러나 이 장에서 제시한 설문조사 결과에서는 상위직 지방공무원들이 규범적으로는 '정책윤리'에 가까운 윤리의식을 가지고 있으나, 현실에 있어서는 자치단체장의 부당한 정책추진을 견제하거나 시정하려 노력하기보다 소극적으로 의견을 제시하거나 오히려 협력하는 반응 행태를 보이는 것으로 나타났다. 그리고 상위직 지방공무원들이 이렇듯 소신 없는 행동을 보이는 것은 인사상 불이익에 대한 우려 때문으로 드러났다. 이런 조사 결과가 시사하는 바는 지방공무원에 대한 단체장의 인사권을 제한하는 등 인사제도 및 운영 측면에서 큰 폭의 개선이 없는 한 상위직 지방공무원들이 자치단체장의 부당한 정책추진을 견제하기는 현실적으로 쉽지 않을 것이란 점이다.

참고문헌

감사원. (2012). 「감사원이 바라본 지방자치」.

김병국 외. (2010). 「지방자치단체장의 책임성 확보」, 지방행정연구원 정책연구 2010-23.

김준호 외. (2020). 지방자치단체의 행사·축제경비예산에영향을 미치는 요인에 관한 연구:지방선거를 중심으로. 「행정논총」, 58(3): 197-215.

김호섭. (2002). 고위 공직의 윤리. 「한국부패학회보」, 7(1): 37-55.

박종민 외. (1999). 한국 지방정치의 특징, 「한국행정학보」, 33(2): 123-139.

박천오. (2014). 한국 지방공무원의 윤리의식에 관한 실증연구. 「한국인사행정학회보」, 13(2): 93-112.

박흥식·김호섭·최순영. (2010). 공직자 비윤리 행동과 윤리적 위험간의 관계. 「한국행정학보」, 44(2): 41-61.

박희정·김승렬. (2017). 지방자치단체의 예산낭비 사례 분석. 「한국사회와 행정연구」, 27(4): 107-131.

양지숙·문광민 (2022). 지방자치단체의 예산낭비유형 및 관리방안에 관한 연구:지방재정투자사업을 중심으로. 「한국사회와 행정연구」, 32(4): 139-166.

엄석진. (2009). 행정의 책임성: 행정이론간 충돌과 논쟁. 「한국행정학회보」, 43(4): 19-45.

이기우. (2016). 243개 지자체에서 고작 8번 실시한 주민투표. <오피니언> 조선일보, 2016.7.8.

이달곤. (2002). 지방자치제의 발전방향, 서울대학교 행정대학원 한국정책지식센터편, 「한국지방행정학: 이론과 실제」, 257-275, 서울: 나남출판.

이문수. (2013). 행정윤리의 가능성과 조건에 대한 연구, 「행정논총」, 5193): 1-28.

이승종. (2002). 자치단체장의 리더십. 서울대학교 행정대학원 한국정책지식센터편, 「한국지방행정학: 이론과 실제」, 277-304, 서울: 나남출판.

이종수. (2012). 「새행정윤리」, 서울: 대영문화사.

한승주. (2013). 공무원의 주관적 책임성: 지방자치단체 중하위직 공무원의 경험을 통한 탐색. 「한국행정학보」, 47(1): 25-45.

행정자치부. (2006). 「공무원 복무제도 해설」.

행정자치부·정부혁신지방분권위원회·한국지방행정연구원. (2005). 「민선 지방자치 10년 평가(1995-2005)」.

Bovens, Mark. (2005). Public Accountability. in Ewan Ferlie et al.(eds), *The Oxford Handbook of Public Management*, 182-208, New York: Oxford University Press.

Box, Richard C. (1992). The Administrator as Trustee of the Public Interest: Normative Ideals and Daily Practice. *Administration and Society.* 24(3): 323-345.

Burke, John P. (1989). Reconciling Public Administration and Democracy: The Role of the

Responsible Administrator, *Public Administration Review*, 49(2): 180-185.

Chaleff, Ira. (2009). *The Courageous Follower: Standing Up to & for Our Leaders*. San Francisco: Berrett-Koehler Publishers, Inc.

Cooper, Terry L. (1984). Public Administration in Age of Scarcity: A Citizenship Role for Public Administrators. in J. Rabin & J.S. Bowman(eds), *Politics and Administration: Woodrow Wilson and American Public Administration*, 297-314, New York: Marcel Dekker.

_____. (1990). *The Responsible Administrator: An Approach to Ethics for Administrative Role* (3rd ed.), San Francisco: Jossey Bass.

Dobel, J. Parick. (1990). Integrity in the Public Service. *Public Administration Review*, 41(6): 354-366.

Fleishman, Joel L. (1981). *Public Duties of Government Officials*. Cambridge, Massachusetts: Harvard University Press.

Fox, Charles J. & Clarke E. Cohen. (1990). Discretion Advocacy in Public Administration Theory: Toward a Platonic Guardian Class. *Administration and Society*, 22(2): 249-271.

Fredrich, Carl J. (1972). Public Policy and the Nature of Administrative Responsibilty, in Francis Rourke (ed.), *Bureaucratic Power in National Politics*, 165-175, Boston: Little Brown.

Golden, Marissa Martino. (1992). Exit, Voice, Loyalty, and Neglect: Bureaucratic Responses to Presidential Control During the Regan Administration. *Journal of Public Administration Research and Theory*. 2(1): 29-62.

Gortner, Harold F. (1991). How Public Managers View Their Environment: Balancing Organizational Demands, Political Realities, and Personal Values, in James S. Bowman (ed.), *Ethical Frontiers in Public Management*. 34-63, A Publication of the American Society for Public Administration.

Hall, Thad E. & Anthony Sutton. (2003). Agency Discretion and Public Ethics: The Case of the Immigration and Naturalization Service. *Public Integrity*. 5(4): 291-303.

Hirschman, Albert. (1970). *Exit, Voice and Loyalty: Responses to Decline in Firms, Organizations, and States*. Cambridge, Mass.: Harvard University Press.

Lewis, Carl W. & Bayard L. Carton. (1996). Professional Standards and Ethics. in James L. Perry (ed.), *Handbook of Public Administration*. 699-712. San Francisco: Jossey-Bass Publishers.

Luke, Jeffrey S. (1991). New Leadership Requirements for Public Administrators: From Managerial to Policy Ethics, in James S. Bowman (ed.), *Ethical Frontiers in Public Management*. 158-182, A Publication of the American Society for Public Administration.

Morgan, Douglas F. (1987). Varieties of Administrative Abuse: Some Reflections on Ethics and Discretion. *Administration and Society*. 19(3): 267-284.

Nalbandian, John. (1990). Tenets of Contemporary Professionalism in Local Government. *Public Administration Review*. 50(6): 654-662.

Pops, Gerald M. (1991). Improving Ethical Decision Kaking Using the Concept of Justice, in

James S. Bowman (ed.), *Ethical Frontiers in Public Management*. 261-285, A Publication of the American Society for Public Administration.

Rohr, John A. (1980). Ethics for the Senior Executive Service: Suggestions for Management Training. *Administration and Society*. 12(2): 203-217.

Romzek, Barbara S. & Patricia Wallace Ingraham. (2000). Cross Pressure of Accountability: Initiative, Command, and Failure in the Ron Brown Plane Crash. *Public Administration Review*. 60(3): 240-253.

Rusbuilt, C. E. & D. Lowery. (1984). When Bureaucrats get the Blues: Responses to Dissatisfaction among Federal Employees. *Journal of Applied Social Psychology*.

Thomson, Dennis F. (1980). Moral Responsibility of Public Officials: The Problem of Many Hands, *American Political Science Review*, 74(4): 905-916.

Thomson, Dennis F. (1985). The Possibility of Administrative Ethics. *Public Administration Review*, 45(5): 555-561.

Van Wart, Montgomery. (1996). The Sources of Ethical Decision Making for Individuals in the Public Sector. *Public Administration Review*, 56(6): 525-533.

22 CHAPTER

공직윤리 역량: 성격과 제고 방안

22.1 ▶ 서 언

공무원이 마땅히 지켜야 할 공직윤리(public service ethics)는 법규에 규정된 특정 행위를 행하거나 행하지 않아야 할 소극적 성격의 행동규범인 동시에, 법규 준수를 넘어 공익 실현과 공공서비스를 위해 최선을 다해야 할 적극적 성격의 행동규범이라고 할 수 있다.[1] 그런데도 이제까지 각국 정부와 국내외 학계는 공무원들에게 법규 준수 위주의 소극적인 행동규범을 주로 강조하는 반면 적극적인 행동규범에 대해서는 큰 관심을 보이지 않아 왔다.[2]

Rohr(1978)는 소극적 공직윤리에 치중된 이런 경향을 "윤리에 대한 낮은 길의 접근"(low road approaches)으로 표현하면서, 현대 행정에서는 부적절하다고 지적하였다. 오늘의 행정 현실에서는 공익 실현을 위한 공무원의 적극적인 윤리 행위(positive ethical behavior)가 요구되며(Lewis & Carton, 1996: 703), 이는 시민사회가 공무원들에게 기대하는 수준의 윤리적 행위이기도 하다(Maesschalck, 2004-5: 22-23). 적극적 공직윤리는 공무원 개인의 도덕적 감각과 책무성에 기초하여 준수될 수 있는 데(Stazyk & Davis, 2015: 629), 이를 강조한다는 것은 Rohr(1978)가 말하는 "윤리에 대한 높은 길의 접근"(high road approaches)이 된다.

Thompson(1985)은 적극적 공직윤리의 관점에서 중립의 윤리(ethics of neutrality)와 구조의 윤리(ethics of structure)가 부당하다고 주장하였다. 중립의 윤리는 공무

---

1) Bowman(1981: 61), Pfiffner(1999), 박천오(2016: 465) 참조.
2) Bowman & Knox(2008: 629-630), Lager(2010), Stewart & Sprinhall(1991: 243) 참조.

원 자신이 도덕적인 판단을 하지 않고 조직의 정책과 상관의 결정을 중립적으로 따라야 한다는 논리에, 구조의 윤리는 공무원 행위의 결과에 대한 책임을 공무원 개인이 아니라 조직이 진다는 논리에 각각 기초한다. Thompson은 이들 윤리를 준수하는 것만으로는 공무원의 책임을 다할 수 없다고 지적하였다.[3]

적극적 공직윤리는 공무원 스스로 옳고 그름을 판단하여 행동할 수 있는 윤리 역량을 갖출 때 준수할 수 있다(Cooper, 1998: 65; Maesschalck, 2004-5: 22). 윤리역량은 공무원에게 요구되는 가장 본질적인 역량으로서, 이는 공무원이 직무를 효율적으로 수행할 수 있는 직무역량과 조직을 효과적으로 운영할 수 있는 관리역량을 발휘하기 위한 전제조건이 된다. 윤리역량이 부족한 공무원은 직무역량과 관리역량이 아무리 탁월해도 공익 실현에 소극적이거나 직무를 부당하게 수행할 수 있기 때문이다(이창길, 2016: 43-44; 288). 한국 공무원들이 대형 참사에 대처하는 과정 등에서 공직기강이 해이해진 행태들 보임으로써 시민의 지탄을 받은 주요 원인도 그들이 윤리 역량을 갖추지 못했고 사명감이 결여된 데 있을 것이다(오석홍, 2019: 232-233).

그럼에도 불구하고 한국에서는 그간 공무원의 부정부패나 이해관계 충돌 등에 초점을 둔 소극적 공직윤리 연구가 주를 이루었으며,[4] 적극적 공직윤리나 윤리역량에 관한 깊이 있는 연구는 찾기 어렵다(이승환, 2023: 44-45). 이런 인식에서 이 장에서는 적극적 공직윤리와 윤리역량의 특성을 논의하고, 한국 공무원의 윤리역량을 높일 수 있는 몇 가지 기본 방안을 제시한다.

22.2 공직윤리와 윤리적 의사결정

1. 공직윤리 의무 준수

윤리는 사람이 지켜야 할 도리로서 인간 행동의 옳고 그름을 판단하는 준거가 된다. 공직윤리는 공무원들이 마땅히 지켜야 할 도리이다. 이는 국민 전체의 봉

---

3) Wakefield(1976) 역시 조직의 집합적 책임(collective responsibility) 속에 몸을 감추는 관료적 경향에 대해 비판하였다.

4) 박중훈·최유성(2009), 김종인·김영우(2009), 임성근·이건(2015) 참조.

사자로서 공익을 추구해야 할 공무원들의 직업윤리라고 할 수 있다(오석홍, 2013: 189-192). 공무원의 공직윤리 준수 의무는 특정 행위를 하지 않을 부작위(不作爲) 의무와 특정 행위를 해야 할 작위(作爲) 의무로 구분할 수 있다.

첫 번째 범주는 부정부패, 직권남용 등 법에서 금지된 비윤리적인 행위를 하지 않을 의무이다(Brumback, 1991: 355). 이러한 의무를 이행하는 것은 소극적 공직 윤리 준수라고 할 수 있다. 일반적으로 공무원들은 부정부패, 직권남용 등 법에서 금하는 부정행위를 하지 않을 의무 이행을 중시한다. 불이행 시에 법적인 제재가 따르기 때문이다. 부작위 의무의 범주에는 넓게는 '위법하지는 않으나 비윤리적인' 부당한 행위를 하지 않을 의무도 포함된다. 이러한 의무는 법에 명시되지 않았거나 명시되었더라도 위반 시에 제재가 어려운 추상적인 내용이어서 공무원들이 이를 제대로 이행하지 않는 경우가 많지만, 공직윤리를 강화한다는 측면에서는 공무원들에게 이러한 부당한 행위를 하지 않을 의무 이행의 중요성을 강조할 필요성이 있다.

Brumback(1991: 355)은 위법하지 않으나 비윤리적이고 비난 받을 만한 공무원 행위의 예로서, 자신의 주장을 각색하는 행위(embellishing claims), 개인적 실패를 희생양화 하는 행위(scapegoating personal failures), 책임을 회피하는 행위(shirking distasteful responsibilities), 고의로 부당한 요구를 하는 행위(knowingly making unreasonable demands), 문제를 덮는 행위(stonewalling questions), 부정직한 행위(acting disingenuously), 약속을 어기는 행위(reneging on promises), 시치미를 떼는 행위(dissembling), 주요 사안을 일방적으로 결정하는 행위(making consequential decisions unilaterally), 예산과 관련하여 속임수를 쓰는 행위(using chicanery in budgeting), 늑장 부리는 행위(loafing and loitering) 등을 예시하였다.

공무원들이 대민행정에서 때때로 드러내는 몰인격성(impersonality), 무감각(insensitivity), 인격 무시 등과 관련된 행위도 이런 범주의 비윤리적 행위이다(Plant & Gortner, 1981: 4; Berman & West, 2006: 191). 도덕적 해이와 연관된 한국 공무원의 부정적 행태(비용에 대한 의식 결여, 서비스 정신 부재, 결과에 대한 책임감 결여, 복지 부동, 무사안일, 소극적 민원 처리, 현실과 괴리된 탁상행정, 공적 권한의 부당행사 등) 역시 이런 성격의 비윤리적 행위라고 할 수 있다(국민권익위원회 보도자료, 2019.3.21). 근래 한국 정부가 그 폐해에 주목하고 있는 이른바 '광의의 소극 행정' 역시 같은 범주에 속한다. 광의의 소극 행정은 국민 생활과 기업 활동에 불편을 주거나, 국민의 권익을 침해하거나, 예산상 손실 등을 발생케 하는 행정을 지칭한다(인사혁신처, 2015: 15).

'위법하지는 않으나 비윤리적 행위'는 법에 명백히 저촉되지는 않으므로 해당 행위를 한 공무원에게 법적 책임을 묻기 쉽지 않다. 또한 해당 행위의 비윤리성에 대한 공무원들의 인식도 낮은 편이다.[5] 그러나 합법적 행위와 윤리적 행위는 등가적(equivalent)이지 않다(Michaelson, 2006: 241). 만약 정부가 불법행위를 하지 않는 법규 준수 위주의 소극적 공직윤리 준수만을 강조한다면, 공무원들에게 '위법하지는 않으나 비윤리적인' 부당한 행위를 하지 않는다는 차원의 공직윤리 준수를 기대하기 어렵다(Menzel, 1999: 518).[6]

한편, 공직윤리 의무의 두 번째 범주인 특정 행위를 해야 할 작위 의무는 공무원이 '법규에 의무화되지 않은' 윤리적 행위를 함으로써 이행할 수 있다. 이는 적극적 공직윤리 준수로서, 공무원이 시민의 도덕적 수탁자로서 공익, 애국, 인간적 가치(humanistic values)와 같이 법을 초월한(beyond or more than the law) 상위 규범에 의거 해 공조직 차원에서나 사회적으로 바람직한 행위를 자율적으로 하는 것을 말한다.[7] 이런 측면에서 Frederickson(1997: 196-208)은 공무원의 주된 의무는 정의, 평등, 공정, 인간 존엄성 가치의 수호자로서 행동하는 것이라고 주장하였다. 적극적 공직윤리 준수로 볼 수 있는 공무원 행위로는 다른 공무원들과 적극 업무 협조를 하는 행위, 열정적으로 업무를 수행하는 행위, 시민들에게 헌신적인 봉사를 하는 행위 등을 들 수 있다(박천오, 2016: 6-7). 적극적 공직윤리 의무 역시 법적 의무가 아닌 탓에 공무원들이 이행하지 않는 것이 보통이며, 윤리 의무라는 인식조차 없는 경우도 적지 않다.

적극적 공직윤리 의무는 최근 한국 정부가 특히 강조하고 있는 '적극 행정'과 일맥상통한다. 적극 행정은 공무원이 사명감을 가지고 공공의 이익을 위하여 성실하고 적극적으로 업무를 처리하는 것을 말한다. 정부는 이런 행위 결과가 잘못되더라도 해당 공무원에게 고의나 중과실이 없는 이상 책임을 면제하거나 감경해 주는 적극행정 면책제도 등을 도입하고 있다(인사혁신처, 2015: 20).

적극적 공직윤리는 공무원 자신의 내적·주관적 가치와 책임 의식 그리고 자기 통제에 의해 준수되며, 위반 시에는 공무원 스스로 양심의 가책을 느끼거나 외부로부터의 도덕적 비난을 감수하는 식의 윤리적 책임을 지게 된다.[8] 또한 적

---

5) Palazzo et al.(2012: 324), 인사혁신처(2015: 19) 참조.
6) Berman & West(2006: 191), Worthley(1981: 45), Lager(2010: 217), Stazyk & Davis(2015: 630) 참조.
7) Wittmer(1992: 445), Michaelson(2006: 241-243) 참조.

극적 공직윤리 의무는 성격상 법제화하기 쉽지 않고 설사 법제화하더라도 이행을 담보하기 쉽지 않다(Brumback, 1991: 354; Lager, 2010: 217). 한국에서는 「국가공무원법」에 성실의 의무(56조)와 친절공정의 의무(59조) 등 적극적 공직윤리에 가까운 일부 규정을 두고 있다.

〈표 22-1〉 윤리적 의무의 범주와 성격

| | 부작위 의무(소극적 윤리의무) | | 작위 의무(적극적 윤리의무) |
	위법행위	부당행위	
내용	▶법적으로 금지된 비윤리적인 행위를 하지 않을 의무	▶위법하지는 않으나 비윤리적인 행위를 하지 않을 의무	▶법을 넘어선 상위 규범에 따른 바람직한 행위를 할 의무
성격	▶법적 의무 ▶법적 규제 (공직자윤리법, 부패방지법 등) ▶윤리적 의무	▶윤리적 의무 ▶자율적 규제	▶윤리적 의무 ▶자율적 의무

2. 윤리적 의사결정

공무원인 특정 행위를 하지 않을 부작위 윤리 의무나 특정 행위를 해야 할 작위 윤리 의무를 이행하기 위해서는 먼저 윤리적 의사결정을 해야 한다. 윤리적 의사결정의 특성과 그에 영향을 미칠 수 있는 요인들은 다음과 같다.

(1) 윤리적 의사결정의 특성

공직윤리 의무는 윤리적 차원(ethical dimensions)을 내포한 윤리적(혹은 도덕적) 상황(ethical situations)에서 윤리적 의사결정(ethical decision)을 하고 그에 따른 행위를 함으로써 준수된다. 윤리적 상황은 특정 윤리 원칙(도덕적 가치)을 고수하는 것과 관련성이 있거나 행위의 결과가 공공의 복리에 심각한 영향을 미칠 수 있는 상황을 의미한다. 윤리원칙은 공정성, 정의, 자유, 인간적 품위(human dignity), 고결성(integrity) 등 다양할 수 있다. 공무원은 이런 윤리적 상황에서 직무를 수행하는 경우가 많다(Cooper, 2012: 6; Wittmer, 1994: 350-351).

---

8) Michaelson(2006: 241), Stazyk & Davis(2015; 629), 박천오(2016: 10) 참조.

윤리적 상황에서의 윤리적 의사결정은 사회공동체에 도덕적으로 수용될 수 있는 성격의 의사결정을 의미한다.[9] 윤리적 의사결정을 한다는 것은 대안을 선택하거나 행위를 하기에 앞서 그로 인한 윤리적 결과를 고려한다는 의미이다 (Cooper, 2012: 6; Michaelson, 2006: 241). 윤리적 의사결정은 비윤리적 행위를 하지 않으려는 결정과 윤리적 행위를 하려는 결정을 모두 포함한다.

Rest(1986)에 의하면 공무원은 윤리적 상황에서 다단계의 심리 과정 (psychological processes)을 거쳐 윤리적 의사결정을 하게 된다. 도덕적 이슈를 인지하고(recognizing moral issue), 도덕적 판단을 하고(making moral judgments), 도덕적 의지를 확립하고(establishing moral intent), 도덕적 행위를 하는(implementing moral actions) 등의 단계가 그것이다. 여기서 Rest는 도덕적이란 표현을 사용했지만, 윤리와 도덕은 본질적으로 차이가 없다(김호섭, 2019: 27).[10] Rest가 밝힌 윤리적 의사결정의 심리적 과정을 좀 더 구체적으로 설명하면 다음과 같다.

첫째, 도덕적 이슈의 인식은 도덕적 문제가 존재함을 인지하는 것으로서, 도덕적 감수성(moral sensitivity)과 관련된다. 도덕적 이슈의 인지는 해당 이슈(사안)의 성격상 혹은 예상되는 결과 측면에서 도덕적 기준을 적용할 필요성을 인지하는 것이다. 공무원은 도덕적 성격의 사안을 인지하지 못하여 그에 대해 경제적 효율성 등 다른 기준들을 적용하기도 한다.[11]

둘째, 도덕적 판단은 도덕적 이슈에 대해 도덕적으로 건전한 판단을 하는 것이다. 도덕적 판단을 위한 도덕적 추론(moral reasoning)은 해당 이슈를 분석하여 도덕적으로 정당한 행동 경로를 모색하는 것이다(Jennings, 1991: 68; Wittmer, 1994: 351). 공무원은 관련 법, 소속기관의 공언된 가치, 전문직업주의 등을 종합적으로 고려하되, 지켜야 할 도덕적 가치와 원칙에 비춰 해당 이슈에 적합한 윤리적 판단을 할 수 있다(Bommer et al., 1987: 275).

셋째, 도덕적 의지의 확립은 자신의 도덕적 판단에 따른 행위를 하려는 의지를 확고히 하는 것이다. 여기에는 도덕적 가치(moral values)를 중시하고 해당 행위의 도덕적 결과(moral outcomes)에 대해 개인적 책임을 지려는 도덕적 동기(moral motivation)가 전제된다. 공무원은 도덕적으로 옳다고 판단하면서도 자기 이익 등

---

9) Jones(1991: 367) Morales-Sanchez & Cabello-Medina(2013: 718) 참조.

10) 윤리(ethics)와 도덕(morals)은 공히 옳고 그릇된 행위와 관련된 개념이며, 윤리적이란 용어는 도덕적이란 용어와 거의 같은 의미로 통용된다(Jones, 1991: 367;, Wittmer, 1994: 360; Kuiju et al., 2016: 402).

11) Jones(1991: 380), Morales-Sanchez & Cabello-Medina(2013: 718) 참조.

다른 요인들에 영향받아 실천 의지를 상실할 수 있다. 이처럼 도덕적 인식과 판단이 실천의 문턱을 넘지 못하는 경우가 많은 관계로 도덕적 의지는 도덕적 행위의 전제가 된다.[12]

끝으로, 도덕적 행위는 도덕적 의지에 의거 본래 의도했던 행위를 실제로 관철하는 것이다. 도덕적 의지를 도덕적 행위로 전환하는 이 과정에는 여러 외부적 제약들로 말미암아 어려움이 있을 수 있다.[13]

Rest는 위와 같은 윤리적 의사결정과정의 각 단계가 상호 개념적으로 구분되며, 한 단계에서의 성공이 다른 단계에서의 성공으로 반드시 이어지는 것은 아니라고 설명한다.

(2) 윤리적 의사결정의 영향요인

윤리적 의사결정은 이슈의 성격, 의사결정자 개인의 속성, 주변 요인 등에 의해 영향받을 수 있다(Wittmer, 1994). 이슈의 성격과 관련해 Jones(1991)는 윤리적 의사결정의 심리적 과정이 이슈의 도덕적 강도(moral intensity)에 의해 영향받을 수 있다고 지적하였다. 여기서 이슈의 도덕적 강도는 이슈 결과의 규모(magnitude of consequences)나 사회적 합의(social consensus) 등의 요소에 의해 결정된다고 한다. 이슈 결과의 규모는 관련 행위가 희생자 혹은 수혜자에게 미칠 수 있는 손실과 혜택의 총합을, 이슈의 사회적 합의는 관련 행위가 악행 혹은 선행이라는 점에 대한 사회적 의견일치 정도를, 각각 의미한다. 이 밖에도 Jones는 이슈의 도덕적 강도가 효과의 개연성(probability of effect), 시급성(temporal immediacy), 근접성(proximity) 등에 따라 달라진다고 보았다.[14]

윤리적 의사결정에 영향을 미칠 수 있는 개인적 속성에서는 의사결정자가 윤리적 이슈에 얼마나 민감한지, 그가 윤리 이슈에 관한 추론 능력을 어느 정도 보유하고 있는지 등이 주요 변수가 될 수 있다. 공무원의 경우는 공공서비스 동기가 중요하다. 윤리적 이슈에 대한 감수성과 마찬가지로 공공서비스 동기는 다른

---

12) Jones(1991: 386-387), Morales-Sanchez & Cabello-Medina(2013: 718) 참조.

13) Jones(1991: 387), Morales-Sanchez & Cabello-Medina(2013: 718) 참조.

14) 효과의 개연성은 관련 행위가 실제로 발생할 확률과 그러한 행위가 예견된 해악(혹은 혜택)을 실제로 야기 할 확률의 결합함수(joint function)이다. 이슈의 시급성은 현재와 문제의 행위 결과가 나타나는 시점 간 시간적 간극(length of time)이 짧을수록 커진다. 근접성은 해당 행위의 희생자 혹은 수혜자에 대해 도덕적 대리인(moral agent)이 가지는 친밀감(feelings of nearness)을 말한다(Jones, 1991: 374-378).

사람들을 돕거나 사회를 이롭게 하려는 의도의 행동과 연관성이 있기 때문이다 (Wright et al., 2016: 648).

윤리적 의사결정에 영향을 미칠 수 있는 주변 요인으로는 공무원의 경우 조직 사회화(organizational socialization) 과정, 조직의 계층 구조, 바깥 사회 환경 등이 특 히 중요하다. 문제는 이들 요인이 모두 공무원의 윤리적 의사결정에 부정적인 영 향을 미칠 수 있는 특성을 내포한다는 데 있다.

우선, 조직사회화는 조직구성원이 조직의 문화를 학습하고 적응해 가는 과정 으로서, 다수 구성원의 가치관과 행태가 모델이 되는 경우가 많다. 조직문화는 조직구성원들 간 공유된 믿음과 가치이자 비공식적인 규범이다. 조직사회화와 조 직문화는 구성원들에게 조직에서 허용되는 행위와 허용되지 않은 행위에 관한 메 시지를 보냄으로써 그들의 의사결정과 행동을 일정한 방향으로 이끄는 기대와 압 력으로 작용한다.[15) 행정기관에서는 관행을 중시하는 관료적 조직문화의 영향으 로 공무원 개인의 윤리적 판단과 책임 의식이 빛을 발하기 어렵다(Metcalfe & Richards, 1993). 관료적 조직문화는 심한 경우 집단사고(groupthink)를 낳을 수 있 다.[16) 한국 행정기관에서도 관행에 따라 업무처리를 하는 관료적 조직문화가 자 리 잡고 있어 적극 행정 등을 가로막는 주요 원인이 되고 있다(인사혁신처, 2015: 19).

다음, 조직의 상층부에 권력이 집중된 계층 구조는 공무원들에게 복종 위주의 직무수행 행태를 형성시켜 자신들의 행위와 관련된 윤리적 고려를 소홀히 하게 만든다.[17) 기본적으로 계층 구조는 공무원의 윤리적 자아(one's ethical self)를 잠식 한다(Menzel, 1999: 524). 계층 구조 역시 계급제 인사제도에 기반한 한국 공직사회 에서 문제되고 있다.

끝으로, 행정기관의 바깥 사회 환경 또한 조직구성원들의 윤리적 의사결정에 부정적인 영향을 미칠 수 있다. 예컨대 성과를 최우선시하는 이른바 성과윤리 (performance ethic)가 사회 전체에 만연되어 있거나, 금지된 것이 아닌 한 뭐든 허 용된다는 사회적 인식이 지배적이라면, 공무원 역시 이에 영향을 받지 않을 수 없을 것이다(Smith & Carroll, 1984: 97).

---

15) Smith & Carroll(1984: 96), Liedkta(1989: 806), Cooper(2012: 240), Key(1999: 218) 참조.
16) 집단사고는 구성원들 간 의견일치를 이루려는 경향이 지나쳐 소속 집단의 본래적 도덕성(inherent morality)을 무조건적으로 믿음으로써 자신들의 결정과 행위의 현실 검증(reality testing)과 윤리 적 결과를 무시하는 성향을 나타내게 한다(Smith & Carroll, 1984: 97).
17) Smith & Carroll(1984: 98), Jennings(1991: 68), 김호섭(2019: 296) 참조.

[그림 22-1] 윤리적 의사결정 모델

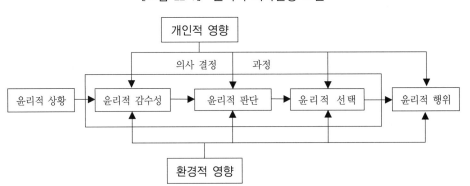

출처: Wittmer(1994: 355).

22.3 ▶ 공직윤리 역량

공무원은 공직윤리 역량(ethical competence of public service)이 뒷받침될 때 윤리적 의사결정과 행위를 할 수 있다.[18] 적극적 공직윤리 이행이 특히 그렇다. 윤리적 의사결정은 결과적 정의(outcome justice)와 절차적 정의(procedural justice) 모두를 충족하는 의사결정을 말한다. 따라서 공직윤리 역량은 공무원이 정의로운 결과를 가져올 수 있는 올바른 내용의 윤리적 의사결정을 정의로운 절차에 따라 할 수 있는 능력을 뜻한다(Pops & Pavla, 1991: 363).

정의로운 결과를 가져올 수 있는 윤리적 의사결정 역량은 앞서 논의한 윤리적 (도덕적) 이슈의 인식, 윤리적(도덕적) 추론, 윤리적(도덕적) 판단 등을 할 수 있는 능력을 말한다(Jennings, 1991: 68; Wittmer, 1994: 363). 정의로운 절차와 관련된 역량은 윤리적 의사결정과정에서 관련자들 간 선호와 이익을 조율할 수 있는 역량을 말한다(Wittmer, 1994: 363). 이러한 역량은 이해당사자들이 공평하게 관련 회의나 정보 등에 접근할 수 있는 접근 평등성(equality of access), 의사결정자 자신이 관련 상황을 검토할 때 편견을 가지지 않는 중립성(neutrality), 의사결정 과정을 개방하는 투명성(transparency), 의사결정에 대한 관련자들의 이의 제기권(right to appeal) 등을 보장하는 방향으로 사안을 처리할 수 있는 능력이라고 할 수 있다(Wittmer,

---

18) Jennings(1991: 80), Pohling et al.(2016: 450) 참조.

1994: 363; Pops, 1991: 275).

공무원 역량과 관련하여 Meine & Dunn(2013: 163)은 오늘날 공무원은 ① 이슈 관련 지식, ② 윤리 상황을 인식할 수 있는 능력과 추론 능력, ③ 적절한 윤리기준을 모색 및 적용할 수 있는 능력, ④ 다양한 이해관계를 고려할 수 있는 능력, ⑤ 관련 절차를 적절히 지키면서 문제를 해결할 수 있는 능력, ⑥ 원칙 있는 결정을 견지할 수 있는 능력, ⑦ 관련자들 간 합의를 도출할 수 있는 능력, ⑧ 윤리에 초점을 둔 태도와 몰입 등의 요건을 두루 갖추어야 한다고 지적한다. 이들 요건은 대부분 공무원의 윤리역량과 관련된 능력이라고 할 수 있다.

공무원은 윤리적 의사결정과정에서 종종 발생하는 여러 윤리적 기준과 가치 간 상충에 기인한 윤리적 딜레마 상황으로 인해 딜레마에 빠질 수 있다(Yeager, 2007: 266). 공직윤리 딜레마는 옳은 것들 사이의 선택(choices between "right" and "right")과 관련된 것이어서 마땅한 해법이 존재하지 않는다(Worthley, 1981: 45). 정책과정에서 이해가 상충하는 여러 집단 간에 균형을 기하는 일 역시 공무원들에게 딜레마가 될 수 있다(윤견수, 2017). 따라서 공무원들은 윤리적 의사결정과정에서 여러 기준과 가치를 창의적으로 조율하거나 사안과 상황에 따라 특정 가치나

〈표 22-2〉 적극적 공직윤리 역량의 특성

윤리역량의 구분	특성
결과 관련	▶ 관련 사안의 윤리적 측면을 인식할 수 있는 능력(윤리적 인식 능력) ▶ 윤리(도덕) 문제를 상대적으로 중시할 수 있는 능력(윤리적 감수성 능력) ▶ 주어진 상황에 적절한 윤리기준을 확인하고 이에 기초하여 도덕적으로 정당한 행동경로들 모색할 수 있는 능력(윤리적 추론 능력) ▶ 윤리적 추론을 토대로 가능한 행동경로를 가려 낼 수 있는 능력(윤리적 판단 능력) ▶ 상황에 적합하게 공익을 해석·구현할 수 있는 능력(정의로운 의사결정을 할 수 있는 능력) ▶ 외적 제약에도 불구하고 윤리적 행위를 할 수 있는 도덕적 품성과 의지(윤리적 의지력)
절차 관련	▶ 다양한 선호와 이해관계를 고려하고, 관련 절차를 적절히 준수하면서 문제를 해결할 수 있는 능력 ▶ 관련자들 간 합의를 도출할 수 있는 능력 ▶ 관련자들 간 선호와 이익을 조화롭게 조정할 수 있는 능력
윤리적 딜레마 관련	▶ 상충하는 윤리적 기준과 가치들을 종합적으로 고려할 수 있는 능력 ▶ 장기적이고 광범위한 조직적·법적·사회적 맥락을 고려할 수 있는 능력

이익을 상대적으로 더 우선시하는 판단을 하고, 관련 법적 사회적 맥락 등을 종합적으로 고려할 수 있는 능력이 요구된다. 이러한 능력 역시 윤리역량이라고 할 수 있다(Jennings, 1991: 81).

「공직자윤리법」, 「부패방지법」, 「이해충돌법」 등 공무원의 공직윤리와 관련된 한국의 법들은 부패방지, 재산공개, 이해충동 방지 등 공무원들의 부정적인 행위 방지에 중점을 두고 있어, 적극적 공직윤리의 제 측면을 포함하는 방향으로 개정할 필요성이 제기되기도 한다(이승환, 2023). 그러나 적극적 공직윤리의 성격상 법 개정만으로 공무원들이 해당 윤리 의식을 내재화하거나 관련 윤리역량을 갖추기를 기대하기는 어렵다. 이 때문에 공무원의 윤리역량 강화를 위한 정부의 별도 노력이 요구된다.

22.4 공직윤리 역량 제고 방안

공직윤리 관리(ethics management)는 공무원의 비윤리적 행위를 줄이고 윤리적 행위를 증진할 수 있다. 공직윤리 관리는 순응(compliance) 접근과 고결(integrity) 접근으로 구분할 수 있다. 이러한 구분의 역사는 공직자에 대한 내적 통제와 외적 통제의 상대적 중요성을 둘러싼 Fredrich와 Finer간 논쟁으로까지 거슬러 올라갈 수 있다(Cooper, 1998: 131-163).

순응 접근은 법규 준수 위주의 접근으로서 공무원 행위에 대한 외적 통제를 통해 공직윤리를 준수토록 하는 접근이다. 외적 통제는 공식적이고 세부적인 규칙 및 절차를 확립하고 불응에 대한 제재를 강화하는 것을 말한다. 반면에 고결 접근은 공무원 개인의 도덕적 판단 능력과 품성을 높여 스스로 높은 수준의 윤리적 행위를 하도록 유도하려는 접근이다. 순응 접근이 강제력에 의거 공무원의 비윤리적 행위를 억제하려 한다면, 고결 접근은 설득을 통해 공무원의 가치관과 믿음에 영향을 미침으로써 비윤리적 행위를 예방하거나 윤리적 행위를 유도하려 한다는 것이 차이점이다(Guy, 1991; Grant, 2006: 32).

순응 접근과 고결 접근은 연속선상의 양 끝이므로 상호 보완적일 수 있다. 공무원의 공직윤리 준수를 담보하려면 자기 이익 추구행위 등을 단념시킬 수 있는 수준의 외적 통제와 공익을 위한 이타적인 행위를 유도할 내적 통제가 함께 요구되기 때문이다(Maesschalck, 2004-5, 22-23). 한국 공무원들이 이제까지 법규 위주의 소극적인 공직윤리 준수에 치우쳐 공익을 위한 적극적 공직윤리 준수를 소홀히 해왔다는 점에 비추어 볼 때, 향후 공직윤리 관리는 공무원들이 적극적 공직윤리 를 준수할 수 있는 역량을 갖추게 하는 고결 접근에 더 큰 비중을 두어야 할 것이다.

공무원의 윤리 역량을 제고하기 위한 방안으로는 적절한 윤리강령 제정, 행정 관리자의 윤리적 리더십 발휘와 인사관리, 공직윤리 교육 실시 등이 널리 논의되어 왔다(Sims, 1991: 495; Hejka-Ekins, 1994: 68). 한국 공무원의 윤리 역량 제고를 위해서도 이러한 방안을 활용할 수 있을 것이다.

1. 공직윤리 강령의 정립

공직윤리 강령(code of public service ethics)은 공무원의 적절한 행동에 관한 공식 언명으로서, 공무원이 자율적으로 윤리적 행위를 할 것을 권장하고 적극적 공직윤리 준수에 필요한 행동 기준을 제시할 수 있다(Lewis, 1991; Wittmer, 1994: 360). 공직윤리 강령은 범정부적 차원과 개별 기관 차원 양 차원에서 제정될 때 효과적이다(Bowman, 1981: 61). 전자가 선언적 수준의 포괄적인 내용이라면, 후자는 행정기관마다 고유의 임무 특성, 조직문화, 대외환경 등을 반영한 보다 구체적인 내용을 명시할 수 있는 장점이 있다(Kaptein et al., 2005: 306). 이들 강령은 공무원의 윤리적 의사결정과 행동을 위한 지침이 될 수 있다.[19]그러나 윤리강령의 존재 자체가 공무원 행위에 언제나 유의미한 영향을 미칠 수 있는 것은 아니다(Bowman, 1981: 61; Plant, 1994: 227). 기본적으로 윤리강령은 다수 공무원에게 내면화되어 윤리역량으로 스며들 때 살아있는 문서가 될 수 있다.[20]

한국에서는 「공무원 헌장」이 공무원이 헌법 가치의 실현과 국가에 헌신, 국민에 봉사할 것을 천명하면서, 이를 위해 ① 공익을 우선시하며 투명하고 공정하게 맡은 바 책임을 다하고, ② 창의성과 전문성을 바탕으로 업무를 적극 추진하며, ③ 우리 사회의 다양성을 존중하고 국민과 함께 하는 민주 행정을 구현하며, ④ 청렴을 생활화하고 규범과 건전한 상식에 따라 행동할 것을 다짐하고 실천하도록

---

19) Sims(1991: 494), Meine & Dunn(2013: 151-152), Wittmer(1994: 359), Gellerman(1989) 참조.
20) Boling & Dempsey(1981: 14), Meine & Dunn(2013: 151-152), Bowman(1981: 61) 참조.

규정함으로써, 공직윤리의 큰 틀을 제시하고 있다. 또한 「공무원 헌장 실천강령」은 〈표 22-3〉에서 보듯이 적극적 공직윤리 실천과 관련성이 있는 다양한 내용을 담고 있다. 반면에 「공무원 행동강령」은 「부패방지 및 국민권익위원회의 설치와 운영에 관한 법률」 제8조에 따라 부당이득의 수수금지 등 공무원의 불법행위와 관련된 행동 기준과 위반 시의 징계 조치를 규정하고 있어, 소극적 공직윤리 준수와 관련된 것이라고 할 수 있다.

한국에서는 아직 행정기관별로 적극적 공직윤리 실천을 위한 윤리강령이 별도 제정되지 않고 있다. 「공무원 행동강령」 제24조가 중앙행정기관의 장 등이 해당 강령의 시행에 필요한 범위에서 해당 기관의 특성에 적합한 세부적인 공무원 행동강령을 기관별로 제정토록 규정함에 따라 행정기관별로 행동강령을 마련하였으나, 대부분 소극적 공직윤리와 관련된 것으로서 소속 공무원의 불법적·비윤리적 행위를 금하는 것을 내용으로 하고 있기 때문이다.

〈표 22-3〉 공무원 헌장 실천강령

하나. 공익을 우선시하며 투명하고 공정하게 맡은 바 책임을 다한다.
- 부당한 압력을 거부하고 사사로운 이익에 얽매이지 않는다.
- 정보를 개방하고 공유하여 업무를 투명하게 처리한다.
- 절차를 성실하게 준수하고 공명정대하게 업무에 임한다.

하나. 창의성과 전문성을 바탕으로 업무를 적극적으로 수행한다.
- 창의적 사고와 도전 정신으로 변화와 혁신을 선도한다.
- 주인 의식을 가지고 능동적인 자세로 업무에 전념한다.
- 끊임없는 자기 계발을 통해 능력과 자질을 높인다.

하나. 우리 사회의 다양성을 존중하고 국민과 함께 하는 민주 행정을 구현한다.
- 서로 다른 입장과 의견이 있음을 인정하고 배려한다.
- 특혜와 차별을 철폐하고 균등한 기회를 보장한다.
- 자유로운 참여를 통해 국민과 소통하고 협력한다.

하나. 청렴을 생활화하고 규범과 건전한 상식에 따라 행동한다.
- 직무의 내외를 불문하고 금품이나 향응을 받지 않는다.
- 나눔과 봉사를 실천하고 타인의 모범이 되도록 한다.
- 공무원으로서의 명예와 품위를 소중히 여기고 지킨다.

2. 윤리적 리더십과 인사관리 강화

윤리강령이 실효성이 있으려면 해당 강령이 공무원의 직무상 판단 준거로서 자리 잡도록 뒷받침하는 다양한 방안을 강구하고 분위기를 조성하여야 한다. 이하의 논의는 이와 관련된 것이다.

첫째, 윤리적 리더십이 중요하다. 윤리강령이 기존의 조직문화와 상치된다면 공무원이 이를 준수하기 쉽지 않다. 행정관리자들이 발휘하는 윤리적 리더십(ethical leadership)은 윤리강령에 부합하는 조직문화가 조성되는 데 기여할 수 있다.[21] 윤리적 리더십은 행정관리자 자신이 윤리적인 행위의 모범을 보이는 동시에, 하급자들의 윤리적 행위에 대한 기대와 보상을 하는 방식으로 발휘될 수 있다(Wright et al., 1916: 650).

행정관리자들이 조직 내 윤리적 분위기를 어떻게 조정하느냐에 따라 윤리 문제에 대한 공무원들의 인식은 달라질 수 있다.[22] 예컨대 행정기관의 최고관리자가 공직윤리를 중시한다면 소속 공무원들은 직무수행에 있어 윤리적 문제를 의식하고 검토하지 않을 수 없게 된다(Yeager, 2007: 268). 반대로 최고관리자가 하급자들의 비윤리적 행위와 일 처리를 묵인하거나, 하급자들에게 어떻든 결과만 내면 된다는 식의 이른바 저열한 기대(ignoble expectations)를 내비친다면, 조직에서 공직윤리가 지켜지기 어려울 것이다.[23] 윤리적 리더십 발휘는 최고관리자에 국한되지 않고 모든 계층의 관리자들에게 요구된다(Lager, 2010: 220).

아래에서 보듯이 박근혜 정부에서 고위직 공무원이었던 노태강과 김영나 등이 보여준 관리자로서의 처신은 비록 바람직한 결과로 이어지지는 못했지만, 성격상 윤리적 리더십을 발휘한 사례라고 할 수 있다.

문화체육관광부 체육국장이었던 노태강은 정권의 압력에도 불구하고 정유라의 편을 들지 않고 사실관계에 충실한 보고서를 제출하였다가 '윗선'의 심기를 건드렸다는 이유로 쫓겨나 국립중앙박물관 교육문화교류 단장으로 좌천되었다. 그리고 3년 뒤 거기서도 프랑스 장식미술전 문제가 불거지는 바람에 또다시 '윗선'의 심기를 건드렸고, 결국 공직 생활 32년 2개월 만에 사직서를 내야 했다.

프랑스 장식미술전의 경우 시판 중인 고가 상품을 전시하는 것도 문제인데, 전시

---

21) Akaah & Riordan(1994: 212), Lager(2010: 219) 참조.
22) Posner & Schmidt(1984), Yeager(2007: 267) 참조.
23) Akaah & Riordan(1989), Brumback(1991: 356), Lager(2010: 220) 참조.

회 기간에 박물관에서 판촉 행사까지 하겠다는 것은 도저히 받아들일 수 없다고 노태강 단장이 버틴 것이 발단이 되었다.

이 사례에서 청와대와 문체부는 대통령 관심 사항이어서 어떤 일이 있어도 전시가 성사돼야 한다고 압력을 계속 가하였다. 그럼에도 불구하고 김영나 관장 역시 '학자적 양심을 걸고 받아들일 수 없다'고 하였고, 학예직 공무원들도 '이건 무례한 일'이라며 거세게 반대하였다고 한다. 한국의 국립중앙박물관을 뭘로 보느냐 하는 것이 그때의 분위기였다는 것이다. 특히 김영나 관장은 '타협할 수 있는 게 아니다. 이건 우리의 정신에 대한 문제다'라고 딱 잘라 말하였는데, 나중에 노태강 단장은 공무를 담당할 때는 이런 자세가 필요하다는 것을 깨우쳐주는 롤모델로 느꼈다고 하였다. 김영나 관장은 '아무도 말을 못하면 나라도 대통령을 만나 얘기하겠다'고 하였지만, 대통령과의 독대는 무산되고 김영나 관장은 경질되었다고 한다. 노태강은 자신의 행위에 대해 공무원으로서 당연히 해야 할 일을 했을 뿐이라고 하였다(한겨레, 2017. 2.18. 이진순의 열림, 재정리).

둘째, 인력 충원이나 인력관리에 변화를 주는 방식으로도 공무원의 윤리역량을 제고할 수 있다. 먼저 윤리의식을 갖춘 인력을 우선적으로 공직에 유입하도록 공무원 선발 방식에 변화를 줄 수 있다. 사람의 윤리의식을 알아내기는 쉽지 않지만, 공직 자체에 매료되고 공공 봉사에 소명 의식을 가진 후보자를 선별할 수 있도록 면접방식 등을 개선할 수 있는 것이다. 인사혁신처(2023)는 최근 공무원 인재상을 새로 제시하면서 윤리 의식을 갖추고 청렴하며 책임 있게 일하는 공무원을 채용 관리하겠다고 발표하였지만, 이를 위한 구체적인 방법론을 밝히지는 않았다.

신분이 보장되고 연금을 수령할 수 있다는 직업적 장점이 공직 지원의 가장 중요한 동기로 자리 잡은 한국 현실에서(박천오·박시진, 2015), 공무원 채용에 있어 후보자의 윤리역량을 점검할 필요성은 크다. 그러나 현재 5급, 7급, 9급 공개경쟁채용시험과 민간경력자 채용을 위한 경력경쟁채용시험에서는 응시자들의 직무수행 능력이나 문제해결 능력을 주로 측정할 뿐, 도덕적 역량에 관한 점검은 제대로 이루어지지 않고 있다. 과장급 승진과 고위공무원단 진입 과정에 실시되고 있는 역량평가 역시 관리역량 평가에 초점을 두고 있다.

셋째, 보상과 처벌체계에 윤리적 요인을 포함하는 방안도 있다.[24] 예컨대 근무성적평정에 윤리적 행위와 관련된 항목을 포함하거나 윤리적 행위에 모범을 보인 공무원들에게 인사상 혜택을 부여하는 방안 등이 그것이다(Cooper, 2012: 249).

---

24) Ford & Richardson(1994: 215-216), Lager(2010: 220) 참조.

넷째, 행정기관에 윤리조언자(ethical advisors)를 두어 이들에게 공무원의 윤리 역량 강화를 위해 측면에서 지원하고 비윤리적 행위를 예방하는 역할을 맡기는 방안도 있다(Bowman, 1981: 62). 한국 「공무원 행동강령」 제23조는 중앙행정기관 의 장 등이 그 기관과 그 소속기관에 대해 행동강령책임관을 지정토록 하고 있 고, 이들이 소속기관 공무원들에 대해 공무원 행동강령의 교육·상담, 위반행위 의 신고접수, 조사처리 등을 하도록 하고 있다. 그러나 「공무원 행동강령」이 지금 처럼 법규 준수 위주의 규정을 두고 있는 한 행동강령책임관의 활동은 제한적일 수밖에 없다. 실증 조사에서도 공무원들이 업무와 관련된 윤리 문제에 대해 질의 하거나 상담을 받기 위해 행동강령책임관을 찾는 경우는 매우 드문 것으로 파악 되었다(김호섭, 2019: 296). 따라서 기존 윤리강령책임관이 적극적 공직윤리 실천 행위와 관련된 사안을 상담하는 업무 등을 함께 수행하게 하는 방안을 검토해 볼 필요성이 있다.

3. 고결윤리 교육의 체계적 실시

공무원의 윤리역량은 교육을 통해서도 함양될 수 있다. 공직가치, 공무원의 도덕적·개인적 책임성, 공직자의 자세, 정책과정에서의 공정성과 투명성 등에 관한 체계적인 윤리교육은 공무원의 윤리적 감수성을 높일 수 있고, 공무원들이 공직윤리를 내재화하게 할 수 있다. 교육훈련이 공무원의 책임 있는 행동을 유도 하는 효과적인 방안임은 다수 관련 연구에 의해 밝혀졌다(Gortner, 1995; Berman & West, 2006). 윤리교육은 법규 준수를 강조하는 '낮은 길'(low road)의 교육과 보다 높은 윤리 실천을 위한 '높은 길'(high road)의 교육을 포함한다. 전자가 방어적인 (defensive) 성격의 교육이라면, 후자는 기대적인(aspirational) 성격의 교육이라고 할 수 있다(Paine, 1994; Berman & West, 2006: 196).

한국에서도 공무원들이 직무를 수행하면서 위기상황, 가치충돌 상황, 양심에 어긋나는 부당한 상황 등에 직면했을 때 올바른 판단을 할 수 있도록 국가관·공 직관·윤리관 등 공직가치 및 소양교육을 나름 실시하고 있다(행정안전부, 2013: 121-122; 인사혁신처, 2022: 351). 문제는 이러한 교육이 대부분 「청탁금지법」, 「이해 충돌방지법」, 「공무원 행동강령」 등에 따른 반부패 관련 법령 및 제도에 관한 교 육에 그치고, 공직가치나 공직자의 자세와 등과 관련된 의미 있는 공직윤리 교육 이 제대로 이루어지지 않고 있다는 점이다. 따라서 공무원의 공직윤리 역량을 제고하기 위해서는 공무원의 윤리적 소양 및 자질과 관련된 교육과정을 새롭게 개발하여 국가공무원인재개발원, 지방자치인재개발원, 각급 정부기관 및 지자체가 운영하는 교육기관 등을 통해 체계적으로 실시할 필요성이 있다(이승환, 2023).

공직윤리 교육과정에서는 법규 준수의 순응윤리(compliance ethics)와 도덕적 추론 능력을 높이기 위한 고결윤리(integrity ethics) 모두를 강조해야겠지만, 공무원들에게 높은 수준의 윤리적 기준과 가치를 전파한다는 차원에서 '높은 길'(high road)의 교육을 지향하는 후자의 교육에 더 큰 비중을 두어야 할 것이다(Lewis, 1991). 고결윤리 교육은 공무원들이 소중히 여겨야 할 가치, 마땅히 해야 할 행위 등을 인식시킴으로써 그들의 윤리적 감수성과 윤리적 판단력을 높일 수 있다(Wittmer, 1994: 359; Hejka-Ekins, 1994: 68). 이는 곧 공무원의 도덕적 인지력(moral cognitive capabilities)과 도덕적 추론의 숙련성(skills of moral reasoning)을 높이는 교육이기도 하다(Stewart & Sprinhall, 1991: 244). 이와 관련하여 Leys(1943: 10)는 공무원이 윤리 관련 지혜와 양심을 가지도록 하는 것이 윤리교육의 주된 목적이라고 하였다.

전체적으로 공직윤리 교육은 공무원에게 다양한 긍정적 영향을 미칠 수 있다. 해당 분야 내 윤리적 이슈와 문제들에 대한 인식력(awareness) 개발, 윤리적 의사결정에 있어 분석적 기술(analytical skills) 제고, 공직 수행에 있어 도덕적 의무와 개인적 책임에 관한 태도 배양, 도덕적 상상력 자극, 공무원 재량권의 성격에 대한 인식 제고, 공공서비스 관련 도덕적 품성과 윤리적 행위 배양, 행정의 윤리적 기준에 대한 지식 증진 등이 그것이다(Carton & Denhardt, 1994: 53). 한국에서는 공무원들이 비윤리적 행위를 위법행위로 국한하여 인식하는 경향이 강한 탓에 이러한 인식을 바꾸기 위한 고결윤리 교육이 반드시 필요하다.

고결윤리 교육의 바람직한 방식에 대해서는 아직 체계적인 연구가 이루어지지 않았지만, 쟁점 사례연구, 토론식 교육, 관련 판례 해석 등 다양한 교육방식을 활용할 수 있을 것이다. 관련 실증 조사에서는 한국 공무원들 상당수가 윤리교육이 업무와 관련된 윤리적 이슈를 이해하고 의사결정을 하는 데 도움이 된다는 인식을 나타냈다(김호섭·최순영, 2009; 인사혁신처, 2015: 19; 김호섭, 2019: 298). 이러한 조사결과는 공직윤리 교육을 통해 공무원들이 직무수행에 윤리적 기준을 적용하는 공직사회의 분위기가 조성되고 확산될 수 있는 가능성을 시사한다.

〈표 22-4〉 윤리적 역량 제고 방안

윤리적 역량 제고 방안 / 윤리적 역량	윤리강령 정립	윤리적 리더십과 인사관리	고결윤리 교육 실시
윤리적 이슈 인식	-구체적인 윤리기준 제시	-윤리의식이 높은 인력 충원 -윤리적 문제를 중시할 수 있는 조직분위기 조성	-윤리적 이슈에 대한 지식 증진 -도덕적 감수성 증진
윤리적 판단	-윤리적 판단 근거 제공	-윤리적으로 정당한 행동 경로 모색을 자극 -윤리적 조언자 배치	-윤리적 기준 전파 -윤리적 추론력과 판단력 증진 -윤리적 동기부여 -윤리적 기준을 모색·적용할 수 있는 능력 증진
윤리적 의지	-윤리적 판단에 확신을 불어 넣을 수 있음	-상급자가 윤리적 행위의 귀감이 됨으로써 하급자의 윤리적 의지를 공고히 함	-개인적·윤리적 책임 의식 제고
윤리적 행위		-윤리적 행위를 유도하고 이를 관철하도록 자극	-윤리적 행위의 구체적 예시 제공
윤리적 절차 준수		-윤리적 절차 준수의 정당성과 현실적 필요성에 대한 인식 강화	-절차 관련 법규에 관한 지식과 정보 제공 -관련자들 간 합의 도출 능력 제고 -상충하는 윤리적 기준과 가치들을 종합적으로 고려할 수 있는 능력 제고
윤리적 딜레마 극복		-윤리적 리더십에 의한 딜레마 극복 모범 제시	-관련 사례 중심 교육

22.5 ▶ 결 어

　다양한 직무수행 상황에서 이루어지는 공무원의 결정과 처신은 이해당사자들은 물론 정부와 국가사회에도 직접적인 영향을 미칠 수 있다. 공직윤리는 공무원이 국민 전체에 대한 봉사자로서 직무수행 시에 준수해야 할 행동규범을 말한다. 공직윤리는 바람직하지 못한 공무원 행위를 억제하는 규범일 뿐만 아니라, 바람직한 공무원 행위를 장려하는 규범이라고 할 수 있다. 그런데도 공직윤리에 대한 학계와 정부의 관심은 이제까지 전자의 소극적 성격의 윤리 문제에 경도되어 왔다. 이 점에서 근래 한국 정부가 적극행정의 활성화 방안을 모색하고 있는 점은 공직윤리에 대한 인식의 전환이라고 할 수 있다.

　공무원의 역할과 재량이 점점 확장되고 공무원에 대한 국민의 윤리적 요구 수준 또한 날로 높아지는 현실에서, 공무원의 윤리 역량 강화를 위한 윤리 관리의 중요성 또한 증대되고 있다. 그럼에도 불구하고 한국 공무원들은 이제까지 윤리 역량을 제대로 갖추지 못해 정부와 사회에 실망을 안긴 경우가 적지 않았다.

　공무원에게는 공직윤리를 준수해야 할 의무가 있고, 그러한 의무 이행을 위해 필요한 공직윤리 역량을 갖추어야 할 책임이 있다. 정부 또한 공무원의 윤리역량을 시대의 요구와 국민의 눈높이에 부응하는 수준으로 끌어올리기 위해 다각적으로 노력할 책임이 있다. 공무원들과 정부가 이러한 책임을 다할 때 국민의 기대와 공직사회 현실 간 존재하는 지금의 간극을 좁혀 나갈 수 있을 것이다. 이와 관련하여 이 장에서는 공직윤리 및 공직윤리 역량에 대해 논의하였다.

김종인 · 김영우. (2010). 부패방지 정책집행의 영향요인에 관한 연구. 한국조직학회. 「한국조직학회보」, 7(2): 183-206.

김호섭 · 최순영. (2009). 공직윤리프로그램의 요소와 실태. 「한국부패학회보」, 15(3): 31-54.

김호섭. (2019). 「현대 행정의 가치와 윤리」. 경기: 대영문화사.

박중훈 · 최유성. (2009). 「부패방지 정책 및 활동의 효과성 평가: 예방적 차원을 중심으로」, 한국행정연구원.

박천오. (2016). 한국공무원의 책임 확장: 법적 계층적 책임에서 윤리적 개인적 책임으로. 「한국행정학보」, 50(1): 1-25.

박천오 · 박시진. (2015). 한국 공무원의 공직선택 동기 연구. 「한국인사행정학회보」, 14(1): 79-104.

오석홍. (2019). 「통치하기 어려운 나라」. 파주: 법문사.

윤견수. (2017). 공직 수행의 딜레마와 의사결정의 어려움. 「정부학연구」, 23(3): 1-35.

이승환. (2023). 우리나라 공직윤리의 쟁점 및 개선 방향. 「정부학연구」, 29(2): 35-62.

이창길. (2016). 「인적자원행정론」. 파주: 법문사.

인사혁신처. (2015). 「2015 소극행정 · 적극행정 사례집: 적극적인 공무원, 행복한 국민」.

_____. (2023). 보도자료(2.22).

임성근 · 이건. (2015). 우리나라 공직윤리 및 공직윤리제도에 관한공무원과 국민 인식 비교 연구. 「한국인사행정학회보」, 14(4): 1-23.

전종섭 외. (2015). 「행정학」. 서울: 대영문화사.

행정안전부. (2013). 「공무원 인사백서」.

Akaah, I. P. & E. A. Riordan. (1989). Judgments of Marketing Professionals about Ethical Issues in Marketing Research: A Replication and Extension. *Journal of Marketing Research*, 26(1): 112-120.

Berman, Evan M. & Jonathan P. West. (2006). Ethics Management and Training. in Norma M. Riccucci (ed.), *Public Personnel Management: Current Concerns, Future Challenges*, 190-203. New York: Longman.

Boling, T. Edwin & John Dempsey. (1981). Ethical Dilemmas in Government: Designing an Organizational Response. *Public Personnel Management Journal*, 10(1): 11-19.

Bommer, Michael et al. (1987). A Behavioral Model of Ethical and Unethical Decision Making. *Journal of Business Ethics*, 6(4): 265-280.

Bowman, James S. (1981). The Management of Ethics: Codes of Conduct in Organizations. *Public Personnel Management Journal*, 10(1): 59-66.

Bowman, James S. & Claire Connolly Knox. (2008). Ethics in Government: No Matter How

Long and Dark Night. *Public Administration Review,* 68(4): 627-639.

Brumback, Gary B. (1991). Institutionalizing Ethics in Government. *Public Personnel Management,* 20(3): 353-364.

Burke, John P. (1986). *Bureaucratic Responsibility.* Baltimore: Johns Hopkins University Press.

Catron, Baynard L. and Kathryn G. Denhardt. (1994). Ethics Education in Public Administration, in Terry L. Cooper (ed.), *Handbook of Administrative Ethics.* 49-61. New York: Marcel Dekker, Inc.

Cooper, Terry L. (1998). *The Responsible Administrator: An approach to Ethics for the Administrative Role.* 4th ed. San Francisco: Jossey-Bass.

_____. (2012). *The Responsible Administrator.* 행정사상과 방법론 연구회 옮김, 서울: 조명문화사.

Ford, Robert C. & Woodrow D. Richardson. (1994). Ethical Decision Making: A Review of the Empirical Literature. *Journal of Business Ethics,* 13(3): 205-221.

Frederickson, H. George. (1997). *The Spirit of Public Administration.* San Francisco: Jossey-Bass.

Gellerman, Saul W. (1989). Managing Ethics from the Top Down. *Sloan Management Review,* 30(2): 73-79.

Gortner, Harold F. (1995). How Public Managers View Their Environment: Balancing Organizational Demands, Political Realities, and Personal Values, in James S. Bowman (ed.), *Ethical Frontiers in Public Management:* 34-63, A Publication of the American Society for Public Administration.

Grant, Ruth W. (2006). Ethics and Incentives: A Political Approach. *American Political Science Review,* 100(1): 29-39.

Guy, Mary E. (1991). Using High Reliability Management to Promote Ethical Decision Making. in James S. Bowman (ed.), *Ethical Frontiers in Public Management.* 185-204. Washington D.C: American Society of Public Administration.

Hejka-Ekins, April. (1994). Ethics in Inservice Training, in Terry L. Cooper (ed.), *Handbook of Administrative Ethics.* 63-80. New York: Marcel Dekker, Inc.

Hummel, Ralph P. (1994). *The Bureaucratic Experience.* 4th ed. New York: St Martin's Press.

Jennings, Bruce. (1991). Taking Ethics Seriously in Administrative Life: Constitutionalism, Ethical Reasoning, and Moral Judgment. in James S. Bowman (ed.), *Ethical Frontiers in Public Management.* 64-87. Washington D.C: American Society of Public Administration.

Jones, Thomas M. (1991). Ethical Decision Making by Individuals in Organizations: An Issue-contingent Model. *Academy of Management Review,* 16(2): 366-395.

Kaptein, Muel et al. (2005). Demonstrating Ethical Leadership by Measuring Ethics. *Public Integrity,* 7(4): 299-311.

Key, Susan. (1999). Organizational Ethical Culture: Real or Imagined? *Journal of Business Ethics,* 20(3): 217-225.

Kuiju, Kati et al.(2016). Ethical Competence: A Concept Analysis, *Nursing Ethics*, 23(4): 401-412.

Lager, James M. (2010). Governments Demand Compliance, Ethics Demands Leadership. *Journal of Public Affairs*, 10(3): 216-224.

Lewis, Carol L. (1991). *The Ethics Challenge in Public Service*. San Francisco: Jossey-Bass.

Lewis, Carol L. & Bayard L. Carton. (1996). Professional Standards and Ethics. in James L. Perry (ed.), *Handbooks of Public Administration*, 699-712. San Francisco: Jossey-Bass Publishers.

Leys, Wayne A. R. (1943). Ethics and Administrative Discretion. *Public Administration Review*, 3: 10-23.

Liedtka, Jeeanne M. (1989). Value Congruence: The Interplay of Individual and Organizational Value Systems. *Journal of Business Ethics*, 8: 805-815.

Maesschalck, Jeroen. (2004-5). Approaches to Ethics Management in the Public Sector: A Proposed Extension of the Compliance-Integrity Continuum. *Public Integrity*, 7(1): 21-41.

Meine, Manfred F. & Thomas P. Dunn. (2013). The Search for Ethical Competency: Do Ethics Codes Matter? *Public Integrity*, 15(2): 149-166.

Menzel, Donald C. (1999). The Morally Mute Manager: Fact or Fiction? *Public Personnel Management*, 28(4): 515-526.

Metcalfe, Les & Sue Richards. (1993). Evolving Public Management Cultures. in Kjell A. Eliassen & Jan Kooiman (eds.), *Managing Public Organization: Lessons from European Experience*, 106-124. London: Sage Publications.

Michaelson, Christopher. (2006). Compliance and the Illusion of Ethical Progress. *Journal of Business Ethics*, 66(2/3): 241-251.

Morales-Sanchez, Rafael & Carmen Cabello-Medina. (2013). The Role of Four Universal Moral Competencies in Ethical Decision-Making, *Journal of Business Ethics*, 116(4): 717-734.

Paine, Lynn Sharp. (1994). Managing for Organizational Integrity, *Harvard Business Review*, 72(2): 106-117.

Palazzo G. et al. (2012). Ethical Blindness. *Journal of Business Ethics*. 109(3): 323-338.

Pfiffner, James P. (1999). The Public Service Ethic in the New Public Personnel Systems, *Public Personnel Management* 28(4): 541-554.

Plant, Jeremy F. (1994). Codes of Ethics. in Terry L. Cooper (ed.), *Handbook of Administrative Ethics*, 221-241, New York: Marcel Dekker.

Plant, Jeremy F. & Harold F. Gortner. (1981). Ethics, Personnel Management, and Civil Service Reform. *Public Personnel Management Journal*, 10(1): 3-10.

Pohling, Richo et al. (2016). What is Ethical Competence? The Role of Empathy, Personal Values, and the Five-Factor Model of Personality in Ethical Decision-Making. *Journal of Business Ethics*, 137(3): 449-474.

Pops, Gerald M. (1991). Improving Ethical Decision Making: Using the Concept of Justice. in

James S. Bowman (ed.), *Ethical Frontiers in Public Management*, 261-285. Washington D.C: American Society of Public Administration.

Pops, Gerald M. & Thomas J. Pavlsk. (1991). *The Case for Justice: Strengthening Decision Making and Policy in Public Administration*. San Francisco: Jossey Bass.

Posner, B. Z. & W. H. Schmidt. (1987). Values and the American Manager: An Update. *California Management Review*, 26(3): 202-216.

Rest, James R. (1986). *Moral Development: Advances in Research and Theory*. New York: Praeger.

Rohr, John. A. (1978). *Ethics for Bureaucracy*, New York: Marcel Dekker.

Sims, Ronald R. (1991). The Institutionalization of Organizational Ethics. *Journal of Business Ethics*, 10: 493-506.

Smith, H. R. & Archie B. Carroll. (1984). Organizational Ethics: A Stacked Deck. *Journal of Business Ethics*, 3: 95-100.

Stazyk, Edmund C. & Randall S, Davis. (2015). Taking the 'High Road': Does Public Service Motivation Alter Ethical Decision Making Processes? *Public Administration*, 93(3): 627-645.

Stewart, Debra A. & Norman A. Sprinhall. (1991). Strengthening Ethical Judgment in Public Administration, in James S. Bowman (ed.), *Ethical Frontiers in Public Management*, 243-260. Washington D.C: American Society of Public Administration.

Thompson, Dennis F. (1985). The Possibility of Administrative Ethics. *Public Administration Review*, 45(5): 555-561.

Wakefield, Susan. (1976). Ethics and the Public Service: A Case for Individual Responsibility, *Public Administration Review*, 36(6): 661-666.

Wittmer, Dennis P. (1992). Ethical Sensitivity and Managerial Decisionmaking: An Experiment. *Journal of Public Administration Research and Theory*, 2(4): 443-462.

_____. (1994). Ethical Decision Making. in Terry L. Cooper (ed.), *Handbook of Administrative Ethics*, 349-372. New York: Marcel Dekker, Inc.

Worthley, John A. (1981). Ethics and Public Management: Education and Training. *Public Personnel Management Journal*, 10(1): 41-47.

Wright, Bradley E. et al. (2016). Does A Public Service Ethic Encourage Ethical Behavior? Public Service Motivation, Ethical Leadership and The Willingness to Report Ethical Problems. *Public Administration*, 94(3): 647-663.

Yerger, Samuel J. et al. (2007). The Relative Effects of a Supervisory Emphasis on Ethical Behavior Versus Political Responsiveness. *Public Integrity*, 9(3): 265-283.

찾아보기

저자약력

■ 박천오

건국대학교 법학사, 법학석사
미국 오하이오대학 정치학석사
미국 워싱턴주립대학 정치학박사

명지대학교 사회과학대학장, 사회복지대학원장, 대학원장 역임
현재 명지대학교 행정학과 명예교수

[주요 학회활동]
한국행정학회 편집위원장, 한국정책학회 편집위원장, 한국인사행정학회 회장,
한국정치학회 부회장 역임

[주요 정부자문활동]
중앙인사위원회(인사혁신처), 행정자치부, 기획재정부, 서울특별시 정책자문위원
대통령자문 정부혁신지방분권위원회 위원
청와대 고위공직자인사검증 자문위원
입법고시, 외무고시, 행정고시 출제위원 및 면접시험위원
중앙공무원교육원 겸임교수 역임

[주요 저서]
현대인사행정론(공저), 법문사
비교행정(공저), 법문사
한국정부론(공저), 법문사
Handbook of Comparative and Development Public Administration(공저, Dekker)

■ 박시진

연세대학교 행정학사, 경영학사
미국 시라큐스 대학교 행정학석사
미국 플로리다주립대학교 행정학박사
현재 광운대학교 행정학과 부교수

[주요 학회활동]
한국행정학회 편집위원, 한국인사행정학회 편집위원, 한국정책분석평가학회 편집위원,
한국지방자치학회 편집위원, 한국행정학회 연구이사, 한국정책학회 감사, 한국조직학회 운영이사

[주요 정부자문활동]
국무조정실 민간합동 규제혁신평가단 위원
행정안전부 정부혁신평가 위원
행정고시 출제위원
문화체육관광부 소관 공공기관 경영평가 위원

[주요 저서]
「인사행정론」(공저), 법문사
Global Encyclopedia of Public Administration, Public Policy, and Governance: Network Structures chapter(공저)

한국관료제 [제3판]

2018년 2월 10일 초판 발행
2020년 6월 5일 제2판 발행
2024년 2월 20일 제3판 1쇄 발행

저 자 박 천 오 · 박 시 진
발행인 배 효 선
발행처 도서출판 法 文 社

주 소 10881 경기도 파주시 회동길 37-29
등 록 1957년 12월 12일 / 제2-76호 (윤)
전 화 (031)955-6500~6 FAX (031)955-6525
E-mail (영업) bms@bobmunsa.co.kr
(편집) edit66@bobmunsa.co.kr
홈페이지 http://www.bobmunsa.co.kr
조 판 광 진 사

정가 30,000원 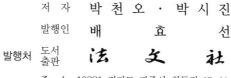 ISBN 978-89-18-91462-6